Franz Bopp

Vergleichende Grammatik

des Armenischen, Griechischen, Lateinischen, Litauischen, Altslavischen,

Gothischen und Deutschen

Franz Bopp

Vergleichende Grammatik
des Armenischen, Griechischen, Lateinischen, Litauischen, Altslavischen, Gothischen und Deutschen

ISBN/EAN: 9783742892843

Hergestellt in Europa, USA, Kanada, Australien, Japan

Cover: Foto ©Thomas Meinert / pixelio.de

Manufactured and distributed by brebook publishing software (www.brebook.com)

Franz Bopp

Vergleichende Grammatik

Vergleichende Grammatik

des

Sanskrit, Send, Armenischen, Griechischen, Lateinischen, Litauischen, Altslavischen, Gothischen und Deutschen

von

FRANZ BOPP.

Zweite gänzlich umgearbeitete Ausgabe.

Dritter Band.

(Autor und Verleger behalten sich das Recht der Übersetzung in fremde Sprachen vor.)

Berlin
Ferd. Dümmler's Verlagsbuchhandlung.
Paris: Friedrich Klincksieck, rue de Lille 11.
1861.

Bildung der Modi.

Potentialis, Optativ, Conjunctiv.

672. Der sanskritische Potentialis, der neben manchen Eigenthümlichkeiten seines Gebrauchs die Bedeutungen des griech. Conjunctivs und Optativs in sich vereinigt, in der Form aber an letzteren sich anschliefst, wird in derjenigen Conjugation, die der griechischen auf μι entspricht, durch die Sylbe *yá* gebildet, welche den Personal-Endungen vorgeschoben wird. Die Klassen-Eigenthümlichkeiten werden beibehalten; z. B. *vidyā́m* sciam, von *vid* Kl. 2; *bib'ryā́m* feram, von *b'ar*, *b'ṛ* Kl. 3; *stṛṇuyā́m* sternam, von *star*, *stṛ* Kl. 5; *syā́m*, für *asyā́m*, sim, von *as* Kl. 2. Man erkennt den Modus-Exponenten *yá* leicht in dem griech. ιη wieder, wo der Halbvocal, dem griech. Lautsystem gemäfs, sich vocalisirt hat; das ι aber bildet immer mit dem vorhergehenden Wurzelvocal einen Diphthong, da es keine Praesensformen wie ἴδμι (skr. *ádmi*, lit. *ė́dmi*) und somit auch keine Optative wie ἰδίην gibt, welches dem skr. *adyā́m* gleich käme. Aber διδοίην entspricht ziemlich genau dem skr. *dadyā́m*, besonders, wenn man diesem seinen Wurzelvocal wiederherstellt, den es durch eine specielle Unregelmäfsigkeit verloren hat. Regelmäfsig würde nämlich *dadáyām* dem griech. διδοίην gegenüberstehen; allein die Wurzel *dá* unterdrückt unter dem rückwirkenden Einflusse der schweren Personal-Endungen und des in Rede stehenden Modus-Charakters ihren Wurzelvocal, nach demselben Grund-

satze, wornach das griech. Verbum sein ω verkürzt; also $dady\bar{a}'m = διδοίην$ wie $dadm\acute{a}s = δίδομεν$ (s. §. 481). Die skr. Wurzel *as* sein verliert durch eine specielle Anomalie, die jedoch ebenfalls auf das, mit erstaunlicher Consequenz wirkende, Gravitätsgesetz sich stützt (s. §. 480), an denselben Stellen ihr anfangendes *a*, wo *dá* seinen Schlufsvocal ablegt, daher *syám* ich möge sein gegenüber dem griech. $ε\H{ι}ην$ *), welches ich aus $ἐσίην$ erkläre, weil σ zwischen zwei Vocalen sich sehr gerne verdrängen läfst, die Wurzel ἐς aber ihren Vocal standhaft schützt, daher auch im Praes. indic. ἐσμέν, ἐστέ vollständiger sind als die skr. Schwesterformen *smas* wir sind, *sta* ihr seid.

673. Merkwürdig ist die Übereinstimmung, die zwischen dem Griechischen, Sanskrit und Send darin besteht, dafs die 3 Sprachen im Medium den langen Vocal des Modus-Exponenten *yá*, ιη spurlos haben untergehen lassen; daher z. B. διδοῖτο, διδοίμεθα für διδοίητο, διδοιήμεθα, wie im Sanskrit *dadítá, dadímahi* für *dadyáta, dadyámahi*. Der Grund liegt offenbar in den gewichtvolleren Personal-Endungen des Mediums; ich möchte aber nicht behaupten, dafs die Wunde, welche diese dem vorangehenden Modus-Exponenten in den 3 Sprachen an einer und derselben Stelle geschlagen haben, schon von der Zeit herrühre, wo Griechisch und Sanskrit noch Eins waren. Das Princip der formschwächenden Rückwirkung des Gewichts der Personal-Endungen mufs aber damals schon bestanden haben; auch deuten manche Ereignisse in unserer europäischen Sprachwelt darauf hin, dafs zur Zeit der Identität der jetzt geschiedenen Sprachen schon manche Zerrüttungen in dem Organismus jener Einen Stammsprache Statt gefunden hatten. In vorliegendem Falle aber zeigt sich das griech. διδοῖτο schon durch den Accent als eine erst verhältnifsmäfsig spät eingetretene Zusammenziehung; denn wäre der Wegfall des η uralt und vor der Sprachtrennung eingetreten, so würde man δίδοιτο wie λέγοιτο be-

---

*) Armenisch *ḫgḫf̔* *item* aus *iyem*, s. §. 183[b]. p. 371.

tonen. Auch zeigt sich das Griechische darin in der Unterdrückung des η vom Sanskrit unabhängig, dafs es dieselbe schon in den beiden Mehrzahlen des Activs zuläfst und für διδοίημεν auch διδοῖμεν gestattet, während das Sanskrit neben *dadyā́ma* noch kein *dadíma* hat aufkommen lassen, sondern sowohl bei diesem wie bei allen Verben der zweiten Haupt-Conjugation die Modus-Sylbe *yá* in den beiden Mehrzahlen des Activs ungeschmälert läfst, obwohl in anderen Beziehungen diese beiden Numeri, weil ihre Endungen schwerer sind als die des Singulars, der Analogie des Mediums folgen.

674. Der lateinische Conjunctiv begegnet in seiner Form dem griech. Optativ und skr. Potentialis. Die Übereinstimmung mit ersterem hätte sich auch ohne Vermittelung des Sanskrit aus *sim*, *velim*, *edim* und *duim* erkennen lassen, deren modales *i* dem griech. ι von διδοίην begegnet. Dem Sanskrit stehen aber jene lateinischen Formen noch näher; namentlich entspricht *edim* sehr schön dem skr. *adyā́m*, dessen *yá* im Med., wenn *ad* darin gebräuchlich wäre, sich zu *i* zusammenziehen müfste, so dafs *adí-mahí* dem lat. *edi-mus* gegenüberstehen würde. So stimmt *sim*, für *sim*, zu स्याम् *syā́m*, und *simus* noch genauer zum Medium *simā́hi*. Die veraltete Form *siem*, *siēs*, *siet*, gegenüber dem skr. *syā́m*, *syā́s*, *syā́t*, ist in soweit ein grammatisches Kleinod, als der volle Modus-Charakter या *yá*, gr. ιη, darin enthalten ist, und daraus gefolgert werden darf, dafs auch dem *edim* etc. ein älteres *ediem*, *ediēs*, *ediet* = *adyā́m*, *adyā́s*, *adyā́t*, und dem *velim*, *duim* etc. ein vollkommeneres *veliem*, *dujem* (aus *dajem*) vorangegangen sei. Die Erscheinung, dafs nicht auch im Plural *siēmus*, *siētis* (= skr. *syā́ma*, *syā́ta*) neben *simus*, *sitis* sich erhalten hat, ist der gröfseren Sylbenzahl beizumessen (Struve p. 61), welche, wie mir scheint, auch die Ursache ist, dafs neben *velim*, *velis*, *velit*, *edim*, *edis*, *edit*, *duim* etc. in der alten Sprache nicht auch die vollständigeren Formen *veliem* etc. sich behauptet haben. Dagegen hat sich in der 3ten Pluralperson neben dem einsylbigen *sint* in der alten Sprache auch *sient* erhalten.

675. Das Germanische, dessen Conjunctiv ebenfalls auf den skr. Potentialis und griech. Optativ sich stützt, bildet im Praeteritum diesen Modus nach dem Princip der sanskritischen 2ten Haupt Conjugation 2ter, 3ter und 7ter Klasse und der griech. Conjugation auf μι, d. h. durch unmittelbare Anschliefsung des Modus-Elementes an die Wurzel, und zwar gleicht im Gothischen die erste Person auf *jau* sehr auffallend dem skr. *yâm*, nur dafs das *â* sich gekürzt und das *m* sich zu *u* vocalisirt hat (s. §. 18). Man vergleiche, nach Abzug dessen, was dem Zeitverhältnisse angehört, *étjau* ich üfse*) mit dem skr. *adyấm* ich möge essen. In den übrigen Personen folgt das Gothische der Analogie des skr. und griech. Mediums, indem nämlich das *a* von *ja* unterdrückt und das *j* wie im Sanskrit zu langem *i* wird, wofür man im Goth. *ei* schreibt (§. 70), daher gleicht *êt-ei-ma*, ahd. *âzîmês*, dem skr. *ad-i-mấhi***) und lat. *ed-î-mus*; *êt-ei-th*, ahd. *âzît*, dem skr. *ad-i-d'vấm* und lat. *ed-i-tis*; in der 2ten P. sg. ist *êt-ei-s* (= *êt-i-s*) fast identisch mit dem lat. *ed-i-s*. In der 3ten P. aber ist der Personal-Charakter verloren gegangen (s. §.86. 2. *b*), und in Folge dieses Verlustes der nun an das Ende zu stehen kommende lange *i*-Laut gekürzt, also *éti* gegenüber dem skr. *adítá* und lat. *edit*.

676. Es bedarf wohl kaum der Bemerkung, dafs ich die Ähnlichkeit zwischen dem goth. *êt-ei-ma* und skr. *ad-i-máhi* nicht so verstehe, als wenn der goth. Conjunctiv des Praet. sich mit Ausnahme der ersten P. sg. wirklich an das sanskritische Medium anschlösse; vielmehr ist die Zusammenziehung von *ja* zu *ei* = *í* eine rein gothische, welcher

---

*) In soweit ist *ita* ich esse, von der Wurzel *at*, das merkwürdigste Verbum seiner Klasse, als *êtum* wir afsen (für *âtum*, aus *a-atum*, ahd. *âzumês*) eine Reduplication enthält, ohne wie *sêtum* und ähnliche Formen eine Verstümmelung erfahren zu haben (II. p. 482). Das ahd. *âzumês* entspricht fast so genau wie möglich dem skr. reduplicirten *âd-i-má* aus *a-adimá*.

**) *adímâhi* ist wie *adíd'vám*, *adítá* nur eine theoretische Bildung, indem das Medium der Wz. अद् *ad* ungebräuchlich ist.

wahrscheinlich eine Schwächung von *ja* zu *ji* vorangegangen, nach demselben Princip, wornach die Nominalstämme auf *ja* im Nomin. sg. *ji-s* für *ja-s* zeigen, im Falle dieser Sylbe nur Eine und zwar kurze Sylbe vorhergeht. Geht aber eine vocalische oder Positionslänge, oder mehr als eine Sylbe vorher, so schwächt sich die Sylbe *ja* nicht blofs zu *ji*, sondern zieht sich zu langem *i* (*ei*), und am Wort-Ende zu kurzem *i* zusammen; daher z. B. *andeis* Ende für *andjis* aus *andjas*, Acc. *andi* für *andja*. Vor einem schliefsenden Nasal oder *ns* behauptet sich die Sylbe *ja* in ihrem ursprünglichen Zustande; daher im Dat. pl. *andja-m*, Acc. *andja-ns*. Auf dasselbe phonetische Gesetz gründet sich die Erscheinung, dafs das aus *m* hervorgegangene *u* der ersten Person sg. unserer Modus-Form die Sylbe *ja* in ihrer Vollständigkeit geschützt hat, und es mag daher *étjau* aus *étjam* ich äfse mit dem Dat. pl. *andjam*; *éteis* du äfsest mit dem Nom. und Gen. sg. *andeis*, und die mit kurzem *i* schliefsende 3te Pers. sg. *éti* mit dem Acc. *andi* verglichen werden.

677. Im Alt-Slavischen gibt es einige Überreste der griech. Conjugation auf μι oder der sanskritischen zweiten Haupt-Conjugation. Diese haben in der ersten Pers. sg. des Praesens die Personal-Endung in der Gestalt von мь *mĭ* behauptet und setzen im Imperativ, den ich in seiner Bildung mit dem sanskritisch-zendischen Potentialis, dem lateinisch-germanischen Conjunctiv und griech. Optativ identificiren zu müssen glaube*), den Exponenten des Modusverhältnisses unmittelbar an die Wurzel. Der Modus-Charakter aber hat von dem skr. *yá* nur den Halbvocal gerettet, und da in der 2ten P. sg. das *s* von *yás*, weil es von ältester Zeit her am Ende stand, nach einem allgemeinen Lautgesetze schwinden mufste, so entspricht ıаждь *jaśdĭ* (euphonisch für *jadj*, s. I. §. 92. p. 152 f.) ifs dem skr. *adyá's* du mögest essen und lat. *edis*; въждь *véśdĭ* (für *védj*) wisse dem skr. *vidyá's*, und даждь *daśdĭ* (für *dadj*) gib dem

---

*) Beistimmend Miklosich, Formenlehre 2te Ausg. §. 107.

griech. διδοίης und noch mehr dem skr. *dadyấs*, weil es wie dieses den Wurzelvocal eingebüſst hat. Die angegebenen slav. Formen gelten zugleich als dritte Personen; denn यास् *yấs* und यात् *yất* können sich im Slavischen nicht unterscheiden, weil das End-Consonanten-Vertilgungsgesetz so wenig das *t* als das *s* verschont hat, während das Griechische das ς am Ende erträgt, auch da, wo es schon in vorgriechischer Sprachperiode als Schluſspfeiler des Wortes stand, und somit διδοίης von dem der Personbezeichnung beraubten διδοίη unterscheiden kann.

678. In der ersten Pluralperson stimmen ІАЖДНМЪ *jaṣ́dimŭ*, ВѢЖДНМЪ *vêṣ́dimŭ*, ДАЖДНМЪ *daṣ́dimŭ* zu स्याम *adyấma*, *edimus*; विद्याम *vidyấma*; द्याम *dadyấma*, διδοῖμεν, *duimus*; und in der zweiten: ІАЖДНТЕ *jaṣ́dite*, ВѢЖДНТЕ *vêṣ́dite*, ДАЖДНТЕ *daṣ́dite* zu स्यात *adyấta*, *editis*; विद्यात *vidyấta*; द्यात *dadyấta*, διδοῖτε, *duitis*. Die 2te Person pl. dieses Modus ist den slavischen Sprachen entschwunden und wird, in den lebenden Dialekten wenigstens, umschrieben durch die entsprechende Person des Praesens indic. mit einer vorangestellten Partikel. Die in der ersten Ausgabe dieses Buches (§. 678) nach Dobrowski und Kopitar ausgesprochene Bemerkung, daſs sie im Altslavischen durch die zweite Pluralperson ersetzt werde, ist unbegründet.

679. Auch den litauischen Imperativ ziehe ich, seinem Ursprunge nach, in das Gebiet des hier behandelten Modus, denn es ist ihm in allen Verben ohne Ausnahme der Vocal *i* charakteristisch, der sich mit nichts anderem als mit dem eben besprochenen slavischen ь *ĭ*, и *i*, dem griech. ι aller Optative, dem latein. *i* von *sim*, *edim*, *velim*, *duim* und dem sanskritisch-ṣendischen *yấ* oder *î* vergleichen läſst. Der lit. Imperativ aber gewinnt dadurch ein eigenthümliches, ihn dem entsprechenden Modus der Schwestersprachen entfremdendes Ansehen, daſs sich der wahre Exponent des Modus-

verhältnisses hinter einem *k* verbirgt *), welches dem *i* immer vorangestellt wird, nur dafs, wenn die Wurzel selber mit *k* endet, für zwei *k* nur eins gesetzt wird. Da in der 2ten Singularperson, wo das *i* die Form schliefsen sollte, dieser Endvocal gewöhnlich unterdrückt wird, das *k* aber über alle Imperativpersonen sich erstreckt, mit Ausnahme der dritten, wovon später, so kann man leicht in Versuchung gerathen, dieses *k* für das wahre Imperativ-Suffix zu halten, und so das Litauische in diesem Modus ganz aus dem sonst so engen Verbande mit den übrigen Sprachschwestern loszureifsen. Man bildet z. B. aus der Wurzel *bu* sein die Formen *búki* oder *buk* sei, *búkite* seid, *búkime* wir sollen sein, *búkiwa* wir beide sollen sein, *búkita* ihr beide sollt sein. So *dü'ki* oder *dük* gib, *dükite* gebet etc. In den meisten Fällen trifft es sich, dafs das *k* zwischen zwei Vocalen erscheint, denn in den vorliegenden Beispielen endet die Wurzel und in Mielcke's drei letzten Conjugationen die dem skr. *aya* entsprechende Klassensylbe (s. §. 506) mit einem Vocal, und da das als Muster der ersten Conjugation von Mielcke aufgestellte *sukù* ich drehe, wegen des die Wurzel schliefsenden *k*, sich des in Rede stehenden Zusatzes enthält, so fehlt es in Mielcke's Grammatik ganz und gar an einem Beispiele, welches die Verbindung des imperativischen *k* mit einem Consonanten veranschaulicht. Allein Ruhig gibt von *laupsinu* ich lobe den Imperativ *laupsink'* (*laupsinki*), und nach der von Mielcke S. 78 aufgestellten Regel müssen wir aus Infinitiven wie *ras-ti* finden (euphonisch für *rad-ti*) Imperative wie *ras-k'* oder *ras-ki* erwarten, indem nämlich ein *k* an die Stelle des Infinitivsuffixes treten soll.

---

*) Die ältere Sprache zeigt noch einige Formen ohne *k* (s. Schleicher §. 108), worunter *dōdi* oder *dudi* — deren *i* zum skr. *yá* und griech. ιη von *dadyá's*, διδοίης stimmt — und mit unterdrücktem *i*: *at-leid* vergib, *ne-wed* führe nicht; für letzteres auch noch *ne wedi*.

680. Was den Ursprung des dem lit. Imperativ eigenthümlichen *k* anbelangt, so ist es, wie bereits bemerkt worden, höchst wahrscheinlich eine Entartung des *s* des Verb. subst., und demnach *dŭ'ki* gib in doppelter Beziehung verwandt mit dem altslav. *dachŭ* ich gab und dem griech. ἔδωκα, δέδωκα*), sowie mit dem şendischen ꞩ𐬀𐬔𐬌𐬌𐬉𐬌𐬙𐬌 *dáq'yêiti* er wird geben (= skr. *dāsyáti*), welches ich zwar nicht zu belegen weifs, aber mit Sicherheit aus dem früher erwähnten Part. der mit *dā* geben gleichlautenden Wurzel *dā* legen folgern zu dürfen glaube (s. §. 669). So wie das şend. Fut. *dáq'yêiti* zum skr. *dāsyáti*, so verhält sich hinsichtlich der Setzung eines Gutturals statt eines ursprünglichen Zischlauts das lit. *dŭ'ki* zum skr. Precat. Medii *dāsīṣṭá* er möge geben. Im Dual stimmt das lit. *dŭ'kiwa* zum skr. *dāsīváhi*, und im Plural *dŭ'kime* zu *dāsīmáhi*. Der skr. Precativ, womit wir das armenische Futurum vermittelt haben (I. p. 372 f.), ist aber in der That nichts anders als eine Modification des Potentialis und verhält sich dazu im Wesentlichen wie der griech. Aorist des Optativs zu dessen Praesens; d. h. die Klassen-Unterschiede werden aufgehoben. Man vergleiche *dêyā's*, *dêyā't*, für *dáyā's*, *dáyā't***), şend. *dáyāo*, *dáyād̦*, mit δοίης, δοίη. In allen übrigen Personen fügt das Skr. ein *s*, d. h. das Verb.-subst., an den Modusexponenten *yá*, und so gleicht *dêyā'sam* der griech. 3ten Pluralperson δοίησαν. Man kann diese ungleiche Einführung des Verb. subst. für ein erst nach der Sprachtrennung eingetretenes Ereignifs ansehen, weshalb selbst das

---

*) S. §. 560 und vergleiche auch hinsichtlich des litauischen *k* für ursprünglichen Zischlaut das Verhältnifs von *juka* Blutsuppe zum skr. *yūs'á m. n.* „pease soup" (Wilson), lat. *jūs*, *jūr-is* (aus *jūs-is*) Brühe, Suppe, sloven. *juha* Brühe, altslav. ЮХА *jucha* id. Zu letzterem verhält sich also das lit. *juka* hinsichtlich seiner Tenuis, für slav. Aspirata aus skr. Zischlaut, wie *dŭ'ki* gib zu ДАХЪ *dachŭ* ich gab.

**) Ursprüngliches *á* geht bei den meisten skr. Wurzeln im Prec. act. in *ê* über; nicht aber im Șend.

Potentialis, Optativ, Conjunctiv. §. 680.

Send, obwohl es viel länger als die europäischen Schwester-Idiome bei dem Sanskrit verweilte, keinen Antheil daran nimmt, und im Plural ⲅⲱⳉⳉⲱⲅ *dáyâma*, ⲅⲱⳉⳉⲱⲅ *dáyata*, ⳉⲱⳉⳉⲱⲅ *dáyań**) dem griech. δοίημεν, δοίητε, δοῖεν und sanskritischen *déyấsma*, *déyấsta*, *déyấsus* gegenüberstellt. Auch das Armenische enthält sich in den entsprechenden Formen seines Futurums der Einfügung des Verb. subst. und stellt in der ersten P. pl. *tażumq'*, in der 3ten *tażen* dem send. *dáyâma*, *dáyań* gegenüber (I. p. 373). In der ersten P. sg. finde ich im Send die Form ⳉⲱⳉⳉⲅ *dyańm* (mit unterdrücktem Wurzelvocal für *dáyańm*) an einer Stelle, wo sowohl die Bedeutung geben als setzen, legen paſst **). Gehört sie zur Wz. *dâ* geben, so stimmt sie zum gr. δοίην und, abgesehen von dem fehlenden Hülfsverbum, zum skr. *déyấsam*, während sie als Abkömmling der Wz. *dâ* = skr. धा *d'á* setzen, legen zum gr. θείην und skr. धेयासम् *d'éyấsam* zu ziehen wäre. Dafs auch das Sanskrit, im Vêda-Dialekt, die Weglassung des Hülfsverb. gestattet, kann aus der Form *b'ûyấma* wir mögen sein gefolgert werden, welche ich, so lange man nicht Praesensformen wie *b'úmi*, *b'úsi* etc. nachweisen kann, lieber dem Precativ, d. h. dem Optativ der 5ten Aoristbildung (§. 573), als dem Potentialis = griech. Optativ praes. zuweise, wie ich auch das vêdische *b'útu* er soll sein nicht als Imperativ praes. der 2ten Conjugationsklasse, sondern als solchen der 5ten Aoristbildung fasse. — Zur 3ten P. sg. *b'úyất*, send. *buyấḍ*, stimmt trefflich das umbrische *fuia* (er sei), welches auch Aufrecht und Kirchhoff (Umbrische Sprachd. p. 141) hierher gezogen haben. Das oskische *fuid* er sei (Mommsen,

---

*) Vgl. Burnouf, Yaçna Note S. p. 150, 152.
**) V. S. p. 354, bei Westergaard p. 79: *kaid as'di drug'ĕm dyańm jas'tayô* wie mag ich dem Reinen die Drug' in die Hände geben (oder setzen, legen)? Anquetil übersetzt: „comment moi pur, mettrai-je la main sur le Daroudj". Spiegel (Avesta II. p. 148): „Wie soll ich durch Reinheit die Drujas in die Gewalt bekommen?"

Osk. Stud. p. 63) hat das vom Umbrischen aufgegebene Personzeichen gerettet, jedoch das skr. *á* des Modus-Ausdrucks यт *yá* eingebüſst, während *stai-ed* er stehe (l. c.), durch Bewahrung des der Modus-Bezeichnung zukommenden Vocals, in Gestalt von *e*, schön zum griech. Aorist opt. σταίη(τ) stimmt, wofür im Send das unbelegbare *itá-yá-ḍ* zu erwarten, gegenüber dem skr. *sté-yá-t* als Entartung von *stá-yá-t* (p. 8 Anm. **).

681. Im Medium überläſst das Sanskrit beim Precativ dem Verbum subst. die Andeutung des Modus-Verhältnisses, gerade wie im Fut. der beiden Activformen die des Zeitverhältnisses. So wie also in *dá-syámi* dabo der Schluſstheil das Futurum des Verb. subst. ist, so ist in *dá-si-y-á**) ich möge geben dessen Precativ oder potentialer Aorist enthalten**) und das litauische *dů'-ki* gib (ohne irgend eine Personal-Endung) ist ein schönes Analogon zu *dási*, mit Erhärtung des Zischlauts zu *k* (p. 8), die allein den Imperativ vom Futurum unterscheidet; man vergleiche *dů'-kite* gebet mit *dů'-site* ihr werdet geben.

682. Zur Unterstützung meiner Behauptung, daſs der gewöhnliche lit. Imperativ auf den sanskritischen Precativ, nicht auf den zum griech. Praes. Optativi stimmenden Potentialis sich stützt, dient noch vorzüglich der Umstand, daſs er in letzterem Falle in denjenigen Verben, die der skr. ersten Klasse entsprechen, den zwischen Wurzel und Personal-Endung eingeschobenen Vocal behaupten müſste. Es würde z. B. das eingeschobene *a* von *wéz'-a-me* wir fahren, *wéz'-a-te* ihr fahret nicht verloren gegangen, sondern

---

*) Das *y* ist eine euphonische Einschiebung, und *a*, für *ma*, die Endung.

**) Eigentlich ist der Prec. med. nichts anders als der Potentialis med. der ersten oder 3ten Aoristbildung (*ksipsyá* von *áksipsi*, *bdá-i-síyá* von *ábódisi*), während der Prec. des Activs der Potentialis der 5ten Aoristbildung ist (*dé-yá-t*, aus *dáydt*, von *ádá-t* wie δοίη von ἔδω), wenngleich in den seltensten Fällen das entsprechende Indicativ-Tempus sich wirklich erhalten hat.

Potentialis, Optativ, Conjunctiv. §. 682.

höchst wahrscheinlich daraus *ai* geworden sein, so dafs also *wés'-ai-me*, *wés'-ai-te* dem gothischen *vig-ai-ma*, *vig-ai-th*, dem griechischen ἐχ-οι-μεν, ἐχ-οι-τε und sanskritischen *váh-ê-ma*, *váh-ê-ta* (aus *vahaima*, *vahaita*) gegenüber ständen. Nun aber stützt sich nach der oben entwickelten Ansicht *wés'-ki-me*, *wés'-ki-te* nicht auf *váh-ê-ma*, *váh-ê-ta*, sondern auf *vak-sí-máhi*, *vak-sí-dvám*, abgesehen von den Medial-Endungen. Das Lettische aber hat in seinen Imperativen von den zwei Modificationen des in Rede stehenden Sanskrit-Modus die erste, d. h. die „Potentialis" genannte, dem gr. Optativ praes. entsprechende Form bewahrt, und zeigt in der 2ten Pluralperson immer *ai* oder *ee* an der Stelle des indicativen *a*, und so stimmt z. B. *darrait* thuet (faciatis) in seinem Verhältnifs zu *darrat* ihr thuet [*]) vortrefflich zu gothischen Conjunctiven wie *lis-ai-ts* ihr beide möget lesen gegenüber dem Indicativ *lis-a-ts*. Ich setze den Dual, weil dieser den Vortheil hat, im Indic. das alte *a* in seiner Urgestalt bewahrt zu haben, während im Plural *lisith*, wie überhaupt vor schliefsendem *th*, das *a* zu *i* geworden ist. Die beiden Zwillingsschwestern, das Litauische und Lettische, ergänzen also einander in ihrem Imperativ sehr schön, indem die eine uns den skr. Potentialis und die andere dessen Aorist-Form oder den Precativ überliefert, und zwar, was um so wichtiger ist, diejenige Bildungsweise, die dem Medium eigenthümlich und sonst in

---

[*]) Wenngleich auch im Indicativ die Form auf *ait* oder *eet* vorkommt, so ist doch hier die auf *at* die vorherrschende, echte; im Imperativ aber die auf *eet* oder *ait* die einzige und somit dem Modus charakteristische. Die wahre Aussprache des lettischen Diphthongs *ee* ist aus der Beschreibung bei Rosenberger schwer zu entnehmen; uns kann aber hier genügen, dafs dieser Diphthong etymologisch nur eine Abart des *ai* ist, und wie dieses dem skr. *ê* (= *a* + *i*) entspricht; z. B. in *deews* Gott = देवस् *dêvá-s*, von दिव् *div* glänzen; *eet* er geht = एति *éti*, von इ *i*; *smee-t* lachen entspricht in der Wurzel dem skr. *smi*; wovon durch Guṇa, d. h. durch Vorschiebung eines *a*, *smê*.

keinem anderen europäischen Schwester-Idiom nachzuweisen ist, während, wie gesagt, der active Bildungsprocefs im griechischen 2ten Aorist des Optativs sich abspiegelt, wo in der 3ten P. pl. δοίησαν dem skr. *dêyấsus* (für *dấyâsant*) und δοῖεν dem şend. ܐܝܕܐܢ *dấyaṅn* gegenüber steht.

683. Die zweite Singularperson des lettischen Imperativs ist immer identisch mit der entsprechenden Person des Indicativs, und bedarf hier keiner näheren Besprechung; und so ist das, was im Litauischen gewöhnlich als 3te Person Imperat. angeführt wird, nichts anders als die 3te Person des indicativischen Praesens, die ihre, mehr dem Conjunctiv als Imperativ entsprechende modale Function durch die Vorsetzung der Conjunction *te* erhält. Es gibt aber einige anomal genannte Verba, die eine vom Indicativ abweichende Form haben, und diese ist wirklich ein unverkennbarer Bruder des skr. Potentialis der zweiten Haupt-Conjugation, oder des griech. Optat. praes. der Conjugation auf μι. Der Personal-Charakter ist, wie in der Regel auch in allen Temporen des Indicativs, abgefallen, und so entspricht *ie* dem griech. ιη, latein. *iet* von *siet* und dem sanskritisch-şendischen *yất, yấḍ*. Namentlich begegnet *ésie* dem griech. εἴη (aus ἐσίη), dem altlat. *siet* und skr. *syất*; überbietet aber das Lat. und Sanskrit durch Bewahrung des Wurzelvocals (wie in *ésme* gegenüber von *s-mas, sumus*) und das griech. εἴη durch Bewahrung des Consonanten der Wurzel.

684. Das lit. *dŭ́dje* er gebe entspricht dem griech. διδοίη, sanskritischen *dadyất* und şendischen *daid'yấḍ*. Die Übereinstimmung mit den beiden letzten Formen aber ist um so gröfser, als am Stamme selbst der Wurzelvocal verloren gegangen ist, also *dŭ́-die* für *dŭdŭje*, wie im Sanskrit *da-dyất* für *dadấyất* und im Şend *dai-d'yấḍ* für *da-d'ấyấḍ*. Das Verhältnifs zwischen *dŭ́die* zu den übrigen, unreduplicirten Personen des Imper., wie *dŭ́ki, dŭ́kime* etc. ist genau dasselbe, wie im Sanskrit und Şend das Verhältnifs des Potentialis zum Precativ, und im Griechischen das des Praes. Optat. zum Aorist dieses Modus; also wie द्यात्

dadyất zu द्यात् *dế-yất* (für *dấyất*, Med. *dấ-síṣṭá*) sich verhält, oder wie im Send 𐬛𐬀𐬌𐬜𐬌𐬌𐬁𐬛 *daidyấḍ* zu 𐬛𐬀𐬌𐬌𐬁𐬛 *dáyáḍ* und im Griech. διδοίη zu δείη, so verhält sich *dŭ'die* er gebe zu *dŭ'ki* gib. Es liegt hierin ein neuer und zwar sehr starker Beweis, dafs der lit. Imperativ in der 3ten Person der anomalen Verba an den Potent. oder Optat. praes., in den übrigen aber an den Prec. oder Optat. Aor. sich anschliefse, und dafs das *k* von *dŭ'ki* mit dem κ von ἔδωκα und dem *s* von *dấsíyá* identisch sei. Es ist passend, hier an die Eintheilung der sanskritischen Tempora und Modi in speciale und allgemeine zu erinnern. Die letzteren, wozu der Precativ, wie im Griech. der Aorist gehört, heben den Klassen-Charakter auf, der bei *dádấmi*, δίδωμι und dem lit. *dŭ'du* in der Reduplication besteht; diese wird also in *dế-yấsam*, *dấ-síyá*, δοίην, *dŭ'ki* nach demselben Grundsatze vermifst, nach welchem das in Rede stehende Verbum in den drei Sprachen das Futurum *dấ-syấmi*, δώ-σω, *dŭ'-siu* bildet. Die lit. Wurzel *bŭ* esse (= skr. *b'ú*) bildet im Einverständnisse mit diesem Princip im Plural des Futur. *bú-si-me* und in dem des Imperativs: *bú-ki-me*.

685. Aufser dem Imperativ bietet das Litauische noch einen anderen Modus dar, den wir mit dem sanskritischen Precativ in Verbindung bringen müssen; ich meine den von Ruhig und Mielcke „Conjunctiv", von Kurschat „Optativ" genannten Modus, welcher nur ein Imperfect aufzuweisen hat, welches wir von der Wurzel *dŭ* geben hier vollständig hersetzen wollen, mit Beifügung der entsprechenden Formen des Lettischen, welches wir hier zum Verständnifs des Litauischen nöthig haben.

Singular.		Plural.	
Litauisch	Lettisch	Litauisch	Lettisch
dŭ'ċiau	*es dohtu*	*dŭ'tumbime*	*mehs dohtum*
dŭ'tumbei	*tu dohtu*	*dŭ'tumbite*	*juhs dohtut*
dŭ'tu	*winsch* [1]) *dohtu*	*dŭ'tu*	*winni* [2]) *dohtu*

[1]) Fem. *winnia*. [2]) Fem. *winnias*.

Dual.

Litauisch

dů'tumbiwa
dů'tumbita
dů'tu

Die 3te Singularperson, die, wie überall im Litauischen und Lettischen, zugleich den Plural und im Litauischen auch den Dual ersetzt, würde uns, an und für sich betrachtet, zu dem skr. Imperativ führen, wo *dádátu* er soll geben mit *důtu*, *dohtu* in der Endung identisch ist, und die Erscheinung, dafs das lettische *dohtu* auch als 2te und erste Person gilt, könnte man als Folge einer Verirrung des Sprachgebrauchs ansehen, ähnlich derjenigen, wodurch im gothischen Passiv die 3te Pluralperson des Praes. auch in die übrigen Personen eingedrungen ist (§. 466). Ich halte jedoch das in Rede stehende *tu* nicht für eine Personal-Endung, sondern für identisch mit dem *tum* der übrigen Personen, und betrachte *důtu* als eine Verstümmelung von *důtumbi*, zumal man auch in der ersten Pluralperson *důtum* für *důtumbime* sagen kann (Mielcke S. 143. *b*), in welchem Falle das *m* als Charakter der ersten Person anzusehen und nicht mit demjenigen zu verwechseln ist, welches in der vollständigen Form *důtumbime* dem *b* vorhergeht. Ich folgere dies aus dem Lettischen, welches die Sylbe *bi* sammt dem vorhergehenden *m* überall verdrängt hat, das übrig bleibende *tu* aber im Plural mit den Personzeichen verbindet, im Singular jedoch, weil dieser überhaupt die Consonanten der Endungen verloren hat, ohne allen Zusatz läfst; also *es*, *tu*, *wińsch dohtu*. Wir erhalten so einen deutlichen Wink, dafs man auch in der litauischen ersten Singularperson die Form *důćiau* und ähnliche als eine starke Verstümmelung auffassen mufs, und ich zweifle nicht, dafs *důćiau* aus *důtumbiau* durch Überspringung von *umb*. entstanden sei. So kam das *t* mit *i* vor nachfolgendem Vocal in unmittelbare Berührung und mufste darum nach einem allgemeinen Lautgesetze in *t* übergehen. Die Verstümmelung von *dŭtumbiau* zu *dŭ'ciau* (für *dŭtiau*) ist nicht gröfser als die vorhin erwähnte von *dŭtu(mbi)me* zu *dŭ'tum*, für *dŭtume*. In beiden Fällen sind drei Buchstaben übersprungen, im ersten: *mb* mit dem ihm vorangehenden, im zweiten: mit dem ihm folgenden Vocal.

686. Der litauische Conjunctiv ist mir darum sehr wichtig, weil ich in der Sylbe *bi* den wahren Exponenten des Modusverhältnisses, und in diesem eine mehr als zufällige Begegnung mit dem formell vollkommen gleichen Ausdruck des lateinischen Futurums der ersten und 2ten Conjugation erkenne. Man vergleiche *da-bimus* mit *dŭ'tum-bime*, *da-bitis* mit *dŭ'tum-bite*, *da-bis* mit *dŭ'tum-bei*, aus *dŭtum-bi-i*, *da-bo* für *dabio* mit dem oben vorausgesetzten *dŭtum-biau*, und *dabit* mit dem ebenfalls nur vorausgesetzten, zu *dŭ'tu* verstümmelten *dŭtum-bi*. Die Identificirung einer lateinischen Futurform mit dem Conjunctiv einer Schwestersprache kann aber um so weniger auffallen, als das Lateinische selbst innerhalb seines eignen Sprachgebiets Futurum und Conjunctiv darin auf gleichen Fufs stellt, dafs Futura wie *legês*, *leget*, *legémus*, *legétis* in ihrer Form mit den Conjunctiven der ersten Conjugation übereinstimmen.

687. Das *i* des litauischen *bi* entspricht, wie kaum zu bezweifeln, dem sanskritisch-sendischen Modus-Charakter *yá*, der in Verbindung mit *b'ú* „sein" in der 3ten Person des Precativs भूयात् *b'úyá't*, ᚻᚳᛡᛡᛡ *buyáḍ* bildet. Das Litauische hat das *a* seiner Wurzel *bu* abgelegt, sei es wegen ihrer Erscheinung in einer Zusammensetzung, oder, weil das *a* vor einen Vocal zu stehen käme, während es sonst überall vor Consonanten erscheint; die Sylbe *yá* aber ist in der ersten P. sg. auf *ia-u* ziemlich vollständig erhalten, dagegen in den übrigen Personen zu *i* zusammengezogen. Man vergleiche *biau* (aus *biam*, s. II. p. 264) mit dem im Send vorauszusetzenden ᚳᚻᛡᛡᛡ *buyañm* (aus *buyám*) und *bime*, *bite* aus *bujame*, *bujate*, mit ᚻᚷᛡᛡᛡ *buyáma*, ᚻᚱᛡᛡᛡ *buyata*. Was den ersten Theil des lit. Compositums

16 *Bildung der Modi.* §. 688.

dútum-bei etc. anbelangt, so erkenne ich darin den skr. Infinitiv und den Accusativ des latein. Supinums: दातुम् *dátum*, *datum*. Im isolirten Zustande endet das lit. Supinum auf *tu*, der verlorene Accusativ-Charakter aber hat sich in der Zusammensetzung unter dem Schutze des folgenden Hülfsverbums, besonders seines zu *m* stimmenden labialen Anfangsconsonanten, in seiner Urgestalt gerettet, während sonst im Litauischen das accusative *m* zu *n* geworden ist (s. §. 149).

§. 688. Die sanskritische erste Haupt-Conjugation unterdrückt das *á* des Potential-Charakters *y á*, sowohl im Activ wie im Medium*), und das *y*, vocalisirt zu *i*, wird mit dem

---

*) Begünstigt wurde diese Unterdrückung durch die Leichtigkeit, womit das *y* (*j*), zu *i* vocalisirt, mit einem vorhergehenden *a* sich diphthongiren läfst. Veranlassung dazu aber gab das Streben nach Erleichterung des Modus-Elements in Verbindung mit einem ohnehin schon zwei- oder, bei der 10ten Klasse, dreisylbigen Verbal-Thema; also *bó'dés* du mögest wissen für *bód-a-yás*, *kámáyés* du mögest lieben für *kám-aya-yás*. In der 2ten Haupt-Conjugation kommt die Verbindung der Modussylbe *yá* mit wurzelhaftem *á* (Wurzeln auf kurzes *a* gibt es nicht) nur bei einsylbigen Verbal-Themen vor, z. B. in *b'á-yá'm*. Wurzeln der 3ten Klasse aber, weil sie durch Reduplication mehrsylbig werden, erleichtern die Wurzeln durch Unterdrückung des *á*, daher z. B. *dad-yá'm* für *dadá-yám*, *g'ah-yá'm* für *g'ahá-yám* (vgl. §. 482). Die 9te Klasse schwächt ihre Klassensylbe *ná* zu *ní*, wie vor den schweren Personal-Endungen (§. 485), also *yu-ní-yá'm* für *yu-ná-yám*, und somit ist die Verbindung des vollen Modus-Exponenten *yá* mit der schwersten Vocal-Qualität bei mehrsylbigen Themen durchaus vermieden. Die Wurzeln, welche *nu* oder *u* ansetzen, erfahren weder am Stamme noch an dem Modus-Charakter eine Schwächung, denn das *á* von *yá* kann hier nicht verloren gehen, weil *i* mit vorhergehendem *u* sich nicht diphthongiren läfst; das *u* der Klassensylbe aber fühlt kein Bedürfnifs zur Schwächung, weil *u* ohnehin schon einer der leichteren Vocale ist, daher z. B. *áp-nu-yá'm* ich möge erlangen. Dem würden im Griechischen Formen wie δικνυίην entsprechen, die aber, wie es scheint,

vorhergehenden *a* des Klassencharakters zu *ê* zusammengezogen; daher z. B. भरेस् *b'árês* *) du mögest tragen für *b'ar-a-yâs*, wie im Griech. φέροις für φεροίης (φερ-ο-ίης). Hatte aber, woran ich nicht zweifle, der skr. Diphthong *ê* vor der Trennung der Sprachen noch seine rechtmäfsige Aussprache *ai*, so konnte jedes einzelne Glied der aus der Spaltung hervorgegangenen Sprachklassen dieses aus dem Stammlande mitgebrachte *ai* entweder überall oder gelegentlich in seiner genaueren Geltung schützen; oder überall oder gelegentlich zu *ê* vereinigen; und da es natürlich ist, *ê* aus *ai* hervorgehen zu lassen, so begegnen sich viele der Schwestersprachen in diesem Verschmelzungsprocesse. Während aber das Sanskrit nach der uns überkommenen Aussprache in der Stellung vor Consonanten den Diphthong *ai* ohne Ausnahme als *ê* vernehmen läfst, zeigt das Griechische das entgegengesetzte Extrem und führt uns den skr. Diphthong als αι, ει oder ει vor, und zwar in vorliegendem Falle als οι, indem der Klassenvocal, der im Indicativ nur vor Nasalen als *o* erscheint, in Vereinigung mit dem Modus-Exponenten ι ohne Ausnahme die *o*-Qualität zeigt. Das η des vollen Modus-Exponenten ιη wird aber, wie im Sanskrit das *á*, unterdrückt, also φέρ-οι-ς, φέρ-οι-(τ) gegen *b'ár-ê-s*, *b'ár-ê-t*; φέρ-οι-τον, φερ-οί-την gegen *b'ár-ê-tam, b'ár-ê-tâm*; φέρ-οι-μεν, φέρ-οι-τε gegen *b'ár-ê-ma, b'ár-ê-ta*.

689. Dafs die erste P. sg. auf οιμι eine unorganische Form sei und dafs τυπτοίμην auf ein actives τύπτοιν hindeute, ist bereits bemerkt worden (§. 430); ob aber die bei contrahirten Verben vorkommenden Formen auf οίην, οίης etc. die Urform geschützt haben, und somit an Echtheit die

---

wegen der Unbequemlichkeit der Aussprache, durch Einführung in die ω-Conjugation vermieden werden, während die Überreste von Formen, die ihrem eigentlichen Conjugationsgebiete treu geblieben sind, das ι unterdrückt und zum Ersatze das υ verlängert haben, also ἐπιδεικνύμην für ἐπιδεικνυίμην.

*) ursprünglich *b'arais*, s. I. p. 7.

sanskritischen Formen wie $b'ár$-$ê$-s (für $b'ar$-a-$yás$) überbieten, oder ob dieselben, was wahrscheinlicher ist, durch die Analogie der $\mu\iota$-Conjugation zurückgeführt sind, mag hier unentschieden bleiben. — Das Sanskrit setzt zwischen den Diphthong $\hat{e}$, und bei der 2ten Haupt-Conjug. zwischen das aus $yá$ verkürzte $í$, und die mit Vocalen anfangenden Personal-Endungen ein euphonisches y (s. §. 43), daher $b'árê$-y-am gegenüber dem griech. φέροιμι für φέροιν. Über die Endung am für bloſses m, welches das euphonische y überflüssig machen und eine Form $b'árêm$ für $b'áréyam$ gewähren würde, sehe man §. 437 Anm.

690. Das Lateinische zeigt in seinen Conjunctiven der ersten Conjugation den aus der Klassensylbe und dem Modus-Vocal i erwachsenen Diphthong gleich dem Sanskrit in Gestalt von $\hat{e}$, welches aber in der ersten und 3ten P. sg. durch den Einfluſs des schlieſsenden m und t gekürzt wird, also *amem, amet* im Gegensatze zu *amês; amêmus, amêtis*. Die Bildungsverwandtschaft dieser Formen mit den griech. wie φέροιμι (φέροιν), φέροις, φέροιμεν, φέροιτε wäre vielleicht ohne Vermittelung des Sanskrit niemals erkannt worden. Wenn man aber *amês, amet, amêmus, amêtis* mit den gleichbedeutenden Sanskritformen *kámáyês, kámáyêt, kámáyêma, kámáyêta* vergleicht, so wird man annehmen müssen, daſs von dem Klassencharakter स्य aya, woraus wir durch Verdrängung des y das latein. $á$ ($= a + a$) von $amá$-re erklärt haben (§. 109ᵃ). 6), das letzte a mit dem modalen i sich vereinigt habe, während in dem $á$ von *amás, amámus, amátis* die beiden a von $kám$-$á(y)a$-si, $kám$-$á(y)á$-mas, $kám$-$á(y)a$-$t'a$ vereinigt sind. Es entspricht also das $\hat{e}$ von *amês* etc. dem griech. οι von Formen wie τιμάοις, φιλέοις, δηλόοις (§. 109ᵃ). 6) und der vorbergehende kurze Vocal ist übersprungen. In den veralteten Formen *verberit, temperint* (Struve S. 146) ist auch der erste Theil des Diphthongs $\hat{e}$ ($= a + i$) gewichen, und nur das reine Modus-Element übrig geblieben. Sie mögen entweder in dem Bewuſstsein erzeugt sein, daſs in dem e von *verberet, temperet* ein i

gefangen liege, oder dem Princip von *sit, velit, edit* (§. 674) gefolgt sein. Dagegen gehört *do* wirklich zur skr. 2ten Haupt-Conjugation und der griech. auf μι, und darum sind *duim, perduim* gesetzmäfsige Formen, deren *i* dem skr. *y* von *dad-yā́m* und dem griech. ι von διδοίην entspricht. Die Schwächung des *a* zu *u* in *duim* beruht vielleicht darauf, dafs *ui* eine beliebtere Verbindung als *ai* ist.

691. In *moneā́s, moneā́mus* etc. ist das Ganze des skr. Causalthemas *mān-áya* denken machen enthalten (s. I. S. 227); nur das eigentlich lange *ế* (aus *a + i* = skr. *ay*) ist wegen seiner Stellung vor einem Vocal gekürzt, das *i* des Modus-Ausdruckes ist verschwunden und zum Ersatz der vorhergehende Vocal verlängert, nach dem Princip griechischer Optative mit ῡ für υι. Also wie ἐπιδεικνύμην für ἐπιδεικνυίμην, δαίνῡτο, πήγνῡτο für δαινυῖτο, πηγνυῖτο, so *moneās* für *moneais*. Dagegen verhält es sich mit *carint* (Struve S. 146) für *careānt* aus *careaint* wie mit dem vorhin erwähnten *verberit, temperint*.

692. So wie *moneās* zu *monḗs* sich verhält, so *audiās*, aus *audiais*, zu *audīs* (§. 109 *a*). p. 226). Das Futurum aber, welches bei der 3ten und 4ten Conjugation in der That nichts anders als ein Conjunctiv ist, wie dies zuerst in meinem Conjugationssystem bemerkt worden *), hat das Modus-Element geschützt, und mit dem *a* des Klassencharakters zu *ế* zusammengezogen, mit Ausnahme der ersten P. sg., wo *legem, audiem* für *legam, audiam* stehen sollte. Aus der älteren Sprache wird uns von Quintilian wirklich *dicem, faciem* als Schreibart des Cato Cens. überliefert (vgl. Struve S. 147), und so werden wohl auch in der 4ten Conjug. Formen wie *audiem* bestanden haben. Dadurch jedoch, dafs im eigentlichen Conjunctiv das letzte Element des Diphthongs *ai* sich auf das *a* geworfen und dieses verlängert, im Futurum aber sich mit dem *a* zu *ế* zusammengezogen hat, sind aus der ursprünglich Einen Form zwei geworden,

---

*) 1816. S. 98; so seitdem von Struve S. 145 f.

wovon jede einen Theil der Bedeutung zu repräsentiren übernommen hat, die eigentlich den beiden zukommt, wie ähnliche Fälle in der Sprachgeschichte sich oft ereignet haben, und z. B. *datúri* und *datôrés* (ich setze absichtlich den Plural) beide auf das skr. *dâtấras* hinführen, welches die Bedeutung der beiden latein. Formen in sich vereinigt. Der Gebrauch des Conjunctivs im Sinne eines Futurums erinnert an die Umschreibung des Futurums durch Hülfsverba, die sollen oder wollen bedeuten, sowie an den gelegentlichen Gebrauch des sendischen Imperativs im Sinne des Futurums (s. II. S. 556). Dafs aber schon von ältester Zeit der Ausdruck des Futurums jenem der Verhältnisse, die der latein. Conjunctiv bezeichnet, erstaunlich nahe liegt, erhellt daraus, dafs sich beide im Sanskrit nur durch die Quantität des Vocals unterscheiden: *ya* im Futurum gegen *yâ* im Potentialis.

693. Futurum und Conjunctiv der lateinischen 3ten Conjugation mögen uns noch etwas länger beschäftigen, obwohl das Wesentliche, was hierüber zu sagen ist, bereits aus dem, was über die 2te und 4te Conjugation bemerkt worden, von selbst hervorgeht. Futur-Formen wie *vehés*, *vehémus* waren mir schon in meinem Conjugationssystem als verwandt mit sanskritischen Potentialen wie *váhês*, *váhêma* und lateinischen Conjunctiven wie *amês*, *amêmus* erschienen. Allein bei der ersten Conj. hatte das *ê* eine Begründung, denn wenn man auch nicht in ihrem *â* eine Zusammenziehung des skr. *aya* der 10ten Klasse erkannte, so lag doch einmal dieses *â* einem jeden offen vor Augen und auch die Möglichkeit, es mit dem hinzutretenden *i* des Conjunctiv-Ausdrucks zu *ê* verschmelzen zu lassen. Aber das *ê* von *vehés*, *vehêmus* erschien unbegreiflich, oder wie eine Verpflanzung der 3ten in die erste Conjugation, so lang uns das *i* von *veh-i-s*, *veh-i-mus* als die ursprüngliche Gestalt des Klassenvocals der 3ten Conj. galt. Durch die in §. 109*ᵃ*). S. 205 ausgesprochene Wahrnehmung aber, wornach der Zwischenvocal der 3ten Conjug. nur ein secundäres, aus *a*

geschwächtes *i* ist, müssen nun Formen wie *vehês, vehêmus* in ganz anderem Lichte erscheinen. Ihr *ê* enthält das uralte *a*, welches im Indicativ sich entfärbt hat, wie es auch sonst wohl geschehen, dafs ein Wort in der Zusammensetzung sich in einer dem Urzustande näheren Gestalt erhalten hat, als in entblöfster, schutzloser Stellung *). Ehe im Indicativ die Formen *veh-ä-s, veh-ä-mus* zu *veh-i-s, veh-i-mus* sich entartet hatten, war daraus schon *veh-ê-s, veh-ê-mus* und im Conjunct. *vehâs, vehâmus* hervorgegangen, und die Entartung des Klassenvocals des Indicativs hatte keinen Einflufs auf den mit dem Modus-Charakter verschmolzenen gewinnen können **).

694. Die lateinische dritte Conjugation führt uns zum Gothischen, wo sämmtliche zwölf Klassen von Grimm's starker Conjugation mit der latein. dritten zusammentreffen (§. 109ᵃ⁾. 1. 2). Das Gothische hat aber vor dem Lateinischen den Vorzug, dafs es das alte *a* des Indicativs nicht durchgreifend, sondern nur vor einem schliefsenden *s* und *th* zu *i* hat entarten lassen, sonst aber geschützt hat. Man hat sich also nur zu hüten, dafs man die Formen *bairais* feras, *bairai* ferat, *bairaith* feratis nicht aus dem indicativischen *bairis, bairith, bairith* durch Vorschiebung eines *a* entstehen lasse, was auf einem im indo-europäischen Sprachstamme ganz unerhörten Bildungsprincip beruhen würde, sondern man mufs die genannten Conjunctivformen als Schöpfungen einer Zeit betrachten, wo ihre indicativischen Vorbilder noch *bairas, bairath* lauteten, worauf, hinsichtlich des Zwischenvocals, auch die Passivformen *bair-a-sa*; *bair-a-da* zurückführen (§. 466). In der 2ten P. des Duals

*) So hat sich z. B. der Guttural des latein. *facio* im franz. *magnifique* erhalten, während er sich in *fais, faisons* zu *s* entartet hat, oder, der Aussprache nach, in *fais* ganz verloren ist.

**) Ich habe diese Theorie zuerst in den Berl. Jahrb. für wissenschaftl. Kritik Jan. 1834. p. 97. 98. (s. Vocalismus S. 200) vorgetragen, und beistimmend A. Benary (Römische Lautlehre p. 27. 28), der jedoch den Modus-Vocal *i* von *i* gehen ableitet (vgl. §. 670).

und der ersten des Plurals verhält sich *bair-ai-ts*, *bair-ai-ma* zum indicativischen *bair-a-ts*, *bair-a-m* wie im Skr. *b́ár-é-tam*, *b́ár-é-ma* (aus *b́ár-ai-tam*, *b́ár-ai-ma*) zu *b́ár-a-t́as*, *b́ár-á-mas*; in der 3ten P. pl. verhält sich *bair-ai-na* *) ferant zu *bair-a-nd* ferunt wie das ṣendische ﺟﺮﻧﯩﺘﻰ *bar-ay-én* zu *bar-a-nti* (oder *bar-é-nti*) und wie das griech. φέρ-ϲι-εν zu φέρ-ο-ντι. In der ersten Dualperson beruht das Verhältniſs von *buir-ai-va* zu *bair-ós*, aus *bair-a-vas* (s. §. 441), auf demselben Princip, worauf im Sanskrit das von *b́ár-é-va* zu *b́ár-á-vas* **). In der ersten Singularperson *bairau* ich möge tragen vermiſst man den Modusvocal *i*, das *u* aber ist die Vocalisirung des Personalcharakters *m*; es verhält sich also *bairau* (aus *bairaim*) zu *bairais*, *bairai* etc. wie im lateinischen Futurum die erste P. *feram* (für *ferem*) zu *ferés*, *feret*, aus *ferais*, *ferait* ***). Das Althochdeutsche zeigt den goth. Diphthong *ai* in der Gestalt *é*, kürzt dasselbe aber am Wort-Ende (s. §. 81), daher verhält sich *bĕre* (für *bĕré*) feram, ferat, zu *bĕrés* (= skr. *b́árés*) feras, *bĕrémés* feramus, wie im Lat. amem, amet zu *amés*, *amémus*.

695. Das Altpreuſsische, ein dem Litauischen sehr nahe stehender Dialekt, zeigt uns Imperative wie *immais* nimm, *immaiti* nehmet, die zu ihren Indicativ-Formen *imm-a-se*, *imm-a-ti* in einem deutlicheren Verhältnisse stehen als im Gothischen *nim-ai-s* sumas, *nim-ai-th* sumatis zu *nim-i-s*,

---

*) umstellt aus *bairaian*, wenn nicht aus *bairain* mit beigefügtem unorganischen *a*, vgl. §. 149 p. 311.

**) Über die Länge des *á* s. §. 434.

***) Hinsichtlich der Unterdrückung des *i* in *bairau* vergleiche man im Gothischen Grimm's 3te Klasse der schwachen Conjugation; diese hat nämlich von dem Conjugationscharakter *ai* (= skr. अय *aya*, lat. *e*) das *i* überall verloren, wo ein schlieſsender oder vor einem Consonanten stehender Nasal folgt, oder folgen sollte; also erste P. sg. *haba* für *habai*, ahd. *habém*; pl. *habam* für *habaim*, ahd. *habémés*; 3te P. pl. *haband* für *habaind*, ahd. *habént*; im Gegensatze zu *habais*, *habaith* etc.

nim-i-th; man vergleiche dagegen die lettischen Imperative wie *darrait* thuet gegenüber von *darrat* ihr thuet (s. §. 682). *Dais* gib, *daiti* gebet (im Altpreufsischen) gegenüber von *dase* du gibst, *dati* ihr gebet liefern gleichsam einen Commentar über das Verhältnifs des latein. *dês, dêtis* zu *das, datis*, weil die im lateinischen *é* versteckte Zusammensetzung aus *a + i* im Altpreufsischen klar am Tage liegt. Gewöhnlicher aber zeigt das Altpreufsische im Indicativ ein *e* oder *i* als Klassenvocal und im Imperativ den Diphthong *ei*; z. B. *dereis* sieh = δέρκοις, *ideiti* esset = ἴδοιτε, goth. *itaith* ihr möget essen. Überall jedoch stehen die beiden Modi nicht mit einander in Einklang, indem z. B. *tickinnaiti* machet nicht zu *tickinnimai* wir machen stimmt, sondern dafür *tickinnamai* erwarten läfst. Auch blofses *i*, oder dafür *y*, findet man in altpreufsischen Imperativen, z. B. *mylis* liebe, *endiris* sieh an. Diese Formen entsprechen hinsichtlich des Verlusts des Klassenvocals vor dem Modus-Ausdruck den altlateinischen Formen wie *verberis* (vgl. §. 696).

696. Das Altslavische hat in seinem Imperativ in der gewöhnlichen Conjugation von dem Ur-Diphthong *ai* in der 2ten und 3ten P. sg. blofs das letzte Element bewahrt; und da nach §. 92. *m*. der schliefsende Personal-Consonant unterdrückt werden mufste, so entspricht z. B. ВЕЗИ *veṣi* fahre und er soll fahren dem skr. *váhês, váhêt* (s. §. 433), lat. *vehês, vehet* und *vehás, vehat*, goth. *vigais, vigai*, griech. ἔχοις, ἔχοι (vgl. §. 695 Schlufs); im Dual und Plural aber, wo der Diphthong durch die folgende Personal-Endung geschützt war, entspricht ѣ *é* (aus *ai*, s. §. 92. *e*.) dem indisch-römischen und althochdeutschen *ê*, goth. *ai*, und griech. αι; also z. B. ВЕЗѢМЪ *veṣêmŭ* = वहेम *váhêma, vehêmus, wêgêmês* (ahd.), *vigaima*, ἔχοιμεν; ВЕЗѢТЕ *veṣête*)* = वहेत *váhêta, vehêtis, wêgêt, vigaith*, ἔχοιτε; Du. ВЕЗѢТА *veṣêta* = वहेतम् *váhêtam*, वहेताम् *vahêtâm*, ἔχοιτον, ἐχοίτην, *vigaits*.

---
*) Über die fehlende 3te P. pl. s. §. 678.

697. Unter den übrigen slavischen Sprachen verdient hinsichtlich des in Rede stehenden Modus vorzüglich das Slovenische eine nähere Betrachtung, dessen Imperativ bei denjenigen Verben, die *a* als Klassensylbe haben, sich von dem Praes. ind. dadurch unterscheidet, daſs dem *a* ein *j* (= *i*) zur Seite tritt, so daſs also *aj* dem skr. $\hat{e} = a + i$ des Potent., dem goth. *ai* des Conjunctivs, dem latein. *ê* des Conj. und Fut. gegenübersteht. Der Singular, der hier auch, in Vorzug vor den übrigen slav. Dialekten, eine erste Person hat, endet in den drei Personen auf *aj*, weil die von ältester Zeit her am Wort-Ende gestandenen Pronominal-Consonanten nach dem über alle slavischen Idiome sich erstreckenden Endconsonanten-Vertilgungsgesetze weichen muſsten, daher *dêl-aj* ich soll, du sollst, er soll arbeiten, für *dêl-aj-m*, *dêl-aj-s*, *dêl-aj-t*, gegenüber dem indicativen *dêl-a-m* (aus *dêl-a-mi*), *dêl-a-sh* (aus *dêl-a-shi*), *dêl-a* (aus *dêl-a-ti*), und im Einklang mit goth. Formen wie *bair-ai-s*, *bair-ai*, sanskritischen wie *bárês*, *bárêt*, lateinischen wie *amem*, *amês*, *amet*, *vehês*, *vehet*, griechischen wie (φέροιν), φέροιμι, φέροις, φέροι. Im Dual steht *dêl-aj-va* *) gegenüber dem Indic. *dêl-a-va* im schönsten Ein-

---

*) Im Dual unterscheidet das slovenische Verbum, sowohl im Indicativ als im Conjunctiv, auch Geschlechter, und zwar so, daſs im Femin. *vê* statt *va* gesetzt wird, also *dêlaijvê* wir beide (Frauen) sollen arbeiten und analog im Praesens ind. *dêlavê* im Gegensatze zum männlichen *dêlava*. In der 2ten und 3ten Person zeigt das Fem. die Endung *tê* statt des auf das skr. *tam*, *tâm* sich stützenden *ta*, also *dêlajtê*, *dêlatê* gegen *dêlajta*, *dêlata*. Auch das Altslavische zeigt gelegentlich ТѢ *tê* als weibliche und zugleich als neutrale Dual-Endung gegenüber der in allen Geschlechtern vorherrschenden Endung *ta* (Miklosich Formenl. 2. Ausg. p. 87). Die Endung *tê* gründet sich offenbar auf das im isolirten Gebrauche bestehende weiblich-neutrale ТѢ *tê* (= skr. ते *tê*) diese beiden (weiblich und neutral). Dobrowsky und Kopitar, welchen ich vor der Erscheinung von Miklosich's grammatischen Schriften gefolgt bin, geben auch in der ersten Dual-Person ВѢ *vê* blofs als weibliche Personal-Endung und ВА *va* für die

klang mit dem goth. *bairaiva* und skr. *bárêva*; in der 2ten P. du. verhält sich *dêl-aj-ta* zum Indic. *dêl-a-ta* wie im Goth. *bair-ai-ts* ihr möget beide tragen zu *bair-a-ts* ihr traget, und im Plural: *dêl-aj-mo* zu *dêl-a-mo* wie im Goth. *bair-ai-ma* zu *bair-a-m*; in der 2ten P. *dêl-aj-te* zu *dêl-a-te* wie im Goth. *bair-ai-th* zu dem als Urform des Indic. vorauszusetzenden *bair-a-th*, woraus durch Entartung *bair-i-th* (s. §. 67); man wird daher besser das althochdeutsche *bër-ê-t* (aus *ber-ai-t*) gegenüber seinem Indic. *bër-a-t* vergleichen.

698. Man darf jedoch die Analogie der slovenischen Formen wie *dêl-aj-mo* wir sollen arbeiten mit gothischen wie *bair-ai-ma* und sanskritischen wie *bár-ê-ma* nicht so weit ausdehnen, dafs man den Ableitungsvocal der Verba wie *dêl-a-m* mit dem Klassenvocal der skr. ersten und 6ten Klasse und dem der goth. starken Verba identificire. Ich

übrigen Geschlechter. Diese Unterscheidung aber hat sich, wie es scheint, durch die von Miklosich durchforschten Sprachquellen nicht bestätigt, und ich habe daher in der vorliegenden Ausgabe darauf verzichtet, doch glaube ich, dafs въ *vé* nur misbräuchlich in das Masculinum eingedrungen sei, und dafs in dieser Beziehung das Slovenische auf einem älteren Standpunkte steht, als das Altslavische, wie ja auch in der ersten P. sg. der Ausgang *m* organischer ist, als das *n* der gewöhnlichen altslavischen Conjugation (§. 436. p. 265). Die Einführung der Geschlechtsunterscheidung, in den dualen Personal-Endungen mehrerer slavischer Idiome, halte ich jedoch, wie schon in der ersten Ausg. dieses Buches (§. 429) bemerkt worden, nicht für einen Überrest des Urtypus unseres Sprachstammes, sondern für eine verhältnifsmäfsig späte Abweichung vom ältesten Sprachgebrauch, die aber darum merkwürdig ist, weil sie auf dem Gefühle der grammatischen Identität des Verbums und Nomens beruht und beweist, dafs der slavische Sprachgeist zur Zeit der Einführung weiblicher Personal-Endungen auf *é* — welche zu Substantiv- und Pronominalformen wie *vĭdové* die beiden Wittwen, тѣ *tĕ* diese beiden (fem.) stimmen — noch von dem engen Zusammenhang durchdrungen war, welcher von jeher zwischen den einfachen Pronominen und den mit Verbalstämmen verbundenen bestanden hat.

erkenne vielmehr in *děl-a-m* wie in der polnischen ersten Conjugation*) die skr. 10te Klasse, deren Charakter *aya* sich in den slavischen Idiomen wie im Lateinischen und der germanischen schwachen Conjugation in verschiedene Formen gespalten hat. Das slovenische *děl-a-m* und polnische *czyt-a-m* werden durch die russischen Schwesterformen: дѣлаю *djeláju*, читаю *čitáju* (aus *djel-ájo-m*, *čit-ájo-m*) den sanskritischen wie *čint-ayá-mi* ich denke um vieles näher gebracht. In der 3ten Pluralperson tritt auch das slovenische *dělajo* und poln. *czytają* dem skr. *čint-dya-nti* näher.

699. Das Send zeigt sich uns in seinem Potentialis der ersten Haupt-Conjugation so zu sagen in einem halbgriechischen, halbgothischen Gewand, indem es den Ur-Diphthong *ai* bald in Gestalt von *ói*, bald in der von ‍‍‍ *ai* (§. 33) zeigt. So stimmt *baróis*, abgesehen von der Länge seines *o*-Lauts, vortrefflich zu φέροις und *baróid* zu φέροι(τ); dagegen im Medium der 3ten P.: *baraita* besser zum goth. *bairaith***) als zu φέροιτο. Die erste und 2te Pluralperson Act. weifs ich zwar in der ersten Haupt-Conjugation nicht zu belegen, zweifle aber nicht, dafs hier wieder *baraima*, *baraita* dem goth. *bairaima*, *bairaith* parallel laufe, und dafs wir hier nicht die mehr gräcisirende Gestalt *baróima*, *baróita* zu erwarten haben. Denn ich glaube erkannt zu haben, dafs sich das Send in der Wahl zwischen *ói* und ‍ *ai* darnach richtet, ob auf den Diphthong ein schliefsender Consonant, oder ein von einem Vocal begleiteter folgt. Wie sehr in ersterer Stellung das *ói* beliebt ist und ‍ *ai* vermieden wird, sieht man auch daraus, dafs die Stämme auf *i* im Genit. und Ablativ regelmäfsig die

---

*) nach Bandtke's Anordnung, z. B. *czyt-a-m* ich lese, *czyt-ay* lies, *czyt-ai-my* wir sollen lesen.

**) Über die goth. Medialform *bairaith* aus *bairaida* und zwei analoge Bildungen s. die Vorrede zu Bd. I. p. XXIII Note.

Formen όις und όιḍ gegenüber dem skr. ἐs zeigen *). Hierdurch erklärt sich also in der 3ten P. sg. des Potent. das formelle Misverhältnifs zwischen dem medialen ‌‌‌‌‌‌‌‌‌‌‌‌‌‌‌ baraita und dem activen baróiḍ. Wenn wir aber in der ersten Pluralperson Medii die Form ‌‌‌‌‌‌‌‌‌‌‌‌‌‌‌‌ búidyóimaidḗ videamus = skr. बुध्येमहि búdyêmahi sciamus finden **), so mag hier die sehr breite Endung, die sogar in dem lithographirten Codex durch einen Punct von dem vorhergehenden Theile des Wortes getrennt ist, den Eindruck eines besonderen Wortes machen und somit berücksichtigt werden, dafs auch am Wort-Ende der Diphthong ói gestattet ist, und in dieser Stellung besonders durch ein vorhergehendes y begünstigt wird; daher ‌‌ yói welche (οἵ) = ये yé, ‌‌ maidyói in medio (§. 196) = माद्ये mádyé; aber auch ‌‌ mói mir, ‌‌ tói und ‌‌ twói dir, ‌‌ hói sibi neben ‌‌ mḗ, ‌‌ tḗ, ‌‌ twḗ, ‌‌ hḗ. Ich möchte darum von búidyóimaidḗ nicht auf Formen wie barôimaidē schliefsen, noch weniger auf ein actives baróima, denn es fehlt in beiden Formen das ói begünstigende y, und in letzterer auch die den Schein eines besonderen Wortes gebende Breite der Endung, weshalb auch selbst dem gedachten búidyóimaidḗ in der 3ten P. sg. nicht búidyóita, sondern búidyaita (‌‌ §. 33 p. 60) gegenübersteht (V. S. p. 45).

700. In der 3ten Pluralperson hat sich das alte a des ursprünglichen Diphthongs ai unverändert behauptet, das i aber ist, wegen des folgenden Vocals der Endung, in seinen entsprechenden Halbvocal y übergegangen, und so steht ‌‌ barayên dem griech. φέροιεν gegenüber, und wir haben also für das Eine οι des griech. Optativs im Send,

---

*) Man berücksichtige auch das häufig vorkommende ‌‌ nóiḍ nicht = skr. nḗt.

**) V. S. p. 45 zweimal, einmal fehlerhaft búidtói maidḗ und einmal búidyói maḍḗ. Vgl. Burnouf, Études p. 270 und über die Länge des ú s. §. 41. p. 71.

je nach Beschaffenheit der folgenden Endung, drei Formen, nämlich *ói*, *ai* und *ay*. So zahlreich aber in dem in Rede stehenden Modus die 3te P. pl. der ersten Activform zu belegen ist, so schwach bestellt ist es bei Verben der ersten Haupt-Conjugation mit der ersten Singularperson. Diese hat in dem einzigen mir bekannten Beispiele das Personalzeichen verloren und endet auf *ói*, in *němói*, welches zweimal am Anfange des 46sten Kap. des Yaśna vorkommt: ᭡᭢᭣ ᭤᭥᭦ ᭧᭨᭩ *kaṅm němói ṣaṅm*, welches von Anquetil durch „quelle terre invoquerai-je", von Spiegel durch „welches Land soll ich preisen"? übersetzt wird und wörtlich etwa „qualem celebrem terram?" bedeutet*). Hierauf folgt: ᭪᭬᭫ ᭭᭮᭯ ᭰᭱᭲ *kutrá němói ayêni* etc. nach Anquetil „quelle prière choisirai-je"**). Unter den übrigen im V. S. vorkommenden Potentialen der ersten Haupt-Conjug. wollen wir hier noch das öfter vorkommende *upa-ṣóiḍ* er schlage erwähnen, von der Wurzel *ṣan* (= skr. हन् *han*), die nach Abwerfung des *n* den vorhergehenden Wurzelvocal so behandelt, als wäre er der Anfügungsvocal der ersten Klasse, in welcher Beziehung man das berücksichtigen möge, was früher über die skr. Wurzel *stá* bemerkt worden (§. 508). Auch ᭳᭴᭵᭶᭷᭸᭹ *stěrěnaita* er streue aus (V. S. p. 377) verdient eine besondere Beachtung, indem hier die Klassensylbe *ná* (9ter Kl.), nach Kürzung des *á*, der Analogie des kurzen *a* der vier Klassen der ersten Haupt-Conj. folgt

---

*) Man vergleiche mit *němói* das skr. *námas* Anbetung, von der Wurzel *nam*.

**) Spiegel (Avesta p. 152) übersetzt: „wohin soll ich betend gehen?" Ich halte jetzt, in Abweichung von meiner früheren Ansicht, an dieser Stelle das von Westergaard nach einer einzigen Handschrift in den Text aufgenommene *němó* (statt *němói*) für die richtige Lesart und übersetze „wo soll ich Anbetung machen?" (wörtlicher: „in Anbetung gehen"), wobei zu berücksichtigen, dafs die Verba der Bewegung auch im Sanskrit häufig im Sinne von „machen" gebraucht werden.

und also in dieser Beziehung ⲱⲣⲱⲱⲓⲉ⁷ⲉⲣⲱ *stérénaita* nach Abzug des medialen Schluſs-*a* dem latein. Futurum *sternet* gleicht (s. §. 496), nur mit treuerer Bewahrung des Diphthongs.

701. In der 2ten Haupt-Conjugation stimmt das Send in seinem Potentialis ziemlich genau zum Sanskrit, mit Ausnahme der 3ten P. pl., wo die in §. 462 erwähnte Endung *us* nicht vorkommt, und auch im Medium die etwas räthselhafte Endung *ran* (s. §. 613) durch eine dem allgemeinen Princip der Person-Bezeichnung mehr entsprechende Form vertreten ist, wovon später. In der ersten P. sg. des Activs entspricht nach §. 61 *yaṅm* dem skr. *yám* und griech. ιην, namentlich entspricht das schon in §. 442 p. 276 erwähnte *daidyaṅm* ich möge setzen, schaffen dem skr. दध्याम् *dadyā́m* und griech. τιϑείην. In der 2ten P. steht nach §. 56ᵃ) ξⲱⲟⲟ *yáo* für यास् *yā́s*, ιης; z. B. ξⲱⲟⲟⲟ⁷ξⲱⲟ̇ *fra-mruyáo* dicas = प्रब्रूयास् *pra-brúyās* (V. S. p. 451); und in der 3ten: ⲣⲱⲱⲟⲟ *yáḍ* = यात् *yā́t*, ιη(τ), z. B. ⲣⲱⲱⲟⲟⲟⲓⲉ⁷ⲉⲟ *kérénuyáḍ* faciat (V. S. p. 457) = कृणुयात् *kṛṇuyā́t* des Vêda-Dialekts. Im Plural weiſs ich die beiden ersten Personen des Act. bei dem eigentlichen Potentialis nicht zu belegen, wohl aber in dem völlig gleichbedeutenden Precativ, der im Send viel häufiger vorkommt als im Sanskrit, und sich vom Potentialis nur durch die Aufhebung der Klassen-Eigenthümlichkeiten unterscheidet, so daſs man mit Sicherheit vom Precativ auf die Form des Potentialis schlieſsen kann. In der ersten Pluralperson steht *yáma* für das skr. *yā́sma* und griech. ιημεν, z. B. ⲱⲅⲱⲱⲟⲟⲟⲟ *buyámā**) = skr. *búyā́sma* (V. S. p. 312), und ich folgere hieraus den Potentialis *daidyáma* von dem oben erwähnten *daidyaṅm*; in der 2ten P. steht *yata* (mit gekürztem Vocal des Modus-Charakters) für das skr. *yā́sta* und griech. ιητε; z. B. ⲱⲣⲱⲱⲟⲟⲟ *buyata* sitis (V. S. p. 115, 457, 459) = भूयास्त

---

*) Die Wurzel *bû* kürzt ihren Vocal im Precativ, vgl. Burnouf's Yaçna, Notes p. 152.

δύγάστα; ᚹᚱᚹᛋᛋᚹᚦ dáyata detis (l. c. p. 542, 548) = देयास्त dê-yásta, δοίητε. Ich folgere hieraus im Potentialis die Form daid'yata = skr. dad'yáta, gr. διδοίητε. Auffallend ist hierbei die Kürzung der Sylbe yá im Vergleich mit der geschützten Länge vor der Endung ma der ersten Person, und da dieser Gegensatz wohl schwerlich reiner Zufall ist, so wird man wohl annehmen müssen, daſs die Endung ta wegen der Muta, womit sie beginnt, von der Sprache schwerer getragen wurde als die mit einem der leichtesten Consonanten anfangende Endung ma, und daher Veranlassung zur Schwächung der vorhergehenden Sylbe gegeben hat, im Sinne von §. 480.

702. In der 3ten Pluralperson erzeugt die Verbindung der Modussylbe yá mit der Personal-Endung én, ursprünglich an, die Form yaṅn, für yán, nach Analogie der ersten Singularperson auf yáṅm für yám. Es hat sich also vor dem schliefsenden Nasal die letzte Hälfte des langen á = a + a in den schwachen Nasallaut des sanskritischen Anusvára verwandelt. Als Beispiel diene die Potentialform ᚹᚱᛋᛋᚹᚦᛋ nidaiťyaṅn*) sie sollen niederlegen, wofür gelegentlich, aber fehlerhaft, nidiťyaṅn. Man vergleiche hinsichtlich des nach §. 41 eingefügten euphonischen i die 3te Singularperson des Mediums ᚹᚱᚱᚦᚹᚦᛋ ᛋᚹᛋᚹᚹ paiti ni-daiťita er lege nieder (V. S. p. 282. ZZ. 2, 7, 12, 17) für skr. प्रति निदधीत prati nidad'ítá. — Von der Wurzel dá geben hat man in der 3ten P. pl. des Prec. act. ᚹᛋᛋᚹᚦ dáyaṅn zu erwarten, oder vielleicht mit gekürztem Wurzelvocal: dayaṅn, welches dem griech. δοῖεν sehr nahe kommt, während das skr. déyásus (aus déyásant) mehr mit δοίησαν übereinstimmt. Das Sanskrit setzt nämlich, wie schon früher bemerkt worden, in seinem Precativ das Verbum subst. an die Wurzel, mit Ausnahme der 2ten

---

*) S. die in Brockhaus's Index zum V. S. p. 277 citirten Stellen; über das ṣendische σ i für skr. d s. §. 637 Anm. *). Aus Versehen steht in dem angegebenen §. „Precativ" statt „Potentialis".

und 3ten P. sg. des Activs, wo eigentlich *déyâs*, *déyât* gefordert würde, was in dem erhaltenen Sprachzustande, nach feststehendem Lautgesetze (§. 94), unmöglich ist, und die Sprache hat nun vorgezogen, lieber das Hülfsverbum als den Personal-Charakter fallen zu lassen; also *déyá's*, *déyá't* gegenüber dem sendischen *dáyáo*, *dáyád*. Sehr beachtenswerth aber ist es, dafs das Send sich des Verb. subst. ganz und gar enthält, und sich so ganz auf die Seite des Griechischen schlägt, nur dafs dieses durch δοίησαν dem Sanskrit, durch δοῖεν aber dem Send die Hand bietet.

703. Dem in §. 702 erwähnten *paiti ni-daitita*, oder vielmehr dem einfachen *daitita* er möge legen (= skr. *dad'itá*, gr. τιθεῖτο) steht im Plural die Form *daitita**) gegenüber, welche sich von ihrem Singular nur durch die Kürzung des Modusvocals unterscheidet, welcher dem ι des Diphthongs ει des griech. τιθειντο entspricht. Die Kürzung des sendischen Modusvocals, welcher im Singular *daitita* wie in der entsprechenden Sanskritform *dad'itá* lang ist, mag durch den in einer früheren Sprachperiode dagewesenen Nasal veranlafst sein, welcher der 3ten Pluralperson zukommt. Wir müssen also für das vorhandene -*daitita*, welches im 8ten Fargard des Vend. oft in Verbindung mit ‏‮يوشن‬‎ *yaus'* vorkommt**), ein älteres *daitinta* voraussetzen, als Analogon des griech. τιθειντο, wofür, wenn der Wurzelvocal wie im Send und dem sanskritischen Singular *dad'itá* verloren wäre, τιθιντο stehen würde. Dafs die im genannten Kapitel des Vend. zahlreich belegbare Form ‏‮يوشنداييتا‬‎ *yaus'daitita* ***) überall plurale Be-

---

*) Sie ist in §. 703 der ersten Ausgabe mit Unrecht als Precativ dargestellt worden; zur Berichtigung verweise ich nochmals auf §. 637 Anm. ').

**) *yaus'-daitita* sie mögen reinigen (reinigen thun, s. §. 637).

***) meistens mit vorangehender Praep. *pairi* (= skr. *pári*, gr. περί), die, wenngleich in der Originalschrift graphisch vom Verbum getrennt, doch mit demselben ein Compositum bildet (vgl. §. 903).

deutung hat — obgleich sie Anquetil als singulare auffaſst — bedarf jetzt kaum mehr eines Beweises; ich unterdrücke daher, was in der ersten Ausgabe (Anm. zu §. 703) hierüber gesagt worden.

704. In dem von Burnouf (Yaçna Note D. p. 38) aus der Ormuṣd-Yaśt gezogenen, mit „donnez" übersetzten und wahrscheinlich auch als medialer Imperativ gefaſsten ᭜᭜᭜᭜᭜᭜ *dayad'wĕm* erkenne ich die 2te Pluralperson des Precativs med. und somit, abgesehen von der Personal-Endung, ein ziemlich getreues Ebenbild der griechischen Schwesterform δοῖσϑε. Die genannte Sendform, bis jetzt die einzige ihrer Art, ist mir darum wichtig, weil sie beweist, daſs der ṣendische Precativ im Medium eben so wenig als im Activ die Einfügung des Verb. subst. gestattet, und daſs *dayad'wĕm* eben so wie das active *dayata* (= griech. δοίητε) auf die skr. 5te Aoristbildung (*ádá-m* = ἔδων) sich stützt, während das skr. *dá-sî-d'vám* von der ersten (nach dem Paradigma von *ayási*) ausgegangen ist *). Wollte man aber in dem ṣend. *dayad'wĕm* gebet einen wirklichen Imperativ erkennen, so müſste man voraussetzen, daſs die skr. Wz. *dá* im Send ein Verbum der 4ten Klasse gezeugt habe, daſs also die Sylbe *ya* von *da-ya-d'wĕm* nicht ein Modus-Exponent, sondern Klassencharakter sei, eine Voraussetzung, wozu ich keine Veranlassung finde.

705. Der sanskritische und ṣendische Potentialis unterscheiden keine Tempora, nur daſs, wie bereits bemerkt worden, der Precativ zu ihm in demselben Verhältnisse steht wie im Griech. der Optativ des zweiten Aorists zu dem des Praesens. *Dê-yā́s*, *dê-yā́t*, für *dá-yâs*, *dá-yât*, verhält sich zu *ádás*, *ádát* wie im Griech. δοίης, δοίη (für δωίης, δωίη) zu ἔδως, ἔδω. Für Precative wie *bud'yā́s*, *bud'yā́t* gibt es keine entsprechende Indicativformen, da die 5te Bildung des skr. Aorists auf vocalisch endigende Wurzeln

---

*) S. §. 544 f. und kleinere Sanskritgrammatik §. 352.

beschränkt ist*); sie wird aber ursprünglich auch an Wurzeln mit schliefsenden Mutis vorgekommen sein, so dafs es Aoriste wie *ábud'-am*, *ábut* (für *ábut-s*), *ábut* (für *ábut-t*), *ábud'ma* etc. gegeben hätte, denen die Precative wie *bud'-yā́sam* angehören. Védische Formen wie *vidḗyam* sciam, *śakḗyam* possim, *gamḗyam* eam, *vóćḗma* dicamus (Pāṇini III. 1. 86 schol.) brauchen nicht als Potentiale der 6ten Klasse aufgefafst zu werden, wozu die Wurzeln dieser Formen nicht gehören; sondern es sind gleichsam die Vorbilder von griech. Aoristen des Optat. wie τύποιμι (organisch τύποιν) und müssen als Abkömmlinge der Aoriste 6ter Bildung (*dvidam*, *áśakam*, *ágamam*, *avóćam*) angesehen werden, deren Bindevocal sich mit dem Modus-Vocal *i* vereinigt hat, gerade wie das griech. ο von τύποιμι (organisch τύποιν) den Bindevocal von ἔτυπ-ο-ν (der im Indic. mit ε wechselt) mit dem Modus-Vocal vereinigt hat. Zum Beweis der Richtigkeit dieser Ansicht dient vorzüglich das erwähnte *vóćḗma* dicamus, denn es gibt gar keine Wurzel *vóć*, die man, wenn sie bestünde, der ersten Klasse zuweisen könnte, um daraus *vóćḗma* nach Analogie von *bárēma* φέροιμεν zu bilden; wohl aber gibt es einen Aorist *avóćam*, den wir oben als eine reduplicirte Form aus *a-va-ućam* (für *a-vavaćam*) erklärt haben.

706. Es gibt auch im Véda-Dialekt Spuren von Modusformen, die den Bau des griech. Optativs des ersten Aorists zeigen. Als Beispiel wird *taruśḗma* angeführt, dem Sinne nach = तरेम *tárḗma* transgrediamur (Pāṇini III. 1. 85. schol.), der Form nach aber eine Ableitung von einem indicativen Aorist wie *ádik-śam* ἔδειξα (§. 555), nur nicht mit unmittelbarer Anschliefsung des Hülfsverbums, sondern mit einem eingefügten Bindevocal *u*, der auch in dem védischen Fut. *tar-u-śyáti* und einigen analogen Formen sich

---

*) Die Wz. *kar*, *kṛ*, wovon das védische *ákar* (er machte), macht eine Ausnahme, wenn man nicht gegen §. 1 mit den indischen Grammatikern *kṛ* statt *kar* als die wahre Wurzel ansehen will.

zeigt (s. Benfey, Gloss. z. S. V. p. 81). Schwerlich aber ist तरुषेम *taruśéma* ein isolirter Versuch der Sprache zu einer uns jetzt abnorm scheinenden Modusbildung, sondern solche Formen werden wahrscheinlich in einem früheren, vom Griechischen in dieser Beziehung treuer überlieferten Sprachzustand, auf alle Aoriste der 2ten Bildung (§. 551) sich erstreckt haben. Man darf daher von *ádik-śam* in einer früheren Sprachperiode einen Precativ *dik-śéyam*, Plural *dik-śéma* = δείξαιμι, δείξαιμεν erwarten, wo das Modus-Element *yá*, zusammengezogen zu *i*, in derselben Weise mit dem vorhergehenden Vocal sich diphthongirt hat, wie oben in *bár-ê-y-am*, *bár-ê-ma*, φέρ-ci-μι, φέρ-ci-μεν. — Zur 3ten Singularperson des griech. Optativs des ersten Aorists (τύπ-σαι, λύ-σαι) und, abgesehen vom Bindevocal *u*, zu dem im Vêda-Dialekt aus *tar-u-śéma* zu folgernden *tar-u-śét* (aus *-śait*), stimmen vortrefflich die altpreufsischen Formen wie *da-sai* er gebe*), wofür im Sanskrit *dá-sêt* stehen würde. Analog mit *da-sai* sind *boú-sai* er sei und *galb-sai* er helfe. Aus dem mit dem griech. σαι identischen Ausgang *sai* hat sich durch Entartung des *a* zu *e* die Form *sei* entwickelt — in *bau-sei* und *sei-sei* er sei, *au-da-sei* es geschehe — und hieraus, durch Unterdrückung des schliefsenden *i*, die Form *se* in *da-se*, *bou-se*, *galb-se* und *tussi-se* (er schweige). Die Form *si* von *po-kún-si* er behüte, *eb-signá-si* er segne ist entweder aus *sai* oder *sei* durch Unterdrückung des ersten Theils des Diphthongs entstanden; die nur einmal vorkommende Form *-su*, in *mukinsu-sin* er lerne (eigentlich er lehre sich), kann nur aus *sa(i)* durch Schwächung des *a* zu *u***) entsprungen sein. Über die 3te Singularperson hinaus, die überall zugleich für den Plural gilt (*busei* sie seien), erstreckt sich im Altpreufsischen diese optative Aoristform nicht, sonst hätte man in der 2ten P. sg. Formen wie *da-sais* — analog den

---
*) S. „Über die Sprache der alten Preufsen" 1853 p. 28 f.
**) Vergleiche *asmu* ich bin aus *asmai*, II. p. 285. Anm. **).

griechischen wie λύ-σαις — zu erwarten, welche ursprünglich bestanden haben müssen.

707. Mit dem Bildungsprincip griechischer Aoriste wie δείξαιμεν und sanskritischer wie das vorausgesetzte *diks'êma* und das vêdische *tarus'êma* liefsen sich die lateinischen Imperfecta des Conjunctivs vergleichen. In der That steht z. B. *stá-rêmus* dem griech. στή-σαιμεν erstaunlich nahe, insofern sein *r* wie das von *eram* eine Entartung von *s*, und sein *ê* wie das von *amêmus, legêmus* eine Zusammenziehung von *ai* ist. Da aber *stá-bam* eine neue Composition ist, so kann ich auch in seinem Conjunctiv nur eine neue Bildung erkennen, und ich bleibe in dieser Beziehung der Ansicht getreu, die ich schon in meinem Conjugationssystem (S. 98) ausgesprochen habe. Ein zu *stá-bam* stimmender Conjunctiv wäre *stá-bem* aus *stá-baim* und ein mit *stá-rem* analoger Indicativ wäre *stá-ram* aus *stá-eram*. Die Sprache vertheilt aber die beiden ihr zu Gebote stehenden Wurzeln des Seins zwischen Indicativ und Conjunctiv und bringt so *sta-bam* und *sta-rem* in ein gewisses Misverhältnifs, wobei es den Anschein gewinnt, als hätte das *r* von *starem* einen Antheil an dem Ausdruck des Modusverhältnisses, der jedoch allein in dem *i* liegt, welches in dem Diphthong *ê* enthalten ist. Man wird leicht zugeben, dafs *possem* (aus *potsem*) ebenso wie *pos-sum* und *pot-eram* die Verbindung des Verb. subst. mit *pot* enthalte. Ist aber *pos-sem* eine neue, echt lateinische Bildung, so ist es auch das ihm analoge *es-sem* ich äfse, aus *ed-sem*, und zu diesem stimmt auch das veraltete *fac-sem*, welches, wenigstens der Form nach, ein Imperfect, wie *fac-sim* ein Praesens ist; denn wären diese Formen aus dem Perfect *féci* entsprungen, so würden sie *fexem, fexim* lauten. Während nun hinter Consonanten das alte *s* sich behauptet oder einem vorhergehenden *r* oder *l* assimilirt hat (*fer-rem, vel-lem*), ist es zwischen zwei Vocalen in *r* übergegangen, und dieses ist der gewöhnliche Fall, da dem Imperfect die Bewahrung der Klassensylbe zukommt; also *leg-e-rem, dic-e-rem* (aus *leg-i-rem, dic-i-rem*). Wäre

aber das Imperfect Conjunctivi seinem Ursprunge nach mit dem griech. Opt. des Aorists verwandt, so hätte man für *dic-e-rem*: *dixem* = δείξαιμι (für δείξαιν) zu erwarten. Die Formen *es-sem* (ich äfse) und *fer-rem* rechtfertigen sich dadurch, dafs diese Verba, wie die Verwandtschaft mit dem Sanskrit zeigt, von Haus aus der Conjug. ohne Klassenvocal angehören, so dafs *es-sem* zu *é-s*, *es-t*, *es-tis* = skr. *át-si*, *át-ti*, *at-t'á*; *fer-rem* zu *fer-s*, *fer-t*, *fer-tis* = skr. *bibár-si*, *bibár-ti*, *bibr-t'á* stimmt. Man sieht hieraus, dafs es keineswegs passend ist, *fer-rem* aus *fer-e-rem* durch Ausstofsung eines *e* entstehen zu lassen. Vielmehr müfste man *fer-e-rem*, wenn diese Form bestände, durch Einführung in die vorherrschende Flexionsweise mit Klassenvocal erklären, wie sich aus *es-sem*, *ed-e-rem* entwickelt hat.

708. Wie verhält es sich aber mit *es-sem* ich wäre, wofür man, dem Indicativ *eram* gegenüber, *erem* erwarten sollte? Allein *eram* steht für *esam* = skr. *ásam* (§. 532 p. 410) und aus dieser Urform *esam* hat sich die Form *esem* (aus *esêm*) entwickelt, durch Beimischung des modalen *i*, welches mit *a* zu *ê* zusammengezogen wurde, nach demselben Princip, wornach sich *amem* aus dem Thema *ama* gebildet hat. War einmal *esem* aus *esam* entsprungen, so konnte im Laufe der Zeit die indicative Mutterform der Neigung folgen, das *s* wegen seiner Stellung zwischen zwei Vocalen in *r* umzuwandeln, ohne dafs hieraus die Nothwendigkeit hervorging, dafs auch die abgeleitete Form *esem* diesem Antrieb folgen müsse; denn zu einem allgemeinen Gesetze, dafs jedes *s* zwischen zwei Vocalen zu *r* werden mufste, ist es im Lateinischen nicht gekommen. Durch das Festhalten des Conjunctivs an dem alten, später verdoppelten Zischlaut, stehen nun *eram* und *esem*, *essem* in einem ähnlichen Gegensatz wie umgekehrt im Althochdeutschen *was* ich war zu *wâri* ich wäre, wo die Schwächung des *s* zu *r* in der Sylbenvermehrung ihren Grund hat (s. §. 612 Schlufs). Die Verdoppelung des *s* in *essem* glaube ich nach demselben Princip erklären zu dürfen, wornach im Griechi-

schen, in der epischen Sprache, die schwächsten Consonanten (nämlich die Liquidae und σ) gelegentlich, und ρ unter gewissen Umständen in der gewöhnlichen Sprache regelmäfsig verdoppelt werden. Das Sanskrit verdoppelt stets ein schliefsendes *n* hinter einem kurzen Vocal, im Falle das folgende Wort mit einem Vocal anfängt. Ist nun, wie ich glaube, die Verdoppelung des *s* im lateinischen *essem*, und so im Infinitiv *esse*, ebenfalls von rein euphonischer Natur, so mag man es vorzüglich mit griechischen Aoristen wie ἐτέλεσσα in Vergleichung bringen, weil deren σσ ebenfalls dem Verbum substantivum angehört. Über das Futurum ἔσσομαι s. §. 655. Sollte aber, was ich nicht glaube, das doppelte *s* in *essem* einen etymologischen Grund haben, so müfste man annehmen, dafs, nachdem das aus *esam* entstandene *esem* sich in der Verstümmelung zu *sem*, oder vorherrschend *rem*, an attributiven Zeitwörtern festgesetzt hatte und in solcher Stellung nicht mehr als das, was es ist, erkannt wurde, sondern das ganze *sé*, *ré* als Modus-Exponent galt; dann auch die Wurzel *es* sich mit sich selber verbunden habe, wornach also *essem* ich wäre seiend bedeuten würde, nach Analogie von *es-sem* ich wäre essend und *pos-sem* ich wäre könnend. Auch könnte die Analogie von *es-sem* ich äfse und *possem* ich könnte, so wie die von *ferrem* und *vellem*, dergestalt auf *essem* ich wäre eingewirkt haben, dafs nach ihrem Beispiele, und ohne dafs sich die Sprache darüber eine besonnene Rechenschaft gegeben hätte, der dem *e* vorhergehende Consonant verdoppelt worden sei. Wie dem aber auch sei, so bleibt *essem* und das ihm vorhergegangene *esem* insoweit eine neue Bildung, als im Sanskrit eben so wenig als im Griechischen vom Imperfect, abgesehen vom vêdischen *Lĕṭ* (§. 713), irgend ein Modus ausgeht. Es kann also der latein. Conjunctiv des Imperfects doch nur im griech. Optativ des Aorists seinen nächsten Vergleichungspunct finden, indem *esem* aus *esam* (*eram*) sich ebenso erzeugt hat, wie τύψαιμι (für τύψαιν) aus ἐτυψα(μ).

709. Im Vêda-Dialekt gibt es reduplicirte Potentiale*), welche ich jetzt, in Übereinstimmung mit Westergaard („Radices"), als Potentiale des Perfects auffassen zu müssen glaube. Als solche stimmen sie trefflich zu den germanischen Conjunctiven des Praet., besonders zu gothischen ersten Personen wie *haihait-jau* = Vêda-Formen wie *ǵagam-yâm*. Für *bundjau* (aus *baibundjau*) ich bände hätte man im vêdischen Sanskrit *baband'yâm* zu erwarten. Meiner früheren Vermuthung, dafs die in Rede stehenden skr. Modusformen dem Intensivum angehörten, und dafs also z. B. *sasrǵ-yât* nur eine Kürzung von *sâsrǵ-yât* sei, widersetzt sich besonders die damals unberücksichtigt gebliebene Form *bab'úyât*, welche in ihrer unregelmäfsigen Wiederholungssylbe *ba* (für *bu*) besser zu *bab'ú'va* (aus *bab'ú-a*) ich war, er war als zu *bôb'ú-yât* mit gunirter Wiederholungssylbe stimmt. Die Bedeutung der perfectischen Potentiale ist wahrscheinlich durch sprachlichen Misbrauch von der des Potentialis des Praesens nicht unterschieden, daher z. B. *bab'ú-yât* er sei (Rigv. I. 27, 2). Dagegen erscheint im Altpersischen, auf der Inschrift von Behistun (Col. I. Z. 50), *ćak'riyâ***) mit vergangener Bedeutung***). — Die

---

*) Beispiele: *sasrǵ'yât, vavrtyât, bab'úyât, ǵagamyâm, ǵagamyât*; Medialformen: *vavrtíta, vavrtimahi, sús'ućíta, duďuvíta* (Benfey vollst. Gramm. p. 380).

**) Das *i* hinter dem *r* erklärt sich nach Analogie eines in §. 202 Anm. * erwähnten Lautgesetzes im Pâli; hinsichtlich des unterdrückten Wurzelvocals — *ćak'riyâ* für *ćakariyâ* — vergleiche man die ähnlichen Unterdrückungen in sanskritischen Perfecten des Indicativs (§. 606 Anm.).

***) „Es war nicht ein Mann, weder Perser noch Meder, noch aus unserem Stamme irgend einer, welcher jenen Gaumata, den Magier, der Herrschaft verlustig gemacht hätte"; vgl. Benfey „Die persischen Keilinschriften" p. 10; Rawlinson im Journal of The R. A. S. Vol. X. Part. III (1847) p. 204 und Vol. XI. p. 140. Man beachte an der betreffenden Stelle die nahe Begegnung des altpers. Passivpart. *dita* (Rawl. schreibt *dita* früher *iita*) mit

griechischen Perfect-Optative haben in Abweichung von den sanskritischen, altpersischen und germanischen den Bindevocal des indicativen Perfects mit Entartung des *a* zu *o* bewahrt, welches im Verein mit dem Modusvocal, wie im Praesens und 2ten Aorist, den Diphthong οι erzeugt. In der 3ten P. sg. hätte man für τέτυφοι nach sanskritischem Princip τετυφίη, wofür im Vêda-Dialekt, wenn von der Wz. *tup* schlagen, tödten, ein Potentialis perf. sich belegen liefse, *tutupyắt* stehen würde.

710. Lateinische Perfect-Conjunctive wie *amave-rim*, aus *amavi-sim*, sind jedenfalls neue Erzeugnisse, nämlich die Vereinigung des Perfectstammes mit *sim* ich sei, dessen *s* sich in der Stellung zwischen zwei Vocalen zu *r* entartet hat, und wegen dieses *r* ist das *i* von *amavi, amavi-sti* zu *e* entartet (vgl. S. 35). Man könnte zur Noth auch *amav-erim* theilen*), da *sim* für *esim*, wie *sum* für *esum* steht. Es war aber in der Zusammensetzung noch mehr Grund, das *e* von *esim* aufzuheben, als in dem einfachen Zustande, und die Entartung des *i* zu *e* ist vor einem *r* zu sehr in der Ordnung, als dafs wir sie hier nicht sollten gelten lassen.

---

dem skr. दित *ditá* von der Wurzel *dó* (= *dâ*, s. I. p. 209) spalten, abschneiden, deren *â* sich im Altpers. durchgreifend zu *i* geschwächt zu haben scheint, eine Schwächung, welche im Sanskrit nur in dem erwähnten Part. eingetreten ist, in welcher Beziehung दित *ditá* zu स्थित *sʼitá* von *sʼá* stehen, *hitá* (für *ditá*) von *dá* legen, setzen, *mitá* von *má* messen stimmt. Die in Rede stehende altpers. Wurzel *di*, welche Benfey (l. c. p. 84) aus der skr. Wurzel *stên* zu erklären sucht, folgt der 9ten Klasse und zeigt im Imperfect die Formen *adi-na-m* ich beraubte, *adi-na* er beraubte. Ich bemerke beiläufig, dafs mit einer andern skr. Wurzel des Spaltens, Brechens, nämlich mit *lup* (lat. *rup*), unser rauben, goth. *raubô* ich raube, zusammenhängt. Im Polnischen heifst *lup-a-ć* findere, *lupiez'* praeda, im irländischen Dialekt des Keltischen *reubaim* „1 tear, lacerate", *reoban* „plundering, destroying" (s. Gloss. Scr. a. 1847 p. 302).

*) So in meinem Conjugationssystem S. 100.

711. Wir geben hier einen Überblick der in Behandlung des sanskritischen und ṣendischen Potentialis und Precativs und der ihnen entsprechenden Modi der europäischen Schwestersprachen gewonnenen Vergleichungspuncte.

	Sanskrit.	Ṣend.	Griech.	Latein.	Lit.	Altslav.
Singular.						
	dadyā́m¹)	daidyā́m²)	διδοίην	duim³)	...	daẓ́di⁴)
	dadyā́s	daidyā́o	διδοίης	duis	...	daẓ́di⁶)
	dadyā́t	daidyā́ḍ	διδοίη	duit	dů́die⁵)	...
Dual.						
	dadyā́va	daidita	......	......	......	......
	dadyā́tam	......	διδοίτον	......	......	......
	dadyā́tām	......	διδοίτην⁷)	......	......	......
Plural.						
	dadyā́ma	daidyā́ma	διδοίημεν	duimus	......	daẓ́dimŭ
	dadyā́ta	daidyata⁸)	διδοίτε	duitis	......	daẓ́dite
	dadyús⁹)	daidyąn¹⁰)	διδοίεν	duint	......	......¹¹)
[für dadīrán¹²)]		daidita¹³)				

¹) für dadyā́m, s. §. 672.   ²) II. p. 278 Anm. 8 und §. 701.   ³) §. 674.   ⁴) §. 677.
⁵) §. 684.   ⁶) Ich setze vom Medium nur die 3te P. sg. und pl. her und verweise im Übrigen auf die Lehre von den Medial-Endungen, §. 466 ff., und auf die Conj. von adyá.   ⁷) §. 673.   ⁸) §. 701.
⁹) §. 462.   ¹⁰) §. 702.   ¹¹) §. 678.   ¹²) §. 613.   ¹³) §. 703.

Potentialis, Optativ, Conjunctiv. §. 711.

Singular

Sanskrit	Latein	Goth.	Ahd.	Altslav.
adyấm, act. adiyấ, med.¹)	edim²)	êjau³)	âzi	jaśdi⁴)
adyấs, act. adîtấs, med.	edîs	êteis	âzîs	jaśdi
adyất, act. adîtâ, med.	edit	êti	âzi	jaśdi⁴)

Dual

adyấva, act. adîvâhi, med.				
adyấtam, act. adiyấtâm, med.	......	êteits	âzît	jaśdita
adyấtâm, act. adiyấtâm, med.	......	êteita	âzita	jaśdita

Plural

adyấma, act. adîmâhi, med.	edîmus	êteima	âzîmês	jaśdimŭ
adyấta, act. adîd'vâm, med.	edîtis	êteith	âzît	jaśdite
adyús, act. adîrân, med.	edint	êteina	âzin	jaśdita

¹) Das Medium von *ad* ist zwar im erhaltenen Sprachzustande nicht gebräuchlich, was uns aber nicht hindern darf, es der Theorie wegen herzusetzen.

²) §. 674.   ³) §§. 675. 676.   ⁴) §. 677.   ⁵) S. §. 678.

Singular

Sanskrit	Send.	Griech.	Armen.
dêyấsam¹)	dâyańm²)	δοίην	mwg tazê³)
dêyấs⁴)	dâyâo	δοίης	mwgliu tazes
dêyất⁴)	dâyâḍ	δοίη	mwgł tazê

Dual

dêyấsva	....	....	....
dêyấstam	....	δοίητον	....
dêyấstâm	....	δοιήτην	....

¹) für dâyấsam, s. §. 705.   ²) So glaube ich für das S. 9 erwähnte *dyańm* setzen zu dürfen.   ³) S. §. 183ᵇ⁾. p. 372 f.   ⁴) S. §. 702 Schluſs.

Plural

Sanskrit	Send	Griech	Armen	
dêyá'sma	dáyâma	δοίημεν	ապցու_թ	tażuq'
dêyá'sta	dáyata⁵)	δοίητε	ապցէք	tajiq'
dêyá'sus	dáyaṅn	δοῖεν, δοίησαν	ապցեն	tażen

⁵) für dáydta, s. §. 701.

	Sanskrit	Send	Griech	Latein	Goth	Althd	Altslav
Singular	báré-y-am¹)	baróis	(φέροι-ν)³)	feram⁴)	bairau-u⁶)	bēre⁶)	—
	báré-s	baróis⁷)	φέροι-ς	feré-s⁴)	bairai-s	bēre-s	beri⁷)
	báré-t	baróit(⁷)	φέροι-(τ)	fere-t / fera-t	bairai	bēre⁶)	beri⁸)
Dual	báré-va	......	φέροι-τον	......	bairai-va	—	berěvě
	báré-tam	......	φέροι-την	......	bairai-ts	—	beréta
	báré-tām	......	......	......	bairai-dau¹⁰)	—	beréta
Plural	báré-ma	barai-ma⁹)	φέροι-μεν	feré-mus	bairai-ma	bēre-mēs	berěmŭ
	báré-ta	barai-ta⁹)	φέροι-τε	feré-tis	bairai-th	bēre-t	beréte
	báré-ran	baray-ěn	φέροι-εν / φέροι-υτο	fere-nt / fera-nt	bairai-na	bēre-n	berěnŭ

¹) §§. 689, 689. ²) §. 700. ³) §. 689. ⁴) §§. 691, 692, 693. ⁵) §. 694. Schluß. ⁷) §. 699. ⁸) §. 696. ⁹) §. 699. ¹⁰) §. 468. ⁶) §. 694.

Potentialis, Optativ, Conjunctiv. §. 712.

Singular.		Plural.	
Sanskrit.	Latein.	Sanskrit	Latein.
tishṭé-y-am	*ste-m*	*tishṭé-ma*	*sté-mus*
tishṭé-s	*sté-s*	*tishṭé-ta*	*sté-tis*
tishṭé-t	*ste-t*	*tishṭé-y-us*	*ste-nt*

712. Hinsichtlich des gothischen Conjunctivs bleibt noch zu bemerken übrig, daſs diejenigen schwachen Verba, die den skr. Klassen-Charakter *aya* zu *ô* (= *a* + *a*) zusammengezogen haben (s. I. p. 228), einer formellen Andeutung des Modusverhältnisses unfähig sind, weil sich *i* im Gothischen nicht mit einem vorhergehenden *ô* verbindet, sondern, wo *ói* vorkommen sollte, das *i* von dem *ô* verschlungen wird; daher heiſst z. B. *frijôs* sowohl **amas** als **ames**, und steht in letzterem Falle für *frijôis* *); so im Plural *frijôth* sowohl **amatis** als **ametis**. In der 3ten P. sg. ist *frijô* **amet** (für *frijôith*) nur unorganisch von *frijôth* **amat** unterschieden, weil der Conjunctiv nach §. 432 den Personal-Charakter verloren hat. Die althochdeutschen Conjunctive wie *salbôe*, *salbôês*, *salbôêmês* sind unorganisch, weil das *ê* von *salbôês* etc. (welches sich am Wort-Ende gekürzt hat) eine Zusammenziehung von *ai* ist (s. §. 78), wovon das *a* dem Klassencharakter angehören müſste. Nun aber ist in dem *ô* = *a* + *a* schon das Ganze der Urform अय *aya*, nur mit Ausstoſsung des Halbvocals, enthalten; es bleibt also kein *a* mehr übrig, welches mit dem Modus-Vocal *i* zu *ê* hätte zusammengezogen werden können. Man muſs daher annehmen, daſs das *ê* in diese Verbal-Klasse nur misbräuchlich aus den übrigen, wo es einen legitimen Grund hat, eingedrungen sei,

---

*) Ich glaube nicht, daſs man auch im Indic. *salbôs* aus *salbôis* und in der ersten P. *salbô* aus *salbôa* zu erklären habe, denn da z. B. in *vig-a-'*, *vig-i-s*, *vig-i-th* (s. II. p. 371) das *a* und *i* nicht der Personbezeichnung, sondern der Klassensylbe angehören, so vertritt in *salb-ô-'*, *salb-ô-s*, *salb-ô-th* das *ô* nur die Stelle des mit *i* wechselnden *a* der starken Conjugation; die Personal-Endungen aber sind eben so vollständig als in der starken Conjugation.

zu einer Zeit, wo es nicht mehr in dem Bewufstsein der Sprache lag, dafs die letzte Hälfte jenes ê = ai der Modusbezeichnung, die erste aber dem Klassencharakter angehört. So verhält es sich namentlich mit Formen wie *habêês* habeas, *habêêmês* habeamus, wo das erste ê die beiden ersten Elemente des Klassencharakters अय *aya* enthält (die im Indicativ *hab-ê-m*, *hab-ê-s* nur allein vertreten sind, s. I. p. 227 f.), das 2te aber das letzte skr. *a* in Zusammenziehung mit dem Modusvocal *i*, so dafs also z. B. in *var-manêês* das 2te ê dem skr. ê von *mânáyês* und dem lat. *á* von *moneás* (aus *moneais*, s. §. 691) begegnet, das erste ê aber dem lat. *e* und skr. *ay*, welches wir in §. 109ᵃ⁾ p. 227 auch in prákritischen Formen wie *êintêmi* zu ê zusammengezogen gesehen haben. Das Gothische verträgt nicht den Diphthong *ai* zweimal nebeneinander, daher steht z. B. *habais* habeás im Nachtheil gegen das ahd. *habêês* und ist von seinem Indic. nicht unterschieden.

713. Der Vêda-Dialekt besitzt einen dem klassischen Sanskrit fehlenden und selbst in den Vêda's nur in sparsamen Überresten sich zeigenden Modus, der von den indischen Grammatikern *Lêṭ* genannt wird und von Lassen passend mit dem griech. Conjunctiv identificirt worden. Denn so wie z. B. λέγ-ω-μεν, λέγ-η-τε, λέγ-ω-μαι, λέγ-η-ται, λέγ-ω-νται sich von den entsprechenden Indicativformen λέγ-ο-μεν, λέγ-ε-τε, λέγ-ο-μαι, λέγ-ε-ται, λέγ-ο-ντι nur durch Verlängerung des Vocals der Klassensylbe unterscheiden, so im Vêda-Dialekt *pát-â-ti* cadat von *pát-a-ti* cadit, *gṛh-yấ-ntâi* capiantur von *gṛh-yá-ntê* capiuntur; nur dafs in *gṛh-yấntâi* die Neigung des in Rede stehenden Modus zur möglichsten Formfülle auch noch dadurch sich bewährt, dafs der schliefsende Diphthong ê (= *ai*) zu *âi* gesteigert worden, in Übereinstimmung mit den ersten Imperativpersonen, die überhaupt mehr zum *Lêṭ* als zu den übrigen Personen des Imperativs stimmen, indem z. B. von der ersten P. pl. Med. *bibṛmdhê* wir tragen die entsprechende Person des Imper. *bibárámahái* lautet. Im *Lêṭ* des Med. genügt auch

die blofse Verlängerung des der Personal-Endung auf *ê* vorangehenden *a*, z. B. *mádáyasê*, *mádáyâtê* (s. Benfey, vollst. Gr. p. 365).

Anmerkung. Die schon in der 4ten Abtheilung der ersten Ausgabe (1842 p. 979) behauptete und auch von G. Curtius („Beiträge" p. 241 f.) anerkannte Übereinstimmung der ersten Personen des skr. Imperativs mit dem Bildungsprincip des *Lĕṭ*-Modus, oder griech. Conjunctivs, führt uns zu der Wahrnehmung, dafs auch dem Gothischen ein Überrest des skr. *Lĕṭ* oder Conjunctivs nach griechischer Bildungsweise verblieben sei, nämlich in der ersten Pluralperson des Imperativs, wo *bair-a-m* wir sollen tragen*) dem skr. *b'ár-á-ma*, send. *bar-á-ma* und griech. φέρ-ω-μεν gegenübersteht. Die goth. erste Pluralperson des Imperativs ist zwar äufserlich von der des Praesens ind. nicht unterschieden; gewifs aber ist, dafs die Formen auf *a-m*, wo sie imperative, oder, wenn man will, conjunctive Bedeutung haben, sich nicht auf sanskritische Formen wie *b'ár-á-mas* und griechische wie φέρ-ο-μες, sondern auf solche wie *b'ár-á-ma*, φέρ-ω-μεν stützen; denn hätten Formen wie *vis-a-m* seien wir (Luc. XV. 23, 32), = skr. *vás-á-ma* wir sollen wohnen, sich nicht als wirkliche Imperative, oder, um mich so auszudrücken, als *Lĕṭ*-Sprötslinge gefühlt, so würde Ulfilas, wo ein Imperativ der ersten Pluralperson auszudrücken war, gewifs statt der Formen auf *a-m* sich solcher wie *bair-ai-ma* = send. *bar-ai-ma* (ꘌꘌ), skr. *bár-ê-ma*, griech. φέρ-οι-μεν bedient haben, wie er auch statt *bair-i-th* traget, welches, wie das griech. φέρ-ε-τε, der 2ten Pluralperson des Praes. indic. gleichlautet, wahrscheinlich *bair-ai-th* = skr. *bár-ê-ta*, griech. φέρ-οι-τε gesagt haben würde, wenn *bairith* ferte und fertis nicht nach Verschiedenheit seiner Bedeutung, auch von verschiedener Herkunft wäre.

714. Aus dem Imperfect entspringt im Griechischen so wenig ein Conjunctiv als irgend ein anderer Modus, wohl

---

*) ist zwar bei Ulfilas nicht zu belegen, aber durch analoge, von Grimm in der ersten Ausgabe seiner Grammatik p. 411 und seitdem zahlreicher durch v. der Gabelentz und Löbe (Gramm. p. 88 Anm. 4) nachgewiesene erste Pluralpersonen des Imperativs hinlänglich gesichert.

aber im vêdischen Sanskrit ein *Lêṭ*; eben so im Ṣend, welches von diesem Modus einen sehr gewöhnlichen Gebrauch macht und zwar vorherrschend vom Imperfect, aber mit Bedeutung des conjunctiven Praesens; z. B. *ćar-á-ḍ* eat von ࿓࿓࿓ *ćar-a-ḍ* ibat; *van-á-ḍ* destruat, von ࿓࿓࿓ *van-a-ḍ* destruebat; ࿓࿓࿓ *pat-an-n* volent (für *pat-án*, s. §. 702), ࿓࿓࿓ *bar-an-n* ferant; von *pat-ĕ-n*, *bar-ĕ-n*, oder vielmehr von den organischeren Formen *pat-a-n*, *bar-a-n*. So im Vêda-Dialekt *ƃarát* ferat, von *áƃarat* ferebat, *praćôdayát* incitet von *ápraćôd-aya-t* incitabat, *vadán* dicant von *ávadan* dicebant.

716. Ich vermuthe, daſs der sanskritische Potentialis und Precativ und die sich daran anschliefsenden Modi der Schwestersprachen mit dem Bildungsprincip des *Lêṭ* oder griechischen Conjunctivs insoweit zusammenhangen, als das darin enthaltene Hülfsverbum, welches diese Modi mit dem Futurum theilen (s. §. 670), ein langes *á* vor den Personal-Endungen hat, das Futurum aber ein kurzes. Es würden demnach das sanskritische *dad-yā́t* und *dê-yā́t*, das ṣendische *daid'-yáḍ* und *dá-yáḍ*, das griechische διδ́ο-ίη und δο-ίη eigentlich **er wolle geben** bedeuten, und es wäre also dieser Modus gleichsam nur eine höflichere Form des *Lêṭ* oder Conjunctivs, wie wir höflicher sagen: „ich bitte, mir dies gestatten zu wollen", als kurz weg „mir dies zu gestatten". Dagegen bedeutet das Futurum *dá-s-yáti* „er will geben" oder wörtlicher: „er will sein gebend", und das Wollen ist hier kein Höflichkeits-Ausdruck, sondern Symbol der Nicht-Gegenwart, oder es verneint die Gegenwart auf eine weniger entschiedene Weise als dies bei den Augment-Praeteriten durch das verneinende *a* geschieht.

716. Als Bildungsmittel des *Lêṭ*-Modus oder Conjunctivs erscheint im Vêda-Dialekt auch die Einschiebung eines *a*, in den Fällen, wo es der entsprechenden Indicativ-Form an einem *a* fehlt, durch dessen Verlängerung der

gedachte Modus gebildet werden könnte. So entspringt von dem Aorist *ábút* er war der Conjunctiv *búvat* er sei, indem durch den Wegfall des Augments auch die vergangene Bedeutung aufgehoben wird, wie dies auch im Potentialis und Imperativ der Fall ist; von *ákar* er machte (für *ákart* nach §. 94)*) kommt *karat* er mache. Aus der 3ten Aorist-Bildung entspringen in der 3. P. sg. *Lèṭ*-Formen wie *góśiśat, táriśat, sáviśat, mandiśat*, für welche man im Indicativ in einer früheren Sprachperiode, wo noch 2 Consonanten am Wort-Ende stehen konnten, *ágóśiśṭ* etc., als analog mit *ágóśiśva, ágógiśṭa*, vorauszusetzen hat, woraus durch Einfügung eines *a* zwischen den Zischlaut des Verb. subst. und den Personal-Ausdruck *ágóśiśat* entstand **). Von *ćikêt-ti* er erkennt (Wz. *kit* Kl. 3) kommt *ćikêtati* er erkenne. So im Altpersischen *ahatiy* er sei von *astiy* er ist (Behist. IV. 38. cet.), indem das skr. स *s* im Altpers. vor *t* geschützt wird, vor Vocalen aber zu *h* wird. Auch aus Aoristen entspringen im Vêda-Dialekt Conjunctive mit Praesens-Endungen, daher *karati* er mache (Rigv. I. 46. 6) von *ákar*. Selbst durch blofse Anfügung der Personal-Endungen des Praesens an den Stamm des Aorists bildet der Vêda-Dialekt Conjunctive, so z. B. *vivóćati* (*vi* Praep.) er verkünde, von *vyavóćat* (Rigv. I. 105. 4).

Anmerkung. Es mag passend sein, hier noch auf die Ähnlichkeit aufmerksam zu machen, welche der lateinische Conjunctiv der drei letzten Conjugationen mit dem vêdischen *Lêṭ* und dem entsprechenden Modus des Send, wie auch, was dasselbe ist, mit den ersten Personen act. des Imperativs der beiden Sprachen gewonnen hat, indem z. B. *fer-a-t* — lautgesetzlich für

---

*) Aorist der 5ten Bildung, die im Vêda-Dialekt einen ausgedehnteren Gebrauch hat, als im klassischen Sanskrit.

**) S. kl. Sanskritgramm. 2te Ausgabe (1845. §. 442) und vgl. Benfey, vollst. Gramm. p. 365, wo auch *asas* sis, *asat* sit, von vorauszusetzendem *ás-s, ás-t*, statt des bestehenden *á'sts, á'sit*, vêd. *ás* (s. II. p. 410).

fer-â-t — auffallend zum vedischen *b'ar-â-t* **er trage** (§. 714) oder zu dem aus *pat-â-ti* **er falle** zu folgernden, vielleicht aber unbelegbaren *b'ár-â-ti* stimmt, und in der 3ten P. pl. *fer-a-nt*, aus *fer-â-nt*, zu *b'ár-â-n* (zu folgern aus *vad-â-n* p. 46) und in der ersten P. pl. *fer-â-mus* zu *b'ár-â-ma* **wir sollen tragen**. Diese Ähnlichkeiten gehören aber in Bezug auf den Ausdruck des Modusverhältnisses zu den blofs scheinbaren und trügerischen, wenn das gegründet ist, was in §. 691 ff. über die Entstehung des langen *â* in lateinischen Conjunctiven gesagt worden*). Hier erinnere ich noch daran, dafs auch in den lateinischen Singular-Dativen der Fall eingetreten, dafs das schliefsende *i* eines Diphthongs verloren gegangen und zum Ersatz der erste Theil desselben verlängert worden (*populó Romanó* statt des veralteten *popoloi Romanoi*, I. p. 343), ferner, dafs in zufälliger Begegnung mit dem Lateinischen das Altsächsische ebenfalls in seinem, auf den skr. Potentialis sich stützenden Praesens Conjunctivi das *i* des Diphthongs *ai* unterdrücken und dafür zum Ersatz das vorhergehende *a* verlängern**), oder auch die beiden Elemente des Diphthongs zu *ê* zusammenziehen kann, daher *bêrâs* **du tragest** (= lat. *ferâs*) und daneben auch, und zwar vorherrschend, *bêrês*, im Einklang mit dem skr. *b'árês* aus *b'arais*, althochdeutschen *bêrês* und dem im Lateinischen misbräuchlich zum Futurum gewordenen *ferês*. Ich mufs zur Unterstützung meiner Ansicht in der vorliegenden Streitfrage noch in Erinnerung bringen, dafs das lateinische *m* als Ausdruck der ersten P. sg., mit Ausnahme von *sum* und *inquam*, nur in Secundär-Formen vorkommt (§. 431), wozu die Endungen des skr. Potentialis gehören; ich glaube daher, dafs, wenn *ferâs, ferâmus, ferâtis* etc., statt zu φέροις, φέροιμεν, φέροιτε zu gehören, in ihrem Ursprunge mit den griech. Conjunctiv-Formen φέρῃς, φέρωμεν, φέρητε identisch wären, die erste P. sg. nicht *feram*, sondern eher *ferâ*, oder gekürzt *fera*, oder auch gleich dem Indicativ

---

*) Anderer Meinung sind Pott, Etym. Forschungen II. p. 695 und Curtius, Beiträge p. 264.

**) Die Länge wird nicht graphisch ausgedrückt, doch zweifle ich nicht daran, dafs Grimm Recht hat, in den betreffenden Formen *â*, nicht *a*, zu setzen.

ferŏ lauten würde, analog dem griech. Conjunctiv φέρω. — Das Imperfect des vêdischen *Lĕt*-Modus, mit gegenwärtiger Bedeutung, scheint mir von sehr specifisch sanskritisch-sendischem Gepräge und erst nach der Trennung der europäischen Glieder unseres Sprachstammes von ihren asiatischen Schwestern entstanden, daher sich auch im Griechischen, welches sonst das Sanskrit durch treuere oder vollständigere Bewahrung der uralten Modusformen überbietet, keine Spur davon findet. Ich möchte es daher auch nicht versuchen, die lateinischen Conjunctive wie *moneam, legam, audiam*, wegen ihres schliefsenden *m*, mit den formellen Imperfecten des skr. *Lĕt* zu vermitteln, wo man Formen wie *b'arâm* im Sinne von feram zu erwarten hat, wozu sich aber meines Wissens bis jetzt noch keine Belege gefunden haben *). Wie dem aber auch sei, so scheint es mir doch viel natürlicher, die lateinischen Conjunctive sämmtlich aus einer und derselben Quelle abzuleiten, als sie nach Verschiedenheit der Conjugationen zum Theil auf den skr. Potentialis = griech. Optativ, germ. Conjunctiv und slav. Imperativ, zum Theil auf den sanskritisch-sendischen *Lĕt* = griech. Conjunctiv und goth. Imperativ erster P. des Plurals (§. 726) zurückzuführen.

Imperativ.

717. Dieser Modus, der im klassischen Sanskrit nur aus dem Praes. indic. gebildet wird, unterscheidet sich von diesem, die erste P. der 3 Zahlen ausgenommen (s. §. 713), blofs durch die Personal-Endungen, die bereits erörtert worden. Der Dual und Plural, mit Ausnahme der 3ten P. pl., haben die secundären Endungen, so dafs z. B. *báratâm* die beiden sollen tragen sich von *ábaratâm* die beiden trugen nur durch die Entbehrung des Augments unterscheidet. Im Griech. ist der Unterschied der Endung των

---

*) Das in der ersten Ausgabe (p. 980) erwähnte पतम् *patám* beruht auf einem Versehen; es ist dafür पतम *patáma* zu lesen und „cadámus" zu übersetzen (Pâṇini III. 4. 8, schol.).

von φερέτων von την des Imperf. ἐφερέτην unorganisch, da των und την ursprünglich Eins sind und beide auf das skr. *tā́m* sich stützen.

718. Die 2te P. sg. der skr. ersten Haupt-Conjugation, — d. h. derjenigen, die der griech. Conjug. auf ω, den 4 lateinischen Conjugationen und der starken und schwachen Conjugation des Germanischen entspricht, — unterscheidet sich von der der 2ten Haupt-Conjugation, die der griechischen auf μι entspricht, dadurch, daſs sie im Activ (Parasmáip.) die Personal-Endung verloren hat, so daſs z. B. *b́ár-a* trage (send. *bar-a*) mit der Klassensylbe schlieſst, woran im Dual und Plural die Personal-Endungen antreten (भरतम् *b́ár-a-tam* = φέρ-ε-τον, भरत *b́ár-a-ta* = φέρ-ε-τε). Der Verlust der Personal-Endung scheint uralt, da auch im Griechischen φέρ-ε für φερ-ε-θι gesagt wird und im Lateinischen *leg-e*[*], *am-á*, *mon-é* und *aud-í* ebenfalls der Personbezeichnung entbehren.

719. Die germanischen starken Verba haben in der 2ten Singularperson des Imper. den Klassenvocal abgeworfen und schlieſsen also mit dem Endbuchstaben der Wurzel[**], ohne jedoch in den meisten Fällen die wirkliche Wurzel zu enthalten, da der Wurzelvocal nach Analogie des Praes. indic. bald geschwächt erscheint, wie z. B. im goth. *bind* von der Wz. *band* binden = skr. *band́*, bald gunirt, daher im Goth. *biug* biege von der Wz. *bug* = skr. *b́uǵ*; *beit* beiſs von der Wz. *bit* = skr. *b́id* spalten. Auch das

---

[*]) Das *e* von *lege* ist in seinem Ursprunge identisch mit dem *i* (aus *a*, s. §. 109ª). 1) von *leg-i-te*, und beruht auf dem Grundsatze, daſs im Lateinischen am Wort-Ende *e* dem *i* vorgezogen wird, daher z. B. *mare* vom Stamme *mari*.

[**]) So im Lateinischen *dic*, *duc* für *dice*, *duce*. Bei *fer* ist zu berücksichtigen, daſs *fero* auch im Ind. sich mehr an das skr. *b́ar* (*b́r*) der 3ten Kl. als an das der ersten anschlieſst. So wie *fer-s*, *fer-t*, *fer-tis* zu *bi-b́ár-s'i*, *bi-b́ár-ti*, *bi-b́r-t́á* stimmt, so *fer* zu *bib́r-hi* (aus *bib́ar-d́i*), mit Unterdrückung der Personal-Endung, wie in *es* = gr. ἴσ-θι, skr. *é-d́i* aus *ad-d́i* (für *as-d́i*).

Imperativ. §. 719.

Sanskrit und Griech. behalten im Imperat. des Praes. die Guṇa-Steigerungen des Praes. indic. oder überhaupt der Special-Tempora bei, daher z. B. im Skr. *bṓd'a* wiſs (aus *baud'a*) von *bud'*, und im Griech. φεῦγε von φυγ. Die germanischen schwachen Verba behalten ihren, dem skr. *aya* der 10ten Kl. entsprechenden Klassencharakter (s. §. 109ᵃ). 6), doch zieht sich die Sylbe *ja* zu *i* (goth. *ei* = *i*) zusammen, wie überhaupt die Sylbe *ja* am Wort-Ende ihren Vocal ablegt und das *j* vocalisirt. Man vergleiche z. B. das goth. *tam-ei* zähme, aus *tamja*, mit dem skr. Caus. *dam-áya*, lat. *dom-á*, griech. δάμ-αε. In der 2ten schwachen Conjug. vergleiche man *laig-ô* lecke mit dem skr. Caus. *lêh-áya*, von *lih* lecken; in der Zusammenziehung von *a(y)a* zu *ô* steht jedoch *laigô* den latein. Imperativen wie *dom-á* am nächsten, da goth. *ô* = *á* ist (§. 69). In der 3ten schwachen Conjug. vergleiche man *hab-ai*, *thah-ai*, *sil-ai* mit den gleichbedeutenden latein. Formen *hab-ê*, *tac-ê*, *sil-ê*, deren *ê* eine Zusammenziehung von *ai* ist und dem skr. *ay* von *aya* entspricht (I. p. 227). In der 2ten P. pl. stimmt *tam-ji-th* (aus *tam-ja-th*) zum skr. *dam-áya-ta*, lat. *dom-á-te*, griech. δαμ-άε-τε. Vom Praes. indic. läſst sich im Griech. und German. in der 2ten P. pl. der Imperat. nicht unterscheiden; im Sanskrit aber hat der Imper. die Endung der Secundärformen (*ta*), gegenüber dem *t'a* der Primärformen, also दमयत *damáyata* bändiget gegen दमयथ *damáyat'a* ihr bändigt. Im Lateinischen unterscheidet sich *domâte* von *domâtis*, indem letzteres formell zum sanskritischen Dual des Indicat. praes. (दमयथस् *damáyat'as*, goth. *tamjats*) stimmt, ersteres zu दमयत *damáyata* bändiget (s. §. 444). Die Endung *to* der 2ten und 3ten Person des sogenannten Futur. des Imper. und die griechische Endung τω der 3ten Person sg. stimmen zur védischen Endung *tát* (§. 470), die sowohl für die 2te als für die 3te P. gilt, und in letzterer, wie bereits bemerkt worden, vom oskischen *tud* (*licitud*, *estud*) am treuesten erhalten ist. So wie in तात् *tát* der Personal-Ausdruck doppelt enthalten ist, so in der lateinischen 2ten P. pl. *tôte*, wofür man im Sanskrit तात *táta* erwarten sollte, was jedoch nicht vorkommt. In der 3ten P. pl. stimmt *nto* zum griech. ντων (*legunto* = λεγόντων), welches früher mit den skr. Medialformen auf *antám* (φερόντων = *bárantám*) verglichen worden. Gab es aber im Sanskrit gegenüber den Singularformen wie *ǵìvatát* er möge leben, plurale wie *ǵìvantát* als Analoga lateinischer wie *vivunto* (s. §. 470 Schluſs), so konnte aus *ntát* zunächst ντω werden, mit lautgesetzlicher Unterdrückung des τ; und aus ντω sodann ντων durch Anfügung eines ‚unorganischen ν, ungefähr wie in gothischen Feministämmen auf *ôn* für sanskritische auf *á* (§. 142). Diese Auffassung, der ich jetzt den Vorzug gebe, wird durch Imperativformen auf ντω im Dorischen begünstigt, obgleich auch in diesem Dialekt die Formen auf ντων auf Inschriften zahlreicher erscheinen als die auf ντω [*]).

720. Die skr. Endung *tu*, Plur. *ntu*, erklärt sich aus dem Pronominal-Stamm त *ta* durch Schwächung des *a* zum mittleren Vocalgewicht, während im Praes. ind., wie überhaupt in den Primärformen, die äuſserste Schwächung zu *i* eingetreten ist. Wir haben also die Formen -*ta*, -*tu*, -*ti*, wie beim Interrogativum auch im isolirten Zustande: *ka*, *ku*, *ki*. Im Send hat sich das *u* der Imperativ-Endung gelegentlich verlängert, namentlich in dem häufig vorkommenden ⟨...⟩ *mraûtû* er sage, dagegen V. S. p. 142 ⟨...⟩ *ḡaratu* er esse, ⟨...⟩ *vaṇhatu* er ziehe an.

721. Die skr. Medial-Endung *sva* (aus *tva*, s. §. 443) der 2ten P. sg. hat sich im Send mit einem vorangehenden *a* fast durchgreifend zu *aṇuha* (für *aṇhva*) entartet, indem das *v* sich zu *u* vocalisirt hat und dem *h* vorangetreten ist; der Nasal aber, der nach §. 56ᵃ) dem *h* vorgeschoben wird, ist geblieben, wiewohl sonst ʒ *ṇ*, als gutturaler Nasal, nur in unmittelbarer Verbindung mit *h* vorkommt. Die Verbindung *ṇhv* scheint aber dem Send zu unbequem geworden

---

[*]) S. Ahrens II. p. 292 und vgl. Curtius „Beiträge" p. 269.

zu sein, und dafür, wo sich Veranlassung dazu findet, meistens ࢫ࢒ࢽ *ṇuh* eingetreten zu sein, daher auch ࢫ࢒ࢽ࢒ࢽ *vivaṇuható* = skr. विवस्वतम् *vivasvatas* des Vivasvat (V. S. p. 40). Mehrere Beispiele von Imperativen auf *aṇuha* finden sich im 18ten Fargard des Vendidad, wobei jedoch der von Burnouf (Yaçna Note A p. 17) nach den Handschriften berichtete Text zu berücksichtigen ist, indem der lithographirte Codex (p. 457 u. 458) mehrmals *aṇha* für *aṇuha* zeigt: ࢫ࢒ *aiwi vaśtra yáoṇhayaṇuha**) ziehe die Kleider an, ࢫ࢒ *frá śaśta ínayaṇuha* wasche dir die Hände**), ࢫ࢒ *á aśmaṅm yáśaṇuha* breite Holz aus (vgl. skr. यम् *yam*, in den Specialtempp. यच् *yać*, mit Praep. आ *á* ausdehnen). So ist auch V. S. p. 39 für ࢫ࢒ *hunvaṇha* nach den von Burnouf benutzten Handschriften ࢫ࢒ *hunvaṇuha* zu lesen; dagegen findet sich wie es scheint, für ࢫ࢒ *viśaṇha* gehorche (V. S. p. 123) keine abweichende Lesart***).

Anm. 1. Ich habe die Form ࢫ࢒ *hunvaṇuha*, oder, wie der lithographirte Cod. liest, ࢫ࢒ *hunvaṇha*, schon in der lateinischen Ausgabe meiner Sanskrit-Grammatik vom J. 1832 (p. 330) als Imperativ medii aufgefafst

---

*) Diese Form stützt sich auf das Causale der skr. Wz. यस् *yas* streben.

**) Ich fasse ࢫ࢒ *śnayaṇuha* als Passiv mit medialer Bedeutung; so V. S. p. 331 zweimal ࢫ࢒ *uś tanúm śnayaita* er wasche sich den Körper (Anq. p. 360 „il lavera son corps"), dagegen p. 330: *uśa* (*uśé?*) *tanúm śnayaita* mit einem Bindevocal zwischen der Praeposition ࢫ࢒ *uś* (= sanskr. उत् *ut*) und dem folgenden Worte Die transitive Bedeutung der Wz. *śná* wird dagegen gewöhnlich durch das zusammengesetzte ࢫ࢒ *śnáda* (s. II. p. 523) vertreten; z. B. V. S. p. 233: ࢫ࢒ *aitáo vaśtráo frasnádayēn* diese Kleider mögen sie waschen.

***) S. Olshausen p. 11 und Westergaard p. 347.

und *frâmanm hunvanuha qarĕteĕ* (nach Anquetil „qui me mange en m'invoquant avec ardeur") durch „me celebra ad edendum" übersetzt. Der Wurzel *hu* ist, wie l. c. bemerkt worden, aufser dem Charakter der 5ten Kl. नु *nu* noch der der ersten beigefügt, denn ohne diesen unorganischen Zusatz müfste die Form *hunus'va* lauten (= skr. सुनुष्व *sunus'vá*). Gewifs ist, dafs die send. Wurzel *hu* im Sanskrit nur सु *su* lauten kann, und die von Burnouf (Journal asiatique 1844, Dec. p. 467) mir zugeschriebene Ansicht, dafs das send. *hu* auf das skr. हु *hu* opfern sich stütze, habe ich weder S. 781 der ersten Ausgabe dieses Buches, noch in meiner Gramm. crit. p. 330 oder irgendwo anders ausgesprochen. Dafs dem skr. हु *h* niemals ein send. ev *h* gegenübersteht, ist in §. 57 ausdrücklich bemerkt, und auch in §. 53 gesagt worden, dafs ev *h* in etymologischer Beziehung niemals dem skr. हु *h*, sondern stets dem reinen oder dentalen स् *s* entspricht. Ich hätte also, wenn ich l. c. dem send. *hu* sein skr. Vorbild hätte zur Seite stellen wollen, nur an eine der Wurzeln सु *su* mich wenden können, wovon Eine, wie das send. *hu*, zur 5ten Kl. gehört. Auf die Bedeutung celebrare, die ich dem send. *hu* gegeben habe (nach Anq. „invoquer avec ardeur"), wollte ich aber kein besonderes Gewicht legen; denn es kam mir hauptsächlich darauf an, die Geltung der von Anquetil verkannten grammatischen Formen zu bestimmen, und es war mir erwünscht, in der fraglichen Form eine auf das skr. *a-sva* sich stützende mediale Imperativ-Endung, und in *qarĕteĕ*, welches man nach Anquetil's Übersetzung (qui me mange) für eine 3te P. praes. hätte halten können, den Dativ eines abstracten Substantivs zu erkennen. In beiden Beziehungen sehe ich mich nun durch die von Burnouf (l. c.) mitgetheilte Sanskrit-Übersetzung Neriosengh's unterstützt, welche ܀ܘܣܘ܀ܐܣܘ *hunvanuha* durch परिसंस्कारंकुरु *parisaṅskáraṅkuru**), und ܘܩ ܥܡܣ܀ܚܘܥ *qarĕteĕ* durch ख़ादनाय

---

*) Burnouf bemerkt: „Nos manuscrits sont très-confus en cet endroit: celui de Manakdji a संस्कारंश्रुह, mais je ne suis pas sûr du श्रु; le numéro II F. lit संस्कारंकु avec श्रु au-dessus de la ligne." Ich zweifle aber nicht daran, dafs Burnouf Recht hat, कुरु zu lesen.

Imperativ. §. 721.   55

k'âdanâya (des Essens oder der Speise wegen) überträgt. Die Erklärung des eingefügten Commentars ist ब्राह्मार्य सन्मानय *âhârâriañ sanmânaya**), d. h. der Speise wegen verehre (mich) **). Die Wurzel ‎‏هو‏‎ *hu* kommt im 9ten Kapitel des Yaçna, dem unsere Stelle entnommen ist, noch mehrmals vor, und zwar in der 3ten P. des Imperfects, *hunûtâ* (einmal *hunvata*, mit dem Zusatz des Charakters der ersten Klasse), welches Anquetil überall durch ayant invoqué et s'étant humilié umschreibt; ich habe es l. c. durch laudabat übersetzt und bedaure, dafs Burnouf nicht auch von diesem Ausdruck die Übersetzung Neriosengh's mitgetheilt hat. Jedenfalls aber spricht der Umstand, dafs das von *hu* abstammende Verbum sich überall euf ‎‏هوم‏‎ *hauma*, die personificirte Sôma-Pflanze, bezieht, zu Gunsten der Ansicht Burnouf's, dafs das sendische *hu* dasselbe bedeute, was die entsprechende Sanskrit-Wurzel सु *su*, nämlich den Saft ausdrücken, wobei noch zu berücksichtigen, dafs das Verbum dieser Wurzel im Sanskrit vorzugsweise auf die Sôma-Pflanze bezogen wird.

Anm. 2. Den sendischen medialen Imperativ-Formen wie das oben erwähnte *vîs'anha* gehorche stehen trotz der äufserlichen Verschiedenheit, die griechischen medio-passiven Imperative wie λέγου, bekanntlich aus λεγ-ε-σο, sehr nahe, da die Endung σο, welche in der Conjugation auf μι (δίδο-σο) keine Verstümmelung erfahren hat, dem send. *ha*, aus skr. *sva*, entspricht, und der Nasal von *visanha* nur eine unorganische Zugabe ist (§. 56*e*). Stofsen wir diesen aus, so bleibt z. B. *bar-a-ha* aus *bar-a-sa* als Vorbild des im Griech. vorauszusetzenden φέρ-ε-σο. Beachtung verdient aber auch die Thatsache, dafs die griechischen medio-passiven Imperative wie (φέρ-ε-σο), φέρου, διδο-σο mit der entsprechenden Person des Imperf. indic., nach Abzug des Augments, gleichlautend sind,

---

*) So liest Burnouf für सन्मारय *sanmâraya* der Handschriften, was keinen Sinn gibt.
**) Burnouf übersetzt „honore-moi comme nourriture", worin ich ihm nicht beistimmen kann; denn *âhârâriâm* kann nur „der Speise wegen", nicht „als Speise" bedeuten, und auch in *k'âdanâya* als Übersetzung von *q'arětcě* liegt deutlich das ursprüngliche Verhältnifs.

und daſs im Sanskrit die Augment-Praeterita, sowohl das Imperf. als der Aorist, hinter der Prohibitivpartikel *mâ*, entweder mit abgelegtem oder beibehaltenem Augment, die Stelle des Imperativs vertreten können, und daſs, wie gezeigt worden (II. p. 458), auch der armenische Imperativ der 2ten Singularperson (z. B. *mi beres* trage nicht) seinem Ursprunge nach ein Imperfect ist. Wir müssen darum auch die Möglichkeit zulassen, daſs im Griechischen die Imperative wie λέγου, δίδοσο aus den entsprechenden Formen des Imperf. durch Ablegung des Augments entsprungen seien. Hängt aber die in Rede stehende Imperativ-Person des griech. Medio-Passivs mit den sanskritischen Medial-Imperativen auf *sva* und den ṣendischen auf *a-ṇuha, a-ṇha* zusammen, so müssen wir σϝο als Urform für σο annehmen und dürfen δίδο-σο dem sanskritischen, aus *dadâ-sva* verstümmelten *dat-svá*, und das vorauszusetzende φέρ-ε-σο dem skr. *bár-a-sva*, ṣend. *bar-a-ṇuha* oder *bar-a-ṇha* gegenüberstellen.

722. Die erste Person der drei Zahlen des Imper. folgt im Sanskrit und Ṣend einem eigenen Bildungsprincip, welches, wie bereits bemerkt worden (§. 713), mehr zum Conjunctiv oder *Lêṭ*, als zu den übrigen Personen des Imperativs stimmt. Den Personal-Endungen wird ein *â* vorgesetzt, die auf *ê* ausgehenden Endungen des Praes. ind. med. verlängern diesen Diphthong zu *âi*, und das Verbal-Thema erhält in der 2ten Haupt-Conjugation die verstärkte Form, die sonst nur vor den leichten Personal-Endungen eintritt. Die erste P. sg. hat *ni* zur Endung, deren *n* offenbar eine Entartung von *m* ist, und ebenso wie dieses im skr. Medium unterdrückt wird, während das Ṣend vor dem Sanskrit den schönen Vorzug behauptet, daſs es den Personal-Charakter meistens beibehält und *âne* dem skr. *âi* gegenüberstellt. Dieses ܫܘ *âne* verhält sich also zum activen ܫܘ *âni*, wie im griechischen Praes. ind. μαι zu μ. Ich stelle hier, um das Bildungsprincip der skr. ersten Person Imperat. anschaulich zu machen, die genannte Person der 3 Zahlen beider Activ-Formen der Wz. द्विष् *dviš* hassen den entsprechenden Formen des Praes. indic. gegenüber.

Imperativ. §. 723. 1.

	Activ.		Medium.	
	Indic.	Imperat.	Indic.	Imperat.
Sig.	dvḗṡmi	dvḗṡ-á-ṇi*)	dviṡḗ	dvḗṡái
Du.	dviṡvás	dvḗṡ-á-va	dviṡváhḗ	dvḗṡ-á-vahái
Pl.	dviṡmás	dvḗṡ-á-ma	dviṡmáhḗ	dvḗṡ-á-mahái

So im V. S. p. 477 mehrmals ࿐࿐࿐ ǵan-á-ni (= skr. hán-á-ni) ich werde schlagen, zernichten**), p. 132 und 479 ࿐࿐࿐ kĕrĕnav-á-nḗ ich soll machen (= skr. kṛṇ-áv-ái aus karnav-á-ṇḗ).

723. 1) Vergleicht man die im vorhergehenden §. erwähnten Formen dvḗṡ-á-ṇi, dvḗṡ-á-va etc. von dviṡ' Kl. 2. mit tvḗṡ-á-ṇi, tvḗṡ-á-va, tvḗṡ-á-ma, tvḗṡ-ái, tvḗṡ-á-vahái, tvḗṡ-á-mahái von tviṡ' Kl. 1. glänzen (Praes. tvḗṡ-á-mi etc.), so wird man zu der Vermuthung geführt, daſs die skr. 2te Haupt-Conjugation eben so wenig eine erste Imperativperson als die griech. Conjugation auf μι einen Conjunctiv besitzt, sondern daſs das á von dvḗṡ-á-ṇi nichts sei als die Verlängerung des Klassenvocals a, daſs also dvḗṡáṇi der Conjugations-Klasse von tvḗṡ-á-ṇi, bṓdáni

---

*) Das cerebrale ṇ steht wegen des euphonischen Einflusses des vorhergehenden cerebralen Zischlauts, s. §. 17[b)].

**) Auch im Sanskrit kommt die erste Pers. Imp. zuweilen im Sinne des Fut. oder Praes. indic. vor, um ein entschiedenes Wollen, oder eine zuverläſsig bevorstehende Handlung auszudrücken, z. B. Sunda u. Upas. I. 26. Anquetil faſst ǵanáni als 3te P. eines Praet. und übersetzt es (p. 413) durch „il frappa" und einmal durch „seront anéantis". Es bedarf aber keines Beweises, daſs ǵanáni wirklich die erste Pers. Imper. ist, denn Soroaster spricht zu Ahriman die Worte: duṣ́da aṇhrṓ (so zu lesen für aṇrṓ, s. §. 54) mainyṓ ǵanáni dáma daivṓ dátĕm etc. ruchloser Ahriman, ich werde zernichten das Daivageschaffene Volk. Hierauf spricht (p. 478) Ahriman zu Soroaster: ࿐࿐࿐ mámĕ dáma mĕrĕ́čaṇuha aṡ́dum ṣaratuṣtra tödte nicht mein Volk, reiner Saratustra!

angehört, deren Klassenvocal *a* vor den Personal-Endungen der ersten P. der drei Zahlen des Imper. verlängert wird. Von अस् *as* Kl. 2, oder vielmehr von dem nach dem Princip der ersten Conjugations-Klasse durch *a* erweiterten Stamme *asa* kommen *ás-â-ni*, *ás-â-va*, *ás-â-ma* wie *vás-â-ni*, *vás-â-va*, *vás-â-ma* vom Stamme *vasa* der Wz. *vas* wohnen. Im Griechischen haben wir uns zur Wurzel ἐς, der einzigen consonantisch endigenden der skr. 2ten Klasse, ein durch ο oder ε erweitertes Thema ἐσο, ἐσε zu denken, wovon ἔσ-ο-μαι (formell ein Praesens) und der homerische, auch dorische, Conjunctiv ἔω aus ἔσω für ἔσ-ω-μι = skr. *ás-â-ni* aus *as-á-mi*. Im Plural steht das dorische ἔω-μεν*) aus ἔσ-ω-μες — woraus das zusammengezogene ὦμες — dem skr. *ás-â-ma* wir sollen sein gegenüber. Zur 3ten dorischen Pluralperson ἔ-ω-ντι, zusammengezogen ὦντι, aus ἔσ-ω-ντι, hätte man im Sanskrit eine *Lêṭ*- d. h. Conjunctivform *as-á-nti* zu erwarten. — Von इ *i* gehen Kl. 2., Praes. *ḗmi*, *i-vás*, *i-más* (= gr. εἶμι, ἴ-μες), kommt *ay-â-ni***), *ay-â-va*, *ay-â-ma* analog mit *ǵay-â-ni*, *ǵay-â-va*, *ǵay-â-ma*, von *ǵi* Kl. 1. siegen. Ohne Guṇa und lautgesetzliche Verwandlung des Wurzelvocals würden *ayâni*, *ayâva*, *ayâma* zu *i-â-mi*, *i-â-va*, *i-â-ma* sich gestalten, wovon letzteres trefflich zum griech. Conjunctiv ἴ-ω-μεν stimmen würde, da der im Griechischen mit ο wechselnde und im Dehnungsfalle zu η, ω werdende Klassenvocal der Verba wie λείπω, γλίχ-ς-μαι auf den skr. Klassenvocal der ersten und 6ten Kl. sich stützt. Die skr. 7te Klasse (s. §. 109*ʲ*). p. 218) fügt den Klassenvocal an das breitere Thema mit eingeschobener Sylbe *na*, was sehr natürlich ist, da der *Lêṭ*-Modus oder Conjunctiv die breitesten Formen liebt; also z. B. *yunáǵ-â-ni* (ich soll verbinden), plur. *yunáǵ-â-ma* — von dem mit dem Klassenvocal *a* versehenen

---

*) auch ἴωμεν mit ι für das ursprüngliche अ *a*, wie in der 2ten P. sg. ἴσ-ϑι, wofür im Șend *aṣ-di* (II. p. 294), s. Ahrens p. 321.

**) șend. *ayêni* (nach §. 42).

Stamme *yunaǵa* —, und also analog mit Formen wie *tyáǵ-â-ni*, *tyáǵ-â-ma* vom Stamme *tyaǵa* der Wurzel *tyaǵ* Kl. 1. verlassen. Die Verba der 5ten und 8ten Klasse guṇiren das *u* ihres Klassen-Charakters (s. §. 109 [a]). p. 219) vor dem neu hinzutretenden Klassenvocal der ersten Klasse, daher *strṇáv-â-ni* ich soll ausstreuen, plur. *strnáv-â-ma*, wofür griech. στορνύω, στορνύωμεν. Die zendischen Sprachquellen liefern uns in dieser Conjugations-Klasse den Imper. act. *kĕrĕnav-â-ni* (med. *kĕrĕnav-â-nê*) ich soll machen und die analoge 2te Pers. sg. Conjunct. *kĕrĕnav-â-hi* facias (V. S. p. 499), so die 3te des Imperfects desselben Modus *kĕrĕnav-â-ḍ* er soll machen, auch die 2te Pers. imperativi *kĕrĕnav-a* mache (letzteres analog dem griech. δείκνυε) neben Indicativ-Formen mit gehäuften Klassen-Charakteren, wie *kĕrĕ-nav-ô* (ô aus skr. *as*) analog mit ἐδείκ-νυ-ε-ς (§. 519). — Bei sanskritischen Verben der 3ten Klasse tritt an das starke reduplicirte Thema dieser Klasse, z. B. an *biḃar* (schwach *biḃṛ*), der verlängerte Klassenvocal der ersten Klasse, daher *biḃár-â-ṇi* [*]), *biḃár-â-va*, *biḃár-â-ma*; *biḃárái*, *biḃárâ-vaḥái*, *biḃar-â-maḥái*. Nach Abzug der Reduplicationssylbe erhalten wir Formen, welche zu *ḃár-â-ṇi* (praes. ind. *ḃár-â-mi*), pl. *ḃár-â-ma* = gr. φέρ-ω-μεν, goth. *bair-a-m*, von भृ *ḃar*, भृ *ḃṛ* Kl. 1., stimmen. Bei Verben der 9ten Klasse, welche in den verstärkten Formen *ná* anfügen (in den reinen oder schwachen: *ní*) kann sich eine Verlängerung des Stammes, z. B. von *yu-ná´*, nicht bemerklich machen, weil *yuná-â* lautgesetzlich zu *yuná* zusammenfliefsen mufs, daher *yuná´-ni* ich soll binden, du. *yuná´-va*, plur. *yu-ná´-ma*, med. *yu-nái*, *yuná´-vaḥái*, *yuná´-maḥái* für *yunâáni* etc. Analog im Send das mediale *pĕrĕ-ná-nê*

---

[*]) Die Wz. *ḃar*, *ḃṛ* Kl. 3. unterscheidet sich von anderen der 3ten Kl. dadurch, dafs sie in den Specialtempp. nicht die Wiederholungssylbe sondern die Wurzelsylbe betont.

ich soll vernichten*). — Bei skr. Wurzeln auf *á* der 2ten und 3ten Klasse findet ebenfalls Zusammenziehung von *á + a* zu *á* statt, daher z. B. *dádáni* ich soll geben für *dadáni*; im Plural entspricht *dádáma* aus *dádááma* dem homerischen διδῶμεν aus διδωμεν oder διδoωμεν**), von dem durch *o* erweiterten Stamme.

2) Die sanskritischen Verba der ersten Haupt-Conjugation mit Stämmen auf *a*, *ya*, *aya* verlängern deren schliefsenden Vocal zu *á*, im Einklange mit der analogen Verlängerung des griechischen *o* zu *ω*, und es steht daher in der ersten Pluralperson act. *b'ár-á-ma*, *hr'ś-yá-ma*, *dam-áyá-ma* dem griech. φέρ-ω-μεν, χαίρ-ω-μεν (s. I. p. 211), δαμ-άω-μεν oder δαμ-άζω-μεν (I. p. 226) gegenüber; da aber das Sanskrit auch im Praesens des Indicativs das *a* der Klassen-Charaktere verlängert, so tritt der Nachdruck den der Exponent des Modusverhältnisses verlangt, nicht so bemerklich hervor als im Griechischen, wo φέρ-ω-μεν schärfer vom indicativen φέρ-ε-μεν unterschieden ist als im Sanskrit und Send *b'ár-á-ma*, *bar-á-ma* von *b'ár-á-mas*, *bar-á-mahí*. Wahrscheinlich aber ist das im Praesens indic. nach §. 434 stehende *á*, statt des nach den übrigen Personen zu erwartenden kurzen *a*, ein verhältnifsmäfsig junges, da die Vocal-Länge von *b'ár-á-mas* (wir tragen), obwohl sie schon zur Zeit bestand, wo das Send noch mit dem Sanskrit vereinigt war, doch sowohl durch das griech. φέρ-ε-μεν als durch das altslav. *ber-e-mŭ* und lat. *fer-i-mus* bestritten wird, was um so wichtiger ist zu beachten, als das Altslavische gewöhnlich für skr. *á* die *a*-Qualität bewahrt hat und nur dem skr. kurzen *a* sein *e* oder *o* gegenüberstellt (s. §. 92. *a*). Ich möchte die *a*-Verlängerung von *b'ár-á-mi*, *b'ár-á-vas*, *b'ár-á-mas* etc. eine blofs eupho-

---

*) V. S. p. 335; vgl. Burnouf, Yaçna p. 530 ff.; über die Endung *né* s. §. 722.

**) Vgl. die nicht-contrahirte homerische Aoristform δώομεν für δώωμεν und die 3te P. sg. δώῃσιν.

Imperativ. §. 723. z. 61

nische, durch den rückwirkenden Einfluſs der Halbvocale *v* und *m* veranlaſste nennen*), die der Imperativformen *b́ár-á-ṇi*, *b́ár-á-va*, *b́ár-á-ma* aber eine flexivische, der Andeutung des Modus-Verhältnisses gewidmete. Auch zweifle ich kaum daran, daſs *b́ár-á-ṇi*, *b́ár-á-va* und analoge, dem *Lêṭ*-Modus, d. h. dem Conjunctiv, angehörende Formen, wenn sie ihre vollständige Conjugation bewahrt hätten, auch in allen übrigen Personen der 3 Zahlen der beiden Activformen, statt des kurzen *a* des Praes. ind., ein langes *á* vor den Personal-Endungen zeigen würden, wie oben in *pát-á-ti* er falle gegen *pát-a-ti* er fällt und im Ṣend z. B. in *van-á-hi* destruas gegen *van-a-hí* destruis. Es fehlt aber im Sanskrit noch an Belegen von Dualformen wie *b́ar-á-ťas*, *b́ar-á-tas* gegen griech. φέρ-η-τον, φέρ-η-τον und an 2ten Pluralpers. wie *b́ár-á-ťa* gegen griech. φέρ-η-τε. — Ich setze hier noch einige Beispiele ṣendischer Imperative der ersten Singularperson her, welche, wie das bereits erwähnte *ǵan-á-ni* ich werde tödten (p. 57), an den betreffenden Stellen im Sinne des Futurums erscheinen: ⟨sendisch⟩ *viśánê* ich werde gehorchen**), ⟨sendisch⟩ *varěďayêni* (s. §. 42) ich werde wachsen machen (V. S. p. 124), ⟨sendisch⟩ *frahárayênê* ich werde gehen machen***), ⟨sendisch⟩ *daťáni* ich werde geben†), ⟨sendisch⟩ *á-frínáni* ich werde segnen (l. c. p. 505).

---

*) Man vergleiche die Verlängerung des *i* und *u* vor dem 𑀬 *y* des Passivcharakters *ya* (s. kl. Sanskrit-Gramm. §. 448).

**) V. S. p. 124: ⟨sendisch⟩ *aťěm tě viśánê* ich werde dir gehorchen.

***) V. S. p. 82: ⟨sendisch⟩ *hê urváněm vahiśtěm ahúm frahárayênê* ich werde seine Seele zum trefflichsten Orte gehen machen; Anquetil p. 139: „je ferai aller librement son ame aux demeures célestes".

†) kommt im 22ten Farg. des Vend. oft vor. Über σ *i* als Entartung von ⟨sendisch⟩ *ď s.* §. 637 Anm.* und über ṣend. *ď* für ur-

724. Aufser der das Sanskrit durch treuere Bewahrung der Urform übertreffenden Medial-Endung *ânê* kennt das Send auch die verstümmelte Form *ái*, wovon es jedoch nur selten Gebrauch macht. Ein Beispiel ist ‏جرىسسج‎ *viśái* im 4ten Carde des Vispered (V. S. p. 55 ff.), wo siebenmal ‏جرىسسج ڡڠسو‎ *aṣêm viśái* vorkommt, welches Anquetil durch „j'obéis" übersetzt. Auch pafst auf den vorangehenden Imperativ *áśtáya* bringe*) das Praes. ind. am besten, so dafs man in Ermangelung zuverläfsiger Beispiele glauben könnte ‏جرىسسج‎ *viśái* sei nur eine energischere Form für das Praes. ind. *viśê*. Die Form ‏جسرسسج‎ *yaṣái*, welche mehrmals im 22sten Fargard des Vend. vorkommt, übersetzt Anquetil durch „rendez hommage", und in den Zusammenhang pafst auch nur die 2te Person, denn *yaṣái* etc. drückt den an Soroaster gerichteten Befehl Ormuṣd's aus, der jenem zum Lohne der anbefohlenen Verehrung das verspricht, was auf *datâni* ich werde geben (= skr. ददानि *dádáni*, erste P. Imp.) folgt. Ich sehe also keine Veranlassung mit Burnouf (Yaçna p. 495) die Worte ‏جسرسسج‎ *yaṣái* etc. dem Soroaster in den Mund zu legen, und fasse in Abweichung von einer früheren Ansicht**) *yaṣái* als Conjunctiv (*Lêṭ*) und zwar als Verstümmelung von *yaṣáhi****). Andere verstümmelte Formen dieser Art sind

---

sprüngliches *d* s. §. 36 p. 68. In Folge dieser Verwechselungen ist *daiáni* ich soll geben, werde geben völlig gleichlautend mit dem in dem Compos. *yauś-daiáni* enthaltenen *daiáni*, für skr. दधानि *dádáni* ich soll legen, ich soll machen (§. 637).

*) wörtlich „mache kommen", das Causale von *śtá* stehen, mit der Praep. *á*.

**) Erste Ausg. p. 995, wo *yaṣái* als Analogon von ‏جسى‎ *nái* führe (= skr. नय *náya* von der Wz. *nî*) und in formeller Beziehung als Causale gefafst worden, so dafs es eine Zusammenziehung von *yaṣaya* wäre.

***) Auch Lassen erkennt in dieser und analogen Formen die 2te P. sg. des Conjunctivs, betrachtet aber den Ausgang *ái* als falsche Lesart für *áhi* („Vendidadi capita quinque priora" p. 58) und setzt,

vanái wirst du oder willst du schlagen, *apa-yaśái* willst du vernichten*), *vindái* erlange (l. c. p. 67), *ava-ǵaśái* gehe hin. Hinsichtlich der Ausstofsung des Consonanten der Personal-Endung, sowohl in diesen 2ten Personen als in der ersten auf *ái* erinnere ich an ähnliche Erscheinungen in griechischen Formen wie φέρει aus φέρετι = skr. *b'ár-a-ti*, δίδοι aus δίδοϑι (§. 456), φέρῃ = skr. *b'ár-a-sê*, goth. *bair-a-sa* (§. 466), sowie an Pråkritformen wie भणइ *b'aṇai* für *b'aṇ-a-hi* sprich (§. 456 Anm.) und spanische wie *cantais* aus *cantatis*. Es haben sich aber in den șendischen zweiten Conjunctiv-Personen aufser den Formen auf *ái* auch, und zwar in gröfserer Anzahl, die vollständigen Formen auf *áhi* erhalten. Beispiele sind *avi ....vaṣáhi* führe hin (das Wasser), *upa....vaṣáhi* id., *upa....fra-ṣayayáhi* giefse über, *fra-frávayáhi* mache fliefsen **).

725. In syntaktischer Beziehung verdient Beachtung, dafs die erste Person des Imperativs im Șend nicht nur, wie bereits gezeigt worden, zuweilen die Stelle des Futur. indic. vertritt, sondern auch als Conjunctiv, von ⲱⲥⲱⲥ *yat'a* dafs regiert, gebraucht wird. So in einer von Burnouf (Yaçna p. 427 ff.) zu einem anderen Zwecke aus dem 4ten Kapitel der Gosch-Yascht angeführten Stelle: ⲅⲉⲥⲱ ⲱⲥⲱⲥ ⲥⲗⲱⲥⲥⲱⲁⲙⲱⲥ *yat'a aṣěm bandayêni* dafs ich binde, ⲥⲗⲱⲥⲥⲱⲉⲙⲱⲃ ⲅⲉⲣⲱⲥ ⲱⲣⲟⲥ *uta baśtěm vád'ayêni* etc. und (dafs ich) den gebundenen schlage, ⲱⲣⲟⲥ ⲥⲗⲱⲥⲥⲱⲡⲱⲉⲱ ⲅⲉⲣⲱⲥ *uta baśtěm upanayêni* und (dafs ich) den gebundenen hinführe. Auf Stellen dieser Art mag sich Bournouf's Ansicht gründen, dafs

---

ohne die Autorisation irgend einer Handschrift, *vts'áhi* statt *vts'ái* in seinen Text (p. 7 Z. 19).

*) S. Spiegel „Der neunzehnte Farg. des Vendidad" p. 70 f.

**) Anquetil: „vous la faites couler". Über die șendische Wz. *fru* für skr. *plu* s. I. p. 233 f.

die Form auf *áni* *) dem Sinne nach sowohl dem Imperativ als dem Potentialis angehöre, während er die Medialform auf *ánê* (oder *énê*), die zuerst von Fr. Windischmann (Jenaische allgemeine Litter. Zeit. Juli 1834. S. 138) an das Licht gezogen worden, in begrifflicher Beziehung dem Imper. ganz abspricht und die Formen auf *ái* der Bedeutung nach für die echten Imperative medii erster Pers. erklärt (Yaçna p. 530 ff. Note). Ich kann diese Ansicht nicht theilen, da z. B. ‍‍‍‍‍‍‍‍‍‍‍‍‍‍‍‍ *yaṣánê* ich soll opfern (V. S. p. 481) eine so sehr imperative Bedeutung hat, als die erste Person überhaupt fähig ist, während *viṣái* (§. 724) seiner Bedeutung nach mehr ein Praesens indic. ist und *yaṣái* (l. c.) als 2te Person des Praesens conj. erklärt worden.

726. Unter den europäischen Schwestersprachen des Sanskrit bietet nur das Gothische eine erste Person des Imperativs dar, aber nur im Plural, wo z. B. *visam* simus (Luc. 15. 23) dem skr. *vásáma* habitemus entspricht (s. p. 47), ohne jedoch formell vom Praes. indic. unterschieden zu sein, da die skr. Endungen *mas* und *ma* im Gothischen durch bloſses *m* vertreten sind, ausgenommen im Conjunctiv, wo *ma* dem skr. म *ma* der Secundärformen begegnet. Daſs der Imperativ des Slavischen und Litauischen seiner Bildung nach nicht zum eigentlichen Imperativ gehört, ist bereits früher bemerkt worden (s. §§. 677. 679).

Ich gebe hier einen Überblick der für den Imperativ praes. gewonnenen Vergleichungspunkte:

---

*) oder *éni*, durch den euphonischen Einfluſs eines vorhergehenden *y* unter Mitwirkung des schlieſsenden *i*, nach §. 42.

Imperativ. §. 726.

	Sanskrit.	Send.	Griech.	Lat.	Goth.
1. P. sg. act.	hán-â-ni	ǰan-â-ni			
1. P. sg. med.	bár-â-i	bar-â-ni¹)			
	kárav-â-i	karav-â-nê			
1. P. pl. act.	bár-di	bar-di			
	bár-â-ma	bar-â-ma	φέ-ω-μεν		baír-a-m
2. P. sg. act.	dê-hí²)	daṣ-di³)	(δίδω-ϑι)		

¹) *barâni* ist nicht zu belegen, erhellt aber aus dem Med. *barânê* (§. 723) und dem Plural *barâma* (V. S. p. 203).

²) *dê-hi* aus *dad-hi* für *dadâ-di*, s. §. 450.

³) داډی *daṣdi* aus *dad-di* für *dadâ-di*, s. §. 450. S. 289. So lesen wir im Vendidad Sendp. 50 zweimal داډمی *daṣdi-me* gib mir, mit enklitischem *me* mir, wobei daran zu erinnern, daß auch im Sanskrit die Formen म्a *mê* mei, mihi, und तॆ *tê* tui, tibi nur enklitisch gebraucht werden; eben so im Altpersischen *maiy* und *taiy*. Man wird darum auch das im V. S. P. 505, 507 und 508 mehrmals vorkommende ۥادانيتى *daidnité* aufzufassen haben, da im Şend *daidni té* ich werde dir geben als = *daidnité* aufzufassen haben, da im Şend die Composita sehr häufig getrennt geschrieben werden. Ist aber *daidnité* als Ein Wort zu fassen, so erkläre ich hieraus das *t* für *d*, nach demselben Princip, wornach die Wz. *dâ* legen in den reduplicirten Formen, wenn sie componirt erscheinen, meistens *t* für *d* in der Wurzelsylbe zeigt (s. §. 637 Anm.).

III. 5

Bildung der Modi. §. 727.

	Sanskrit	Send	Griech.	Lat.	Goth.
2. P. sg. act.	e-dhí⁴)	—	ἴσ-θι	—	—
	bhár-a	bar-a	φέρ-ε	—	bair
	váh-a	vaz-a	ἔχ-ε	veh-e	vig
2. P. sg. med.	dat-svá⁵)	—	δίδο-σο (aus φέρε-σο)	—	—
	bhár-a-sva	bar-aŋ-uha⁷)		—	—
2. P. du. act.	bhár-a-tam	bar-a-ta	—	—	—
2. P. pl. act.	bhár-a-ta	bar-a-ta	φέρ-ε-τε	—	bair-i-th
2. P. pl. med.	bhár-a-dhvam	bar-a-dvem	φέρ-ε-σθε	—	—
3. P. sg. act.	váh-a-tu	vaŋh-a-tu	ἔχ-έ-τω	veh-i-to	vig-i-th
3. P. du. act.	bhár-a-tât⁶)	—	—	—	—
3. P. pl. act.	bhár-a-ntu	bar-a-ntu	φέρ-ε-ντων	—	—

4) aus *ad-dí* für *as-dí*;
5) s. §. 470 und §. 719 p. 51.
6) für *dadd-sva*, s. §. 481.
7) s. §. 721.

727. Im Véda-Dialekt und Ṣend finden sich auch Formen, welche den griech. Imperativen des Aorists entsprechen und mit dem Augment, dem wahren Ausdruck der Vergangenheit, auch die vergangene Bedeutung abgelegt haben. Dem griechischen ersten Aorist entspricht भूष *bhúṣa* sei oder werde (s. Westerg. r. भू praef. आ), euphonisch für *bhú-sa* = φῦ-σον. Das ν der Endung σον, wenn es organisch

Imperativ. §. 727.   67

ist, läfst sich aus ς erklären*), und dieses aus ϑ, wie z. B.
δός aus δόϑι. Somit wäre als Urform -σαϑι anzunehmen

---

*) S. §. 97. Hinsichtlich des Übergangs eines schliefsenden ς
in ν berücksichtige man auch ἦν er war gegenüber dem dor. ἦς
und vēdischen आस् ás, ferner das Suff. ϑεν = skr. *tas*, lat. *tus*
(§. 421). Die Form -ϑεν mufs uns, als dem skr. *tas* und lat. *tus*
näher stehend, für organischer gelten als ϑε, welches, wie Buttmann bemerkt (§. 116. 4. Anm. 1), nur in gewissen Partikeln
häufig ist, in welchen die eigentliche Bedeutung (woher) nicht so
fühlbar ist, sonst aber nur gelegentlich, durch das Metrum veranlafst,
vorkommt (ἀντρόϑε Pind., Κυπρόϑε Callim., Λιβύαϑε, πάντοϑε
Theocrit). Man berücksichtige übrigens auch die gänzliche Ausrottung des ν im Acc. der consonantisch endigenden Stämme (πατέρα = skr. *pitáram*, lat. *patrem*), wie überhaupt den vielfach
bestätigten Satz, dafs die Endbuchstaben am meisten der Abschwächung und gänzlichen Zernichtung ausgesetzt sind. Die Schwächung
von *s* zu *n* ist auch an sich nicht auffallender als die von *s* zu einer
anderen Liquida, nämlich zu *r*, die im Sanskrit so häufig nach bestimmten Gesetzen eingetreten, dialektisch auch im Griechischen
vorkommt (s. §. 22) und in manchen Schwestersprachen an gewissen
Stellen der Grammatik stehend geworden ist. Die skr. secundäre
Endung *ma*, welche gelegentlich auch schon im Praes. vorkommt,
ist höchst wahrscheinlich eine erst nach der Sprachtrennung eingetretene Verstümmelung aus *mas* (s. §. 439), eine Verstümmelung,
die im Altpersischen viel weiter um sich gegriffen hat, indem hier
das schliefsende *s* hinter *a* und *á* aus allen Endungen gewichen ist.
Darum möchte ich nicht mit Pott (Etym. Forsch. II. p. 306 ff.),
welchem G. Curtius (Bildung der Tempora u. Modi p. 27) beistimmt, blofs μες aus *mas*, μεν aber aus *ma* erklären, so dafs das
ν ein später angetretener Zusatz oder Nachklang wäre. Warum,
könnte man fragen, sind nicht an andere, entschieden vocalisch
endigende Formen, z. B. an das ε des Vocat. zweiter Declination
(§. 204), oder an das des Dualis (§. 209) solche bleibende (nicht
wie das ν ἐφελκυστικόν dem Hiatus vorbeugende) Nachklänge
angetreten? Die dorische Endung ντω in der 3ten P. pl. Imper.
(λεγόντω, ποιούντω, ἀποτισάντω) kann man wenigstens mit eben
so viel Recht für eine Verstümmelung von ντων ansehen, als umgekehrt ντων für eine Erweiterung von ντω, denn nicht überall

und hieraus zunächst -σας, dann -σον entstanden, mit Umwandlung des α zu ο, welches vor Nasalen beliebt ist (s. I. p. 204). Stellt sich nun auf diese Weise das ν von τύπ-σο-ν als Personal-Endung heraus, und zwar an einer Stelle, wo der Vêda-Dialekt der Personal-Endung verlustig gegangen ist (b'û-s'a aus b'û-s'a-d'i), so hat man zu berücksichtigen, daſs auch im Prâkrit die aus d'i verstümmelte Endung ḥi einen viel umfassenderen Gebrauch hat, als im Sanskrit (s. Lassen p. 338, Höfer p. 185 ff.). Aus σαϑι ließe sich eine Medial-Endung σασϑι entwickeln, nach dem Princip von τυψάσϑω aus τυψάτω, τύψασϑε aus τύψατε, denn da allen Endungen, welche im Activ mit τ anfangen, im Medium ein σ vortritt, wobei τ in ϑ übergeht (s. §. 474), so könnte es auch nicht befremden, wenn aus dem vorauszusetzenden τύψαϑι τύψασϑι geworden wäre, und hieraus, durch Ausstoſsung von σϑ, τύψαι, welches eine zufällige Übereinstimmung mit dem Infinit. act. des Aor. darbietet, wie auch im Lateinischen *ama-re* **werde geliebt** — dessen Endsylbe

---

hat der dorische Dialekt die ältesten Formen bewahrt. Pott findet (l. c.) in physiologischer Beziehung den Wechsel zwischen ς und ν schwer begreiflich, da, wenngleich beide Dentale seien, doch ihr lautlicher Abstand unendlich groſs sei. Noch gröſser aber ist der Abstand zwischen einer Muta und dem organgemäſsen Nasal, und doch gehen im Sanskrit schließende Mutae, wenn sie vor einen Nasal zu stehen kommen, in den Nasal ihres Organs über (*atis'ṭ'an mûrdni* **er stand an der Spitze**, für -*t m*.), und im Lat. steht *somnus* für *sopnus*, im Griech. σεμνός für σεβνός, während umgekehrt im Litauischen und Slavischen ohne Veranlassung durch den angrenzenden Buchstaben das n der Zahl neun (skr. *návan*) zu d geworden (s. §. 317), und im Griech. das n des Suffixes मन् *man*, lat. *men* zu τ (ὄ-νοματ = नामन् *nấman*, *nômen*). Auch glaube ich, daſs die vêdische Endung *tana* in der 2ten P. pl. aus *tata* entstanden und somit nur eine Verdoppelung der gewöhnlichen Endung *ta* ist, und also auf dem Princip der latein. Imperativ-Endung *tôte* und des vêdischen *tât* der 2ten und 3ten Person sing. beruht.

nur eine vollständigere Form des Reflexivums ist, welches wir in *amo-r* etc. erkannt haben, s. §. 476 — dem Laute nach identisch ist mit dem activen Infinitiv. Ist aber der Imperat. τύπ-σαι aus τύπ-σασθι entstanden, so ist die Verstümmelung nur um einen Grad gröfser als im Indic. die von ἐτυπ-σα-σο zu ἐτύπ-σω. Wir kehren zum Véda-Dialekt zurück, um zu bemerken, dafs zu Formen wie τυπ-σά-τω, abgesehen von der Personal-Endung, das bei Pâṇini (III. 1. 81. schol.) citirte नेषतु *nê-ṡa-tu* (*ṡ* euphon. für *s*, s. §. 21*[b]*) er soll führen stimmt. In der 2ten Person du. stimmt भूषतम् *búṡatam* (*upa-búṡatam*, s. Westerg. r. *bú* praef. *upa*) vortrefflich zu φύσατον, und in der 3ten P. pl. श्रोषतु *ṡró-ṡa-ntu* sie sollen hören (Rigv. I. 86. 5), hinsichtlich des aoristischen Zusatzes, zu Formen wie λυ-σά-ντων. — Im Armenischen, welchem die Form des sanskritisch-sendischen Imperativs praes. entwichen ist, wird dieser, mit Ausnahme des bereits besprochenen prohibitiven Imperativs, regelmäfsig durch den Imperativ des Aorists ersetzt*), entweder des ersten, dessen *g ê* wir auf das skr. य् *y* der Verba der 10ten Klasse zurückgeführt haben (I. p. 373 f.), oder des zweiten (§§. 573. 576), je nach dem Gebrauch des Indicativs. Es ist aber dem armenischen Imperativ nur die 2te P. der beiden Zahlen des Aor. verblieben, wovon die des Plurals am treuesten erhalten ist, z. B. in որսացէ՛ք *ors-aźé-q'* jaget, dessen է *é* höchst wahrscheinlich auf demselben Grundsatz beruht wie das von *ber-é-q'* ihr traget (§. 449. p. 287); dagegen behält der Aorist indic. das *i* der ersten Pers. sg. und 3ten pl. bei, also *ors-aźi-q'* ihr jagtet, wie *ors-aźi* ich jagte, *ors-aźi-n* sie jagten. Das Skr. zeigt an beiden Stellen *a*, in Formen wie *ákám-aya-ta* ihr liebtet, *kámáya-ta* liebet (vgl. I. p. 374). Der Singular des armen. Imperativs des ersten Aorists hat mit Ausnahme der 4ten

---

*) S. Petermann p. 191. Schröder stellt die betreffenden Formen als Praesentia des Imperativs auf.

oder Passivconjugation*) das ը sammt dem ihm zukommenden Vocal verloren und schliefst in der 2ten Conjugation mit *a*, daher *orsa* jage, was man an und für sich für einen Imperativ des Praesens und ein Analogon lateinischer Imperative wie *ama* halten könnte. Beispiel eines Imperativs des 2ten Aorists ist ա *ar̀* empfange, plur. *ar̀ēq'* — gegenüber dem Praes. *ar̀-nu-m* (§. 496. p. 352) — Aor. indic. *ar̀i* ich empfing. Zu dieser Bildung des Imperativs des 2ten Aorists stimmt auch der Imperat. des Verb. subst. էր *er* „sei", in dessen *r* ich, wie in dem von *êr* er war, die Umwandlung des radicalen *s* erkenne (s. I. p. 371), welches im Plural *ê-q'*, wie in der gleichlautenden Form des Praes. indic., ganz verschwunden ist. Neben *ê-q'* seid besteht aber auch eine vollständigere Form էրուք *er-u-q'*, deren Bindevocal *u* wahrscheinlich die Schwächung eines älteren *a* ist, wie in der ersten P. pl. des Futurums, wo *ξu*, z. B. von *ta-ξu-q'* dabimus dem skr. *yā* und griech. *ιη* von *dê-yā́-sma*, *δο-ίη-μεν* gegenübersteht (s. I. p. 372 f.).

728. Im Send haben sich bis jetzt keine Imperative gefunden, welche wie das vēdische बुध *búsa* etc. den griech. Imperativen des ersten Aorists entsprächen, dagegen stimmt داﺋدي *dái-di* gib (V. S. p. 311 zweimal, p. 421 u. 422) zu δό-ς; aus δο-θι, داتا *dáta* gebet (V. S. p. 224)**) zu δότε, und *dá-ta* thuet, machet (in dem Compositum ياوشداتا *yaośdáta* reiniget, V. S. p. 367 öfter) zu θέ-τε. Ein Medium des Imperat. der 5ten Aoristbildung glaube ich in داونها *dáoṇhá* gib? (V. S. p. 222. Z. 1 v. u.) zu erkennen, wofür man im Sanskrit *dá-sva* zu erwarten hätte, als Vorbild des griech. *δό-σο*, doch bedürfen wir zum Verständnifs der Stelle, worin jener Ausdruck vor-

---

*) Z. B. խօսիմ *k'óseai* sprich (*k'ós-i-m* ich spreche), խօսցայ *k'óseai* (spr. *-ξá*) ich sprach.

**) Ich schreibe *dáta* für *datá*, da an dieser, dem Nebendialekt angehörenden Stelle überall am Wort-Ende langes *a* für kurzes steht.

kommt, der Beihülfe von Neriosengh's Sanskrit-Übersetzung. Über die Endung *ṇha* (häufiger *ṇuha*) für skr. *sva* s. §. 721. Die Länge des schliefsenden *á* von *dáoṇhá* darf keinen Anstofs geben, da an dieser Stelle auch andere ursprünglich kurze *a* am Wort-Ende verlängert erscheinen (vgl. I. p. 518 Anm.). Im Vêda-Dialekt sind die Formen, welche dem griech. Imperativ des 2ten Aorists entsprechen, im Activ sehr zahlreich; so *śrudí* höre = κλῦθι*) von *śṛṇómi* (Wz. *śru* Kl. 5 unreg.), *śag-dí* könne von *śaknómi* (Wz. *śak* Kl. 5.), *púr-dí* fülle von पिपर्मि *piparmi* (Wz. *par* [पृ *pṛ*] Kl. 3.). Zu अभूत् *ábút* er war (Aorist der 5ten Bildung, §. 573) stimmt *bú-tu* er sei. Formen wie मुमुग्धि *mumugdí* löse (Wz. *muć*, 3te Pers. *mumóktu*) gleichen sehr den griechischen wie κέκραχθι. Die Sanskritform gehört aber, wie aus der indicativen Form *ámumuktam* erhellt, entschieden dem Aorist an, der im Vêda-Dialekt auch solche reduplicirten Formen zeigt, welche die Personal-Endungen unmittelbar mit der Wz. verbinden, die also zur 5ten Bildung (s. §. 573), die im Vêda-Dialekt auch bei consonantisch endigenden Wurzeln gebräuchlich ist, in demselben Verhältnisse stehen, wie die Formen der 7ten Bildung (§. 579) zu denen der 6ten (§. 576). Ein Imperativ med. der 7ten Aoristbildung ist vielleicht वावृधस्व *vávṛdasva* wachse (Rigv. I. 31. 1); es stünde dann für *vavṛdasva*, wie von *mṛg* im Aor. indic. act. *ámamṛgam* kommt. Die Verlängerung der Reduplications-Sylbe hätte nach §. 580 in dem

---

*) So lange sich nicht ein Praes. der 2ten Kl. *ś'rómi* findet, bin ich geneigt, die von Westergaard citirten Formen des Indicativs *áśravam* ich hörte, *áśrát* er hörte für Aoriste der 5ten Bildung anzusehen, mit Gunirung des kurzen Wurzelvocals, der im gr. κλῦθι verlängert erscheint, wie in Formen wie δείκνῡμι das ῡ dem skr. gunirten *u* entspricht. Man berücksichtige, dafs auch in dem vêd. Aorist *ákar* er machte, *ákaram* ich machte die breitere, hier die ursprüngliche, nach den ind. Grammatikern aber die gunirte Form der Wurzel steht, während der Imper. *kṛdí* mache die kürzere hat.

betreffenden Aorist viel mehr Berechtigung als im vêdischen Perfect ind. *vávṛdé* (Rigv. I. 52. 2) für *vavṛdé* der gewöhnlichen Sprache. Der Umstand, dafs sich zu *vavṛdasva*, wenn man es als Aorist betrachtet, kein entsprechender Indicativ findet, wäre kein genügender Grund, es dem Aorist zu entziehen; denn auch den in §. 727 erwähnten aoristischen Imperativen *b'úṡa*, *b'úṡatam*, *néṡatu*, *ṡróṡantu* stehen bis jetzt keine Indicative *ab'úṡam*, *anéṡam*, *aṡróṡam* zur Seite. — Zu dem in §. 582 erwähnten Aorist *avóćam* gehört der vêdische Imperativ *saṅ-vóćávahái* (erste P. du. med., s. Rigv. I. 25. 17).

729. Spuren von Imperativen des Auxiliarfuturums finden sich im klassischen Sanskrit. Doch fallen die wenigen bis jetzt gefundenen Beispiele sämmtlich der 2ten Pluralperson des Mediums anheim, nämlich प्रसविष्यध्वम् *prásaviṣyadvam* zeuget (Bhagavad-Gitâ 3. 10), भविष्यध्वम् *b'aviṣyádvam* seid (Mahâ-Bhârata III. 14394, Râmâyaṇa ed. Schl. I. 29. 25) und वेत्स्यध्वम् *vétsyádvam* findet, erlanget (Mahâ-Bhâr. I. 1111). Die anderwärts ausgesprochene Vermuthung, dafs durch *saṅvakṣyata* (in Stenzler's Brahma-Vâivarta-Purâni Specimen I. 35) ein Fut. imperat. act. der 2ten P. pl. begründet werde, mufs ich zurücknehmen, da ich bei wiederholter Betrachtung der Stelle in ihrem Zusammenhang finde, dafs für संवक्ष्यत *saṅvakṣyata*, welches Stenzler durch alloquimini übersetzt, *saṅrakṣata* (d. h. arcete) zu lesen ist*). — Der armenische Imperativ des Futurums

---

*) Man berücksichtige, dafs in den Handschriften mit bengalischer Schrift, und namentlich in dem von Stenzler benutzten Codex, wie l. c. S. 10 bemerkt wird, das *r* von *v* sehr häufig nicht unterschieden wird. Das य *y* hinter dem क्ष *kṣ* ist von Stenzler als Emendation beigefügt. Die Bedeutung alloquimini pafst aber nicht in den Zusammenhang, während arcete principem zu dem Inhalte des vorhergehenden S'l. stimmt. In S'l. 32 desselben Spec. findet sich eine in syntaktischer Beziehung beachtenswerthe Form, nämlich der Imperativ *brútá* als Vertreter des Conjunctivs, von *yádi* wenn regiert: *yadi satyam brútá* „wenn ihr die

ist mit dem Futurum des Indicativs (s. I. p. 372) im Wesentlichen identisch und bedarf hier keiner weiteren Besprechung. Ich mache nur darauf aufmerksam, dafs in der 2ten P. sg. aufser *źe-s* = skr. *yá-s* des Prec. auch ग़िर् *gí-r* stehen kann, also mit *r* für *s* in der Personbezeichnung und mit ग् *ǵ* für ग् *ź* durch den Einflufs des folgenden *i*, wie in der 2ten P. pl. des Fut. indic. (I. p. 372 f.), also *sires-gí-r* liebe neben *sires-źe-s* amabis und ama.

Conditionalis.

730. Der sanskritische Conditionalis verhält sich in formeller Beziehung zum Auxiliar-Futurum wie das Imperfect zum Praesens, d. h. der Wurzel wird das Augment vorgesetzt, und die secundären Personal-Endungen treten an die Stelle der primären; daher z. B. अदास्यम् *ádásyam* ich würde geben, auch ich hätte gegeben, gegen *dásyámi* ich werde geben. Man kann daher, wie ich jetzt in Abweichung von meiner früheren Ansicht zu thun geneigt bin, den Conditionalis als einen Abkömmling des Auxiliar-Futur. auffassen, so dafs man also, obwohl das Verb. subst. darin enthalten ist, nicht nöthig hat, die Existenz eines untergegangenen *ásyam* ich würde sein oder wäre gewesen, anzunehmen, und sollte auch eine solche Form bestanden haben, so könnte man doch *ásyam* eben so als Ableitung des aus dem isolirten Gebrauche entschwundenen *asyámi* ich werde sein (= lat. ero, eris, s. §. 650) auffassen, wie *ádásyam* als Spröfsling von *dásyámi*. Der

Wahrheit saget". So im fünften Buche des Mahá-Bhár. die 2te P. pl. med. des Imper. *prayaććadvam*, von *ćet* wenn regiert: *naćét prayaććadvam amitragátinó yudis'tirasyá 'ńs'am ab'lpsitań svakam* „wenn ihr nicht gebet dem Feindtödter Yudis'tira seinen verlangten Antheil". Im Rigvéda (I. 27. 12) finden wir die erste P. pl. des Imper. oder *Lét* nach *yádi*: *yadi s'aknavāma* „wenn wir können".

Umstand, daſs in keiner der europäischen Schwestersprachen sich ein Analogon zu dem besprochenen Sanskrit-Modus findet, könnte zu der Vermuthung führen, daſs er ein verhältniſsmäſsig spätes Erzeugniſs sei, wie das latein. Imperfect Conjunctivi (s. §. 707), welches am meisten Ähnlichkeit mit ihm hat, aber offenbar erst auf römischem Boden erwachsen ist. Man vergleiche *da-rem* aus *dá-sem*, für *dá-saim*, mit अदास्यन् *á-dá-syam*.

731. Das Sanskrit macht von seinem Conditionalis, der in der älteren Sprachperiode gewöhnlich durch den Potentialis ersetzt wird, nur sparsamen Gebrauch; darum mögen einige Beispiele hier eine Stelle finden: Manu VII. 20: *yadi na praṇayêd rágá daṇḍan daṇḍyêśv atandritaḣ | śúlê matsyán ivá 'pakśyan durbalán balavattaráḣ* „wenn der König nicht unermüdlich strafte die Strafwürdigen, so würden die Stärkeren die Schwachen wie Fische am Spieſse braten". Hierauf aber folgen, ganz in demselben Verhältnisse stehend, vier Potentiale, die jedoch vom Scholiasten durch Conditionale erklärt werden, nämlich *adyát* würde essen durch *ákádiśyat*, *áva-lihyát* würde lecken durch *avá'lêkśyat*, *syát* würde sein durch *áb'aviśyat*, und *prá-vartéta* würde werden durch *právartiśyat*. Im 8ten Buche des Mahâ-Bh. (Śl. 1614) lesen wir: *vrǵinaṅ hi b'avét kińćid yadi karṇasya pártiva | ná 'smái hy astráṇi divyáni prádásyad b'rǵunandanaḣ* „denn wenn irgend ein Fehler an Karṇa haftete, o Fürst, so hätte der Bhrigu-Sohn ihm die himmlischen Waffen nicht gegeben". Sowohl im Vorder- als im Nachsatz, und zwar das erste Mal im Sinne des Plusquamperf. Conjunct., steht der Cond. l. c. Śl. 709: *naćéd arakśiśya**) *imaṅ ǵanam b'ayád dviśadb'ir évam balib'iḣ prapíditam | tat'á 'b'aviśyad dviśatám pramódanam* etc. „wenn du nicht diese, von starken Feinden ge-

---

*) Wegen des folgenden *i* für *arakśiśyas*.

quälte Schaar von der Gefahr befreit hättest, so wäre sie der Feinde Freude etc." So im Nâis'ad'a-C'ar. 4. 88: *api sa vaǵram adâsyata ćêt tadâ tvad-iś'ub'ir vyadaliśyad asâv api* „wenn er (Brahmâ) auch den Donnerkeil (dir, dem Gotte der Liebe, zum Ziele) gegeben hätte, so würde selbst dieser durch deine Pfeile entzwei gehen (gespalten werden).

Abgeleitete Verba.

732. Die Benennung „abgeleitete Verba" pafst im Sanskrit streng genommen nur für die Denominativa, denn die Passiva, Causalia, Desiderativa und Intensiva stehen der Wurzel eben so nahe als die 10 Klassen der primitiv genannten Verba, mit Ausnahme der 2ten Klasse (s. §. 109*a)*. 3), welche letztere man als die Stammform aller übrigen betrachten könnte. Auch ist das Passivum, abgesehen vom Accent, in der Form identisch mit dem Medium der 4ten Klasse, das Causale mit der 10ten Klasse, und diejenige Form des Intensivums, welche die Personal-Endungen unmittelbar mit der Wurzel verbindet, unterscheidet sich von der 3ten Klasse nur durch eine Verstärkung der Reduplicationssylbe, und dadurch, dafs diese sich auch auf die allgemeinen Tempora erstreckt, wobei zu berücksichtigen, dafs auch die 10te Klasse einen Theil ihres Klassencharakters auf die allgemeinen Tempora ausdehnt. Man könnte, da das Passivum mit dem Medium der 4ten Klasse, und das Causale mit der 10ten Klasse übereinstimmt, im Ganzen 12 Klassen von Verben aufstellen, so dafs etwa der 11ten die Intensiva und der 12ten die Desiderativa anheim fielen, oder umgekehrt. Gewifs ist jedoch, dafs die abgeleitet genannten Verba begrifflich und geschichtlich denjenigen, die nur den einfachen Verbalbegriff in Begleitung mit den Person-, Zeit- und Modus-Verhältnissen ausdrücken, untergeordnet sind, und auch als später und erst aus diesen entsprungen aufgefafst werden müssen. Denn ehe es ein Verbum geben konnte, welches z. B. **ich lasse hören oder ich wünsche zu hören oder ich werde gehört** bedeutet, mufs ein einfacheres, mit der Bedeutung **ich höre** bestanden haben, und wenn man auch श्रावयामि *śrâvayâmi*, *śuśrûṡâmi* und

śrūyé leichter aus der Wurzel śru selber erklärt, als aus śr̥ṇṓmi ich höre oder seinem Thema śr̥ṇu (eine Zusammenziehung von śruṇu), so kann doch śruṇu als die Stammform gelten, woraus die genannten abgeleiteten und secundären Verba so hervorgegangen sind, dafs vor dem charakteristischen Zusatz des betreffenden Derivativstammes die Klassensylbe nu unterdrückt wurde, gerade wie die Causalstämme, wenn daraus Passiva gebildet werden, vor dem Passiv-Charakter ya ihren charakteristischen Zusatz ay verlieren, indem z. B. von śrāv-áya-ti er läfst hören, śrāv-yá-tē (für śrāv-ay-yaté) er wird hören gemacht entspringt. Nach dieser Darstellung liegt den abgeleiteten Verben wirklich nur die reine Wurzel als Bildungsstoff zum Grund, aber nur darum, weil den primitiven Verben, deren Erzeugnisse sie sind, alle Zuthaten, die nicht zum Ausdruck des Wurzelbegriffs gehören, abgenommen werden, damit nicht die abgeleitete Form allzu schwerfällig erscheine, ungefähr wie gewisse Comparative und Superlative nicht aus dem vollen Stamm des Positivs entspringen, sondern aus dem durch Ablegung des Bildungssuffixes verstümmelten (s. §. 298[a]). p. 34).

Passiv.

733. Betrachten wir nun die Bildung der abgeleiteten Zeitwörter im Einzelnen, und zwar zunächst das Passiv. Dieses setzt im Sanskrit in den Special-Tempp. die betonte Sylbe य yá an die Wurzel, und verbindet damit die Personal-Endungen des Mediums. Die Abwandlung stimmt genau zum Medium der 4ten Klasse (s. §. 500), so dafs man im Praesens bei dem l. c. aufgestellten Beispiele nur die Medialendungen (s. §. 512) an die Stelle der activen zu setzen und den Ton von der ersten Sylbe auf die 2te zu verlegen hat *). Von den Wurzeln bud Kl. 1. wissen

---

*) S. §. 104[c] Anm. 2. und vergleichendes Accentuationssystem §. 11.

(goth. *ana-bud* gebieten), *tud* Kl. 6. stofsen (latein. *tud, tundo*), *vas* Kl. 2. sich ankleiden (goth. *vasja* ich kleide = skr. Caus. *vásáyámi*), *b'ar, b'r* Kl. 3. tragen, *yug̓* Kl. 7. verbinden (lat. *jug*, griech. ζυγ), *star* (*str, stŕ*) Kl. 5. ausstreuen, bedecken, *pri* Kl. 9. erfreuen, lieben setze ich die 3te P. sing. und pl. mit den entsprechenden Personen des Mediums her, über deren Klassen-Eigenheiten man §. 109[a]) berücksichtigen möge.

Wurzel.	3te Pers. sing.		3te Pers. pl.	
	Pass.	Med.	Pass.	Med.
bud Kl. 1.	*bud-yá-té*	*bṓd-a-té*	*bud-yá-nté*	*bṓd-a-nté*
tud Kl. 6.	*tud-yá-té*	*tud-á-té*	*tud-yá-nté*	*tud-á-nté*
vas Kl. 2.	*vas-yá-té*	*vas-té*	*vas-yá-nté*	*vas-até*[1])
b'ar (*b'r*) Kl. 3.	*br'i-yá-té*	*bib'r-té*	*br'i-yá-nté*	*bib'r-até*[1])
yug̓ Kl. 7.	*yug̓-yá-té*	*yunk-té*	*yug̓-yá-nté*	*yung̓-até*[1])
star (*str*) Kl. 5.	*star-yá-té*[2])	*str-nu-té*	*star-yá-nté*[2])	*str-nv-até*[1])
pri Kl. 9.	*pri-yá-té*	*pri-ni-té*	*pri-yá-nté*	*pri-ná-té*[1])

¹) S. §. 459. p. 301.   ²) Diejenigen Wurzeln auf *ar*, welche in den reinen oder leichten Formen diese Sylbe zu *r* zusammenziehen, zeigen, im Falle dem Wurzelvocal nur Ein Cons. vorhergeht, vor dem Passiv-Charakter *ya* die Sylbe *ri*, die ich für eine Umstellung von *ir*, dieses aber für eine Schwächung der Urform *ar* halte, die sich nach doppelter Consonanz behauptet hat; daher *star-yá-té* gegen *br'i-yá-té*. Hinsichtlich des Schutzes, welchen zwei verbundene Consonanten der primitiven Sylbe *ar* gewähren, vergleiche man die Erscheinung, dass die Imperativ-Endung *hi* (aus *dí*) sich bei Verben der 5ten Klasse hinter zwei verbundenen Consonanten behauptet hat, von einem einfachen Consonanten aber nicht getragen werden konnte; also *činú* sammle gegen *ápnuhí* erlange (s. §. 431). Aus diesem Princip möchte ich es auch erklären, dass die lateinische Wz. *std* (= skr. *sid* stehen) die ursprüngliche Länge des Stammvocals in Vorzug vor *dá* (= skr. *dá*) überall geschützt hat. Was die Umstellung von हिभ्र् *bir* zu भिभ्र् *b'ri* anbelangt, so erinnert sie an griechische Formen wie πατράσι, welches in §. 254. p. 498 Anm. 3 als Umstellung von πατερα-σι erklärt worden.

734. Zu beachten ist, daſs die Belastung, welche die Wurzel im Passivum durch den Zusatz der Sylbe *ya* erfährt, zuweilen unregelmäſsige Schwächungen der Wurzel hervorbringt, wie z. B. die Zusammenziehung von *vać* zu *uć* (*uć-yá-tê* dicitur), in Analogie mit einigen anomalen Formen des Activs (*úćimá* wir sprachen, aus *u-ućima*); so die Zusammenziehung der Sylba *ra* zu *r̥* in der Wz. प्रच्छ् *praćh* fragen: *pr̥ćyátê* interrogatur, wie *pr̥ććámi* ich frage, *papr̥ććimá* wir fragten, gegen *pra̱pr̥ććá* ich fragte, er fragte, *prás̱t̤um* fragen. Aus diesem Princip erklärt sich auch die Erscheinung, daſs einige Wurzeln auf *á* diesen Vocal im Passiv in das leichtere *í* umwandeln, daher ist z. B. *díya* der Passivstamm der Wurzel *dá* geben (*díyátê* datur). Das Send verkürzt dagegen in Folge desselben Princips das lange ᛐ *á* zu ᛟ *a*, daher ⲱⲙⲕⲱⲥⲱⲱⲉⲥⲓ *nid'ayêintê* deponuntur [*]) (= skr. *nid'iyantê*), ⲱⲉⲱⲣⲱⲥⲱⲓⲱ...ⲱ⸗⸃ *frá....ínayan̤uha* werde gewaschen [**]) (= sanskritisch *pra-snáyasva*),

[*]) V. S. p. 246: *yahmya naró irěsta* (zu lesen *irista*) *nid'ayêintê* „in qua (terra) homines mortui deponuntur"; nach Anquetil (p. 325): „dans les quels on a mis des hommes morts", s. Anm. **.

[**]) Mit medialer Bedeutung wasche dir (*sas'ta* die Hände, s. S. 53 Anm. **). Burnouf faſst (Yaçna p. 361 Note) die Sylbe *ya* dieser Form nicht als Passiv-Charakter, den nach ihm (l. c. p. 359) überhaupt das Send wenig mehr als das Griech. und Lat. kennen soll. Mir scheint aber die Ansicht sehr nahe zu liegen, daſs die Sylbe *ya* der gedachten Form nichts anders als der Passiv-Charakter, und das Ganze eine wenig befremdende Übertragung der passiven in die reflexive oder mediale Bedeutung sei, während beim griechischen, gothischen, lateinischen, litauischen und slavischen Passiv das Umgekehrte der Fall ist. Die Form ⲥⲣⲉⲱⲥⲛⲥⲥⲱⲉⲥⲓ *nid'ayêinti*, welche Burnouf p. 361 erwähnt und mit „ils deposent" übersetzt, ohne die Stelle anzuführen, worauf er sich bezieht, findet sich nach Brockhaus's Index zweimal im lithographirten Cod. des V. S. (im 3ten Farg. des Vend.), an Stellen, wo ich mit Lassen und Westergaard *nid'ayêintê* lese (depo-

ܐܬܢܫܝܓ *ínayaita* er werde gewaschen oder er wasche sich (p. 53 Anm. ""). Zur Unterstützung der Ansicht, dafs die Formen *ínayanuha* und *ínayaita* als Passiva mit reflexiver Bedeutung gefafst werden können, kann hier noch geltend gemacht werden, dafs sich auch im Altpersischen eine ähnliche Erscheinung findet, nämlich in 𐎱𐎠𐎫𐎡𐎹𐎢𐎺 *patipayauvá* *) (Beh. IV. 38), welches Benfey, wie ich glaube mit Recht, durch hüte dich (Rawl. durch te expeditum habe) übersetzt und auf die skr. Wurzel पा *pá* (mit Praep. *pati = prati*) zurückführt, die also in Übereinstimmung mit dem Send das lange *á* vor dem Passiv-Charakter gekürzt hat.

735. Will man das skr. जाये *gáyê* (unreg. für *ganyê*) ich werde geboren nach den indischen Grammatikern als Medium der 4ten Kl. auffassen, wozu die Accentuation berechtigt (s. §. 733), so kann man auch das entsprechende send. Verbum in derselben Weise erklären; da aber die Bedeutung geboren werden streng passivisch, und die Form des Mediums der 4ten Klasse, abgesehen vom Accent, identisch mit der des Passivs ist, so erkläre ich lieber in beiden Sprachen die Formen mit passiver Bedeutung als wirkliche Passiva, und nehme für das sanskritische *gáyê* ich werde geboren, wofür nach Pánini VI. 1. 195 schol.

---

nuntur). Sollte jedoch neben dieser Lesart auch *nidayêinti* sich rechtfertigen lassen, so würde ich darin ebenfalls ein Passiv erkennen und daran erinnern, dafs auch im Sanskrit nicht selten im Passiv die Activ-Endungen an die Stelle der medialen treten, so dafs das passive Verhältnifs blofs an der Sylbe *ya* zu erkennen ist (s. kleinere Sanskrit-Gramm. 2te Ausg. §. 416). Will man aber *nidayêinti* activisch fassen, so mufs man „sie legen nieder" im Sinne von „man legt nieder" und *narô irista* als Accusativ erklären.

*) Rawlinson und Benfey lesen *patipayuwá*; ich zweifle jedoch nicht, dafs das dem 𐎹 *y* inwohnende *a* hier mit gelesen werden mufs. Die Endung *uvá* für *huvá* (euphonisch für *hvá*) entspricht der skr. Imperativ-Endung *sva*. Vgl. I. p. 496 f. Anm. "".

auch *ģáyê* gestattet ist, eine unregelmäfsige Betonung an, die nur in dem höchst seltenen Falle, wo *ģáyê* ich gebäre oder zeuge bedeutet — und also auch seiner Bedeutung nach als Medium sich darstellt — gesetzlich ist. Die send. Wurzel ݢܢ *ṣan*, deren Passiv mehrmals in Verbindung mit der Praep. ܐܘ *uś* (= skr. *ut*) vorkommt, wirft das schliefsende *n* vor dem Passiv-Charakter *ya* ebenfalls ab, das vorhergehende *a* wird aber nicht verlängert, oder die Länge, welche eingetreten war, ist wieder in ihre Kürze zurückgetreten, was nicht befremden kann, da auch das von Haus aus am Ende einer Wurzel stehende lange *á* vor dem passivischen *ya* gekürzt wird. Es entspricht also z. B. ܐܘܣܝܢܬܐ *uś-ṣayéinté* sie werden geboren (V. S. p. 136) ganz genau dem vorhin erwähnten *nidayéinté* (§. 734). Vom Imperfect finden wir die 2te und 3te P. sg., nämlich ܐܘܣܝܢܗܐ *uśaṣayaṇha* du wurdest geboren (s. §. 469) und *uśṣayata* er wurde geboren*).

736. म्रिये *mriyé* ich sterbe, von der Wz. *mar, mr*, wird von den indischen Grammatikern als Medium der 6ten Klasse betrachtet, eben so *driyé* ich bestehe, daure fort, lebe, eigentlich ich werde erhalten, getragen. Ist letzteres, wie ich nicht zweifle, wirklich die Grundbedeutung von *driyé*, so ist es ein Passivum, und in *dri-yé* zu zerlegen, da diejenigen Wurzeln auf *ar*, welche der Zusammenziehung ihres Ausgangs *ar* zu *r* unterworfen sind und nach den indischen Grammatikern auf *r* ausgehen, im Passivum die Sylbe *ar* zu *ri* (für *ra*) umstellen. Dies thun auch die so beschaffenen Wurzeln der 6ten Klasse in beiden Activformen, und somit passen *mriyé* ich sterbe und *driyé* ich bestehe, lebe, je nachdem man *mriy-é, driy-é* **) oder *mri-yé, dri-yé* theilt, in Form und Betonung sowohl

───────────

*) V. S. p. 39: *yaḍ hé* (so zu lesen für ܗܐ *he*) *puiró uś-ṣayata* „dafs ihm ein Sohn geboren wurde".

**) Über *iy*, für blofses *y*, als euphonische Umwandlung des *i*, s. §. 502.

als Media der 6ten Klasse — welche in beiden Activformen den Klassenvocal betonen — wie als Passiva, welche den Charakter *ya* betonen (§. 733). Ist aber *d'riyē'* ich bestehe, lebe, (werde erhalten) ein Passivum, so glaube ich auch *mriyē'* ich sterbe*) als Passivum auffassen zu dürfen, zumal auch das entsprechende șend. Verbum durch die hier unten angegebenen Formen**), sowohl mit activen als mit medialen Endungen, entweder auf ein sanskritisches Verbum der 4ten Klasse oder auf ein Passivum, welchem im Skr. auch die activen Personal-Endungen gestattet sind, hindeuten. Da wir die șendische Accentuation nicht kennen, so ist es ungewiſs, ob die betreffenden Formen, besonders diejenigen mit medialen Endungen, der 4ten Conjugationsklasse oder dem Passivum angehören; gewiſs aber ist, daſs, wenn das skr. *y* von *mriyē', mriyásē* etc. mit dem *y* des entsprechenden Șend-Verbums zusammenhängt, das sanskritische Verbum durch Form und Accent sich als echtes Passivum darstellt. — Der sanskritisch-șendischen Wurzel *mar* entspricht im Lateinischen *mor*, welches uns in dem *io, iu* von *morior, moriuntur* noch einen schönen Überrest des skr. Passiv-Charakters य *ya* darbietet. Man vergleiche *iu* von *mor-iu-ntur* mit dem skr. *ya* von *mri-yá-ntē* aus *mar-yá-ntē*. — Einen merkwürdigen Überrest des sanskritisch-șendischen Passiv-Charakters *ya* liefert auch das gothische *us-ki-ja-na* enatum, welches ein Praes. ind. *us-ki-ja* enascor und somit ein einfaches *ki-ja* nascor voraussetzt, für *kin-ja*, wie im Skr. *ġá'-yē* für *ġan-yē*. — Vom La-

---

*) Vielleicht ursprünglich soviel als ich werde aufgerieben; man vergleiche das wurzelhaft verwandte gr. μαραίνω, mit Berücksichtigung, daſs die Wz. मृ *mar, mr* als Verbum der neunten Klasse (*mr-ņá'-mi*) „tödten" bedeutet, in welcher Bedeutung sie von den Grammatikern मृ *mŗ* geschrieben wird, mit Annahme einer Kürzung des *ŗ* vor der Klassensylbe.

**) *mĕrĕ-yĕi-ti* er stirbt, *fra-mĕrĕ-yĕi-ti* id., *mair-yĕi-ti* (euphonisch für *mar-yá-ti*) er sterbe, *ava-mair-ydi-tĕ* id.

teinischen mag noch *fio* als Überrest des alten Passivs erwähnt werden. Ich theile *f-io* und betrachte dies als Verstümmelung von *fu-io*, ungefähr wie im Altpersischen *b-iyá**) er sei = skr. *búyā́t*, und somit als Analogon des skr. *búyḗ***), abgesehen von der medialen Personal-Endung des Sanskrit. Man vergleiche also *f-iu-nt* mit *bú-yá-ntê*, *f-ie-t* mit *bú-yḗ-ta*, *f-ié-mus* mit *bú-yḗ-maḥi*. Da das skr. Passiv häufig unpersönlich gebraucht wird, in Ausdrücken wie *śrúyátám* es werde gehört statt höre, *ásyátám* es werde sich gesetzt, so will ich hier noch darauf aufmerksam machen, dafs im Georgischen, dessen grammatische Beziehungen zum Sanskrit ich anderwärts nachgewiesen habe ***), solche Ausdrucksweisen sehr gewöhnlich sind, nämlich in den von Brosset „indirects" genannten Zeitwörtern oder Temporen, deren Bildungs-Element *ia* oder *ie* eine unverkennbare Ähnlichkeit mit dem Passiv-Charakter darbietet; man vergleiche z. B. მგონია *m-gon-ia* von mir wird gedacht (= skr. मया ज्ञायते *mayá gñá-ya-tê* von mir wird gewufst) für ich denke, შემიყვარებია *śe-mi-qwareb-ia* von mir war geliebt worden = ich hatte geliebt (s. die Kaukasischen Glieder etc. p. 59). Aber auch das gewöhnliche georgische Passiv, wo es sich erhalten hat, stimmt in seinem Bildungsprincip zu dem hier besprochenen य *ya*, am deutlichsten in der 3ten P. pl., z. B. in შეიყვარებიან *śe-i-qwarebian* amantur gegenüber dem activen შეიყვარებენ *śe-i-qwa-*

---

*) Euphonisch für *byá*, da *y* sich selten ohne vortretendes *i* mit einem vorhergehenden Consonanten verbindet.

**) Das Passiv von *bú* sein läfst sich nur in der 3ten P. sg. als Impersonale erwarten, wie wir auch das Neut. des Part. fut. pass. in Constructionen dieser Art finden; z. B. llit. ed. Bonn. p. 17 Z. 20: *tavá 'nućarêṇa mayá bavitavyam* von mir ist dein Begleiter zu sein = ich mufs dein Begleiter sein. Der Begriff werden wird durch das Activum von *bú* ausgedrückt, indem *bávámi* sowohl ich werde als ich bin bedeutet.

***) Die Kaukasischen Glieder des Indoeuropäischen Sprachstamms.

reben amant, dessen Endung in seiner Verstümmelung zu unseren deutschen Formen wie **lieben** (aus **liebent**) stimmt (l. c. p. 56).

737. Das Armenische hat, wie zuerst Petermann (Grammatica p. 188) bemerkt hat, das *a* des sanskritisch-şendischen Passiv-Charakters *ya* aufgegeben und den Halbvocal zu *i* vocalisirt, welches sich an den Praesens-Stamm, mit Unterdrückung von dessen Endvocal, anfügt, daher z. B. *orsan-i-m* „venatione capior" (Schröder p. 148), *aṙnan-i-m* accipior (l. c.), *gow-i-m* laudor, gegenüber den Activen *orsane-m, aṙnane-m, gowe-m*. An dieser Passivform nehmen auch viele Verba neutra und Deponentia Theil, welche einer entsprechenden Activform entbehren und den Passiv-Charakter entweder an den Endconsonanten der Wurzel anschließen, wie z. B. in նստիմ *n-st-i-m* ich sitze [*]), կամիմ *kam-i-m* ich will (skr. *kam* wünschen), oder an einen nicht-radicalen Consonanten der Endsylbe des Praesens-Stammes, wie z. B. in *meran-i-m* ich sterbe. Die Verba der 3ten Conjugation behalten zum Theil den Klassenvocal *u* der Specialformen vor dem Passiv-Charakter *i* bei, so z. B. *şenu-i-m* mactor, von *şen-u-m*, dessen Wurzel zur sanskritischen हन् *han* tödten stimmt. — Das Imperf. wirft vor dem antretenden Verb. subst. den Passiv-Charakter ab, jedoch, wie ich glaube, mit Ausnahme der 3ten Pers. sg., in deren Ausgang *iur*, welcher außer *ér* gestattet ist [**]), ich

---

[*]) Skr. *ni-s̍ad* sich niedersetzen, euphonisch für *ni-sad*, s. Windischmann „Grundlage des Armen." p. 42.

[**]) Z. B. գովիւր *gowiur* laudabatur. Schröder (p. 149) hält die Form auf *iur* an wirklichen Passiven für allein zulässig, an Verbis neutris und Depon. aber für fehlerhaft. Gewiß ist jedoch, daß, wie auch Petermann annimmt, die Verba neutra und Deponentia der 4ten Conjug., da sie im Praes. mit dem Passiv parallel laufen, auch im Imperf. der 3ten P. sg. rechtmäßigen Anspruch auf die Form auf *iur* haben. Eine Personal-Endung aber kann ich in der Form auf *iur* eben so wenig als in der auf *ér* (*kósér* oder *kósiur* loquebatur), oder an dem einfachen *ér* „erat" wahrnehmen.

das *i* als Passiv-Charakter betrachte. Wenn ich Recht habe, so mufs das *u* von *i-ur* als eine nicht ungewöhnliche Schwächung der skr. Wz. *as* gefafst werden (vgl. I. p. 366 f.), in welcher Beziehung ich unter andern an das Verhältnifs von *ut-e-m* ich esse zum skr. *ád-mi*, und griech.-lat. ἔδω, *edo* erinnere (s. I. p. 363). ·

738. Ursprünglich mag sich wohl der skr. Passiv-Charakter *ya* auch auf die allgemeinen Tempora erstreckt haben, und bei den auf *á* oder scheinbar mit einem Diphthong endigenden Wurzeln (s. I. p. 209) glaube ich auch in dem erhaltenen Zustande der Sprache einen Überrest davon zu erkennen, nämlich in dem *y*, welches im Aorist, den beiden Futuren, dem Precativ und Conditionalis dem Bindevocal *i* vorangeht, z. B. in *ádáyiśi* ich wurde gegeben, *dáyitá'hê* und *dáyiśyế* ich werde gegeben werden, *dáyiśíyá* ich möge gegeben werden, *ádáyiśyế* ich würde gegeben werden. Zu dieser Auffassung veranlafst mich vorzüglich der Umstand, dafs bei derjenigen Bildung des Intensivums, welche ich wegen ihrer passivischen Form mit activer Bedeutung Deponens nenne, der Passiv-Charakter in den genannten Tempp. und Modis auch hinter anderen Vocalen als *á* beibehalten wird; daher z. B. *áćéćiyiśi* ich sammelte, *ćéćiyitá'hê, ćéćiyiśyế* ich werde sammeln, von चि *ći**). Käme das य *y* blofs hinter *á* vor, so könnte man annehmen, wie dies früher meine Meinung war, dafs es eine blofse euphonische Einschiebung sei (s. §. 43), wie z. B. in *yá-y-in* gehend, aus *yá* mit dem Suffix *in*. — Das reduplicirte Praet. des Passivs ist bei allen Verben, wie das entsprechende Temp. im Griech., dem des

---

*) *i* und *u* werden vor dem *y* des Passiv-Charakters verlängert, wie überhaupt das *y* gewöhnlich einen verlängernden Einflufs auf ein vorhergehendes *i* und *u* ausübt, es sei denn, dafs *iy* blofs eine euphonische Entwickelung aus *í* oder *í* sei, wie z. B. in *b'iyás* timoris aus *b'í+as*. Man berücksichtige, was die Verlängerungskraft des skr. *y* anbelangt, dafs auch im Latein. *j* innerhalb eines Wortes für sich allein Positionslänge erzeugt.

Mediums vollkommen gleich, so dafs z. B. *dadṛśé* als Medium **ich oder er sah** und als Passivum **ich oder er wurde gesehen** bedeutet. Auch ist das reduplicirte Praet. oder Perfect dasjenige der allgemeinen Tempora des Passivs, welches aufser der 3ten Pers. sg. des Aorists*) allein in gewöhnlichem Gebrauche ist.

739. Was den Ursprung des Passiv-Charakters य *ya* anbelangt, so gibt darüber Sir Gr. Haughton**) einen, wie mir scheint, vollkommen befriedigenden Aufschlufs, indem er daran erinnert, dafs im Bengalischen und Hindostanischen das passive Verhältnifs durch ein Hülfsverbum, welches **gehen** bedeutet, ausgedrückt wird, ज्ञाना *ǵâná* (aus *yâná*, s. §. 19) im Hindostanischen und या *yá* im Bengalischen; in letzterem heifst z. B. कऱा याइ *kŏrá yáï* **ich werde gemacht**, gleichsam **ich gehe in Machung**. Da nun im Sanskrit sowohl *i* als *yá* Kl. 2. gehen bedeuten, so halten wir uns, wie mir scheint, am besten an die letztere, auch im Bengalischen das Passiv-Verhältnifs ausdrückende Wurzel; und ich glaube, dafs die Verkürzung der Sylbe या *yá* zu य *ya* der Belastung dieser Wurzel durch die Zusammensetzung zuzuschreiben ist, die eine Verminderung des Gewichts des Hülfsverbums wünschenswerth machte. Das *a* des passivischen *ya* ist also radical, und nicht wie bei der ersten und sechsten Klasse ein Conjugationszusatz; es folgt aber dennoch der Analogie der Klassensylbe *a*, gerade wie nach §. 508 die Wurzel *sťá* stehen nach ihrer Ver-

---

*) Diese endet auf *i* und entbehrt der Person-Bezeichnung, z. B. *ágani* **er wurde geboren**. Man könnte in diesem *i* eine Zusammenziehung des Passiv-Charakters य *ya* erkennen; dieser Auffassung widersetzen sich aber die Formen wie *ádáyi* **er wurde gegeben**, weil hier *y* der Passiv-Ausdruck ist, das *i* aber ist höchst wahrscheinlich identisch mit dem Bindevocal *i* von *ádáy-i-śi* **ich wurde gegeben**, 2te P. *ádáy-i-śás*; demnach wäre *ádáyi* eine Verstümmelung von *ádáyiṣṭa*.

**) In seiner Ausgabe des Manu, Bd. 1. S. 329 ff. und in seiner bengalischen Gramm. S. 68 und 95.

kürzung zu *st'a* ihr schliefsendes *a* der Analogie der Verba erster und sechster Klasse unterwirft. Durch die mit dem angehängten Hülfsverbum verbundenen Medial-Endungen, die das reflexive Verhältnifs ausdrücken, erhält jenes die Bedeutung **sich gehen**, und während das bengalische *körá yái* blofs **ich gehe in Machen** bedeutet, sagt das sanskr. Compositum *kriyé* mehr, nämlich **ich gehe (ich füge) mich in Machen**. Man vergleiche die lateinischen Constructionen wie *amatum iri* **gegangen werden in Lieben**; auch *veneo* im Gegensatze zu *vendo* (§. 632) mag berücksichtigt werden; ferner die im Sanskrit so gewöhnlichen Ausdrücke wie **in Freude geben, in Zorn geben**, für **erfreut, erzürnt werden**; sogar *grahaṇaṅ samupágamat* **er ging in Fangung**, für **er wurde gefangen**, lesen wir im Rámáyaṇa (bei Schl. I. 1. 73).

Causale.

740. Das sanskritische und sendische Causale ist in seinem Bildungs-Charakter identisch mit dem der Verba der 10ten Klasse (s. §. 109ᵃ). 6). Zur Erklärung des Zusatzes अय् *ay*, in den Specialtempp. अय *aya*, bietet das Skr. die Wurzeln *i* **gehen** und *í* **wünschen, verlangen, bitten** dar; aus beiden entsteht durch Guṇa vor Vocalen अय् *ay* und in Verbindung mit dem Charakter der ersten Klasse: अय *aya*. Die Bedeutung **wünschen, verlangen** scheint wohl dazu geeignet, den Nebenbegriff der Causalverba zu vertreten, in welchen das Subject die Handlung nicht durch die That, sondern durch den Willen vollbringt; es würde also z. B. *káráyámi* **ich lasse machen** eigentlich **ich verlange das Machen, sei es, dafs einer mache, oder dafs etwas gemacht werde**, bedeuten. Stammt aber der Causal-Charakter von einer Wurzel, welche ursprünglich **gehen** bedeutet, so ist zu berücksichtigen, dafs mehrere Verba der Bewegung im Sanskrit zugleich **machen** be-

deuten; es könnte demnach z. B. *védáyámi* eigentlich **ich mache wissen** bedeuten.

741. Obwohl, wie in §. 109*a*), p. 226 bemerkt worden, alle germanischen schwachen Verba sich auf die skr. 10te Klasse stützen, so wird doch nur diejenige Form, welche das skr. *aya* am deutlichsten bewahrt hat, nämlich diejenige, welche im Goth. in der ersten P. sg. praes. auf *ja* ausgeht (Grimm's erste schwache Conjugation), zur Bildung von Causalverben oder von transitiven aus intransitiven Verben gebraucht, doch nicht so, dafs die Sprache gleich dem Sanskrit aus jedem primitiven Verbum ein Causale bilden könnte, sondern sie mufs sich mit den Überlieferungen der Vorzeit begnügen. Diese stimmen im Gothischen auch darin mit dem skr. Causale überein, dafs der Wurzelvocal immer in der stärksten Form erscheint, welche das primitive Verbum entwickelt hat*). Daher wird die Schwächung von *a* zu *i*, welche die primitiven oder starken Verba im Praesens häufig erfahren haben, im Causale nicht zugelassen, und die guṇa-fähigen Vocale *i* und *u* werden guṇirt, und zwar durch den ursprünglichen schweren Guṇa-Vocal *a*, nicht wie im Praes. des Primit. durch *i* (s. §. 27). Überhaupt zeigt das Causale im Gothischen immer den Vocal der einsylbigen Formen des Praet. des Primit., ohne dafs man darum sagen könnte, dafs es von diesen abstamme; sondern das Causale und der Singular des Praet. des Primit. stehen hinsichtlich des Wurzelvocals in einem schwesterlichen, nicht in einem Abstammungsverhältnisse zu einander. Man vergleiche z. B. *satja* **ich setze** (Wz. *sat*) mit *sita* **ich sitze**, *sat* **ich safs** und mit dem skr. Caus. *sádáyámi* von der Wz. *sad*; so *lagja* **ich lege** von Wz. *lag* (*liga* **ich liege**, *lag* **ich lag**); *nasja* **ich mache genesen, heile**, von Wz. *nas* (*ga-nisa*

---

*) Ausgenommen sind nur diejenigen Formen, die durch Zusammenziehung reduplicirter Praeterita entstanden sind (*s.* §. 605. p. 433); im Skr. ist jedoch *á*, z. B. von *sádáyámi*, schwerer als das *é* (= *a* + *i*) von *sédimá*.

ich genese, praet. *ga-nas*); *sanqvja* ich senke, mache sinken, von Wz. *sanqv* (*sinqva* ich sinke, praet. *sanqv*); *drankja* ich tränke, von Wz. *drank* (*drinka* ich trinke, praet. *drank*); *ur-rannja* ich lasse aufgehen, von Wz. *rann* (*ur-rinna* ich gehe auf, praet. *ur-rann*). Belege von guṇirtem *u* in der goth. Causalform sind: *ga-drausja* ich mache herab fallen, werfe herab, von Wz. *drus* (*driusa* ich falle, praet. *draus*, pl. *drusum*; vgl. skr. *d'vaṅs* fallen, §. 20. p. 36); *lausja* ich löse, von Wz. *lus* (*fra-liusa* ich verliere, praet. *-laus*, pl. *-lusum*; vgl. skr. *lû* abreifsen, abschneiden). So im Sanskrit z. B. *bôd'áyâmi* (*ô* = *au*) ich mache wissen, wecke, von *bud'* wissen, aufwachen. Belege für die Guṇirung des *i* zu *ai* sind *ur-raisja* ich richte auf, von Wz. *ris* (*ur-reisa* ich stehe auf, praet. *ur-reis*, pl. *ur-risum*); *hnaivja* ich erniedrige, von Wz. *hniv* (*hneiva* ich neige mich, praet. *hnaiv*, pl. *hnivum*). So im Sanskrit z. B. *vêdáyâmi* (*ê* = *ai*) ich mache wissen, send. ꬰꬰꬰ *vaid'ayêmi**), von *vid* wissen. Unsere neuhochdeutschen Causal-Überreste wie setze, lege, senke sind in Folge eingetretener Verstümmelungen in ihren Endungen von denen ihrer Primitive nicht mehr verschieden und liefern einen merkwürdigen Beweis einer allmälig bis ins Unkenntliche fortschreitenden Formentstellung. Ohne die glückliche Erhaltung gothischer Formen wie *satja* und mehr oder weniger entsprechender Bildungen anderer altgermanischer Dialekte würde man in dem 2ten *e* von setze eine Verwandtschaft mit dem skr. *ayâmi* von *sâdáyâmi*, und somit eine Übereinstimmung in dem Bildungsprincip der deutschen und sanskritischen Causalia nicht haben ahnen können. Schon im Althochdeutschen erscheint häufig der

---

*) kommt häufig in Verbindung mit der Praeposition *ni* vor: ꬰꬰꬰ *nivaidayêmi*, nach Anquetil „je prie", nach Neriosengh निमन्त्रयामि *nimantrayâmi*, d. h. ich rufe an (s. Burnouf, Yaçna p. 419 ff.). Über den Grund des *ê* der Endung *êmi* s. §. 42.

Causal-Charakter sehr verwischt, z. B. in *nerent* alunt (vivere faciunt) bei Notker, für *neriant*, goth. *nasjand*; *lego* pono für *legio*, *legiu*, goth. *lagja*; *legent* ponunt für *legiant*, goth. *lagjant*, l. c.

742. Im Altslavischen stimmt diejenige Conjugation, in welcher wir in §. 505 die sanskritische 10te Klasse erkannt haben, darum auch zur Causalbildung; auch enthält dieselbe Verba, die selbst ihrer Bedeutung nach als Causalia gelten, und denen als Primitivum ein nicht-causales oder intransitives Verbum gegenübersteht. Sie zeigen im Einklang mit dem im vorhergehenden §. beschriebenen sanskritischgothischen Princip einen schwereren Vocal als das Primitivum, oder sie enthalten einen Vocal, während das Primitivum seines Wurzelvocals verlustig gegangen ist. So wie im Sanskrit von der Wurzel *mar* sterben, welche in ihrer verstümmelten, von den Grammatikern aber als primitiv angesehenen Form, म् *mṛ* lautet, das Causale *máráyámi* ich tödte, mache sterben, kommt, so im Slavischen von dem wurzelhaft verstümmelten мрѫ *mruń* ich sterbe ein Causale морѭ *morjuń* ich tödte. Eben so verhält es sich mit вѧрити *var-i-ti* kochen (trans.) gegen врѣти *vr-é-ti* (intrans.). Für *e* des Primit. zeigt das Caus. das schwerere *o*, daher z. B. положити *po-loṣ-i-ti* legen gegen лежати *leṣ-a-ti* liegen. Das *a* von *sad-i-ti* pflanzen, eigentlich setzen, stimmt zum skr. *á* von *sád-dyá-mi* (goth. *satya* ich setze), während das ѣ *é* von сѣсти *sés-ti* sich setzen (euphon. für *sêd-ti*, s. §. 103) wahrscheinlich das kurze *a* der Wurzel zuerst zu ε geschwächt, und von da zu ѣ *é* verlängert hat. Man vergleiche das lit. *sédmi* ich sitze, gegen *sódinù* ich pflanze, mit Berücksichtigung, dafs das lit. *ó* (wie das goth. *ó*) sehr häufig die Stelle des langen *á* vertritt (§. 92. p. 134). Hier möge auch des irländischen *suidiughaim* ich setze, pflanze gedacht werden (gegen *suidhim* ich sitze), wo *gh*, wie überhaupt in den irländischen Causalverben, das skr. *y* vertritt. Von den slavischen Causalen beachte man noch

ρλ(ΤΗΤΗ *rast-i-ti* vermehren, eigentlich **wachsen machen** (*rast-ê-ti* **wachsen**)*), ΒΣcHTH *vês-i-ti* **aufhängen** (*vis-ê-ti* **hangen**), *na-po-i-ti* **tränken** (*na* Praep., *pi-ti* **trinken**), *po-ko-i-ti* **beruhigen** (*po-či-ti* **ruhen**). Da das slav. Ђ *ê* der gewöhnliche Vertreter des skr. ए *ê = ai* ist (s. §. 92. *e*), so ist das vocalische Verhältniſs zwischen *vês-i-ti* **aufhängen** und der Wz. *vis* **hangen** ähnlich dem des skr. *vêś-áyá-mi* **ich mache eingehen**, zu *viśá'mi* **ich gehe ein**. Auch ist die slav. Wz. *vis* wahrscheinlich identisch mit der skr. *viś*, die in Verbindung mit der Praep. *ni* im Causale unter andern **anfügen, anknüpfen** bedeutet, und uns so der Bedeutung **aufhängen** des slav. Caus. sehr nahe führt, wie überhaupt die slav. und skr. Wz. in dem Begriff der Annäherung sich begegnen (आविश् *á-viś* heiſst **nahen**, उपविश् *upa-viś* **sich setzen**). Das formelle Verhältniſs von (*na*)*poïti* **tränken** zu *piti* **trinken** kann ohne Zuziehung des Sanskrit nicht richtig ermessen werden; denn vom slav. Standpunkte aus hat es das Ansehen, als wenn *poïti* aus *piti* durch Vorschiebung eines *o* entstanden wäre, während in der That das *o* von *poïti* auf das skr. *á* der Wz. *pá* sich stützt, dem das griech. ω von π ῶ-3ι, πέπωκα, und das *o* von ἐπόϿην, sowie das lat. *ô* von *pô-tum*, *pô-turus*, und das altpreuſsische *uo* von *puo-ton* **trinken** entspricht; das *i* von *pi-ti* gründet sich wie das ῑ des griech. πῑ-3ι, πί-νω auf die schon im Sanskrit vorkommende Schwächung von *pá* zu *pí*, wovon das Passiv *pîyátê* bibitur, das Part. perf. pass. *pî-tá-s* **getrunken** und das Gerund. *pî-tvá* **nach dem Trinken**. Das slavische Causale hat in *po*, dem allgemeinen Princip gemäſs,

---

*) Skr. *vardáyámi*, send. *varedayêmi* **ich mache wachsen, vermehre**. Das slav. Verbum hat den Zusatz eines *t* erhalten, weshalb das radicale *d* zu *s* werden muſste; da aber das primitive Verbum schon ein *a* hat, so war eine Steigerung des Vocals im Caus. nicht möglich. Man vergleiche auch das skr. *ard*, *ṛd* **wachsen**, welches vielleicht eine Verstümmelung von *vard* ist.

den schwereren, dem ursprünglichen *á* näher stehenden Vocal der Wurzel geschützt. — Das Verhältnifs von *po--koïti* beruhigen (*po* Praep.) zu *po-či-ti* ruhen ist aber von anderer Art. Denn wenn, wie ich nicht zweifle, Miklosich (Radices linguae Slav. p. 36) Recht hat, die slav. Wz. ЧИ *či* mit dem skr. *śi* (aus *kí*) liegen, schlafen zu vermitteln, so ist zu berücksichtigen, dafs die genannte skr. Wz., wie das verwandte gr. κεῖμαι, eine unregelmäfsige und durchgreifende Gunasteigerung annimmt, die im Griechischen entweder in der Gestalt von κει, oder in der von κοι erscheint (κοίτη, κοῖτος, κειμάω, s. §. 4). Zu letzterer Form stimmt das slav. *ko* von *po-ko-i-ti*, wobei aber der Wurzelvocal verloren, denn das nachfolgende *i* ist der Ausdruck des Causalverhältnisses.

743. Die Form *i*, in welcher der Causal-Charakter im Altslavischen vorherrschend erscheint, entspricht genau der Form, in welche sich im Gothischen das causale *ja* vor dem antretenden Hülfsverb. des Praet. (s. §. 623) und vor dem Suffix des Part. pass. zusammenzieht; also wie im Goth. *sat-i-da* ich setzte, *sat-i-th'-s* gesetzt (Gen. *sat-i-di-s*), so im Slavischen *sad-i-ti* plantare, *sad-i-tĭ* plantat, *sad-i-sĭ* plantas, *sad-i-mŭ* plantamus, *sad-i-te* plantatis. In der ersten P. sing. und 3ten P. plur. des Praes. entspricht ІѪ *ju-ṅ*, АТЬ *aṅti* dem goth. *ja*, *jand*, skr. *ayá-mi*, *aya-nti*, im Falle nicht euphonische Gesetze eine Änderung hervorbringen, wie dies z. B. bei САЖДѪ *saṡduṅ* für *sadjuṅ* der Fall ist (I. p. 152). Im Imperativ (s. §. 626) ist der Causal-Charakter in dem Modus-Exponenten untergegangen, daher *sadi* plantes, plantet (goth. *satjais*, *satjai*), САДИМЪ *sadimŭ* plantemus, САДИТЕ *sadite* plantetis (goth. *satjaima*, *satjaith*).

744. Das Litauische benutzt, um aus primitiven Zeitwörtern Causalia zu bilden, höchst selten die in §. 506 mit sanskritischen auf स्य *aya* vermittelten Formen. Die einzigen mir vorliegenden Beispiele sind *z'índau* ich säuge, von *z'indu* ich sauge, und *gráu-ju* ich breche ein

Haus ab (mache einfallen), von *grūw-ù* „ich falle ein wie ein Haus". Das *w* von *grūw-ù* scheint nur eine Entwickelung aus dem *ŭ*, wie in skr. Formen wie *bab'ú'va* ich war, er war, von *b'ú*. Fafst man *grŭ* als Wurzel, so stimmt die causale Form *gráu-ju* durch ihre Vocalsteigerung zu skr. Causalen wie *b'áv-dyá-mi* ich mache sein, bringe zum Dasein, von *b'ú* sein. Der gewöhnliche Ausgang litauischer Causalia ist *inu* (pl. *ina-me*), wodurch, wie im Sanskrit durch *aya*, zugleich Denominativa gebildet werden, wie z. B. *ilg-inu* ich mache lang, ein denominatives Causale, von *ilga-s* lang. Das *n* dieser Formen erstreckt sich über alle Tempora und Modi, sowie auf die Participia und den Infinitiv, denn einen Abfall kann ich nicht mit Mielcke (S. 98. 10) darin erkennen, dafs es vor *s* (nach sanskritischem Princip) in den geschwächten Nasallaut übergeht, den ich, wie den sanskritischen Anusvâra, durch *ṅ* ausdrücke (s. §. 10), also z. B. *láup-siṅ-siu* ich werde loben.

745ᵃ). Darin stimmen die litauischen Bildungen auf *inu* mit den sanskritischen, sendischen, germanischen und slavischen Causal-Verben überein, dafs sie einen schweren Vocal in der Wurzel lieben, so dafs mehrere ein ursprüngliches *a* bewahrt haben, während ihr Primitivum dasselbe zu *i* oder *e* hat entarten lassen, weshalb sie uns ganz im Lichte des germanischen Vocalwechsels erscheinen. So wie z. B. im Gothischen dem intransitiven, aus *sata* geschwächten *sita* ich sitze ein Practer. *sat* und ein causales *satja* ich setze gegenübersteht, so im Litauischen dem Verb. neut. *mirstu* ich sterbe, ein causales *marinù* ich lasse sterben (skr. *márâyâmi*, slav. *morjuṅ*), und dem, seiner Bedeutung nach, passiven *gemù* ich werde geboren ein causales *gaminù* ich zeuge (mache geboren werden). Andere Causalia mit *a* gegenüber von *e* des entsprechenden Intrans. sind: *gadinù* ich verderbe, tödte, gegen *gendù*, *nagendù* ich verderbe (intrans.); *kankinù* ich quäle gegen *kenčiù* ich leide. Auch tritt *õ* statt des organischen *a* im lit. Causale einem *e* des Intrans. gegenüber, namentlich in *sódinù* ich pflanze gegen *sédmi* ich sitze. Interessant ist das Vocal-Verhältnifs von *pa-klaidinù* ich verleite, bringe zum Irrthum, zu *pa-klýstu* ich verirre mich (euphon. für *pa-klýd-tu*), denn da *y* der Aussprache nach identisch mit *i* ist, so stimmt, abgesehen von der Länge des *y* (*i*), *pa-klaidinù* hinsichtlich seiner Guṇaform sehr schön zu den gothischen Causalen wie *hnaivja* ich erniedrige, und sanskritischen wie *védáyámi* (= *vaiddyámi*) ich mache wissen (S. 89). So verhält es sich mit *at-gaiwinù* ich erquicke (eigentlich ich mache leben, vgl. *gywas* lebendig, skr. *ǵîv* leben), dessen Primitivum *at-giju* ich erhole mich, werde wieder frisch, lebendig, wahrscheinlich aus *at-giwju* verstümmelt ist; *waidinù'-s* ich zeige mich (s. §. 476) enthält einen stärkeren Guṇa-Vocal als *wéizdmi* ich sehe, und entspricht dem oben erwähnten skr. Causale *védáyámi*. Ein Beispiel, wie ein lit. Causale ein ursprüngliches *a* eben so wie die entsprechende intransitive Form zu *e* hat entarten lassen, ist *déginu* uro, gegenüber dem intrans. *degù**) ardeo.

745^b). Der Umstand, dafs die litauische Bildung *ina*, erste P. sg. *in'-u* **), wie das skr. *aya* sowohl Causalia als Denominativa bildet, und dafs die so entstehenden Causalia gleich den sanskritischen, germanischen und slavischen einen kräftigen Wurzelvocal lieben, gibt uns ein Recht, eine Vermittelung zwischen dem lit. *ina* und skr. *aya* zu suchen. Man könnte in dem *i* von *ina* die Schwächung eines ursprünglichen *a* erkennen, wie sie auch in den Formen auf *ij'-u*, *ija* (§. 506. p. 366) erscheint. Das *n* müfste dann, da Halbvocale leicht mit einander wechseln, als Entartung von

---

*) Im Skr. vertritt die 4te Kl. der Wz. *dah* (*dáhyámi* ardeo) die intransitive Bedeutung, und die erste Kl. (*dáhámi* uro) die transitive. Auf letztere stützt sich das irländ. *daghaim* uro.

**) Über *u* als Personal-Ausdruck s. §. 436 p. 264 und vgl. §. 438.

ą̂ y (j) gelten*). Es könnte aber auch das *i* von *in'-u*, *ina*, wie in den Formen auf *iu*, plur. *i-me* (*myl-i-me* wir lieben §. 506) dem skr. *y* der Ableitung *aya* entsprechen, so daſs z. B. die Sylbe *in* von *sôd-in-ti* pflanzen mit dem *i* des gleichbedeutenden slav. *sad-i-ti* und mit dem goth. *i* von *sat-i-da* ich setzte identisch wäre (vgl. §. 743). Das *n* der litauischen Form wäre dann ein unorganischer Zusatz, gleichsam eine Rinde, die sich an den vocalischen Ausgang des Verbal-Themas angesetzt hätte, nach demselben Princip, wornach im Germanischen so viele Nominalstämme mit ursprünglich vocalischem Ausgang den Zusatz eines *n* bekommen haben, so daſs z. B. dem skr. Stamme *vidavá* Wittwe (zugleich Nominativ, s. §. 137), dem lat. *vidua* und slav. *vidova* ein gothischer Stamm *viduvôn* (Nom. -*vô* §. 140) gegenübersteht, und den skr. weiblichen Participial-Stämmen auf *anti* gothische auf *andein* (Nom. *andei*) begegnen. Bei dieser Auffassung müſste angenommen werden, daſs das von *sôdi* (skr. *sâdaya*) zu *sôdin* erweiterte Verbal-Thema den Charakter der skr. ersten Conjugationsklasse angenommen habe, und so in die litauische erste Conjugation (nach Mielcke) eingewandert sei, also *sôdin-a-me* wir pflanzen, wie *suk-a-me* wir drehen. Zu Gunsten der ersten Erklärungsart könnte man den Umstand geltend machen, daſs neben *s'lówinu* ich lobe, preise, ein gleichbedeutendes *s'lówiju* besteht**), welches letztere offenbar identisch ist mit dem skr. *srâváyâmi* ich mache hören und russischen славлю *slavlju* ich preise.

---

*) S. §. 20. Was den Übergang des *j* in eine andere Liquida anbelangt, so berücksichtige man das Verhältniſs des deutschen *Leber* (Labial für Guttural, wie im griech. ἧπαρ, s. Graff II. p. 80) zum skr. *yákṛt* (aus *yakart*) und lat. *jecur*. Hinsichtlich des Übergangs von *l* zu *n* berücksichtige man z. B. das Verhältniſs des dorischen ἤνϑον zu ἦλϑον.

**) Das verwandte *klausau* „ich höre zu" hat wie das griech. κλύω den ursprünglichen Guttural bewahrt, welchen *s'lówiju* wie das skr. *s'ru* zu einem Zischlaut hat entarten lassen.

745^c). Da im Lateinischen drei Conjugationen — die erste, 2te und 4te — der sanskr. 10ten Klasse entsprechen, so hat man Ursache, in diesen die lateinischen Causalia zu suchen. In der 2ten entspricht *moneo*, *monê-s* dem skr. *mânáyâmi* und pråkrit. *mánêmi* ich mache denken (s. I. p. 227 f.); das lat. *moneo* fühlt sich aber nicht mehr als Causale, da ihm kein primitives Verbum gegenübersteht, woraus es gleichsam auf gebahntem, zu ähnlichen Zwecken oft betretenem Wege hervorgegangen wäre; denn *memini* kann ihm wohl als laut- und sinnverwandte Schwesterform, nicht aber als Mutterform gelten. *Sedo*, welches dem skr. Causale *sâdáyâmi* und seinen germanisch-slavischen Schwesterformen entspricht (*sed-á-s* = साद्यसि *sâd-á[y]a-si*), könnte dem Sinne nach als Causale von *sedeo* gelten, allein letzteres ist seiner Form nach ebenfalls ein Causale, und es fehlt an sonstigen Analogien zur Bildung von Causalen durch die Einführung von der 2ten in die erste Conjugation. Somit können *sido*, *sedeo* und *sedo* im Lateinischen nur als drei verwandte Verba gelten, die, jedes auf eigene Weise, an die skr. Wurzel *sad* sich anreihen. Zum skr. *trâsáyâmi* (pråkr. *trâsêmi*) ich mache zittern, fürchten, ich schrecke, stimmt *terreo*, durch Assimil. für *terseo*, aus *treseo*. Die 4te Conjugation liefert uns *sôpio* als schönes Analogon zum skr. Caus. *svâpáyâmi* ich mache schlafen (*svápimi* ich schlafe, unregelm. für *svapmi*), altnord. *svepium* sopimus (Sing. *svep*), althochd. *in-suepiu*, russ. усыпляю *u-süplaju**). Doch fühlt sich auch dieses *sôpio* nicht mehr als Causalbildung, da ihm kein intransitives *sôpo* der 3ten Conjug. als Ausgangspunkt gegenübersteht. Die germanischen Sprachen haben zwar das Primitivum gerettet (ahd. *sláfu*), es ist aber dem Causale entfremdet durch die Vertauschung der Halbvocale *v* und *l* (s. §. 20). Im Russischen dagegen steht сплю *spljů* ich schlafe (euphon.

---

*) Das *l* ist nur ein vom *p* geforderter euphonischer Zusatz, also *aju* = *oyâmi*.

für *spju*) dem causativen *u-sūplaju* (*u* Praep.) gegenüber, dessen *ū* auf das skr. *u* der zusammengezogenen Formen wie *suśupimá* wir schliefsen, *suptá* geschlafen habend sich stützt, womit man auch das griech. ὑπ von ὕπνος vergleichen möge. Ich setze hier zur Vergleichung dem skr. *svāpáyāmi* und seinem Potentialis *svāpāyé-y-am* (s. §. 689) die entsprechenden Formen des Lateinischen und Althochdeutschen gegenüber:

svāp-áyā-mi	*sôp-io*	*in-suep-iu*
svāp-áya-si	*sôp-i-s*	*in-suep-i-s*
svāp-áya-ti	*sôp-i-t*	*in-suep-i-t*
svāp-áyā-mas	*sôp-i-mus*	*in-suep-ia-m*
svāp-áya-t'a	*sôp-i-tis*	*in-suep-ia-t*
svāp-áya-nti	*sôp-iu-nt*	*in-suep-ia-nt*
svāp-áyé-y-am [1])	*sôp-ia-m*	*in-suep-ie* [2])
svāp-áyé-s	*sôp-iê-s* [2]) *sôp-iá-s*	*in-suep-ié-s*
svāp-áyé-t	*sôp-ie-t* *sôp-ia-t*	*in-suep-ie*
svāp-áyé-ma	*sôp-iê-mus* *sôp-iá-mus*	*in-suep-iê-mês*
svāp-áyé-ta	*sôp-iê-tis* *sôp-iá-tis*	*in-suep-iê-t*
svāp-áyé-y-us	*sôp-ie-nt* *sôp-ia-nt*	*in-suep-iê-n*.

746. Von der lat. ersten Conjugation, welche von dem skr. Causal-Charakter *aya* die beiden Extreme in der Zusammenziehung zu *á* bewahrt hat, lassen sich aufser dem oben erwähnten *sedáre* noch *necáre*, *ploráre*, *laváre* und *clamáre* ihrer Bedeutung wie ihrem Ursprunge nach als echte Causalia darstellen, wenn sie gleich vom Sprachgeist nicht mehr als solche gefühlt werden, weil ihnen das Primitivum entweder abhanden gekommen, oder durch die Form entfremdet worden. *Necare*, welches vom speciell römischen Standpunkte aus als Denominativum von *nex* (*nec-s*) gefafst werden müfste, entspricht dem skr. *náś-á-yá-mi* perire facio, Caus. von *náś-yá-mi* Kl. 4. pereo. Eine andere Gestaltung von नाशयामि *náśáyámi*, mit gemilderter Bedeutung, ist *noceo*; im Griech. schliefsen sich

---
[1]) S. §. 689.   [2]) S. §§. 691. 692.

νέκυς und νεκρός an die skr. Wz. *naś*, aus *nak*, an. *Plôro* glaube ich auf den Grund von §. 20 als Entartung von *plóvo* ansehen zu dürfen; es entspräche demnach dem skr. *plávayámi*, eigentlich ich mache fliefsen, von der Wz. *plu* fliefsen, die im lat. *fluo* eine unregelmäfsige Lautverschiebung erfahren hat, während in *pluit*, welches zu derselben Wz. gehört, die ursprüngliche Tenuis sich behauptet hat. In *lavare* (gr. λούω) ist von den beiden verbundenen Anfangs-Consonanten Einer gewichen, sonst aber gleicht *lavo* noch mehr als *plôro* dem skr. *plávayámi* bespülen, begiefsen (im Med. sich waschen), worauf sich auch das althochd. *flewiu**) ich wasche stützt. Im Slovenischen ist *plev-i-m* ich schwemme, schmelze (Metelgo p. 115) das regelrechte Causale von *plav-a-m* ich schwimme. *Clámo* bedeutet, wenn ich Recht habe sein *m* als Erhärtung von *v* zu erklären (s. §. 20 Schlufs), eigentlich ich mache hören, ist somit ein versteckter Verwandter von *cluo*, κλύω und identisch mit dem skr. *śráv-ayá-mi* (*ś* aus *k*) ich mache hören, spreche, dem send. *śráv-ayé-mi* id., dem slovenischen *slav-i-m* ich preise (*slujem* ich höre), dem altslav. СЛОВЛІѪ *slovljuń* (in *blagoslovljuń* benedico), dem russ. *slavlju* ich preise und dem lit. *s'lówiju* id. (s. S. 95).

747. Die Wurzeln, welche im Sanskrit auf *á* oder einen in *á* zu verwandelnden Diphthong enden, erhalten vor *aya* den Zusatz eines *p*, daher z. B. *st'áp-áyá-mi* ich mache stehen (von *st'á*), welchem wir in formeller Beziehung das litauische *stówju* (aus *stôpju*) ich stehe zur Seite stellen (s. §. 524),˙ dessen Reflexivum *stówjô-s*, ich stelle mich hin, die causale Bedeutung bewahrt hat. Da Labiale im Lateinischen nicht selten durch Gutturale ersetzt

---

*) Dieses ist seinem Primit. *fluxu* ich fliefse dadurch, dafs es sich von dem unorganischen *x* (s. I. p. 233) frei gehalten hat, nicht minder entfremdet, als *lavo* dem intrans. *fluo*.

worden*), so glaube ich mit Pott (Etymol. F. p. 195) das lat. *jacio* aus *japio* erklären, und mit dem skr. *yáp-áyá-mi* **ich mache gehen, setze in Bewegung** (Wz. *yá*) identificiren zu dürfen, wiewohl eigentlich nur *io* der 4ten, und nicht das der 3ten Conj. (= skr. ग der 4ten Kl.), dem skr. Causal-Charakter entspricht. Die Übereinstimmung von Formen wie *capio, capiunt, capiam* etc. und den analogen Formen der 4ten Conj. konnte aber leicht einen Übergang von der letzteren in die 3te begünstigen; einen solchen erkenne ich auch in *facio*, welches ich mit dem skr. *b'áváyámi* **ich mache sein, bringe zum Dasein vermittele**, aber so, dafs ich eine Erhärtung des radicalen *v***) in *c* annehme (s. §. 19), da Wurzeln auf *û* im skr. Caus. niemals ein *p* annehmen. Das Gothische liefert uns *bau-a* **ich baue** (aus *bau-ai-m*) als Schwesterform zum skr. *b'áv-áyá-mi* und lat. *facio*; es stimmt also in der 2ten und 3ten P. der Charakter *ai* von *bau-ai-s, bau-ai-th* zum skr. *aya* von *b'áv-áya-si, b'áv-áya-ti*. Einen Zusammenhang zwischen unserem *bauen* und *bin* kann man aber vom germanischen Standpunkte aus eben so wenig wahrnehmen, als man im Lateinischen die Wurzelverwandtschaft zwischen *fac-io* und *fu-i* erkennt. Kann ich aber das *c* der genannten Form nicht mit dem skr. causalen *p* vermitteln, so glaube ich doch dem Lateinischen noch ein anderes Causale nachweisen zu können, worin *c* die Stelle eines skr. *p* vertritt, nämlich *doceo*, welches ich im Sinne von **ich mache wissen** auffasse und für verwandt mit *di-sco* (eigentlich **ich wünsche zu wissen**) und dem gr. ἐδάην, διδάσκω halte. Ist das *d* dieser Formen aus *g* entstanden (vgl. Δημήτηρ aus Γγμήτηρ), so führt *doceo* zum skr. *gńáp-áyá-mi* **ich mache wissen** (*gá-ná-mi* **ich weifs** für *gńá-ná-mi*) und zum

---

*) Vgl. z. B. *quinque* mit *páńćan*, πέντε; *coquo* mit *páćámi*, πέσσω, serb. *pećem* **ich brate**.

**) Aus *ú*, denn *ău*, vor Vocalen *áv*, ist die Vriddhi-Form von *ú*; s. §. 29.

pers. *dá-ne-m* ich weiſs. Als ein Beispiel eines lat. Causale, worin das ursprüngliche *p* unverändert geblieben wäre, erwiese sich *rapio*, im Fall es dem skr. *rāpáyámi* ich mache geben entspricht*), von der Wz. रा *rá* geben, die, wie mir scheint, nichts anders als eine Schwächung von *dá* ist. Auch kommt, sowie neben *dá* eine erweiterte Form *dás* besteht, neben *rá* im Vêda-Dialekt *rás* vor. Mit *rá* und *dá* scheint auch ihrem Ursprunge nach die Wz. *lá* identisch, welcher die Bedeutungen geben und nehmen zugeschrieben werden.

748. Zu den Wurzeln, welche im Sanskrit unregelmäſsiger Weise ein *p* im Causale anfügen, gehört ऋ *r̥*, d. h. *ar* (s. §. 1) gehen, wovon *arp-áyá-mi* ich bewege, werfe, sende (*śarán arpayámi* sagittas mitto), womit vielleicht das griech. ἐρείπω zusammenhängt**), welches aber als Causale ἐρειπέω, oder ἐρειπάω, oder ἐρειπάζω lauten sollte (s. §§. 19. 109ᵃ). 6). Dadurch, daſs das Thema ἐρειπ

---

*) Die anderwärts als möglich zugelassene Abstammung von *lup* (*lumpámi*) spalten, brechen, zerstören (vgl. Pott I. 258), wozu *rumpo* gehört, ist weniger befriedigend, da *a* bei dieser Erklärung als Guṇa-Vocal erklärt werden müſste, mit Verlust des eigentlichen Wurzelvocals. Das Latein. liebt aber keine Guṇirungen und schützt in der Regel den Wurzelvocal in Vorzug vor dem Guṇa-Vocal, z. B. in *video*, welches sich auf das skr. Caus. *védáyámi* ich mache wissen stützt, von der Wz. *vid*.

**) Man könnte ῥειπ als Umstellung von εἰρπ fassen, und das ε als einen vocalischen Vorschlag, wie z. B. in ἐλαχύ-ς = skr. *laǵʻú-s*. Man berücksichtige noch, daſs auch das π von σάλπιγξ, welches Sonne (Epilegomena zu Benfey's gr. Wurzell. p. 24) mit dem skr. causalen *p* identificirt, zu einer Wz. gehört, die im Skr. auf *ar* (*r̥*) ausgeht, nämlich zu *svar* (*svr̥*), wozu es auch Pott (Et. F. p. 225) gezogen hat; also σάλπιγξ eigentlich tönen machend. Sollte auch das lit. *świlpinu* ich pfeife, trotz seines *ś* für *s*, hierher gehören, so übersehe man nicht die von Ruhig angeführte kürzere Form der 3ten Pers. sg. *świlpja* der Vogel pfeift, wo *pja* den skr. Formen auf *payati*, wie *arpáyati* er macht gehen, bewegt, entspricht.

des wahren Causal-Charakters verlustig gegangen ist, hat dasselbe ganz den Charakter eines primitiven Verbums gewonnen, gerade wie ιάπτω, welches Pott, wie das vorhin erwähnte lat. *jacio*, auf das skr. *yáp-áyá-mi* ich mache gehen zurückgeführt hat. Sollte ῥίπ-τω nicht zu *kśip**) werfen, sondern ebenfalls zu *arpáyámi* gehören, so wäre es eine Umstellung von ιρπ-τω.

749. Die skr. Wurzel पा *pá* erhalten, herrschen nimmt im Caus. ein *l* an, daher *páláyámi*. So im Griechischen βάλλω, στέλλω, ιάλλω, deren 2tes λ durch Assimilation aus *j* hervorgegangen zu sein scheint, wie ἄλλος aus ἀλjος = goth. *alja* (them.), lat. *alius*, skr. *anyá-s* (s. I. p. 33). Also βάλλω — mit Kürzung des Wurzelvocals (ἐβάλον), der jedoch in der Umstellung zu βλη (βέβλη-κα) seine ursprüngliche Länge geschützt hat — für βαλjω aus βᾱ (s. I. p. 230); στέλλω aus στελjω (ἔσταλκα) für σταλjω, von στᾱ (ἵστᾱμι, ἵστημι) = skr. *stá*, welches in Verbindung mit verschiedenen Praepositionen die Bedeutung der Bewegung annimmt**); ιάλλω, aus ιαλjω, reiht sich in anderer Weise als ιάπτω an die skr. Wz. या *yá* gehen, wozu auch, wie bereits bemerkt worden***),

---

*) Die Ableitung von *kśip* setzt eine Verstümmelung von ῥίπτω aus κριπτω voraus, so dass ρ den skr. Zischlaut verträte, wie in κρείων, welches Fr. Rosen mit der skr. Wz. *kśi* herrschen vermittelt hat; s. dessen Rigvêda-Sanhitá, Adnot. p. XI, wo auch κραιπνός mit *kśiprá* schnell (von *kśip* werfen) und das lat. *crepusculum* mit *kśapá* Nacht (besser mit *kśápas*) vermittelt wird.

**) Man beachte auch, dass neben *stá* eine Wz. *stal*, und neben *pá* eine Wz. *pál* besteht. An *stal* reiht sich unser *stelle*, althochd. *stellu* aus *stelju*, eigentlich ich mache stehen = skr. *stáláyámi*.

***) §. 483. Anderer Meinung ist Pott, welcher (Et. F. II. p. 672) ἵημι zum skr. *asyámi* ich werfe zieht; dagegen unterstützt Curtius (Beiträge p. 329) die obige, schon in der 3ten Abth. der ersten Ausgabe (1837 p. 701) ausgesprochene Ansicht, vermuthet aber auch einen Zusammenhang der Sylbe θη der Passiv-Aoriste und Futura mit der skr. Wz. *yá* gehen, d. h. mit dem

ἵημι als reduplicirte Form für jijημι gehört (Futurum ἥσω = यास्यामि yásyā́mi, vgl. lit. jó-siu ich werde reiten). Vielleicht ist κέλ-λω = skr. ćaláyámi ich bewege, Caus. der Wz. चल् ćal sich bewegen; vielleicht πάλ-λω aus παλ-jω für παδjω = skr. pádáyámi, Caus. von pad gehen, zu dessen Caus. auch das lat. pel-lo als Assimilation von pel-jo gezogen werden könnte. Alle diese Formen haben also, wenn unsere Erklärung richtig ist, von dem skr. Causal-Charakter aya der Special-Tempp. das anfangende a verloren, und sind hierdurch gleichsam von der skr. 10ten Kl. in die 4te eingewandert (vgl. Pott II. 45). Da im Griech. die Verba auf εω, αν (für εjω, ajν), αζω die eigentlichen Vertreter der sanskr. Causalform oder 10ten Kl. sind, und wie diese ihren Charakter auch über das Praes. und Imperf. hinaus erstrecken, so mag hier noch καλέω als ein verstecktes Causale geltezd gemacht werden, welches wie das lat. clámo eigentlich hören machen bedeutet und zum sanskr. śrávayámi (ś aus k) stimmt. Ich fasse demnach καλέω als Umstellung von κλα-έω für κλαϝ-έω.

750. Das Send nimmt, wie es scheint, an dem nach §. 747 den Wurzeln auf á im Causale beizufügenden p keinen Antheil, wenigstens kenne ich keine Belege; dagegen zeugt für die Unterlassung der Anfügung eines p ⲁⲥⲱⲡⲁⲥⲱ á-stáya mache kommen, bring (V. S. p. 55 ff. mehr-

daraus entsprungegen Passiv-Charakter य ya (§. 739), wobei er sich auf das lautliche Verhältniſs von χϑές zum skr. hyas gestern beruft, worüber in §. 16. p. 26 in anderer Weise Rechenschaft gegeben worden; ferner auf die zuerst von Lassen vermuthete Verwandtschaft der griechischen Infinitive auf σ-ϑαι mit den védischen auf ध्यै dyái (§. 852), welche ich jetzt, im Fall sie begründet ist, wie schon in der ersten Ausgabe (§. 886 Schluſs), so auffasse, daſs im griech. σ-ϑαι und skr. dyái ein und dasselbe Hülfsverbum enthalten sei, und zwar dasjenige, welches ich in den griech. Passiv-Aoristen auf ϑη-ν und in den Futuren auf ϑη-σομαι erkenne (§. 630), so daſs also hier, wie in der Regel, das gr. ϑ einem skr. ध् d, nicht aber dem y von ध्यै dyái entspräche.

mals) = skr. *ást'ápaya* von 𑀲𑁆𑀢𑁆 *st'á* stehen, mit der Praep. *á*, nahen. In 𐎠𐎿𐎫𐎠𐎹 *ástáya* aus *ástá-aya* ist das *a* der Ableitung mit dem Wurzelvocal zusammen geflossen; so im Altpersischen 𐎠𐎺𐎠𐎿𐎫𐎠𐎹𐎶 *avástáyam* (aus *ava-ástá-ayam*) ich stellte her (Beh. I. 63. 66. 69). Im Prákrit nehmen dagegen auch die consonantisch endigenden Wurzeln im Causale häufig den gedachten Labial an, in der Erweichung zu *b*, wobei jedoch die Wurzel vorher durch den Zusatz eines *á* erweitert wird; daher z. B. *gívábéhi* mache leben, *gívábédu* er soll leben machen (s. Delius, Radices Prácr. s. r. *gív*). Auch finden sich im Sanskrit, in der unklassischen Sprache populärer Erzählungen, Formen dieser Art, und zwar *gívápaya* für das eben erwähnte *gívábéhi* (Lassen's Anthol. Sanscr. p. 18), welches letztere in Vorzug vor dem Skr. die Imperativ-Endung *hi* aus *di* bewahrt hat. In der ersten P. sg. praes. steht l. c. *gívápayámi* (prácr. *gívábémi*), und im Part. perf. pass. *gívápitah* = prácr. *gívábidô*. Lassen erinnert bei Besprechung dieser Formen (Institut. linguae Prácr. p. 360. 361) daran, dafs Causalia dieser Art noch im Mahrattischen bestehen, und es war mir merkwürdig, die Analogie dieser Bildungen bis zu den iberischen Sprachen verfolgen zu können[*]), indem im Lasischen, wie G. Rosen bemerkt, der Zusatz *ap* (nach Vocalen blofs *p*) den Verben immer eine transitive Bedeutung gibt. So entspricht *gnap* enthüllen, offenbaren dem skr. *gnápayámi* ich mache wissen, während *gna* verstehen mit der skr. Wz. 𑀚𑁆𑀜 *gná* wissen übereinstimmt. Im Georgischen erscheint der gedachte Causal-Zusatz in der Gestalt von *ab*, *eb*, *ob*, *aw*, *ew*, *ow*, ohne dafs jedoch die so endenden, sehr zahlreichen Verbalstämme auch ihrer Bedeutung nach als Causalia gelten, was nicht befremden kann, da auch im Lateinischen und Germanischen die Form des skr. Causale

---

[*]) S. „Die Kaukasischen Glieder des indo-europäischen Sprachstamms" p. 45 ff.

oder der 10ten Kl. so überhand genommen hat, daſs sie über 3 Conjugationen im Lateinischen und die 3 Klassen der schwachen Conjugation in den germanischen Sprachen sich erstreckt (s. §. 109*). 6).

Desiderativum.

751. Wir wenden uns zur Betrachtung der sanskritischen Desiderativa, die, wie schon anderwärts bemerkt worden*), auch dem Griechischen, wenn auch nicht der Bedeutung, doch der Form nach erhalten sind, in Verben wie βιβρώσκω, γιγνώσκω, μιμνήσκω, διδάσκω, διδράσκω, τιτρώσκω, πιπίσκω, πιπράσκω, πιφαύσκω, deren Guttural höchst wahrscheinlich, wie in ἴσκον und dem altlateinischen Futurum *escit*, nur ein euphonischer Begleiter des Zischlauts ist, der in allen skr. Desiderativen der Wurzel angefügt wird, entweder unmittelbar, oder mittelst eines Bindevocals *i*. Die mit einem Vocal anfangenden Wurzeln wiederholen die ganze Wurzel, nach dem Princip der 7ten Aorist-Bildung (§. 585), z. B. *ásis-i-s'***) zu sitzen wünschen, als Schwächung von *ásásis*; *arir-i-s'* zu gehen wünschen, für *araris'*, von ऋ *ar* (ऋ *r*). So im Griech. ἀραρίσκω. Die Wurzeln, welche mit einem Consonanten anfangen, wiederholen diesen, oder seinen euphonischen Stellvertreter, mit dem Wurzelvocal, wobei jedoch lange Vocale gekürzt und der schwerste Vocal *a* zu *i* geschwächt wird***), nach demselben Princip, wornach im Lateinischen das *a* überhaupt von den Wiederholungssylben ausgeschlossen ist (s. §. 583). Aus diesem Grunde wird das *i* in den Wieder-

---

*) Annals of oriental literature (London 1820) p. 65.

**) Der antretende Zischlaut ist ursprünglich der dentale (ष् *s*), aber nach §. 21[b)] der Umwandlung in *s'* unterworfen.

***) S. §. 6. Wenn auch Wurzeln mit mittlerem *r* in der Wiederholungssylbe ein *i* bekommen, so stützt sich dieses auf die Urform *ar*.

holungssylben der Desiderativa vorherrschend und die Übereinstimmung mit den griech. Schwesterformen um so auffallender. Man sagt zwar z. B. *yúyutsámi* ich wünsche zu kämpfen (Wz. *yud*), *búbúsámi* ich wünsche zu schmücken (Wz. *bús*), aber nicht *ǵágadiśámi*, sondern *ǵígadiśámi* ich wünsche zu sprechen; nicht *ǵáǵńásámi*, sondern जिज्ञासामि *ǵiǵńásámi*, med. *ǵiǵńáse* ich wünsche zu wissen, zu erfahren, zu erforschen. Zu जिज्ञासामि *ǵiǵńásámi* stimmt formell das griech. γιγνώσκω und lat. (g)no-sco, welches letztere, wie alle ähnlichen lat. Bildungen, die Reduplication verloren hat*). Zu *mimnásámi*, Desid. von *mná***) (memorare, nunciare, laudare), stimmt μιμνήσκω und das lat. *re-miniscor*. — In den Special-Temporen setzt das Sanskrit dem desiderativen Zischlaut ein *a* zur Seite, welches nach Analogie des *a* der ersten und 6ten Klasse in der ersten Person der Verlängerung unterworfen ist (s. §. 434), und auch im Griech. und

*) Isolirt steht *viso*, welches Pott (Etym. F. II. p. 75) und Aufrecht (Zeitschr. I. p. 190) als Desiderativum fassen (eigentlich sehen wollen). Wenn sie, wie ich nicht zweifle, Recht haben, so stimmt die Sylbe *si* (vor *r se*, s. §. 84) zum skr. *sa* des Desiderativstammes der Specialtempora (*vivit-sa*, euphonisch für *vivid-sa*). Über die Länge des lat. *i* kann auf zweifache Art Rechenschaft gegeben werden, entweder ist es, wie Aufrecht annimmt, die Entschädigung für das unterdrückte *d* der Wurzel, wobei man sich auf *vi-sus*, *vi-sio* und die Perfecta *ri-si*, *divī-si* berufen könnte (s. §. 100. p. 172); oder es ist, was ich lieber annehme, *viso* eine Zusammenziehung von *vivi-so*, wie *vídi* aus *vividi* (§. 547). In letzterem Falle konnte das unterdrückte *d* von *vi-so* keine Entschädigung finden, weil der vorhergehende Vocal ohnehin schon durch die Zusammenfliessung zweier kurzer *i* lang wäre. Man vergleiche in dieser Beziehung Perfecta wie *clau-si*, *lae-si*, wo das verlorene *d* der Wz. keinen Ersatz durch Verlängerung des vorhergehenden Vocals finden konnte.

**) offenbar nur eine Umstellung von *man* denken mit Verlängerung des Wurzelvocals, wie z. B. im griech. βέβληκα von βαλ, πέπτωκα von πετ

Lat. auf dieselbe Weise wie der genannte Klassenvocal vertreten ist (s. §. 109°. 1). Ich setze zur Vergleichung das Praesens und Imperfect act. von जिज्ञासामि *ǵiǵnâsâmi* den entsprechenden Formen des Griech. und Latein. gegenüber.

Praesens.

	Sanskrit.	Griechisch.	Lateinisch.
Sing.	*ǵiǵnấ-sấ-mi*	γιγνώ-σκω	no-sco
	ǵiǵnấ-sa-si	γιγνώ-σκει-ς	no-sci-s
	ǵiǵnấ-sa-ti	γιγνώ-σκει	no-sci-t
Du.	*ǵiǵnấ-sấ-ras*	——————	——————
	ǵiǵnấ-sa-ṯas	γιγνώ-σκε-τον	——————
	ǵiǵnấ-sa-tas	γιγνώ-σκε-τον	——————
Plur.	*ǵiǵnấ-sấ-mas*	γιγνώ-σκο-μες	no-sci-mus
	ǵiǵnấ-sa-ṯa	γιγνώ-σκε-τε	no-sci-tis
	ǵiǵnấ-sa-nti	γιγνώ-σκο-ντι	no-scu-nt

Imperfect.

	Sanskrit.	Griechisch.	Lateinisch.
Sing.	*áǵiǵnấ-sa-m*	ἐγίγνω-σκο-ν	....
	áǵiǵnấ-sa-s	ἐγίγνω-σκε-ς	....
	áǵiǵnấ-sa-t	ἐγίγνω-σκε	....
Du.	*áǵiǵnấ-sấ-va*	——————	....
	áǵiǵnấ-sa-tam	ἐγιγνώ-σκε-τον	....
	áǵiǵnấ-sa-tấm	ἐγιγνώ-σκέ-την	....
Plur.	*áǵiǵnấ-sấ-ma*	ἐγιγνώ-σκο-μεν	....
	áǵiǵnấ-sa-ta	ἐγιγνώ-σκε-τε	....
	áǵiǵnấ-sa-n	ἐγίγνω-σκο-ν	....

In den allgemeinen Tempp. legen die skr. Desiderativa blofs den, dem Zischlaut beigefügten Vocal *a* ab, während in den griechischen und lateinischen die ganze Bildung sich nur auf die Special-Tempp. erstreckt, und z. B. γνώ-σω von der einfachen, unreduplicirten Wurzel entspringt, und daher zum sanskr. *ǵiǵnấs-i-śyấmi* in keiner näheren Analogie steht.

Wenn im Latein. das Futur. *noscam* sich von dem griech. entfernt, so kommt dies daher, dafs das Futur. der 3ten und 4ten Conjug. seinem Ursprunge nach nur ein Modus des Praes. ist, und daher z. B. *noscés* dem skr. *giǵnásés* und griech. γιγνώσκοις entspricht.

752. Dafs auch dem Send die Desiderativform nicht fremd ist, läfst sich mit Grund erwarten, doch fehlt es mir an zuverlässigen Belegen. Vielleicht sind die Formen ⲱⲉⲩⲃⲩ⳽ⲥⲩⲑⲩ *ǵiǵisaṇuha* und ⲥⲱⲥⲱⲃⲥⲩⲑⲩ *ǵiǵisáiti* im 15ten Farg. des Vend. (V. S. p. 431, Anq. p. 393) hierher zu ziehen. Die erstgenannte Form, welche Anquetil durch „est vivante" übersetzt, ist offenbar, wie das darauffolgende ⲱⲉⲩⲃⲩⲥⲉⲉⲩ *péréśaṇuha* frage ein Imperat. Medii, und ⲥⲱⲥⲱⲥⲩⲑⲩ *ǵiǵisáiti*, welches Anquetil durch „on s'approchera" übersetzt, ist wie das darauffolgende ⲥⲱⲥⲱⲥⲉⲉⲩ *péréśáiti* interroget die 3te P. sg. des Conjunct. act. Sollte vielleicht ⲱⲉⲩⲃⲩⲥⲥⲩⲑⲩ *ǵiǵisaṇuha* dem skr. जिज्ञासस्व *ǵiǵnásasva* erkundige dich entsprechen, und ⲥⲱⲥⲱⲥⲩⲑⲩ *ǵiǵisáiti* auf eine vorauszusetzende Lĕṭ-Form जिज्ञासाति *ǵiǵnásáti* sich stützen? Ich wage hierüber nicht zu entscheiden, und auch nicht über die auf derselben Seite des V. S. stehenden Formen ⲱⲉⲩⲃⲩⲩⲅⲉⲉⲱⲅ⳽ⲅ *mimarḱsaṇuha* und ⲥⲱⲥⲱⲥⲉⲉⲱⲅ⳽ⲅ *mimarḱsáiti*, die ebenfalls ein desideratives Ansehen haben. Was den Ursprung des Desiderativ-Charakters *s* anbelangt, so stammt derselbe wahrscheinlich, wie das *s* des Auxiliar-Futur. und des Aorists der primitiven Zeitwörter, von der Wurzel *as* des Verb. subst. Man vergleiche z. B. *dídik-śámi* ich wünsche zu zeigen mit *dék-śyámi* ich werde zeigen, und *ádidik-śam* ich wünschte zu zeigen mit dem Aorist *ádik-śam* und den oben (§. 727) erwähnten Imperativen des Aorists, wie *búśa*, *néśatu*.

Intensivum.

753. Aufser den Desiderativen gibt es im Sanskrit noch eine andere Klasse abgeleiteter Verba, welche eine Reduplication annimmt, nämlich die Intensiva. Diese verlangen einen grofsen Nachdruck in der Reduplicationssylbe, steigern daher guṇafähige Vocale, selbst die langen, durch Guṇa, und verlängern a zu á; z. B. *vêvêśmi* (oder *vêviśimi*), pl. *vêviśmás**), von *viś* eingehen, *dêdîpmi* (oder *dêdipîmi*) von *dip* glänzen, *lô'lôpmi* (oder *lô'lupimi*) von *lup* abschneiden, *bô'b'úśmi* (oder *bô'b'úśîmi*) von *b'úś* schmücken, *śáśakmi* (oder *śáśakîmi*) von *śak* können. Da im Griechischen ω ein sehr gewöhnlicher Vertreter des langen α ist (s. §. 4), so hat, wie schon anderwärts bemerkt worden (Glossarium Sanscr. a. 1830. p. 113), τωθάζω ganz den Bau eines skr. Intensivums, nur mit Einführung in die ω-Conjugation. In παιπάλλω, δαιδάλλω, παιφάσσω, μαιμάζω, μαιμάσσω vertritt die Beimischung eines ι in der Wiederholungssylbe die Stelle der Verlängerung des Grundvocals; so in ποιπνύω (Wz. πνυ; πνέω aus πιέντ', Futur. πνεύσω), μοιμυάω, μοιμύλλω, wo das υ der Wz. in der Wiederholungssylbe durch ο ersetzt ist, indem υι keinen passenden Diphthong gibt. Auf dieser Analogie beruhen auch δοίδυξ und κοικύλλω.

754. Vocalisch anfangende Wurzeln, deren nur wenige ein Intensivum besitzen, setzen die ganze Wurzel zweimal, und zwar so, dafs ein wurzelhaftes a an der zweiten Stelle verlängert wird, daher *aṭáṭ* von *aṭ* gehen, *aśáś* von *aś* essen. Ein schönes Analogon zu diesen Intensivstämmen glaube ich in dem griech. ἀγωγ zu erkennen, obgleich dies

---

*) Nach Analogie der Verba der 3ten Kl., mit Berücksichtigung des Gewichts der Personal-Endungen (s. §. 486). Den consonantisch anfangenden leichten Endungen kann *i* als Bindevocal vorgesetzt werden, wobei aber die Guṇirung der Stammsylbe wegfällt, daher z. B. *vêvis'imi*.

kein Verbum bildet, sondern nur einige Nominalformen, wie ἀγωγός, ἀγωγεύς. Mit dem ω für ā verhält es sich eben so wie bei dem oben erwähnten τωθάζω. Dagegen hat in ὀνίνημι, ὀπιπτεύω, ἀτιτάλλω die Stammsylbe eine Vocalschwächung erfahren, ähnlich derjenigen, welche in sanskr. Desiderativen eintritt (s. §. 750), was mich aber nicht hindert, diese Formen ihrem Ursprunge nach lieber zu den Intensiven, als zu den Desiderativen zu ziehen (vgl. Pott II. p. 75); so auch ἀλαλάζω und ἐλελίζω, die gleiches Vocalgewicht in Stamm und Wiederholungssylbe zeigen.

755. Auch Wurzeln, welche mit einem Consonanten anfangen und mit einem Nasal enden, setzen, im Fall sie *a* zum Stammvocal haben, im skr. Intens. die ganze Wurzel zweimal, verlängern aber den Wurzelvocal weder in der Wiederholungs-, noch in der Stammsylbe. Der Nasal richtet sich in ersterer, in Folge eines allgemeinen Lautgesetzes, nach dem Organ des folgenden Consonanten, und bei Wurzeln, welche mit zwei Consonanten anfangen, tritt nur Einer in die Wiederholungssylbe; daher z. B. *dandram* von *dram* laufen, *bambram* von *bram* umherirren, जङ्गम् *ģangam* von *gam* gehen. So im Griech. παμφαίνω von φαίνω, dessen ν, wenngleich nicht zur Wurzel gehörend, sich doch in der Wiederholungssylbe abspiegelt (s. §. 598). Auf *ģangam* stützt sich, wie ich glaube, das goth. *ganga*, (s. §. 86. 1), so daſs also *gam* in der Wurzelsylbe den Ausgang *am* verloren*) und *gang* ganz den Charakter einer Wurzel angenommen hat, die im Hochdeutschen eine neue Reduplication gezeugt hat (althochd. *giang* aus *gigang*, unser *gieng*, s. §. 592). Auch gilt *gang* in der Wortbildung als selbständige Wurzel, wovon im Gothischen *gah-ts***) Gang

---

*) Das schließende *a* ist die Klassensylbe; 3te Person plur. *gang-a-nd*.

**) Euphonisch für *gag-ts*, mit ausgestoßenem Nasal. Hinsichtlich des Suffixes vergleiche man das skr. *gá-ti-s* Gang für *ganti-s*, s. §. 91.

(*inna-gahts*, *fram-gahts*). Das Litauische bietet *żengiù* ich schreite als Analogon dar*).

756. Auch ohne auf einen Nasal auszugehen fügen einige Sanskrit-Wurzeln im Intens. einen Nasal in die Wiederholungssylbe ein, z. B. *ćańćal* (oder *ćáćal*) von *ćal* sich bewegen, *pamp'ul* von *p'al* bersten, mit Schwächung des *a* zu *u* in der Stammsylbe (vgl. §. 7); so *ćańćur* von *ćar* gehen. Da Liquidae leicht mit einander wechseln, so kann man annehmen, dafs hier der Nasal der Wiederholungssylbe nur eine Umwandlung der radicalen Liquida *l* oder *r* sei. So in vielen griechischen reduplicirten Formen. wie πίμπλημι, πίμπρημι, γιγγραίνω, γίγγλυμες, γαγγαλίζω, γάγγραινα, τονθορύζω, ταντάλευω, τενθρηδών, πεμφρηδών. Beispiele, wo die Liquida in der Wiederholungssylbe unverändert geblieben, sind: μαρμαίρω, μορμύρω, μέρμερος, μερμαίρω, μερμηρίζω, καρκαίρω, γαργαίρω, βορβορύζω, πορφύρα, πορφύρω. Man vergleiche hiermit die Intensiva derjenigen Sanskrit-Wurzeln auf *ar*, welche diese Sylbe in den geschwächten Formen zu *ṛ* zusammenziehen; diese setzen im Activ des Intens. die ganze Wurzel zweimal, ausgenommen, wenn dieselbe mit zwei Consonanten anfängt, in welchem Falle nur Einer in die Wiederholungssylbe eintritt; z. B. *dár-d'ar-mi*, plur. *dar-d'ṛ-más* von *d'ar*, *d'ṛ* halten, tragen, aber *sá-smarmi*, nach dem allgemeinen Princip, von *smar*, *smṛ* sich erinnern. Zu *dárdarmi*, Potent. *dardṛyám*, 3te Pers. *dardṛyát* (aus *dardaryám*, *dardaryát*) stimmt das sendische *darĕdairyáḍ***) in einer Stelle des Vendidad (V. S. p. 463): . ⟨zend⟩ . ⟨zend⟩ . ⟨zend⟩ ⟨zend⟩ . ⟨zend⟩ . ⟨zend⟩ . ⟨zend⟩ *yat'a vĕhrkô ćat'warĕṣangrô barĕt'ryáḍ haća putrĕm niṣdarĕdairyáḍ* wie der vierfüfsige Wolf das Kind (den Sohn) von der Trägerin (Gebärerin?) losreifst

---

*) Litauisches *ż* steht öfter für skr. *g* oder *g'*. Man vergleiche z. B. *żádas* Sprache mit dem skr. *gad* sprechen.

**) Über das eingeschobene *ĕ* von *darĕdairyáḍ* s. §. 44.

(fortnimmt); nach Anquetil (p. 407): „comme le loup à quatre pieds enleve et déchire l'enfant de celle qui a porté (cet enfant)". Sollte aber ‏ܢܝܫܕܪܕܐܝܪܝܐܕ‎ *niśdarédairyáḍ* nicht von der skr. Wz. *dar*, *dṛ* kommen, so stammt es von दॄ *dar* (दृ *dṛ̇*) spalten, zerreifsen, (gr. δέρω, goth. *taira*), wovon im Vêda-Dialekt das Intens. *dardar*, im klassischen Skr. *dâdar*. Mir ist jedoch das erstere viel wahrscheinlicher; jedenfalls ist die gedachte Form ein sicherer Beweis, dafs auch dem Send das Intensivum nicht abgeht.

757. Einige Sanskrit-Wurzeln, welche einen Nasal zum vorletzten Buchstaben haben, nehmen diesen in die Wiederholungssylbe auf, daher z. B. *bámb'aṅǵmi* von *b'aṅǵ* brechen, *dándaṅśmi* von *dańś* beifsen (gr. δακ), *ćán-i-skandmi* von *skand* steigen (lat. *scand*); letzteres mit *i* als Bindevocal zwischen der Reduplications- und Stammsylbe, wie noch bei einigen anderen Wurzeln dieser Art, und nach Willkür auch bei denjenigen Wurzeln auf *ar*, welche eine Zusammenziehung zu *ṛ* zulassen, die jedoch auch ein kurzes *i* statt eines langen annehmen können; daher z. B. *ćár-i-karmi*, oder *ćár-i-karmi*, neben *ćár-karmi*, von *kar*, *kṛ* machen.

758. Räthselhaft scheinen die Intensivformen *pán-i-pad* und *pan-i-pat* von *pad* gehen und *pat* fallen (Pân. VII. 4. 84). Man kann zu ihrer Erklärung annehmen, dafs neben पद् *pad* und पत् *pat* auch nasalirte Formen, *pand* und *pant*, bestanden haben, wie neben vielen anderen Wurzeln, welche auf eine einfache Muta ausgehen, auch solche bestehen, die der Muta noch ihren organgemäfsen Nasal vorgeschoben haben, wie z. B. *pant* neben *pat* gehen*). Neben *dah* brennen besteht auch eine

---

*) Mit *paní* hangen die starken Casus von *paťin* Weg zusammen, sowie das lat. *pons*, *pont-is*, als Weg über einen Flufs, und das slav. ПѪТЬ *punti* Weg; mit *paí* unter andern das griech. πάτος (s. Glossarium Sanscrt. a. 1847. p. 206).

Wz. दन्ह् *daṅh*, und hieraus läfst sich die Intensivform *dandaḥ* (Pāṇ. VII. 4. 86) erklären, wozu sich das goth. *tandja* ich zünde (mit dem Causal-Charakter *ja*, s. §. 741) verhält, wie oben (§. 755) *ganga* ich gehe zu अङ्गम् *gaṅgam* *).

759. Im Lateinischen trägt *gingrio* das Ansehen eines skr. Intensivums und ist auch von Pott (II. 75) hierher gezogen und wurzelhaft mit *gṛ̂*, d. h. *gar*, *gir* (wovon *gir* Stimme) vermittelt worden. Die Reduplicationssylbe zeigt *n* für *r*, wie im skr. *ćaṅćur* und analogen griech. Formen (§. 756). Zu *girāmi* (auch *gilāmi*) deglutio gehört unter andern das lat. *gula* und *gurgulio*, welches letztere in seiner Wiederholungssylbe die Liquida *l* durch *r* ersetzt hat.

760. Die passive Form des skr. Intens. hat gewöhnlich active Bedeutung und gilt dann bei den indischen Grammatikern ihrer Bildung nach nicht als Passiv, sondern als eine besondere Form des Intensivums, die ich jedoch, da sie offenbar ihrem Ursprunge nach nichts anderes als ein

---

*) Über das *t* für *d* von *tandja* s. §. 87; die Erhaltung des 2ten *d* der skr. Form *dandaḥ* ist dem Einflusse des vorhergehenden *n* zuzuschreiben (vgl. §. 90). Man berücksichtige die Form *sandja* ich sende, worin ich das Caus. der skr. Wz. *sad* gehen (*sādáydmi* ich mache gehen) mit eingeschobenem Nasal zu erkennen glaube. Graff stellt (V. p. 686) für das Ahd. eine Wz. *zant* auf (*z* für goth. *t*, und *t* für *d*, nach §. 87), die er ebenfalls mit dem skr. *dah* zu vermitteln sucht, aber ohne durch die Intensivform दन्दह् *dandaḥ* über das *n* und *t* Auskunft zu finden. Auf die primitive Wurzel *dah*, wonicht auf die Causalform *dāhay*, stützt sich auch das ahd. *dâh-t* oder *tâh-t* (unser *Docht*, *Dacht*), welches durch treuere Bewahrung der Wurzel-Consonanten dem intens. (der Bedeutung nach causalen) *zand* oder *zant* völlig entfremdet ist. Anfangende Mediae sind im Germanischen nicht selten unverändert geblieben, z. B. in dem oben erwähnten *ganga* ich gehe (§. 755), während die auf die skr. primitive Wz. *gam* sich stützende goth. Wz. *qvam* kommen (*qvima*, *qvam*) die regelmäfsige Verschiebung der Media zur Tenuis erfahren hat.

Passivum ist, Deponens nenne. Dieses erscheint im klassischen Sanskrit häufiger als die Form ohne *ya*, wiewohl immer noch selten genug. Beispiele sind: चञ्चूर्यन्ते *čančúryánté* sie fahren (Mah. I. 7910), von चर् *čar* (s. §. 756), *lélihyásé* du leckst, von *lih* (Bhagavad-G. 11. 30), *dédipyámána* glänzend, von *dip* (Nal. 3. 12. Dráup. 2. 1). In *dódúyámána* (l. c.), von *d'ú* oder *d'u*, hat die passive Form auch passive Bedeutung. Von der Form ohne *ya* findet sich das Part. praes. *léliḥat*, med. *léliḥáná* leckend, Mah. III. 10394, 12240. Der Véda-Dialekt macht häufigeren Gebrauch von der activen Form des Intensivums; Beispiele sind: *nánadati* sie tönen*) (Rigv. I. 64. 8, 11), *ab'ipranónumas* wir preisen, von *nu* (praep. *ab'i*, *pra*, l. c. 78. 1), *góḥavími* ich rufe (mit *í* als Bindevocal, s. §. 753), von *ḥu* als Zusammenziehung von *ḥvé*, l. c. 34. 12; *á-navínót* er bewegte, erregte, von *nud* bewegen, treiben (praep. *á*) Rigv. V**).

---

*) Alle reduplicirten Formen, welche die Personal-Endungen unmittelbar mit der Wurzel verbinden, unterdrücken das *n* der 3ten Pers. pl. (vgl. §. 459). Zur Wz. *nad* stimmt das wallische *nadu* schreien.

**) S. Westerg., Radices p. 45 u. Wz. *nu*, wozu *ánavínót* seiner Form nach ebenfalls gehören könnte; die Bedeutung führt aber an der angegebenen Stelle zur Wz. *nud*; somit ist das *t* der gedachten Form nicht Personzeichen, sondern wurzelhaft (euphon. für *d*), indem der Person-Charakter der 2ten und 3ten P. sg. des Imperf. nach §. 94 sich mit consonantisch endigenden Wurzeln nicht verbinden kann, daher z. B. *áyunak* du verbandst und er verband für *áyunaks'*, *áyunakt*. Hinsichtlich der Reduplicationssylbe ist die Form *á-nav-í-nót* für *ánónót* wegen der Einschiebung eines *í* beachtungswerth, da nach den Regeln der Grammatik eine solche Einschiebung nur hinter *r* und *n* vorkommt, s. §. 757 und kleine Sanskrit-Gramm. §§. 500, 501 und 508.

Denominativa.

761. Denominativa sind im Sanskrit nicht in so häufigem Gebrauch als in den europäischen Schwestersprachen. Ihre Bildung geschieht entweder durch Anfügung des Charakters der 10ten Klasse, oder durch die Zusätze *ya*, *sya* und *asya*, welche beiden letzteren wahrscheinlich in *s-ya* und *as-ya* zu zerlegen sind, so daſs darin die Wurzel des Verb. subst. *as*, entweder vollständig, oder mit Verlust des Vocals enthalten ist (vgl. §. 648). Da die lateinischen Verba der ersten, 2ten und 4ten Conj. sich auf die skr. 10te Klasse stützen (§. 109ª). 6), so stimmen Formen wie *laud-á-s* [*]), *nomin-á-s*, *lu-min-á-s*, *color-á-s*, *fluctu-á-s*, *aestu-á-s*, *domin'-á-s*, *regn'-á-s*, *sorori'-á-s* [**]), *coen'-á-s*, *plant'-á-s*, *pisc'-á-ris*, *alb'-ê-s*, *calv'-ê-s*, *can'-ê-s*, *miser'-ê-ris*, *feroc-i-s*, *lasciv'-i-s*, *lipp'-i-s*, *abort'-i-s*, *fin'-i-s*, *sit'-i-s* zu sanskritischen wie *kumár'-áya-si* du spielst, von *kumárá* Knabe [***]), *suḱ'-áya-si* du erfreust, von *suḱa* Vergnügen, *yóktr'-áya-si* du umschlingst, von *yóktra* Band

---

[*]) Ich setze die 2te Person, weil die erste den Conjugations-Charakter weniger deutlich zeigt, und am wenigsten Analogie mit den übrigen Personen darbietet.

[**]) Von *sororius*, nicht von *soror*, denn aus letzterem würde sich *sororo*, nicht *sororio* entwickelt haben.

[***]) Die ind. Grammatiker stellen mit Unrecht eine Wurzel *kumár* spielen auf — die schon ihrer Mehrsylbigkeit wegen verdächtig ist —, und leiten davon *kumárá* Knabe ab, worin ich das Praefix *ku*, welches gewöhnlich Verachtung, hier aber Verkleinerung ausdrückt, erkenne, und *mára*, welches isolirt nicht vorkommt, aber mit *mártya* Mensch, als Sterblicher, zusammenhängt. Überhaupt finden sich unter den von den indischen Grammatikern aufgestellten Wurzeln viele Denominativa, darunter auch *suḱ* erfreuen, welches ebenso sicher das Praef. *su* (griech. εὐ) enthält, als दुःख *duḣḱ* dolore afficere (von *duḣḱa* Schmerz) das Praef. *dus* = griech. δυς. Den indischen Grammatikern gilt aber *duḣḱ* ebenfalls als einfache Wurzel.

Denominativa. §. 762.

(Wz. *yug̃* verbinden), *kšam'-dya-si* du erträgst, von *kšamā́* Geduld. Man sieht aus diesen Beispielen, dafs auch im Sanskrit der Endvocal des Stammwortes vor dem Verbal-Charakter abgeworfen wird, denn sonst müfste z. B. aus *yóktra-aya-si* zu *yóktráyasi* werden. Dafs in lateinischen Formen wie *coen'-á-s* das *á* nicht dem Stamm-Nomen angehört, sieht man daraus, dafs der Endvocal der Stämme der zweiten Declin. vor der Verbal-Ableitung *á, é* und *í* abgeworfen wird, also *regn'-á-s, calv'-é-s, lasciv'-í-s.* Wenn aber das organische *u*, nämlich das der 4ten Decl., vor *á* beibehalten wird (*aestu-á-s, fluctu-á-s*), so will ich hier darauf aufmerksam machen, dafs auch im Sanskrit *u* sich insofern als ein sehr beharrlicher Vocal erweist, als es sich vor Vocalen nominaler Ableitungssuffixe behauptet, und zwar mit Guṇa-Verstärkung, während *a* und *i*, d. h. der schwerste und leichteste Vocal, abfallen; daher z. B. *mánav-á-s* Mensch (als Abkömmling Manu's) von *manú*, शौचम् *śáuć-á-m* Reinheit, von शुचि *śúći* rein, *dáśarat'-i-s* Daśarat'ide, von *daśarat'a*. Vor *i* schwindet jedoch im Lateinischen das *u* der 4ten Decl. bei denominativen Zeitwörtern, wie in dem oben erwähnten *abort'-i-s*.

762. In Folge des im vorhergehenden §. Gesagten glaube ich, dafs man auch in griech. Denominativen auf αω, εω, οω, αζω, ιζω eine Unterdrückung des Vocals des Stamm-Nomens anzunehmen hat. Ich theile also z. B. ἀγορ'-άζω, ἀγορ'-άο-μαι, μορφ'-όω, κνισσ'-όω, πολεμ'-όω, πολεμ'-έω, πολεμ'-ίζω, und erkenne in dem α von αζω das skr. *a* von *ayá-mi*, und in dem ζ die Entartung von य *y* (s. §. 19), während in den Formen auf αω, εω, οω der Halbvocal unterdrückt ist, und aufserdem in den beiden letzteren Formen die sehr gewöhnliche Entartung von *a* zu ε, ο eingetreten ist (§. 3). Dafs auch das ι der Formen auf ιζω nur eine Schwächung von *a* sei, leidet kaum einen Zweifel, denn wenn auch die Schwächung von *a* zu *i* im Griechischen nicht so häufig als im Lateinischen und Gothischen ist, so ist sie doch nicht unerhört und findet sich z. B., um einen dem vorliegenden

8*

ziemlich ähnlichen Fall zu erwähnen, in ἴζω, ἴζομαι, gegenüber der skr. Wz. *sad* sich setzen, goth. *sat* (*sita*, *sat*).

763. Das leichte Gewicht des Vocals *i* mag die Veranlassung sein, dafs die Form auf ιζω im Gebrauche das Übergewicht gewonnen hat vor der auf αζω, und dafs namentlich diejenigen Stämme, welche vor dem denominativen Ableitungs-Element keine Verstümmelung durch Ablösung ihres Endbuchstabens erfahren, fast nur ι vor ζ zulassen, daher z. B. ποδ-ίζω, ἀγων-ίζομαι, ἀκοντ-ίζω, ἀνδρ-ίζω, αἱματ-ίζω, ἀλοκ-ίζω, γυναικ-ίζω, θωρακ-ίζω, κυν-ίζω, μυωπ-ίζω, κερατ-ίζω, κερματ-ίζω, ἑρματ-ίζω; aber ἑρμ'-άζω, ὀνομ'-άζω, γουν'-άζομαι *), welche ich nicht ἑρμά-ζω, ὀνομά-ζω theilen möchte, so nahe es vom speciellen Standpunkte des Griechischen aus liegt, das α von ἑρμάζω, ὀνομάζω, ἀγοράζω, ἀγοράομαι und ähnlichen mit dem α des Stamm-Nomens zu identificiren. Dann aber würde man die Analogie dieser Verba mit solchen wie ἱππ'-άζομαι, λιθ'-άζω, εἰκ'-άζω (vom Stamme εἰκοτ), ἐνδι'-άω, γενει'-άω, πελεκ'-άω, νεμεσ'-άω, und mit den skr. Denominativen auf *aya* ohne Noth zerstören; denn da ο und η und gelegentlich υ und ι vor der Ableitung αω, αζω abfallen **), so ist nichts natürlicher, als dafs auch α vor derselben weichen müsse. Wenn aber die Stämme auf α und η (aus ā, s. §. 4) vorherrschend Denominativa auf άω, άζω, und die auf ο vorherrschend solche auf όω, ίζω zeugen, so kann hieraus ein Einflufs des Endvocals des Stamm-Nomens auf die Wahl des Vocals der Ableitung gefolgert werden; α und η begünstigen die Erhaltung des ursprünglichen α, während ο, welches selber aus α entartet ist, gerne das α der Ableitung zu ο sich schwächen läfst, in welchem es gleichsam sich selber wieder zu erkennen glaubt, was uns aber nicht hindern darf, wenn wir die Überlieferung der scheinbar

---

*) Nicht von γονυ, sondern vom Stamme γουνατ, wovon γούνατ-ος, γούνατ-α.

**) Beispiele, wo ι und υ sich behauptet haben, sind κλαυσι-άω, ὀκρι-άομαι, ἰχθυ-άω.

autochthonischen griechischen Formen aus der Zeit der Spracheinheit in ihrem ganzen Umfange wollen gelten lassen, Verba wie πελεμ(ο)-όω, χρυσ(ο)-όω, ἀγκυλ(ο)-όω mit solchen wie αἱματ-όω, ἀῤῥεν-όω, πυρ-όω, κατοφρυ-όω, θαλασσ(α)-όω, κνισσ(α)-όω hinsichtlich ihres Bildungsprincips auf gleichen Fuſs zu stellen, und so auch die Verba, wie ἀγορ(α)-άο-μαι, τολμ(α)-άω, διψ(α)-άω, νικ(η)-άω als Analoga von solchen wie κυν-άω, γενει(ε)-άω, λοχ(ο)-άω, ἀντι(ο)-άω, νεμεσ(ι)-άω, πελεκ(υ)-άω anzuerkennen. Der Satz scheint mir jetzt fest zu stehen, daſs den skr. Denominativen auf *aya* (erste Pers. *ayā́-mi*, şend. *ayé-mi*) die griechischen auf ἀζω, αω, εω, οω, ιζω entsprechen, und daſs, wie im Sanskrit, Şend und Lateinischen, so auch im Griechischen der Endvocal des Thema's des Stamm-Nomens vor dem Vocal der Ableitung meistens unterdrückt wird*); wo er aber beibehalten wird, was nur mit ι und υ zuweilen der Fall ist, da bleibt auch hinter ihm der Vocal der Verbal-Ableitung (δηρι-ά:-μαι, ὀφρυ-όω, ἰχθυ-άω). Formen wie δηρί-ο-μαι, μητί-ο-μαι, μηνί-ω, μεθύ-ω, δακρύ-ω fallen einer anderen, auch im Sanskrit bestehenden Klasse von Denominativen anheim, wovon später.

764. Auch im Germanischen werden die Endvocale der Nominalstämme vor dem Vocal oder *j* (für *aj*) der auf das skr. *aya* sich stützenden Verbal-Ableitung unterdrückt, daher z. B. im Gothischen *audag'-ja* ich preise selig, vom Stamme *audaga* (Nom. *audag'-s*, s. §. 135) selig, *gaur'-ja* ich betrübe, von *gaura*, Nom. *gaur'-s* traurig, *skaft'-ja* ich schaffe, von *skafti* Schöpfung, Nom. *skaft'-s* **), *manv'-ja* ich bereite, von *manvu*, Nom. *manvu-s* bereit, *maurthr'-ja* ich morde, von *maurthra*, Nom. *maurthr* (s. §. 153) Mord***), *tagr'-ja* ich weine, von *tagra*, Nom.

---

*) Anderer Meinung ist G. Curtius (Sprachvergleichende Beiträge p. 119 [Schluſs], 120).

**) kommt einfach nicht vor, aber *ga-skaft'-s* Schöpfung, Geschöpf; *usar-skaft'-s* Anfang.

***) Vgl. skr. *mār-áyā-mi* ich mache sterben, tödte; das goth. Suffix *thra* ist = skr. *tra*, wovon später.

tagr'-s Thräne (gr. δάκρυ, skr. *ásru* aus *dasru*). Isolirt steht unter denjenigen goth. Denominativen, welche von der skr. Ableitung *aya* (= *aja*) im Praesens die letzte Sylbe bewahrt haben, *ufar-skadv-ja* ich überschatte, indem dieses den Endvocal des Stammes *skadu* (Nom. -*us*) vor der Verbal-Ableitung behauptet hat (mit euphonitcher Umwandlung in *v*), während andere Stämme auf *u* dem allgemeinen Princip folgen, daher *thaurs'-jan* dursten (unpers. *thaurs-jith mik* mich durstet), von *thaursu* (Nom. -*us*) dürr; *dauth'-ja* ich tödte, von *dau-thu-s* Tod*), wie im Griech. Θανατ'-όω, von Θανατο. Hierher gehörende Abkömmlinge von consonantisch endigenden Stämmen sind *namn-ja* ich nenne, von *naman*, (Nom. *namô*, s. §. 141) und *aug'-ja* ich zeige, von *augan* (Nom. *augó*) Auge. Ersteres hat, wie das lat. *nomin-o* und griech. Formen wie αἱματ-όω, αἱματ-ίζω, den Endcons. des Stammes bewahrt, jedoch eine Verstümmelung im Inneren eintreten lassen, gleich jener der skr. schwächsten Casus (*nä'mn-as* nominis); dagegen folgt *aug-ja* (für *augan-ja* oder *augin-ja*) dem Princip sanskritischer Denominative wie *varm'-ayá-mi* ich harnische, für *varman-ayá-mi*, vom Stamme *várman*. Man vergleiche auch die griechischen Ableitungen von Comparativ-Stämmen auf ον, wie βελτι(ον)-όω, μει(ον)-όω, ἐλασσ(ον)-όω, κακι(ον)-όω **). Regelmäfsig werfen auch im Griechischen die Stämme auf ς ihren Endcons. sammt dem vorhergehenden Vocal ab, was um so weniger befremdet, als diese Wortklasse auch in der Declination nur sparsame Spuren von ihrem stammhaften σ gerettet hat (s. §. 128). Daher z. B. πληρ(εσ)-όω von πληρες (s. §. 146), ἀλγ(εσ)-έω von ἀλγες, ἀσθεν(εσ)-έω von ἀσθενες, τευχ(εσ)-ίζω von τευχες, γηρ(ασ)-άω von γηρας (s. §. 128).

---

*) Schwerlich von *dauth*(*a*)-*s* todt, denn das althochd. *tódiu* stammt offenbar von *tód* (Thema *tódda*) Tod, nicht von *tót* (Nom. masc. *tóter*) todt.

**) Dagegen πλεον-άζω, nicht πλε-αζω.

765. Kehren wir zum Gothischen zurück, um auch aus Grimm's 2ter und 3ter Conjugation schwacher Form einige Denominativa anzuführen. Die 2te Conjugation, welche $\hat{o} = \hat{a}$ (§. 69. 1) für das skr. *aya* zeigt, also wie die latein. erste das य् *y* von *aya* ausgestofsen und die sich nun berührenden Vocale in einen langen zusammengezogen hat (I. p. 228), stellt z. B. *fisk'-ô-s* du fischest dem latein. *pisc'-â-ris* gegenüber, indem der goth. Stamm *fiska* (Nom. *fisk'-s*, s. §. 135) sein *a*, wie der lat. *pisci* sein *i*, vor dem Vocal der Ableitung aufgegeben hat (s. S. 114). Das goth. *thiudan'-ô-s* du herrschest, vom Stamme *thiudana* (Nom. -*n'-s*) König, gleicht in seinem Bildungsprincip dem latein. *domin'-â-s*, da die gothische erste starke Declination masc. und neutr. und die latein. 2te einerseits, und die goth. 2te schwache Conjug. und die lat. erste andererseits in ihrem Ursprung völlig identisch sind. Zu lateinischen Denominativen aus der ersten Declin., wie *coen'-â-s* (s. §. 761), stimmen gothische wie *fairin'-ô-s* du beschuldigst, vom Stamme *fairinô* (Nom. -*na*) Schuld. Zu *aestu-â-s, fluctu-â-s*, aber mit Abwerfung des *u* des Nominal-Stammes, stimmt *lust'-ô-s*, vom Stamme *lustu* Lust, Verlangen. Stämme auf *an* schwächen ihr *a* zu *i*, wie im Genit. und Dat., daher *fraujin-ô-s* du herrschest, von *fraujan* Herr (Nom. *frauja*, Gen. *fraujin-s*), wie im Latein. *nomin-â-s, lumin-â-s* (§. 761); so *gudjin-ô-s* du verrichtest das Priesteramt, von *gudjan*, Nom. *gudja* Priester. Einige auf *a* ausgehende Stämme fügen vor Erzeugung eines Denominativs ein *n* an, und schwächen ebenfalls das stammhafte *a* zu *i*; so *skalkin-ô-s* du dienst, von *skalka*, Nom. *skalk'-s* Knecht, Gen. *skalki-s* (s. §. 191), *hôrin-ô-s* μοιχεύεις, von *hôra*, Nom. *hôr'-s* Ehebrecher, *reikin-ô-s* du herrschest, von *reikja*, Nom. *reiki* (s. §. 153) Reich. Diejenige Klasse schwacher Verba, welche das skr. *aya* zu *ai* zusammengezogen hat, und mit der lateinischen 2ten Conjugation auf gleichem Fufse steht (Grimm's 3te schwache Conjug.), zeigt z. B. *arm'-ai-s* du bemitleidest, von *arma*, Nom. *arm-s*, wie im lat. *miser'-ê-ris*,

vom Stamme *miserŏ* (*miser* für *miseru-s*), *ga-hvail'-ai-s* du verweilst, von *hveilŏ*, Nom. *hveila* Zeit, Weile.

766. Das Slavische benutzt ebenfalls diejenigen Conjugationsformen, welche der sanskritischen 10ten Klasse entsprechen (§. 504), zugleich als Bildungsmittel denominativer Verba. Beispiele sind: ДѢЛАІѪ *dêl'-aju-ṅ* ich arbeite, Aor. *dêl'-a-chŭ*, von *dêlo* Werk, Thema und Nom. Acc. neut.*); *bogat'-ėju-ṅ* ich bin reich, 2te Pers. *bogat'-eje-śi*, Aor. *bogat'-ê-chŭ* vom Adjectiv-Stamme *bogato* reich, Nom. *bogotŭ*; *rŭd'-ê-ti san* rubescere **), Praes. *rŭṡduṅ*, euphon. für *rŭdjuṅ* (§. 92. p. 152); *s'en'-ju-ṅ san* γαμέω, 2te Pers. *s'en-i-s'i san*, Aor. *s'en-i-chŭ san*, von *s'ena* Frau; *glagol'-ju-ṅ* ich spreche, 2te P. *glagol'-je-s'i*, Aor. *glagol-a-chŭ* (s. II. p. 362), von *glagolo* Wort.

767. Auch das Litauische benutzt die aus der skr. 10ten Klasse hervorgegangenen Conjugationsformen zur Bildung denominativer Verba (s. §. 506. p. 365 ff.). Beispiele sind: *raudôn'-ôj-u* ich bin roth, vom Adjectiv-Stamme *raudôna* roth, Nom. *-na-s*, *bált'-ôj-u* ich sehe weifs aus, von *bálta* weifs, Nom. *bálta-s*, *ás'ar'-ôj-u* ich vergiefse Thränen von *as'ara* fem. Thräne, *durn'-ôj-u* ich rase, von *durna*, Nom. *durna-s* närrisch, *s'iks'ť-ėj-u* ich geize, von *s'iks'tŭ-s* geizig, *čyst'-ij-u* ich reinige, von *čysta-s* rein, *ga-tdw'-ij-u* ich bereite, fertige, von *gá-tawa-s* fertig, *púst'-ij-u* ich verwüste, von *pústa-s* wüst, *styr'-ij-u* ich steuere, von *styr-as* Steuerruder. Es erhellt aus den angegebenen Beispielen, dafs das Litauische im Einklang mit dem Slavischen (§. 766), Germanischen, Griechischen und Lateinischen (§. 761 ff.) den Endvocal der Adjectiv- oder Substantivstämme vor dem Vocal der in Rede stehenden Verbal-

---

*) Eigentlich ein Passiv-Participium von der Wz. ДѢ *dê* = skr. धा *dâ* setzen, machen, gr. Θη.

**) Das entsprechende Adjectiv fehlt; sein Stamm mufs *rŭdo* gelautet haben, vgl. lit. *raudà* Röthe, skr. *rudíra* Blut, *rôhitá* (aus *rôdita*) roth.

Ableitung abwirft; dagegen wird, in den seltenen Fällen wo im Slavischen aus einem mit *n* schliefsenden Substantivstamme ein Verbum entspringt, die genannte Liquida beibehalten, daher im Altslavischen *ṡnamen-aju-ṅ* ich bezeichne, von *ṡnamen*, Nom. *ṡnamŭ* (§. 266. p. 532).

768. Zum Sanskrit zurückkehrend müssen wir noch erwähnen, dafs einige Stämme auf *a* vor dem Charakter *aya* der Denominativa dieses Ausgangs ihrem schliefsenden Vocal ein *p* anfügen, vor welchem *a* verlängert wird, daher z. B. * art'ápáyámi* von *árt'a* Sache, *satyápáyámi* von *satyá* Wahrheit. Es stimmen diese Denominativa zu den in §. 747 besprochenen Causalformen wie *st'áp-á-yá-mi* ich mache stehen, *dápáyámi* ich mache geben, mit deren *p* wir das litauische *w* von *stówmi* (auch *stów-ij-u*) ich stehe, *daw-iaú* dedi und der sogenannten Gewohnheits-Imperfecta wie *sùk-daw-au* (für *-dawiau*) ich pflegte zu drehen vermittelt haben (§. 524), durch Annahme einer Erweichung von *p* zu *w* wie in französischen Formen wie *savoir* für *sapoir*. Ich gehe nun weiter, indem ich auch das *w*, oder *u*, litauischer Denominativa wie *prá-rak'-auj-u* ich weissage, Aor. *prdrakawau*, von *práraka-s* Prophet, Vorhersager (s. I. p. 37); *pástinink'-auj-u* ich faste, von *pasininka-s* Fasttag, *gaspadór'-auj-u* ich wirthschafte, von *gaspadóru-s* Wirth, Hausherr, *gaspadìn'-áuj-u* ich bin Wirthin, von *gaspadinė* Wirthin, *kar'-duj-u* ich kriege, streite, Aor. *kar'dwau*, von *kára-s* Krieg, Streit[*]) aus *p* erkläre. In dem *a*, welches in allen diesen Formen dem *u* oder *w* der Verbal-Ableitung vorangeht, erkenne ich das sanskritische und prâkritische *á* der Causalia wie *ǵiv-ápáyá-mi*, *ǵiv-ábê-mi* von consonantisch endigenden Wurzeln. Es stimmt also, da vocalisch endigende Nominalstämme im Litauischen ihren Schlufsvocal abwerfen, das litauische *auj*, *awa* zum skr. *ápay* von *ǵiv-ápáy-á-mi*, *áǵiv-ápay-a-m*. Im Plural vergleiche man

---

[*]) Andere Formen dieser Art gibt Kurschat II. p. 295 f.

litauische Formen wie *kar'-áuja-me*, *kar'-áuja-te*, *kar-áwa-me*, *kar-áwa-te* mit sanskritischen wie *ǵîv-ápáyá-mas*, *ǵîv-ápaya-ta*; *áǵîv-ápayá-ma*, *áǵîv-ápaya-ta*. Der Umstand, daſs im Sanskrit Formen wie *ǵîv-ápáyá-mi* nur bei populären Schriftstellern späterer Zeit vorkommen, kann nicht hindern, ihnen einen alten Ursprung beizulegen, da die Volkssprache oft alte Formen beibehält, die bei klassischen Schriftstellern keine Geltung mehr haben. Ich erinnere hier nochmals an den Gebrauch des lasischen *p* im Einklang mit dem der sanskritischen Causalia wie *ǵnápáyámi* (p. 103). Was nun aber die Vertheilung der *u*- und *w*-Formen in litauischen Verben wie *kar-áuj-u*, Aor. *kar-áwa-u* anbelangt, so hat sich das skr. *p* und prâkr. *b* der betreffenden Verbal-Klasse im Litauischen nur vor Vocalen in Gestalt von *w*, behauptet, während vor dem Halbvocal *j* die Vocalisirung des *w* zu *u* vorgezogen wird, weil *auj-u*, *auja-me* bequemer für die Aussprache ist, als *awj-u*, *awja-me*. Man vergleiche in dieser Beziehung das Verhältniſs des gothischen *thius* Knabe, Knecht, für *thiv-s* (vom Stamme *thiva*), zu seinem Genitiv *thivi-s*, Dat. *thiva*; Plur. *thivô-s*, *thiv'-ê*, *thiva-m*, *thiva-ns*. — Ich bemerke noch, daſs nicht alle litauischen Verba auf *auj-u*, *awa-u**) Denominativa sind, sondern daſs sie zum Theil auf sanskritische Causalia oder Verba der 10ten Klasse sich stützen, wie z. B. *rék-auj-u* ich lärme, wofür man im Sanskrit, wenn hier das wurzelhafte *r* für *w* steht (I. p. 37), nach Analogie von *ǵîv-ápáyá-mi* (§. 749), *váć-ápáyá-mi* (für *váć-áyá-mi* ich mache sprechen) zu erwarten hätte. — Vom Altslavischen gehören hierher diejenigen Verba, welche in der ersten P. sg. praes. auf оүѬ *uju-n***) (2te P. оүкши *uje-si*) und im Aor. auf *ova-chŭ* od. *eva-chŭ****) ausgehen und überhaupt *ova*, *eva* am Schlusse des Verbal-Themas der zweiten Bildungsreihe zeigen (Mi-

---

*) Über das *u* für *m* im Praes. und Aor. s. §. 438.
**) Über die diphthongische Natur des оү *u* s. §. 92. *f*.
***) *eva* hinter erhaltenem oder dagewesenem *j*, s. §. 92. p. 146.

klosich's 6te Klasse). Dieses *ova, eva* entspricht also wie das litauische *uwa* dem skr. *ápay* (in den Specialtemporen *ápaya*) von *ǵiv-ápay*, 3te Pers. fut. *ǵiv-ápay-i-ṡyáti*. Beispiele sind коуноуѭ *kup'-uju-ṅ* ich kaufe, 2te Pers. *kup'-uje-ṡï*, Aor. *kup'-ova-chŭ*, vom Stamme *kupo*, Nom. *kupŭ* mercatura; *vêr'-uju-ṅ* ich glaube, Aor. *vêr'-ova-chŭ*, von *véra* (Them. und Nom.) Glaube; *vĭdov'-uju-ṅ* ich bin Wittwe, Aor. *vĭdov'-a-chŭ*, von *vĭdova*; кра́люѭ *kralj'-uju-ṅ* ich herrsche, Aor. *kralj'-eva-chŭ* (euphonisch für *kraljovachŭ*), vom Stamme *kraljo* König, Nom. крадь *kralĭ* (§. 258); *klŭ'tj'-uju-ṅ* ich lärme, Aor. *klŭ't'-eva-chŭ* (für *klŭ'tj-eva-chŭ*), vom Stamme *klŭ'tjo* Lärm, Nom. *klŭ'tĭ*. Dagegen kann ich nicht in *stav-i-ti* stellen, d. h. stehen machen, den Infinitiv eines denominativen Verbums erkennen, obwohl ich sein *v*, wie das der in Rede stehenden Denominativa und wie das litauische *w* von *stów-j-u* ich stehe, als Erweichung eines skr. *p* fasse. Erkennt man aber dieses an, so bietet der skr. Causalstamm *sťáp-ay* stehen machen (§. 747) — in den Specialtempp. *sťápaya* — die natürlichste Erklärung der erwähnten slavischen Bildung dar.

769. Zu den mit य *ya* gebildeten Denominativen sind bereits in §. 109ª⁾ (p. 219) die griechischen auf σσω und λλω gezogen worden, deren 2tes σ oder λ ich durch regressive Assimilation aus *j* erkläre (§. 19. p. 32 f.), wie in den zur sanskritischen 4ten Klasse, mit dem Charakter *ya*, stimmenden Verben gleichen Ausgangs. Während aber im Sanskrit der Endvocal des Stammnomens, wenn er kurz ist, verlängert wird, wird derselbe im Griech. nach Anologie von §. 762 abgeworfen, daher z. B. ἀγγέλλω aus ἀγγελ(ο)-*jw*, ποικίλλω aus ποικιλ(ο)-*jw*, αἰκάλλω aus αἰκαλ(ο)-*jw*, μαλάσσω aus μαλακ(ο)-*jw*, μειλίσσω aus μειλιχ(ο)-*jw*. Stämme auf ρ, ρο und ν übertragen das *j*, vocalisirt zu ι, in die vorhergehende Sylbe, anstatt es dem vorhergehenden Conson. zu assimiliren, daher τεκμαίρ-ε-μαι aus τεκμαρ-*j*ο-μαι, von τέκμαρ; καθαίρ-ω aus καθαρ(ο)-*jw*, von καθαρο; μεγαίρ-ω aus μεγαρ-*jw*,

nicht von μέγα-ς, sondern vom Stamme der obliquen Casus μεγαλο, mit Vertauschung des λ mit ρ (s. §. 20); μελαίνω aus μελαν-jω, vom Stamme μελαν; ποιμαίνω, πεπαίνω, τεκταίνω, ἀφραίνω, εὐφραίνω aus ποιμαν-jω etc., von den Stämmen ποιμεν, πεπον, τεκτον, ἀφρον, εὐφρον, jedoch mit Bewahrung des ursprünglichen a, statt der unorganischen Vocale ε, ο (s. §. 3). Bei Denominativen von Substantivstämmen auf ματ, wie ὀνομαίνω, κυμαίνω, σπερμαίνω, σημαίνω, χειμαίνω stammt wahrscheinlich das ν aus dem Urzustande des Suffixes ματ, da dieses eine Entartung von μαν ist, und dem skr. *man*, und lat. *men*, *min* begegnet[*]. Wie es sich aber mit der überwiegenden Anzahl von Denominativen auf αινω verhalte, deren Stammnomina weder auf ν ausgehen, noch auf einen Buchstaben, der aus ν hervorgegangen sein kann, scheint mir unmöglich mit Sicherheit zu bestimmen; ich kann aber am wenigsten glauben, daſs das Griechische solche Bildungen selbständig geschaffen habe, und daſs sie somit in gar keinem Zusammenhang stünden mit dem aus der Zeit der Spracheinheit überlieferten Formvorrath. Vielleicht haben die Stämme auf ν, und diejenigen, welche auf einen aus ν entarteten Conson. enden, nur den Typus zu den Bildungen auf αινω hergegeben, und Verba wie ἀλεαίνω, ἀκταίνω, γλυκαίνω, θερμαίνω, ἐριδαίνω, κηραίνω sind dem angebahnten Wege in derselben Weise gefolgt, wie im Germanischen viele Stämme in die sogenannte schwache Declination eingedrungen sind, dadurch, daſs sie die ursprüngliche Grenze des Stammes durch den Zusatz eines *n* oder der Sylbe *an* erweitert haben. Vielleicht auch hängt αινω bei einem Theile der Bildungen dieses Ausgangs, namentlich bei solchen, welche aus anderen Verben entsprungen sind, auf irgend eine Weise mit der skr. Bildung *aya* zusammen, womit wir auch früher die litauischen Causalia und Denominativa auf *inu* zu vermitteln gesucht haben (s. §. 745). Ist das ν in denjenigen Denominativen, die nicht von Stämmen auf ν oder ματ für

---

[*] Vgl. Curtius „De nominum Graecorum formatione" p. 40.

μαν ausgegangen sind, eine Entartung von *j* (vgl. S. 95), so könnte das vorangehende αι als Vertreter des *á* angesehen werden, welches in den meisten sanskritischen Denominativ-Stämmen auf य *ya* dem Halbvocal vorangeht; denn wenngleich dieses *á* dem Nominal-Stamme angehört und meistens die Verlängerung eines kurzen *a'* ist (*ćirá-yáti* er zögert, von *ćirá* lang), so konnte doch dasselbe im Laufe der Zeit als Bestandtheil der Ableitung gefühlt werden, und vor seinem griech. Vertreter αι der Endvocal des Stammnomens, wie in den Bildungen auf αω, αζω etc., unterdrückt werden. Diejenigen Verba auf αινω, welche von einfacheren Verben abzustammen scheinen, könnten in ihrem Bildungsprincip noch auf eine andere Weise mit dem Sanskrit vermittelt werden, da z. B. αὐαίνω (αὔω), δραίνω (δράω), κραδαίνω (κραδάω), χαλαίνω (χαλάω) zu den entsprechenden kürzeren Formen in einem ähnlichen Verhältnisse stehen, wie im Vêda-Dialekt *ćaranyámi* ich gehe zu *ćárámi*. Die breitere Form kommt von dem Nomen actionis चरण *ćárana* das Gehen (ण für n, s. §. 17^b). Einige skr. Verba dieser Art stimmen aber nicht genau zum Nomen actionis, wovon sie abstammen, sondern zeigen eine Vocalschwächung oder Zusammenziehung, oder den reinen Wurzelvocal statt des gunirten des Stammwortes, wie es scheint, wegen der Belastung durch die Verbal-Ableitung; so *b'uranyámi* ich erhalte (Rigv. I. 50. 6. *b'uranyántam*), von *b'árana* das Tragen, Erhalten (Wz. *b'ar, b'r*); *turanyámi* ich eile (l. c. 121. 1. *turanyán*), von *tvárana* das Eilen (Wz. *tvar*); *ćuranyámi* ich stehle (s. Westerg. Radices p. 337), von *ćórana* das Stehlen (Wz. *ćur*). Da principmäfsig aus jeder Wurzel ein Nomen actionis auf *ana* gebildet werden kann, und hierauf auch die sämmtlichen germanischen und ossetischen Infinitive sich stützen[*]), so könnte es nicht befremden, wenn im Griechischen einige

---

[*]) Z. B. osset. *bai'in* binden = skr. *bándana* das Binden, s. §. 874.

Denominativa dieser Art sich erhalten hätten, deren Stammnomina untergegangen wären, und also z. B. αὐαίνω, aus αὐανjω, von einem verlorenen Nominalstamm αὐανο oder αὐανη käme. Μαραίνω, dem kein kürzeres Verbum gegenübersteht, erinnert an das skr. Nom. actionis *márana-m* das Sterben, von *mar, mṛ* sterben, Caus. *márayámi*. Man berücksichtige die griech. weiblichen Abstracta auf ςνη, welche den sanskritischen auf *aná* oder *aṇá* entsprechen*). Auch die Verba auf αννω mögen zum Theil erloschenen Nominalstämmen auf ανο ihren Ursprung verdanken.

770. Wie sehr es nothwendig ist, bei Erklärung der Denominativa auf frühere Sprachzustände und die stammverwandten Sprachen zurück zu blicken, beweist eine interessante Klasse gothischer Denominativa, worin ebenfalls das *n* eine Rolle spielt, wiewohl dasselbe keineswegs mit dem der griechischen Verba auf αινω, wie man diese auch erklären möge, im Zusammenhang steht. Ich erkenne vielmehr, wie schon in meinem Conjugationssystem (S. 125, 126), in den gothischen Verben wie *ga-fullna* impleor, *us-gutna* effundor, *distaurna* disrumpor, *and-bundna* solvor, *ga-hailna* sanor, *fra-qvistna* perdor, *ga-vakna* excitor, *us-lukna* aperior, *dauthna* morior, einen Zusammenhang mit den skr. Passiv-Participien auf *na*, wie *b'ug-ná* gebogen, denen die griech. Verbalia auf νο-ς entsprechen (στυγ-νός, σεμ-νός u. a.), und denen sich die goth. Passiv-Participia dadurch etwas entfremdet haben, dafs sie das Suffix *na* nicht unmittelbar an die Wz. fügen, sondern mittelst eines Bindevocals *a* (s. §. 834), also *bug-a-n(a)-s* gebogen gegen भुग्न *b'ug-ná-s*, während die gedachten Verba auf einen Zustand der Sprache zurückweisen, wo das Suffix noch, wie im Sanskrit und Griechischen, unmittelbar an die Wurzel sich anschlofs; so dafs z. B. *ga-skaidna* ich trenne mich (1. Cor. 7. 11. *jaba gaskaidnai ἐὰν χωρισϑῇ*)

---

*) Beispiele sind: *yácand* precatio, *arhaṇd* honoris testificatio.

besser als *skaid-a-n(a)-s* getrennt zum skr. छिन्नस् *ćin-ná-s* (euphon. für *ćid-ná-s*) gespalten stimmt. Man vergleiche auch *and-bund-na* ich werde gelöst (losgebunden) mit *bund-a-n(a)-s* gebunden, *bi-auk-na* ich werde vermehrt mit *bi-auk-a-n(a)-s* vermehrt, *fralus-na* ich werde aufgelöst, zerstört, ich gehe verloren mit *lus-a-n(a)-s* gelöst (sanskr. *lû-ná-s* abgeschnitten, ausgerissen), *ga-luk-na* ich werde verschlossen mit *ga-luk-a-n(a)-s* verschlossen, *and-lêt-na* ich werde aufgelöst mit *lêt-a-n(a)-s* gelassen, *af-lif-na* ich werde übrig gelassen, bleibe übrig (περιλείπομαι) mit dem vorauszusetzenden *lib-a-n(a)-s* übrig gelassen (*laibôs* Überreste) für *lif-a-n(a)-s*, wie das Lautverschiebungs-Gesetz (§. 87) gegenüber dem gr. λείπω erwarten liefse, von dem verlorenen Verbum *leiba, laif, libum* (ahd. *bi-lîbu* ich bleibe, *bi-leib* ich blieb, *bi-libumês* wir blieben), *ufar-haf-na* ich überhebe mich (ὑπεραίρομαι) mit *ufar-haf-a-n(a)-s* überhoben, *dis-taur-na* dirumpor mit *dis-taur-a-n(a)-s* diruptus, *ga-thaurs-na* ich vertrockne (ξηραίνομαι) mit *ga-thaurs-a-n(a)-s* ἐξηραμμένος, von dem unbelegbaren Verbum *ga-thairsa, ga-thars, ga-thaursum*. *Dis-hnaup-na* dirumpor, von der Wz. *hnup* (*hniupa, hnaup, hnupum, hnupans*) ist insofern unregelmäfsig, als es den gunirten Wurzelvocal hat, während sonst die Denominativa auf *na*, wie das Passiv-Participium gleichen Ausgangs, an eine der leichteren Formen des Verbal-Thema's sich anschliefsen. Auch *us-geis-na* percellor, stupeo, von dem vorauszusetzenden *geisa, gais, gisum* (Grimm II. p. 46), ist gegen die gewöhnliche Analogie, und sollte *us-gisna* lauten. Aber *dis-skrit-na* findor und *tundna* uror, deren Stammverba ebenfalls nicht erhalten sind (*skreita, skrait, skritum, tinda, tand, tundum*) zeigen den regelrechten Vocal.

771. Nachdem einmal *na* im Gothischen, wie in den eben erwähnten Beispielen, zum Exponenten des Passiv-Verhältnisses sich erhoben hatte, konnte es sich auch auf Adjectivstämme verbreiten, und so stehen sich Denominativa

auf *na* und *ja* (für *ja* auch *ai*, s. §. 109ᵃ⁾). 6) wie Passiva (oder Verba neutra) und transitive Activa einander gegenüber. Die Endvocale der Nominalstämme werden sowohl vor *na* als vor *ja* (= skr. *aya*) abgeworfen, daher z. B. vom Stamme *fulla* (Nom. masc. *full'-s*) voll, *full'-na* impleor, *full'-ja* impleo; von *mikila* grofs (Nom. *mikil'-s*), *mikil'-na* magnificor, *mikil'-ja* magnifico (vgl. μεγαλίζω); von *veiha* (*veih'-s*) heilig, *veih'-na* sanctificor, *veih'-a* (*veih'-ais*) sanctifico; von *ga-nôha* (*ganôh's*) genug, *ganôh'-na* expleor, *ganôh'-ja* expleo; von *managa* (*manag'-s*) viel, *manag'-na* abundo (ich bin viel gemacht), *manag'-ja* augeo; von *gabiga* (*gabig'-s*) reich, *gabig'-na* locupletatus sum, *gabig'-ja* locupleto. Es kann nicht befremden, wenn die Stammwörter der Denominativa auf *na* nicht sämmtlich in den uns erhaltenen Sprachquellen sich belegen lassen, oder zur Zeit Ulfila's nicht mehr im Gebrauche waren, sondern nur noch in den aus ihnen erzeugten Denominativen fortlebten. So fehlt es z. B. an einem Adjectivstamme *dróba* (*dróbs*) trübe (angels. *dróf*), wovon *dròb'-ja* ich trübe, bewege, erschüttere, und *dròb'-na* ich werde erschüttert. Untrennbare Praepositionen treten den denominativen, wie den primitiven Verbal-Themen vor, wenngleich das Stammwort einfach ist, wie z. B. von *blinda* (*blind'-s*) blind *ga-blind'-na* ich werde verblendet und *ga-blind'-ja* ich blende; von *dumba* (*dumb'-s*) stumm, *af-dumb'-na* ich werde stumm, verstumme (Marc. 4. 39. *afdumbn* πεφίμωσο). Möglich, dafs von den einfachen Adjectivstämmen zuerst einfache Denominativa ausgegangen sind, und von diesen, nicht mehr bestehenden, oder nicht zu belegenden, die zusammengesetzten; also von *dumba* zuerst *dumbna* und hieraus *afdumbna*, wie im Latein. von *mutu-s*: *mutesco*, und hieraus *obmutesco*.

772. Wir kehren zum Sanskrit zurück, um zu bemerken, dafs die durch य *ya* gebildeten Denominativa zum Theil einen Wunsch ausdrücken, wie z. B. *pati-yâmi* ich wünsche zum Gatten, von *páti*, *putri-yâmi* ich

wünsche einen Sohn, oder Söhne, oder Kinder, von *putrá*. Diese Formen führen uns zu den griech. desiderativen Denominativen auf ιαω, die jedoch, in Abweichung von den sanskritischen, den Endvocal des Stammnomens abwerfen, während die letzteren ihn verlängern, dabei aber *á* zu *i* schwächen, also *putrí-yá'mi* für *putrá-yá'mi**). Auch stützen sich die griechischen Formen wie ϑανατ'-ιάω, στρατηγ'-ιάω, κλαυσ'-ιάω eigentlich auf die Causalform der besprochenen sanskr. Denominativa auf *ya*, also ϑανατ'-ιάω, ϑαναт'-ιάς-μεν = Sanskritformen wie *putri-yayá'-mi*, *putri-yayá'-mas*, während *putrí-yá'-mi*, *putrí-yá'-mas* griech. Formen wie ϑαναт'-ιω, ϑαναт'-ιο-μεν erwarten liefse, oder nach §. 769 ϑανασσω, ϑανασσμεν. Es verdient jedoch Beachtung, dafs im Sanskrit die Denominativa auf *ya* gelegentlich auch sich der Causalform ohne causale Bedeutung bedienen; so finden wir von dem Denomin. *asú-yá'mi* ich verwünsche, verfluche (intrans. ich zürne, von *ásu* Leben) das der Causalform angehörende Gerundium *asú-yayitvá* ohne causale Bedeutung **).

773. Mit der Causalform der Denominativa auf उ *ya* liefsen sich auch die lateinischen auf *igá* vermitteln. Das *i* wäre dann der Endvocal des Stammnomens, entweder in unveränderter Gestalt, wie in *miti-gá-s*, *levi-gá-s*, *navi-gá-s*; oder als Schwächung eines schwereren Vocals (s. §. 6), wie in *fumi-gá-s* (für *fumu-gá-s*, oder *fumŏ-gá-s*), *remi-gá-s*, *clari-gá-s*, *casti-gá-s* (aber *pur-gá-s* mit unterdrücktem *i*); oder als unorganische Erweiterung eines consonantisch endigenden Stammes, wie in *liti-gá-s* gegen *jur-gá-s*. Das *g* müfste als Erhärtung von *j* gefafst werden, die zwar vielleicht sonst

---

*) Doch finden wir im Vêda-Dialekt *as'vá-yá'mi* equos cupio, von *ás'va* Pferd (S. V. II. 1, 1. 11, 2).

**) Nal. 14. 17: *kródád asúyayitvá tam* „irā exsecrando eum". Dagegen hat *d'ûmáyáyámi*, das Causale von *d'ûmá-yá'mi* fumo (Mah. 3. 1545) auch causale Bedeutung: *d'ûmáyayan dis'ah'* die Weltgegenden rauchen machend.

im Lateinischen nicht vorkommt, aber in den verwandten Sprachen nicht selten ist*), und wovon auch die Erscheinung, dafs im Griechischen ζ gewöhnlich als Erhärtung eines ursprünglichen *j* steht, nicht weit abliegt (s. §. 19). Das *á* der betreffenden Formen wäre, wie überhaupt in der ersten Conjug. (ausgenommen wo es wurzelhaft ist), die Zusammenziehung des skr. *a(y)a*, und so wäre also z. B. *fumi-gá-s* gleichsam die Latinisirung des skr. *dúmá-yá(y)a-si* du machst rauchen **). Will man aber in den Verben auf *igo* nach der gewöhnlichen, aber von Düntzer („Die Lehre von der Latein. Wortbildung" p. 140) bestrittenen Ansicht, Zusammensetzungen mit *ago* erkennen, so mufs man *mit'-igo*, *fum'-igo* etc. theilen, eine Schwächung des wurzelhaften *a* von *ago* zu *i* und eine Versetzung von *igo* aus der 3ten Conjug. in die erste annehmen, wie dies beides auch bei *facere*, am Ende von Compos. *ficare*, der Fall ist.

774. Stämme, welche im Sanskrit auf *n* enden, werfen dasselbe sowohl in den desiderativen, wie auch in anderen Denominativen auf *ya* ab. Auch andere Consonanten werden gelegentlich vor dem Denominativsuffix य *ya* abgeworfen, daher z. B. *vṛhá-yé* ich werde grofs (Med.) von *vṛhát*, in den starken Casus *vṛhánt*, eigentlich ein Part. praes., von *varh*, *vṛh* wachsen. Man dürfte demnach auch von dem Participium des Auxiliar-Futurums Formen wie *dá-syá-yê* für *dásyat-yê* oder *dásyant-yê* erwarten, und es liegt somit nahe, die griech. Desiderativa auf σειω als Denominativa aufzufassen, d. h. sie vom Part. und nicht vom Indic. des Futur. abzuleiten. Das ε, z. B. von παρα-δω-σείω müste man nun als die Verdünnung des ο des Suffixes οντ ansehen, also παρα-δωσέ-ίω aus παραδωσο(ντ)-ιω erklären, ungefähr wie ἀεχ'-αζόμενος von ἀεκοντ. Stammen aber die griech. Desiderativa auf σειω von einem Participium der Zukunft ab, so mögen ihnen die lateinischen auf *turio*,

---

*) s. §. 269. p. 534 und §. 742.
**) Über lat. *f* für skr. द् *d* s. §. 16.

Denominativa. §. 775.

wie *coenaturio, nupturio, parturio, esurio* (aus *es-turio*, s. §. 101) als Analoga zur Seite gestellt werden*), deren *i* dem skr. Suffix य *ya* zu entsprechen scheint, wenngleich das *i* der latein. 4ten Conjug. in der Regel dem sanskr. *aya* begegnet, während das blofse *ya* durch das *i* der 3ten Conjug. vertreten wird. Da aber das *i* der 3ten Conjug. gelegentlich in *i* der 4ten umschlägt**), so kann es nicht befremden, wenn manche Denominativa der lat. 4ten Conjugation ihrem Ursprunge nach nicht zur skr. Bildung *aya*, sondern zu *ya* gehören, und so könnte *equ'-io, equ'-is* sowohl hinsichtlich des Stammwortes als der Ableitung dem oben (S. 129 Anm. *) erwähnten vêdischen *aśváyāmi* equos cupio gegenüber gestellt werden.

775. Denominativa mit desiderativer Bedeutung werden im Sanskrit auch durch die Suffixe *sya* und *asya* gebildet, z. B. *vṛsa-syāmi* nach dem Stier verlangen, *aśva-syāmi* nach dem Hengst verlangen (equio), *madv-asyāmi* Honig wünschen. An die Übereinstimmung dieser Formen mit der des Auxiliar-Futurums, sowie, hinsichtlich des Zischlauts, mit den aus Verbal-Wurzeln entspringenden Desiderativen ist bereits erinnert worden. Vom Lateinischen lassen sich die Imitativa auf *sso* hierherziehen, wie dies auch Düntzer (Die Lehre der Lat. Wortb. p. 135) bereits gethan hat. Es stünde also z. B. *patri-sso* durch Assimilation für *patri-sjo* (vgl. die Prâkrit-Futura, §. 655), mit *i* als Erweiterung des Stammnomens, wie in *patri-bus*. Das *i* von *attici-sso, graeci-sso* ist die Schwächung des Endvocals des Stammnomens. Die erste Conjug. pafst

---

*) Das kurze *u* der Verba auf *turio* erregt mir kein Bedenken gegen ihre Abstammung von dem Part. auf *turu-s*. Die Belastung durch die Verbal-Ableitung scheint zur Kürzung des Vocals die Veranlassung gegeben zu haben, wie im Sanskrit das *â* des Suffixes *târ* vor dem Feminin-Charakter *î* ganz unterdrückt wird.

**) S. Struve „Über die Lat. Decl. und Conjug." p. 200 ff. (von *fodio* bei Plaut. *fodiri*, von *gradior aggrediri*, von *pario* bei Enn. *parire*, von *morior morimur*).

jedoch nicht gegenüber den skr. Desiderativen wie *aśva-syá-ti*, welches die lat. 3te Conj. erwarten läſst, wie in den von Verben abstammenden Derivativen wie *cape-sso*, *incipi-sso*, *lace-sso*, *peti-sso*, die sich mit den skr. Verbal-Desiderativen auf *sa* vermitteln lassen — sofern deren स् *s* wirklich für स्य *sy* steht — oder auch mit dem Auxiliar-Futurum. Das *e* oder *i* der lat. Formen (*cap-e-sso*, *pet-i-sso*) ist jedoch höchst wahrscheinlich der Klassenvocal der 3ten Conj., wenngleich dieser sich in der Regel über die Specialtempp. nicht hinaus erstreckt. *Incesso* von *cedo* ist wahrscheinlich eine Verstümmelung von *incedesso*, so *arcesso*, wenn es von *cedo* kommt, für *arcedesso*.

776. Eine äuſserliche Ähnlichkeit mit den skr. nominalen Desiderativen auf *sya* oder *asya* bieten auch die latein. Inchoativa auf *asco* und *esco* dar; diese sind jedoch hinsichtlich ihres Bildungsprincips schwerlich Überlieferungen aus der Zeit der Spracheinheit, sondern höchst wahrscheinlich erst auf römischem Boden erwachsen, indem nämlich, wie mir scheint, das Verb. subst. mit der Bedeutung „werden" an Nominalstämme sich anschloſs, welche, wenn sie auf einen Vocal ausgehen, diesen vor dem Vocal des Hülfsverbums abwerfen (vgl. §. 761). So wie *pos-sum* aus *pot-sum* für *poti-sum*, *pot-eram* für *poti-eram*, so z. B. *puell'-asco*, *ir'-ascor*, *puer'-asco* (vom Stamme *puero*), *tener'-asco* und *tener'-esco*, *acet'-asco*, *gel'-asco* (von *gelu*), *herb'-esco*, *exaqu'-esco*, *plum'-esco*, *flamm'-esco*, *amar'-esco*, *aur'-esco*, *clar'-esco*, *vetust'-esco*, *dulc'-esco*, *juven'-esco*, *celebr'-esco*, *corn'-esco*. Ob auch *long'-isco*, *vetust'-isco* zu theilen, oder *longi-sco*, *vetusti-sco*, mag unentschieden bleiben. In ersterem Falle könnte das *i* des Hülfsverbums mit dem des griech. Imperat. ἴσ-θι verglichen werden, in letzterem ist *i* die Schwächung des Endvocals des Adjectivstammes, wie in Compp. wie *longi-pes* und Ableitungen wie *longitudo*. Consonantisch endigende Stämme erfahren keine Verstümmelung, also *arbor-esco*, *carbon-esco*, *lapid-esco*, *matr-esco*, *noct-esco*, *dit-esco*, jedoch *opul-esco* für *opulent-esco*, was an die sanskr.

Denominativa von verstümmelten Participial-Stämmen auf *nt* erinnert*). Das Verb. subst., welches ich in diesen Bildungen zu erkennen glaube, stimmt zu dem veralteten Fut. *esco* (*escit, superescit, obescit*), welches aber in der Zusammensetzung gelegentlich noch das ursprüngliche *a* bewahrt hat, wie im Altpreußischen auch im einfachen Zustande *as-mai, as-sai, as-t* dem lit. *es-mì, e-sì, ès-ti* gegenübersteht. Wie nahe die Begriffe der Zukunft und des Werdens, als des zukünftigen Seins, sich berühren, bedarf keiner Erwähnung. Hinsichtlich des an die Wurzel des Verb. subst. getretenen Gutturals gleichen *asco, esco* und das isolirte Futur. *escit* dem griechischen Imperfectum ἴσκον, welches mit Ablegung des Wurzelvocals auch Verbindungen mit attributiven Verben eingeht (δινεύε-σκε, καλέε-σκον, ἐλάσα-σκε) **). Auch das lat. *esco* verzichtet auf seinen Anfangsvocal, wenn es an Verbalstämme antritt, denn das *a* (*á*), *e* (*é*) und *i* (*í*) von Formen wie *laba-sco, ama-sco, consuda-sco, genera-sco, palle-sco, vire-sco, rube-sco, senti-sco, obdormi-sco* sind offenbar die Charaktere der ersten, 2ten und 4ten Conjug., weshalb wir hier anders theilen als oben bei *puer'-asco, clar'-esco, dulc'-esco* etc. Bei Zusammensetzungen mit Stämmen der 3ten Conj. muſs das *i*, z. B. von *gemi-sco, tremi-sco*, da es identisch ist mit dem auf sanskritisches *a* zurückführenden *i* von *gem-i-s, trem-i-s* (s. I. p. 205), als von Natur kurz gelten. Das *i* von *profici-scor, concupi-scor* ist identisch mit dem von *faci-s, profici-s, cupi-s*; *nanci-scor* setzt ein einfaches *nanco, nanci-s* voraus; *frage-sco* zeigt *è* für *ì* von *frangi-s* (vgl. §. 6), und hat sich durch Ausstoſsung des

---

*) S. §. 774 und Westergaard „Radices" p. 337.

**) Ich glaube unbedenklich den dem σ vorangehenden Vocal dem Tempus-Stamme des einfachen Verbums zuschreiben zu dürfen, denn das ο von ἐκάλεον ist seinem Ursprunge nach identisch mit ε und steht nur wegen des folgenden Nasals dem ε von ἐκάλεες, ἐκάλεε gegenüber; das ε der 3ten P. des ersten Aorists ist identisch mit dem α der übrigen Personen, welches überall, wo eine Endung darauf folgt, geschützt ist.

Nasals der Wurzel erleichtert. Zu den latein. Formen wie *laba-sco*, *amu-sco*, *palle-sco* stimmen im Bildungsprincip die griechischen wie γηρά-σκω, ἡβά-σκω, ἱλά-σκομαι, ἀλθή-σκω, womit jedoch nicht gesagt sein soll, daſs das lat. *é* der 2ten Conjug. mit dem griech. η von Formen wie πεφίλη-κα, φιλή-σω zusammenhange, wenngleich beide auf das skr. *aya* oder *ay* (letzteres in den allgemeinen Tempp.) zurückführen; allein das Lat. enthält hiervon die beiden ersten Buchstaben in der Zusammenziehung von *ai* zu *é* (s. I. p. 227 f.), das griech. η von φιλήσω aber ist bloſs die Verlängerung des ε von φιλέω, zur Entschädigung für den weggefallenen Halbvocal*) des skr. *ay* der allgemeinen Formen, für अय *aya* der Specialformen. — Das ι von Formen wie εὑρί-σκω, στερί-σκω, ἁλί-σκομαι, ἀμβλί-σκω ist schwerlich ein Bindevocal, sondern, wie mir scheint, nur die Schwächung eines schwereren Vocals, also εὑρί-σκω, στερί-σκω für εὑρη-σκω, στερη-σκω; ἀμβλί-σκω, ἁλί-σκομαι für ἀμβλω-σκω, ἁλω-σκομαι, worauf unter andern die Futura εὑρή-σω, ἁλώ-σομαι etc. hindeuten. Man berücksichtige die Schwächung von ο zu ι in ὀνίνημι für ὀνονημι, ὀπιπτεύω für ὀποπτευω **); ferner die neben einander bestehenden Formen ἀλθή-σκω und ἀλθί-σκω.

777. Im Sanskrit können Denominativa auch so gebildet werden, daſs an das Thema der Nominalstämme in den Specialtempp. bloſs ein *a* antritt, welches wie das der ersten und 6ten Klasse der primitiven Verba (§. 109*a*). 1) in den allgemeinen Tempp. unterdrückt wird. Ein schlieſsendes *a* der Nominalstämme wird abgeworfen, daher z. B. *lóhit́-á-ti* er ist roth, von *lóhita*. Aus Schriftstellern kenne ich keine Belege solcher Denominativa; es finden sich aber unter den von den indischen Grammatikern aufgestellten

---

*) φιλέω aus φιλεjω, wie δηλο-ω aus δηλοjω, vgl. §. 504.
**) S. §. 754 und vgl. ὀπωπή und ὀπωπέω, welche Formen durch die Verlängerung des Wurzelvocals in der 2ten Sylbe der vollständig wiederholten Wurzel vortrefflich zu den dort beschriebenen skr. Intensiven stimmen.

Wurzeln der ersten oder 6ten Klasse mehrere, in welchen ich Denominativa von Stämmen auf *a* zu erkennen glaube; so unter andern *b'ám* zürnen, *b'ám-a-té* er zürnt, welches ich von *b'ám-a* Zorn ableite; dieses aber, welches zugleich Licht, Glanz bedeutet, stammt offenbar von der Wz. *b'á* glänzen. Da das lat. *i* der 3ten Conj. dem skr. *a* der ersten und 6ten Klasse entspricht, so stimmen *metu-i-t*, *tribu-i-t*, *statu-i-t*, *minu-i-t* zu den hier beschriebenen Sanskrit-Denominativen. Im Griechischen entsprechen Denominativa, welche in den Special-Tempp. ο, ε an den Nominalstamm anfügen, also z. B. μηνί-ο-μεν, μηνί-ε-τε, δηρί-c-μαι, μητί-ο-μαι, δακρύ-c-μαι, μεθύ-ο-μαι, ἰθύ-c-μεν, ἀχλύ-ο-μεν, βασιλεύ-c-μεν, βραβεύ-c-μεν. Wie verhält es sich aber mit den ziemlich zahlreichen Denominativen auf ευω, denen kein Nominalstamm auf ευ zum Grunde liegt, z. B. mit κορ'-εύο-μαι ich bin Jungfrau, πολιτ'-εύ-ω ich bin Bürger, ἀθλ'-εύ-ω ich kämpfe, eigentlich bin im Kampfe, ἰατρ'-εύ-ω ich bin Arzt, κρατιστ'-εύ-ω ich bin der beste, κολακ-εύ-ω ich bin Schmeichler, schmeichelnd, δουλ'-εύ-ω ich bin Knecht, ἀληθ'-εύ-ω ich bin wahrhaftig? Sollte das Verb. subst., welches in den meisten dieser Bildungen mehr oder weniger deutlich im Geiste vorhanden ist, auch leiblich darin enthalten sein, so müfste man an die Wz. φυ denken, die also in diesen Zusammensetzungen den ursprünglichen Begriff des Seins bewahrt hätte, während sie im isolirten Zustande die causale Bedeutung des Hervorbringens, Seinmachens vorwalten läfst. Das ε von -ευω wäre also Guṇa-Vocal, entsprechend dem *a* des skr. *b'áv-á-mi* ich bin, werde, und hinsichtlich des Wegfalls des wurzelhaften Labials stände ευω auf gleichem Fufse mit *ui*, *vi* lateinischer Formen wie *pot-ui*, *mon-ui*, *ama-vi*, *audi-vi* (s. §. 566 ff.)*). Vom Gothischen gehören in die hier bespro-

---

*) Das Ossetische hat auch im isolirten Zustande den Labial des betreffenden Hülfsverbums verloren und setzt z. B. *wad* er soll sein, *woní* sie sollen sein dem skr. *b'ávatu*, *b'ávantu* gegen-

chene Klasse von Denominativen die oben (§. 770) erwähnten Verba auf *na* (wie *fullna* impleor) von passiven Participialstämmen auf *na*, die ihren Endvocal eben so wie die skr. Stämme auf *a* (*róhit-á-ti*) vor dem Klassenvocal abwerfen, also *fulln'-i-th* impletur, aus *fullna-i-th* für *fullna-a-th* (s. §. 67), pl. *fulln'-a-nd*, wie im Skr. *róhit-á-ti, róhit'-a-nti*. Doch gilt diese Bildungsweise im Gothischen nur für das Praesens und seine Ableitungen, während im Praet. ein *ó* an die Stelle von *a* oder *i* tritt, so dafs z. B. *fulln'-ó-da* ich wurde erfüllt in seinem Bildungsprincip mit latein. Formen wie *regn'-á-vi* übereinstimmt, dessen Stammnomen *regnó* (Reich als regiertes) auch hinsichtlich seines Ableitungssuffixes mit dem vorauszusetzenden goth. Stamme *fullna* (skr. *púrṇá* angefüllt) zusammenhängt. — Im Armenischen gibt es ebenfalls Denominativa, welche an das Stammnomen blofs den Conjugations-Charakter (meistens *e*) anfügen und vor diesem den Endvocal des Themas des Grundwortes abwerfen, daher z. B. գանձեմ *ganʒ'-e-m* ich sammle Schätze von *ganʒ*, them. *ganzu* oder *ganʒi* Schatz; պսակեմ *psak'-e-m* ich kröne von *psak*, them. *psaka* Krone; Beispiel eines Denominativums der 2ten Conjugation mit blofsem Zusatz eines ա *a*: խրոխտամ *k'rok'-t'-a-m* ich trotze, bin übermüthig, von *k'rok't*, them. *k'rok'ta* trotzig, stolz. Gröfstentheils aber enden die

---

über, s. „Die kaukasischen Glieder des indo-europ. Sprachstamms" p. 43 und 82 Anm. 48. Im Neu-Persischen kann das Praes. des Verb. subst. mit jedem Subst. und Adj., sowie mit den persönlichen Pronom. in Verbindung treten, z. B. *pírem* senex sum, *menem* ego sum. Mit dem ossetischen *wa* von *wa-d* er sei steht das albanesische *va* plur. *ua-μ*, als Bestandtheil von Aoristen wie *kερkó-va* ich suchte, *kερk'-úa-μ* wir suchten in merkwürdigem Einklang. Ich erkenne in diesem *va*, *uaμ* ebenfalls die skr. Wz. *b'ú*, lat. *fu*, ohne darum eine specielle Verwandtschaft des Albanesischen mit dem Lateinischen oder Ossetischen anzunehmen. S. meine Abhandlung „Das Albanesische in seinen verwandtschaftlichen Beziehungen" (Berlin 1855 bei J. A. Stargardt) p. 18, 19.

Denominativa der armenischen 2ten Conjugation in der ersten P. sg. praes. auf *ana-m* und stimmen im Wesentlichen zu den in §. 496 erwähnten Bildungen auf *ane-m* (mit *e* für ursprüngliches *a*) und zu den sanskritischen primitiven Verben der 9ten Klasse. Den betreffenden Denominativen gilt der ihnen zum Grunde liegende Adjectiv- oder Substantivstamm als Wurzel, und der Charakter *ana*, oder vielmehr nur die Sylbe *na*, verschwindet, wie die skr. Klassensylbe *ná*, in den allgemeinen Formen, daher z. B. *hivand'-ana-m* ich werde krank, Aor. *hivand'-aži*, von *hivand*, them. *hivanda* krank; *ƺer'-ana-m* ich werde alt, Aor. *ƺer'-aži*, von ծեր *ƺer*, them. *ƺero* alt*); *tg'ai-ana-m* ich werde ein Kind, Aor. *tg'ai-aži*, von մղայ *tg'ai* (spr. *tg'á*, s. I. p. 369).

---

*) skr. *g'arant* (schwach *g'arat*) = gr. γεροντ. Es entspricht demnach in diesem Stamme das armen. ռ *o* als Abkömmling des skr. *a* dem griech. *o* (s. I. p. 366).

Wortbildung.

778. Über die Bildung der Verba bleibt uns nach dem, was bereits über den Bau der Wurzeln und die daraus hervorgehenden Klassen der Verbalstämme (§. 109*)), so wie später über die Bildung der abgeleiteten Verba gesagt worden, nichts mehr zu berichten übrig. Die primitiven Pronomina und die Benennungen der Grundzahlen entziehen sich den gewöhnlichen Wortbildungsgesetzen (s. §. 105) und sind mit ihren Ableitungen in den ihnen gewidmeten Abschnitten besprochen worden. Hier behandeln wir blofs die Bildung der Substantiva und Adjectiva, und zwar zunächst diejenigen, welche mit dem Verbum in engster Verbindung stehen und auch sowohl im Organismus als in der Anwendung der Sprache eine sehr wichtige Rolle spielen; ich meine die Participia und den Infinitiv. Man könnte sagen, dafs die Beschreibung der Bildung der Nomina der ihrer Biegung hätte vorangehen sollen, weil die Wörter erst gebildet sein müssen, ehe sie flectirt werden können. Aus praktischen Rücksichten schien es mir aber angemessener, zuerst nur das Princip der Wortbildung im Allgemeinen darzulegen, wie dies in §. 110 und 111 geschehen ist, und die weitere Ausführung bis zu dieser Stelle zu verschieben. Jedenfalls mufste die Theorie der Tempus-Bildung der der Participia vorangehen, da die letzteren gröfstentheils, abgesehen von ihren Nominalsuffixen, auf gleichem Bildungsprincip mit den entsprechenden Temporen des Indicativs beruhen, und zu denselben in einem schwesterlichen, wonicht in einem Abstammungs-Verhältnisse stehen. Wie

nöthig aber die Kenntnifs der Casusformen und Geschlechts-
unterschiede zum Verständnifs der Theorie der Wortbildung
ist, wird sich aus den folgenden Paragraphen leicht von
selbst ergeben.

779. Das Part. praes. act. bildet einen Glanzpunkt in
der Vertretung der ursprünglichen Einheit der indo-europäischen Sprachen, und hierbei ist es merkwürdig, dafs
mehrere der noch lebenden Sprachen unseres Erdtheils in
einigen Casus das ursprüngliche Bildungssuffix in einer
vollständigeren Gestalt bewahrt haben, als das Sanskrit in
seinen ältesten Sprachquellen. Die volle Gestalt des Suffixes
ist *nt*; das Sanskrit aber zeigt das *n* nur in den wenigen
Casus, die überall, wo eine Spaltung des Thema's in stärkere und schwächere Formen stattfindet, die ursprüngliche und volle Gestalt des Stammes geschützt haben (s.
§. 129), daher z. B. *b'árantam* = φέροντα, *ferentem*, Dual
b'árantáu, vêdisch auch *b'árantá* (Nom., Acc., Voc.) =
φέροντε, Plur. *b'árantas* (Nom., Voc.) = φέροντες; aber im
Acc. *b'áratas* durch Verlust des *n* im Nachtheil gegen φέ-
ροντ-ας, und so ist in den übrigen schwachen Casus der drei
Zahlen dem Sanskrit das *n* entwichen, und steht z. B. im
Gen. sing. *b'áratas* gleichsam beschämt dem griech. φέροντος,
lat. *ferentis*, goth. *bairandin-s* (s. §. 125. p. 260) und unseren
deutschen starken Participial-Genitiven wie *stehendes*, *gehen-
des* gegenüber*). Auch das Litauische hat bis heute den
Nasal des Part. praes. durch alle Casus der drei Zahlen der beiden Geschlechter bewahrt; es erweitert aber in
den obliquen Casus das Thema durch den Zusatz von *ia*,
und verwandelt nach einem allgemeinen Lautgesetze das *t*
vor *i*, wenn diesem ein anderer Vocal als *e* nachfolgt, in
den Laut *tsch*, den Ruhig durch *č*, Mielcke durch *cz*

---

*) Die Verba der 3ten Klasse haben im Sanskrit wegen der Be-
lastung durch die Reduplicationssylbe auch in den starken Casus den
Nasal eingebüfst, daher z. B. *dádatam* gegen διδόντα, *dádatas*
gegen διδόντες (vgl. §. 459).

schreibt; daher z. B. *dégans**) der brennende (= skr. *dáhan*), nach Analogie sendischer Formen wie *barans*, lateinischer wie *ferens*, äolischer wie τιθένς; Acc. *dégantin* (für *dégantien*, aus -*ian*), Gen. *dégančió*.

780. Das Altpreufsische erweitert in Abweichung vom Litauischen den Participialstamm in den obliquen Casus durch den blofsen Zusatz eines *i*, und gleicht somit ganz dem Lateinischen, welches z. B. blofs *ferens* aus dem in seiner ursprünglichen Grenze gebliebenen Stamme *ferent* bildet, in allen übrigen Casus aber der Analogie der Stämme auf *i* folgt. *Ferenti-a* und *ferenti-um* gehören eben so entschieden der *i*-Declination an, als *facili-a*, *facili-um*. Man kann darum auch *ferente-m* wie *facile-m* (aus *facili-m*) theilen, wenngleich von einem Stamme *ferent* der Accus. ebenfalls nicht anders als *ferentem* = send. *barent-em* lauten könnte. Die im Altpreufsischen uns erhaltenen Participia praes. masc. sind: *dilants* der Arbeiter, arbeitende **), *sidans* sedens, *empriki-sins* praesens, Dat. *empriki-senti-smu*, nach der Pronominal-Declination (s. §. 170), *niaubillinti-s* des unmündigen, nicht sprechenden (infantis) ***), *ripinti-n* sequentem †), *empriki waitiainti-s* (accus. plur.) contradicentes, *wargu-seggienti-ns* maleficos. Adverbiale Dative sind *giwantei* lebend und *stanintei* (auch *staninti*)

---

*) Über die Beibehaltung des vollen *n* in alten und żemaitischen Drucken s. Schleicher p. 93.

**) Man sollte nach der Schreibart der beiden folgenden Beispiele *dilans* erwarten; hinsichtlich der Erhaltung des *t*-Lauts stimmt aber *dilants* zu den goth. Formen wie *bairands*.

***) *Billi* ich spreche. Die mit der Negation *ni* verbundene untrennbare Praep. *au* stimmt zum skr. *áva*.

†) Auch *ripintinton*, in dessen Endsylbe ich ein angehängtes Pronomen oder Artikel zu erkennen glaube = skr. *tam*, lit. *tan*, griech. τόν. Man vergleiche, was das *o* für *a* anbelangt, den Acc. des Part. perf. pass. *dáto-n* datum = skr. *dattám*, aus *dadátam*, unregelm. für *dátam*.

stehend, von den Stämmen *giwanti* (skr. *ǵívant*), *staninti* (s. Nesselmann p. 52 und 76).

781. Vor dem weiblichen Charakter *í* behält das Sanskrit nach Verschiedenheit der Conjugation der betreffenden Verba den Nasal des Participialsuffixes entweder bei, oder stöfst ihn aus, und zwar so, dafs die Verba der ersten Haupt-Conjugation ihn in der Regel beibehalten und nur gelegentlich ausstofsen, die Verba der 2ten aber umgekehrt; während das Gothische und Litauische ihn standhaft geschützt haben. Man vergleiche z. B. mit dem skr. *vásantí* die wohnende (auch *vásatí*, Nal. 13. 66), von *vas* Kl. 1., das goth. *visandei* (them. *visandein*, s. §§. 120, 142) die bleibende oder seiende, und mit dem skr. *dáhantí* die brennende, das litauische *dégantí*, gen. *dégantiōs* (s. §. 121). Im Griechischen ist θεραπόντις seiner Form nach ein vereinzelt stehendes Part. praes fem. mit ιδ = skr. *í* nach Analogie der in §. 119 besprochenen weiblichen Stämme auf τριδ = *trí*. Die Wz. अस् *as* Kl. 2. des Verb. subst. bildet im Skr. *satí* die seiende, niemals *santí*, das litauische *ėsantí* übertrifft also das Sanskrit sowohl durch die Bewahrung des Wurzelvocals, als durch die des *n* des Suffixes. Auch behauptet im männlichen Nominativ das lit. *ėsańs* zwei Vorzüge vor dem skr. *san*, nämlich die Bewahrung des Wurzelvocals und Nominativzeichens; den letzteren theilt mit ihm das latein. *sens*, von *prae-sens*, *ab-sens*, wozu das oben (§. 780) erwähnte altpreufs. *sins*, von *empriki-sins* praesens vortrefflich stimmt. Das Griechische steht durch sein ὤν am meisten im Nachtheil gegen das stolz darüber hervorragende lit. *ėsańs*, denn während letzteres die vollständige Wz. sammt dem Casuszeichen bewahrt, vermifst man in ὤν sowohl die ganze Wurzel, als den Ausdruck des Nominativverhältnisses. Die epische und ionische Form ἐών läfst aber ein dagewesenes ἐσων vermuthen, und die Verdrängung des σ in dieser Stellung ist nach §. 128 nicht befremdend; es ist demungeachtet nicht minder staunenswerth, dafs eine Form, die das Griechische schon vor Jahrtausenden fast bis zum

Unkenntlichen enstellt hat, und die das Lateinische nur unter dem Schutz und Schirm der Praepositionen *prae* und *ab* ziemlich vollständig bewahrt hat*), dem Litauischen bis zum heutigen Tage in ihrer vollen Ganzheit verblieben ist.

782. Die indischen Grammatiker nehmen *at*, in den starken Casus *ant*, als das Suffix des Part. praes. an; ich kann aber das *a* von Formen wie *bárant* eben so wenig als das *o* des griech. φερovτ zum Suffixe rechnen; der Vocal gehört in beiden Sprachen zur Klassensylbe, d. h. das *o* von φɛρ-c-vτ ist identisch mit dem von φέρ-o-μεv, φέρ-c-vτι und mit dem ε von φέρ-ε-τε, ἔφερ-ε-ς etc. Dafs das griech. Participialsuffix blofs vτ, nicht ovτ ist, erhellt deutlich aus der Conjug. auf μι, wo vτ an den Endvocal der Wz. oder des Verbal-Thema's tritt (διδό-vτ, τιθε-vτ, ἱστα-vτ, δεικ-vυ-vτ); das Sanskrit aber setzt in Folge einer, wie mir scheint, erst nach der Sprachtrennung eingetretenen Eigenthümlichkeit, in den Fällen, wo das *nt* oder *t* des Suffixes an einen anderen Buchstaben als *a* oder *á* sich anzuschliefsen hätte, dem Suffix ein *a* vor (vgl. §. 437 Anm. und §. 458), oder erweitert das Verbal-Thema durch den Zusatz eines *a*, daher steht z. B. *stṛṇvant* ausstreuend (für *stṛṇunt*) dem griech. Stamme στορvvvτ gegenüber. Das *e* der lat. Participia der 3ten Conjug., z. B. von *veh-e-ns*, *veh-e-ntem* (= skr. *váh-a-n*, *váh-a-n-tam*, send. *vaṣ-a-ṅs*, *vaṣ-a-ntĕm*) ist in seinem Ursprunge identisch mit dem Klassenvocal *i* (aus *a*, s. I. p. 204 f.) von *veh-i-s*, *veh-i-t* etc. (s. §. 507) und gründet sich auf die Erscheinung, dafs das Lat. in der Stellung vor zwei Conson. das *e* dem *i* vorzieht (s. §. 6). In der 4ten Conjug. vertritt *ie*, z. B. von *aud-ie-ns*, das goth. *ja* und skr. *aya* von Formen wie *sat-ja-nds* setzend = skr. *sád-áya-n* sitzen machend (vgl. §. 505). Dafs bei Verben der ersten und 2ten Conjug. das *a* und *e*, z. B. *am-a-ns*, *mon-e-ns*, der Conjugationssylbe, das *a* von *da-ns*, *sta-ns*, *fa-ns* und *fla-ns*

---

*) Dagegen hat *pot-ens* eben so wie des einfache *ens* den Zischlaut eingebüfst.

aber der Wurzel angehören, bedarf keiner Erwähnung; eben so wenig, daſs im Germanischen und Litauischen der dem *n* des Part. praes. vorangehende Vocal identisch ist mit dem der Klassensylbe. Man vergleiche im Gothischen *bair-a-nds* der tragende, *vahs-ja-nds* (send. *uk's-ya-ṅs*) der wachsende (s. §. 109ᵃ). 2), *sat-ja-nds* der setzende, sitzen machende, *salb-ô-nds* der salbende mit *bair-a-m* (skr. *b'ár-á-mas*) wir tragen, *vahs-ja-m* wir wachsen, *sat-ja-m* wir setzen (skr. *sád-áyá-mas*), *salb-ô-m* wir salben, und im Litauischen *wéz'-a-ṅs* der fahrende mit *wéz'-a-me* wir fahren, *mýl-i-ṅs* der liebende mit *mýl-i-me* wir lieben. Wenn aber im Litauischen *ês-a-ṅs* seiend nicht zu *es-mì* ich bin, *ês-me* wir sind stimmt, so ist zu berücksichtigen, daſs hier ein Hülfsvocal im Part. nothwendig ist, der sich im skr. *s-a-n* (Acc. *s-á-ntam*) in derselben Gestalt findet, während das lat. *-sens* dafür ein *e* und das altpreuſs. *-sins* ein *i* setzt.

783. Im Altslavischen endet der männliche Singular-Nominativ und der ihm gleichlautende Vocativ der unbestimmten Declination entweder auf А *aṅ* (= lit. *aṅs*, goth. *ands*) oder auf ъı *ŭ*. Die Form auf А *aṅ* kommt nur hinter *j* vor und bei Verben, welchen ein im erhaltenen Sprachzustand verlorenes *j* zukommt, welches seine euphonische Wirkung zurückgelassen hat*), z. B. in горѧ *goraṅ* ardens (praes. *gor-ju-ṅ* für *gorjaṅ* = skr. *g'árdyan* (s. §. 504. p. 361), *chvalaṅ* lobend für *chvaljaṅ*, praes. *chvaljuṅ* (l. c. p. 361), *pišaṅ* schreibend für пншѧ *pišaṅ*, praes. *piš'uṅ* für *pišjuṅ*, Aor. *pis-a-chŭ* (l. c.). Erhalten hat sich der Halbvocal im Part. praes. aller derjenigen Verba, welche in der ersten P. sg. praes. auf *j-u-ṅ* mit vorangehendem Vocal ausgehen, daher z. B. рыдаѧ *rüdayaṅ* weinend (= skr. *rôdáyan* weinen machend) gegenüber dem Praesens *rüd--aju-ṅ* ich weine (s. I. p. 229), бнѩ *bijaṅ* schlagend,

---

*) Über die *aṅ*- oder *a*-schützende Kraft des *j* s. §. 282. p. 4 f. Anm.*⁾ und §. 525. p. 400.

praes. *bíjuṅ*. Die Participia auf ḣı *ū* erscheinen bei allen denjenigen Verben, welche im Praesens weder wirklich auf *juṅ* ausgehen, noch, wie das oben (p. 143) erwähnte *pi'uṅ*, einen solchen Ausgang voraussetzen lassen, daher z. B. ʙᴇɜʜı *veṣū* fahrend = skr. *váh-a-n*, ʀᴀ̣ᴊʜı *jadū* essend (praes. ind. *ja-mi* aus *jad-mi*) = सदन् *adán*, ᴛʜı *sū* seiend = skr. *san* (unregelmäfsig für *asan*), lat. *sens* in *prae-sens, ab-sens*, altpreufs. *sins* (s. §. 780). Was das phonetische Verhältnifs der Participial-Nominative auf *ū* zu denen auf ᴋᴀ *jaṅ* anbelangt, so ist an ein ähnliches Verhältnifs in der Declination der weiblichen *a*-Stämme zu erinnern, welche, im Fall sie ein *j* vor dem *a* haben oder hatten, im Gen. sg. und im Nom. Acc. pl. auf *aṅ* ausgehen, während andere in den genannten Casus auf ʜı *ū* enden, ferner an die Plural-Accusative auf ᴋᴀ *jaṅ* von männlichen Stämmen auf *jo*, gegenüber denjenigen auf *ū* von Stämmen auf *o* ohne vorhergehendes *j* (s. II. p. 4 f. Anm. **). Vielleicht ist anzunehmen, dafs das in ʜı *ū* (aus *ui*) enthaltene *i* sowohl in dem in Rede stehenden Participium als in den Plural-Accusativen wie *novü* novos (§. 275) die Vocalisirung eines *n* sei, wie das ι von griechischen Participien wie τιθείς und des dorischen μέλαις aus μελαν-ς. Es würden sich demnach Formen wie *veṣ-ū* und solche wie *chvalaṅs* lobend ungefähr so zu einander verhalten, wie das gemein-griechische τιθείς zum äolischen τιθένς. — Die neutralen Singular-Nominative und Vocative sind denen des Masculinums völlig gleich; jedoch höchst wahrscheinlich in ihrem Ursprung insofern verschieden, als z. B. das neutrale *chvalaṅ* nicht wie das männliche auf eine vorangegangene Form *chvalaṅs* sich stützt, sondern aller Wahrscheinlichkeit nach auf eine Form auf *ant*, wobei zu berücksichtigen, dafs im Sanskrit, zur Zeit wo gegen §. 94 zwei verbundene Consonanten am Wort-Ende noch stehen konnten, und wo auch das Participialsuffix *nt* wie das griech. ντ sein *n* in allen Casus beibehielt, der Nom. Acc. sg. neut. auf *nt* statt auf *t* ausgehen mufste, so dafs also z. B. *ródáyant* statt *ródáyat* gesagt wurde. Auf ersteres stützt sich das altslavische Neutrum *rūdajan* (s. S. 143), so wie die litauischen neutralen Participial-Nominative wie *wéźan* gegenüber den männlichen wie *wéźans*, und den griechischen Neutralformen wie τιϑέν, gegenüber dem äolischen Masc. τιϑείς. — In den obliquen Casus des Masc. und Neut. endet der altslav. Stamm des Part. praes. auf ЖШтjо *uńśtjo* oder АШтjо *ańśtjo*, wobei, wie bereits bemerkt worden (§. 92 p. 153 f.), das Шт *śt* als Umstellung von тш *tś* (*tsch*) und als identisch mit dem lit. *ć*, das ganze *śtjo* aber als = lit. *ćia*, aufzufassen ist; das slav. *j* aber ist durch den euphonischen Zischlaut, zur Zeit wo für *śt* noch das organischere *tś* stand, in den Fällen wo es sich nicht zu ʜ *i* oder н *i* vocalisirt hat, unterdrückt worden, und macht nun sein früheres Dasein nur durch die, unter seinem Einfluſs erzeugte Umwandlung des *o* in *e* bemerklich. Man beachte die Übereinstimmung der Declination dieses und des Vergangenheits-Participiums auf *vŭ*, *ŭ* mit der des Comparativs, worauf bereits in §. 305. p. 46 f. aufmerksam gemacht worden. Anstoſs erregt aber im Nom. pl. masc. die Endung *e* (*chvalańśt-e*); denn wenn diese Endung, wie l. c. p. 47 bemerkt worden *), wirklich der consonantischen Declination angehört und somit auf die skr. Endung *as*, griech. ες, von *b'árantas*, φέροντες sich stützt, so sollte man statt des *śt* ein bloſses *t* erwarten, also *chvalańt-e* für *chvalańśt-e* und eben so im Dual-Nominativ, den ich ebenfalls dem unerweiterten Stamme auf *t* zuschreibe, *chvalańt-a* statt *chvalańśt-a*, da die Umwandlung von *t* in *śt* (aus *tś*) nur vor einem dagewesenen *j* eintritt (§. 92. p. 152). Im vorliegenden Falle aber scheint die Analogie der überwiegenden Anzahl der Casus, welchen lautgesetzlich die Verbindung *śt*

---

*) Auch schon in der ersten Ausgabe (5te Abtheilung, 1850. p. 1078); ich habe aber vor der Erscheinung von Miklosich's Formenlehre (1. Ausg. 1850) mit Dobrowsky und Kopitar die jüngere Form Ш *ść* statt Шт *śt* gesetzt und ВЕЗЖЩЕ *veʒuńśće* dem skr. *váhantas* und gr. ἔχοντες gegenüber gestellt.

zukommt, auf den in der Declination der Participia und Comparative isolirt stehenden Fall mit *e* als Casus-Endung (= gr. ες, skr. *as*) eingewirkt zu haben, eben so auf die Dualform *chvalaṅs't-a* für *chvalaṅt-a* *). Die neutrale Dualform *chvalaṅs'ti* (nom., acc., voc.) ist darum zweideutig, weil man ihr *i* sowohl als Casus-Endung fassen kann (vgl. *imen-i* vom Stamme *imen* Name), wie auch als Bestandtheil des Stammes auf *jo* mit Vocalisirung des *j* zu *i*, wie in *dobli* vom Stamme *dobljo* (II. p. 10). Auch der neutrale Plural *chvalaṅs'ta* ist zweideutig, und kann entweder zum Stamme auf *jo* oder auch zum Primitivstamme auf *t* gezogen werden **). Ich ziehe aber vor, wie schon in der ersten Ausg., in der in Rede stehenden Wortklasse alle Nominative der 3 Zahlen des Masc. und Neutrums aus dem unerweiterten Stamme entspringen zu lassen, wobei ich noch darauf aufmerksam mache, dafs auch das Litauische, dessen Neutrum keinen Plural besitzt, den Nom. Voc. plur. masc. des Part. praes., fut. und praet. aus dem unerweiterten Stamme bildet, jedoch die Casus-Endung verloren hat, daher von *wéżaṅ-s* (them. *weżant* = skr. *vahant*) fahrender der Nom. pl. *wéżaṅ*. — Im Femininum hat das altslavische Part. praes. wie das des Praet. auf *vŭ* oder *ŭ* (nom. m.) und der Comparativ (§. 305. p. 48) nur im Nom. sg. und dem damit formell identischen Vocativ den sanskritisch-sendischen Feminincharakter *i* ohne unorganischen Zusatz gelassen, in allen übrigen Casus aber erweitert sich das Thema wie im Litauischen (§. 121) durch den unorganischen Zusatz eines *a*, vor welchem das vorhergehende *i* in *j* übergehen mufste; dieses *j* aber ist, wie im Masc. und Neutrum, wegen des

---

*) Vgl. die vêdische Dual-Endung *â*, send. *a* (§. 208). Gehörte die betreffende altslavische Endung der *jo*-Declination an, so hätte man für *chvalaṅs't-a*: *chvalaṅs'ti* ohne Casus-Endung mit Vocalisirung des *j* zu *i* zu erwarten.

**) Vgl. *telaṅt-a* Kälber vom Stamme *telaṅt* (§. 264. p. 529 und §. 274. p. 541).

vorhergehenden *s't* aus *ts'* weggefallen (s. p. 145). Abgesehen hiervon, geben ХВАЛАШТЬ *chvalaṅśti* die lobende, ВЕЗѪШТЬ *veṣuṅśti* die fahrende in den obliquen Casus genau nach *doblja* (II. p. 9 f.) und anderen Femininstämmen auf *ja*.

Ich stelle hier als Muster die vollständige unbestimmte Declination von *chvalaṅ*, *chvalaṅśti*, *chvalaṅ* her, indem ich beim Masculinum und Neutrum denjenigen Casus, welche ich von dem unerweiterten Stamme auf *t* ableite, ein * vorsetze, eben so dem in seiner ursprünglichen Grenze gebliebenen weiblichen Nom. Voc. sg.

Masculinum.

	Singular.	Dual.	Plural.
N. V.	*chvalaṅ	*chvalaṅśt-a	*chvalaṅśt-e
A.	chvalaṅśti	*chvalaṅśt-a	chvalaṅśta-ṅ [1]
I.	chvalaṅśte-mĭ	chvalaṅśte-ma	chvalaṅśti
D.	chvalaṅśtu	chvalaṅśte-ma	chvalaṅśte-mŭ
G.	chvalaṅśta	chvalaṅśt'-u	chvalaṅśti
L.	chvalaṅśti	chvalaṅśt'-u	chvalaṅśti-chŭ

Neutrum.

N. A. V.	*chvalaṅ	*chvalaṅśt-i	*chvalaṅśt-a

Übrigens wie das Masculinum.

Femininum.

N. V.	*chvalaṅśti	chvalaṅśti	chvalaṅśtaṅ [2]
A.	chvalaṅśtuṅ	chvalaṅśti	chvalaṅśtaṅ [2]
I.	chvalaṅśtej-uṅ [3]	chvalaṅśta-ma	chvalaṅśta-mi
D.	chvalaṅśti	chvalaṅśta-ma	chvalaṅśta-mŭ
G.	chvalaṅśtaṅ [2]	chvalaṅśt'- u	chvalaṅśti
L.	chvalaṅśti	chvalaṅśt'-u	chvalaṅśta-chŭ

Anmerkung. Ich unterlasse nicht, hier auch des armen. Part. praes. zu gedenken, obwohl es seiner Bildung nach schwerlich hierher gehört. Sein Thema endet auf ꝗ ɛ'a (Nom. sing. ɛ',

---

[1] S. §. 282. p. 4 f. Anm. **.
[2] S. §. 271 und §. 282. p. 5 Anm.
[3] S. §. 266. p. 532.

plur. *g'q'*) und gehört daher zu Schröder's 6ter Declination. Da aber das armen. *ृ_g'* niemals ein ursprünglicher Guttural, sondern immer die Entartung eines *l* oder *r* ist (s. I. p. 364), so glaube ich in diesem Suffix das skr. *la* oder *ra*, z. B. von *ćap-a-lá-s* zitternd, *dip-rá-s* leuchtend zu erkennen, wovon später mehr (§. 947 ff.)

784. Dasselbe Suffix, welches das Part. der Gegenwart bildet, fügt sich im Sanskrit und Şend auch an das Thema des Auxiliar-Futurums; eben so im Griechischen und Litauischen, wo z. B. ἐώ-σω-ν, δώ-σc-ντα, *dů'-se-ńs*, *dů'-se-ntiń*, letzteres von dem durch *ia* erweiterten Stamme (vgl. §. 779), dem skr. *dá-syá-n*, *dá-syá-ntam* gegenüberstehen. Im Femininum stimmt das lit. *dů'-se-nti* die geben werdende trefflich zum sanskr. *dá-syá-ntî* (s. §. 121); *dég-se-ńs* der brennen werdende, Acc. *dég-se-ntiń*, stimmt zum sanskr. *dak-syá-n*, *dak-syá-ntam**), und im Fem. *dég-se-nti* zu *dak-syá-ntî*. Die litauische Wz. *bů* liefert *bů-se-ńs* futurus, *bů-se-nti* futura als Analoga zum şend. *bú-sya-ńś*, *bú-syai-nti*; etwas weiter ab liegt, wegen der Guṇirung des Wurzelvocals, des eingeschobenen Bindevocals und der Unterdrückung des Nominativ-Zeichens im Masc., das skr. *b'av-i-syá-n*, *b'av-i-syá-ntî*. Was das *e* der litauischen Futur-Participia wie *dů'-se-ńs*, *bú-se-ńs* anbelangt, so erkenne ich darin nicht eine Entartung des *i* der Indicativ-Formen wie *dů'-si-me* dabimus (s. §. 652), sondern die des *a* der Sanskritstämme wie *dá-syá-nt* (vgl. §. 92. p. 147); es ist somit identisch mit dem *o* des griech. δω-σο-ντ, auch zeigt das Lettische für dieses lit. *e* wirklich ein *o*, wie es auch dem *a* des Part. praes. ein *o* gegenüber stellt, doch ist das lettische *o*, wie das litauische, immer lang, und in dem vorliegenden Falle ersetzt, wie mir scheint, die Vocal-Länge den unterdrückten Nasal, also z. B. *búsóts* futurus für *búsants* (aus *búsjants*, s. II. p. 156), fem. *búsóti* für

---

*) S. §. 21[b]) und §. 104.

bŭs'anti aus bŭsjanti = lit. bŭsenti*). — Im Altslavischen lassen sich nur am Verb. subst. einige Überreste des in Rede stehenden Participiums der Zukunft nachweisen (vgl. §. 658), doch nur in der bestimmten Declination; z. B. БЖІШѪШТЕѤ bŭs'uns'teje**) τὸ μέλλον, ОТЪ БЖІШѪШТААГО ВѢКА otŭ bŭ-s'uns'taago vĕka ἐκ τοῦ μέλλοντος αἰῶνος, СЪ БЖІШѪШТНИМИ sŭ bŭs'uns'tiimi (instr. pl.) τοῖς ἐσομένοις***).

785. Die Aoriste haben uns im Sanskrit keine Participia zurückgelassen, und das Griechische behauptet durch Formen wie λύσας, λιπών, φυγών, τυπών einen Vorzug vor dem Sanskrit. Da aber der griech. erste Aorist das Verbum subst. enthält (s. §. 542), so mag σας, σαντα, σαντες etc. dem skr. *sán*, *sántam*, *sántas*, gegenüber gestellt werden. Die in der Zusammensetzung erscheinenden Formen behaupten vor dem einfachen ὤν, ὄντος; einen ähnlichen Vorzug hinsichtlich der treueren Bewahrung der Urform, wie das lat. *sens* von *praesens*, *absens* vor dem einfachen *ens* (auch in *pot-ens*). In Betreff des Accents und des reinen Wurzelvocals stimmen die griechischen Participia des 2ten Aorists wie λιπών, φυγών — gegen λείπων, φεύγων — zu den sanskritischen Participien der 6ten Kl. wie *tudán* der stofsende, Acc. *tudántam*. Da im Vĕda-Dialekt viele Verba auch in anderen Conjugationsklassen vorkommen, als in denjenigen, denen sie

---

*) Das Part. fut. kommt im Lettischen nur bei Umschreibung des Conjunctivs vor, und das Part. praes. hat auch nur in dieser Anwendung die weibliche Form auf *ti*, sonst aber *s'a*, wie mir scheint, aus *s'ia*, und dieses aus *s'i*, so dafs unter dem Einflusse des *i* mit nachfolgendem Vocal das *t* in *s'* (mit durchstrichenem *s*), wie im lit. in *c* verwandelt wurde (Gen. *esanćiõs* = lett. *essõs'as*). Merkwürdig ist die Begegnung des lettischen weiblichen Ausgangs *s'a* mit dem griech. σα — von Formen wie τύπτουσα, τύψουσα — welchem höchst wahrscheinlich eine Form σια vorangegangen ist (vgl. -τρια = skr. -*trî*, §. 119), so dafs das σ aus τ durch den Einflufs des folgenden *i* erzeugt worden.

**) Über *s't* für *ts'* s. p. 145.

***) S. Miklosich's Formenlehre, 1. Ausg. p. 69, 70.

in der gewöhnlichen Sprache folgen, so trage ich bis jetzt Bedenken, die Participia *vṛdánt* wachsend, *dṛśánt* wagend — in den schwachen Casus *vṛdát*, *dṛśát* — mit Benfey als Participia des Aorists gelten zu lassen, wenngleich den betreffenden Wurzeln die 6te Klasse sonst noch nicht nachgewiesen ist. Sind sie aber wirklich Aorist-Participia, so muſs man auch धृपमाणस् *dṛśámáṇa-s* (Rigvêda I. 52. 5) als Participium medii der sechsten Bildung des Aorists auffassen, obwohl dieser Bildung im Indicativ, in der gewöhnlichen Sprache, das Medium abgeht. Die Wurzel पा *pá* trinken, wovon *pívámi* (vêd. *pibámi* aus *pipámi*), geht im Vêda-Dialekt auch nach der 2ten Kl., wie dies deutlich aus *pátá'* ihr trinket (vêd. *t'á* für *t'a*, Rigv. I. 86. 1) erhellt, darum kann ich nicht mit Benfey das Part. *pántam* bibentem dem Aor. zuschreiben und eben so wenig den Imperat. *páhi* bibe, der ebenfalls dem Praes. der 2ten Kl. angehört. Hinsichtlich der Accentuation des Part. praes. act. muſs ich noch darauf aufmerksam machen, daſs die griech. Conj. auf μι darin zur entsprechenden sanskritischen (mit Ausnahme der reduplicirten Verba) stimmt, daſs sie die 2te Sylbe des betreffenden Part. betont, und daſs also in dieser Beziehuug z. B. στορνύς, στορνύντα zu φέρων, φέροντα in demselben Verhältnisse stehen, wie im Sanskrit *stṛnván*, *stṛnvántam* zu *b'áran*, *b'árantam*. Darin weicht aber das Sanskrit vom Griechischen ab, daſs es in den schwächsten Casus (s. §. 130) den Ton bis zur Casussylbe herabsinken läſst; daher z. B. im Gen. sg. und Acc. pl. *stṛ-ṇv-atás* gegen στορ-νύ-ντος, στορ-νύ-ντας. Auch darin steht das Sanskrit dem Griechischen gegenüber eigenthümlich da, daſs es sich in der Betonung des Part. praes. (die Theorie der schwächsten Casus abgerechnet) immer nach der des entsprechenden Tempus des Indicativs richtet, also *b'ód'-a-n*, *tud-á-n*, *śúć-ya-n*, *ćôr-áya-n* nach Analogie von *b'ód'-á-mi*, *tud-á'-mi*, *śúć-yá-mi*, *ćôr-áyá-mi*. Bei der zweiten Haupt-Conjugation (s. §. 493) richtet sich das Part. praes. hinsichtlich seiner Betonung nach den schweren Endungen, im Besonderen nach der 3ten P. plur., und nimmt auch bei unregelmäfsigen Zeitwörtern an den Verstümmelungen Theil, welche die Wurzel vor den schweren Endungen erfährt, daher z. B. von *vásmi* „ich will" nicht *vásant*, sondern *usánt*, wollend, nach Anologie von *usmás*, *ustá*, *usánti*. Die 3te Klasse hat sowohl im ganzen Singular (mit wenigen Ausnahmen), als in der 3ten P. pl. und dem Part. praes. den Ton auf der Reduplicationssylbe, daher z. B. *dádámi* ich gebe, *dádati* sie geben (s. §. 459), *dádat* der gebende (s. S. 139 Anm *); letzteres im Gegensatz zum griech. διδούς, während *dádámi* im Einklang mit δίδωμι steht.

786. Das Suffix des Participiums des reduplicirten Praet. oder Perfects (s. §. 588) lautet im Sanskrit im Parasmáipadam oder Activ (s. §. 426), nach Verschiedenheit der Casus, *váns*, *vat* und *us*, und hat in allen diesen Formen nach Analogie der schweren Endungen des Indicativs den Ton. Die indischen Grammatiker nehmen jedoch *vas* als die wahre Gestalt des Suffixes an, obwohl es in keinem einzigen Casus sich in dieser Form zeigt, sondern die starken Casus entspringen aus *váns**), die mittleren aus *vát* und die schwächsten aus *us'* (euphon. für *us*). Von *us* entspringt auch das weibliche Thema *us'í*, wozu vortrefflich das litauische *usi* stimmt, daher z. B. *sukusi* die gedreht habende, analog den sanskritischen Formen wie *rurudús'í*,

---

*) Der Vocativ sing., welcher auch bei manchen anderen Suffixen kurze Vocale den langen der übrigen starken Casus vorzieht, kürzt das lange *á*, daher *van* gegenüber dem Nomin. *ván*, indem nämlich Anusvára (*n*, s. §. 9) nach Wegfall des *s* zu *n* wird. Ich möchte nicht mit Böhtlingk (Declinat. p. 10) *vans* als die Urform des Suffixes aufstellen; denn will man sich, wie es Recht ist, nach den starken Casus richten, die in der Regel, wo verschiedene Abstufungen des Thema's stattfinden, die Urgestalt bewahrt haben, so mufs man *váns* als Urform aufstellen, und dem Vocativ sing. die Freiheit lassen, den Vocal seiner Neigung nach zu kürzen, was vielleicht nur eine Folge des im Vocativ durch die Betonung scharf hervorgehobenen Anfangs des Wortes ist.

abgesehen von der den litauischen Perfect-Participien entschwundenen Reduplication. Die übrigen Casus, mit Ausnahme des dem Nom. gleichlautenden Voc. sg., entspringen im Lit. von einem erweiterten Stamme auf *usia*, daher z. B. der Gen. sg. *sùkusiō-s*, wie *ás̀wō-s* (Nom. *ás̀wa* Stute). Man vergleiche hiermit das griech. υια von τετυφυῖα, welches schon anderwärts mit dem skr. *tutupúsʼí* vermittelt worden *).

787. An die schwächste Form des besprochenen skr. Participialsuffixes reihen sich im Litauischen auch die obliquen Casus des Masc., doch mit demselben unorganischen Zusatz von *ia*, den auch das Part. praes. erhalten hat, also Gen. *sùkusiō* (wie *pónō* vom Stamme *póna*), Dat. *sùk-usia-m* **), Acc. *sùk-usi-ń* für *suk-usia-ń*. Der Nomin. *sùkens* stützt sich hinsichtlich seines Ausgangs auf das sanskr. starke Thema *vā́ns*, doch gehört das *s* der lit. Form nicht zum Stamme, sondern ist Casuszeichen, erstreckt sich aber wie beim Part. praes. auch auf den Vocat., während das Sanskrit, weil es zwei Consonanten am Wort-Ende nicht ertragen kann (s. §. 94), in beiden Casus sowohl auf das Nominativ-Zeichen, als auf den End-Conson. des Stammes verzichtet, also Nom. *rurud-vā́n*, Voc. *rúrud-van*, gegenüber dem lit. *sùk-ens* ***).

---

*) „Über den Einfluſs der Pronomina auf die Wortbildung" (1832) p. 4.

**) Nach Analogie der gewöhnlichen Adjectiv-Declination, s. §. 281.

***) Im altpreuſsischen Katechismus finden sich zwei sehr beachtungswerthe Perfect-Participia auf *wuns*, nämlich *klantiwuns* geflucht habend und *murrawuns* gemurrt habend, welche dem skr. *vā́ns* näher stehen als irgend eine andere europäische Schwesterform. Das *u* von *wuns* ist, wie auch das der gewöhnlichen Form *uns* (hinter Consonanten auch *ons* und gelegentlich *ans*), offenbar wie das *e* des litauischen *ens* eine Schwächung von *a*, ursprünglich *ā*, wie z. B. in *widdewu* Wittwe (= skr. *vidává*, lat. *vidua*, altsl. *vĭdovo*) und einigen ähnlichen weiblichen Nominativen. Das *u* des Plurals *-usis*, Acc. *-usins* und des Acc. sing.

Das Send hat dagegen in seinen Participien wie 𐬛𐬀𐬜𐬬𐬃 *dadvão* geschaffen habend, *vid-vão* wissend (εἰδώς)

usin ist dagegen organisch und identisch mit dem skr. *u* des Stammes der schwächsten Casus und des Fem., sowie mit dem der entsprechenden Formen im Litauischen. Nesselmann („Die Sprache der alten Preußen" p. 61) stellt die Participia auf *uns* (*ons*, *ans*, *wuns*) als indeclinabel dar und faßt *usis* als eine davon unabhängige Form mit declinablen Endungen; mir gilt aber *wuns*, *uns*, *ons* als singularer Nomin. masc. mit *s* als Casuszeichen, wie im lit. *ens*. Veranlassung zur Declination bietet dieses Part. selten dar, da es vorherrschend nur zur Umschreibung des Perfects indic. gebraucht wird und also im nominativen Verhältniß vorkommt, z. B. *asmai murrawuns bhe klantiwuns*, ich habe gemurrt und geflucht (wörtlich ich bin gemurrt und geflucht habender). Der Nom. sing. vertritt gewöhnlich auch die Stelle des Plur., wie auch im Lit. die Participia praes. und perf. die Endung des Pluralnominativs verloren haben, und in diesem Casus nur das *s* des Nom. sing. abwerfen, daher von *sùkens* gedreht habend der Plural *sùken*. Wo aber im Altpreußsichen das plurale Verhältniß des Part. perf. wirklich ausgedrückt ist, endet dasselbe auf *usis*, wahrscheinlich von einem erweiterten Stamme auf *usi* (vgl. §. 780), so daß *i-s* der litauischen Plural-Endung *y-s* (spr. *īs*) von Stämmen auf *i* entspricht. Die im altpreuß. Katech. vorkommenden Beispiele finden sich bei Nesselmann p. 31. nr. 84: *madliti, tyt wirstai ious immusis, laukyti, tyt wirstai ious aupallusis*; bittet, so werdet ihr nehmen (genommen habende), suchet so werdet ihr finden (gefunden habende). Es wird nämlich das fehlende Futurum im Altpreuß. immer durch das werden bedeutende Hülfsverbum mit dem Part. perf. umschrieben, daher p. 12. nr. 15: *pergùbons wyrst* er wird kommen (wird gekommener). Die obliquen Casus des Perfect-Part. kommen aus Mangel an Veranlassung selten vor und stammen ebenfalls von dem durch *i* erweiterten Thema, während das Lit. den Stamm durch *ia* vermehrt. Belegbar sind nur *au-lau-ûsi-ns* mortuos, (wofür auch *aulausins* und *aulauwussens*) und *ainan-gimm-usi-n* den eingeborenen, letzteres mit passiver Bedeutung, die außer bei der Wz. *gem*, *gim* in diesem Part. nicht vorkommt. Will man einen Nom. plur. auf *usis* nicht anerkennen, so könnte man die oben erwähnten Formen als Singular-Nomina-

das Nominativzeichen bewahrt, wie es dasselbe auch beim Part. praes. in Vorzug vor dem Sanskrit und in Übereinstimmung mit dem Litauischen, Lateinischen und Gothischen gerettet hat; denn aus वान् *vân* wäre im Send nicht 𐬬𐬂 *vâo*, sondern 𐬬𐬁𐬧 *vańn* geworden. Dafs aber das *o* von *vâo* nicht das *s* des Thema's der starken Casus vertritt, erhellt daraus, dafs auch das Suffix *vant* im Nominativ *vâo* bilden kann (§. 138). Im Acc. steht 𐬛𐬀𐬛𐬬𐬁𐬊𐬧𐬵𐬆𐬨 *daď-vâonhếm* dem sanskr. *daď-i-vấnsam* gegenüber; in den schwächsten Casus und vor dem weiblichen Charakter *î* zieht sich das sendische wie das skr. Suffix zu *us̆* *) zusammen, daher im Gen. 𐬛𐬀𐬛𐬎𐬱𐬋 *daďus̆ó* (Vend. Sad. p. 3 für *daďus̆ó*, s. §. 637 Anm. *), im Dativ 𐬬𐬍𐬛𐬎𐬱𐬉 *viduśé* dem wissenden (l. c. p. 214) = विदुषे *viduśé* (εἰδότι); im Gen. pl. 𐬌𐬭𐬌𐬭𐬌𐬚𐬎𐬱𐬁𐬧𐬨 *iririťus̆anm* der gestorbenen (l. c. p. 101); im Gen. sing. fem. 𐬖𐬀𐬔𐬨𐬏𐬱𐬌𐬌𐬂 *ǵagmûśyâo* (l. c. p. 91 zweimal und 304 zweimal)**) = skr. *ǵagmuśyâs*,

tive mit pluraler Bedeutung auffassen; der Umstand aber, dafs der wirkliche, zahlreich belegbare Singular-Nom. immer auf *ns* ausgeht, und dafs auch das Part. praes. den alten Stamm (auf *nt*) im N. sg. unerweitert läfst, und nur in den übrigen Casus durch *i* erweitert, spricht sehr zum Nachtheil dieser Auffassung. — Erwähnung verdient noch die einzige weibliche Form, die von diesem Part. vorkommt, nämlich der Nom. sing. *aulausé* mortua, für *aulauusé*, wie oben *aulau-sins* neben *aulaudsins*. Das schliefsende *é* entspricht also dem skr. *î* und lit. *i* der weiblichen Formen auf *us̆î*, *usi*.

*) Der lithographirte Codex des Vendidad Sade hat fast überall 𐬱 *s* für 𐬱 *s̆*; ich setze aber mit Burnouf 𐬱 *s̆* als die wahrscheinlich allein richtige Lesart (s. §. 51).

**) Hinsichtlich des langen *û* von *ǵagmûśyâo* beachte man, dafs hier auf den Zischlaut ein Halbvocal folgt, indem, wie es scheint, eine Verlängerung des im Sanskrit stets kurzen *u* vorzugsweise vor zwei Consonanten eintritt, daher auch V. S. p. 515 𐬖𐬀𐬔𐬨𐬏𐬱𐬝𐬈𐬨𐬋 *ǵagmûs̆ťemó* (mit 𐬱 *s̆* für 𐬱 *s*), ein aus dem schwächsten Thema gebildeter Superlativ, und p. 525 *daduṣ́bîs*, eine interessante Form, woraus erhellt, dafs im Send auch die mittleren Casus (s. §. 130) dieses Participiums aus dem schwächsten Thema ent-

von *gam* gehen; im Acc. fem. ६ॽॖऀॢॖऻऻऻ *viťus'îm* = skr. *vidús'îm*, von *vid* wissen (l. c. p. 469).

788. An die zusammengezogene Form ऊष् *us'* des hier behandelten Suffixes reiht sich ein Wort, welches im Gothischen als einziger Überrest eines untergegangenen Participial-Geschlechts dasteht und merkwürdig zu den sanskr. Formen wie *dêhús'* (Thema der schwächsten Casus) von *dah* brennen stimmt; ich meine das nur im Nom. pl. masc. vorkommende *bêrusjôs* die Eltern, welches, wie ich nicht zweifle, eigentlich die geboren habenden bedeutet und hinsichtlich seines Wurzelvocals zu den mehrsylbigen Formen des Praeter. von *baira* (*bar*, plur. *bêrum*, Conjunctiv sing. *bêr-jau*, plur. *bêr-ei-ma*) stimmt (s. §. 605). Das Thema ist *bêrusja* und begegnet durch den unorganischen Zusatz *ja* dem oben (§. 787) erwähnten lit. *ia*, z. B. von *sùkusia* (Wz. *suk*) drehen, Dat. *sùk-usia-m*. Der goth. Nom. sing. würde nach §. 135 *bêr-useis* und der Acc. *bêrusi* lauten, letzteres wie im Lit. *sùk-usi-n*̇, vom Stamme *sukusia*.

789. An die Form *vát*, wovon im Sanskrit die mittleren Casus des Perfect-Part. stammen (s. §. 130), reiht sich das gr. ότ, mit Bewahrung der uralten Betonung (s. §. 786), aber mit Verlust des Digamma, welches überhaupt aus der Mitte der Wörter, im Fall es sich nicht einem vorhergehenden Consonanten assimilirt hat (§. 19. p. 34), fast ganz verdrängt wurde (s. I. p. 34), wie namentlich auch bei dem Suffixe ενττ = skr. *vant* (der starken Casus); also wie z. B. ἀμπελό-(ϝ)εντ zu Sanskritformen wie *dána-vant* (mit Reichthum begabt, s. §. 20) sich verhält, so τετυφ-(ϝ)ότ zu *tutup-vát*, welchem als Nom., Acc., Voc. neut. im Griech. τετυφός gegenübersteht (s. §. 152. p. 315). Dem pluralen

---

springen. Ohne Veranlassung durch zwei folgende Conson. findet sich jedoch ein langes *ú* in *pipyús'îm* und seiner Negation *apipyús'îm* (V. S. p. 429), von *pí* trinken mit causaler Bedeutung (die gesäugt habende). Vielleicht wirkt hier der Umstand, daß zwei Consonanten vorangehen.

Locativ *tutup-tát-su* entspricht der gr. Dat. τετυφ-ό(τ)-σι. Der weiblichen Form auf υἶα als Verstümmelung von υσια und der Bildungsverwandtschaft von τετυφυῖα mit dem skr. *tutupúsí* ist bereits gedacht worden (s. §. 786). Das Lateinische bietet vielleicht in *secûri-s* einen Überrest dieser weiblichen Participia auf *us'i* (euphon. für *usí*) dar, also eigentlich das schneidende (statt geschnitten habende), mit Verlängerung des *u* und der üblichen Verwandlung des Zischlauts zwischen zwei Vocalen in *r* (l. p. 42). Da mehrere Participialsuffixe nicht selten auch zur Bildung abgeleiteter Wörter verwendet werden, so hat das Suffix *ŏsŏ* in Wörtern wie *lapid-ósus, lumin-ósus, fructu-ósus, form'-ósus, pisc'-ósus* darauf Anspruch, dem skr. *váns* der starken Casus gegenübergestellt zu werden, zu dem es sich ungefähr so verhält, wie das Comparativsuffix *iōr-* zu ईयांस् *iyáns* oder *yáns* (s. §. 298^b)), nur mit Bewahrung des ursprünglichen Zischlauts, aber mit Verlust des *v*, ungefähr wie in *sópio* = *sváp áyámi*. Hinsichtlich der Erweiterung des Suffixes durch einen vocalischen Zusatz vergleiche man das Verhältnifs des Suffixes *tûrŏ* zu *tôr*, skr. *tár* (s. §. 647).

790. Wir wenden uns zum Altslavischen, welches wie die lettischen Sprachen zwar im Indicativ das dem sanskritischen und griechischen Perfect und germanischen Praeteritum entsprechende Tempus verloren, jedoch, ebenfalls wie die lettischen Idiome, das daraus vor der Sprachtrennung hervorgegangene Participium gerettet hat. Der Stamm seines Suffixes endet im Nom. Voc. der 3 Zahlen des Masc. und Neut., im Dual auch im Accusativ, auf вжш *vŭs'* oder жш *ŭs'*, deren *s'* jedoch in den endunglosen Casus des Singulars (Nom. Voc.) lautgesetzlich unterdrückt werden mufste (s. §. 92. *m*). Die Form auf *vŭs'*, deren *ŭ* auf das skr. *á* der starken oder auf das *a* der mittleren Casus sich stützt (s. §. 130), kommt nur hinter Vocalen vor, und zwar ohne Ausnahme und in den sämmtlichen Casus der drei Geschlechter, während hinter Consonanten das *v* spurlos verschwunden ist, wegen der dem Slavischen wie dem Griechi-

schen unbequemen Verbindung eines *v* (ϝ) mit vorhergehender Consonanz, dagegen mag die Stellung hinter Vocalen, wo die Beibehaltung des *v* dem Hiatus vorbeugt, dazu Veranlassung gegeben haben, das *v* auch vor dem Feminin-Charakter *i* und in den sanskritischen schwächsten Casus (§. 130) in Vorzug vor dem Sanskrit, Ṣend, Litauischen, Lettischen und vor dem griech. Femininausgang υια (aus υσια) unverändert beizubehalten, oder wieder herzustellen*). — Diejenigen altslavischen Verba, welche auf die skr. 10te Klasse oder Causalform sich stützen (§. 504), knüpfen das Participialsuffix an das Thema der zweiten Bildungsreihe, wie es überhaupt aufserhalb der Specialtempora erscheint, daher z. B. *rüd-a-vŭ* geweint habender, Dual (Nom., Acc., Voc.) *rüd-a-vŭś'-a*, Plur. (N., V.) *rüd-a-vŭś'-e* (skr. *rurud-vā́ṅs-as* von dem primitiven Verbum), Nom. sg. fem. *rüd-a-vŭś'-i***); *chval-i-vŭ* gelobt habend, Dual *chval-i-vŭś'-a*, Pl. *chval-i-vŭś'-e*. Man könnte hierdurch zu der Vermuthung geführt werden, dafs dieses Participium vom Aorist (*rüd-a-chŭ*, *chval-i-chŭ*) stamme; dann aber dürfte man auch in formeller Beziehung mit gleichem Recht den Infinitiv und das Supinum (*rüd-a-ti*, *chval-i-ti*, *rüd-a-tŭ*, *chval-i-tŭ*) vom Aorist ableiten, und man müfste erwarten, dafs z. B. das zur skr. ersten Conjugationsklasse gehörende Verb. *veṣ-u-ṅ* ich fahre (skr. *váh-á-mi*) in dem in Rede stehenden Part. die Formen *veṣ-e-vŭ*, *veṣ-e-vŭś'-a*, *veṣ-e-vŭś'-e*; fem. *veṣ-e-vŭś'-i* zeigen würde; dafür aber steht ВЕЗХ *veṣ-ŭ*, ВЕЗХША *veṣ-ŭś'-a*, ВЕЗХШЕ *veṣ-ŭś'-e*, ВЕЗХШИ *veṣ-ŭś'-i* für *veṣ-vŭ* etc. Im Neutrum zeigt der Nom., Acc., Voc. der erwähnten Beispiele die Formen *rüd-a-vŭ*, *rüd-a-vŭś'-i*, *rüd-a-vŭś'-a*; *chval-i-vŭ*, *chval-i-vŭś'-i*, *chval-i-vŭś'-a*; *veṣ-ŭ*, *veṣ-ŭś'-i*, *veṣ-ŭś'-a*. Diejenigen Casus, welche beim Part. praes. und beim Comparativ den

---

*) Miklosich (Formenlehre 2. Ausg. §. 111) hält überhaupt das *v* in dem in Rede stehenden Suffix für eine euphonische Einschiebung.

**) Vgl. skr. *rurud-úś'-ī* des primitiven Verbums.

consonantisch endigenden Stamm des Masc. und Neut. durch einen unorganischen Zusatz *jo* (euphonisch *je*) erweitern, thun dies auch bei dem in Rede stehenden Participium perf. und eben so erweitert sich der Femininstamm auf *ŝi* in der angegebenen Weise (p. 147 ff.).

Anmerkung. Wenn im sanskritischen Part. perf. der Zischlaut des Suffixes *vấns, vas* und der zusammengezogenen Form *us* (der schwächsten Casus) in den mittleren Casus in einen *t*-Laut übergeht, und zwar vor *b'* in *d* und vor *s'* und schliefsend in *t*, so stimmt dies zwar nicht zu den gewöhnlichen Lautregeln, wornach *as* vor *b'* in *ô* (aus *ar*) übergehen und vor dem *s* des Loc. pl. unverändert bleiben oder zu Visarga (*ħ*) werden sollte, allein es ist wichtig zu beachten, dafs auch in der Conjugation der Verba lautgesetzliche Übergänge von *s* in *t* oder *d* vorkommen, daher stimmen z. B. *ávát-sam* ich wohnte, *vat-syấmi* ich werde wohnen (von der Wz. *vas*) in phonetischer Beziehung zu Locativen wie *rurud-vát-su* für -*vas-su;* und *d'd-d've* ihr sitzet *) (für *ás-d've*) zu *rurudvád-b'yấm,* -*vád-b'is,* -*vád-b'yas* aus *rurudvasb'yấm* etc. Der Umstand, dafs im Griechischen bei den Perfect-Participien der *t*-Laut stehend geworden ist **), und dafs hier z. B. τετυφότ-ος dem skr. *tutupús'-as,* τετυφότ-ες dem skr. *tutup-vấns-as* gegenüber steht, kann mich nicht veranlassen mit Kuhn (Zeitschrift I. p. 272) bei dem in Rede stehenden Participium den *t*-Laut für organischer zu halten als den Zischlaut, in welchem das Sanskrit, Send, die lettischen und slavischen Sprachen, so wie das Gothische in seinem Unicum *berusiós* (§. 783) einander begegnen. Ich würde, wenn τετυφοτ nicht so zu fassen ist, dafs das Thema der sanskritischen mittleren Casus des betreffenden Participiums im Griechischen zum allgemeingültigen sich erhoben habe, lieber in dem Suffix von τετυφ-οτ das des Part. praes. und fut. erkennen, in der Gestalt, wie es im Sanskrit bei reduplicirten Formen erscheint, welche wegen der Belastung durch Reduplication das *n* des Suffixes auch in den starken Casus aufgegeben haben,

---

*) oder *d'-d've* mit unterdrücktem Endcons. der Wz., s. Kleine Sanskrit-Gramm. §. 100.

**) Über das ς von τετυφός aus τετυφοτ s. §. 152. p. 315.

wenngleich das Griech. in wirklichen Praesens-Participien wie διδού-ς, διδόντ-ος den Nasal beibehalten hat *). Jedenfalls aber stützt sich das Fem. τετυφ-υῖα (§. 786), wie litauische Formen wie sùk-usi, und slavische wie da-vŭsi (die gegeben habende) auf das Fem. des skr. reduplicirten Praet., also, wie auch Kuhn (l. c. p. 272 f.) zugibt, τετυφυῖα auf tutupú-s'í. Ich erinnere noch daran, daſs die sanskritischen Wurzeln sraṅs und dvaṅs fallen (vgl. goth. drus fallen, §. 20. p. 36), wenn sie im Sinne von fallend am Ende von Compositen erscheinen, nach Analogie des Perfect-Participiums ihr s vor den mit b' anfangenden Casus-Endungen in d und vor su in t umwandeln **), und daſs im Vēda-Dialekt auch sonst noch Umwandlungen von stammhaftem s in d vor der pluralen Instrumental-Endung b'is vorkommen. Ich erwähne nur us'ád-b'is von us'ás Morgenröthe und mád-b'is von más Mond ***). So lange man nicht den Stämmen us'ás, más vor vocalisch anfangenden Endungen ein t für s, etwa us'atas, mát-as als Genitive sg. nachweisen kann, sehe ich keine Veranlassung us'ád-b'is, mád-b'is als Abkömmlinge von Participial-Stämmen auf t oder nt aufzufassen. Wenn aber die von den indischen Grammatikern neben má messen aufgestellte Wz. mas begründet ist, so ist das s von más Mond, Monat als messende, und das von mása-s Monat wurzelhaft; man berücksichtige auch, daſs die meisten Schwester-Wörter der stammverwandten Sprachen ein wenigstens scheinbar wurzelhaftes s enthalten (Gloss. scr. a. 1847 p. 263 f. s. v. más et mása). Das lat. mensis leite ich jetzt lieber von más als von mása ab; das i wäre demnach ein unorganischer Zusatz wie in cani-s, juveni-s (I. p. 453) und in Adjectiven wie tenuis = skr. tanú-s. Die Einfügung eines Nasals ist besonders vor s beliebt †) und findet im Şend vor dem aus s hervor-

---

*) Man könnte zu Gunsten dieser Ansicht sich auf das Verfahren des Mediums und Passivs berufen (§. 791).

**) S. Kl. Sanskrit-Gramm. (2. Ausg. 1845) p. 109.

***) S. Böhtlingk, Commentar zu Pāṇini VII. 4. 48 und Kuhn, Zeitschrift p. 274.

†) Vgl. ensis mit dem skr. asi-s Schwert und die preuſs. Dativ-Endung mans mit der litauischen mus (§. 215. p. 421).

gegangenen *h* unter gewissen Umständen regelmäfsig statt, daher von *mâo* Mond, = skr. *mâs*, der Accus. *mâoṇhém* = skr. *mâ′sam* (§. 56ᵃ⁾ f.).

791. Die Participia des Mediums und Passivs haben im Sanskrit, sofern sie an irgend ein Tempus des Ind. sich anschliefsen, das Suffix *mâna* od. *âna*. Ich halte letzteres für eine Verstümmelung des ersteren, da es im Griech., eben so wie *mâna*, durch μενο vertreten ist; auch ist es nicht wahrscheinlich, dafs das Sanskrit ursprünglich für das Part. praes. medii zwei Suffixe sollte bestimmt haben, die sich einander so ähnlich sind, wie *mâna* und *âna*, und die sich im Gebrauch so vertheilen, dafs ersteres in der ersten Haupt-Conjug. seinen Sitz hat (nur dafs die 10te Klasse, wahrscheinlich wegen ihrer gröfseren Formfülle, auch *âna* zuläfst), letzteres in der zweiten, und aufserdem im Perfect, welchem, wie mir scheint, wegen seiner Belastung durch die Reduplicationssylbe, die kürzere Form genehmer ist, wobei daran zu erinnern, dafs auch beim Part. praes. act. die Reduplication einen Einflufs auf die Schwächung des Participialsuff. hat*). Das Auxiliarfuturum hat überall das vollständige Suffix *mâna* bewahrt, daher z. B. *dâ-syâ-mâ-na-s*, sowohl med. als pass., = δω-σό-μενος. Hierzu stimmt das lit. *dú-se-ma-s* (fem. -*ma*) qui dabitur, indem nämlich im Lit. das betreffende Participial-Suffix sich zu *ma* verstümmelt hat, was jedoch seinen Zusammenhang mit dem skr. *mâna* und griech. μενο nicht verkennen läfst. Im Part. praes. entspricht *dûd′-a-ma-s* qui datur dem griechischen

---

*) S. §. 779. Aufrecht „Ujjvaladatta's Commentary on the Uṇâdisûtras" p. 272 hält die Ausstofsung eines *m* zwischen 2 Vocalen für unwahrscheinlich. Sie findet sich aber auch in der ersten P. sg. medii, wo z. B. *b′árė* aus *b′ará-mė* dem griech. φέρομαι gegenübersteht (§. 467), nur dafs hier der sanskritischen Form noch mehr als ein blofses *m* entwichen ist. In *dvisė́* aus *dvis′-mė* ist ein blofses *m* hinter einem Cons. ausgefallen, wie nach obiger Auffassung in dem Medial-Participium *dviś-âṇâ-s* der hassende, aus *dviś-mâṇa-s*.

διδό-μενος und skr. *dád'-ána-s* für *dad'-mána-s* und dieses für *dadá-mána-s*); doch ist letzteres blofs medial und das Passiv-Part. lautet दीयमानस् *dî-yá-mána-s* *). — Das dem Litauischen sehr nahe stehende Altpreufsische hat in einem der beiden Beispiele, welche uns in der Übersetzung des Lutherischen Katechismus von dem betreffenden Part. erhalten sind, die Urgestalt des Suffixes in bewunderungswürdiger Treue, man kann sagen, in völlig sanskritischer Form erhalten, wenn nicht etwa das *a* der ersten Sylbe kurz ist. Das Beispiel, welches ich meine, ist *po-klaus--i-mana-s* erhört, oder vielmehr erhört werdend **), ἀκουόμενος; formell würde ὑποκλυόμενος entsprechen, da *klaus* oder *klus* die preufsische Form der griech. Wz. κλυ (skr. *śru* aus *kru*) ist, und *po* dem griech. ὑπό, skr. *upa* entspricht. Aufser *poklausimanas* bietet der preufsische Katechismus noch eine Form dar, welche hinsichtlich ihres Suffixes offenbar ebenfalls dem Part. pass. praes. angehört, nämlich *en-im--u-mne* angenehm, eigentlich angenommen werdend, wie auch das Part. perf. pass. *en-im-ts* sowohl angenommen als angenehm bedeutet***).

---

*) für *dá-ya-mána-s*, s. §. 734.
**) Das Part. praes. pass. pafst besser als das des Perf. an der Stelle, wo der Ausdruck vorkommt (Nesselmann p. 16): *stawidas madlas ast steismu tāwan en dangon eninmewingi bhe poklausimanas*; solche Bitte ist dem Herrn im Himmel angenehm und erhört werdend (= wird erhört).
***) Nesselmann (p. 104) hält *enimumne* für einen Druckfehler, ohne anzugeben, warum. Der Ausgang *mne* ist mir nicht verdächtig; der innere Vocal ist übersprungen, wie im lat. *al-u-mnus*, *Vert-u-mnus* (§. 478) und wie in den Sendformen *bar-a-mněm*, *vaṣ-a-mněm*, wovon später. So kommt auch im Altpreufs. von *kermen-s* Körper der Acc. *kermnen* (auch *kermenen* und *kermenan*). Dieses *kermens* für *kermenas* ist seiner Bildung nach höchst wahrscheinlich ebenfalls ein Passiv-Participium, so dafs es eigentlich soviel als geschaffen, gemacht bedeutet (skr. *kárômi* ich mache, lat. *creo, creatura*). Pott stellt das lat. *corpus* und send.

792. Hinsichtlich des Accents folgen im Sanskrit die Participia med. und pass. auf *māna*, *āna* demselben Princip, wie die des Activs, d. h., sie richten sich nach der Betonung des entsprechenden Temp. des Indicativs, so daſs das Suffix nur in den Fällen den Ton erhält, wo ihn der Indic. auf der Personal-Endung hat, wie dies bei den schweren Endungen des Praes. der 2ten Haupt-Conjug. (mit Ausnahme der 3ten Kl.), und des Perfects aller Verba der Fall ist. Das Griechische stimmt bei Formen wie τετυμ-μένος (gegen τυπτόμενος) zur Betonung der sanskritischen Schwesterformen, nur daſs diese den Accent auf der Endsylbe des Suffixes haben, so daſs *tutup-ānās* dem griech. τετυμ-μένος gegenübersteht *).

kĕrĕſ-s (Acc. *kĕhrpĕm*) zur Wurzel *klp* (*kalp*), die aber selber mit *kar* (*kṛ*), wie auch Pott annimmt, zusammenhängt (s. mein Gloss. Sanscr. a. 1847. p. 84). Was das schlieſsende *e* von *enimumne* anbelangt, so ist es entweder eine adverbiale, oder eine Neutral-Endung. Die Stelle, worin der Ausdruck vorkommt, fordert eigentlich den Nom. sing. neut. (Nesselm. p. 24. n. 56: *sta ast labban bhe dygi enimumne priki Deiwan nousesmu pogālbenikan*; das ist gut und auch angenehm vor Gott unserem Heiland), wie auch *labban* wirklich ein Neutrum ist, nach Analogie der sanskritischen auf *am* (s. §. 152). Ist aber *enimumne* ein Neutrum, so steht, wie häufig im Altpreuſsischen, das *e* für *a*, und das Casuszeichen ist unterdrückt, wie bei den Pronominal-Neutren, z. B. *sta* dieses, *ka* was (Acc. *ka* und *kan*), und bei litauischen Neutris wie *gẽra* bonum (§. 153 Schluſs). Ist aber ein Druckfehler in dem in seiner Art einzigen Worte, so könnte man etwa *enimumnen* = *-mnan* erwarten. Was den Vocal *u* anbelangt, so ist er wahrscheinlich, wie das lat. mittlere *u* von *al-u-mnus*, *Vert-u-mnus* — wofür man *al-i-m(i)nus*, *Vert-i-m(i)nus* erwarten sollte — die Entartung eines ursprünglichen *a* und entspricht dem skr. *a* der ersten und 6ten Klasse (§. 109[a]. 1).

*) Zur Zeit, wo das skr. Suffix *āna* seines *m* noch nicht verlustig gegangen war, wird es wahrscheinlich wie das gr. -μένος von τετυμ-μένος den Accent auf der ersten Sylbe gehabt haben, denn daſs der Umstand, ob ein Suffix mit einem Cons. oder mit

793ᵃ⁾. Im Altslavischen hat das besprochene Participial-Suffix dieselbe Verstümmelung erfahren, wie im Litauischen; es lautet im Nom. masc. МЪ *mŭ*, fem. МА *ma*, neut. МО *mo*, und hat wie im Lit. blofs passive Bedeutung, kommt aber nur im Praes. vor. Man vergleiche ВЕЗОМЪ *vez-o-mŭ* der gefahren werdende, fem. ВЕЗОМА *vez-o-ma*, neut. ВЕЗОМО *vez-o-mo* mit dem lit. *weż-a-ma-s*, fem. *-ma*, dem skr. *váh̤--a-mána-s*, *-á*, *-a-m*, dem griech. ἐχ-ό-μενο-ς, -η, -ο-ν und dem lat. *veh-i-mini* (s. §. 478), wobei zu beachten, dafs der Klassenvocal, welcher im Indicativ vor den meisten Personal-Endungen als *e* erscheint (II. p. 371), vor diesem Participial-Suffix das schwere *o* zeigt (s. §. 92. a), also *vez-o-mŭ* wie im Griech. ἐχ-ό-μενος. In derselben Weise stimmen bei den Verben mit dem Charakter der sanskr. 9ten Klasse (§. 497. p. 353 f.) Formen wie *gŭb-no-mŭ* zu griechischen wie δακνέ-μενος. Die in §. 504 besprochenen slavischen Verba zeigen den Klassen-Charakter vor dem in Rede stehenden Participial-Suffix in derselben Gestalt wie vor den Personal-Endungen des Praes., mit Ausnahme der ersten P. sing. und 3ten P. pl.; daher steht z. B. *dêl-aje-mŭ* gemacht werdend zu *dêl-aje-tĭ* er macht in demselben Verhältnifs wie im Sanskrit *ćôr-áya-mán̤a-s**) stehlend zu *ćôr-áya-ti* er stiehlt. Die Verba ohne Klassenvocal nehmen in diesem Participium einen solchen an, daher *vêd-o-mŭ* gewufst

---

einem Vocal anfängt, auf die Accentuation Einflufs haben kann, erhellt daraus, dafs die Verba der 3ten Klasse im Praesens indic. den Ton nur auf denjenigen schweren Endungen haben, welche mit einem Cons. anfangen, während in den Fällen, wo die schwere Endung mit einem Vocal anfängt, die Wiederholungssylbe betont wird, daher z. B. *bibʼr-váhé* wir beide tragen (Med.), aber 2te Person *bibʼr-áté*, 3te Person *bibʼr-áté*, so auch im Part. praes. med. *bibʼr-án̤a*, nicht *bibʼr-án̤á*; man würde aber höchst wahrscheinlich *bibʼr-mán̤á* sagen, wenn das *m* des Suffixes erhalten wäre.

*) Part. praes. medii = slav. Part. praes. pass.

werdend gegen *vês-tĭ* er weifs (s. §. 103), als wenn das Praes. ind. *vêd-u-ṅ*, *vêd-e-śi* lautete.

793$^{b)}$. Den germanischen Sprachen ist dieses Participium als solches entwichen, ein substantivischer Überrest des Part. praes. medii ist aber das goth. *lauh-môni* der Blitz, eigentlich die leuchtende, von dem weiblichen Stamme *lauhmônjô*, also mit dem unorganischen Zusatz des Syffixes *jô*, wofür man im Masc. und Neut. *ja* zu erwarten hätte. Man vergleiche in dieser Beziehung das in §. 788 erwähnte *bêrusjôs*. Das schliefsende *a* des skr. Suffixes *mâna* mufste vor dem *j* des neu hinzu getretenen Suffixes abfallen (vgl. §. 889). Was im Übrigen das Verhältnifs des goth. *lauh-môni* zum wurzelhaft- und bildungsverwandten sanskr. *rôć-a-mâna* (aus *rauk-a-mâna*) anbelangt, so ist wahrscheinlich im Goth. der Klassenvocal der skr. ersten Kl. unterdrückt worden, wo nicht, so müfste man annehmen, dafs, was höchst unwahrscheinlich ist, die goth. Wurzel, deren Verbum verloren ist, zur skr. 2ten Klasse gehöre, welche sonst im Gothischen nur durch das Verb. subst. vertreten ist (*is-t* = skr. *ás-ti*, gr. ἐσ-τί, lit. *ès-ti*). Im Sanskrit kommt die unmittelbare Verbindung des Suffixes *mâna* mit einer consonantisch endigenden Wz. gar nicht vor, weil in denjenigen Conjugationsklassen, wo dies geschehen könnte, das gedachte Suffix sein *m* aufgegeben hat, so dafs die Wz. *ruć*, wenn sie zur 2ten Kl. gehörte, im Part. praes. med. *ruć-ânâ-s*, nicht *ruć-mâna-s* zeigen würde.

794. Das Send hat das mittlere *a* des skr. Suffixes *mâna* entweder gekürzt, oder ausgestofsen, und den vorhergehenden Klassenvocal *a* in der Regel zu ε *ě* geschwächt. Die Form *mana* bildet gleichsam den Übergang zum griech. μενο und lat. *mino*, *mno*, und ist identisch mit dem altpreufs. *mana* des oben (S. 161) erwähnten *po-klaus-i-mana-s*, während die ihres inneren Vocals verlustig gegangene Form *mna* im lat. *mnŏ* von *al-u-mnŏ*, *Vert-u-mnŏ*, im armenischen *mnŏ* von *mar-mno* (Körper als sterbendem, sterblichem, I. p. 366), und im altpreufs. *mne* von *en-im-u-mne* (S. 161)

ihr zufälliges Ebenbild findet*). Auch hat im Send dieses Suffix, wie im Griechischen, schon im Praesens sowohl mediale (oder rein active), als passive Bedeutung, während das Sanskrit im Passiv den Charakter *ya* dem Participialsuffix voranstellt. So finden wir im Vend. Sad. p. 203 *barĕmanĕm* **getragen werdend** (= φερόμενον), und *vaçĕmnem* **gefahren werdend**, als adverbiale Accusative, in Beziehung auf den Nom. plur. *maçdayaçna*. Ein Beispiel einer Form auf *ána* (für *mána*) in der zweiten Haupt-Conj. ist *uçána* (l. c. p. 543) als Nom. pl. für skr. *uçánás*, von *vaç* wollen, mit unregelmäfsiger Zusammenziehung der Sylbe *va* zu *u*. Beispiele von Participien des Fut. pass. sind ⟨zend⟩ *çanhyamana* oder *-mna* **geboren werden werdend****) und ⟨zend⟩ *uçdáqyamna* **emporgehalten werden werdend** = skr. *uddásyamána*, s. §. 669).

795. In nahem Zusammenhang mit dem Participialsuffix *mána* steht das skr. Suffix *man*, dessen Urgestalt *mán* zu sein scheint, welche den starken Casus verblieben ist. Die damit gebildeten Wörter haben, wie die verwandten Participia, entweder active oder passive Bedeutung; einige sind abstracte Substantive, wie die griechischen Bildungen auf μονή (φλεγμονή, χαρμονή, πεισμονή, πλησμονή, πημονή, φεισμονή), die formell mit den Participial-Femininen auf μενη im Wesentlichen identisch sind, — da ε und ο ursprünglich Eins sind (§. 3) — und hinsichtlich der Betonung der letzten Sylbe des Suffixes mit dem sanskritischen *áná*, *áná'* (für *máná*, *máná'*) der 2ten Haupt-Conjug. übereinstimmen

---

*) Es möge hier auch des Namens der etruskischen Göttin *Volt-u-mna* gedacht werden, welcher seiner Bildung nach nicht leicht anders denn als weibliches Part. med. oder pass. gefafst werden kann. *Vert-u-mnus* = skr. *várt-a-mána-s* ist vielleicht in seiner Endung latinisirt; doch ist auch der Ausgang *us* im Etruskischen nicht befremdend, da wir im Genitiv consonantisch endigender Stämme die Endung *us* mit dem altlateinischen *us* im schönsten Einklange finden (§. 187).

**) V. S. p. 28 und 103; s. §. 668.

(s. §. 791). Masculina auf *man* sind uns im Sanskrit nur wenige erhalten, und auch diese wenigen sind gröfstentheils von seltenem Gebrauch. Beispiele sind: *śúśman* Feuer, als trocknendes, *uś-man* die heifse Jahreszeit, als brennende, *véman* Weberstuhl, als webender, oder Werkzeug des Webens, *síman* Grenze, als bindende, von सि *si* binden, mit verlängertem *i*, *pấp-man* Sünde, als gesündigtes (*peccatum*), von verlorener Wurzel. Einige Masculina auf *man* haben einen Bindevocal *i*, wie *har-i-mán* Zeit, als fortnehmende, vertilgende, *sar-i-mán* Wind, als sich bewegender, wehender, *dar-i-mán* Gestalt, als gehaltene, getragene (so lat. *forma*, von der Wz. *fer*), *star-i-mán* Bett, als ausgebreitetes (vgl. *stramen*). So die beiden Abstracta *ǵán-i-man* Geburt und *már-i-man* Tod, die zwar ebenfalls männlich sind, aber durch Betonung der Anfangssylbe sich von den übrigen Bildungen auf *man* mit dem Bindevocal *i* unterscheiden; also *ǵán-i-man*, *már-i-man* (wie *śúśman* etc.) gegen *harimán*, *sarimán*, *starimán*, *darimán*, *barimán*.

796. Viel zahlreicher als die männlichen, sind im Sanskrit die neutralen Stämme auf *man*; sie haben sämmtlich den Ton auf der Wurzelsylbe und drücken theils ein passives, theils ein actives Verhältnifs aus, oder sind Abstracta. Beispiele sind: *dấman* Haus, als gemachtes, gebautes, von *dá* setzen (*vidá* machen), *vártman* Weg, als worauf gegangen wird, von *vart*, *vṛt* gehen, *véśman* Haus, als in welches eingegangen wird, von *viś* eingehen, *sádman* id. von *sad* gehen und sitzen; *kárman* That, *factum*; *várman* Harnisch, als bedeckender; *róman* Haar (verstümmelt aus *róhman*), als wachsendes; *dấman* Band, als bindendes*); *stấman* Stärke, als Bestand habende, von *stá* stehen;

---

*) Ohne begrifflich entsprechende Wurzel, vgl. griech. δέω, δέσμαт aus δεσμαν, wovon später.

gánman Geburt, von *gan* gebären; *préman* Liebe, von *prí* lieben. Das Şend liefert die Neutral-Stämme ܕܡܢ *dáman* Volk, als geschaffenes (= skr. धामन् *dā́man* Haus), ܡܝܫܡܢ *maiśman* urina (quod mingitur, skr. *mih* mingere) und ܨܫܡܢ *ćaśman* Auge, als sehendes. Letzteres ist wurzelhaft verwandt mit dem skr. gleichbedeutenden *ćákśus*, von *ćakś* sehen.

797. Adjectivstämme auf *man* sind im Sanskrit selten; ein Beispiel ist शर्मन् *śárman* m., f., n. glücklich (als Subst. neut. Glück), welches hinsichtlich seiner Bedeutung in keinem einleuchtenden Zusammenhang mit seiner scheinbaren Wurzel (शर् *śar*, शॄ *śr̄* brechen) steht. Im Griechischen entsprechen, auch hinsichtlich der Betonung und der Nicht-Unterscheidung des weiblichen Stammes vom männlich-neutralen, die Adjectivstämme auf μον, wie μνῆμον, τλῆμον, λῆσμον, ἴδμον, φράδμον, ἐπιστῆμον. Zu den in §. 795 erwähnten paroxytonirten männlichen Substantivstämmen wie *śúśman* Feuer, als trocknendes, stimmen im Griechischen solche wie πνεῦμον (Lunge, als athmende), γνῶμον, δαίμον (Gott, Göttin, eigentlich glänzend)*), στῆμον. Mit den daselbst erwähnten dreisylbigen oxytonirten Masculinstämmen wie *harimán* Zeit, als fortnehmende, vergleiche man κηδεμόν, ἡγεμόν. Hierher gehören auch, da ε wie ο eine Entartung von α ist, einige Stämme auf μεν, namentlich ποιμέν (Hirt, als weidender, vgl. *pasco* und die skr. Wz. *pá* erhalten, nähren), αὐτμέν **), λιμέν, πυθμέν

---

*) Gehört wahrscheinlich zur skr. Wz. *div* glänzen, wovon *devá* Gott, *div* Himmel, *divasá* Tag u. a. (s. Benfey, Griech. Wurzellex. II. p. 207).

**) Hinsichtlich des in αὐτμήν, σταθμών, und auch öfter vor dem Suffix μο der Wurzel angefügten *t*-Lauts beachte man eine ähnliche Erscheinung im Sanskrit, wo vor den Suffixen *van*, *vara* und dem Gerundial-Suffix *ya* den Wurzeln, welche mit einem kurzen Vocal enden, stets ein euphonisches *t* beigefügt wird; z. B. von *ǵi* kommt *ǵítvan* und *ǵítvara* siegend, *ǵítya* (mit vorangehenden Praepositionen) nach dem Siegen.

(die beiden letzten von verdunkelten Wurzeln). — Das Suffix μών, μῶν-ος von κευθμών, θημών, χειμών, λειμών (aus λιβ-μών) hat die vom entsprechenden skr. Suffix nur in den starken Casus geschützte Länge durch alle Casus erhalten, so das entsprechende lat. *môn* der Stämme *sermôn*, *termôn* (= *terminus*, s. §. 478. p. 327), *têmôn* und *pulmôn* *). — Zu den skr. Bildungen auf *man* gehört höchst wahrscheinlich auch das lat. *ho-min* für *ho-môn* (in der alten Sprache *he-mo*, *he-mônis*). Ich fasse das *h*, wie schon anderwärts bemerkt worden **), als Vertreter des *f* von *fui* etc. und somit *hŏ* als = *fŏ* von *fŏ-re*, *fŏ-rem*. Man berücksichtige das prâkritische *hômi* aus *havâmi* ich bin, für skr. *b'avâmi*, und die Dativ-Endung *hi* von *mihi* gegenüber dem skr. *hyam* aus *b'yam* (s. II. p. 421 ff.). Der Mensch ist also nach dem lat. Ausdruck blofs der seiende, wie im Sanskrit *ǵâna* etymologisch der geborene (Wz. *ǵan* zeugen, gebären). Auffallend ist die Übereinstimmung des goth. Stammes *guman* Mensch, althochd. *go-mon*, *ko-mon* (Nom. *guma*, *gomo*, *komo*), worauf unser *gam* von *Bräutigam* sich stützt (althd. *brût-gomon*, eigentlich Braut-Mann), mit dem lat. *ho-min*, *he-môn*; doch beschränkt sich, wie ich jetzt glaube, die wirkliche Verwandtschaft nur auf das Suffix, und der germanische Ausdruck reiht sich hinsichtlich der Wurzel an das eben erwähnte skr. *ǵâna*, mit Bewahrung der alten Media (s. §. 92) und mit Verlust des *n*, wie in dem wurzel- und suffixverwandten *ki-mon* Keim (s. S. 170 Anm. *);

---

*) Vgl. Pott, Etym. Forsch. II. 594 und I. 270, wo *tê-mo* wie *tig-num* mit der skr. Wz. *taks'* (frangere, findere, fabricari) vermittelt worden, wovon auch *tâks'an* Zimmermann und unser *Deichsel*, als gezimmerte (althochd. *dihsila*, angels. *dhixel*), und das althochd. *dehsa* und *dehsala* fem. Beil (Graff V. 125), als spaltendes. Für die active Bedeutung bleibt den latein. Bildungen auf *môn* blofs *pulmôn* Lunge, als athmende, umstellt aus *plumôn* (ion. πλεύμων).

**) Jahrb. für wissensch. Kritik, Nov. 1830. p. 791; vgl. Pott, E. F. I. p. 217 und Benfey, Gr. W. L. II. p. 105.

es heifst demnach *gu-man, go-mon* eigentlich der geborene. Der Umstand, dafs uns die skr. Wz. *ǵan* im Gothischen bereits in den Formen *kin* (*keina, kain, kinum,* wovon unser *Kind*), *kun* (*kuni* Geschlecht) und *qvin* (*qveins* Ehefrau, als gebärende, vgl. γυνή) erhalten ist, darf uns nicht abhalten, auch eine Form zuzulassen, welche die ursprüngliche Media geschützt hat. Ich erinnere daran, dafs an die skr. Wz. *gam* gehen sich sowohl das goth. *qvam* kommen (*qvima, qvam*), als *ganga* ich gehe anreiht (s. §. 755). Um aber wieder zum lat. Suffix *môn* zurückzukehren, so entspringen hieraus durch *ia* oder *iŏ* die Formen *mônia, môniŏ,* wie *tória* aus *tôr* (*victória* von *victor*), mit dem Unterschied, dafs den Bildungen wie *quer-i-mônia, al-i-mônia, al-i-mônium, cer-i-mônia* (Wz. *cer* = skr. *kar, kṛ* machen) ihre Primitiva auf *môn* entschwunden sind. Auch aus Adjectiv- und Substantivstämmen entspringen durch dieses Doppelsuffix Abstracta, wie *acri-mônia, aegri-mônia, casti-mônia, miseri-mônium, tristi-mônium, testi-mônium, matri-mônium*. Ich halte das *i* von Formen wie *casti-mônia, aegri-mônia* für eine Schwächung des Endvocals des Stammnomens (vgl. §. 906) und das *i* von *matri-mônium* für eine Erweiterung des Stammes, die auch in mehrere Casus aller consonantisch endigenden Stämme eingedrungen ist.

798. Im Griech. gibt es einige Stämme auf μῖν, die ebenfalls die Vocallänge für alle Casus bewahren und an die sanskritischen starken Casus mit *mán* sich anlehnen, wozu sie sich hinsichtlich ihres ῑ verhalten, wie z. B. im Sanskrit der Plural *krí-ṇí-más* wir kaufen zum Sing. *krí-ṇā́-mi* (s. §. 485). Man vergleiche z. B. den Acc. sing. ῥηγμῖν-α und den Nom. pl. ῥηγμῖν-ες mit analogen Sanskritformen wie *súśmā́ṇ-am, súśmā́ṇ-as* (p. 166), während im Gen. sing., der zu den schwachen Casus gehört, das skr. *súśmaṇ-as* (mit kurzem *a*) gegen des gr. ῥηγμῖν-ος im Nachtheil steht. Das Suffix μῖνο, fem. μῖνη reiht sich an das skr. Participialsuffix *mána* und steht diesem hinsichtlich der Bewahrung der Länge näher als das gewöhnliche μενο.

Hierher gehören z. B. κάμῑνο-ς Backofen, als brennender, glühender, von καίω, κᾱω, mit gekürztem Wurzelvocal; ὑσμίνη Kampf, wozu das Griech. keine Wurzel darbietet, welche Pott (II. p. 594) mit Recht in dem skr. *yudʰ* kämpfen findet (wovon *yudʰmá-s* Kampf, welches im Griech. ὑσμος erwarten liefse); κυκλάμῑνος, κυκλάμῑνον, eigentlich gerundet.

799. Im Gothischen stimmen zu den in §. 795 erwähnten sanskritischen männlichen Substantivstämmen auf *man* die ebenfalls männlichen Stämme *ahman* Geist, als denkender (*ahja* ich denke), *hliuman* Ohr, als hörendes (skr. Wz. *śru* aus *kru* hören, gr. κλυ), *blôman* Blume, als blühende (althochd. *bluot* floret, *bluont* florent), *skeiman* Leuchte, als scheinende, leuchtende (skr. *kan* leuchten)*), und mit passiver Betonung: *mal-man* Sand, als zerriebener, auch neut. (Nom. m. *malma*, neut. *malmô*, s. §§. 140. 141), und *hiuh-man* Haufe, als gehäufter, von der für das Verb. verlorenen Wz. *huh* (euphon. *hauh*, s. §. 82), wozu auch *hauhs* hoch gehört (Grimm II. p. 50). Das Alt-

---

*) Ich trage kein Bedenken *skeiman* von der Wz. *skin* scheinen, leuchten (*skeina, skain, skinum*) abzuleiten, mit Unterdrückung des Endcons. der Wurzel, da *nm* eine dem Germanischen unbequeme Verbindung ist; daher auch im Althochd. *kî-mon, chî-mon* (Nom. -*mo*) Keim, von der Wurzel *kin, chin* (*chin-i-t* pullulat, *ar-kin-i-t*, *ar-chin-i-t* gignit, germinat, s. Graff IV. 450) = skr. जन् *g'an* zeugen, gebären (lat. *gen*, gr. γεν), wovon das mit *kimon* in Wz. und Suffix übereinstimmende *g'án-man* neut. und *g'án-i-man* masc. Geburt. Im Latein. entspricht *ger-men* für *gen-men*. Hinsichtlich der Abwerfung des Endconsonanten der Wurzel vor dem *m* des Suffixes vergleiche man das skr. *rô-man* Leibhaar, als wachsendes, für *rôh-man*, und latein. Formen wie *fulmen* für *fulg-men*, *lûmen* für *luc-men*, sowie das wahrscheinlich in Wz. und Suffix mit *kî-mon* verwandte *gê-minus* (s. §. 478 Schlufs). Zu *lû men* stimmt in Wz. und Suffix das Angelsächs. *lëo-man* (Nom. *lëoma*) Licht, für *lëoh-man*, vgl. goth. *lauh-môni* Blitz (§. 793).

hochdeutsche setzt dem gothisch-sanskritischen *man* die Form *mon* (Nom. *mo*) gegenüber und begegnet in dieser Form dem griech. μον. Beispiele sind: *wahs-a-mon*, auch *wahsmon* Gewächs, Frucht, als wachsende oder gewachsene*), *gliz-e-mon* Glanz, *ka-smag-mon* Geschmack; mit passiver Bedeutung: *sâ-mon* Saamen, als gesäter (lat. *sê-men*) **). Da im Sanskrit das Suffix *man* auch abstracte Substantive aus Adjectivstämmen bildet, wie z. B. *prat'-i-mân* Breite, von *prt'ú* breit (aus *pratu*, vgl. gr. πλατύ-ς, lit. *platù-s*), *krsn-i-mán* Schwärze, von *krsnd* schwarz ***), so mag hier auch des althochd. *rôta-mon* (auch *rôto-mon*, *rôte-mon*) Röthe, vom Adjectivstamme *rôta*, als eines merkwürdigen Analogon gedacht werden.

800. Im Litauischen zeigt sich das betreffende Suffix in der Form *men*, Nom. *mů*, und so entspricht das vom litauischen Standpunkte aus dunkele *pěmen*, Nom. *pěmů'*, Hirtenknabe, dem gr. ποιμέν, ποιμήν (s. §. 797), und *akmen*, *-mů'* Stein dem auch im Sanskrit dunkelen *áiman*, *-má*. Deutlich vom litauischen Standpunkte aus sind die Stämme *augmen*, *želmen* Sprosse, Spröfsling, als wachsender (*áugu* und *želů* ich wachse), *jôsmen* Band am Schurz, Gurt (*jôs-mi* ich habe einen Gürtel an, *ap-si-jôs-mi* ich umgürte mich); *stô-men* Statur (*stóicju* ich stehe, vgl. skr. *stá'-man* Stärke, von *stá* stehen). *Semenys* Leinsaat, eigentl. blofs Saat (*sěju* ich säe, fut. *sě-siu*), ist ein Nom. pl. wie *akmeny-s* Steine, von dem erweiterten Stamme *akmeni* †), und läfst einen Sing. *semů* erwarten, stimmt also

---

*) Die verwandte skr. Wz. *vaks* wachsen würde im Medium das Part. praes. *váks'amána* bilden.

**) Ist bereits in meiner Recension von Grimm's Deutscher Gramm. (Berlin, Jahrb. für wissenschaftl. Kritik, Febr. 1827. p. 757, Vocalismus p. 131) in obigem Sinne erklärt worden.

***) Der Endvocal des Stammwortes wird vor dem Bindevocal *i* abgeworfen.

†) Von dem Primitivstamme *akmen* kommt die veraltete Form *ákmen-s* für skr. *ás'mán-as* und analog den goth. Formen wie

zum althochd. Stamme *sá-mon* (p. 171) und zum lat. *sê-men*. — Das Altslavische bietet einige männliche Stämme auf МЕН dar, welche im Nom. МЖI *mü* dem lit. *mù* und skr. *má* gegenüberstellen (s. §. 266. p. 532), jedoch die Form МЕНЬ *mení*, von dem erweiterten Stamme *meni* vorziehen. Vom slavischen Standpunkte ist jedoch nur *pla-men* (Nom. *planü* oder *plamení*) Flamme, als brennende, etymologisch verständlich; КАМЕН *kamen* Stein (Nom. *kamü* oder *kamení*) stimmt zum lit. *akmen*, *akmü'* und skr. *áśman*, *áśmá*. — Daſs auch dem Armenischen die in Rede stehende Wortklasse nicht ganz fehlt, ist bereits gezeigt worden (s. §. 183ᵃ). p. 363). Zu den l. c. erwähnten Beispielen füge ich noch den Stamm *ser-man* Saamen (Nom. *ser-mn*), dessen wurzelhafter Theil zum lat. *sero* stimmt, während sein Suffix mit dem von *sê-men*, -*min-is* und dem althochdeutschen männlichen *sá-mon* übereinstimmt. Es fehlt aber dem armenischen Ausdruck an einem entsprechenden primitiven Verbum, denn *sermanem* ich säe ist ein Denominativum und kommt vom Stamme *serman*, wie das lat. *semino* vom Stamme *semin*.

801. Den in §. 796 besprochenen skr. Neutralstämmen auf *man* (Nom. *ma*, s. §. 139) entsprechen die lateinischen auf *min* (in den endungslosen Casus *men*), die griechischen auf ματ für μαν (s. §. 498), die gothischen und slavischen auf *man*, МЕН *men*. Die hierher gehörenden lat. und griech. Bildungen haben, wie ihre skr. Schwesterformen, entweder, und zwar vorherrschend, passive Bedeutung, wie z. B. *praefamen*, *stramen*, *sêmen*, *agmen*, *segmen*, *germen* *), πραγματ,

---

ahman-s (s. §. 235. p. 465), welchen ebenfalls der Vocal der skr. Endung *as*, griech. ες entwichen ist, während die slav. Endung *e* (s. §. 274) den Vocal der Endung gerettet hat und den Consonanten nach §. 92. *m* aufgeben muſste. Einen zusammenhangenden Überblick der den litauischen und altslavischen n-Stämmen verbliebenen Casus gewährt §. 255. p. 514 ff. Die dort fehlenden Casus stammen von einem durch *i* erweiterten Thema.

*) *Germen* aus *genmen* gründet sich auf die häufige Vertauschung der Liquidae (§. 20).

παημα τ, ρημα τ, ἀκούσματ, γραμματ, γλυμματ, δσματ, βρωματ; oder active, wie *flumen*, *lumen* (aus *lucmen*), *fulmen* (aus *fulgmen*), *tegmen*, *teg-i-men* *), *teg-u-men*, *reg-i-men* (Steuerruder, als lenkendes), δεσματ, ρυματ, πνευματ, ἀηματ, βροντηματ, εἱματ, ἑσ-θηματ; oder Abstracta, wie *solamen*, *certamen*, *levamen*, *tentamen*, *regimen*, *molimen*, βλημα τ, βσηματ, βρυχηματ, δειματ, χαρματ. Am Ende von Compositen hat sich das ursprüngliche ν des aus μαν entarteten Suffixes ματ entweder in seiner Urgestalt behauptet, oder es ist ganz unterdrückt worden; in beiden Fällen aber hat sich das α zu ο (Nom. m. f. μων) entartet; wahrscheinlich, weil die schweren Laute τ und α für die Belastung durch Zusammensetzung weniger geeignet gefunden wurden, als die leichteren ν und ο, daher z. B. πολυπραγμον, ἀπραγμον, ἀναιμον und ἀναιμο, ἀκυμον und ἀκυμο, ἀνωνυμο, συνωνυμο. Interessant ist die Form νωνυμο, weil hier das alte *n* des skr. *nā′man*, lat. *nomen* etc., welches in ὀ-νοματ zu τ geworden, sonst aber in der Compos. bei diesem Worte unterdrückt ist, sich behauptet hat, aber mit der Stamm-Erweiterung durch ο und

---

*) Das *i* von *teg-i-men*, *reg-i-men* ist identisch mit dem Klassenvocal der 3ten Conjug. und führt also zum skr. *a* der ersten und 6ten Kl., welches sich im Lat. zu *i* oder *u* geschwächt hat (*veh-i-mus*, *veh-u-nt*, s. §. 507); dies erhellt aus dem langen *i* der 4ten Conjug. (*mol-i-men*, *fulc-i-men*, wie *mol-i-mini*, *fulc-i-mini*) und dem *á* der ersten (*certámen*, *levámen* u. a.). Formen wie *agmen*, *fragmen*, *tegmen* stehen dagegen auf der Stufe des Sanskrit, welches das Suffix *man*, ohne Rücksicht auf die Conjug. des Verbums, fast durchgreifend unmittelbar mit der Wz. verbindet. Bei der latein. 2ten Conjug. sollte man *é* vor dem besprochenen Suffix und dem daraus entsprungenen *mentō* erwarten; dafür aber steht, wo nicht das Suffix unmittelbar mit der Wz. verbunden wird, nach Analogie der 3ten Conjug. *i* oder *u*; daher z. B. *sed-i-men*, *doc-u-men*, *doc-u-mentum*, *mon-i-mentum*, *mon-u-mentum*. Überhaupt haftet das latein. *é* der 2ten Conjug. nicht so fest als die beiden anderen Vertreter des Charakters der skr. 10ten Klasse (§. 109ᵃ). 6), daher auch z. B. *doc-ui*, *doc-tum* gegen *am-á-vi*, *am-á-tum*, *aud-i-vi*, *aud-i-tum*.

Unterdrückung des Vocals des Suffixes (νωνυμνο aus νωνυμανο oder νννυμενς); in letzterer Beziehung, vergleiche man die schwächsten Casus des skr. *nā́man*, z. B. den Genitiv *nā́mn-as*, Dativ *nā́mn-ê* und den goth. plur. *namn-a*. Ἀπάλαμνο deutet auf ein verlorenes Substantiv παλαματ aus παλαμαν (wofür auch παλαμναῖος spricht), welches, wie es scheint, durch παλάμη aufser Gebrauch gesetzt worden. Auch κρηδεμνο Kopfbinde fasse ich hinsichtlich seines Schlufsbestandstheils lieber als Analogon von -ωνυμνο (somit als Ableitung von δεματ aus δεμαν) denn als Participium für δεμενο; dagegen gilt mir διδυμνο, welches Passow als analog mit νώνυμνο-ς und ἀπάλαμνο-ς darstellt, als Participium (also eigentlich verdoppelt), von einem aus δύο entsprungenen reduplicirten Verbalstamm διδυ, wovon man ein Praesens ind. δίδυμι zu erwarten hätte; also διδυμνο-ς wie διδόμενο-ς, nur mit Unterdrückung des mittleren Vocals des Suffixes, wie im lat. *al-u-mnŏ*, und in dem oben (S. 161) erwähnten altpreufsischen *en-im-u-mne*. Man vergleiche auch die bereits von Pott (E. F. II. p. 594) unter diesem Gesichtspunkte besprochenen participialen Substantivstämme auf μνο, fem. μνα, wie βελεμνο, μεδιμνο, μεριμνα; denen eben so wenig als dem gedachten διδυμνο ein entsprechendes Verbum zur Seite steht, wenngleich βελεμνο, eben so wie βέλος, sichtlich mit βάλλω zusammenhängt.

802. Die altslavischen Neutralstämme auf МЕН *men* haben in den Casus, welche im Skr. und Goth. das schliefsende *n* abgelegt haben, das alte *a* mit einem nachklingenden Nasal bewahrt, daher z. B. ИМА *imań* Namen, (s. §. 266. p. 532), vom Stamme *imen* = skr. *nā́man*. Hieher gehören noch die Stämme СѢМЕН *sê-men* Saamen, als gesäter (СѢЖ *séjuń* ich säe, s. II. p. 360) = lat. *sêmen*, ahd. *sâmon* masc., ПИСМЕН *pis-men* Buchstabe, als geschriebener*), ЗНАМЕН *sna-men* Zeichen, als kennen machendes (*sna-ti* kennen), und einige Wörter von dunkelen Wurzeln (Do-

---

*) *pis-a-ti* schreiben, Praes. *pis'-u-ń*, s. II. p. 362 Anm. **.

browsky S. 288). Das Gothische bietet aufser *na-man* Namen (Nom. Acc. *namô*, s. §. 141), welches in den übrigen german. Sprachen zum Masc. geworden ist, nur noch *aldô-man* Alter dar, wenn dieses Wort wirklich, wie v. der Gabel. und Löbe annehmen, ein Neutrum ist, was aus dem einzig belegbaren Dativ *aldômin* (Luc. I. 36) nicht erkannt werden kann. Als neutrales Abstractum eines Adjectivums würde es zu den oben (S. 171) erwähnten skr. Neutralstämmen wie $krṣṇ'-i-mdn$ Schwärze, von $krṣṇá$ schwarz stimmen, während das gedachte althochd. *rôta-mon* Röthe vielleicht wie *na-mon* Namen (Nom. *namô*) erst auf dem Wege der Entartung zum Masc. geworden ist. Das *ô* des gothischen *aldô-man* fasse ich als die Verlängerung des *a* des Stammes *alda* (s. §. 69) alt, der zwar nicht zu belegen ist, aber aus den verwandten Dialekten gefolgert werden kann (s. Graff I. 192). Sollte aber *aldô-man* nicht von adjectiver, sondern von verbaler Herkunft sein, so müfste man sich ein verlorenes Denominativum *aldô* ich altere denken (s. §. 765), und *aldô-mon* würde dann zu latein. Bildungen wie *certá-men* (§. 801) stimmen. An eine Bildungsverwandtschaft mit dem althochd. Compos. *alt-duom*, *alt-tuom* ist kaum zu denken (s. Grimm II. 151).

803. Aus dem Suffix *men, min* ist im Lateinischen eine erweiterte Form *mentŏ* entsprungen (*argu-mentu-m, mon-u-mentu-m, incre-mentu-m, co-gno-mentu-m, sed-i-mentu-m* u. a.), worin ich nicht mit Pott (E. F. II. 594) den Zusatz eines Participialsuffixes *tŏ* (*tus, ta, tum*) erkennen möchte, sondern einen blofsen phonetischen Zusatz, ungefähr wie im gothischen der Stamm *hun-da* (Nom. *hunds*) dem skr. *śun* der schwächsten Casus und griech. κυν (κύων, κυνός) gegenübersteht, oder wie im Latein. die skr. Wurzeln *tan* ausdehnen und *han* (aus *d'an*) schlagen, tödten (gr. θαν) sich zu *tend, fend* (*f = d', θ*, s. §. 16) erweitert haben, und im Skr. selber *kan* und *ćand* (aus *kand*) glänzen ursprünglich Eins sind. Den Nasalen tritt überhaupt gerne eine Muta, und dieser dann ein Vocal zur Seite, und so steht

dem latein. erweiterten Suffix *mentŏ*, abgesehen von dem Geschlecht, im Althochdeutschen *munda* (aus *manda*), Nom. *mund* gegenüber, doch nur in dem einzigen Stamme *hliumunda*, Nom. *hliu-mund* (verstümmelt *liu-mund*, unser *Leumund*) Ruf, als gehörter, wie im goth. *hliu-man* Ohr, als hörendes (vgl. Grimm II. p. 343). Der griech. Stamm ἑλμινϑ Wurm, als sich windender, hat dem oben (§. 798) erwähnten Suffix μῑν blofs ein ϑ zur Seite gestellt, steht aber in dieser Beziehung eben so isolirt da, als im Althochdeutschen das eben erwähnte *hliu-munda*. Die Form ἑλμιγγ (ἕλμιγγες) zeigt statt des *t*-Lauts einen Guttural als unorganischen Zusatz und erinnert so an das Verhältnifs unserer Wurzel *sang* singen (ahd. *singu*, *sang*, 2te P. *sungi*) zur skr. Wz. *svan* tönen, sofern die von Graff (VI. p. 247) zugelassene Verwandtschaft gegründet ist.

804. Den Ursprung des medio-passiven Participialsuffixes *mána* und des verwandten Nominalsuffixes *man* glaube ich in der Vereinigung zweier Demonstrativstämme, *ma* und *na*, zu erkennen (s. §§. 368. 369), also mit Vocalverlängerung in *mána* und in den starken Casus von *man*, und mit Unterdrückung des Endvocals in der letztgenannten Form. Es ist hierbei daran zu erinnern, dafs sich *na* gerne mit anderen Pronominalstämmen verbindet und dann immer die letzte Stelle einnimmt, daher अन *aná*, एन *éna*, im griech. κεῖνο-ς, und im altpreufsischen *ta-ns* für *ta-na-s* er*), gegenüber dem litauischen einfachen *ta-s* dieser, der. Sollte das mediale Verhältnifs in dem Suffix *mána*, μενο wirklich formell ausgedrückt sein, so müfste der Schlufsbestandtheil das nominative Verhältnifs ausdrücken, oder dasjenige, welches der jedesmaligen Stellung des Participiums im Satze zukommt; und das unveränderliche *má*, με das dative oder accusative (*sibi, se*), so dafs also न *na*, νο die handelnde Person bezeichnete und मा *má*, με diejenige, worauf die Handlung zurückwirkt, die aber beide im Medium eine und

---

*) Fem. *tanna* mit beliebter Verdoppelung der Liquida.

dieselbe sind. Die Suffixe der Participia, wie überhaupt der Adjective und Substantive, vertreten die Personal-Endungen der Verba, namentlich die der 3ten Person, und so halte ich auch das *t* des Part. praes. und fut. act. für identisch mit der Endung der 3ten Person und eben so wie diese für ein Erzeugnifs des Pronominalstammes *ta*, der seines Vocals in dem Participialsuffix verlustig gegangen ist. Das *n* des activen Participialsuffixes dient wahrscheinlich nur zur phonetischen Steigerung und nachdrucksvolleren Bezeichnung der selbst handelnden Person, während in der 3ten P. pl. durch dieselbe Nasalirung die Mehrheit symbolisch angedeutet wird (s. §. 458), daher die Begegnung von *b'áránt*, φέροντ, *ferent*, goth. *bairand* tragend, mit *b'áránti*, φέροντι, *ferunt, bairand* sie tragen.

805 Den einfachen Pronominalstamm *ma* erkennen wir in dem skr. Suffix *ma*, welches an Adjectiven oder Substantiven die Person oder Sache bezeichnet, welche die durch die Wz. ausgedrückte Handlung vollbringt, oder an welcher sie vollbracht wird. Auch Abstracta werden durch dieses Suffix gebildet, welches jedoch in dem uns erhaltenen Zustand der Sprache nur sparsam in Anspruch genommen wird, während die entsprechenden Suffixe des litauischen und griechischen (*ma*, μο) sehr häufig in Anwendung kommen. Beispiele im Sanskrit sind: *rukmá-m* Gold, als glänzendes (*ruć* aus *ruk* glänzen), *yug-má-m* Paar, als verbundenes, *tigmá* Adj. (-*má-s*, *má*, *má-m*) scharf (geschärft), heifs (Wz. *tig* aus *tig* schärfen), Subst. neut. (*tigmá-m*) Hitze; *b'îmá* furchtbar (gefürchtet, Wz. *b'î* fürchten), *d'ûmá-s* Rauch, als bewegt werdender (Wz. *d'û* bewegen), *yud'-má-s* Kämpfer, Kampf, Pfeil (*yud'* kämpfen), *g'armá-s* Hitze (Wz. *g'ar*, *g'r* glänzen, s. Gloss. Sanscr. a. 1847 s. v. *g'arma*), *is'má-s* Liebe (Wz. *is'* wünschen), *id'má-s* Holz, als gebrannt werdendes (Wz. *ind'* brennen). Letzterem entspricht das sendische ⰂⰅⰔⰓⰏⰀ *aidma* (Nom. -*mô*). Man beachte die Übereinstimmung der er-

wähnten skr. Wörter in der Betonung des Suffixes mit den griechischen Bildungen wie στολμό-ς, παλμό-ς, κορμό-ς, ὀδυρμό-ς, κομμό-ς, τριμμό-ς, φλογμό-ς, ἀγμό-ς, ῥυμό-ς, χυμό-ς, κλαυ-θ-μό-ς, μυκη-θ-μό-ς. Im Sanskrit gibt es auch einige mit *ma* gebildete Wörter, welche wie im Griechischen πότμς-ς, σῖμς-ς *), ἄνεμο-ς, ὄλμς-ς, und einige andere von dunkelem Ursprung (Buttmann II. p. 315), den Accent auf der Wurzelsylbe haben. Hierher gehören z. B. *bʰā́ma-s* Sonne, als leuchtende, *śúṣma-m* Feuer, als trocknendes. Zu den männlichen Nominativen auf *ma-s* stimmen zahlreiche litauische Abstracta auf *i-ma-s*, deren *i* gleich dem der skr. Formen wie *ján-i-man* Geburt (s. §. 795) nur ein Bindevocal ist. Beispiele sind: *gim-i-ma-s* Geburt, *ej-i-ma-s* Gang (*ei-mì* ich gehe), *pa-gadin-i-ma-s* Verderbung (*pa-gadinu* ich verderbe). Auch aus Adjectivstämmen werden im Litauischen auf diese Weise abstracte Substantive gebildet, wobei ein schlieſsendes *a* des Adjectivstammes zu *u* geschwächt wird, während Stämme auf *u* ihren Vocal unverändert lassen. Beispiele sind: *gůdu-ma-s* Geiz, von *gůdù-s* geizig, *graźu-ma-s* Schönheit, von *graźù-s* schön, *darku-ma-s* Häſslichkeit, von *darkù-s* häſslich, *drasu-ma-s* Kühnheit, von *drasù-s* kühn (vgl. griech. θρασύ-ς, θαρσύ-ς, skr. *d'arṣ́*, *d'ṛṣ́* wagen), *aukśtu-ma-s* Höhe, von *aukśta-s* hoch, *ilgu-ma-s* Länge, von *ilgi-s* (für *ilgia-s*, s. §. 135) lang **).

806. Das Lateinische hat nur wenige, in ihrer Etymologie verdunkelte Wörter, auf *mu-s* den indisch-litauischen auf *ma-s* und griechischen auf μς-ς gegenüber zu stellen; z. B. *an-i-mus*, welches, wie das griech. ἄν-ε-μς-ς in der skr. Wz. *an* athmen, wehen seinen Ausgangspunkt findet;

---

*) *oi* ist die Guṇirung der Wz. *i* gehen (vgl. §. 609). So im Skr. *vártman* Weg von *vart*, *vṛt* gehen.

**) Die Stämme auf *ia*, Nom. *is*, werfen ihr *i* vor dem aus *a* entsprungenen *u* ihrer Abstracta ab.

fú-mus = skr. *d'ú-má-s* Rauch*); vielleicht *pó-mu-m* Apfel, als nährender oder genossen werdender (skr. *pá* erhalten und trinken, vgl. *pa-bulum*, *pa-sco*, *pá-vi*, *pó-tus*, *pó-túra*); und die Adjective *for-mus* (vgl. *ferveo*, *fer-mentum*), *fir-mus* (vgl. *for-tis*, *fero*), *al-mus*. Auch in den germanischen Sprachen sind die hierher gehörenden Bildungen gröfstentheils sich ihres Ursprungs nicht mehr bewufst; sie finden sich bei Grimm II. p. 145 ff., wo jedoch die Suffixe auf *ma* und *mi*, welche beide ihren Endvocal im Nom. sing. eingebüfst haben (s. §. 135), nicht geschieden sind. Ich halte das Suffix *mi*, welches auch im Sanskrit und Griechischen besteht**), für eine blofse Schwächung von *ma*, wie im griech. Pronominalstamm μι (Acc. μίν) = skr. *ma* (s. §. 368). Das goth. *bag-ms* Baum (them. *bag-ma*) bedeutet wahrscheinlich ursprünglich der wachsende (skr. *barh*, *bṛh* wachsen), der Adjectivstamm *ar-ma*, Nom. *arms*, ist vielleicht eine Verstümmelung von *ard-ma* und Spröfsling der skr. Wz. *ard* quälen, womit ich auch das skr. *ár-ma* (Nom. m. *árma-s*, neut. *árma-m*) eine Augenkrankheit, vermitteln möchte; *bar-mi* (Nom. *barms*) Schoofs stammt sichtlich von der Wz. *bar* (*baira*, *bar*) tragen. Im Althochdeutschen entspricht *dau-m*, *dou-m* (them. -*ma*, od. -*mi*?) Dampf dem skr. *d'ú má-s* Rauch; *trau-m*, them. *trau-ma* (altsächs. *dróm*, *dróma*) führt zur skr. Wz. *drá* schlafen***);

---

*) Wz. द्‌यु *d'ú* bewegen = gr. θύ wovon das formell zu *d'ú - má - s* stimmende θύ-μς-ς. Dem litauischen *dú-mai* Rauch (Nom. pl. vom Stamme *dúma*) fehlt wie dem lat. *fú-mus* das entsprechende Verbum; nicht so der slavischen Rauchbenennung дꙑмъ *dúmŭ* (them. *dúmo*), welcher die Verbal-Wurzel ду *du*, wovon *du-nu-n̂* spiro (s. §. 497), zur Seite steht. Vom Litauischen möge hier auch *dúma* fem. Gedanke (als bewegter), wovon das Denominativum *dumóju* ich denke, eine Erwähnung finden.

**) z. B. दलिमस् *dal-mí-s* masc. Indra's Donnerkeil, von *dal* spalten, भूमिस् *b'ú-mí-s* Erde fem., von *b'ú* sein, werden; δύνα-μι-ς, φή-μι-ς, θέ-μι-ς (Gen. ion. Θέμι-ος).

***) nach den ind. Grammatikern *drái* (s. I. p. 209 und vgl. lat. *dor-mio*, gr. δαρθ-ά-νω, altslav. *drém-a-ti* dormitare).

sau-m (them. *sau-ma*) Saum zu सिव् *siv* nühen (ahd. *siwu* suo); *hel-m* Helm, als bedeckender, stammt von der Wz. *hal* hehlen (*hilu, hal, hulumês*).

807. Die weibliche Form des Suffixes, nämlich *má*, kommt im Sanskrit an Substantiven nicht vor, ihr entsprechen aber die griechischen auf μη, wie γνώμη, μνήμη, στιγμή, γραμμή; die lateinischen wie *flamma* aus *flagma, fáma, spúma, strûma, glûma* für *glubma*; die litauischen auf *mà, mé*[*]), wie *wažmà* das Fahren, *tužmà* Gram, *služmà* Dienst[**]), *gěsmé* Gesang (*gédmi* ich singe), *báimé* Furcht (*bijaú* ich fürchte, skr. Wz. *bí* fürchten, *b'imá-s* furchtbar), *drausmé*[***]) Verbot. Vielleicht gehören auch die litauischen und slavischen Abstracta auf *ba, bě,* БА *ba* hierher, so daſs die Media statt des organgemäſsen Nasals stünde, wie in *dewinł,* ДЕВѦТЬ *devańti* neun (s. §. 317) und wie im griech.

[*]) *mé* aus *mia* (s. I. p. 147) mit unorganischem *i*.

[**]) So *drúžu-mà* Stärke, neben *drúžu-ma-s*, von dem Adjectivstamme *drúža* fest, stark, dessen Wurzel sich im sanskritischen *d'ru* (fixum esse) findet, wovon *d'ruvá* certus, althochd. *triu, ga-triu* fidelis, unser *treu, getreu*, irländ. *dearbh* „sure, certain, true, fixed". Mit ध्रवामि *d'rávámi* ich bin fest, oder vielmehr mit dessen Causale *d'rdvdyámi*, vergleiche man das goth. *traua, trau-ai-s* (unser *traue*), wofür man *draua* erwarten sollte, da in der Regel der skr. aspirirten Media die goth. reine Media gegenüber steht.

[***]) Für *draud-mé* (*draudžù* ich verbiete), nach Analogie des Infin. *draús-ti*, wo die Umwandlung des *d* vor *t* in *s* regelmäſsig ist (s. §. 103). In *ei-s-mé* Gang, Steig (*ei-mì* ich gehe) ist das *s* euphonisch, wie in griech. Formen wie δε-σ-μή, δε-σ-μός. Auch dem männlichen Suffixe tritt zuweilen ein solches euphon. *s* vor, doch, wie es scheint, nur hinter Gutturalen, und es unterbleibt dann die oben (p. 178) erwähnte Einschiebung eines Bindevocals *i*; daher z. B. *džaúg-s-mas* Freude (*džaugiõ-s* ich freue mich), *wérk-s-mas* das Weinen, *rék-s-mas* Geschrei. Es scheint demnach, daſs *ksm* oder *gsm* im Litauischen eine beliebtere Verbindung ist, als *gm, km*. Man vergleiche in dieser Beziehung die in den §§. 95. 96 besprochenen consonantischen Einschiebungen.

βροτός, βραδύς = skr. *mṛtá-s*, *mṛdú-s*. So stehen z. B. im Litauischen die Formen *túžbà* Gram, *slúžbà* Dienst den gleichbedeutenden *tážmà*, *slúžmà* zur Seite. *Garbė́* Ehre, Ruhm (*giriù* ich lobe) stimmt wurzelhaft zum skr. *gar*, *gṛ* (im Vêda-Dialekt loben). Zahlreich sind die Abstracta auf *bė̃* von Adjectivstämmen, deren Endvocal in *y* (spr. *ĭ*) verwandelt wird, z. B. *gėrý-bė̃* Güte, von *gėra-s* gut, *biaurý-bė̃* Häfslichkeit, von *biaurù-s* häfslich. Beispiele russischer Abstracta auf *ba* sind: мольба́ *moljba* das Beten (молю́ *molju* ich bete), служба́ *služba* Dienst (служу́ *služu* ich diene), стражба́ *stražba* das Hüten (стерегу́ *steregu* ich hüte), алчба́ *alčba* Hunger (алчу́ *alču* ich bin hungrig). Vielleicht ist auch im Gothischen, wo wir im Dat. pl. ein *m* für *b* haben eintreten sehen (s. II. p. 424), der umgekehrte Übergang von *m* zu *b* anzunehmen und zwar in den Bildungen auf *u-bni* (them. *u-bnja* neut., *u-bnjô* fem., s. Grimm II. p. 184), gelegentlich *u-fni*. Führt man das *b*, welches offenbar die echtere Form ist, auf *m* zurück, so gleicht z. B. *vit-u-mni* (*vit-u-bni*) Kenntnifs den lateinischen Bildungen wie *al-u-mnus* (s. §. 794), auch gilt mir das gothische wie das lat. *u* nur als Klassenvocal und somit als Schwächung von *a*, oder, bei Grimm's 2ter Conjugation schwacher Form, von *ô*, also *vund-u-fni* fem. Wunde, für *vund-ô-fni*, von *vund-ô* ich verwunde. Beachtung verdient, dafs neben *fraist-u-bni* fem. Versuchung auch *fraist-ô-bni* vorkommt (Gen. pl. *fraist-ô-bnjô* Luc. 4. 13), offenbar von einem unbelegbaren schwachen Verbum *fraistô* (vgl. das altnord. *freista* tentare, s. Graff III. 830), denn das starke Verbum *fraisa* gibt zu dem *t* keine Berechtigung und liefse nur *frais-u-bni* erwarten. Bei *fast-u-bni* das Fasten vertritt das *u* den *a*-Laut des Diphthongs *ai* der 3ten schwachen Conjug., wobei zu beachten, dafs das *i*-Element dieses Diphthongs auch vor den mit Nasalen anfangenden Personal-Endungen abfällt; also wie *fast-a-m* wir fasten, *fast-a-nd* sie fasten, für *fast-ai-m*, *fast-ai-nd*, so *fast-u-bni*, aus *fast-u-mni*, für *fast-ai-mni*.

808. Um die muthmafslichen Verwandten des sanskr. Participial-Suffixes *mâna* zu erschöpfen, mufs hier noch an das latein. Suffix *mulŏ* erinnert werden, dessen *l* vielleicht, wie das von *alius* = skr. *anyá-s* der andere, auf der beliebten Vertauschung der Liquidae beruht (s. §. 20). Also *fa-mulus* eigentlich der machende (für *fac-mulus*), oder, wenn es, wie Ag. Benary vermuthet, zur skr. Wz. *b'aǵ* ehren, dienen gehört (vgl. goth. *and-bah-ts* Diener), der dienende; *sti-mulus* (für *stig-mulus*) Stachel, als stechender*). Man vergleiche das irländische Suffix *mhuil*, z. B. in *fas-a-mhuil* wachsend (*fasaim* ich wachse = skr. *váks'-a-mâṇa-s*). Ist aber das *a* von *fasa-mhuil* nicht Klassenvocal, wie z. B. in *fas-a-m* wir wachsen = skr. *váks'-á-mas*, sondern mit zum Suffix zu ziehen (also *fas--amhuil* zu theilen), so bedeutet der letzte Theil des Wortes „ähnlich" und ist höchst wahrscheinlich eine Verstümmelung des im isolirten Zustande vorkommenden Adjectivs *samhuil***). Wörter wie *fear-amhuil* „manlike", können kaum anders gedeutet werden denn als Zusammensetzungen aus dem betreffenden Substantiv und *amhuil*. Das latein. Suffix *mulŏ* könnte aber auch mit dem skr. *mara* verwandt sein, wodurch *admará* und *ǵasmará* gefräfsig, von *ad*, *ǵas* essen, *srmara* nach Wilson („according to some authorities") a young deer, von *sar*, *sr* gehen. Dieses Suffix ist aber vielleicht, da *v* und *m* leicht mit einander wechseln, ursprünglich Eins mit dem gebräuchlicheren *vara*, wodurch z. B. *nás'vara* vergänglich von *nas'* zu Grunde gehen, *b'ás'vará* glänzend von *b'ás* glänzen, *st'ávará* stehend, unbeweglich, von *st'á* stehen.

---

*) Hierher auch *tu-mulus* von तु *tu* wachsen, wovon auch *tumeo*; *cu-mulus* von श्वि *s'u* (*s'vi*) aus *ku* id. (vgl. Schweizer in Aufr. und Kuhn's Zeitschr. I. p. 560); *tre-mulus* nicht aus *tremo* sondern mit diesem und dem griech. τρέω aus त्रस् *tras* zittern, Caus. *trásáydmi* = lat. *terreo* aus *terseo*, umstellt aus *treseo*.

**) Vgl. das skr. *samá* ähnlich, gr. ὁμό-ς, lat. *similis*.

809. Ehe wir zur Betrachtung derjenigen Participia übergehen, welche nicht, wie die bereits besprochenen, an irgend ein Tempus des Indic. sich anschliefsen, und nicht Activ, Passiv und Medium unterscheiden, müssen wir noch eines dem Lateinischen eigenthümlichen Participiums gedenken, nämlich des Part. fut. pass. auf *ndŏ*. Ich habe dasselbe schon in meinem Conjugationssysteme (S. 115) in formeller Beziehung als eine Modification des Part. praes. act. dargestellt, und glaube bei dieser Ansicht beharren zu müssen, obwohl man ihr den Einwand entgegenstellen kann, dafs auf diese Weise die passive und zukünftige Bedeutung des gedachten Particips durch die Form nicht begründet sei. Allein die Wörter drücken selten die Verhältnisse formell wirklich aus, zu deren Bezeichnung sie durch den Sprachgebrauch bestimmt sind, auch ändern die grammatischen Formen nicht selten ihre ursprüngliche Bedeutung, wie z. B. im Persischen die auf die sanskritischen Nomina agentis auf *tár*, griech. auf τηρ, und lat. auf *tor*, *tôr-is* sich stützenden Formen auf *tár* oder *dár* (*firif-tár* deceptor, *dâ-dár* dator) *) gegen ihre ursprüngliche Bestimmung auch mit passiver Bedeutung gebraucht werden, z. B. *girif-tár* captus, captivus, praeda; *res-tár* liberatus, *kus'-tár* occisus, *guf-tár* sermo (s. Vullers, instit. l. Pers. p. 166 ff.), während umgekehrt die auf die skr. Passiv-Participia auf *ta* sich stützenden Participia auf *teh* oder *deh* vorherrschend active Bedeutung haben, die ursprünglich passive aber fast nur in Verbindung mit dem Hülfsverbum *s'uden* (werden) bewahrt haben, daher *berdeh* qui tulit = skr. *b'r̥tá-s* (aus *b'arta-s*) latus, aber *berdeh mis'uvem* feror, eigentlich latus fio. Das lat. *ferendus* steht dem pers. Part. praes. *berendeh* tragend sehr nahe, und hat wie dieses die ursprüngliche Tenuis (von *ferent*) zu einer Media erweicht und den Stamm durch den Zusatz eines Vocals erweitert,

---

*) Die Wahl zwischen *d* oder *t* des Suffixes hängt von dem vorangehenden Buchstaben ab, vgl. §. 91. p. 130.

wie dies beides auch im Prâkrit und Páli der Fall ist*). Zu Gunsten der Ansicht, dafs die Part. fut. pass. von dem Part. praes. act. ausgegangen sind, spricht auch der Umstand, dafs die Klasseneigenthümlichkeiten, die sich nicht über das Praes. und Imperf. und die vom Praes. abstammenden Formen hinaus erstrecken, in der Form auf *ndŏ* bewahrt sind, z. B. das *n* von *sterno*, das *t* von *pecto*, *plecto*, die Reduplication von *gigno* (*gen-ui*, *gen-i-tum*); auch deuten die Gerundia, die in der Form mit dem Part. fut. pass. identisch sind, auf eine ursprünglich active und gegenwärtige Bedeutung der Participialform; *docendi* des Lehrens, *docendo* durch das Lehren, sprechen für die Bedeutung lehrend, welche *docendus* ursprünglich gehabt haben mufs, denn solche abstracte Substantive, besonders diejenigen, welche wie die lat. Gerundia nur die Ausübung einer Handlung ausdrücken, entspringen naturgemäfs von Activparticipien der Gegenwart, wie z. B. *abundantia* von *abundant*, *providentia* von *provident*, nicht aber von passivischen. Die Participia auf *turŏ* verzichten, wenn sie Abstracta bilden, oder vielmehr ihre weibliche Form zum Abstractum erheben, auf ihre zukünftige Bedeutung und gelten dann als Participia der Gegenwart oder Nomina agentis; also z. B. *ruptura* Zerreifsung, als Personificirung des Zerreifsens, eigentlich die zerreifsende Person, *junctura* Verbindung, *mistura* Vermischung, *genitura* Zeugung, Gebärung. Man berücksichtige, dafs auch im Gothischen aus Adjectiven weibliche Formen ent-

---

*) S. §. 255. p. 513 Anm. 4. Auch das Skr. hat einige Wörter, die offenbar ihrem Ursprunge nach Participia praes. sind, aber dem *nt* noch ein *a* beigefügt haben. Sie betonen das Suffix, daher z. B. *b'ásantá-s* Sonne, als leuchtende, gegen *b'ásant*; *róhantá-s* ein gewisser Baum, als wachsender, gegen *róhant*; *nandayantá-s* erfreuend, gegen *nandáyant*, von *nand* sich freuen, im Causale. So im Latein. *unguentum*, wenn es nicht eine Erweiterung von *unguen* ist (vgl. §. 803), und vielleicht *argentum* Silber, als glänzendes (sanskr. *rag'atá-m*, wie es scheint, von *rág'* glänzen mit gekürztem Vocal.

springen, welche als Abstracta gebraucht werden, wie *mikilei* Größe (them. *mikilein*), von dem Adjectivstamme *mikila*, wozu es sich verhält, wie z. B. im Skr. *sundari* pulcra zum männlich-neutralen Stamme *sundara* (s. §. 120. 1); so unter andern auch *managei* Menge, von *manag(a)-s* viel, *siukei* Krankheit, von *siuk(a)-s* krank (s. Grimm I. p. 608). Auch im Griechischen gibt es einige Adjective, deren weibliche Form die Stelle des Abstractums vertritt, doch so, daß letzteres sich durch die Zurückziehung des Accents von dem weiblichen Adjectiv unterscheidet, in Übereinstimmung mit ähnlichen Erscheinungen im Sanskrit*); daher z. B. θέρμη Hitze, κάκη Bosheit, gegen θερμή, κακή, wie im Sanskrit z. B. *yáśas* Ruhm, gegen *yaśás* berühmt, *gániman* Geburt, *máriman* Tod gegen Wörter wie *sarimán* Wind, als wehender. Um aber wieder zu den lat. Participien auf *ndŏ* zurückzukehren, so ist *secundus* der folgende der ursprünglichen Bestimmung des Suffixes getreu geblieben, und es bedarf nicht der Annahme, daß es eine Zusammenziehung von *sequebundus* sei, doch gehören auch, meiner Meinung nach, die Wörter auf *bundus* insoweit hierher, als darin höchst wahrscheinlich das Verbum substant. in ähnlicher Weise enthalten ist, wie wir es in den Imperfecten und Futuren auf *bam, bo* erkannt haben (s. §§. 526. 663). Wenn aber Vossius die Formen auf *bundu-s* von dem Imperf. ableitet, z. B. *errabundus* von *errabam*, *vagabundus* von *vagabar*, *gemebundus* von *gemebam*, so wird diese Ableitung durch den Sinn nicht begünstigt, da *gemebundus* nicht qui gemebat, sondern gemens bedeutet; ich lasse also zwischen *gemebam* und *gemebundus* nur ein schwesterliches Verhältniß gelten, und fasse *bundu-s* lieber als das Part. praes. der Wz. *fu***), mit Erweiterung des Suffixes *nt* zu *ndŏ*, wie in dem betreffenden Part. fut. pass. Im Persischen würde von der Wz. *bû* sein das Part. praes. wahrschein-

---

*) S. vergleichendes Accentuationssystem §. 15.
**) Über *b* für *f* s. §. 16. p. 28 und §. 526. p. 403.

lich *buvendeh* lauten (für *bu-endeh*, vgl. *buvem* ich sei), und im Skr. kommt von *b'ú* wirklich *b'ávant* seiend (Stamm der starken Cas.), wozu sich das lat. *bundŏ*, abgesehen von dem Zusatze *ŏ*, ungefähr so verhält, wie *bam* (*ama-bam*) zu *á-b'avam*. Das *u* von *bundŏ* fasse ich nicht als den Wurzelvocal von *fu*, sondern als die Entartung eines ursprünglichen *a*, wie in der 3ten P. pl. (*veh-u-nt* = skr. *váḥ--a-nti*). Zum Beweise, dafs die Formen auf *bundu-s* ihrem Ursprunge nach Participia seien, mag noch der Umstand geltend gemacht werden, dafs sie auch gelegentlich den Accusativ regieren; so bei Livius: *vitabundus castra, mirabundus vanam speciem*. Sollten aber diese Formen ursprünglich einem andern Temp. als dem Praesens angehören, so könnte man darin veraltete Participia des Fut. erkennen, und annehmen, dafs sie durch das Part. auf *túru-s* entbehrlich geworden, in ihrem Gebrauche beschränkt, und in ihrer Bedeutung verändert worden seien. Diese Ansicht liefse sich besonders dadurch unterstützen, dafs die meisten Formen auf *bundu-s* der ersten Conjugation angehören, und dafs in der alten Latinität auch bei der 3ten und 4ten Conjug. Futura auf *bo* vorkommen, die überhaupt ursprünglich über alle Verba sich mögen erstreckt haben, da, wie gezeigt worden, die Formen wie *legam* und *audiam* nichts anders als Conjunctive praes. und ein Ersatz für die verlorenen Futura sind (s. §. 692). Es wären demnach *lascivibundus* und *sitibundus* als Analoga von veralteten Futuren wie *scibo*, *dormibo* zu fassen, nur mit gekürztem Vocal, wie überhaupt vor dem Suff. *bundu-s*, das *á* der ersten Conjugation ausgenommen, nur kurze Vocale stehen, also auch *gemĕbundus*, *fremĕbundus*, im Gegensatze zu *dicêbo*, und *pudibundus*, abweichend von *pudébit*.

810. Wenden wir uns nun zur Betrachtung derjenigen Participia, welche ohne formelle Bezeichnung irgend eines Zeit- oder Gattungsverhältnisses ihre Bestimmung in dieser Beziehung blofs durch den Sprachgebrauch erhalten haben. Diese sind im Skr. das Part. fut. auf *tár*, *tṛ*, das Part. perf.

pass. auf *ta* oder *na* und das Participium fut. pass. auf *ya*, *tavya* und *aniya*. Das erstgenannte Part., welches zugleich als Nomen agentis gilt, ist bereits in §§. 646. 647 besprochen worden; doch bleibt uns hier noch mancherlei nachzutragen übrig. Vor allem ist der Begegnung zu gedenken, die auch hinsichtlich des Accents zwischen dem Sanskrit und Griech. stattfindet, indem die Bildungen auf तार् *tár* in der Regel wie die griechischen auf τηρ das Suffix betonen, also z. B. *dátár*, Nom. *dátā́* (s. §. 144) dator und daturus, wie im Griech. δοτήρ; *ǵanitā́r*, Nom. *ǵanitā́* genitor und geniturus = γενετήρ. Dagegen hat das mit τηρ in Ursprung und Bedeutung identische Suffix τορ, dessen Länge im Nom. τωρ nur als Ersatz des fehlenden Casuszeichens anzusehen ist, mit der organischen Länge zugleich den Accent verloren; auch leidet es kaum einen Zweifel, daſs im Sanskrit die Schwere des Gewichts des Suffixes *tár* die Ursache seiner Betonung ist, nach demselben Princip, wornach in der 2ten Haupt-Conjugation die schweren Personal-Endungen sich den Ton aneignen*). Die griech. Bildungen auf τη-ς, welche in §. 145. p. 300 ebenfalls mit den skr. auf *tár* vermittelt worden, sind zum Theil der alten Betonung treu geblieben, indem nämlich bei mehr als zweisylbigen Formen eine dem Suffix vorhergehende Vocallänge oder Position mit σ in der Regel, und gelegentlich auch die Position mit κ, ρ, ν und λ der dem Suffix zukommenden Betonung gleichsam als Damm gedient und ihre Zurücktretung gehemmt hat; daher zwar z. B. δότης gegen δοτήρ, *dátā́*; aber μαχητής, ποιητής, ζηλωτής, δικαστής, ἀκοντιστής, βασταχτής, φορμιχτής, λυμαντής, εὐθυντής, ποικιλτής, καθαρτής, gegen Formen wie γαμέτης, γενέτης, πανδακέτης. — Das ε von Formen wie γεν-έ-της, γεν-ε-τήρ, πανδαχ-έ-της ist höchst wahrscheinlich die Entartung eines ι; denn es entspricht dem häufig im Lateinischen und noch häufiger im Sanskrit zwischen Wurzel und Suffix erscheinenden *i*, namentlich be-

---

*) S. vergleichendes Accentuationssystem §. 66.

γένεσις und γεν-έ-της dem skr. *gan-i-tár* und lat. *gen-i-tor*.

811. In den schwachen Casus unterdrückt das skr. Suffix *tar* seinen Vocal, und es fällt dann der Accent auf die vocalisch anfangenden Casus-Endungen, während vor Consonanten das *r* zu *ṛ* wird und der Ton auf dem Suffix verharrt; daher z. B. *dátr-ĕ́* dem Geber, wie im Griech. πατρ-ός, πατρ-ί, für πατέρ-ος, πατέρ-ι; aber *dâtṛ́-byas* den Gebern. Der Analogie der schwachen Casus folgt auch das Femininum der Nomina agentis, indem vor dem weiblichen Zusatz *î*, welches in der Regel den Ton erhält, der Vocal des Hauptsuffixes unterdrückt wird, daher *dâtrî́* die Geberin. Das Griechische und Lateinische, welche im Vorzug vor dem Sanskrit den Vocal des mänlichen Suffixes (τηρ, τορ, *tōr*) durch alle Casus geschützt haben, folgen doch der Analogie des Sanskrit darin, daſs sie in den weiblichen Formen τριδ, τρια, *trí-c* (s. §. 119) den Vocal des Hauptsuffixes unterdrückt haben und das griech. τριδ stimmt auch durch Bewahrung des Accents, den sich die Form τρια (vielleicht wegen ihrer Sylbenvermehrung) hat entziehen lassen, zum skr. *trî́*, also ληστρίδ, ἀλετρίδ, αὐλητρίδ, σημαντρίδ, λαλητρίδ, ὀρχηστρίδ, στεγαστρίδ, wie im Skr. *dâtrî́*. Besondere Beachtung verdient der Stamm γάστρι, welcher, wenngleich auch männlich, doch eigentlich nichts anders als das Fem. von γαστήρ, Nom. γαστήρ[*]) ist, worin ich die skr. Wz. *ǵas* essen zu erkennen glaube, wovon man ein Nom. agentis *ǵastấr*, fem. *ǵastrî́* erwarten dürfte; also γαστήρ eigentlich der Esser, und γάστρι-ς (eigentlich die Esserin) hat zwar eine Versetzung des Accents erfahren, aber im Stamme des unorganischen Zusatzes eines δ sich enthalten. Die weiblichen Stämme auf τιδ gelten mir, wo sie als Nomina agentis erscheinen, für Verstümmelungen von τριδ; sie entsprechen hinsichtlich des Verlustes des ρ ihren Masculinen auf τη(ρ)-ς,

---

[*]) In der Kürzung des Vocals des Suffixes, wie auch in der Decl., folgt γαστήρ der Analogie der Verwantschaftswörter, s. §. 813.

haben aber durchgängig den Accent verschoben, auch wo ihn das Masc. auf seinem Ursitze behauptet hat; also z. B. nicht nur ἱκέτι-; gegenüber von ἱκέτη-ς, sondern auch εὑρέτι-ς gegen εὑρετή-ς.

812. Die Verwandtschaftswörter auf तृ *tar, tr̥* sind offenbar ihrem Ursprunge nach ebenfalls Nomina agentis (s. Vocalismus p. 182), denn *pitár*, geschwächt aus *patár* und dieses aus *pâtár*, heifst eigentlich **Ernährer** oder **Herrscher**, von der Wz. *pâ*, und *mâtár* Mutter fasse ich als **Gebärerin**, indem ich es nicht mit den indischen Grammatikern von *man* ehren ableite, sondern von der Wz. *mâ* messen, welche mit der Praep. *nis* aus (*nir-mâ*) schaffen, hervorbringen bedeutet und auch wohl ohne Praep. dieser Bedeutung fähig sein mufs*). *Duhitár* Tochter bedeutet eigentlich **Säugling**, von *duh* melken; *náptár* Enkel, mit zurückgetretenem Accent, ist in seinem Schlufsbestandtheile im Wesentlichen identisch mit *pitár* Vater, doch ist derselbe vielleicht, gegen meine frühere Ansicht, hier nicht in dem Sinne Vater, sondern in seiner primitiven Bedeutung, und das Compos. nicht als Possesivum, sondern als Determinativum zu fassen, so dafs dasselbe eigentlich im Gegensatze zum Vater, als dem Herrscher oder Familienhaupt, den Nichtherrscher, oder

---

*) Eine schöne Bestätigung dieser schon anderwärts ausgesprochenen Ansicht (Vocalismus p. 182) finde ich nun durch den Vêda-Dialekt in dem inzwischen von F. Rosen edirten ersten Buche des Rig-Vêda (Hymne 61. 7), wo sich der Genitiv *mâtúr* als Masc. mit der Bedeutung creatoris findet. Das Altpersische liefert das mit *mâtar* in Wuzel und Suffix verwandte Nom. agentis *framâtár* (*fra* Praep.), dessen Accus. *framâtâram* mehrmals auf den bekannten Inschriften vorkommt und von Lassen durch imperatorem übersetzt wird. Ich zweifle nicht daran, dafs auch dem gedachten vêdischen *mâtúr* ein Accus. *mâtâram* (nicht *mâtâram*) gegenübersteht, und dafs somit das Thema eigentlich *mâtár*, nicht *mâtúr* ist, da die Kürzung des *â* nur bei den Verwandtschaftswörtern eingetreten ist.

Untergebenen bedeuten würde, und somit jedes andere Glied der Familie als den Vater zu bezeichnen im Stande wäre, wie denn auch im Vêda-Dialekt *napât*, welches die ursprüngliche Länge der Wurzel *pâ* bewahrt hat, in den von Fr. Rosen (zum Rigv. I. 22. 6) citirten Stellen Sohn bedeutet, obwohl es formell dem lateinischen Stamme *nepôt* entspricht, sowie sein Fem. *naptî* Tochter*) dem latein. Stamme *nepti*, althochd. *niftî* (Nom. Acc. *nift*). *b'râ̂-tar* Bruder ist wahrscheinlich aus der Wz. *b'ar*, *b'ṛ* tragen, erhalten entsprungen, durch Umstellung und Verlängerung des Wurzelvocals, ungefähr wie im Griech. von βαλ: βλή-σω, βέβλη-κα, βλῆ-μα etc., von πετ = skr. *pat* fallen, fliegen (πίπτω aus πιπετω): πτω und πτη (πτῶσις, πτῶμα, πτῆσις), und im Sanskrit von *man* denken: *mnâ* erwähnen, welches den indischen Grammatikern als besondere Wurzel gilt. Stammt in dieser Weise *b'râ̂-tar* von *b'ar*, so ist der Bruder eigentlich der Erhalter, als der Mutter, der Schwestern

―――――――

*) Diese weibliche Form gibt zur Vermuthung Anlaſs, daſs das männliche *napât* in den schwächsten Casus (s. §. 130) sein *â* ausstoſse, daſs also z. B. der Genit. *napt-as* laute für *napât-as*, indem die Feministämme auf *î* in der Regel der Analogie der schwächsten Casus folgen, wie z. B. *râ̂g'ñ-î* Königin, der von *râ̂g'ñ-ê* dem Könige, *râ̂g'ñ-as* des Königs etc. Vor consonantisch anfangenden Endungen, wo *napt* unmöglich wäre, möchte ich *napât* erwarten, also z. B. *napad-b'yas* den und von den Söhnen. Sollten solche Formen sich bestätigen, so könnte ich doch nicht Benfey's (Glossar zum Sâma-Vêda p. 106) Vermuthung beistimmen, daſs *â* in *napât* eine ursprünglich nur den starken Casus angehörige Dehnung sei, die im Lateinischen (*nepôt*) in alle Casus eingedrungen wäre, wie auch das *ô* von Formen wie *datôr-is* etc. eine solche Dehnung sein soll. Naturgemäſser ist es, das Thema der skr. starken Casus als das ursprüngliche, und darum auch von den klassischen Sprachen meistens durch alle Casus durchgeführte, gelten zu lassen, wie dies im vorliegenden Falle mit dem Suffixe *tôr*, τηρ gegenüber dem skr. starken *târ* (im Vocat. gekürzt zu *tar*), und mit dem Part. praes. auf *nt* der Fall ist.

und jüngeren Brüder Stütze nach des Vaters Tod *). So ist auch der Gatte, im Verhältnifs zur Gattin, welche *b'âryâ*' (die zu erhaltende, zu ernährende) genannt wird, der Erhalter, und heifst als solcher *b'artâ´r*, Nom. *b'artâ´*, ein Wort, dessen Erzeugung noch im klaren Bewufstsein der Sprache liegt, und welches daher in Abweichung von seinem muthmafslichen Bildungsverwandten *b'râ´tar* der gewöhnlichen Declination folgt. Die Benennung der Schwester hat im skr. *svâsâr* noch die Länge der starken Casus bewahrt, dafür aber, wie das lat. *sorôr-* aus *sostôr* ein *t* eingebüfst, welches den germanischen und slavischen Sprachen (goth. *svistar*, engl. *sister*, altslav. *sestra*) verblieben ist. *Svá-s(t)ár* ist eigentlich die angehörige Frau**) und in seinem Schlufsbestandtheil verwandt mit *strî* Frau, welches Pott gewifs mit Recht von der Wz. *su*, *sû* gebären ableitet (E. F. I. p. 126), so dafs es wie *fe-mina* (s. §. 478. p. 327) ursprünglich Gebärerin bedeutet, und bis auf den Verlust des Wurzelvocals ein regelmäfsiges Nomen agentis fem. ist.

813. Die Kürzung von *â* zu *a*, welche die meisten Verwandtschaftswörter im Sanskrit und Send in den starken Casus — den Nom. sg. ausgenommen — erfahren haben, scheint schon in der Zeit der Sprach-Einheit bestanden zu haben, da es schwerlich Zufall ist, dafs z. B. *pitáram*, *pitár-âu* (vêd. -*râ*), *pitáras* zu *dátáram*, *dâtárâu* (-*râ*), *dâtáras* in demselben Verhältnifs stehen, wie im Griech. πατέρα, πατέρε, πατέρες zu δοτῆρα, δοτῆρε, δοτῆρες, zumal auch das Lat. einen Unterschied macht zwischen der Declination von Wörtern wie *pater*, *patris* und solchen wie *dator*, *datôr-is*.

---

*) So heifst es in einer Stelle der Sâvitrî (S. 16 meiner Übersetzung der Sündflut etc.): Wenn der Gatte (der Mutter) gestorben, ist der Sohn tadelhaft, welcher nicht Beschützer der Mutter ist.
**) Über das Pron. *sva* s. §. 241 ff.

814. Im Vêda-Dialekt kommen die Bildungen auf *tár*, *tṛ* auch im Sinne des Part. praes. oder futur. den Acc. regierend vor, und es tritt in diesem Falle der Accent stets von dem Suffix auf die Wurzelsylbe zurück, daher z. B. *dátár* gebend gegen *dátā́r* Geber, *pátár* trinkend gegen *pátā́r* Trinker (lat. *pótōr-*), *hántár* schlagend, tödtend gegen *hantā́r* Schläger, Tödter, *ástár* werfend gegen *astā́r* Werfer. Diese Participia dienen vorzugsweise zur Vertretung des Praes. indic., so daſs, wie beim Participial-Futurum des klassischen Sanskrit, das Verb. subst. entweder zu suppliren, oder formell ausgedrückt ist. Ersteres ist der Fall, wenn das Part. auf die 3te Person sich bezieht, letzteres, wenn die erste oder 2te Person das Subject ist. Die in den Hymnen des Sáma-Vêda vorkommenden Formen dieser Art stehen alle im männlichen Singular-Nominativ, und es bleibt fernerer Beobachtung überlassen, ob auch das Fem. in Constructionen dieser Art vorkommt, oder ob, wie im Participial-Futurum des klassischen Sanskrit, der Nom. masc. die übrigen Geschlechter vertritt *). Ich setze einige Beispiele aus Benfey's Ausgabe der Hymnen des Sáma-Vêda her: *hántā́ yó vṛtrā́ṅ sánitṓtā́ (-tā́ utā́) vā́jan dā́tā́ magʰā́ni* „welcher (Indra) schlagend (spaltend) ist die Wolke, und spendend ist Speise, gebend ist Reichthümer" = „welcher schlägt" etc. (I. 4. 1. 5. 4); *tvā́ṣṭā́ no dáivyaṅ vā́cah* (er ist) „schaffend uns göttliche Rede" **) (I. 4. 1. 1. 7); *ástā́ 'si śátravē vadʰám* „zuschleudernd bist du dem Feinde Tod" (II. 1. 1. 13. 3). Was nun den Grund der Zurückziehung des Accents in diesen Ausdrücken anbelangt, so

---

*) Daſs auch im Send die Form auf *tár* im Sinne eines Part. praes. und den Acc. regierend vorkommt, beweist eine Stelle am Anfange des 21sten Farg. des Vendidad (V. S. p. 498), wo ܒܐܟ݂ܬܶܡ *baktēm* von ܕܳܐܺܝܪܳܐ *dáiró* dem gebenden (Genit. im Sinne des Dat., wie häufig im Skr.) regiert wird: *nĕmas'-ĕ-tĕ dáiró baktēm* Anbetung dir dem Glück (Reichthum) gebenden.

**) *tvaṣṭár* ist auch als Nomen agentis Paroxytonon.

beabsichtigt dadurch die Sprache, wie ich nicht zweifle, die Energie der Handlung, die in dem Falle, wo die Form auf *tár* als Participium den Accus. regiert, in ihrer vollen Kraft erscheint, auch durch die Accentuation recht nachdrücklich hervorzuheben, da, wie gezeigt worden, die Betonung der Anfangssylbe des Wortes dem Sanskrit für die nachdrucksvollste gilt *).

815ᵃ). Was den Ursprung des Suffixes *tár* anbelangt, so scheint dasselbe aus der Verbalwurzel *tar* (तॄ tṝ) entsprungen zu sein **). Diese Wz. bedeutet eigentlich überschreiten, hinübergehen, aber auch vollbringen, erfüllen, z. B. *pratigńấm* ein Versprechen. Dann hat man zu bedenken, daſs mehrere Verba der Bewegung zugleich handeln, thun ausdrücken, indem z. B. *čar* 1) gehen, 2) durchwandern, 3) thun, ausüben, verrichten bedeutet. Es kann also *dắtár* „dator, dans, daturus" als der Vollbringer, Ausüber des Gebens gefaſst werden, oder auch, wenn man sich an der primitiven Bedeutung der Wurzel halten will, als der, welcher die Handlung des Gebens durchschreitet, wie *páraga*, eigentlich zum jenseitigen Ufer gehend, im Sinne von durchlesend gebraucht wird. Die Verbalwurzeln sind also in Verbindung mit dem Suffix *tár* als abstracte Substantive zu fassen, was nicht befremden kann, da sie zum Theil ohne alle Umgebung mit einem Wortbildungssuffix als solche erscheinen, wie z. B. *bʽí* Furcht von *bʽí* sich fürchten, *hrí* Scham von *hrí* sich schämen, *yudʽ* Kampf von *yudʽ* kämpfen. Hier mag es passend sein, daran zu erinnern, daſs im Lateinischen mehrere mit *c* anfangende Wortbildungssuffixe sich auf die skr. Wz. *kar, kṛ* machen (womit *creo* zusammenhängt) zurückführen lassen. So namentlich *cri* für *ceri* — Nom. m. *cer*, fem. *cri-s* — und *crō*;

---

*) S. §. 104ᶜ) Anm. 2 und vergleichendes Accentuationssystem §. 9-15.
**) Vgl. Benfey, Griech. Etymol. II. p. 257.

z. B. in *volucer* fliegend, eigentlich die Handlung des Fliegens vollbringend, *ludicer*, *ludicru-s* Spiel, Lust, Ergötzen machend, *incolu-cre* was Einwickeln macht, dazu dient, *lava-cru-m* was baden macht, Bad, *ambula-cru-m* was spazieren macht, dazu Gelegenheit gibt, daher Spazierort, *sepul-cru-m* was begraben macht, Grab, *lu-cru-m* was bezahlen macht, Gewinn, *ful-cru-m*, für *fulc-cru-m*, was stützen macht, Stütze. Da r und l sehr leicht wechseln, so trage ich kaum Bedenken, auch das Suffix *culo* hierher zu ziehen und mit dem skr. *kara* machend*) zu vermitteln sei, also *ridi-culu-s* eigentlich lachen machend, *pia-culu-m* was versöhnen macht, *specta-culu-m* was sehen macht, zu sehen gibt, *vehi-culu-m* was fahren macht, *pô-culu-m* was trinken macht, *mira-culu-m* was wundern macht, *ba-culu-s* was gehen macht (βίβημι, ἴβη-ν).

815ᵇ⁾. Aus *tár* entspringt im Sanskrit durch den Zusatz eines *a*, und mit Unterdrückung des eignen Vocals, — wie in den schwachen Casus und vor dem Feminincharakter *î* — das neutrale Suffix *tra* und hieraus das weibliche *trá*. Die neutrale Form ist im Gebrauche überwiegend und bildet, wie auch das seltene weibliche *trá*, Substantive, welche Werkzeuge ausdrücken, also gleichsam die leblosen Vollbringer einer Handlung sind. Sie guniren den Wurzelvocal und betonen in Übereinstimmung mit den analogen griechischen auf τρο, θρο, τρα, θρα **) gröfstentheils die erste

---

*) Am Ende vom Compp., z. B. *bás-kara-s* Glanz machend, Sonne, *bayañ-kara-s* Furcht machend, furchtbar.

**) Es fragt sich, ob das θ von θρο, θρα durch den Einflufs des ρ erzeugt sei, in Analogie mit dem im Send gültigen Lautgesetz (s. §. 47), oder ob unabhängig von dem ρ eine Verschiebung oder Schwächung der Tenuis zur Aspirata eingetreten sei, wie sie in den germanischen Sprachen zur Regel geworden (s. §. 87). Das letztere ist mir wahrscheinlicher, da die Verbindung τρ sehr gewöhnlich ist, θ für ursprüngliches τ aber auch vor Vocalen vorkommt, wie z. B. in dem Suffix θεν = skr. *tas*, lat. *tus* (§. 421)

Sylbe des Wortes. Beispiele sind: *nế-tra-m* Auge, als führendes oder Werkzeug des Führens (Wz. *ní*), *śrố-tra-m* Ohr (Wz. *śru* hören), *gá́-tra-m* Glied (Wz. *gá* gehen), *vás-tra-m* Kleid (Wz. *vas* kleiden), *śás-tra-m* Pfeil (Wz. *śas* tödten), *yốk-tra-m* Band (Wz. *yuǵ* verbinden), दंष्ट्रा *dáṅś-ṭrá* Zahn (Wz. *daṅś* beifsen), *yá́-trá* f. Lebensmittel (Wz. *yá* gehen). So im Griechischen z. B. νίπτρο-ν, πλῆκτρος-ν, μάκτρο-ν, λέκτρο-ν (Lager, als Mittel des Liegens), βάκτρο-ν (Stock, als Mittel zum Gehen), ζῶ-σ-τρο-ν, ἄροτρο-ν, θέλγητρο-ν, φίλητρο-ν, ἔλυτρο-ν, θήρατρο-ν, ἄρθρο-ν, βάθρο-ν, λειβήθρο-ν, μάκτρα, πί-σ-τρα, καλύπτρα, βάθρα, κρεμάθρα. — Betonung des Suffixes bei der besprochenen Wortklasse ist im Sanskrit selten, noch seltener im Griechischen; das gebräuchlichste Sanskrit-Wort dieser Art ist *vaktrá-m* Mund, als sprechender, oder Werkzeug des Sprechens; so *paktrá-m* heiliges Feuer, eigentlich das kochende (Wz. *pać* aus *pak*), *d́artrá-m* Haus, als haltendes, enthaltendes (Wz. *d́ar*, *d́ŗ*), *vêtrá-m* Rohr, als sich bewegendes (Wz.*ví*). Vom Griech. gehören hierher λουτρό-ν und δαιτρό-ν; letzteres stimmt durch seine passive Bedeutung (das Zugetheilte) zum vêdischen *dátrá-m* Gabe, als gegebenes oder zu gebendes *). Hinsichtlich der Stammsylbe aber gehört δαιτρόν (δαίω) zur skr. Wz. *dô* = *dá* abschneiden, wovon *dá́tra-m* Sichel. — Sowie das Suffix *tár* im Sanskrit gelegentlich ein *i* als Bindevocal vor sich hat, so auch *tra*, und es wird dann entweder der Bindevocal oder die Stammsylbe betont, ersteres z. B. in *ḱan-í-tra-m* Spaten (*ḱan* graben), letzteres in *vá́d-i-tra-m* musikalisches Instrument, eigentlich was sprechen, tönen macht

---

und in dem mit σθ anfangenden Personal-Endungen des Mediums und Passivs (s. §. 474).

*) Benfey führt in seinem Glossar zum S. V. p. 88 folgende Stelle des Rig-Vêda an: *ási b́ágó ási dátrásya dátá́* „du bist der Herr, du bist der Spende Spender".

(Wz. *vad* sprechen im Caus.), *gár-i-tra-m* Reis, eigentlich was essen macht, nährt (Wz. *gar*, *gr̥* deglutire, im Caus.). Da wir oben (S. 187) das griech. ε von Formen wie γεν-ε-τήρ mit dem sanskritisch-lateinischen Bindevocal *i* des entsprechenden *ǵan-i-tár*, *gen-i-tôr-* vermittelt haben, so mag auch das ε von φέρ-ε-τρc-ν als Entartung von ι aufgefaſst und das genannte Wort den sanskr. Bildungen wie *k'an-i-tra-m* und *vád-i-tra-m* gegenübergestellt werden. Es könnte aber auch das ε von φέρ-ε-τρcν mit dem Klassenvocal ε von φέρ-ε-τε, φέρ-ε-τον u. s. w. identisch sein, und somit einem *a* entsprechen; dann entspräche φέρ-ε-τρον sanskritischen Bildungen wie *pát-a-tram* Flügel, als Werkzeug des Fliegens, *vád'-a-tra-m* Waffe, als tödtende, *kr̥nt-a-tra-m* Pflug, als Spalter (Wz. *kart*, *kr̥t*, in den Special-Temporen *kr̥nt*, vgl. κείρω), wofür zwar die Grammatiker ein Suffix *atra* annehmen, dessen *a* mir jedoch für identisch gilt mit dem Einfügungsvocal der ersten und 6ten Kl.; also *pát-a-tra-m* wie *pát-a-ti* er fliegt, *kr̥nt-a-tra-m* wie *kr̥nt-a-ti* er spaltet[*]). So gehört im Griechischen das η von Formen wie φίλη-τρο-ν und κόρη-θρο-ν offenbar zum Verbalstamm und ist identisch mit dem von φιλή-σω, κορή-σω. So verhält es sich mit dem *á* und *ê* der entsprechenden latein. Wortklasse in *ará-tru-m*, *fulgé-tru-m*, *fulgê-tra*, *veré-tru-m*, wobei zu berücksichtigen, daſs nach §. 109[d]). 6 das *á* der ersten wie das *ê* der 2ten Conjug. mit dem η der erwähnten griech. Formen in ihrem Ursprung verwandt sind. Da aber das *ê* der 2ten Conjug. weniger standhaft ist als das *á* der ersten und das *í* der 4ten (s. S. 173), so darf es nicht befremden, daſs *mulc-tra*, *mulc-trum*, nicht *mulgé-tra*, *mulgê-trum*; *mon-s-trum*, nicht *moné-tru-m* gesagt wird. Das *s* von *monstrum* stimmt zu dem in §. 95 besprochenen euphonischen *s*. Ein solches zeigt sich auch ohne vorhergehendes *n* in *lu-s-trum* und

---

[*]) Die indischen Grammatiker ziehen auch das *i* der oben erwähnten Wörter auf *i-tra* mit zum Suffix.

flu-s-trum. *Vi-trum* Glas, gleichsam Werkzeug des Sehens, oder sehen machendes, hat das *d* der Wurzel verloren. Man sollte *vis-trum* erwarten (s. §. 101), nach Analogie von *ras-trum, ros-trum, claus-trum, cas-trum.* Der 3ten Conjugation, deren Klassensylbe sich von der Zeit der Sprach-Einheit her in der Regel über das Praesens, nebst seinen Ableitungen, und Imperfectum nicht hinaus erstreckt, kommt überhaupt nur die unmittelbare Anschließung des Suffixes an die Wz. zu, daher auch z. B. *ru-trum, spec-trum*. Die 4te Conjugation läßt *i-trum* gegenüber von *á-trum* der ersten und *é-trum* der 2ten erwarten; wenn aber von *haurio haus-trum* kommt, so stimmt dies zu den sonstigen Anomalien dieses Verbums.

816. Das Send hat das *t* des Suffixes *tra* nach §. 47 in *t'* verwandelt, hinter Zischlauten aber, die überhaupt kein *t'* hinter sich dulden, unverändert gelassen, daher z. B. ᴡ𐬌𐬱𐬛𐬁𐬚𐬭𐬀 *yauṣ́dâtra* Reinigungsmittel (V. S. p. 263), Nom. Acc. -*trĕ-m* (s. §. 30); *dôitrĕ-m* Auge (als sehendes) ist in Wz. und Suffix mit dem griech. θέατρον verwandt, wenngleich die Bedeutung des letzteren eine andere Richtung genommen hat, indem es den Ort, welcher zu sehen gibt, bedeutet. Die entsprechende skr. Wz. ist höchst wahrscheinlich *dyái*, womit zuerst Pott (E. F. I. p. 231) das gr. θεάομαι verglichen hat, obgleich *dyái* nicht sehen, sondern denken bedeutet, wobei zu berücksichtigen, daß auch बुध् *bud* wissen im Send, und विद् *vid* wissen im Lateinischen die Bedeutung sehen angenommen hat, während die griech. Wurzel *id* (εἴδω, οἶδα) die beiden Bedeutungen vereinigt. Man beachte auch mit Burnouf (Yaçna p. 372 ff.) die neupersische Wz. *di* sehen (Infin. *diden*)*) und die Zusammenziehung, welche die skr. Wz. *dyái* in dem Substantiv *dî* (Nom. *dî-s*) Verstand, Einsicht erfahren hat. — Beispiele, in welchen das betreffende

---

*) Das Praes. *binem* gehört wahrscheinlich einer anderen Wz. an, und zwar dem skr. *vid*.

Suffix seine ursprüngliche Tenuis unter dem Schutze eines vorhergehenden Zischlauts bewahrt hat, sind *vaśtrĕm* Kleid, fem. *vaśtra* (s. §. 137, skr. *vástra-m*), und ⸺ *vástra* (als Thema) die Weide, als wachsende*) (wurzelhaft verwandt mit dem ahd. Stamme *wahs-a-mon* Gewächs, Frucht, s. S. 171), wovon das oft vorkommende *vástravat* mit Weide begabt, sowie auch *vástrya* (Nom. -*yŏ*) Landmann. Das Şend gebraucht die Bildungen auf *tra, tra* auch im Sinne abstracter Substantive, was nach dem, was oben (S. 187) über die suffixverwandten lateinischen auf *tūra* gesagt worden, nicht befremden kann. Beispiele sind: ⸺ *dar-ĕ-trĕ-m* Besitz, Erhaltung, Bewahrung (skr. Wz. *dar*, *dṛ* halten), ⸺ *mar-ĕ-trĕm* Erwähnung (skr. Wz. *smar*, *smṛ* sich erinnern), ⸺ *q'átrĕm* Glanz**), ⸺

---

*) Ich zweifle nicht, dass dieser Ausdruck von der sanskr. Wz. *vaks'* wachsen kommt, die sich im Şend in den gunalosen Special-Tempp. der 4ten Kl. zu *uk's* zusammengezogen hat. Hinsichtlich der Unterdrückung des Gutturals in der obigen Form vergleiche man das Verhältniss des skr. *ćás'-tĕ* er sieht, sagt zur Wz. *ćaks'* und das sₑnd. *ćas'man* Auge zu derselben Wurzel und zum skr. Schwesterwort *ćáks'us*.

**) Am Ende von Compp., z. B. *póuru-q'áîra* viel Glanz habend (s. Bournouf, Yaçna p. 421). Ich halte *q'áíra* für eine Verstümmelung von *q'aríra* (*q'arĕíra* nach §. 44) und erkläre es aus der Wz. *q'ar* glänzen, wovon auch ⸺ *q'arĕnŏ* Glanz. Im Sanskrit entspricht die Wz. *sur* (aus *svar*, s. §. 35). Der Verlust des Endconsonanten der Wz. scheint durch Verlängerung des Vocals ersetzt, wie z. B. im skr. *ǵátá* geboren, von *ǵan*, *kátá* gegraben von *kan*. Man berücksichtige auch das Verhältniss des şend. ⸺ *şaşámi* ich erzeuge zum skr. *ǵáǵ'anmi*. Eine andere Erklärung von *q'áíra* Glanz gibt Burnouf (l. c. p. 419), indem er es in *q'a* suus und *áíra* zerlegt, wornach es wörtlich „suum ignem habens" bedeuten, und somit *áíra* mit dem im isolirten Zustande gebräuchlichen *átar* Feuer zusammenhangen würde, dessen *a* in den schwächsten Casus unterdrückt wird, daher z. B. *átr-aḍ* igne, *átr-aṅm* ignium. Bur-

q'áśtrĕm Geschmack. Letzteres erklärt Burnouf (Yaçna p. 220) gewifs mit Recht aus der skr. Wz. *sváď*; der Übergang von *d* in *ś* ist hier ganz in der Ordnung (s. I. p. 176) und *q'áśtrĕm* gleicht also sowohl in der euphonischen Behandlung des wurzelhaften *d*, als im Suffix, den oben (S. 197) besprochenen latein. Bildungen wie *claus-trum*.

817ᵃ). Was die Bildung abstracter Substantive durch das besprochene Suffix anbelangt, so stellen sich in dieser Beziehung dem Send die germanischen Sprachen durch einige interessante Formen zur Seite. Das Gothische liefert uns den Neutralstamm *maur-thra* (Nom. Acc. *maurthr*, s. §. 153) Mord, eigentlich das Tödten, dessen verdunkelte Wz. zum skr. *mar, mr̥* sterben, Caus. *márayámi* ich tödte führt*), Aufserdem folgert J. Grimm (II. p. 123) aus *blôstreis* ein Neutrum *blôstr* Opfer (them. *blôstra*), welches mir willkommen wäre, wenn es sich belegen liefse. Ich glaube es aber ebenfalls voraussetzen zu müssen und leite davon das vorhandene Masc. *blôstrei-s* ab, dessen Stamm *blôstrja* (s. §. 135) zu seinem vorauszusetzenden Primitivstamme *blôstra* sich verhält, wie das vorhin erwähnte send. *váśtryô* (them. *váśtrya*) Landmann zu seinem Primitivstamme *váśtra* Weide**). Die Wurzel des goth. Stammes nouf berührt auch die Möglichkeit, dafs *q'áíra* das Präfix ङ *su, hu* schön enthalten und somit eigentlich „pulchrum ignem habens" bedeuten könnte. Eine Erklärung aber, wornach *q'áíra* auch etymologisch nichts anders bedeutet, als was der Sinn fordert, und mit einem wirklich „Glanz" bedeutenden Worte (*q'arĕnô*) wurzelhaft identisch ist, scheint mir die natürlichste.

*) Das *u* der gothischen Form ist Schwächung von *a*, und ihm ist nach §. 82 ein euphonisches *a* vorgetreten. Da die meisten german. Sprachen das *r* des goth. *maurthr* verloren und daher in dem Suffixe keine Übereinstimmung mehr mit dem uralten Suffixe *tra, tra* erkennen lassen, so verdient noch das engl. *murder* Beachtung.

**) Im Sanskrit gilt es als Princip, dafs vocalisch ausgehende Wortstämme ihren Endvocal vor Vocalen oder *y* (unser *j*) eines zutretenden Ableitungssuffixes abwerfen.

blôs-tra ist *blôt* opfern, verehren, woraus *blôs-tra* nach §. 102 in Analogie mit dem send. *q́ás-tra* Geschmack, aus *q́ád-tra*; so *gils-tra* Steuer, N. Acc. *gilstr*, aus *gild-tra*, *gild-tr*, von der geschwächten Form der Wz. *gald*, mit den Praepositionen *us* und *fra* vergelten*). Das *a* des althochd. *gels-tar, kels-tar, ghels-tar* (Graff IV. 194) fasse ich als einen, zur Vermeidung der Härte der Consonantenhäufung am Wort-Ende, eingeschobenen Hülfsvocal, der bei antretenden Casus-Endungen in diesen und ähnlichen Wörtern meistens wieder abfällt, daher Gen. pl. *ghels-tro*; so von *bluos-tar*, *blôs-tar* Opfer, der Dat. *blôs-tre*, von *hlah-tar* das Lachen, Gelächter, der Dat. *hlah-tre***). Wir haben also auch noch in unserem heutigen Ausdrucke *Ge-läch-ter*, sowie in dem englischen *laugh-ter* Analoga der send. abstracten Neutralstämme auf *tra*, *tra*, sowie der Sanskritbildungen auf *tra*, der griech. auf τρο und latein. auf *trŏ*. So im Englischen noch *slaugh-ter*, welches in seinem wurzelhaften Theile, wenigstens graphisch, vollständiger erhalten ist als das verwandte Verbum *slay*. Wahrscheinlich sind auch *thun-der* und *wea-ther* in die Klasse der Wörter zu ziehen, die im Skr. durch das Suff. *tra* gebildet sind, wenngleich die Benennung des Donners in den älteren Dialekten des *t*-Lauts des Suffixes entbehren (althochd. *donar* masc., altsächs. *thunar*, angels. *thunor*); dagegen im Lat. *ton-i-trus*, *ton-i-t-ru*, wo das *u* der 4ten Decl. befremdet, da das skr. *a* nur *ŏ*, Nom. *u-s* der 2ten Declin. erwarten läfst (s. §. 116). Die entsprechende Sanskritwurzel ist *stan* donnern, wovon *stan-ay-i-tnú-s*

---

*) Hinsichtlich der Abwechslung zwischen *t*, *th* und *d* (*blôs-tra*, *gils-tra* gegen *maur-thra*) in den ursprünglich mit *t* anfangenden Suffixen verweise ich auf §. 91.

**) Das Geschlecht, ob männlich oder neutral, läfst sich aus den belegbaren Casus (Acc. *hlahtar*, Dat. *hlahtre* und *hlahtere*) nicht erkennen; da aber das ganz analoge *blôstar* sich durch den Acc. pl. *blôstar* als Neutrum ausweist, so fasse ich mit Graff (IV. 1112) auch *hlahtar* — im Einklang mit den analogen gothischen und Sendformen — als Neutrum.

der Donner*). — *Weather* reiht sich an die skr. Wz. *vá* wehen, wozu auch das lit. *wé-tra* Sturm gehört. Um aber wieder zum Gothischen zurückzukehren, so gehören noch *fô-dr* Scheide (them. *fô-dra*) und *huli-s-tr* Hülle (them. *huli-s-tra*) zu der hier behandelten Wortklasse. Letzteres stammt von dem Verbalstamm *hul-ja*; sein *s* ist also Zusammenziehung der Sylbe *ja*, wie im Praet. *hul-i-da*; das *s* gilt mir als euphonischer Zusatz, wie im lat. *lu-s-tru-m*, *flu-s-trum* (S. 196 f.), *ca-pi-s-trum*. Analog sind die Nominal-Ableitungen *avi-s-tr* Schafstall, als Ort der Schafe, von dem verlorenen Primitivstamme *avi* (= skr. *ávi*, lit. *awì*) und *navi-s-tr* Grab, als Ort der Todten, von *naus*, them. *nava*, mit Schwächung des *a* zu *i*, wie im Gen. *navi-s* (s. §. 191). Man berücksichtige, daſs auch das Griech. und Latein. die Suffixe der Verbal-Ableitungen häufig auf Nominal-Ableitungen übertragen. *Fô-dr* Scheide, them. *fô-dra*, stimmt in seiner verdunkelten Wz. zum skr. *pá* erhalten, und im Ganzen zu *pátra-m* Gefäſs, als

---

*) *ay* ist der Charakter der 10ten Klasse und *itnu* gilt für das Suffix, welches Adjective, mit der Bedeutung des Part. praes., und männliche Appellative bildet, wie z. B. *harṣ'-ayitnú-s* erfreuend, und als Subst. masc. Sohn, als Erfreuer (so *nandana* Sohn, von *nand* erfreuen). Offenbar ist aber das *i* bloſs Bindevocal, wie z. B. im Fut. *stan-ay-i-s'yáti* es wird donnern; auch besteht neben *i-tnu* ein einfacheres Suffix *tnu*, wie z. B. in *ha-tnú-s* masc. Krankheit und eine Waffe, als tödtende, von *han* tödten. Berücksichtigt man das oben (S. 176) erwähnte euphon. *t*, so läſst sich auch das von *tnu* und *itnu* in dieser Weise auffassen, so daſs also bloſs *nu* als das wahre Suffix übrig bliebe, wie es z. B. in *b'á-nú-s* Sonne, als leuchtende, erscheint. Der Umstand, daſs das lat. *ton-i-tru-s*, *ton-i-tru* durch sein *u* der 4ten Decl. in der betreffenden Wort-Klasse sehr vereinzelt steht, kann Veranlassung geben, es auch hinsichtlich seines Suffixes mit dem skr. *stanayitnú-s* zu vermitteln, durch Annahme einer Liquida-Vertauschung, so daſs *tru* für *tnu* stünde, ungefähr wie dem griech. Nasal von πνεύμων im lat. *pul-mó* (für *plu-mó*) ein *l* gegenübersteht (vgl. §. 20).

aufbewahrendes. Hinsichtlich des goth. *d*, für das zu erwartende *th*, vergleiche man *fa-dar* Vater, gegenüber dem skr. *pi-tár* (aus *pa-*), welches auch wurzelhaft mit *fô-dr* verwandt ist (s. §. 812). Das althochd. *fô-tar, fuo-tar* „Futter" (für *fô-tr*, angels. *fó-dr, fó-dher, fo-ddar, fo-ddur*) ist in Wz. und Suffix identisch mit der Benennung der Scheide, die nur in anderer Weise erhält, als das Futter. Zu dieser Wortklasse lassen sich mit mehr oder weniger Sicherheit noch einige andere althochdeutsche Neutra ziehen, welche im Nom. Acc. auf *tar* oder *dar* enden, namentlich *flu-dar* Flofs, von der Wurel *flu* (= skr. *plu*), die in der Regel den Zusatz eines *z* (s. I. p. 331 Anm.) angenommen hat; *flô-dar**) „fluor" von derselben Wz.; *ruo-dar* Ruder, wie es scheint, als fliefsen oder schiffen machendes, in Wz. und Suffix mit dem lat. *ru-trum* und gr. ῥέ-θρον verwandt (ῥέω aus σρε(ϝ)ω, skr. *sravâmi* von der Wz. *sru* fliefsen, Caus. *srâvay*), und wurzelhaft wohl auch mit *rê-mus***); vielleicht auch gehören *wundar, wuntar* Wunder und *wuldar* Ruhm***) als Spröfslinge dunkeler Wurzeln hierher.

817^b). Zu dem sanskritischen weiblichen Suffix *trá*, z. B. von *dánshṭrá* Zahn (s. §. 815^b)), stimmt das goth. *thlô*, von *nêthlô* (Nom. Acc. *nêthla*) Nadel, als Werkzeug des Nähens, wie im Griech. ἀκέστρα, aber mit *l* für *r*, was nach §. 20 nicht befremden kann, zumal auch die griech. Suffixe τλο, θλο, τλη, θλη (s. Pott II. p. 555) sich offenbar ebenfalls an das skr. *tra, trá* anreihen; z. B. in ὄχ-ε-τλο-ν, χύ-τλο-ν, θύ-σ-θλο-ν, ἐχ-έ-τλη, γεν-έ-θλη. Ὄχ-ε-τλο-ν würde in sanskr. Gestalt etwa *vaḥ-i-tra-m* oder *vaḥ-a-tra-m* lauten. Zu γενέθλη als abstractem Substantiv mufs ich bemerken, dafs auch im Sanskrit das weibliche Suffix *trá*

---

*) Die skr. Form für *flu-dar, flô-dar* wäre *plô-tra-m* (*ô* = *au*).

**) Graff II. p. 493 setzt eine Wz. *rad* voraus; das von ihm erwähnte angelsächsische *rovan, reovan, revan* remigare beweist aber das Gegentheil und stimmt zum skr. Causalstamm *srâvay*.

***) Goth. *vulthus*, wahrscheinlich mit *thu* = skr. *tu* als Suffix.

gelegentlich zur Bildung abstracter Substantive verwendet wird; so heifst das oben (s. §. 815*b*)) erwähnte *yā́trā* auch Gang. Im Althochdeutschen zeigt die Benennung der Nadel im Nom. Acc., nach Verschiedenheit der Quellen, die Formen *nâ-dla*, *nâ-dila*, *nâ-dela* und *nâ-dal*. Vom Gothischen haben wir noch *hleithra* (them. -*thrô*) Zelt zu erwähnen, welches das alte *r* bewahrt hat, in seiner Wz. aber verdunkelt ist; sie gehört, wie mir scheint, zum skr. *śri*, aus *kri*, gehen (vgl. *véśman* Haus, von *viś* eingehen), wovon *âśraya-s* Zufluchtsort, Haus, und im Goth. auch *hlija* masc. (them. -*jan*) Zelt. Dieser Wurzel fällt unter andern auch das hinsichtlich seines Suffixes ebenfalls hierher gehörende althochd. *hlei-tara* (für *hlei-tra*)*), angels. *hlæ-dre*, unser *Lei-ter*, als Werkzeug des Steigens anheim.

817*c*). Betrachten wir nun etwas näher das Participium des Perfects pass., welches wir bereits mehrmals zu erwähnen Gelegenheit hatten **). Sein Suffix lautet im Sanskrit und Șend in der Regel *ta* (m. n.), fem. *tâ*, und ist, wie ich nicht zweifle, identisch mit dem Demonstrativstamm *ta* (s. §. 343). Eine Veranlassung zur passiven Bedeutung ist also durch den Laut nicht gegeben, wenn nicht etwa durch die Betonung, denn während die activen Formen die kräftigste Accentuation, d. h. die Betonung des Wort-Anfanges lieben ***), erhält in dem betreffenden Passiv-Participium das Suffix den Ton; daher steht z. B. *tyaktá* relictus, Acc. *tyaktám* zu *tyágan* relinquens, *tyágantam* relinquentem in einem ähnlichen Gegensatze, wie *śućyátê* purificatur zu *śúćyatê* purificat. Die griechischen Verbalia auf

---

*) Graff (IV. p. 1115) belegt als Nom. die Formen: *leitra*, *hleitar*, *leitera*, *leiter*, Gen. *hleitra*. Es leidet keinen Zweifel, dafs die Formen auf *r* ein schliefsendes *a* verloren haben, und dafs sie nicht mit *muotar*, *tohtar*, *suestar*, die mit Recht auf *r* ausgehen, in Eine Klasse gehören.

**) S. §§. 513. 583.

***) S. §§. 733. 814 und vergleichendes Accentuationssystem §. 11 f.

τό-ς, die, was kaum der Erwähnung bedarf, mit den passivischen Perfect-Participien der verwandten Sprachen identisch sind, haben die alte Accentuation bewahrt, und so steht z. B. ποτό-ς, ποτή, ποτόν*) zu πότος das Trinken in einem ähnlichen Verhältnifs, wie im Skr. pîyátê bibitur zu pîyatê (Kl. 4. med.) bibit. Die Paroxytonirung oder Proparoxytonirung der Abstracta auf το scheint aber vorsherrschend da gechützt worden zu sein, wo neben dem Abstractum das passive Verbale wirklich im Gebrauche ist, und wo also um so mehr Grund vorhanden ist, die abstracte Bedeutung durch die Betonung scharf hervorzuheben, während sonst das Abstractum in der Betonung dem überwiegenden Beispiele der Verbalia mit passiver Bedeutung folgt; daher zwar πότος, ἄροτος, ἄμητος, τρύγητος, ἔμετος, ἄλετος gegen πστός, ἀροτός, ἀμητός, τρυγητός, ἐμετός, ἀλετός (ἄλητον); aber nicht κόπετος, κώκυτος, ἀλόητος, sondern κοπετός, κωκυτός, ἀλοητός; da diesen Abstractis keine oxytonirte passive Verbalia gegenüberstehen. Doch gibt es auch isolirt stehende Abstracta, oder die Zeit der Handlung ausdrückende Wörter, mit zurückgezogenem Accent, wie βίοτος, δείπνη-σ-τος.

818. Das Participialsuffix त ta wird entweder unmittelbar mit der Wurzel verbunden, oder mittelst eines Bindevocals i. Zur ersten Bildungsart gehören z. B. *gñá-tá-s* gekannt = gr. γνω-τό-ς, lat. *(g)nô-tu-s*, *i-gnô-tu-s*; *dat-tá-s* gegeben **), send. *dấtô* (them. *dấta*), lat. *da-tu-s*, gr. δο-τό-ς; *śru-tá-s* gehört, gr. κλυ-τό-ς, lat. *clu-tu-s*; *b'û-tá-s* geworden, seiend, gr. φυ-τό-ς; *b'r-tá-s* (aus *b'artas*, s. §. 1) getragen, send. *bĕrĕtô* (them. -ta), gr. (φερ-τό-ς) ἀ-φερ-το-ς, lat. *fer-tus* tragend, fruchtbar; *str-tá-s* ausgebreitet (aus *startás*), send. *fra-stărĕtô* (*fra* Praep.), gr. στρα-τό-ς

---

*) Vgl. das skr. *pitás*, *pitá*, *pitám*, von der Wz. *pá* trinken, welche im Pass. ihr *á* zu *i* schwächt. Auch gibt es eine mediale Wz. *pi* der 4ten Klasse.

**) Aus *dadátas* mit unregelmäfsiger Beibehaltung der Reduplikation der Special-Tempora.

(umstellt aus στaρ-τός), lat. *strá-tu-s*; *uk-tá-s* gesprochen (unreg. für *vaktás*), șend. *uk'tô* (*huk'tô* wohlgesprochen aus *hu-uk'tô*), *yuk-tá-s* verbunden, griech. ζευκ-τό-ς, lat. *junc-tu-s*; *b'r̥ś-ṭá-s* gebraten (aus *b'rasṭás* und dieses aus *b'raktás*), gr. φρυκ-τό-ς, lat. *fric-tus*; *bad-d'á-s* gebunden (euphon. für *bad̄-ta-s*, Wz. *band'*), șend. *bas-tô*°); *lab-d'á-s* erlangt (euphon. für *lab'tás*), gr. ληπ-τό-ς; *gá-tá-s* geboren (Wz. *g'an*), șend. *șá-tô*, gr. γε-το-ς, in dem Comp. τηλύγετες °°); *matá-s* gedacht (Wz. *man*), șend. *matô* (vgl. μεν-ε-τός), *diś-ṭá-s* gezeigt (euphon. für *diś-tás* aus *diktás*, s. §. 21), gr. (δεικτός), ἀναπόδεικτος, χειρόδεικτος etc., lat. *dic-tus*; *daś-ṭá-s* gebissen (euphon. für *daś-tás* aus *dak-tás*), gr. (δηκ-τό-;), ἄδηκτος, καρδιόδηκτος; *dr̥ś-ṭá-s* gesehen (aus *darśṭás* und dieses aus *darktás*), gr. (δερκτός), ἐπίδερκτος; *uś-ṭá-s* gebrannt, lat. *us-tu-s*. Beispiele mit *i* als Bindevocal sind: *prat́-i-tá-s* extensus (Wz. प्रथ् *prat́*, wovon *pr̥t́ú-s* breit aus *prat́ú-s*, gr. πλατύ-ς, lit. *platù-s*); *añć-i-tá-s* erectus, *pat-i-tá-s* qui cecidit °°°). So im Lateinischen z. B. *dom-i-tus*, *mon-i-tus*, *mol-i-tus*, *gen-i-tus*. Im Griechischen entspricht das ε von Formen wie μεν-ε-τός,

---

°) S. §. 102. p. 178 und vgl. analoge griech. Formen wie κεστός, πιστός. Über die lateinische Gestaltung dieses Part. bei Wurzeln mit schließendem *t*-Laut s. §. 101.

°°) Das Sanskrit wirft wurzelhaftes *n* und *m* vor denjenigen mit *t* anfangenden Wortbildungssuffixen, welche keine Guṇa-Steigerung verlangen, in der Regel ab: *g'an* zeugen, gebären und *k'an* graben verlängern hierbei ihren Vocal. Von *han* schlagen, tödten kommt *hatás*, womit man das griech. -φατος vergleichen möge, da φενω (φόνος, ἔπεφνον) höchst wahrscheinlich eben so wie ϑνήσκω zur sanskr. Wz. *han* aus *d'an* (*ni-d'ana* Tod) gehört.

°°°) Über die active Bedeutung dieses Part. bei Verb. neutr. s. §. 513 Schluss; so im Griech. στάτες stehend = skr. *sťitás* (geschwächt aus *śtátás*), welches ebenfalls gegenwärtige Bedeutung hat; dagegen *pra-stitas* sowohl proficiscens als profectus.

σκελ-ε-τός, ἑρπ-ε-τός, wobei wir es wieder unentschieden lassen, ob dieses ε die Entartung eines ι oder die eines α sei*).

819. Die im Lateinischen von Verbis neutris, meistens der 2ten Conjugation, stammenden Formen auf *idus*, wie *pall-i-dus, ferv-i-dus, frig-i-dus, torr-i-dus, tim-i-dus, tep-i-dus, splend-i-dus, nit-i-dus, luc-i-dus, fulg-i-dus, viv-i-dus, sap-i-dus, flu-i-dus*, stimmen zu den im Sanskrit von Verbis neutris stammenden Participien auf *tá* mit activer, besonders zu solchen mit gegenwärtiger Bedeutung, z. B. zu *tvar-i-tás* eilend, *sťitás* stehend, *suptás* schlafend (auch geschlafen habend), *śaktás* können**), *yat-tás* strebend, *b'i-tás* fürchtend, *hrí-tás* sich schämend, und zum gr. στατός stehend, μενετός bleibend, ἑρπετός kriechend. Es liegt darum die schon anderwärts ausgesprochene Ansicht nahe, daſs das *d* in den gedachten latein. Formen nur die Schwächung einer ursprünglichen Tenuis sei***), ungefähr wie in *quadraginta, quadruplus, quadruplex* für *quatraginta* etc. — Active und gegenwärtige Bedeutung,

---

*) Vgl. S. 196 und Curtius: „De nominum Graecorum formatione", pp. 38. 60. — Die indischen Grammatiker nehmen ein Suffix (*uṇádi*) *atá* an, dessen *a* aber höchst wahrscheinlich nur ein Klassenvocal ist und womit man das griech. ε vermitteln könnte; also ἑρπ-ε-τός (vgl. ἕρπ-ε-τε) wie *paćatás* Feuer, als kochendes. Die Abstracta ϑάν-α-τος Tod und κάμ-α-τος Ermüdung haben den Bindevocal in seiner Urgestalt gerettet und stimmen so zum skr. *mar-a-tá-s* Tod, wobei jedoch zu bemerken, daſs die skr. Wz. *mar, mr* sterben in ihrer Abwandlung als Verbum eben so wenig als die griech. Wurzeln ϑαν und καμ der ersten oder 6ten Klasse angehört.

**) Die Form mit Bindevocal (*śak-i-tás*) hat passive Bedeutung, so *yat-i-tás* erstrebt, gesucht, gegen *yat-tás* strebend. Umgekehrt im latein. *rap-i-dus* activ., gegen *rap-tus* pass. Man beachte auch das active *cup-i-dus* neben dem passiven *cup-i-tus*. Dies sind jedoch nur willkürliche Bestimmungen des Sprachgebrauchs, die auf keinem allgemeinen Princip beruhen.

***) „Einfluſs der Pronomina auf die Wortbildung", p. 21. 22. Anderer Meinung ist Pott, Etym. Forschungen II. p. 567.

wenngleich bei einem transitiven Verbum, und mit Bewahrung der alten Tenuis, hat das betreffende Participium auch in *fertus* tragend, fruchtbar, welches formell dem skr. *b̥rtás* aus *b̥artás* getragen, send. *bĕrĕtó* und griech. -φερτος (s. §. 818) entspricht.

820. Die skr. Verba der 10ten Klasse und die formell damit identischen Causalia haben im Sanskrit sämmtlich den Bindevocal *i*, daher z. B. *piḍ-i-tá-s* gedrückt, gequält, *vēś-i-tá-s* eingehen gemacht. Der Umstand aber, dafs die betreffenden Verba ihren Charakter *ay* (in den Special-Tempp. *aya*) auch auf die allgemeinen Tempora und einen grofsen Theil der Wortbildung ausdehnen, gibt der Vermuthung Raum, dafs das *i* der Formen wie *piḍ-i-tás*, *vēś-i-tás* nicht der gewöhnliche Bindevocal, sondern eine Zusammenziehung von *ay* sei, oder dafs solchen Formen auf *i-tá-s* ältere auf *ay-i-tas* vorangegangen seien, nach Analogie der Infinitive, wie *piḍ-áyi-tum*. So wie nun die latein. Supina wie *am-á-tum, aud-í-tum* sich zu *piḍ-áyi-tum* verhalten, so ungefähr *am-á-tus, aud-í-tus* zu dem vorausgesetzten *piḍ-ayi-tas*. Obwohl auch die lat. 2te Conj. hierher gehört, und namentlich *moneo* zum skr. Causale *mán-áyá-mi* pâkrit. *mán-ê-mi* stimmt, so möchte ich doch nicht *mon-i-tus* mit *mán-i-tás* in der Art identificiren, dafs ich daraus ein Vorhandensein von Formen dieser Art in der Zeit der Sprach-Einheit folgerte, sondern ich nehme lieber ein zufälliges Zusammentreffen in gleichartiger Verstümmelung eines gemeinschaftlichen Grundstoffes an. Im Griech. entspricht das η oder ω von Formen wie φιλ-η-τός, τιμ-η-τός (aus τιμ-ā-τος), χειρ-ω-τός dem Charakter der skr. 10ten Kl. und somit dem lat. *á* und *í* von *am-á-tus, aud-í-tus*. Im Gothischen, welchem, wie überhaupt den germanischen Sprachen, dieses Participium regelmäfsig nur in der sogenannten schwachen Conjugation verblieben ist, ist die alte Tenuis, statt nach §. 87 zur Aspirata zu werden, bis zur Media herabgesunken, doch so, dafs vor dem *s* des männlichen Nomin. und in dem des Endvocals des Stammes und der Casus-Endung

verlustig gegangenen Acc. ein *th* für *d* eintritt (vgl. §. 91). Vorangeht, nach Verschiedenheit der Conjugationsklasse, ein *i* (aus *ja*), *ô* oder *ai*, d. h. die drei verschiedenen Gestaltungen des skr. Charakters der 10ten Klasse (*ay*, s. §. 109ᵃ⁾ 6); daher z. B. die Stämme *tam-i-da* *) domitus, *frij-ô-da* **) amatus, *ga-juk-ai-da* subjugatus, Nom. masc. *tamiths*, *frijôths*, *gajukaiths*, Acc. *thamith* etc. (s. §. 191). Die unmittelbare Anschliefsung des Participialsuffixes kommt im Goth. nur bei gewissen unregelmäfsigen Verben vor, und zwar so, dafs nach Mafsgabe des vorhergehenden Conson. entweder die ursprüngliche Tenuis sich behauptet hat, oder zu *d* geworden ist (s. §§. 626. 91). So stimmt z. B. der Stamm *bauhta* ***) gekauft (*bugja* ich kaufe) zu skr. Formen wie *b'uktá* gegessen (Wz. *b'ug̓* aus *b'ug*), griechischen wie φρυκτό, lateinischen wie *junctu*; *munda* geglaubt (Nom. *munds*, Wz. *man*, geschwächt *mun*) entspricht dem skr. *ma-tá* gedacht, geglaubt, für *man-tá*, wie der weibliche Substantiv-Stamm *ga-mun-di* (N.-*n-ds*) dem skr. *má(n)-ti* Meinung.

821. Im Litauischen hat sich das betreffende Participialsuffix in ganz unveränderter Gestalt erhalten und zwar bei allen Verben, sofern sie überhaupt ein Passiv haben. Im Nom. masc. entspricht *ta-s* dem skr. *tá-s*, z. B. *sèkta-s* gefolgt = skr. *saktá-s* (Wz. *sać* folgen aus *sak*, vgl. lat. *sequor*), *sèg-ta-s* angeheftet = skr. *sak-tá-s* für *sag-tás* (Wz. सञ्ज् *sańg̓*, aus *sang*, heften, anheften), *lùp-ta-s* geschält = sanskr. *lup-tá-s* gebrochen. Im Nom. fem.

---

*) Vgl. skr. *dam-i-tás* (aus *dam-ayi-tas?*) von *damáyámi*, Caus. der Wz. *dam* bändigen, aber gleichbedeutend mit dem Primit.; und das lat. *dom-i-tus*.

**) Kann als Denomin. des skr. *priyá* lieb, geliebt gelten und ist auch wurzelhaft und bildungsverwandt mit dem griechischen φιλ-η-τός (von φιλέω, Denom. von φίλος, umstellt aus φλιος), dessen η eben so wie das goth. *ô* aus *á* entstanden ist.

***) Euphonisch für *buhta* (s. §. 82) und dieses für *bugta*, von der Wz. *bug*.

entsprechen *sektà, segtà, luptà* dem skr. *saktá', luptá',* nur mit gekürztem *a,* wie in gothischen, lateinischen und sendischen Formen wie *bauhta* (Gen. *bauhtô-s), rupta,* ܒܐܣܬܐ *basta* (s. §. 137); dem lat. *juncta* entspricht buchstäblich das lit. *junktà* von *jungiu* ich spanne (die Ochsen) ins Joch; *kèp-tas, kep-tà* (von *kepù* ich backe) entspricht dem griech. πεπ-τό-ς, -τή, lat. *coc-tu-s, -ta* *). Formen wie *wès-ta-s* geführt (Wz. *wed*) entsprechen in lautgesetzlicher Beziehung den sendischen wie *bas-tô* gebunden (Wz. *band*), *iris-tô* gestorben (Wz. *irit*), und griechischen wie πισ-τός, κεσ-τός **). Den gothischen Participien der schwachen Conjugation entsprechen die Participia derjenigen litauischen Conjugationen, die wir in §. 506 mit der skr. 10ten Klasse vermittelt haben; also z. B. *myl-é-tas* geliebt, *pen-é-tas* genährt, *laik-ý-tas* gehalten.

822. Die slavischen Sprachen haben, wenn die im §. 628 ausgesprochene Ansicht gegründet ist, das hier behandelte Passiv-Participium in das Activ übertragen — jedoch mit Beibehaltung der vergangenen Bedeutung — und das ursprüngliche *t* zu *l* geschwächt, wahrscheinlich durch die Mittelstufe eines *d.* In erster Beziehung stimmen sie zum Neupersischen, wo das betreffende Part., wenigstens vorherrschend, active Bedeutung hat; in letzterer zum Georgischen, wo z. B. ჭამული *ǵam-u-li* gegessen (skr. *ǵam* essen), თბობილი *t'bob-i-li* gewärmt (skr. *tap* brennen) bedeutet. Das Suffix ЛО *lo* (N. m. ЛЪ *lŭ,* neut. *lo,* fem. *la*) fügt sich im Altslavischen entweder unmittelbar an die Wurzel, oder an die Klassensylbe, letzteres in den zur skr. 10ten Klasse oder Causalform und zur german. schwachen Conjug. stimmenden Verben; daher z. B. БЫЛЪ *bŭlŭ,* БЫЛА *bŭla,* БЫЛО *bŭlo* gewesen = skr. *b'útás, tá', tám* (pers. *búdeh);* ПИЛЪ *pi-lŭ,* ПИЛА *pi-la,* ПИЛО *pi-lo* getrunken habend = skr.

---

*) Im Sanskrit wäre *pak-tá-s* zu erwarten, wofür unregelmäfsig *pak-vá-s* (s. §. 943), von der Wz. *pać* (aus *pak*) kochen.
**) S. §. 102. p. 176 und §. 103.

pí-tás, tá', tám getrunken, нєслъ *nes-lŭ*, нєсла *nes-la*, нєсло *nes-lo* getragen habend, боудлъ *bud-i-lŭ*, боудила *bud-i-la*, боудило *bud-i-lo* geweckt habend = skr. *bód'-i-tas, tá', tám* geweckt*). Sollten aber diese slavischen Participia nicht mit den sanskritischen auf *ta* zusammenhangen, so scheint mir eine Vermittelung derselben mit Formen der stammverwandten Sprachen kaum möglich, wenigstens glaube ich nicht, dass das im Sanskrit nur an wenigen Wörtern vorkommende Suffix *la*, z. B. von *ćap--a-lá-s* zitternd, oder das ebenfalls nur sparsam verwendete Suffix *ra*, z. B. von *dip-rá-s* glänzend, dem slav. Participialsuffix *lo* als Ausgangspunkt gedient habe.

823. Es fehlt den slavischen Sprachen auch nicht an Formen, welche das alte *t* und die passive Bedeutung des in Rede stehenden Particips bewahrt haben, wenngleich das Participium praet. pass. in allen slavischen Dialekten vorherrschend durch das Suffix *no* (fem. *na*) = skr. *na* gebildet wird, wovon später (§. 834). Ein Beispiel auf *to* (Nom. m. тъ *tŭ*, fem. та *ta*, neut. то *to*) im Altslavischen ist отатъ *otań-tŭ* ademtus (Praep. *otŭ* von), welches in Wurzel und Bildung zum skr. *yatá-s* (für *yan-tá-s* aus *yam-tá-s*) und lat. *emtus* stimmt**). Im Slovenischen oder Krainischen sind die Passiv-Participia auf *t* sehr zahlreich, z. B. *ster-t* ausgestreckt (vgl. send. *staréta*, skr. *stṛtá*), *der-t* geschunden, *bi-t* geschlagen, *slu-t* berühmt (skr. *śru-tá-s*

---

*) Man vergleiche hinsichtlich der Umwandlung des alten *t*-Lauts in *l* das zigeunerische *mu-lo* gestorben aus *mudo*, präkrit. *mudó* (Nom. masc.).

**) Dieser Analogie folgen im Altslavischen alle Wurzeln auf *m* oder *n* (Miklosich's 5te Abtheilung oder 5tes Paradigma) erster Klasse, welche in der ersten Bildungsreihe ьн *ĭn*, ьм *ĭm* oder ън *ŭn*, in der 2ten, d. h. vor Consonanten, а *ań* zeigen. Nur дѫм *dŭm* wehen, welches eigentlich ein Denominativum von *dŭmo* Rauch = skr. *dŭmá* ist (s. §. 806), zeigt ѫ *ŭń* für а *ań*, d. h. es behält den radicalen *u*-Laut bei und spricht zu Gunsten der Ansicht, dass ѫ wirklich wie *uń* zu sprechen sei (s. §.92. p. 135).

gehört, *vi-stru-ta-s* berühmt, gr. κλυτό-ς)*). Beispiele im Russischen sind: пштый *pí-tūĭ* getrunken (skr. *pi-tá-s*), пролитый *pro-li-tūĭ* vergossen, verschüttet, *po-vi-tūĭ* eingewickelt, *po-bi-tūĭ* geschlagen, getödtet, *kolotūĭ* gestochen, шпнутый *tanutūĭ* gezogen**). Durch diese Formen wird jedoch die Ansicht, dafs auch der Ausgang *lŭ, la, lo* auf das skr. *ta-s, tá, ta-m* sich stütze, nicht zurückgewiesen, da es in den Sprachen gar nichts Seltenes ist, dafs neben der neuen, entarteten Form auch die ursprüngliche fortbesteht, in welcher Beziehung ich hier nur an die, meiner Meinung nach, im Lateinischen eingetretene Spaltung des betreffenden Suffixes in *tŏ* und *dŏ* (s. §. 819) erinnere.

Anm. Schleicher, welcher in seinem Werke „Die Sprachen Europas" p. 261 ff. die Ansicht bestreitet, dafs das slav. Activpart. praet. in seinem Ursprunge mit dem sanskritischen auf *ta* identisch sei, findet es unerklärlich, dafs aus vorauszusetzenden Formen wie *nest* die beliebte Consonantengruppe *st* in die viel seltenere *sl* verwandelt sein sollte. Ich glaube ebenfalls, dafs aus *nesto*, wenn diese vorauszusetzende Form vereinzelt dagestanden hätte, wegen der Festigkeit und Beliebtheit der Verbindung *st*, niemals *neslo* geworden wäre, und obwohl ich zwischen *t* und *l* eine Mittelstufe *d* annehme, und die Sprache, in ihrer Entstellung des betreffenden Suffixes, von *to* zu *do* und von hier zu *lo* gelangen lasse, so glaube ich doch nicht, dafs bei jedem einzelnen Verbum dieser Procefs von Neuem oder selbständig vor sich gegangen sei, und glaube auch nicht, dafs es im Slavischen jemals ein Partic. *nesdŭ, nesda, nesdo* gegeben habe, sondern ich nehme an, dafs das *t* des betreffenden Suffixes in den verschiedenen Conjugationen und in der Mehrheit der Verba allmählig sich zu *l* entartet habe. War aber einmal in den meisten slav. Verben *lo* an die Stelle des Suffixes *to* getreten, so konnte, wie mir scheint, dieses *lo* durch die Macht der Analogie auch auf solche Wurzeln übertragen werden, zu deren Endbuchstaben ein *t* besser als *l* stimmt. Nur

---

*) S. Metelko p. 105 ff.
**) Der Ausgang *ūĭ*, oder vielmehr das blofse *ĭ* (aus *jo*), fem. *ja*, ist der oben (§. 284) besprochene Zusatz der definiten Declination.

wenn *sl* eine dem Slavischen unerträgliche Verbindung wäre, hätten die Wurzeln auf *s* und die auf *d*, welche diesen Laut nach einem allgemeinen slav. Lautgesetze (§. 103) vor *t* in *s* umwandeln, die ältere Gestalt des Suffixes beibehalten müssen. Ich muſs hier noch daran erinnern, daſs auch das Bengalische ein Praeteritum besitzt, welches von participialem Ursprung zu sein scheint, und *l* zu seinem wesentlichsten Merkmal hat, z. B. *kŏrilám* ich machte (*kŏr-i-lá-m*), 2te P. *kŏrili*. Es ist höchst wahrscheinlich, daſs, wie auch Max Müller („Report of the British Association for advancement of science for 1847". p. 343) annimmt, daſs das *l* dieser Formen durch die Mittelstufe eines *d* aus *t* hervorgegangen sei, und daſs die ganze Form dem skr. Part. perf. pass. auf *ta* ihren Ursprung verdanke, so daſs also *kŏrilám* dem gleichbedeutenden persischen *kerdem* gleichkäme, von dem es sich im Wesentlichen nur durch die weitere Erweichung des *d* zu *l* und durch die Einfügung eines Bindevocals *i* unterscheidet, der auch im Skr. bei dem betreffenden Part. sehr gewöhnlich ist. In der 2. P. sg. stimmt *kŏrili* zum pers. *kerdi*. Wenn aber das Bengalische auch das skr. passive Perfect-Part. in unveränderter Gestalt und Bedeutung gebrauchen kann, so ist dies anerkannt eine spätere Entlehnung (s. Haughton §. 241), wie man überhaupt im bengalischen Sprachschatz zwischen den im Schooſse der Tochtersprache gleichsam verarbeiteten und umgestalteten Formen, und den aus dem Sanskrit neu herübergenommenen zu unterscheiden hat. Wollte man aber zur Erklärung der bengal. Praeterita wie *kŏrilám* sich eine skr. Wortklasse aussuchen, wozu sie äuſserlich besser als zu den passiven Vergangenheits-Participien auf *ta* stimmen würden, so müſste man sich an das Suffix *ila* wenden (eigentlich *la* mit *i* als Bindevocal), welches nur eine ganz kleine Wortfamilie zurückgelassen hat, wozu unter andern *an-i-lá-s* Wind, als wehender, *pai-i-lá-s* Wanderer (von *pai* gehen) gehören. Man sieht aber nicht ein, wie dieses seltene Suffix mit gegenwärtiger Bedeutung zu dem Berufe gelangt sein sollte, im Bengalischen aus jeder Wurzel ein Praeteritum zu bilden. — Ein anderes neuindisches Idiom, welches den slavischen Sprachen hinsichtlich des betreffenden Partic. einen Anhaltspunkt bietet, ist das Mahrattische. Hier entspringt aus jeder Verbalwurzel ein Part. perf. pass. auf *lá* (m.), *li* (f.),

Wortbildung. §. 823. 213

lŏ (n.)*), z. B. *påhilå* gesehen **), *kĕlå* gemacht, letzteres unregelmäſsig, wie es scheint, aus *kaĭla* für *karilå*. Man vergleiche das bengal. *kŏrilåm* ich machte und das pråkrit. *kada* aus *karda* gemacht. Bei Umschreibung der dem Mahrattischen, wie den meisten slavischen Mundarten, fehlenden Vergangenheits-Tempora wird die active Construction anderer Sprachen in die passive umgesetzt, und so heiſst z. B. *myå****) *kĕlå*, *myå kĕlī*, *myå kĕlŏ*, welches Carey durch „I did" übersetzt, wörtlich nichts anders als „a me factus, facta, factum", wenngleich Carey in diesen und analogen Temporen wirklich eine active Ausdrucksweise zu erkennen scheint; denn er bemerkt (S. 67): „*It must be observed that the gender of the verb in the imperfect, perfect and pluperfect tenses varies to agree with that of the object.*" Was aber hier Object genannt wird ist in der That das grammatische Subject, und nach diesem richtet sich das Partic. nicht nur im Geschlecht, sondern auch in der Zahl. S. 129 ff. wird bemerkt: „*It must be observed, that when the verb is used actively, viz. when the object is expressed in the accusative, the form of the neuter singular only is used. When the object is in the nominative case, the verb is passive and varies with the gender of the subject. Ex.* म्यां बायकोस् पाहिल *myåṅ båyŏkŏs påhilŏ* I saw the woman, म्यां बायको पाहिली the woman was seen by me." Meiner Überzeugung nach ist aber die erste Construction eben so gut passivisch, als die zweite, denn wäre sie activisch, so müſste das Pronomen im

---

*) Das skr. kurze *a* wird im Mahrattischen und Bengalischen wie *ŏ* gesprochen, so daſs die mahrattischen Neutra des betreffenden Part. denen des slavischen wie *neslo* genau entsprechen (s. §. 257). Das lange *å* im Masc. der mahrattischen Adjective stützt sich wahrscheinlich auf die skr. Nominative auf *as*, so daſs die Unterdrückung des *s* durch Verlängerung des vorhergehenden Vocals ersetzt ist. Dagegen stützen sich die Pronominal-Nominative तो *tŏ* er und ज्ञो *ɡ'ŏ* welcher (*ɡ'* aus *y*, s. §. 19) auf die Entartung, welche im Send, Påli und Pråkrit die Endung *as* überall erfahren hat (s. §. 56ᵇ). Adjective, als solche, werden im Mahrattischen nicht declinirt.

**) *h* für skr. *s'* der defectiven Wz. *pas'* (*pás'ýåmi* ich sehe).

***) *myå* entspricht dem skr. Instrum. *máyå*.

Nominativ stehen, müſste also मीं *miṅ* lauten, und nicht *myáṅ* *), wie in der 2ten. Der Unterschied der beiden Constructionen ist nur der, daſs in der ersten das neutrale Passiv-Participium unpersönlich steht, oder das Subject in sich selber enthält, und einen Accusativ regiert, während in der 2ten das Participium das Prädicat des durch *báyŏkd* Frau ausgedrückten Subjects ist. Bei Verbis neutr., das Verb. subst. mit begriffen, hat das mahratt. Part. auf *lá*, *lí*, *lŏ*, wie sein sanskr. Vorbild auf *ta-s*, *tá*, *ta-m*, active Bedeutung, und darum wird ihm auch das pronominale oder substantivische Subject im Nominativ vorangestellt, und so heiſst z. B. *miṅ gĕlŏ-ṅ* ich ging, eigentlich ich gegangener bin, indem das Verb. subst., wenigstens geistig, darin enthalten ist (vgl. §. 628 Anm. 1), fem. *miṅ gĕlí-ṅ*, 2te P. m. *túṅ gĕlá-s*, f. *gĕlí-s*; 3te P. m. *tó gĕlá*, f. *tí gĕlí*, ohne Personal-Endung. So beim Verb. subst. *miṅ g̔álŏ-ṅ* ich war (gewesener bin ich), fem. *g̔álĕ-ṅ*, 2te P. *g̔álá-s*, *g̔á-lí-s*, 3te P. *tó g̔álá*, *tí g̔álí*. Es erscheint also hier das Mahrattische fast ganz im Gewande des Polnischen, welches ebenfalls in der 3ten Pers. das bloſse Part. setzt, in der ersten und 2ten aber Personal-Endungen daran anknüpft: masc. *byɫ-em*, *byɫ-es'*, *byɫ*, fem. *byɫa-m*, *byɫa-s'*, *by-ɫa*; neut. *byɫo-m*, *byɫo-s'*, *byɫo* (s. §. 628 Anm. 1). — Abgesehen von den aus dem Sanskrit neu entlehnten, meistens ganz unverändert gelassenen passiven Perfect-Participien wie *dŏttŏ* gegeben, *yuktŏ* verbunden, *grŏstŏ* verschlungen, *sŏmáptŏ* geendigt, gibt es vielleicht im Mahrattischen nur ein einziges Part. dieser Art, welches das alte *t* bewahrt hat, nämlich *hŏtá*, fem. *hŏtí* (oder *hŏtĕ*), neut. *hŏtŏ* gewesen = skr. *b´utá-s*, *á*, *á-m* (vgl. prākrit. *ho-mi* ich bin), wovon *hŏtŏ-ṅ* ich war, wie oben von einer anderen Wurzel und mit dem entarteten Suffix: कालों *g̔álŏ-ṅ*. Von *hŏ* sollte man nach dieser Analogie *hŏlŏṅ* erwarten. Das im sogenannten 2ten Aorist praes. erscheinende Part., z. B. das von *miṅ kŏrtŏ-ṅ* ich thue (ich thuend bin, vgl. skr. *kartá'smi* facturus sum), fem. *miṅ kŏrtí*, erkläre ich aus dem skr. Part. fut. oder Nomen agentis auf

---

*) Offenbar nur eine unorganische Erweiterung des oben erwähnten *myá*.

tár, tr̥, Nom. m. *tá*, welches im Vêda-Dialekt häufig im Sinne des Part. praes. vorkommt (s. §. 814) *). Die 2te Pers. masc. *kŏrtós* du thust stimmt zum skr. *kartá'si* facturus es oder factor es, doch ist in der mahrattischen Form nicht das Verb. subst., sondern blofs der Charakter der 2ten Person enthalten; auch behandelt das Mahrattische dieses Part. so, als wenn es im Sanskrit durch das Suffix *ta* (nicht durch *tár, tr̥*) gebildet wäre. Beim Verb. subst. ist sowohl das skr. *b'útá-s* gewesen, als *b'av-i-tá'* futurus im Mahrattischen durch *hótá* vertreten; es fehlt aber der genannten Sprache auch nicht an Formen, wo die dem skr. Nomen agentis oder Part. fut. entsprechende Form ihr Suffix durch einen Bindevocal *i* anschliefst, z. B. इच्छितो *ićć'itó* wünschend (Carey p. 80), fem. *ićć'itě*. Was das *ó* der männlichen Form *ićć'itó* anbelangt, so stimmt es zu den vorhin (p. 213) erwähnten Pronominal-Nominativen wie *tó* er, *g'ó* welcher, während *tá* von *hótá* seiend **) zu den gewöhnlichen Adjectiv-Nominativen auf *á* stimmt. Carey setzt bei den verschiedenen Verben und Hülfsverben, welche seine Grammatik darbietet, in der 3ten P. masc. des in Rede stehenden 2ten Aor. praes. ziemlich willkürlich entweder *tá*, oder *tó*, oder *tón*, nur dafs er die Form *tá* blofs bei *hótá* setzt, sonst aber entweder *tón* oder *tó*. Der Nasal des ersteren ist höchst wahrscheinlich nur ein unorganischer Zusatz, den das Mahrattische auch manchen anderen vocalisch endigenden Formen gelegentlich beifügt, wie z. B. in dem oben (p. 214) erwähnten Instrum. म्यां *myán* (neben *myá*) durch mich und dem analogen *tván* durch dich (Carey p. 127), neben dem zur Send-Grammatik stimmenden

---

*) Dafs nicht etwa das im mahratt. 2ten Aor. praes. erscheinende Part. der Form nach auf das skr. Part. pass. auf *ta* sich stütze, beweist in vorliegendem Falle der Umstand, dafs nicht nur *kŏrtó-n* besser zu *kartá'* als zu *kr̥tá-s* stimmt, sondern auch, aufser dem oben (p. 213) erwähnten echt mahrattischen *kelá* gemacht, noch ein entlehntes *krŏtŏ* (s. Carey p. 36: *tsvŏrŏkrŏtŏ* Godformed) im Mahrattischen besteht, welches wie das pråkr. *kada* (für *karda* oder *krada*) auf die Urform *karta* sich stützt, wovon *kr̥tá* eine Zusammenziehung ist (s. §. 1).

**) Carey p. 92 *tá hótá* „he is" (wörtlich er seiend).

t v á vom Stamme *t v a* (s. §. 158). So ist auch, wie ich nicht zweifle, der Anusvâra des repetitiven Partic. auf तां *t á n*, wie *kŏrtán kŏrtán* „doing, continuing to do" zu fassen, indem dieses Participium in seiner Bildung von demjenigen, wodurch der 2te Aorist praes. umschrieben wird, nur durch die Wiederholung sich unterscheidet. Anders verhält es sich mit dem Ausgang *tón* der ersten Person; hier ist das niemals fehlende *n* der Personal-Ausdruck = skr. *mi*, der vorangehende Theil des Wortes aber der männliche Nominativ. Das Fem. gestattet in der ersten Pers. die Unterdrückung des *n*, daher *kŏr-té* ich mache gegen *sŏkté-n* ich kann (Carey p. 79), mit *é* für *í*, welches in der 2ten Pers. *kŏrtí-s* erscheint, während die männliche Form ihr *ó* behält (*kŏrtó-s*).

824. Durch *ta* mit dem Bindevocal *i* werden im Sanskrit auch aus Substantiven Adjective gebildet, welche als Passiv-Participia von vorauszusetzenden Denominativ-Verben aufgefafst werden können, wie z. B. *p̃al'-i-tá-s* fruchtbegabt von *p̃alá* Frucht, woraus ein Denominativum *p̃al'-áyá-mi* ich versehe mit Früchten, entspringen könnte, welches ein Passiv-Participium *p̃alitá-s* bilden würde. Im Lateinischen entsprechen Formen wie *barbá-tus*, *alá-tus*, *fimbriá-tus*, *cordá-tus*, *dentá-tus*, *aurí-tus*, *turrí-tus*, *versú-tus*, *verú-tus*, *astú-tus*, *cinctú-tus*, *jus-tus*, *nefas-tus*, *scelestus*, *robus-tus* (*robur*, *roboris* aus *robus*, *robos-is*), *hones-tus* (*honôr-is* aus -*s-is*); im Griechischen Formen wie κροκω-τός, ὀμφαλω-τός, αὐλω-τός, φολιδω-τός, ἀνανόρω-τός. Man beachte die Neigung zu einer Vocallänge vor dem Suffix, sowohl im Lateinischen als im Griechischen. So wie das ursprünglich kurze *u* der 4ten Declination und das *i* der 3ten verlängert wird, so auch das unorganische *u* der 2ten in *nasú-tus*, und bei consonantisch endigenden Themen das stammerweiternde *i*, (s. S. 169), z. B. von *marí-tus*, *patrí-tus*, welche wenigstens der Form nach hierher gehören; so auch im Griechischen das stammerweiternde *o*, daher z. B. φολιδ-ω-τός, ὀδοντ-ω-τός. Vereinzelt steht ἁμαξ'-ι-τός, eigentlich mit Frachtwagen begabt, welches durch Unterdrückung des Endvocals des Stammwortes und Anfügung eines Bindevocals ι vortrefflich

zu skr. Bildungen wie *mudr'-i-tás* gesiegelt, von *mudrā́* Siegel, stimmt. — Hierher gehören auch die lateinischen Bildungen auf *é-tu-m* wie *arborê-tum, quercê-tum, fimê-tum, pomê-tum*, welche, wie auch Pott annimmt (E. F. II. p. 546), gleichsam Denominativa der 2ten Conjug. voraussetzen, bei welchen man wohl Participia wie *moné-tus* erwarten könnte (vgl. S. 196).

825. Auch im Litauischen und Slavischen entspringen aus Substantivstämmen Adjective, welche in Form und Bedeutung den hier behandelten passiven Perfect-Participien entsprechen. Beispiele im Russischen sind рогашый *rog'-a-tüi* gehörnt (lit. *ragú'tas*), von рогъ *rog'*, them. *rogo* Horn, волосашый *volos'-a-tüi* haaricht, von *volos'*, them. *voloso* Haar, горбашый *gorb'-a-tüi* buckelig, von *gorb'*, them. *gorbo* Buckel, іменишый *imeni-tüi* namhaft, von імя *imja*, them. *imen* Name. Zum Theil haben die hierher gehörenden Wörter dem *t* des Participial-Charakters ein *s* vorgeschoben, nach Art der griechischen Verbalia wie ἀκε-σ-τός, ἀκου-σ-τός und litauischer Abstracta auf *stė̃* gegenüber den sanskritischen auf *tá* und lateinischen auf *ta, tát, tút*, wovon später. So z. B. im Russischen каменистый *kamen-i-stüi* steinicht (lit *akmen-ú-tas*), першистый *tern'-i-stüi* dornicht (*tern'*, Thema *terno*, Dorn vgl. skr. *tṛṇa* aus *tarṇa* Gras), бородастый *borod'-a-stüi* bärtig, mit Bart versehen (*boroda* Bart, vgl. skr. *vardʹ, vṛdʹ* wachsen, lit. *barzda* Bart, *barzdʹ-ú'-tas* bärtig). Im Litauischen geht dem Suffix *ta* dieser Wortklasse in der Regel ein *ŏ* (gelegentlich dafür *ú = uo*) vorher, nach Analogie der in §. 767 beschriebenen Denominativa in den consonantisch anfangenden Bildungen, und zwar so, daſs auch hier der Endvocal des Stamm-Nomens vor dem den denominativen Verbal-Stamm bildenden Vocal abfällt; also z. B. *migl'-ŏ-tas* nebelicht, mit Nebel versehen, von *miglà* Nebel, *plauk'-ŏ-tas* haaricht von *plauka-s* Haar, *plunksn'-ŏ-tas* federicht, von *plunksnà* Feder, *dumbl'-ŏ-tas* schlammicht, von *dumbla-s* Schlamm. In Formen wie *akmen-ú-tas* steinicht, *rag'-*

ú-tas gehörnt, von den Stämmen akmen, raga, ist ú nur ein Stellvertreter des blofsen ŏ, man darf daher sowohl das ú von Formen wie akmen-ú-tas, als das überwiegende ŏ von solchen wie migl'-ŏ-tas, plauk'-ŏ-tas mit dem á lateinischer Formen wie cord-á-tus, alá-tus identificiren. Isolirt stehen im Lit. die Formen auf ė-ta-s, wie dùlkė-tas bestäubt, staubig, von dùlkės Staub (N. pl. vom Stamme dulkia)*), da hier das ė des Stammes die Stelle des ableitenden ŏ einnimmt.

826. Das Fem. des Suffixes त ta, nämlich tấ, bildet im Sanskrit auch abstracte Substantive aus Adjectiven und Substantiven. Sie betonen die Endsylbe des Primitivstammes, z. B. śuklá-tá Weifse, von śukla weifs, samá-tá Gleichheit, von samá gleich, pṛtú-tá Breite, von pṛtú breit, vadyá-tá Abstr. von vádya occidendus**), strí-tá Weiblichkeit, von strí Frau. Hierzu stimmen die lat. Abstracta senecta, juventa, vindicta. Auch dem Germanischen fehlt es nicht, wie schon anderwärts gezeigt worden***), an analogen Bildungen. Ihr Thema endet im Gothischen auf thô, welches so genau wie möglich dem sanskritischen tá entspricht †) und im Nomin. zu tha sich kürzt (§. 137), daher z. B. diupi-tha Tiefe, hauhi-tha Höhe, gauri-tha Traurigkeit, niuji-tha Neuheit, in deren i ich die Schwächung des a der adjectiven Primitiv-Stämme diupa, hauha, gaura, niuja erkenne ††). Das u von Grimm's 3ter Adjectiv-Declination schwächt sich ebenfalls vor dem in Rede stehenden Suffix zu i, daher angvi-tha Enge, vom Adjectivstamme

---

*) S. §. 92. p. 147.

**) S. §. 897 f.

***) „Einfluſs der Pronomina auf die Wortbildung" (1832. p. 22).

†) S. §§. 69. 1, 87. 1.

††) Man vergleiche die Vocalschwächung, welche das aus a entsprungene o der lateinischen 2ten Declin. vor verschiedenen Wortbildungssuffixen und am Anfange von Compositen erfahren hat, z. B. in puri-tát, alti-túdin, alti-sonŏ.

angvu eng*), *manvi-tha* Bereitschaft, von *manvu* bereit. Die Stämme auf *ja* mit vorangehenden Consonanten werfen ihr *a* vor dem Suffix *thô* ab und vocalisiren das *j* zu *i*, daher zwar *niuji-tha* Neuheit, vom Stamme *niuja*, aber nicht *fairnji-tha*, sondern *fairni-tha* Alter, vom Stamme *fairnja*, Nom. m. *fairnei-s* **); so *unhraini-tha* Unreinheit, vom Stamme *unhrainja* unrein. Beispiele dieser Wortklasse im Althochdeutschen, wo *d* für goth. *th*, nach §. 87, sind *hreini-da* Reinheit, *herti-da* Härte, *samfti-da* Sanftheit, *sterchi-da* Stärke (s. Grimm IV, p. 242 ff); vom Englischen gehören hierher: *heal-th, heigh-th, leng-th, dep-th* und einige andere. Das Neuhochdeutsche zeigt diese Bildungen nur noch in Volksmundarten, wie im Niederhessischen z. B. *Läng-de, Tief-de, Breite-de*; letzteres gegenüber dem skr. *pṛt'ú-tá*. — Die germanischen Sprachen bilden durch das in Rede stehende Suffix auch Abstracta aus den Themen schwacher Verba, z. B. im Gothischen *svêgni-tha* Freude, Frohlocken (*svêgnja* ich frohlocke), *mêri-tha* Kunde, Gerücht, (*mêrja* ich verkündige), *vargi-tha* Verdammnifs (*ga-vargja* ich verdamme). Hier ist das *i* die Zusammenziehung der Klassensylbe *ja* (= skr. *aya*, s. §. 109*). 6), wie im Praeteritum und in Passiv-Participien, wie *sôk-i-da* ich suchte, *sôk-i-ths* gesucht. So im Althochd. z. B. *hôni-da* Hohn (*hôniu* ich höhne), *hôri-da, ga-hôri-da* Gehör (*hôr-iu*, goth. *haus-ja* ich höre). Abkömmling eines Verbums von Grimm's 2ter schwacher Conjug., also mit *ô* für *i*, ist das goth. *gaunô-tha* Trauer, Klage (*gaun-ô* ich traure, praet. *gaun-ô-da*). Dieses in seiner Art einzige Beispiel, welches erst durch die Veröffentlichung der Übersetzung der Paulinischen Briefe (2. Cor. 7. 7) an das Licht getreten ist, bestätigt die Ansicht, dafs das sonst überall dem *th* vorangehende *i* nicht, wie man gewöhnlich annimmt, dem Ableitungssuffix, sondern dem Primitiv-Stamme angehört, wie ich dies auch

---

*) Vgl. das gleichbedeutende skr. *aṅhú*.
**) S. §. 135.

schon ohne die Form *gaunô-tha* zu kennen, angenommen hatte [*]).

827. Einzig in seiner Art ist das gothische *jun-da* Jugend = latein. *juven-ta*, jedoch mit der Zusammenziehung, welche das sanskritische Schwesterwort *yúvan* in den schwächsten Casus (z. B. Gen. *yûn-ás*, Dat. *yûn-ế*, s. §. 130) und das lateinische im Comparativ *jun-ior* erfahren hat. Das *d* für *th* von *jun-da* glaube ich dem Einflusse des vorangehenden *n* zuschreiben zu müssen, obwohl diese Liquida auch die Verbindung mit *th* zuläfst [**]).

828. In keinem europäischen Sprachgebiet hat sich der Typus sanskritischer Abstracta wie *śuklá-tấ* Weifse, *bahú-tấ* Vielheit so treu erhalten als im Slavischen. Man darf aber, um dies wahrzunehmen, für Wörter wie *dobrota* Güte nicht mit Dobrowsky (p. 299) ein Suffix *ota* annehmen, sondern mufs das *o* auf die Seite des Primitivstammes stellen, dem es in der That angehört; also *dobro-ta*, nicht *dobr-ota*. So unter andern auch СЛѢПОТА *slepo-ta* Blindheit, ТЕПЛОТА *teplo-ta* Wärme, ТѢСНОТА *těsno-ta* Enge, НАГОТА *nago-ta* Nacktheit, von den Adjectivstämmen *slěpo* (N. m. СЛѢПЪ *slěpǔ*, f. *slěpa*, n. *slěpo*), *teplo*, *těsno*, *nogo*, deren schliefsendes *o* der regelrechte Vertreter des skr. *a* ist (s. §. 257). Dem erwähnten *nago-ta* würde das Sanskrit die Form *nagná-tấ* gegenüberstellen, wenn *nagná* nackt für sein Abstractum nicht ein anderes Suffix vorzöge. Die Adjectivstämme auf *jo* (s. §. 258), welche nach §. 92. *k* diese Sylbe zu *je* oder *e* umgestalten,

---

[*]) „Einflufs der Pronomina auf die Wortbildung" p. 22. Ich hatte dort nur solche Formen vor Augen, wo sich das *i* als Schwächung des *a* des Primitivstammes herausstellt, wie in *diupi-tha* von *diupa*.

[**]) S. §. 91. 2. Das weibliche skr. Suffix *ti*, wovon dort die Rede, zeigt sich hinter *n* dreimal in der Gestalt *di* (*ga-mun-di* Gedächtnifs, *ana-min-di* Vermuthung, *ga-kun-di* Überredung), und zweimal in der von *thi* (*ga-kun-thi* Erscheinung, *ga-main-di* Gemeinde).

bilden Abstracta auf *je-ta* oder *e-ta*, z. B. соүкта *suje-ta* Eitelkeit, vom Stamme *sujo*, Nom. m. соүй *suj*, eitel. Drobrowsky (p. 300) nimmt mit Unrecht für diese Wortklasse ein Suffix *eta* an.

829. Im Vêda-Dialekt gibt es ein Suffix *táti*, welches eben so wie *tá* zur Bildung denominativer Abstracta gen. fem. gebraucht wird, die mit denen auf *tá* auch darin übereinstimmen, dafs sie die Endsylbe des Primitivstammes betonen, z. B. *ariśṭátáti-s* Unverletzlichkeit, von *áriśṭa* unverwundet (hier soviel als unverwundbar); *ayakśmátáti-s* Gesundheit, von *ayakśmá* gesund (krankheitslos, *yákśma* und *yákśman* Schwindsucht); *vasútáti-s* Reichthum, von *vásu* Schatz, Vermögen; *dêvátáti-s* Opfer (ursprünglich Gottheit, Göttlichkeit), von *dêvá*; *sarvátáti-s* Allheit, Ganzheit, das All *), von *sárva* jeder, all, *śántáti-s* Glück, von dem gleichbedeutenden *śam*. Was den Ursprung des Suffixes *táti* anbelangt, so zweifle ich kaum an seinem Zusammenhang mit dem einfacheren *tá* (§. 826), sei es dafs, wie Aufrecht vermuthet („Zeitschr. für vergleichende Sprachforschung" I. p. 162), in dem beigetretenen *ti* das Suffix enthalten sei, welches zur Bildung primitiver, d. h. verbaler Abstracta verwendet wird, wovon später, oder dafs *táti* eine blofs

---

*) Auf dieses *sarvátáti* stützt sich das in §. 207 (p. 412 Anm.) erwähnte send. *haurvatât*, welches ich schon in der ersten Ausgabe (p. 239 und 247), ohne damals sein skr. Vorbild und überhaupt das vêdische Suffix *táti* zu kennen, durch Ganzheit übersetzt habe, und zwar darum, weil ich in seinem Suffix, sowie in dem von *ameretât* Unsterblichkeit, eine Verwandtschaft mit dem skr. *tá*, gr. τητ und lat. *tât* zu erkennen glaubte, worüber ich jedoch l. c. keine Veranlassung hatte, mich näher auszusprechen, weil dieser Gegenstand zur Lehre der Wortbildung gehört (vgl. Burnouf, Yaçna p. 162 Anm.). Da nach Pâṇini IV, 4. 142 *sarvátáti* dieselbe Bedeutung hat wie sein Primitivum *sárva*, so ist zu erwägen, dafs die Allheit, Gesammtheit soviel ist als das All, das Ganze.

phonetische Erweiterung von *tá* sei, so dafs *ti* eigentlich nur die Wiederholung von *tá*, mit Schwächung des *á* zu *i*, nach dem Princip der Aoriste wie *ápipam* für *ápápam*, von *áp* (s. §. 584), und der Reduplicationssylben wie *ti*, *pi* für *tá*, *pá* in *tisṭámi* ich stehe (§. 508), *pípasámi* ich wünsche zu trinken, von *pá* (§. 750). Möglich wäre es auch, dafs dem Suffixe *tá* zunächst nur ein *t* sich angefügt hätte, in derselben Weise, wie den Wurzeln mit kurzem, und im Griechischen denen mit langem Endvocal, wo sie am Ende von Compositen erscheinen, ein *t*-Laut als Stütze beigefügt wird*). Das *i* von *táti* wäre bei dieser Auffassung, die mir am meisten zusagt, nur ein späterer Nachwuchs, und die in den Véden gelegentlich sich zeigenden Formen auf *tát***) müfsten demnach als die älteren anerkannt werden. Die analogen sendischen Abstracta auf *tát* hätten also kein stammhaftes *i* verloren, sondern sich nur des jüngeren Zusatzes enthalten, der auch den griechischen und lateinischen fern geblieben wäre, im Fall der schliefsende *t*-Laut der Suffixe τητ, *tát*, *tút* ein aus der asiatischen Urheimat mitgebrachtes Erbgut, und nicht erst auf europäischem Boden erwachsen ist. Befremdend aber wäre es, wenn das in Rede stehende Suffix des Griechischen, Lateinischen und Send aus der Form *táti* hervorgegangen, das schliefsende *i* aber in den 3 genannten Sprachen spurlos untergegangen wäre, da dieser Vocal doch sonst, im Griechischen und Send wenigstens, in den mit dem Sanskrit ge-

---

*) Hiervon später mehr. Über die griechischen Composita wie ἀγνώ-τ, ὠμοβρώ-τ, und überhaupt über die Neigung des Griechischen, vocalisch endigende Stämme durch den Zusatz eines τ zu erweitern, s. Curtius: „De nominum Graecorum formatione" p. 10 ff.

**) Benfey (Glossar zum S. V.) belegt verschiedene Casus von *dêvátát*, und Aufrecht (l. c. p. 163) belegt aus dem 2ten Buche des Rigv. den Locativ von *vṛkátát* Verfolgung, welches für das Primitivum *vṛka* (gewöhnlich Wolf) die Bedeutung verfolgend, Verfolger, voraussetzt.

meinschaftlichen Wortklassen auf *i* sich nirgends hat verdrängen lassen. Die bis jetzt im Send wahrgenommenen Abstracta auf ⟨⟨⟨⟩⟩⟩ *tát* (⟨⟨⟨⟩⟩⟩ *táḍ* nach §. 38) sind, aufser den mehrmals erwähnten *haurvatát* Ganzheit und *amĕrĕtát* Unsterblichkeit*): *uparatát* „supériorité" (s. Burnouf, Yaçna p. 285), von *upara* superus (vgl. skr. *upári* über, goth. *ufar* etc.), *drvatát* Festigkeit (Burn. Études p. 261), von *drva* fest = skr. *dʼruvá* (ahd. *triu* treu) *pauurvatát* „antériorité" (Yaçna p. 285, not. 141) von *pauurva* anterior = skr. *púʼrva*; *ustatát* Gröfse (Aufrecht, Zeitschr. I. p. 162), von *usta* hoch, grofs = skr. *utsa* aufstehend, sich erhebend (s. §. 102), für *utsia*; ⟨⟨⟨⟩⟩⟩ *vaṇhutát* Reichthum (Aufr. l. c.) = skr. *vasútáti* (s. p. 221); *yavatát* Dauer von *yava* id. (Burnouf, Études p. 9), ⟨⟨⟨⟩⟩⟩ *arstát*, vielleicht das vĕd. *arisʼtátáti* (p. 221, s. Brockhaus, Glossar), *rasanstát*, nach Anquetil „droiture," von unsicherer Herkunft, weshalb auch die Bedeutung unsicher ist**).

830. Ist das skr. Suffix *táti* oder *tát* als Bildungsmittel der denominativen Abstracta wirklich alt und schon in der Zeit vor der Sprachtrennung vorhanden gewesen, so läfst sich ihm aus dem Gebiete der europäischen Schwestersprachen noch das gothische, ebenfalls weibliche Suffix *duthi*, Nom. *duth-s*, zuführen, dessen *u*, vorausgesetzt dafs es kurz ist, demnach so aufzufassen wäre, dafs das lange *á* sich zuerst gekürzt und von da zu *u* geschwächt hätte, wie z. B. das *u* angelsächsischer Nominative von Grimm's erster starker Feminin-Declination (*gifu* Gabe) dem goth. kurzen *a*

---

*) Ich halte *amĕrĕ* für = skr. *amara* unsterblich. Das Wort würde also vĕdisch *amarátáti* oder *amarátát* lauten. Über *haurvatát* s. p. 221 Anm.

**) *rasʼansʼ* ist der Form nach ein Part. praes. und bedeutet vielleicht glänzend, und somit sein Abstractum: Glanz. Man vergleiche das dem skr. *rasʼmí* Lichtstrahl zum Grunde liegende *rasʼ*, welches sonst nicht vorkommt, aber wahrscheinlich mit *las* glänzen verwandt ist.

(*giba*) und skr. langen *á* gegenüber steht (§. 137). Was die Consonanten anbelangt, so würde das Lautverschiebungsgesetz im Goth.: *thuthi* erwarten lassen; daſs sich aber an der ersten Stelle die alte Tenuis zur Media, statt zur Aspirata, hätte verschieben lassen, könnte nach dem, was in §. 91. 2 bemerkt worden, nicht befremden. Früher stand in dieser Wortklasse *ajuk-duth*(*i*)-*s* **Ewigkeit** (s. Grimm II, 250), von einem vorauszusetzenden Adjectivstamme *ajuka*, N. m. *ajuk-s* *), ganz isolirt. Nun aber liefern die später eröffneten Sprachquellen noch die Stämme *manag-duthi* **Menge** (Nom. -*duths* II. Cor. 8. 2), und *mikil-duthi* **Gröſse** (Gen. *mikilduthai-s*, Acc. *mikilduth*, Skeir.). Aus dem schlieſsenden *i* des goth. Suffixes, im Fall es wirklich mit dem vêdischen *táti*, *tát* zusammenhängt, darf man jedoch nicht die Folgerung ziehen, daſs nothwendig *táti* die ältere Form sein müsse, denn das Gothische konnte leicht dem *t*-Laut, als ursprünglichem Endbuchstaben des Suffixes, noch ein *i* beifügen, da die Declination der Consonanten, *n* ausgenommen, im Gothischen, wie überhaupt im Germanischen, nicht beliebt ist und der leichteste Vocal, *i*, gern dazu verwendet wird, ein consonantisch schlieſsendes Thema in ein bequemeres Declinationsgebiet überzuführen, daher z. B. dem skr. Stamme *čatvắr* 4 (s. §. 312) im gothischen *fidvôri* gegenübersteht (Dat. *fidvôri-m*) und die Stämme *šaš* 6, *sáptan* 7, *návan* 9, *dáśan* 10, im Althochdeutschen ihre Declination aus *sehsi*, *sibuni*, *niuni*, *zēhani* bilden. Wenn Grimm (l. c.), wie ich sehr geneigt bin anzunehmen, Recht hat, eine Verwandtschaft des in Rede stehenden goth. Suffixes mit dem lat. *túdo*, *túdin-is* zu vermuthen, so wäre auch dieses Suffix mit dem sanskritisch-sendischen *tát* oder *táti* zu vermitteln. Man müſste dann *tút* (von *servitút* etc.) als =

---

*) Nach Abzug des Suffixes *ka* läſst sich *aju* mit dem einfacheren Stamme *aiva*, Nom. *aiv-s*, so vermitteln, daſs die Sylbe *va* sich zu *u* zusammengezogen habe und sodann das *i*, wegen des folgenden Vocals, in seinen Halbvocal übergegangen sei.

védisch-send. *tát* (s. §. 829), zu *túdo, túdin* sich erweitern lassen, mit Erweichung des 2ten *t* zu *d* (vgl. §. 819). Der Zusatz *ón, in-is* könnte wenig befremden, da sich auch das skr. Suffix *ti*, wovon später mehr, im Lateinischen durch einen ähnlichen unorganischen Zusatz erweitert hat, und z. B. der skr. Stamm *pák-ti* im Lat. zu *coc-tión* geworden ist. Man sollte von *-túdó* im Gen. *-túdón-is* erwarten; es hat sich aber das *ó* = skr. *á* (s. §. 139. 2) beim Wachsthum der Form zu *i* geschwächt, wie in *homin-is* (alt *hemôn-is*, s. p. 168).

Anmerk. Das véd. Suffix *táti* bildet nicht nur Abstracta, sondern hat zuweilen auch die Bedeutung machend, Macher (Pánini IV. 4. 143), und zwar ebenfalls mit Betonung der dem Suffix vorangehenden Sylbe. Ein Beispiel liefert Rigv. I. 112. 20, wo der männliche Dual *s'ántáti* Glücklichmacher, oder vielleicht Vermehrer des Glückes, von *Sáyana* durch *suk'asya kartárâu* „gaudii factores" erklärt wird. In Wörtern dieser Art, die in den europäischen Schwestersprachen nicht vertreten sind, was ihr Alter verdächtigt, ist vielleicht *táti* von einem anderen Ursprung, als da, wo es als Bildungsmittel abstracter Substantive erscheint. Man könnte in jenem eine Ableitung der Wurzel *tan* ausdehnen erkennen, ohne darum mit Benfey (Glossar p. 94) diese Erklärung auch auf das Suffix der Abstracta auszudehnen, wenngleich die Betonung der beiden Wort-Arten dieselbe ist, indem vielleicht die Betonung der überwiegenden Abstracta auf die der Concreta eingewirkt hat, nachdem das Gefühl für den verschiedenartigen Ursprung erloschen war.

831. Es mag hier sogleich ein anderes Suffix besprochen werden, welches im Sanskrit eben so wie *tá, tát, táti* Abstracta aus Adjectiven und Substantiven bildet, nämlich das neutrale Suffix *tva*, vielleicht eine Erweiterung des Infinitivsuffixes *tu* durch *a*, also *tva* aus *tu-a*, wie das später zu behandelnde Suffix *tavya* aus *tu* mit Guṇa und *ya*. Die Abstracta auf *tva* sind Oxytona, z. B. *amṛta-tvá-m* Unsterblichkeit, von *amṛta, nagna-tvá-m* Nacktheit, von *nagná, bahu-tvá-m*, wie *bahu-tá*, Vielheit, von

baḫú. Diese Wortklasse hat sich im Slavischen, die Vorschiebung eines euphonischen *s* vor das *t* des Suffixes abgerechnet (vgl. §. 825), so treu als möglich erhalten, da त *tva* nach §. 257 im Altslavischen nur *tvo*, und der Nominativ *tva-m* ebenfalls nur *tvo* lauten könnte. Der Endvocal des Primitivstammes (*a* oder *o*) wird im Altslavischen zu ь *ĭ* geschwächt, daher z. B. ДѢВЬСТВО *dêvĭ-stvo* Jungfrauschaft, von *dêva* Jungfrau; ВЬДОВЬСТВО *vĭdovĭ-stvo* Wittwenstand, von *vĭdova* Wittwe; БОГАТЬСТВО *bogatĭ-stvo* Reichthum, ДОСТОИНЬСТВО *dostoinĭ-stvo* Würde, von den Adjectivstämmen *bogato* reich, *dostoino* würdig. Das Gothische hat in dem einzigen hierher gehörenden Worte die alte Tenuis des Suffixes त *tva* zu *d*, statt zu *th* verschoben, wie in *fidvôr* (Thema) vier = sanskr. *ćatvā́r* (§. 312). Ich meine den Neutralstamm *thiva-dva* Knechtschaft, Nom. Acc. *thiva-dv*, vom Primitivstamme *thiva*, Nom. *thiu-s* Knecht.

832. Im Vêda-Dialekt kommt *tva* auch als primäres Suffix im Sinne des verwandten *tavya* vor und bildet aus *kar, kṛ* machen das paroxytonirte *kártva* faciendus, als neutrales Substantiv (Nom. Acc. *kártva-m*) Werk, als zu machendes. So im Send ‍‍‍*berét'wa* ferendus*). Hierher gehören, wie mir scheint, die althochdeutschen männlichen Substantivstämme auf *don* (Nom. *do*), meistens Abstracta, wie z. B. *suep-i-do* (oder -*du*) sopor, *irr-a-do, err-i-do, irr-e-do* error, *juch-i-do, juk-i-do* prurigo, *hol-ô-do* foramen, deren Zwischenvocal ich der Klassensylbe des Verbums zuweise. Das *v* des skr. Suffixes *tva* ist dem Althochd. entwichen, wobei man die noch stärkere Verstümmelung des Zahlwortes *fior* gegenüber dem goth. *fidvôr* und sanskr. *ćatvā́r-as* berücksichtigen möge. Das Gothische hat den Halb-Vocal bewahrt in den hierher gehörenden Suffixen: *tva* neut. (Nom. *tv*), von *vaurs-tv*

---

*) Comparativ mit Praepos. *upa, upa-berét'wótara* (V. S. p. 255, s. Burnouf, Études p. 215).

Werk*); *thvô* fem. (Nom. *thva*, s. §. 137) von *fri-a-thva* Liebe**), *fi-a-thva* (für *fij-a-thva*) Feindschaft***), *sal-i-thvós*, pl., Herberge (*sal-ja* ich kehre ein, bleibe, praet. *sal-i-da*), ahd. *sal-i-tha*, *sal-i-da*, *sel-i-da*; *tvôn* fem. (Nom. *tvô*, s. §. 142) von *vah-tvô* Wache, *ga-tvô* Gasse (skr. Wz. *gá* gehen), ahd. *ga-za* (*gá-m* ich gehe). Hierher gehören auch, wie ich nicht zweifle, einige slavische abstracte Feminin-stämme (zugleich Nominative) auf *tva*, welche Dobrowsky (p. 286) mit Unrecht den Bildungen auf *va* beizählt, indem er sie, statt von der Wz., vom Infin. auf *ti* ableitet, z. B. ЖАТВА *śań-tva* Abmähung, Erndte (ЖЬНѪ *śin-uń* ich mähe ab, Aor. *śań-chŭ*, Part. praet. pass. *śań-tŭ*); КЛАТВА *klań-tva* execratio (КЛЬНѪ *klin-uń* execror), ЛОВИТВА *lov-i-tva* venatio (*lov-i-ti* captare).

833. Das Participium perf. pass. wird im Sanskrit bei einer verhältnifsmäfsig kleinen Anzahl von Wurzeln durch das Suffix *na* gebildet, welches immer unmittelbar mit der Wurzel verbunden wird und wie das vorherrschende *ta* den Ton hat. Beispiele sind *lû-ná-s* losgerissen, *b'ug-ná-s* gebogen (Wz. *b'ug*), *b'ag-ná-s* gebrochen (Wz. *b'ang*), *b'in-ná-s* gespalten (aus *b'id-ná-s*), *stir-ṇá-s* ausgebreitet (Wz. *star*, स्तृ *str̂*), *pûr-ṇá-s* angefüllt (Wz. *par*, पॄ *pr̂*) †). Diesen entsprechen, auch hinsichtlich der Betonung, die ebenfalls wenig zahlreichen griechischen Bildungen auf *νο*, fem. *νη*, wie στυγνό-ς, στεγνό-ς, σεμνό-ς (für σεβνός), ἀλαπαδνό-ς, ἰσχνό-ς, σπαρνό-ς, φερνή, σκηνή (skr. छन्न *ć'anná-s* aus *ć'adná-s* bedeckt, s. §. 14), τέκνο-ν, mit

---

*) Stammt vielleicht von *varth* werden (*vairtha*, *varth*, *vaur-thum*), also mit *s* für *th*, nach §. 102. p. 176.

**) Man sollte von *frijô* ich liebe *frij-ô-thva* erwarten, doch kann die Kürzung von *ô* (= *á*) zu *a* nach §.69. 1 nicht befremden.

***) Man könnte *fij-ai-thva* erwarten; es ist aber von der Klassensylbe *ai* nur der erste Theil des Diphthongs übrig geblieben, wie in *fij-a* ich hasse, *fij-a-m* wir hassen, für *fij-ai*, *fij-ai-m*.

†) In den beiden letzten Beispielen steht *ṇ* für *n* durch den Einflufs des vorangehenden *r* (§. 17ᵇ).

zurückgetretenem Accent. Vom Lateinischen gehören, aufser *ple nu-s, eg-e-nu-s* (letzteres mit activer Bedeutung), *regnum*, mehrere vom römischen Standpunkte aus verdunkelte Wörter hierher (s. Pott II. p. 570), wie *magnu-s* eigentlich gewachsen (skr. *maṅh* wachsen, wovon *mahā́nt*, in den schwachen Casus *mahát*, grofs), *lignu-m* als zu brennendes (skr. *dah* brennen), *tignu-m* als behauenes (skr. *taks* brechen, spalten), *dignu-s*, eigentlich gezeigt, ausgezeichnet (skr. *diś*, aus *dik*, zeigen, griech. δεικ). Vielleicht hängt *signu-m* mit der skr. Wz. *saṅg*, lit. *seg* „anheften" zusammen, so dafs es eigentlich das Angeheftete bedeuten würde.

834. Im Germanischen hat sich dieses Suffix über alle starken Verba verbreitet, aber so, dafs es nicht, wie im Sanskrit, Griech. und mehreren hierher gehörenden latein. Ausdrücken, unmittelbar an die Wurzel antritt, sondern mittelst eines Bindevocals *a* (später *e*, altnord. *i*), daher z. B. im Goth. *bug-a-n(a)-s* gebogener (für skr. *b'ug-ná-s*), von der Wurzel *bug*, (*biuga, baug, bug-u-m*). Auf einen älteren Standpunkt deuten die oben (§. 770) beschriebenen Denominativa hin, worin das *n* dieses Passiv-Participiums eine wesentliche Rolle spielt, aber unmittelbar mit der Wurzel in Verbindung tritt*). In den slavischen Sprachen hat das mit *n* anfangende Suffix des Part. perf. pass. noch gröfsere Verbreitung als in den germanischen. Die auf die sanskr. 10te Klasse oder Causalform sich stützenden altslavischen Verba (s. §. 504) zeigen an der Stelle des ursprünglichen अय् *ay* vor dem betreffenden Participial-Suffix entweder а *a*, oder ѣ *ě*, oder ѥ *je*, und zwar so, dafs in Bezug auf das а *a* oder ѣ *ě* das in Rede stehende Participium der Analogie der übrigen Formen der 2ten Bildungsreihe der

---

*) Unmittelbare Anschliefsung des Suffixes zeigt auch das Adjectiv *us-luk-na-s* offen, eigentlich aufgeschlossen; so der neutrale Substantivstamm *bar-na*, Nom. *barn* Kind, als geborenes (wie τέκ-νο-ν), gegenüber dem wirklichen Part. *baur-a-ns*.

betreffenden Verba folgt, die Sylbe к *je* aber das н *i* der betreffenden Conjugations-Klasse vertritt; daher z. B. *dêl-a-nŭ* gemacht (them. *dêlano*), ЖЕЛѢНЪ *ǵelénŭ* gewünscht, nach Analogie der Aoriste und Infinitive *dêl-a-chŭ, dêl-a-ti, ǵel-ê-chŭ, ǵel-ê-ti*; aber *chval-je-nŭ* gelobt gegenüber dem Aorist und Infinitiv *chval-i-chŭ, chval-i-ti*. — Die auf die sanskritische erste (oder 6te) und 9te Klasse sich stützenden Verba knüpfen das passivische Participialsuffix *no* mittelst eines Bindevocals *e* an die Wurzel, daher z. B. *nes-e-nŭ* getragen, ДВИЖЕНЪ *dviś'-e-nŭ* bewegt (*ś'* euphonisch für *g*). Aus der letztgenannten Form erhellt aber, daſs der Bindevocal des in Rede stehenden Participiums nichts mit dem Klassenvocal *e* der Specialformen zu thun hat, denn wenn auch *nes-e-nŭ*, fem. *nes-e-na*, neut. *nes-e-no* zu *nes-e-ś'i* du trägst etc. zu stimmen scheint, so steht doch *dviś'-e-nŭ* bewegt zu *dvig-ne-ś'i* du bewegst in einem eben so groſsen Contrast als etwa im Gothischen *fraih-a-n(a)-s* gefragt zu *fraih-na-m* wir fragen (s. §. 497. p. 353 f.). — Auffallend ist es, daſs die lettischen Sprachen, obwohl sie zunächst an die slavischen angrenzen, sich doch von diesen in dem betreffenden Participium so unterscheiden, daſs sie noch standhafter das Suffix *ta*, als diese das Suffix *no*, fem. *na*, setzen. Doch fehlt es in den lettischen Sprachen nicht ganz an den analogen Formen auf *na-s*, diese sind sich aber ihrer ursprünglichen Bestimmung nicht mehr bewuſst und gelten als gewöhnliche Adjective, wie z. B. das lit. *silp-na-s* schwach (geschwächt, vgl. *silpstu* ich werde schwach, praet. *silpau*), *pil-na-s* (lett. *pil-n'-s*) voll, eigentlich angefüllt = sanskr. *púr-ṇá-s* *), send. *peřenô*, fem. *peřenê* für *peřená* (s. §. 137).

---

*) Das *ṭ* der skr. Form verdankt seinen Ursprung dem vorhergehenden Labial; sonst würde *t* stehen, wie z. B. in *stîr-ná-s*; die Urform aber ist offenbar *par-ṇa-s*, und die wahre Wurzel ist *par*, wovon *piparmi* ich fülle. Auf *parṇa* stützt sich auch der Ṣendstamm *peřena*, dessen erstes *e* auf das ursprüngliche *a*

835. So wie das passive Participialsuffix *ta* im Sanskrit aus Substantiven possessive Adjectiva wie *p'al-i-tás* fruchtbegabt bildet (s. §. 824), so wird auch zu gleichem Zweck das Suffix *na* gebraucht, ebenfalls mit vorgeschobenem Bindevocal *i*, den die indischen Grammatiker mit zum Suffix rechnen. Beispiele sind *p'al'-i-nds* fruchtbegabt, *mal'-i-ná-s* mit Schmutz bedeckt. Hierzu stimmen, auch hinsichtlich der Accentuation, griechische Bildungen wie πεδ'-ι-νό-ς (Buttmann II. §. 119. 74), eigentlich mit Ebene begabt, daher 1) flach, eben, 2) auf der Ebene lebend; σκοτεινό-ς (aus σκοτεσ-ι-νό-ς, s. §. 128) mit Finsternifs begabt, φαεινό-ς (aus φαεσ-ι-νό-ς) mit Licht begabt, ὀρεινό-ς (aus ὀρεσ-ι-νό-ς) bergbegabt. Das ε von εὐδιεινό-ς ist die Schwächung des α von εὐδία, wobei daran zu erinnern ist, dafs auch dem Suffix ων öfter ein ε als Schwächung des Endvocals des Primitivstammes vorhergeht, z. B. in ῥοδεών aus ῥοδο-ων. In Wörtern, welche eine Zeit ausdrücken, wie z.B. in χθεσ-ι-νό-ς, ἡμερ'-ι-νό-ς, ὀρθρ'-ι-νό-ς liegt die Grundbedeutung etwas mehr versteckt, doch heifst χθεσινό-ς eigentlich nichts anders als mit gestern, dem gestrigen Tage verbunden, dazu gehörend, wie auch unsere deutschen Ausdrücke wie *gestrig, heutig* ein possessives Suffix enthalten. Trotz der Verschiedenheit in der Accentuation glaube ich, dafs auch Adjective wie ξύλινος, λίθινος, ἀδαμάντινος in ihrem Bildungssuffix mit den oxytonirten Formen auf ι-νό-ς nicht unterschieden sind, sondern dafs die Sprache nur diese Ausdrücke mit mehr Nachdruck hervorzuheben beabsichtigt und ihnen daher die energischere Betonung gibt (s. I. p. 192). Es findet sich unter den Bildungen auf *ina* auch im Sanskrit ein Wort, welches nicht das Suffix, sondern das Grundwort betont, nämlich शृङ्गिणस् *śŕng'-i-ṇa-s* gehörnt, von शृङ्ग *śŕnga* Horn. Im Gothischen hat sich bei der ent-

---

sich stützt, während das 2te durch §. 44 seine Erklärung findet. Das *i* des lit. *pilna-s* ist eine Schwächung des ursprünglichen *a*, wie das von *wilka-s* Wolf gegenüber dem skr. *vŕka-s* aus *varka-s*.

sprechenden Wortklasse der Bindevocal zu *ei* (= *i̯*, s. §. 70) erweitert, vor welchem der Endvocal des Stammwortes ebenfalls abfällt, daher z. B. *silubr'-ei-n(a)-s* argenteus (auch *silubrins*, Math. 27. 3), *fill'-ei-n(a)-s* pelliceus, *liuhad'-ei-n(a)-s* lucidus, *sunj'-ei-n(a)-s* verax, von den Stämmen *silubra* (Nom. *silubr*) etc.; *sunjô* (Nom. *sunja*). Althochdeutsche Beispiele sind *hulz'-i-n(a)* ligneus, *stein'-i-n(a)* lapideus, *boum'-i-n(a)* arboreus, *rôr'-i-n(a)* arundinaceus, *eihh'-i-n(a)* quernus, *ziegal'-i-n(a)* lateritius. Im Neuhochdeutschen hat sich der Bindevocal *i* zu *e* geschwächt und hinter *r* ganz verdrängen lassen, daher z. B. *eich'-e-n, tann'-e-n, gold'-e-n, tuch'-e-n, leder'-n*. Von Pluralen auf *er* (aus *ir*, s. §. 241) stammen Formen wie *hölzer'-n, hörner'-n, gläser'-n*, welche zu Fehlgeburten wie *steiner'-n* für *stein'-e-n* Veranlassung gegeben haben (Grimm II. p. 179). Vom Altslavischen gehören hierher Wörter wie *div'-i-nŭ* wunderbar (wunder-begabt), vom Stamme *divo* (Nom. *divŭ*) Wunder, *sil'-i-nŭ* kräftig (kraft-begabt) von *sila* Kraft, *snêž'-i-nŭ* (euphonisch für *snêginŭ*) niveus vom Stamme *snêgo* (Nom. *snêgŭ* Schnee), *sor'-i-nŭ* glänzend (glanzbegabt) von *sorja* (Them. und Nom.) Glanz. Das ь *i* dieser zahlreichen Wortklasse ist offenbar eine Schwächung des sanskr. Bindevocals, welcher sich im Litauischen ungeschmälert erhalten hat; daher stimmen Wörter wie *sidabr'-i-na-s* silbern, *auks'-i-na-s* golden, *milt'-i-na-s* mehlig, mit Unterdrückung des Endvocals des Primitivstammes (*sidabra-s* Silber, *auksa-s* Gold, *miltai* Mehl)*) vortrefflich zu den oben (S. 192) erwähnten Sanskrit-Bildungen wie *p̄al'-i-nā́-s, mal'-i-nā́-s*. Von den Stämmen auf *i-na* kommt durch den Zutritt eines secundären Suffixes die Form *i-nia* (*ia* = skr. य *ya*), Nom. *ini-s* für *inia-s* (s. §. 135), Gen. *iniô*, daher z. B. *auks-i-ni-s*, = *auks-i-nia-s*, ein Gulden, von *auks-i-na-s* golden. Diese abgeleitete Form ersetzt aber in der Regel die primitive. Gleichbedeutend mit

---

*) Plur. von einem vorauszusetzenden Sing. *milta-s*.

sidabr-i-na-s silbern (auch *sidabr-i-n'-s*) ist *sidabr-i-ni-s* (s. Ruhig s. v. silbern). Von *wara-s* Kupfer kommt *war'-i-na-s* kupfern, von *jōwara-s* Buche *jōwar'-i-ni-s* bügen, von *s'iks'na* Leder *s'iks'n'-i-ni-s* ledern. Man findet auch den Bindevocal verlängert und durch *y* (= *i*) geschrieben, und zwar bei Wörtern, welche den in Menge mit dem durch das Stammnomen bezeichneten Gegenstande angefüllten Ort bezeichnen; so z. B. von *ōsi-s* Esche *ōs'-y-na-s* Eschenwald, von *ûga* Beere *ûg'-y-na-s* ein Ort, wo viel Beeren sind, von *akmü* (them. *akmen*) *akmen-y-na-s* Steinhaufen. Wörter wie *bēd'-na-s* elend (eigentlich mit Elend begabt), von *bēda* Elend, *dyw'-na-s* wunderbar (mit Wunder begabt), von *dywa-s* Wunderwerk, scheinen einen Bindevocal verloren zu haben, denn sonst würde schwerlich der Endvocal des Primitivstammes vor dem Suffix unterdrückt worden sein. Man vergleiche russische Bildungen wie *pylj-nüi* staubig von пыль *pülj* Staub, *muć'-nüi* mehlig, von *muka*, *bolot'-nüi* sumpfig, von *boloto* Sumpf. Es gibt im Litauischen auch Bildungen auf *na-s* mit vorangestelltem *ō*, welche den oben (S. 217) erwähnten auf *ō-ta-s* parallel laufen; z. B. *wiln'-ō-na-s* wollen, von *wilna* Wolle, *raud-ō-na-s* roth (mit rother Farbe begabt), von *raudà* rothe Farbe.

836. Im Lateinischen stehen die den sanskritischen und litauischen Formen auf *i-na-s* entsprechenden denominativen Bildungen auf *nu-s*, fem. *na*, zu ihrem Stammworte in manigfaltigen Beziehungen, die hier nicht einer besonderen Auseinandersetzung bedürfen. Der ursprünglich kurze Bindevocal *i* hat sich wie in den älteren german. Sprachen verlängert, und der Endvocal des Stammworts wird wie in den Schwestersprachen unterdrückt. Beispiele sind: *sal-i-nu-s*, *Vejent-i-nu-s*, *reg-i-na*, *carnific-i-na*, *doctr-i-na* (für *doctōr-i-na*), *textr-i-nu-s*, *tonstr-i-nu-s* (von *tonstor*, woraus *tonsor*, s. §. 101 und vgl. *tonstrix*); *stagn'-i-nu-s*, *gall'-i-na*, *discipl'-i-na* (für *discipulina*), *orc-i-nu-s*, *fer'-i-nu-s*, *tabul'-i-nu-s*, *pisc'-i-na*, *mar'-i-*

-nu-s, alī-ē-nu-s, lanī-ē-na *), pecu-î-nu-s **), bov-î-nu-s. Unterdrückt wird der Bindevocal am gewöhnlichsten hinter r (wie im Deutschen, s. S. 231), daher z. B. ebur-nu-s, pater-nu-s, mater-nu-s, ver-nu-s, veter-nu-s, quer-nu-s, inter-nu-s, exter-nu-s, infer-nu-s, super-nu-s. Auch hinter g (aus c): salig-nu-s, ilig-nu-s, larig-nu-s, wenn hier nicht sali-gnu-s etc. zu theilen und Wegfall des Endconsonanten des Primitivstammes anzunehmen ist (vgl. abie-gnu-s, privi-gnu-s), also gnu-s (für genus, ginus) erzeugt (vgl. Pott II. 586). Die indischen Grammatiker nehmen auch ein Suffix îna an, dessen î wahrscheinlich ebenfalls nur ein verlängerter Bindevocal ist, so dafs î-na mit dem oben erwähnten i-na ursprünglich identisch wäre. Beispiele sind: sam'-ī́-na-s jährlich, von samā́ Jahr, kul'-î́-na-s edel (mit guter Familie, gutem Herkommen begabt), von kulá-m Geschlecht. Nur ein Vermittelungsvocal ist wahrscheinlich auch das lat. á von Wörtern wie mont-á-nu-s, urb-á-nu-s, sol-á-nu-s, veter-á-nu-s (vgl. veter-î-nu-s, veter-nu-s), Vejent-á-nu-s (Vejent-î-nus), oppid'-á-nu-s, insul'-á-nu-s, Rom'-á-nu-s, Afric'-á-nu-s, so dafs auch hier nur nŏ das wahre Suffix ist, wie z. B. tŏ in cord-á-tu-s, sceler-á-tu-s (s. §. 824), wobei wir an die Neigung erinnern, die auch das secundäre Suffix tŏ hat, von einem langen Vocal getragen zu werden. Man könnte aber auch die Formen auf á-nu-s so fassen, dafs sie den Klassencharakter der ersten Conjugation an sich trügen, und denominative Verbal-Themen wie montá, veterá, nach Analogie von amá, laudá, voraussetzten.

837. Da die sanskritischen Stämme auf a nicht nur Feminina auf á, sondern auch solche auf î erzeugen, so

---

*) é für î, zur Vermeidung zweier auf einander folgender i-Laute.

**) Die Erhaltung des organischen u der 4ten Declination, im Gegensatze zur Unterdrückung der übrigen Vocale, stimmt zu der Erscheinung, dafs auch im Sanskrit u, in Vorzug vor andern Vocalen, vor den Vocalen der Ableitungssuffixe sich behauptet und zwar mit Guṇa-Verstärkung und mit euphonischer Verwandlung des ó (= au) in av.

kann man auch Feminina wie *indrā́ṇī**) die Gemahlin Indra's, *rudrā́ṇī* die Gemahlin Rudra's, *varuṇā́ṇī* die Gemahlin Varuna's, *mātulā́ṇī* die Frau des mütterlichen Oheims (von *mātulā́*), *kśatriyā́ṇī* eine Kschatriya-Frau, als Erzeugnisse des Suffixes न *na* auffassen und mit den besprochenen lateinischen, litauischen und germanischen Bildungen in Zusammenhang bringen; doch halte ich in dieser sanskritischen Wortklasse das *á* nicht wie in lateinischen Formen wie *mont-á-nu-s* für einen Binde- oder Klassenvocal, sondern für die Verlängerung des *a* des Primitivstammes, der bei allen hierher gehörenden Wörtern auf *a* endet. Ich theile also z. B. *mātulá-nī́*, wofür man auch *mātulá-ná* erwarten könnte. Zu diesen Femininen stimmen im Griech. ϑέαινα, λύκαινα, ὕαινα, ἄκαινα, μολύβδαινα, δέσποινα **), aus ϑεανι-α etc. (s. §. 119). Auch weibliche Patronymica wie Ἀκρισιώ-νη lassen sich hierher ziehen, also mit Verlängerung des Endvocals (*o* = skr. *a*) des Primitivstammes, wie im Sanskrit, im Fall nicht besser Ἀκρισί-ώ-νη zu theilen und ω als Bindevocal anzusehen ist. Zu Gunsten der letzten Auffassung sprechen lateinische Formen wie *Mell-ō-nia*, neben *Mell-ō-na* (gleichsam die honigverbundene), *Vall'-ō-nia*, *matr-ō-na*, *patr-ō-na*. Wir theilen also auch *Pom'-ō-na*, *Bell'-ō-na*, *Morb'-ō-nia*, *Orb'-ō-na*, wenngleich die 2te Declin., in welcher *ŏ* und *u* am Ende des Stammes wechseln, auch das *ŏ* zum Primitivstamme zu ziehen berechtigte.

838. Im Litauischen entspricht das weibliche Suffix *éné* ***) dem skr. *á-ṇī*, griech. αινα, ωνη und latein. *ō-nia*, *ōna*. Auch hinsichtlich der Bedeutung stimmt z. B. *brōl'-éné* des Bruders Frau †) vortrefflich zu sanskritischen Bil-

---

*) ṇ für n durch den Einfluſs des vorhergehenden *r* (s. §. 17^{b)}).

**) Δέσποινα setzt für δεσπότη-ς einen Nom. masc. δεσπος voraus, dessen Endsylbe man mit sanskr. Compp. wie *nṛpa-s* Menschenherrscher (von *pā* herrschen) vergleichen mag.

***) Aus *ēnia*, s. I. p. 147.

†) Von *brŏ́li-s* Bruder, aus *brōlia-s*.

dungen wie *mâtulânî* des mütterlichen Oheims Frau. Andere lit. Bildungen dieser Art sind: *bern'-ênê* des Knechts Frau, von *berna-s*, *kalw'-ênê* des Schmidts Frau, von *kalwi-s* (aus *kalwia-s*), *awyn'-ênê* des Oheims Frau, von *awyna-s*, *asil'-ênê* Eselin, von *asila-s*, *wilk'-ênê* Wölfin, von *wilka-s*. Im Altslavischen entspricht ыніа *ünja*, oder mit Unterdrückung des *a* im Nom.: *ini*, z. B. рабыніа *rab'-ünja* oder рабыни *rab'-üni* Magd, von рабъ *rabŭ*, Thema *rabo* (Knecht), богыніа *bog'-ünja* oder богыни *bogŭni* Göttin, von *bogŭ*, Thema *bogo* (Dobr. p. 291). Im Althochdeutschen entspricht das Suffix *inna*, wahrscheinlich durch Assimilation aus *inja**) für *inia*, so dafs dem skr. Feminincharakter *i* sich noch der gewöhnliche weibliche Ausgang *a* (aus *â*, goth. *ô*) beigefügt hat (s. §. 120). Beispiele sind: *gut'-inna* Göttin, *kuning'-inna* Königin, *meistar'-inna* Meisterin, *wirt'-inna* Wirthin, *aff'-inna* Äffin, *esil'-inna* Eselin, *hen'-inna* Henne, *hund'-inne* (für *-inna*) Hündin. Im Nom. und Acc. sing. bestehen abgekürzte Formen auf *in*, wie *gutin*, *kuningin* (neben *gutinna*, *kuninginna*), worauf sich unsere neudeutschen Formen wie *Göttin*, *Königin* stützen (Grimm II. 319), welche über alle obliquen Casus des Sing. sich erstrecken, während der Plural (*Göttinnen*, *Königinnen*) auf vollere Singulare, wie *Göttinne*, *Königinne* hindeutet. Sofern man aber im Althochd. keine Genitiv-Dative sing. oder Nominativ-Accusative plur. wie *gutini* nachweisen kann, sehe ich keinen Grund, die betreffenden Formen auf *in* zu Grimm's 4ter Declination zu ziehen, wornach sie Stämmen auf *ini* angehören würden, deren *i* im Nom. Acc. sg. unterdrückt werden müfste. Auch die von Grimm (II. 319) citirten angelsächsischen Genitiv-Dativformen wie *gyd-enne* deae lassen sich eben so gut aus der ersten starken Decl. erklären, als aus der 4ten; ich ziehe vor, sie zur ersten

---

*) Man vergleiche die in Grimm's erster schwacher Conjug. sehr gewöhnlich eintretende Assimilation in Formen wie *quellu* aus *quelju* (Grimm I. 870).

zu ziehen und fasse *gyden* Göttin als Verstümmelung von *gydenu* *), wofür Bosworth (Dictionary of the Anglosaxon language) die Form *gydene* (*e* als Schwächung von *u*) belegt. Wichtig sind die altnordischen Formen wie *apynja* Äffin, *vargynja* Wölfin **) zur Unterstützung der Ansicht, dafs das doppelte *n* der besprochenen Formen durch Assimilation für *nj* stehe. Das *y* stammt durch Umlaut von *u*, welches dem sanskr. *â* von *âní* näher steht als das wahrscheinlich durch weitere Schwächung daraus hervorgegangene *i* von -*inna*. Für *wirtin* findet sich im Althochd. wirklich *wirtun* (Graff I. 932). Darin, dafs Stämme auf *on* vor dem Suffix *inna*, *in* den Endconsonanten des Stammes sammt dem vorhergehenden Vocal abwerfen (z. B. *aff*-*inna*, *aff*-*in* für *affon-inna*, *affon-in*), stimmt das Germanische zu einer ähnlichen Erscheinung im Sanskrit, wo Stämme auf *n* diesen Cons., nebst dem ihm vorhergehenden Vocal, vor Vocalen und य *y* der Ableitungssuffixe in der Regel abwerfen; daher z. B. *râǵyá-m* (oder mit dem Svarita *râǵyà-m*) Königreich, von *râǵan* König.

---

*) Man berücksichtige, dafs auch die oben (§. 803) erwähnten Bildungen auf *unga* im Angelsächsischen, und selbst im Althochd. bei Kero und Is., den schliefsenden Vocal des Stammes im Nom. verloren haben (s. Grimm II. 362), eben so im Neuhochd., wodurch sie jedoch nicht Grimm's 4ter starker Declin., d. h. den Stämmen auf *i*, anheimfallen. Im Angelsächs. sind dagegen die wirklichen Femininstämme auf *i* fast in diejenige Declinat. eingewandert, deren Endvocal ursprünglich auf *â* (goth. *ô*) endet, d. h. in Grimm's erste Declin. fem. starker Form, und so bietet *dæd* That keinen einzigen Casus dar, den man nothwendig aus einem Stamme *dædi* ableiten müfste, und der Nom. Acc. pl. *dæda* und Dat. *dædu-m* gehören entschieden der ersten Declin. an; eben so der Acc. sg. *dæde* (wie *gefe*), da schliefsendes *i* schon im Gotbischen dem Acc. entwichen ist (*anst* gratiam für *ansti*).

**) Nach der schwachen Declination, s. Grimm II. 319. Man vergleiche das Masc. *varg'-r* Wolf mit dem sanskr. *vṛ́ka-s* aus *varka-s*.

839. Wir kehren zum primären Suffix *na* zurück, um zu bemerken, daſs durch dasselbe und durch sein Fem. *nấ* im Sanskrit auch einige oxytonirte Abstracta unmittelbar aus der Wurzel gebildet werden, wie z. B. यज्ञ *yaǵ-ńá-s* Verehrung, Opfer (send. ⟨⟩ *yaś-nô*, them. *-na*), *yat-ná-s* Anstrengung, *praś-ná-s* Frage (send. ⟨⟩ *fraś-na* neutr., Nom. *fraś-nĕ́-m* (s. Brockhaus, Glossar p. 378), *rakś-ńá-s* Schutz, Erhaltung, *yaćńá́* das Bitten, Verlangen, *tṛṣ́-ṇá́* Durst. Eine Ausnahme in der Betonung macht *svápna-s* Schlaf (send. *q'af-nô*, s. §. 35), welchem sehr schön, nur mit Ausstoſsung des *w*, das lit. *sáp-na-s* Traum entspricht. Im Griechischen entspricht ὕπ-νο-ς, im Latein. *som-nu-s* *). Zu den skr. Femininen wie *yâć-ná́* stimmt, abgesehen von der Betonung, das griech. τέχ-νη. Vom Lateinischen sind vielleicht *ru-i-na* und *rap-i-na* hierher zu ziehen, die also den Klassenvocal *i* (s. §. 109ᵃ⁾. 1), und zwar verlängert, bewahrt hätten, da überhaupt dieses Suffix im Lateinischen lange Vocale vor sich liebt (*i-nu-s*, *á-nu-s*, *ó-na*). Jedenfalls gehören das althochd. *loug-na* Leugnung, Lüge (s. Graff II. 131) und das altsächs. *hôf-na* das Weinen, Wehklagen hierher. Zu den männlichen Abstracten auf न *na* ziehe ich das althochd. *loug-i-n* od. *loug-e-n* negatio (Graff l. c.), Them. *loug-i-na*, *loug-e-na*, mit eingeschobenem Bindevocal (vgl. §. 834).

840. In nahem Zusammenhang mit den Participial-suffixen त *ta*, न *na* stehen im Sanskrit die hauptsächlich zur Bildung weiblicher Abstracta gebrauchten Suffixe ति *ti*, नि *ni*, in deren *i* ich die Schwächung des *a* der Pronominalstämme *ta*, *na* erkenne. Das Suffix नि *ni* erscheint nur

---

*) Aus *sop-nus* durch den rückwirkenden Einfluſs des Nasals des Suffixes, wie im Griechischen σεμ-νός für σεβ-νός (§. 833), nach demselben Princip, wonach im Sanskrit schlieſsende Mutae durch den euphonischen Einfluſs eines anfangenden Nasals des folgenden Wortes in den Nasal ihres Organs übergehen können (s. Kleine Sanskrit-Gramm. §. 58).

an solchen Abstracten, deren Wurzeln im Part. perf. pass. das Suffix *ta* durch *na* ersetzen; so z. B. *lú'-ni-s* Losreifsung, *glá'-ni-s* Erschöpfung, *ǵír-ṇi-s* Alter, *há'-ni-s* Verlassung, gegenüber den Passiv-Participien *lú-ná-s* losgerissen, *glá-ná-s* erschöpft, *ǵír-ṇá-s* gealtert, alt, *hí-ná-s* verlassen (unregelmäfsig für *há-ná-s*), wozu sie sich hinsichtlich der Accentuation verhalten wie im Griech. z. B. πότο-ς zu ποτός (s. §. 817). Näher liegt die Vergleichung von σπά-νι-ς, gegen σπα-νό-ς, von einer verdunkelten Wurzel σπα. Im Litauischen ist *bar-ni-s* Zank (*barù* ich zanke) ein schöner Überrest dieser Bildungsart weiblicher Abstracta; im Altslavischen ist diese Wortklasse etwas reicher vertreten durch Wörter wie дань *da-ni* Abgabe (them. *dani*, s. §. 261), брань *bra-ni* Krieg, eigentlich das Kämpfen (борѭ *borjuń* ich kämpfe), durch Umstellung aus *bar-ni* = lit. *bar-ni-s* (Dobr. p. 290). Vom Gothischen gehören hierher die weiblichen Stämme *liug-ni* Lüge*), *ana-bus-ni* Befehl (*s* für *d*, *ana-biuda* ich gebiete, Wz. *bud*), *vaila-viṣ-ni* Unterhalt, eigentlich Wohlsein (*s* aus *s*, s. §. 86. 5; Wz. *vas*, *visa*, *vas*, *vesum*), *taik-ni* Zeichen (ursprünglich das Zeigen, vgl. δείκνυμι, skr. *diś* aus *dik* zeigen), *siu-ni* das Schauen, die Anschauung; Nom. *liugn'-s* etc. (s. §. 135). Aufserdem ist das Suffix *ni* im Gothischen ein gewöhnliches Mittel zur Bildung weiblicher Abstracta aus schwachen Verben, deren Charakter vor dem Suffix beibehalten wird, jedoch mit Zusammenziehung der Sylbe *ja* der ersten Conjug. zu *ei*, wie in der 2ten P. sing. des Imperativs. Beispiele aus der am zahlreichsten hier vertretenen ersten Conjug. sind: *gôl-ei-n(i)-s* salutatio,

---

*) Vorausgesetzt, dafs der einzig belegbare zweideutige Accus. *liugn* wirklich einem weiblichen Stamme *liugni* angehört (s. Grimm II. 157); wo nicht, so hat das Neutrum des oben (§. 834) besprochenen Passiv-Participiums am meisten Anspruch auf dieses Wort, und es würde dann *liugn(a)* eigentlich das Erlogene bedeuten, und sanskritischen Formen wie *bʰugná-m* das Gebogene entsprechen.

hauh-ei-n(i)-s exaltatio, *haus-ei-n(i)-s* auditio, *gamêl-ei-n(i)-s* scriptura. Die 2te Conjug. liefert nur *lath-ô-n(i)-s* invitatio, *mit-ô-n(i)-s* cogitatio, *salb-ô-n(i)-s* unctio; die 3te nur *bau-ai-n(i)-s* aedificatio, *at-vit-ai-n(i)-s* observatio, *midja-sveip-ai-n(i)-s* diluvium, *lib-ai-n(i)-s* vita, *lub-ai-n(i)-s* spes (das Verbum unbelegt).

841. Den skr. oxytonirten Passiv-Participien auf *ta* stehen Abstracta auf *ti* gegenüber, ebenfalls mit dem Ton auf der Wurzelsylbe; man vergleiche z. B. *yuk-ti-s* Verbindung, *uk-ti-s* Rede, *sti-ti-s* Stand mit *yuk-tá-s* verbunden, *uk-tá-s* gesprochen, *sti-tá-s* stehend (s. §. 818). Beispiele analoger Abstracta im Send sind: ⲕⲁⲣⲥ-*kars-ti-s* das Pflügen (*karsta* gepflügt), ⲕⲁⲣⲉ-*q'ar-ĕ-ti-s* das Essen (s. I. p. 330), ⲕⲁ-*yausdái-ti-s* Reinigung (s. §. 637). Im Gothischen lautet dieses weibliche Suffix nach Mafsgabe des vorhergehenden Buchstaben der Wurzel entweder *ti* oder *thi* oder *di* (s. §. 91), doch mit regelmäfsiger Unterdrückung des *i* im Nominativ (s. §. 135), daher z. B. *gaskaf-t(i)-s* Schöpfung, Gen. *gaskaf-tai-s* (s. §. 185), *fralus-t(i)-s* Verlust, *ga-baur-th(i)-s* Geburt, *ga-mun-d(i)-s* Gedächtnifs. Beispiele des Althochdeutschen s. §.91. p.130. Auch in unserem heutigen Sprachzustand gibt es noch ziemlich zahlreiche Überreste dieser Wortklasse, wie z. B. *Brun-s-t*, *Kun-s-t*, *Gun-s-t* (s. §. 95), *An-kun-f-t*, *Zu-kun-f-t*, *Zun-f-t* (s. §. 96), *Mach-t*, *Zuch-t*, *Fluch-t*, *Sich-t*, *Fahr-t*, *Schrif-t*, *Schlach-t*, die ihren Plural zum Theil verloren, oder in die *n*-(schwache) Declination eingeführt, zum Theil aber auf der Stufe des Althochdeutschen bewahrt haben, jedoch mit Entartung des stammhaften *i* zu *e*, dessen Umlautskraft aber auf seinen Vorfahr *i* hindeutet, daher z. B. *Brünste*, *Künste*, *Zünfte*, *Mächte*, gegen *Fahrten*, *Schriften*, *Schlachten*. — Vom Litauischen gehören hierher: *pjú-ti-s* das Mähen (*pjáuju* ich mähe), *s-mer-ti-s* der Tod (das Sterben), *pa-żin-ti-s* Kenntnifs, Erkenntnifs, Bekanntschaft (*żinau* ich weifs), *pri-gim-ti-s* Natur (*gemù* nascor). Im Altslavischen

hat sich das *i* des betreffenden Suffixes im Nom. Acc. sing. zu ь *ĭ* geschwächt (s. §. 261), und überhaupt folgen die hierher gehörenden abstracten Femininstämme der Declination von *nos'tĭ* (them. *nos'ti*, s. I. p. 507 ff.). Der in §. 261 erwähnte Stamm ПАМАТН *pa-mańti* Gedächtnifs hat vor dem skr. *má-ti* (vêd. *mati*) den Vorzug, dafs er den wurzelhaften Nasal vor dem Suffix nicht ganz verloren hat. Man vergleiche auch den oben erwähnten gothischen Stamm *ga-mundi*, Nomin. *ga-mund'-s*. Andere hierher gehörende altslav. Abstracta, die ich im Nom. hersetze, sind БЛАГОДАТЬ *blago-da-tĭ* Wohlthat*), СЪМРЬТЬ *sŭ-mri-tĭ* Tod (s. Miklos. „Radices" p. 52) = sanskr. *mṛ́-ti-s* aus *mar-ti-s*, ВЛАСТЬ *vlas-tĭ* Herrschaft**), СТРАСТЬ *stras-tĭ* Leiden (Wz. *strad*), *vês-tĭ* Nachricht (Wz. *vêd*, vgl. skr. Caus. *vêdáyâmi* ich mache wissen, benachrichtige, von Wz. *vid* wissen). Zu dieser Klasse verbaler Abstracta gehören höchst wahrscheinlich auch die slavischen und litauischen Infinitive auf *ti*, wovon später.

842. Im Griechischen hat sich das *t* dieses Suffixes aufser in $\chi\tilde{\eta}$-τι-ς, $\mu\tilde{\eta}$-τι-ς (= sanskr. *má-ti-s*, slav. *mań-tĭ*), φά-τι-ς (neben φά-σι-ς), ἄμπω-τι-ς (neben ἄμπω-σι-ς), nur unter dem Schutze eines vorangehenden σ unverändert erhalten. Der schützende Zischlaut aber ist, wie in den oben erwähnten slavischen Bildungen, der euphonische Vertreter eines ursprünglichen *t*-Lauts; daher z. B. πίσ-τι-ς (neben πεῖ-σι-ς), πύσ-τι-ς (neben πεῦ-σι-ς), λῆσ-τι-ς. Hinsichtlich der hinter Vocalen in der Regel eingetretenen

---

*) *Dati* stimmt trefflich zu dem oben (S. 239) erwähnten send. *dáiti-s* von *yauǰ-dáitis*, eigentlich Reinmachung, und zum goth. Stamme *dê-di* (ê = á, s. §. 69. 2), ahd. *tâ-ti*, Nom. *tât* (unser *That*). Das Sanskrit läfst *d'á-ti-s* erwarten, von der Wurzel धा *d'â* setzen, machen.

**) Miklosich (Radices p. 10) vergleicht passend die skr. Wz. *vṛd'* (aus *vard'*) wachsen, wovon *vṛd'-d'i-s* (euphonisch für *vṛd'-ti-s*) Wachsthum, Glück.

Schwächung des τ zu σ vergleiche man dieselbe Erscheinung in der 3ten P. sg. praes. der Conj. auf μι und der 3ten P. pl. aller Verba; also wie δίδω-σι, τίθη-σι, so auch δό-σι-ς, θέ-σι-ς. Hinter Gutturalen und Labialen, mit welchen das σ sich graphisch zu ξ, ψ verbindet, ist die Schwächung des *t*-Lauts zum Zischlaut am standhaftesten eingetreten, daher z. B. ζεῦξι-ς (= ζεῦκ-σι-ς, euphon. für ζεῦγ-τι-ς) gegenüber dem skr. *yúk-ti-s*, lat. *junctio*; πέψι-ς *) (= πέπ-σι-ς) für skr. *pák-tis*, lat. *coc-tio*. Es leidet keinen Zweifel, daß im Griechischen das ι einen nicht völlig durchgedrungenen euphonischen Einfluß auf das vorhergehende τ gewonnen hat, und diesem ein σ vorzieht, daher z. B. der Gegensatz zwischen ζευκ-τό-ς, πεπ-τός und ζευκ-σι-ς, πέπ-σι-ς, während im Sanskrit *yúk-ti-s*, *tṛ́p-ti-s* (Sättigung, = gr. τέρπ-σι-ς) hinsichtlich des Anfangsconsonanten des Suffixes mit den Passiv-Participien *yuktás*, *tṛp-tás* (gr. τερπ-νό-ς für τερπ-τό-ς, s. §. 833) übereinstimmen. Man beachte, daß das Sanskrit, im Einklang mit dem Griechischen, dem Abstractum die energischere Accentuation gewährt**), während das Participium den Ton auf die Endsylbe hat herabsinken lassen, also *yúkti-s* gegen *yuktá-s*, wie ζεῦξι-ς gegen ζευκτό-ς.

843. Aus σι hat sich im Griechischen durch den unorganischen Zusatz eines α die Form σια entwickelt, in ähnlicher Weise, wie wir oben (§. 119) τρια, z. B. von ὀρχήστρια, dem skr. *trî* gegenübertreten sahen. Jenes erweiterte σια scheint, wie schon anderwärts bemerkt worden ***), mit Formen, die durch Ableitungsbuchstaben oder Zusammensetzung ebenfalls an Umfang gewonnen haben, sich am liebsten zu verbinden, einsylbige Wurzeln aber mehr zu meiden. Man sagt zwar θυσία, aber nicht λυσία, φυσία, ῥυσία. Hingegen z. B. δοκιμασία, ἱππασία, θερμασία, σημασία, ἐπιβασία (neben ἐπίβασις). Äuserlich berühren sich diese Formen mit

---

*) Πεπ aus πεκ = skr. *pac* aus *pak*, lat. *coc*.
**) S. §. 104[c)] und vergleichendes Accentuationssystem §. 15.
***) „Einfluß der Pronomina auf die Wortbildung" S. 23.

Nominal-Abstracten, welche durch das Suffix ια von Adjectiv- oder Substantivstämmen gebildet werden, sofern diese ein in der Endsylbe befindliches τ in σ umwandeln, wie z. B. ἀκαθαρσ'-ία von ἀκάθαρτc-ς, ἀθανασ'-ία von ἀθάνατc-ς.

844. Auch im Litauischen finden sich Verbal-Abstracta, welche wie die griechischen auf σια dem in Rede stehenden Suffix *ti* einen unorganischen Zusatz gegeben haben und Stämme auf *tia* voraussetzen, woraus im Nominativ *tė́* wird (s. §. 92. p. 147). So besteht neben dem oben (S. 239) erwähnten *pjú-ti-s* das Mähen, ein gleichbedeutendes *pjú-tė́* und zugleich ein männliches *pjúti-s* (für *pjútia-s*, Gen. *pjúćio*, euphon. für *pjůtiō*); ein anderes Beispiel ist *bėg-tė́* das Laufen. Die Nominal-Abstracta auf *y-stė́*, wie *bagót'-y-stė́* Reichthum, von *bagótas* reich, *jaun'-y-stė́* Jugend, von *jauna-s* jung, *dėw'-y-stė́* Gottheit, von *dėwa-s* Gott, *merg'-y-stė́* Jungferschaft, von *mergà* Jungfrau, vertreten die oben (§. 826) erwähnten skr. Abstracta auf *tá* (vgl. *dėw'-y-stė́* mit *déva-tā́* Gottheit), scheinen aber hinsichtlich ihres Suffixes zu ति *ti* zu gehören und gleich slavischen Bildungen wie юностъ *juno-sti* (them. *junosti*) Jugend, горесть *gore-sti* Bitterkeit dem *t* ein euphonisches *s* vorgeschoben zu haben*). Abgesehen hiervon stimmen sie schön zu den lateinischen Nominal-Abstracten auf *tia* oder *tiė-s* (s. §. 137), wie *cani-tia*, *cani-tiė-s*, *pigri-tia*, *pigri-tiė-s*, *justi-tia*, *amici-tia*, *pueri-tia*, *pueri-tiė-s*, deren *i* (vor dem *t*) ich als Schwächung des Endvocals des Primitivstammes ansehe (vgl. S. 218). Beispiel eines hierher gehörenden Neutrums ist *servi-tium*. Als Bildungsmittel verbaler Abstracta hat das in Rede stehende Suffix *ti* im Lateinischen eine noch gröfsere Erweiterung erfahren durch den Zusatz von *ôn*, also *tiôn* (Nom. *tiô*, mit den durch §. 101 bedingten euphonischen Veränderungen) = skr. *ti***). Man vergleiche z. B. *coc-tio*

───────────
*) S. Dobrowsky p. 302 und vgl. die Bildungen auf *stvo* = skr. *tva* (§ 831).

**) Die Möglichkeit eines anderen Ursprungs der Abstracta auf *tio, sio* ist schon in der ersten Ausg. dieses Buches (§. 895 Schlufs)

mit *påk-ti-s*, *frac-tio* mit *b'åk-ti-s*, *junc-tio* mit *yúk-ti-s*, *fis-sio* (aus *fis-tio*, und dieses für *fid-tio*, s. §. 101) mit *b'it-ti-s* (aus *b'id-ti-s*), *sta-tio* mit *stí-ti-s*, *i-tio* mit *i-ti-s* (véd.). Letzteres kommt im klassischen Sanskrit schwerlich einfach vor, findet sich aber in *sdm-i-ti-s* Schlacht, eigentlich das **Zusammengehen, Zusammentreffen**. Im Lateinischen findet sich neben *i-tio*: *i-tiu-m*, in dem Comp. *in-i-tiu-m*, welches in seinem Bildungssuffix zu dem Nominal-Abstractum *servi-tiu-m* stimmt. Merkwürdige Überreste der älteren Bildung dieser Wortklasse liefern uns die Adverbia auf *tim* (oder *sim* nach §. 101), die ich schon anderwärts, was Pott (E. F. I. 91) übersehen hat, als adverbiale Accusative verlorener Abstracta dargestellt habe*); also z. B. *trac-ti-m* eigentlich mit Ziehung, *cur-si-m* mit Laufen, *cae-si-m*

---

dargethan worden, womit zu vergleichen, was seitdem Aufrecht (in Kuhn's Zeitschrift VI. p. 177) in Übereinstimmung mit §. 895 über Formen wie *coc-tio*, *fissio* bemerkt hat. Der genannte Gelehrte erklärt auch *in-i-tium*, *ex-i-tium* aus den Participialstämmen auf *tŏ*; ich ziehe aber auch jetzt noch sowohl für die Abstractstämme auf *tiăn* als für die genannten Bildungen auf *tium*, denen noch *sti-tium* von *solsti-tium* (vgl. skr. *sti-ti* das Stehen) beizufügen, die obige Erklärung vor, um nicht dem Lateinischen die Fähigkeit fast ganz abzusprechen, unmittelbar aus Verbalwurzeln oder aus Verbalthemen Abstracta zu bilden und anzunehmen, daſs das im Sanskrit und seinen sonstigen Schwestersprachen so verbreitete Abstractsuffix *ti* oder dessen Entstellungen im Lateinischen etwa bloſs in *mes-sis*, *tus-sis* und den Adverbien wie *trac-ti-m*, *cur-si-m* erhalten sei. Die Möglichkeit, daſs das lateinische Abstractsuffix *tio*, und das weibliche *tia*, *tiē* von *servitium*, *tristi-tia*, *mundi-tiēs* aus dem skr. *tva* (§. 831) entsprungen sein könnten (l. c. p. 179), gebe ich gern zu; da aber die primären Suffixe unseres Sprachstammes häufig auch in die secundäre Wortbildungsklasse eingedrungen sind, und da im Griech. für das Suffix σι (aus τι) auch die erweiterte Form σια vorkommt (§. 843), so wende ich mich auch zur Erklärung lateinischer Abstracta wie *amici-tia*, *munditie-s*, *exercitiu-m* lieber an das sanskr. primäre Abstractsuffix *ti* als an das secundäre *tva*.

*) „Einfluſs der Pronomina auf die Wortbildung" (1832) p. 24.

mit Hauen, Schlagen, *confer-ti-m* mit Zusammendrängung (skr. *sam-b'r-ti-m* aus *sam-bar-ti-m*, Acc. von *sámb'rti* Zusammentragung, Menge). *Passim*, aus *pas-ti-m*, leite ich nicht von *pando* ab, sondern mit *pas-sus* Schritt (aus *pas-tu-s*) von einer verlorenen Wurzel des Gehens, und erinnere an das skr. *pad* gehen (wovon *padá-m* Schritt), sowie an *pat'* id., wovon *pat'in*, *pánt'an* Weg (lat. *pont*). Declinationsfähige Wörter der älteren Bildung sind *mes-si-s*, aus *mes-ti-s*, das Mähen, *tus-si-s*, aus *tus-ti-s*, Husten, sei es, dafs letzteres mit der skr. Wz. *tus* tönen zusammenhange, oder mit *tundo* und somit eigentlich das Stofsen bedeute; *semen-ti-s* ist wahrscheinlich von nominaler Herkunft [*]), ist aber doch der Reinerhaltung des Suffixes wegen zu beachten. *Mor-s* und *men-s* haben wahrscheinlich ein stammhaftes *i* verloren (also aus *morti-s*, *menti-s*); ersteres stimmt zum skr. *mr'-ti-s* (aus *mar-ti-s*) Tod, letzteres zu *má-ti-s* (véd. *ma-ti-s*) für *man-ti-s*.

845. Durch das Suffix *ti* werden im Sanskrit auch männliche Substantive gebildet, die ihrer Grundbedeutung nach die handelnde Person bezeichnen, wie z. B. *yá-ti-s* Bezähmer, Bändiger (der Sinne) von der Wz. *yam*, *pá-ti-s* Herr (Herrschender), Gatte, für *pá'-ti-s* (Wz. *pá* ernähren, herrschen), *sáp-ti-s* Pferd als Renner [**]), *gná-ti-s* [***]) Verwandter. Zu *páti-s* stimmt

---

[*]) Von *semen*, denn von dem denominativen Verbum *semino* wäre *semin-á-ti-s* zu erwarten (vgl. *nomin-á-tim*).

[**]) Die Wz. *sap* folgen, verwandt mit *saċ* id. (aus *sak*), dem lat. *sequor*, lit. *sekù* ich folge, griech. ἕπομαι, wird wohl ursprünglich auch schnelle Bewegung bezeichnet haben, wie auch andere Benennungen des Pferdes auf dem Begriffe der Schnelligkeit beruhen. Vgl. Weber „Vâjasanêya-Sanhitae Specimen" II. 54.

[***]) Vielleicht von *g'an* (gebären, zeugen) umstellt zu *gnâ* (vgl. *d'mâ* neben *d'am*). Im Vêda-Dialekt bildet dieses Suffix auch Adjective mit der Bedeutung des Part. praes.; z. B. *vr'dd'i*

Wortbildung. §. 846.

das lit. *pati-s*, von *wės̆-pati-s* (gewöhnlich *-pat'-s*), das goth. *fa-di*, Nom. *fath-s* (s. §. 90), das gr. πό-σι-ς, lat. *po-ti-s*. Zu dieser Wortklasse gehören noch unter andern das gr. μάν-τι-ς, das lat. *vec-ti-s* (von *veho*), das goth. *ga-drauh-t(i)-s* Soldat (Wz. *drug* Kriegsdienst thun, praet. *drauh*, pl. *drugum*), *gas-t(i)-s* Gast, wie mir scheint, als Esser*), slav. *gos-ti* (them. *gosti*). Vom Litauischen gehören noch hierher *gen-ti-s* Verwandter, und mit Erweiterung des Stammes durch ein unorganisches *a*, welches jedoch im Nom. fehlt (s. §. 135): *kwės-ti-s* Einlader (Gen. *kwėčiō*, Wz. *kwėt* einladen), *raiš-ti-s* Kopfbinde (*rišù* ich binde), *kamš-ti-s* Stöpsel (*kamšaù* ich stopfe), *ram-ti-s* Stütze (eigentl. der Stützer, *ramstaù* ich stütze), *jaú-ti-s* Ochse (skr. *yu* verbinden, *yáu-mi* ich verbinde, vgl. lat. *jumentum*).

846. Vielleicht ist auch in den lateinischen Nominal-Ableitungen *coele-sti-s*, *agre-sti-s* nur *ti* das wahre Suffix und *s* ein euphonischer Vorschlag wie in den litauischen Bildungen wie *jaun'-y-stė̆* Jugend und den slavischen auf *s-tvo* (s. §§. 831. 844). So dürfte auch das *s* von *campe-stri-s*, *terre-stri-s*, *silve-stri-s* nur der Neigung des *t* zu einer Anlehnung an ein vorangehendes *s* seine Heranziehung verdanken, so dafs hier *tri* als das wahre Suffix und als Entwickelung aus dem oben (§. 810 ff.) besprochenen *tŏr* = skr. *tár*, fem. *trí*, sich ergeben würde. Will man aber in der Sylbe *sti* von *agre-sti-s*, *coele-sti-s* mit Pott (Etym. Forsch. II. 543) die Wurzel des Stehens erkennen, nach Analogie sanskritischer Composita wie *divi-sṭ́á-s* im Himmel stehend, himmlisch, so sehe ich doch keine Veranlassung, auch in den erwähnten

---

(euphon. für *vṛd'-ti*) wachsend, *g'úś'ti* (ऋ *ṣ* euphon. für *t*) liebend (Rigv. I. 10. 12).

*) Vgl. skr. *ġas* essen, wozu auch das lat. *hos-ti-s* zu gehören scheint, da im Sanskrit ह *h* und ग् *ġ* oft mit einander wechseln und ह *h* im Lat. gewöhnlich durch *h* vertreten wird (§. 23). Vom Lit. scheint *gas-padà* Wirthschaft hinsichtlich seiner Anfangssylbe hierher zu gehören und *padà* mit dem skr. *padá-m* Platz, gr. πέδο-ν, wurzelhaft verwandt zu sein. Vgl. auch das lat. *hos-pes*.

litauischen und slavischen Wortklassen Zusammensetzungen mit Ableitungen der genannten Verbalwurzel zu erkennen, da uns ein euphonisches *s* in den gedachten Formen nicht mehr befremdet, als in griechischen wie ἀκου-σ-τός, ἀκου-σ-τή-ς, ἀκου-σ-τικός*). Das *e* der lateinischen Bildungen auf *e-sti-s* und *e-stri* fasse ich als eine durch die folgende Consonanten-Verbindung veranlaſste Entartung von *i* (s. §. 6).

847. Die indischen Grammatiker nehmen ein Suffix *ati* an zur Erklärung einiger seltener Wörter, wie *arati-s* m. Zorn, und mit Betonung der Wz., *árati-s* f. Furcht, Besorgniſs (von der Wz. *ar*, *r̥* sich bewegen, vgl. lat. *ira*), *ramati-s* m. der Gott der Liebe, als sich freuender, sich belustigender, spielender (Wz. *ram* gaudere), *vahati-s* m. Wind, als Wehender. Ich glaube aber, daſs in dieser Wortklasse nur *ti* das wahre Suffix, *a* aber der beibehaltene Klassenvocal sei (vgl. S. 196). Das Litauische bietet *gyw-a-sti-s* Leben, und *rim-a-sti-s* Ruhe als Analoga dar, also wieder mit euphonischem *s*. *Rim-a-sti-s* stimmt auch wurzelhaft zum skr. *ram-a-ti-s*, da *ram* mit der Praep. *á* (*áram*) ruhen bedeutet. Gegenüber von *gyw-a-sti-s* (*y* = *i*) hätte man im Sanskrit *ǵiv-a-ti-s* zu erwarten. Der Umstand, daſs die genannten lit. Wörter im Genit. *gywasćiō*, *rimasćiō* bilden (von *gywasćia* und *rimasćia*, *ćia* euphonisch für *tia*), und männlich geworden sind, was die skr. Abstracta auf *ti* niemals sind, darf uns nicht abhalten, die Bildungsverwandtschaft der betreffenden Wörter der beiden Sprachen anzuerkennen, da derartige Erweiterungen der ursprünglichen Wortgrenzen, sowie auch Geschlechtsveränderungen, in dem indo-europäischen Sprachstamm nichts Ungewöhnliches sind. Ich erinnere in beiden Beziehungen an das oben (S. 243) erwähnte lat. *in-i-tiu-m* für *in-i-ti-s*. Neben *gyw-a-sti-s* (Leben) und *rim-a-sti-s*

---

*) -τι-κος setzt abstracte Stämme auf τι, wie σι-μο-ς (βά-σι-μο-ς, κρί-σι-μο-ς, πτώ-σι-μο-ς) solche auf σι voraus; s. Pape „Etymol. Wörterb." p. 140. *b*).

bestehen im Lit. auch einige analoge männliche Abstracta, welche e für a als Zwischenvocal zeigen; so *luk-e-sti-s* das Warten, *mŏk-e-sti-s* Zahlung, *rup-e-sti-s* Sorge, *gail-e-sti-s* Reue, *pyk-e-sti-s* Groll (*pykstu* ich zürne, praet. *pykau*). — Im Griechischen stehen dem oben erwähnten skr. Abstractum *ár-a-ti-s* Furcht, Besorgnifs einige Formen mit eingeschobenem ε als Analoga zur Seite: νέμ-ε-σι-ς, λάχ-ε-σι-ς, εὑρ-ε-σι-ς (vgl. S. 196), wobei auch die Übereinstimmung in der Accentuation zu beachten.

848. Auch das Suffix *ni* ist im Sanskrit nicht blofs ein Bildungsmittel weiblicher Abstracta, sondern erzeugt auch einige männliche Appellative, welche zum Theil die Wurzel, zum Theil das Suffix betonen. Hierher gehört z. B. *vṛṡ́-ṇi-s* Widder, als Besaamender (*ṇ* euphon. für *n*)*); *ag-ni-s* Feuer ist vielleicht eine über die Zeit der Sprachtrennung hinausreichende Verstümmelung von *dag-ni-s* (vgl. *dág-d'um* brennen, Wz. *dah*), wie *dáru* eine spätere von *dátru* (gr. δάκρυ); *váh-ni-s* in den Vêda's unter andern Pferd, als tragendes oder ziehendes (s. Benfey, Glossar), im klassischen Skr.: Feuer; *yó-ni-s* m. f. *vulva* (Wz. *yu* verbinden). Zu *ag-ni-s* findet sich in mehreren europ. Schwestersprachen ein treu erhaltenes Analogon: im Lat. *ig-ni-s*, im Lit. *ug-ni-s*, welches letztere jedoch weiblich geworden ist, während das slav. огнь *og-ni* das angestammte Geschlecht bewahrt hat. Im Lit. erscheint *ni* noch an einigen anderen, in ihrer Wurzel verdunkelten Femininstämmen; so ist *us-ni-s* Distel vielleicht ursprünglich die stechende und wurzelhaft mit dem skr. *uṡ́* brennen (lat. *us*, *ur*) verwandt; *ṡ́ak-ni-s* Wurzel mag vom Wachsen benannt und mit dem sanskritischen *ṡ́ak* können verwandt sein, wie umgekehrt das gothische *mag* ich kann und *mah-t(i)-s* Macht zu einer sanskr. Wurzel führen, welche wachsen bedeutet (*mah*, *maṅh*). Vom Lateinischen können etwa

---

*) Wz. *varṡ́*, *vṛṡ́*. Das wahrscheinlich verwandte lat. *verres* steht vielleicht durch Assimilation für *verne-s*.

noch *cri-ni-s*, *pá-ni-s*, *fi-ni-s*, *fû-ni-s* und die Adjective *lé-ni-s* und *seg-ni-s* hierher gezogen werden, die jedoch sämmtlich in ihrer Wurzel mehr oder weniger verdunkelt sind. *Cri-ni-s* könnte, wie das skr. *rô'-man* für *róh̩-man* (s. §. 796) und *śirô-ruhá* Haupthaar (auf dem Kopfe wachsend) vom Wachsen (*cre-sco*, *cre-vi*) benannt sein, sofern es nicht wie *capillus* von *caput*, von einer anderen Benennung des Kopfes stammt (skr. *śiras* aus *kiras* Kopf, gr. κάρα); *pá-ni-s* bedeutet vielleicht das nährende (skr. *pá* erhalten, nähren, vgl. *pa-sco*), könnte aber auch einen schliefsenden Wurzel-Cons. verloren haben (wie z. B. *lu-na*, *lu-men* für *luc-na*, *luc-men*, *ful-men* für *fulg-men*), und vom Backen benannt sein*); *fi-ni-s* vielleicht für *fid-ni-s* von *fid*, *findo*; *fû-ni-s* zieht Pott (Et. F. I. 251), wie ich glaube, mit Recht zum skr. *band'* binden, womit er auch *fido*, *foedus* und das gr. πείθω (Wz. πιθ) vermittelt; es hat sich demnach in letzteren Formen das alte *a* wie in unserem Praes. *binde* zu *i* geschwächt (s. §. 6. p. 14) während das *û* von *fû-ni-s* für *fud-nis* dem alten *a* näher geblieben und durch seine Verlängerung eine Entschädigung gibt für den weggefallenen Wurzelconsonanten**). Gehört aber *jûnis* zu *band'*, so könnte das *n* auch wurzelhaft sein, was ich jedoch nicht glaube, da auch *fido* und πείθω des Nasals verlustig gegangen sind, und Wurzeln, welche auf eine Muta mit vorhergehendem Nasal ausgehen, lieber auf den weniger wesentlichen Nasal als auf die Muta verzichten; daher im Skr. z. B. *bad-d'á-s* gebunden. *Seg-ni-s* halte ich für verwandt mit der skr. Wz. *sağġ* adhaerere, *sañġ* affigere (*sak-tá-s* affixus); es mag ursprünglich soviel als festgehalten, gehemmt bedeuten, daher langsam, träge. Im Lit. heifst *segù* ich

---

*) Das *p* des skr. *pać* (aus *pak*), gr. πέπω, hat sich in *coquo* gutturalisirt, was nicht hindert anzunehmen, dafs der ursprüngliche Labial nicht ganz untergegangen sei.

**) Über den Grund der Aspirata von *funis* und *fido*, gegenüber dem griechischen πείθω, s. §. 104°). p. 182.

hefte, dessen ursprüngliches *a* sich in *sak-ti-s* (Gen. *-tĕ-s*) Hefte, Schnalle behauptet hat. *Lĕ-ni-s*, wenn es mit λεῖος verwandt ist, kann nur *ni* als Bildungssuffix haben. Im Sanskrit heißt *li* Kl. 1. liquefacere, solvere, wovon *li-ná-s* solutus, extinctus; *li* Kl. 9. adhaerere, inhaerere, insidere.

849. Die mittlere Vocalschwächung der Pronominalstämme त *ta*, न *na* zeigen die Suffixe *tu*, *nu*, die somit zu den Formen *ta*, *na*, *ti*, *ni* in demselben phonetischen Verhältniſs stehen wie beim Interrogativum die Form *ku* zu *ka*, *ki* (s. §§. 386. 389. 390). Das Suffix *tu* ist im Sanskrit besonders wichtig als Bildungsmittel des Infinitivs und eines Gerundiums auf *tvá*. Ich habe schon in meinem Conjugationssystem (pp. 39. 43) ersteren als Accusativ, mit *m* als Casuszeichen, und letzteres als Instrumentalis dargestellt und wiederhole hier nicht die Gründe, die mich veranlassen, den Infinitiv in allen Sprachen als abstractes Substantivum aufzufassen, mit dem Privilegium, ebenso wie die sogenannten Gerundia und Supina den Casus des Verbums zu regieren und auch mancher Freiheiten in den Constructionen sich zu bedienen. Die indischen Grammatiker ziehen das *m* des Infinitivs auf *tum* mit zum Suffix, welches sie *tumun* nennen, um durch das mittelst eines Bindevocals *u* an das ihnen als das wahre Suffix geltende *tum* angeknüpfte *n* die Verneinung des Accents auszudrücken, welcher auf der Wurzelsylbe ruht; daher z. B. *dá-tum* geben, *st'á-tum* stehen, *pák-tum* kochen, *trás-tum* zittern, *át-tum* essen, *vét-tum* wissen. Daſs die indischen Grammatiker das schließende *m* dieser Formen nicht als Accusativzeichen, und somit als dem wahren Suffixe fremd ansehen, kann um so mehr auffallen, als im Véda-Dialekt, der mir bei der ersten Behandlung dieses Gegenstandes unbekannt war, das abstracte Substantiv auf *tu* auch in anderen Casus vorkommt, und zwar im Dativ mit dem Ausgang *tavê* oder *taváí*, und im Genetiv-Ablativ mit dem Ausgang *tôs*. Bei diesen Formen ziehen aber die indischen Grammatiker die Casus-Endungen

é oder ái, und s ebenfalls zum Suffixe (Pâṇini III. 4. 9 ff.), doch sollte man es kaum für möglich halten, daſs Pâṇini, wenn er z. B. III. 4. 13 sagt: *iśvaré tósuñ-kasunáu*, d. h. daſs in Construction mit *iśvará* Herr, fähig, die unbetonten Suffixe *tós* und *as* die Stelle des Infinitiv-Suffixes *tum* vertreten können, er dabei übersehen hätte, daſs hier *tós* der Genitiv des Suffixes *tu*, und *as* die Genitiv-Endung abstracter Substantive ohne irgend ein Suffix sei. Gewiſs aber ist, daſs die praktischen Grammatiker oft das sehr nahe Liegende, wenn es nicht mehr in dem klaren Bewuſstsein des gewöhnlichen Sprachgebrauchs liegt, übersehen, und wenn Pâṇini hier einen Fehlgriff gethan hat, so dürfen wir uns nicht darüber wundern, daſs auch Colebrooke, der sich in seiner Grammatik genau an die Überlieferungen der einheimischen Grammatiker hält, die Bildungen auf *tós(un)*, *(k)as(un)*, *tum(un)* und *(k)tvá* zu den „aptotes" zählt (Grammar of the Sanscrit language p. 122)*), und

---

*) Was den Infinitiv auf *tum* und das Gerundium auf *tvá* anbelangt, so hat auch A. W. v. Schlegel bei Besprechung meiner Auffassung dieser Formen (Indische Bibliothek I. p. 125) nur soviel zugegeben, daſs die Behauptung, der Infinitiv auf *tum* sei der Accusativ eines Verbal-Nomens auf *tu*, einen „gewissen Schein für sich habe", denn das Supinum der Lateiner habe allerdings das Ansehen eines Verbal-Nomens der 4ten Declination. Was aber die Form auf *tvá* anbelangt, so bestreitet Schlegel sehr entschieden die Berechtigung, in derselben ein Gerundium, d. h. seiner Meinung nach, irgend einen obliquen Casus eines den Casus des Verbums regierenden abstracten Substantivs zu erkennen, sondern er will die betreffende Form „absolutes Participium" genannt wissen, vielleicht weil sie, wie er p. 124 bemerkt, wenn sie einen Accus. regiert, ins Latein. füglich durch den absoluten Ablativ übersetzt werden kann, z. B. *tan dṛṣṭvá* durch *eo viso*. Wenn aber *tan dṛṣṭvá* füglich so übersetzt werden kann, so hindert dies nicht, daſs es eigentlich bedeute „post actionem videndi eum", nach Seben ihn, denn der Instrumentalis, den ich in *dṛṣṭvá* erkenne, drückt auch, wo er sich auf eine Zeit bezieht, das Verhältniſs nach aus, daher z. B. *aćireṇa káléna* nach kurzer (nicht langer) Zeit; es

z. B. *kártum* machen, *kṛtvā́* nach dem Machen, mit Adverbien wie *kútas* woher? *yátra* wo, *tátā́* so, in

---

kann demnach dieses Gerundium, wo es das Verhältnifs nach ausdrückt, in andere Sprachen passend durch ein Participium praet. übersetzt werden, also z. B. *ity uktvā* (nach dem so Sprechen) ins Lateinische durch ita locutus, und ins Deutsche durch so gesprochen habend. Man muſs sich aber wohl hüten, wenn man die Natur einer Sprachform erkennen will, sich nach der Art zu richten, wie dieselbe in ein anderes Idiom, dem Gesammtsinne unbeschadet, am bequemsten übersetzt werden kann. Da der Instrumentalis auch das Verhältnifs mit ausdrückt, so kann das betreffende Gerundium auch da gebraucht werden, wo man ein Participium der Gegenwart erwarten könnte und bei Übersetzungen in andere Sprachen sich eines solchen füglich bedienen würde, wie z. B. Nal. IX. 24: er sprach zu Bhâimî mit Deutung, d. h. deutend (vgl. W. v. Humboldt in Schlegel's Ind. Bibl. II. p. 127), wo zwar im Original nicht das Gerundium auf *tvā* steht, sondern ein anderes, wovon später, welches jedoch in seinen Constructionen genau mit dem auf *tvā* übereinstimmt und worin sich ebenfalls ein Instr., wenn auch nicht so deutlich, erkennen läſst. Das Verhältnifs mit drückt unser Gerundium auch da aus, wo es hinter *álam* genug steht, in welcher Stellung man jedoch gewöhnlicher den Instr. anderer abstracter Substantive findet. Als gleichbedeutend gelten *alam b'uktvā́* und *alam b'ōg'anéna*, d. h. genug mit Essen, und ich habe mich auf diese Constructionsart schon in meinem Conjugationssystem (p. 52) als auf einen entschiedenen Beweis der instrumentalen und Gerundial-Natur der Form auf *tvā* berufen und erwähne hier nur noch, dafs auch Forster, dessen Grammatik mir damals noch nicht bekannt war, in diesem besonderen Falle die Form auf *tvā* für ein Gerundium hält („Essay on the principles of Sanskrit Grammar" p. 463), ohne jedoch auf eine Erklärung ihres Ursprungs und des dadurch bezeichneten Casusverhältnisses einzugehen. Bei Schriftstellern ist der Gebrauch der Gerundia mit *álam* sehr selten, indem, wie es scheint, die später zu besprechenden Abstracta auf *ana*, worauf unser deutscher Infinitiv sich stützt, die Gerundia auf *tvā* und *ya* aus dieser Stellung fast verdrängt haben. Mir ist jetzt nur ein einziger Beleg für das Gerund. auf *ya* mit *álam* zur Hand, nämlich:

eine Klasse stellt. Was den Infinitiv auf *tum* anbelangt, so mag der Umstand, daſs diese Form nicht überall das

---

Maḥ III. 869. 1 *alaṅ kṛṣṇa 'vamanyái 'nam* (-*ya énam*) genug, Krischṇa, mit Verachten diesen (verachte diesen nicht ferner). Einen Haupt-Einwand gegen die Bildungsverwandtschaft der Form auf *tvá* und des Infinitivs auf *tum* gründet Schlegel auf den Umstand, daſs nicht bei allen Wurzeln die beiden Formen in so genauem Einklang mit einander stehen, wie etwa *páktum* und *paktvá'*; ich hatte aber selbst schon früher in meinem Conjugationssystem, p. 57. 58, auf Unterschiede wie z. B. zwischen *vaktum*, vom Stamme *vaktu*, und *uktvá*, vom zusammengezogenen Stamme *uktu*, aufmerksam gemacht, auch hat W. von Humboldt (Ind. Bibl. I. 433 ff., II. 71 ff.) in einer ausführlichen und tief eindringenden Untersuchung der Streitfrage, ob die Form auf *tvá* ein indeclinables Participium oder ein Gerundium sei, durch solche Verschiedenheiten sich nicht abhalten lassen, eine Bildungsverwandtschaft und gemeinschaftliches Suffix in dem Infin. und der Form auf *tvá* anzuerkennen, und letztere mit mir als ein mit der Endung des Instrumentalis bekleidetes und die Verhältnisse dieses Casus ausdrückendes Gerundium darzustellen (l. c. II. p. 127). Dagegen will Lassen (l. c. III. p. 104) in der Form auf *tvá* zwar ein Gerundium, aber keinen Instrumentalis anerkennen. Sein Einwurf gegen die ursprüngliche Identität des Infinitivs und Gerundiums (die ich, wie aus dem Gesagten hervorgeht, niemals behauptet habe) ist von den „älteren Formen des Gerundiums" hergenommen, die sich bei Pâṇini (VII. I. 47 ff.) finden. Ehe ich diese Formen erwähne, muſs ich wiederholen, daſs, was auch Lassen an anderen Stellen eingesteht, nicht alles als älter zu betrachten ist, was der Vêda-Dialekt Abweichendes vom klassischen Sanskrit darbietet; man müſste sonst auch, um beim Instrumentalis stehen zu bleiben, die in dem Schol. zu Pâṇini VII. I. 39 erwähnten vêdischen Instrumentale *d'ítí*, *matí*, *suṣṭutí* (für *d'íty-â*, *maty-â*, *suṣṭuty-â*), welche die Casus-Endung abgelegt haben — gleich Locativen wie *ćarman* für *ćarmaṇi* l. c. — für älter halten als die mit der Casus-Endung versehenen Formen der klassischen Sprache. Nach Analogie der genannten vêdischen Instrumentale lassen sich auch die vêdischen Gerundia auf *tví* (z. B. *vṛtví*, Rigv. I. 52. 6) erklären, wenn man mit Kuhn (Jahrb. f. wissensch. Krit. 1844 p. 114)

accusative Verhältniſs ausdrückt, sondern auch als Ausdruck solcher Verhältnisse auftritt, die sonst dem Accusativ fern

---

diese Formen mit vêdischen Instrumentalen wie d′r̥ṣṇuyā́ mit Muth in Analogie setzt, was ich jetzt gerne thue, ohne jedoch mit dem genannten Gelehrten anzunehmen, daſs solche Instrumentale von Stämmen auf *vi* kommen, sondern ich halte das *y* von d′r̥ṣṇuyā́, *uruyā́* für eine euphonische Einschiebung (s. §. 43) und berufe mich auf den analogen weiblichen Pronominal-Instrum. *amu-y-ā́* (durch jene) der gewöhnlichen Sprache, gegenüber dem männlich-neutralen *amú-n-ā*. Das weibliche Thema des betreffenden Pronomens hat zwar, ausgenommen vor dem euphonischen *y*, ein langes *ū*; da aber auch Adjective ein schlieſsendes *u* im Fem. verlängern können, so ließen sich auch d′r̥ṣṇu-y-ā́ und *uru-y-ā* von d′r̥ṣṇū, *urū* ableiten. Wollte man sie aber aus d′r̥ṣṇuī, *urvī* erklären, weil Adjective auf *u* im Fem. auch *ī* ansetzen können (s. §. 119), so würde man sich doch nicht leicht veranlaſst fühlen, auch neben dem pronominalen Stamm *amū* einen Stamm *amvī* anzunehmen, bloſs um die vocalisch anfangenden Endungen daran anzusetzen, zumal von *amvī*, nach der im klassischen Sanskrit allein gültigen Norm, *amvy-ā*, *amvy-ās* kommen müſsten. Läſst man sich aber in *amu-y-ā́*, *amú-y-ās* das *y* als Einschiebsel gefallen, so fällt der Rückschluſs auch auf die erwähnten Vêda-Formen d′r̥ṣṇu-y-ā, *uru-y-ā*, welche im Schol. zu Pāṇini (l. c.) als = d′r̥ṣṇu-n-ā, *uru-n-ā* dargestellt werden, als gehörten sie dem Masc. oder Neutr. an, was sich schwerlich durch Vêda-Texte dürfte bestätigen lassen; an dem substantivisch gebrauchten d′r̥ṣṇuyā́ mit Muth läſst sich das Geschlecht aus den mir vorliegenden Stellen des Rigv. nicht erkennen. Die vêdischen Gerundia auf *tvī́*, wenn man *tvī* aus *tu-y-ā* erklärt, stünden mit den oben erwähnten vêdischen Instrumentalen (d′itī́ aus d′ity-ā etc.) insofern im Einklang, als sie ebenfalls nach Wegfall der Endung den vorangehenden Halbvocal in die Länge des entsprechenden Vocals umgewandelt hätten. Sollte aber der Ausgang *tvī́* nicht auf diesem Princip beruhen, so erkläre ich, wie schon früher, *tvī* aus *tvā́* als Folge einer Vocalschwächung, nach dem Princip von Formen wie *yu-ní-más* für *yu-nā́-más* (s. §. 485). — Die vêdischen Gerundia auf *tvā-ya* haben das Ansehen von Dativen aus Stämmen auf *tva*; da sie aber keine dative, sondern ebenfalls instrumentale

liegen, eine Hauptveranlassung sein, daſs man übersehen hat, daſs sein *m* das Zeichen des Accusativs sei, dessen

---

Bedeutung haben und auch in ihrer Bildung, abgesehen von dem Zusatze *ya*, sich an die gewöhnliche Form auf *tvá'*, nicht aber an die oben (§. 832) erwähnten Abstracta auf *tvá* sich anlehnen, z. B. *gatvá'ya* (schol. zu Pāṇ. VII. I. 46) an *gatvá'*, *vṛttvá'ya* (Yaǵurv. XI. 19) an *vṛttvá'*, *kṛtvá'ya* (l. c. 59) an *kṛtvá'* (vgl. *kártva-m*, §. 832), so fasse ich lieber mit Pāṇini *tvdya* für eine Erweiterung von *tvd* durch den Zusatz *ya*, als umgekehrt mit Lassen (l. c. p. 106) *tvd* als Verstümmelung von *tvdya*. Die Erweiterung der Instrumental-Endung *á* zu *áya* ist ähnlich der, wodurch bei Stämmen auf *a* die Dativ-Endung *é* sich zu *aya* (aus *é + a*, s. §. 165) erweitert hat, nur ist das *y* hier der Vertreter des in dem Diphthong *é* enthaltenen *i*, während das *y* von *tvdya* vielleicht eine euphonische Einschiebung ist (s. §. 43), wie z. B. in *yd-y-in* gehend (Wz. *yá*, Suff. *in*) und in dem vêdischen *dá'-y-as* das Tragen, Erhalten (Wz. *dá*, Suff. *as*). — Auſser *tvi* und *tvdya* wird noch *tvinam* (Pāṇ. VI. I. 48) als Vertreter des Ausgangs *tvd* erwähnt, jedoch nur als an der Wurzel *yaǵ'* verehren vorkommend (*is'ṭvinam* für *is'ṭvá'*), und im Scholion zum genannten Sûtra finden wir auch eine Form auf *tvdnam*, nämlich *pitvdnam* für *pitvd'*. Sind diese Formen, wovon ich keine Belege kenne, wirklich gleichbedeutend mit denen auf *tvd*, also Instrumental-Verhältnisse ausdrückend, so kann ich in ihrem Ausgang *nam* nur ein Encliticum erkennen, und nur wenn sich *is'ṭvinam* und *pitvdnam* ihrer Bedeutung nach als Accusative nachweisen lieſsen, würde ich mit Lassen ein Suffix *tvan* vermuthen und davon *pitvdnam*, nach Analogie von *rá'ǵnam*, ableiten und *is'ṭvinam* als Schwächung von *is'ṭvdnam* auffassen, keineswegs aber die Form auf *tvd*, die auch in den Vêda's die vorherrschende ist, als Verstümmelung von der auf *tvdnam* ansehen. Hr. Prof. Lassen hat in seiner Polemik gegen meine Theorie in Betreff der Form auf *tvd* den Hauptpunkt meiner Beweisführung sehr in den Hintergrund gestellt, nämlich den, daſs die auf *tvd* ausgehenden Formen, wenn man sie, wie auch Lassen thut, als Gerundia auffaſst, überall, wie dies auch aus W. v. Humboldt's ausführlicher Untersuchung hervorgeht, nur solche Casus-Verhältnisse ausdrücken, welche der Instrumentalis bezeichnet, die aber dem Accus., ebenso

Verhältnifs der Infinitiv einleuchtend da ausdrückt, wo er von
Verben oder von Verbal-Substantiven oder Adjectiven regiert

---

wie dem Dativ, ganz und gar fern liegen, und wäre dies nicht der
Fall, so würde die blofse Form mich niemals veranlafst haben, in
den Bildungen auf *tvâ* den Instrumentalis weiblicher Substantive
auf *tu* zu erkennen, die hinsichtlich ihres Geschlechts und ihres
Suffixes auch an den griech. Abstracten auf τύ-ς (wie ἐδητύ-ς)
einen schönen Anhalt finden, worauf ich zuerst in meiner Abhandlung „über den Einflufs der Pronomina auf die Wortbildung" (p. 25)
aufmerksam gemacht habe. Doch bemerkt auch Lassen (l. c. p. 105),
dafs, wenn man den sprachlichen Gebrauch dieses Gerundiums vergleiche, der Instrumentalis „oder Ablativ" vielleicht geeigneter gewesen wäre, das Begriffsverhältnifs dieser Verbalform zu bezeichnen
(als der Accusativ, welcher niemals pafst). In das Gebiet des Ablativs greift aber, meines Erachtens, dieses Gerundium niemals ein,
wenn man sich nicht den latein. Ablativ denkt, der zugleich die
Stelle des skr. Instrumentalis vertritt; daher z. B. in einer Stelle
der Bhagavad-Gitâ (II. 37) *g'itvâ'* passend durch den Ablat. des
Gerundiums (vincendo) übersetzt werden kann, also „vel occisus coelum es adepturus, vel vincendo possidebis
terram." Zur Noth liefse sich aber auch hier das instrumentale
Gerundium als Ausdruck des Verhältnisses nach auffassen, „nach
Siegen wirst du die Erde besitzen". Ein sanskritischer
Ablativ, etwa *g'ayât* aus dem Siege, oder des Sieges wegen,
könnte an dieser und ähnlichen Stellen kaum erwartet werden.
Noch entschiedener als an der angeführten Stelle wird durch dieses
Gerundium das echte instrumentale Verhältnifs, oder das des lat.
Ablativs des Gerundiums, in einer schon in meinem Conjugationssystem (p. 45) citirten Stelle des Hitôpadêśa ausgedrückt: *tvam
uććâiḥ s'abdañ kṛtvâ svâminañ kaïan na g'âgarayasi*
„tu clara voce clamorem faciundo dominum cur non
evigilas". Wenn Lassen (l. c. p. 105) „mit Fleifs" das betreffende Gerundium „indeclinabel" nennt, so habe ich insofern nichts
dagegen, als man jeden Casus als solchen indeclinabel nennen
kann, um so mehr solche, die nur die Überreste der ursprünglich
vollständigen Declination einer bestimmten Wortklasse sind; wenn
aber der genannte Gelehrte nicht einsehen will, was mich vermocht
haben könne, meine Vorgänger zu tadeln, dafs sie das „Gerundium"

wird, welche wollen, wünschen, wissen, können, beginnen, streben, befehlen, beschliefsen und Ähnliches, oder eine Bewegung ausdrücken, wobei, was die Verba der Bewegung anbelangt, zu berücksichtigen ist, dafs das Ziel jeder Bewegung im Sanskrit in der Regel durch den blofsen Accusativ ausgedrückt wird. Recht charakteristisch für die accusative Natur des Infinitivs ist eine schon von Höfer („Vom Infinitiv" p. 95) citirte Stelle der Śakuntalā, in welcher von zwei unter dem Einflusse eines „Beginnen" ausdrückenden Verbal-Ausdrucks stehenden Handlungen die eine durch den Accusativ eines abstracten Substantivs auf *a*, und die andere durch den Infinitiv ausgedrückt ist: *báhutkṣêpaṅ rôdituṅ-ća pravṛttā* Arm-Ausstreckung und zu weinen begann sie. Besondere Beachtung verdienen auch solche Stellen, wo ein und dasselbe Verbum zugleich den Accusativ des Infinitivs und den einer Person regiert, in genauer Übereinstimmung mit den Constructionen des lat. und griech. Accus. mit dem Infinitiv und ähnlichen Constructionen im Deutschen, wie ich sah ihn fallen (vgl. „Conjugationssystem" p. 75 ff., 107 ff. und Höfer's „Infinitiv" p. 122). So Sâvitri V. 100 (Diluvium p. 39): *yadi mâṅ*

---

indeclinabel genannt haben, so mufs ich bemerken, dafs sich mein Tadel hauptsächlich darauf bezieht, dafs meine Vorgänger dieses „Gerundium" nicht „Gerundium" sondern „Participium" genannt haben; ein indeclinables Gerundium liefse man sich gern gefallen, wenngleich vielleicht niemand ein Bedürfnifs fühlen wird, an einer als Gerundium erkannten Form die Unfähigkeit zu weiterer Declination besonders hervorzuheben. Da man aber in der Form auf *tvâ* ein Participium erkannte, von dem man Ursache hat, Declinationsfähigkeit zu erwarten (vgl. W. v. Humb. l. c. II. 134), so nannte Wilkins dieses vermeintliche Participium ausdrücklich „indeclinable" und Carey „adverbial"; dagegen tritt Lassen dadurch, dafs er die gerundiale Natur der betreffenden Form anerkennt, der einen Hälfte meiner Behauptung bei, und tadelt somit eben so wie ich die Belegung der Bildungen auf *tvâ* und *ya* mit dem Namen indeclinabler oder adverbialer „Participia".

ǵívitum iččasi si me vivere cupis; Rám. ed. Schl. II, 12. 106: *na ǵívitun tvân viśahê* non vivere te sustineo; Vr̥hatkat́á p.314. śl.172: *kam api ráǵánan snátun tatra dadarśa* einen König sah er dort sich baden. — Bei den Verben der Bewegung drückt der Infinitiv gleichsam den Ort aus, wohin die Bewegung gerichtet ist; da man sich aber zu einer Handlung hinbewegt, um sie zu verrichten, so greift die Accusativ-Endung des Infinitivs hier in das Gebiet des Dativs ein, der im Sanskrit am gewöhnlichsten das ursächliche Verhältnifs bezeichnet, während das eigentliche Dativ-Verhältnifs meistens durch den Genitiv ausgedrückt wird, der sogar im Prâkrit und Páli den Dativ ganz verdrängt hat. So z. B. Hidimba I. 34: *ágató hantum imán sarván* hergekommen um zu tödten diese alle; Rám. ed. Schl. I. 20. 2: *ab'yayâd drastum ayôd'yâyân narâd'ipam* er kam zu sehen den Männerfürsten in Ayôd'yâ; II. 97. 18: *ávân hantum ab'yêti b'aratah* uns beide zu tödten naht Bharata. Von hier aus mag die Sprache dazu gelangt sein, durch den Accus. des Infinitivs auch das ursächliche Verhältnifs da auszudrücken, wo kein Verbum der Bewegung ihn zu seinem Zielpunkte hat, oder wo die Richtung der Bewegung zunächst auf einen bestimmt ausgedrückten Ort gerichtet ist, und der Infinitiv nur den Grund der Bewegung ausdrückt; so z. B. Mah. I. 2876: *munin viraǵasan drast́un gamiśyámi tapôvanam* den fleckenlosen Einsiedler zu sehen werde ich gehen in den Büfsungswald; Hitôp. (Bonn. Ausg.) p. 47. 17: *pâníyam pâtum yamunákačč'am agamat* um Wasser zu trinken ging er an das Yamunâ-Ufer. Ohne Verbum der Bewegung: Dráup. 4. 20: *alan tê pánduputránám b'aktyâ klêśam upásitum* weg mit deiner Liebe zu den Pându-Söhnen, um Mühsal zu ertragen; Indralôka I. 15. 16: *árôhasva rat́óttamam .... sudurlab'an samárôd́um* besteige den trefflichsten der Wagen, den zum Besteigen schwer erlangbaren. Als Ausdruck des Dativ-Verhältnisses fasse ich jetzt auch den Infinitiv, wo er Wörtern, welche eine Zeit ausdrücken, oder anderen Substantiven zur Seite steht, und somit den Genitiv oder das lat. Gerundium in *di* zu vertreten scheint, wie z. B. Nal. 20. 16: *ná 'yañ kálô vilambitum* nicht ist dies die Zeit zu zögern (dem Zögern, für das Zögern); so Urvaśi (Lenz p. 10, Bollensen p. 12): nicht ist dies die Zeit den Satakratu zu sehen (*drašṭum*); Dráupadí III. 7: dieser trefflichsten Helden Zeit hierher zu kommen (zur oder für die Herkunft) ist genaht; Hitóp. ed. Bonn. p. 59. Z. 6. *sťátum iććá* der Wunsch zu verweilen (nicht: des Verweilens); Rám. ed. Schl. II. 9. 7: *śrótuń ćandalí* der Wunsch zu hören; Mah. I. 422: *páṇḍaván hantum mantrali* der Plan die Páṇḍava's zu tödten (für das Tödten, des Tödtens wegen, nicht: des Tödtens); Hit. ed. Bonn. p. 119. śl. 40: *yôddúń śaktih* die Kraft zu kämpfen; Arg'una's Rückkehr 9. 6 (Diluvium p. 111) *antaram... padád vićalitum padam* Raum um Fuſs von Fuſs zu bewegen. Man berücksichtige, daſs auch der gewöhnliche Accusativ gelegentlich das Verhältniſs der Ursache oder des Zweckes ausdrückt, wie Bhagavad-Gítá XVI. 3. 4. 5: *sampadan dáivím ab'igátô 'si* zu göttlichem Loose geboren bist du. Umgekehrt findet man auch zuweilen den Dativ gewöhnlicher Abstracta in Constructionen, wo der Infinitiv in seiner echt accusativen Function zu erwarten wäre. Ich habe bereits in einer Note zu Ardschuna's Reise zu Indra's Himmel (p. 79) auf einen solchen Gebrauch bei *upa-kram* beginnen, anfangen aufmerkam gemacht. Wir lesen nämlich Hidimba I. 22: *gamanáyô 'paćakramê* er begann zu gehen (dem Gehen oder wegen des Gehens) statt das Gehen; so Rám. ed. Schl. I. 29. 26)*). Noch

---

*) Doch findet man auch den Infinitiv in Constructionen mit *upakram*, z. B. Indralôka I. 21: *tam ápraśṭum upaćakramé* von ihm Abschied zu nehmen begann er.

wichtiger ist eine andere Stelle dieser Art (Maháb'ár. III. 12297), wo der von *upa-kram* abhängige Dativ ganz nach infinitivischer Weise den Accusativ regiert: *astráṇi... darśanáyô 'paćakramê* die Waffen zu zeigen begann er. In ähnlicher Weise findet man *ab'i-rôćay* (Caus. von अभिरुच् *ab'i-ruć*) belieben, wollen, wünschen mit dem Dativ abstracter Substantive statt des im Accusativ-Verhältnisse stehenden Infinitivs; z. B. Rám. ed. Schl. I. 36. 2: *gamanáyá 'b'irôćaya* beliebe zu gehen (dem Gehen, statt das Gehen, actionem eundi). So auch *ut-sah* können, wobei wieder der merkwürdige Fall eintritt, dass in dem mir vorliegenden Beispiele der vom genannten Verbum regierte Dativ, nämlich *parib'ôgáya* geniessen (dem Geniessen), wie der gewöhnliche Infinitiv *parib'ôktum* einen Acc. regiert, Mah. III. 16543: dich, o Máithili, kann ich nicht geniessen (*tvám... nô 'tsah̩ê parib'ôgáya*). So findet man auch zuweilen durch den Dativ den Ziel-Ort einer Bewegung ausgedrückt, wozu der Accusativ ganz besonders berufen ist, z. B. Mah. II. 2613: *vanáya pravavrağuh̩* sie schritten fort zum Walde, III. 10076: *áśramáya gaććáva* gehen wir (beide) zur Einsiedelei. Ganz an seinem Platze findet man dagegen den Dativ abstracter Substantive als Vertreter des Infinitivs im ursächlichen Verhältnisse, z. B. in einer schon anderwärts („Ardschuna's Reise zu Indra's Himmel p. 79) citirten Stelle des 12ten Theils des Mah.: um im Walde 12 Jahre zu wohnen (*vásáya*) ging er; Dráup. 8. 20; Suratha sandte, den Nakula zu tödten (*vad'áya nakulasya*), den trefflichsten der Elephanten; Schol. zu Pán. II. 3. 15: *pákáya vrağati* er geht kochen (um zu kochen); Urvaśi (Lenz p. 4, Bollensen p. 5): *yatiśyê vah̩ sak'ipratyánayáya* ich werde streben eure Freundin zurückzubringen. Es verdient Beachtung, dass die abstracten Substantive, welche im klassischen Sanskrit in die Functionen des Infinitivs eingreifen, ausser dem eigentlichen Infinitiv auf *tu-m*, sämmtlich durch die Suffixe *ana* oder *a* gebildet sind, worauf ich besonders darum aufmerksam mache, weil uns dieselben Suffixe mit geringer Entartung später auch in den europäischen Schwestersprachen als Bildungsmittel des Infinitivs begegnen werden.

850. Sehr häufig findet man die durch *ana* gebildeten Abstracta zum Ausdruck des ursächlichen Verhältnisses des Infinitivs im Locativ, der im Sanskrit überhaupt sehr häufig den Dativ vertritt. In der Regel regieren solche Infinitiv-Locative, nach Art gewöhnlicher Substantive, den Genitiv, wie z. B. Sâvitri I. 33: *b'artur anvês'anê tvara* eile, einen Gatten zu suchen (in eines Gatten Suchung, oder wegen der Suchung); Nal. 24. 29: *upâyaḱ... ânayanê tava* das Mittel dich herzubringen (zur Herbringung deiner); 17. 29: *nalasyâ' 'nayanê yata* strebe, den Nala herzubringen; 34: *yatad'van nalamârgaṇê* strebet, den Nala zu suchen (in der Suchung Nala's)*); Mah. III. 14798: *na tv ab'yanuǵńân lapsyâmi gamanê yatra pâṇḍavâḱ* nicht aber werde ich die Erlaubnifs erlangen, (dahin) zu gehen, wo die Pâṇḍava's. So wie den Dativ abstracter Substantive, so findet man auch den Locativ der Form auf *ana* als Vertreter des Accusativ-Verhältnisses, und zwar in dem mir vorliegenden Beispiele als regiert von *śak* können, bei welchem man in der Regel den Infin. auf *tum* findet; aber Râm. ed. Schl. I. 66. 19: *na śêkur grahaṇê tasya d'anus'aḱ* sie konnten nicht aufnehmen diesen Bogen (in der Aufhebung dieses Bogens), womit man das oben (S. 259) ewähnte *nô 'tsaḣê parib'ôgâya* vergleichen möge. So wie dieses *parib'ôga* an besagter Stelle einen Accusativ regiert, so findet man auch die Form auf *anê* gelegentlich mit einem Accusativ, z. B. Nal. VII. 10: *tam... suhṛdân na tu kaśćana nivâraṇê 'b'avać ćaktô divyamânam*

---

*) Dagegen dasselbe Verbum mit der Form auf *tum*, Nal. 15. 4: *sarvań yatis'yê tat kartum* alles dieses werde ich zu thun streben.

ihn aber war der Freunde keiner abzuhalten (in der Abhaltung) fähig, den spielenden. Seltener findet man den Locativ eines durch das Suffix *a* gebildeten Substantivs als Vertreter des Infinitivs. Ein Beispiel liefert der Raghuvanśa 16. 75, wo es jedoch unsicher ist, ob *tadvićayé* als Compositum zu fassen, oder ob *tad* ein von *vićayé* „zu suchen" regierter Acc. neut. sei. Ich setze die ganze Stelle her: *samağńápayad áśu sarván ánáyinas tadvićayé* (oder *tad vićayé*) er befahl sogleich allen Fischern, jenes (Armband, *valaya* masc. neut.) zu suchen*). Zu Gunsten der Auffassung von *tad* als von *vićayé* regiertem Accusativ könnte der Umstand sprechen, dafs auch der Dativ und Accusativ der durch das Suffix *a* gebildeten Abstracta als Vertreter des Infinitivs in Construction mit dem Accus. vorkommen. Was den Dativ anbelangt, so erinnere ich an *tvám parib'ógáya* dich geniefsen in der oben (S. 259) erwähnten Stelle. Ein Beispiel, wo der Accusativ dieser Wortklasse als Vertreter des Infinitivs den Accusativ regiert, liefert uns der Kriyáyógasára, wovon wir eine Ausgabe von Wollheim zu erwarten haben: *ćakré viváhan táñ kanyám*, d. h. wörtlich: er that heirathen jenes Mädchen. Hier müssen wir auch auf die weibliche Form des Suffixes *a*, nämlich *á*, wieder zurückkommen, deren vereinzelt stehender Accusativ im Ṣend den Infinitiv, wo er das accusative Verhältnifs ausdrückt, vertritt (s. §. 619). Auf die Form auf *ám* könnte man auch die mahrattischen Infinitive auf *úñ*, z. B. करूं *kŏrúñ* machen, thun, zurückführen, so dafs *ú* als Entartung eines ursprünglichen *á* zu fassen wäre, wie in den ersten Personen wie इच्छूं *iććúñ*

---

*) Der Commentar fafst *tadvićayé* als Compos. und erklärt *tad* durch *tasyá 'b'araṇasya*. Ich zweifle jedoch nicht, dafs *tad*, mag man es als Anfangsglied eines Compositums im genitiven Verhältnifs auffassen, oder als von *vićayé* regierten Accusativ, jedenfalls auf *valaya* Armband sich bezieht und nicht auf *áb'araṇa* Schmuck, welches in dem vorhergehenden Slóka am Ende eines Bahuvríhi steht (*tulyapuṣpáb'araṇaḥ*).

ich wünsche (= skr. *iččā́mi*), करूं *kŏrúṅ* ich mache, सकूं *sŏkúṅ* ich kann, wofür man im Sanskrit nach der ersten Klasse *karā́mi*, *śakā́mi* zu erwarten hätte. Mir ist es jedoch wahrscheinlicher, daſs die genannten Infinitive eines *t* verlustig gegangen sind, ungefähr wie in *b'áú* Bruder für *b'rā́tā*. Ist diese Ansicht richtig, so soll damit doch nicht der mahrattische Infinitiv mit dem sanskritischen auf *tum* vermittelt werden — weil kein Grund vorhanden ist, warum das *u* sich verlängert haben sollte — sondern ich möchte lieber ऊं *úṅ* aus तूं *túṅ* für *tvam* erklären, in derselben Weise, wie *tvam* du im Mahrattischen zu तूं *túṅ* geworden ist. Es wäre also in dem mahrattischen Infinitiv das Suffix व *tva* enthalten, welches im Sanskrit denominative Abstracta (s. §. 831) bildet. Aus diesem Suffix möchte ich auch das mahrattische Gerundium auf ऊन् *úṅ* erklären, also z. B. कऱून् *kŏrún* nach dem Machen (= gemacht habend) aus dem Instr. *kŏrtvánŏ**), mit Unterdrückung des schlieſsenden *a*, welches den prâkritischen Gerundien wie *páúṇa*, *ǵéúṇa*, *laḥiúṇa*, *vilóḥiúṇa*, *áganṭúṇa*, *ǵettúṇa***) geblieben ist. Es fehlt aber auch dem Prâkrit

---

*) Vgl. देवान *dévánŏ* oder देवाने *déváné* durch den Gott = skr. *dévḗ-n-a*.

**) Das *t* des Gerundialsuffixes scheint sich vorzugsweise, wo nicht einzig, unter dem Schutze eines vorhergehenden Consonanten behauptet zu haben. Das erste *t* von *ǵéttúṇa* (skr. Wz. *graḥ*) beruht offenbar auf Assimilation, sei es, daſs das *ṇ* oder das *ḥ* von *ǵéṇḥ* (Inf. *ǵéṇḥidun* und *ǵéttuṅ*) sich dem folgenden *t* assimilirt habe. In *ḥattúṇa*, von *ḥan*, steht das erste *t* entschieden für *n*. Auch Lassen (Inst. p. 367) vermittelt diese Prâkrit-Gerundia mit den mahrattischen, führt aber beide auf das oben (S. 254 Anm.) erwähnte, noch unbelegte vêdische Gerundium auf *tvánam* zurück. Gegen diese Erklärung würde sich, wenn auch das Gerundium auf *tvánam* als Accus. besser begründet wäre, als es ist, das Bedenken erheben, daſs das Prâkrit sonst das Accusativzeichen *m* nirgends hat untergehen lassen, sondern es überall in der Form eines Anusvâra bewahrt hat. Wenn Lassen (l. c. p. 289) auch die prâkritischen

nicht an Gerundien, welche auf die sanskritischen auf *tvá* sich stützen, wie z. B. *gadua* (= skr. *gatvā́*) mit gekürztem

---

Nominal-Abstracta auf *ttana* (durch Assim. aus *tvana*) aus dem gedachten vēdischen *tvan* erklärt, so hat sich seitdem in den edirten Vēda-Texten ein wirkliches secundäres Suffix *tvana* gefunden, welches als solches, wie auch durch seine Form, viel gröfseren Anspruch hat, dem prākrit. *ttana* als Ausgangspunkt zu dienen. Beispiele sind: *mahitvaná-m* Gröfse (von dem vēdischen *máhi* grofs), *sak'itvaná-m* Freundschaft, *martyatvaná-m* Sterblichkeit, oder Menschheit(?). Wenn aber Benfey (Glossar zum Sāma-Vēda s. v. *mahitvá*) das Suffix *tvana* organischer nennt als *tva*, so sehe ich nicht ein, warum? Denn es könnte sowohl die breitere Form eine Erweiterung der kürzeren sein, als umgekehrt die kürzere eine Verstümmelung der breiteren. Sie scheinen beide uralt zu sein. Die kürzere (*tva*) haben wir bereits im Slavischen und Germanischen wieder erkannt (s. §§. 831, 832); auf त्वन *tvana* gründet sich höchst wahrscheinlich das ins Fem. übertragene griech. σύνη, z. B. von δουλοσύνη, δικαιοσύνη, σωφροσύνη. Hinsichtlich der Sylbe συ für skr. *tva* vergleiche man das Verhältnifs von σύ zu *tva-m* du (§. 326). Im Mahrattischen begegnet uns das vēdische Suffix *tvana* in der ziemlich entstellten Form *pŏ́nŏ* in abstracten Neutren wie *bálŏpŏ́nŏ* Kindheit (s. Vans Kennedy „Dictionary" II. p. 16), mit *p* für *tv* (vgl. §. 350 und Hoefer „de Prācrita dialecto" p. 165 ff.). Carey (Gramm. p. 32) schreibt पाप् *pŏ́n* für पापा *pŏ́nŏ* und unterdrückt auch in seinem Wörterbuch sehr häufig den schliefsenden Vocal sanskritischer Neutralstämme auf *a*; er schreibt z. B. पाप् *páp* Sünde, दशन् *dŏ́śŏn* Zahn, पयस् *páyŏs* Milch, चंदन् *ćŏ́ndŏn* Sandelholz, वाहन् *váhŏn* vehiculum, für पाप *pápŏ* etc. — Auch im Armenischen glaube ich das vēdische Suffix *tvana* als Bildungsmittel abstracter Substantive erkannt zu haben, und zwar mit Verlust des schliefsenden *a*. Die betreffenden Abstracta sind sehr zahlreich und gehen nach Schröder's 2ter Declination; ihr Suffix lautet in der ersten Casusreihe (s. I. p. 471 Anm.") թիւն *iun*, in der 2ten թեան *ean* (vor *b*: *ieam*), wobei zu beachten, dafs sowohl *iu* als *ea* als Diphthonge einsylbig gesprochen werden. Dem Suffixe geht immer ein *ու u* voran, welches ich für eine Schwächung von *a* und für einen blofsen

Endvocal. Das Mahrattische bedient sich zum Ausdruck des Infinitivs auch der abstracten Substantive auf *ŏṇŏ*, und

Bindevocal halte, wie das *a*, welches in zusammengesetzten Wörtern dem 2ten Gliede des Compositums gewöhnlich vorgeschoben wird. Beispiele sind չորուիուն *ćor-u-íiun* (Gen. *ćor-u-íean*) Trockenheit, *iamaq́-u-íiun* id., von den Adjectivstämmen *ćoro*, Nom. *ćor* trocken, *iamaq́a*, Nom. *iamaq́* id.; *anus-u-íiun* Unwissenheit, vom Stamme *anusi*, Nom. *anus* unwissend; *ćarakn-u-íiun* Hass, Neid, vom Stamme *ćarakan*, Nom. *ćarakn* boshaft, neidisch; *barekam-u-íiun* Freundschaft, vom Substantivstamme *barekama*, Nom. *barekam* Freund. Hinter *s* hat sich die ursprüngliche Tenuis (*m t*) des skr. Suffixes *tvana* behauptet, der Ausgang *iun* im Nom. aber verdrängen lassen (s. I. p. 363 f.); hinter *n* und *r* steht ղ *d* statt *t*, ebenfalls mit Unterdrückung von *iun*; die so gebildeten Abstracta sind aber wahrscheinlich sämmtlich von verbaler Herkunft und das *s* vor dem *t* ist meistens nur ein euphonischer Vorschlag, wie in den in §. 831 erwähnten slavischen Abstracten auf *stvo* für skr. *tva*. In Bezug auf die in §. 183ᵇ⁾. p. 364 angeführten Beispiele ist aber noch zu bemerken, daſs in der 2ten Casusreihe der Vocal der an das Abstractsuffix angrenzenden Sylbe übersprungen wird, also Gen. *pahstean* (nicht *pahustean*) und sogar *snndean* (kaum aussprechbar) für *snundean*, *galstean* (nicht *galustean*) gegenüber dem Nom. *gal-u-st* für *gal-u-stiun*. Das letztgenannte Abstractum ist offenbar aus dem Infinitiv *ga-l* gehen entsprungen. Unter denjenigen Verbal-Abstracten, welche im Nom. sg. auf *st* ausgehen, gibt es auch viele, deren Thema auf *sti* endet, welche also hinsichtlich ihres Bildungssuffixes *ti* zu den in §. 841 ff. besprochenen Abstracten stimmen, und, wegen ihres euphonischen *s*, im Besonderen in den gothischen Stämmen *an-s-ti* Gnade, *all-brun-s-ti* holocaustum und in den althochdeutschen *an-s-ti* Gunst, *brun-s-ti* Brunst, *chun-s-ti* Wissenschaft (unser *Kunst*; s. §. 96. p. 166) ihr treues Ebenbild finden. Beispiele armenischer Abstractstämme auf *s-ti*, deren *i*, wie das des Gothischen und Althochd., im Nom. Acc. sg. unterdrückt wird, sind *gow-e-sti* laudatio, Nom. *gow-e-st*, Instr. *gow-e-sti-v* (*gow-e-m* laudo), *p̔ah-e-sti* servatio, Nom. *p̔ah-e-st*, *iaq́-u-sti* absconsio, Nom. *iaq́-u-st* (Schröder p. 47). Zu letzterem fehlt das primitive Verbum, als welches man *iaq́-u-m* oder auch

zwar vorzüglich zum Ausdruck des nominativen Verhältnisses, in welchem man die Form auf ऊं *ûṅ* schwerlich finden wird. So bei Carey (Grammar p. 76): *mŏlá kŏrŏṇŏ pŏḍŏtŏ* mir zu thun (das Thun) geziemend (ist), dagegen p. 78: *miṅ kŏrúṅ sŏkúṅ* ich thun kann; p. 80: *miṅ kŏrúṅ iččúṅ* ich zu thun wünsche. Es mag hier, wegen des überaus häufigen Wechsels zwischen *r* und *l*, beiläufig an die merkwürdige Ähnlichkeit zwischen der mahrattischen Dativ-Accusativ-Endung *lá* und der neupersischen *rá* erinnert werden. Man vergleiche namentlich das erwähnte *mŏlá* mir, mich, mit dem pers. *merá*; so *tulá* dir, dich, mit *turá*; *ŏmhálá* (aus *ŏsmálá*, s. §. 166) „ἡμῖν, ἡμᾶς", mit *márá*; *tumhálá* „ὑμῖν, ὑμᾶς", mit *s'umárá*.

851. Am Anfange von Compositen verliert der Infinitiv auf *tum* nach dem allgemeinen Princip der Bildung zusammengesetzter Wörter sein Casuszeichen, und es ent-

---

i aq̇-e-m erwarten könnte; statt dessen findet sich *i aq̇uianem* (s. Schröder p. 197). Was aber den Bindevocal *u* der erwähnten Abstracten wie *čar-u-ťiun* anbelangt, so findet sich *u* auch als unverkennbarer Bindevocal in zahlreichen Abstractstämmen auf *man*, Nom. *mn* (vgl. I. p. 363), welche, abgesehen vom Bindevocal und der im Armenischen fehlenden Geschlechtsunterscheidung, zu sanskritischen wie *pré-man* Liebe (Genit. *pré-mṇ-as*), *síd--man* Stärke, *már-i-man* Tod, *ǵán-i-man* Geburt (§. 796 f.) und zu lateinischen auf *men, min-is* wie *certá-men, solá-men, regi-men, moll-men* (§. 801) stimmen. Armenische Beispiele sind: *bek-u-mn* fractio, բաղխումն *bagk'-u-mn* pulsio, *ham-barʒ--u-mn* ascensio (Schröder p. 47); Gen. *bek-man* etc. Es wird nämlich der Bindevocal in der 2ten Casusreihe, d. h. in denjenigen Casus, welche dieses Abstractsuffix in seiner vollen Gestalt zeigen, übersprungen. Wie zahlreich aber im Armenischen die Abstractstämme auf *man*, *mn* sind, mag daraus entnommen werden, dafs in Aucher's Englisch-Armenischem Wörterbuch („A Dictionary English and Armenian" Venice 1821) den meisten englischen Abstracten transitiver Verba im Armenischen unter andern auch eine Form auf *u-mn* als Übersetzung zur Seite steht.

steht dann das nackte Thema auf *tu*, z. B. Nalus IX. 31: *nacá 'han tyaktu-kâmas tvám* nicht auch (bin) ich zu verlassen willens (Verlassungs-Verlangen habend) dich, wobei zu bemerken, daſs im Sanskrit der erste Theil eines Compositums in syntaktischer Beziehung als selbständiges Glied des Satzes behandelt werden kann, weshalb hier *tyaktu*, eben so, als wenn isolirt *tyaktum* stünde, den Accusativ (*tvám*) regiert.

852. Der Vêda-Dialect bedient sich zum Ausdruck des ursächlichen Verhältnisses des Infinitivs in der Regel des Dativs, und zwar entweder des oben (§. 849) erwähnten auf *tavé* od. *tavái**), von dem eigentlichen Infinitivstamme auf *tu*, oder des Dativs abstracter Wurzelwörter, oder eines auf *dí* oder *d'i* ausgehenden abstracten Femininstammes, wovon nur der Dativ auf *d'yái* erhalten ist, so daſs diese Form durch den Mangel anderer Casus von demselben Stamme um so mehr ein echt infinitivisches Ansehen gewonnen hat. Dem Ausgang *d'yái* geht immer *a* oder *aya*, also das Thema der Specialtempora der ersten oder 6ten Klasse mit *a* als Klassenvocal, oder das Thema der 10ten Kl. oder Causalform mit dem Charakter *aya* voran. Man vergleiche z. B. *píb-a-d'yái* (streng genommen *píba-d'yái*, vgl. §. 508) um zu trinken (Rigv. I. 88. 4) mit *píbati* er trinkt; *kśár-a-d'yái* um zu flieſsen (l. c. 63. 8) mit *kśár-a-ti*; *sáh-a-d'yái* um zu siegen (S. V. ed. Benf. p. 154) mit *sáh-a-ti*; *vand-á-d'yái* um zu preisen (mit dem Acc., Rigv. I. 61. 5: *virám... vand-á-d'yái* um den Helden zu preisen) mit *vánd-a-tê*; *ćar-á-d'yái* um zu flieſsen (l. c. 61. 72)

---

*) Die Form auf *tavái* ist die seltenere; sie betont auſser der Wurzelsylbe auch die Casus-Endung, z. B. *yámitavái* um zu zügeln (Rigv. I. 28. 4), *kártavái* um zu machen (Nâigh. II. 1). Bei Verbindung mit Praepositionen fällt der erste, und bei anderen Formen aus dem Infinitivstamme auf *tu*, der einzige Accent auf die Praepos.; z. B. *ánvétavái* um nachzugehen (aus *ánu* und *étavái*, Rigv. I. 24. 8), *prátidátavé* um zu setzen, zu stützen (aus *práti* gegen und *dátavé*, l. c.).

mit *čár-a-ti*; *mád-ayá-dyái* um zu erfreuen od. sich zu freuen, mit *mádáyati* (Causale der Wurzel *mad* sich freuen, Yaǵurv. III. 13). Das von Westergaard (Radices p. 278) citirte *iśadyái* um zu durchschreiten gehört wahrscheinlich zu dem vêd. *iś* Kl. 6. gehen, und stimmt also zu *iś-á-ti* er geht (Náigh. II. 14). Ganz isolirt steht unter den Infinitiven auf *dyái* die Form *vávṛd-á-dyái* um wachsen zu machen (Rigv. I. 61. 3), die als ein erster Versuch angesehen werden könnte, auch aus den Themen anderer Tempora, als des Praesens, Infinitive zu bilden, oder auch als Überrest einer Sprachperiode, wo vielleicht aus allen oder den meisten Temporen des Indicativs Infinitive auf *dyái* gebildet werden konnten. Westergaard (Radices p. 189) fafst die erwähnte Form als Infin. des Perfects, wozu sie auch der Form nach vortrefflich stimmt, da die Wurzel *vard* (*vṛd*) wachsen, auch wachsen machen, vermehren, erweitern, im Vêda-Dial. überall *vá* für *va* in der Wiederholungssylbe zeigt. Dafs der Bedeutung nach *vávṛd-á-dyái*, welches Sâyaṇa durch den Causal-Infinitiv *vardayitum* erklärt, dem Praesens angehört, kann seine Ableitung vom Perfectstamme nicht stören, da auch die Participia des reduplicirten Praeter. in den Vêda's sehr häufig mit gegenwärtiger Bedeutung erscheinen, z. B. Rigv. I. 89. 8 *tuṣṭuvā́ṅsas* laudantes. Das eingeschobene *a* von *vávṛd-á-dyái* ist offenbar der dem Perfect zukommende Bindevocal *a*, welcher sich an mehreren Stellen des Indicativs zu *i* geschwächt hat (s. §. 614); man vergleiche, auch hinsichtlich der Accentuation, die Dualformen *vávṛd-á-tus*, *vávṛd-á-tus*. So wie aber dieses *a* des Indic. von den indischen Grammatikern zu den Personal-Endungen selbst gezogen wird, so gilt bei Pâṇini (III. 4. 9) auch das *a* der Formen auf *a-dyái* als wirklicher Bestandtheil des Wortbildungssuffixes [*]). Weiterer Beobach-

---

[*]) Paṇini gibt l. c. das betreffende Suffix in 6 verschiedenen Gestalten, nämlich: *adyái*, *adyáin*, *kadyái*, *kadyáin*,

tung des vêdischen Sprachgebrauchs mag es überlassen bleiben, zu entscheiden, ob man nicht auch Aoriste des Infinitivs auf *dyái* anzunehmen habe, aber mit gegenwärtiger Bedeutung, wie beim Potentialis (s. §. 705). Gewifs ist, dafs, wenn man mit Benfey (Glossar zum S. V. p. 216) die Potentialformen wie *huvḗma*, *huvḗmahi*, *huvḗya* und die Participia *huvát*, *huvánd* (von der aus *hvê* rufen zusammengezogenen Form *hu*) dem Aorist zuschreibt, man mit gleichem Rechte den Infinitiv *á-huvá-dyái* anzurufen (Yaǵurv. III. 13) als Aorist fassen dürfte. Ich ziehe aber bis jetzt vor, anzunehmen, dafs die aus *hvê* zusammengezogene Form *hu* im Vêda-Dialekt nach drei verschiedenen Klassen gebeugt werde und ziehe die genannten Potentialformen zur 6ten Kl., die Participia *huvát*, *huvánd* und den Plur. med. *hûmáhê* (letzteres mit unregelmäfsiger Verlängerung des *u*) zur 2ten, und Formen wie *hávatê* er ruft*) zur

---

s'ad'yái, *s'ad'yáin*. Das schliefsende *n* negirt die Betonung des Suffixes (vgl. §. 849) und das anfangende *s'* deutet an, dafs die Wurzel in der Gestalt der Specialtempora erscheint, daher z. B. das oben erwähnte *pibad'yái* nach Sâyaṇa (ed. Müller p. 712) das Suffix *s'ad'yáin* enthält, während *mádayád'yái*, weil es den Ton auf dem zum Suffix gerechneten *a* hat, nach Mahîd'ara das Suffix *s'ad'yái* enthält. Man vergleiche das Suffix *s'a*, d. h. *a* bei Wilson („Introd. to the gr. of the Sanskrit language", 2te Ausg. p. 327), wodurch Adjective wie *pibá* trinkend, *pas'yá* sehend, *páraya* füllend gebildet werden. Durch *k* wird die reine, gunalose oder geschwächte Gestalt des Verbal-Thema's angedeutet und daher z. B. der Form *dhuvád'yái* anzurufen (Yaǵurv. III. 13), von der aus *hvê* zusammengezogenen Form *hu*, das Suffix *kad'yái* zugeschrieben. *ad'yái*, oder accentlos *ad'yáin*, heifst das Suffix, wenn es an die verstärkte, oder an eine der Guna-Steigerung unfähige Form der Wurzel antritt, z. B. in *ks'árad'yái* (Rigv. I. 63. 8) um zu fliefsen, von der Wz. *ks'ar* Kl. 1.

*) Auf *hu* Kl. 1. glaube ich das sendische *du* sprechen zurückführen zu dürfen, welches bis jetzt keine befriedigende Vermittelung mit dem Sanskrit gefunden hat (s. Burnouf, Études p. 309 ff.), während ein anderes *du*, welches laufen bedeutet, seine Ver-

ersten. Die erste Pers. sing. *ḥuvé*, welche am Schlusse des citirten Slóka vorkommt, könnte sowohl zur 2ten als zur 6ten Klasse gezogen werden, eben so das Activ-Participium *ḥuvát*; ich ziehe aber letzteres darum lieber zur zweiten als zur sechsten Kl., weil es als Part. der 2ten Kl. zum Medial-Part. *ḥuvāná* stimmt. Mehr als *á-ḥuvádyái* hätte *gámadyái* gehen (Yaǵurv. 6. 3) darauf Anspruch, als Infin. des Aorists (*ágamam*) gelten zu können, da *gam* in den Specialtempp. *gać* substituirt; wenn aber die bis jetzt noch unbelegte Form *gámati*, welche Yâska (Nâigh. II. 14) dem Vêda-Dialekt zuschreibt, begründet ist, so kann *gámadyái* auch als Infin. des Praes. gelten. Überzeugend für die Existenz eines Infin. des Aor. wäre *vóćadyái* (vgl. §. 705), wenn sich diese Form jemals nachweisen liefse.

853. Als Infinitive der 3ten Bildung des Aorists (jedoch nicht der Form auf *dyái*) liefsen sich die von Pâṇini (III. 4. 10) erwähnten Formen *róhiṣyái* und *avyaṭiṣyái* (letzteres mit *a* privat.) auffassen. Die Wurzel *ruh* wachsen würde nach der 3ten Bildung des Aorists *áróhiṣam* bilden und von *vyać* med. „erschüttert werden" besteht wirklich der Aorist *ávyaṭiṣi*. Nach Abzug des Augments und der Personal-Endung bleiben *róhiṣ*, *vyaṭiṣ* als Tempus-Stämme, wovon durch die weibliche Form *i* des Suffixes *a* leicht *róhiṣî*, *vyaṭiṣî* als Abstracta entspringen konnten, deren Dative *róhiṣyái*, *vyaṭiṣyái* lauten müfsten. Man könnte auch diese Dative von weiblichen Stämmen auf kurzes *i* ableiten, welches also an das Aorist-Thema *róhiṣ*, *vyaṭiṣ*

---

wandtschaft mit den skr. Wurzeln der Bewegung: *du*, *dû* und *dâv* (letzteres ebenfalls laufen) nicht verkennen läfst. Den Übergang von ह *h* zu ज *d* fasse ich so, das ersteres zunächst zu ष् *ṣ'* geworden, von da zu *d*, indem nämlich von dem Laute *dṣ'* nur das erste Element übrig geblieben ist. In ersterer Beziehung vergleiche man das Verhältnifs von ج़ان *ǵan* tödten zum sanskrit. हन् *han*, in letzterer das des altpersischen *adam* ich zu अहम् *ahám* und das Verhältnifs des neupersischen *dest* Hand zum gleichbedeutenden sanskrit हस्त *hásta*.

in derselben Weise angetreten wäre, wie z. B. das von *ránhi* Schnelligkeit an die primitive Wurzel *ranh*. In diesem Falle könnte im Dativ statt *ái* auch *ay-ê* erwartet werden. Gehören aber die genannten Infinitive wirklich zur 3ten Bildung des Aorists, so lassen sich die auf *sê*, mit der allgemeinen Dativ-Endung *ê*, zur 2ten (griech. ersten) ziehen (s. §. 555), wobei anzunehmen wäre, daſs der zwischen das angehängte Verb. subst. und die Personal-Endungen tretende Bindevocal sich nicht auf die Infinitive wie *vaksê* zu fahren, *ģisê* zu siegen, erstrecke. Das erste Beispiel findet sich im Schol. zu Pân. III. 4. 9; letzteres Rigv. I. 112. 12: *anaśván yábi rátam ávatan ģisê* durch welche ihr dem pferdlosen Wagen halfet siegen (des Siegens wegen). Sáyaṇa nennt den Ausgang dieser Infinivform *ksê**), weil der Wurzelvocal ungunirt ist. Die gunirten Infinitive auf *sê* (euphon. *sê*, wegen des vorhergehenden *i*, *ê*, *k*), wie das l. c. angeführte *mêsê* werfen, niederwerfen (Wz. *mi*) stimmen besser zur ersten Aoristbildung, namentlich zum Medium der vocalisch endigenden Wurzeln, welche die Vriddhi-Steigerung ihres Activs, wegen des zu groſsen Gewichts der Medial-Endungen, zur Guṇa-Steigerung herabdrücken, während die consonantisch endigenden Wurzeln sich jeder Vocalsteigerung im Med. entschlagen. Man könnte darum auch alle Infinitive auf *sê*, sie mögen gunirt sein oder nicht, zur ersten Aoristbildung ziehen. Merkwürdig bleibt jedoch die Übereinstimmung der Infinitive auf *sê*, man mag sie von der ersten oder 2ten Aoristbildung entspringen lassen, mit griechischen des ersten Aorits, wie λῦ-σαι, τύπ-σαι, δεῖξ-σαι, wofür im Sanskrit, wenn *lú* abschneiden, *tup* schlagen, verwunden, *diś* (aus *dik*) zeigen einen Infinitiv dieser Art gebildet hätten, *lú-sê*, *tup-sê*, *dik-sê* zu erwarten wären; zu φῦσαι würde *bú-sê* stimmen, wobei daran zu

---

*) Die grammatische Kunstsprache unterscheidet mit Rücksicht auf den Accent und die stärkere oder schwächere Form der Wz., nach Pâṇ. l. c.: *sê*, *sên* und *ksê*.

erinnern, daſs der Vêda-Dialekt auch im Imperativ Aoriste dieser Art erhalten hat, und zwar von der Wurzel $b'\acute{u}$ die Formen $b'\acute{u}$-$s'a$ = φῦσον, $b'\acute{u}s'atam$ $(upa$-$b'\acute{u}s'atam)$ = φύσατον, ohne daſs die analoge Indicativform sich nachweisen läſst.

854. Die vêdischen Infinitive auf $s\hat{e}$ und ihre griech. Analoga auf σαι leiten uns zu den lateinischen auf re, die ich schon in den „Annals of Oriental Literature" (London 1820 p. 58) mit den griech. Infinitiven des ersten Aorists zu vermitteln gesucht habe. Gewiſs ist, daſs in den latein. Infinitiven auf re (aus se), eben so wie im griech. ersten Aorist und den 4 ersten Bildungen des skr. Aorists, das Verbum subst. enthalten ist. Dies sieht man deutlich aus pos-se (für pot-se), da $possum$ in seiner ganzen Conjugation die Verbindung von pot (durch Assimil. pos) mit dem Verb. subst. zeigt (über pot-ui aus pot-fui s. §. 558). Am genauesten entspricht es-se für ed-se (neben ed-e-re) den erwähnten skr. Infinitiven, und wenn von der Wurzel ad in den Vêda's ein Infin. dieser Art vorkommen sollte, so kann er in Folge des bekannten Lautgesetzes nicht anders als at-$s\hat{e}$ lauten. In fer-re aus fer-se und vel-le aus vel-se hat sich der Zischlaut des Hülfsverbums dem vorangehenden Cons. assimilirt. Für fer-re hätte man im Vêda-Dialekt $b'r$-$s'\hat{e}$ oder $b'ar$-$s'\hat{e}$ zu erwarten. Den lateinischen Infinitiven da-re, $stá$-re, i-re, würden im vêdischen Sanskrit $d\acute{a}$-$s\hat{e}$, $st\acute{a}$-$s\hat{e}$*), i-$s\hat{e}$ (nach Analogie von $\acute{g}i$-$s'\hat{e}$)**) oder $\hat{e}$-$s\hat{e}$ (nach Analogie von $mes'\hat{e}$) begegnen. Man beachte, daſs nur solche lat. Verba, welche durchweg oder in einigen Personen durch unmittelbare Anschlieſsung der Personal-Endungen an die Wurzel auf die skr. 2te Klasse sich stützen (s. §. 109^d) p. 214), auch dieses Suffix des Inf. unmittelbar anschlieſsen können oder müssen, während alle übrigen den Klassenvocal beibehalten, und

---

*) Wonicht si-$s'\hat{e}$ mit Schwächung des a zu i, wie in si-$t\acute{a}$ (p. 205 Anm. ***) und si-ti (§. 841).

**) Im Schol. zu Pân. l. c. finden wir wirklich $pr\acute{e}s'\acute{e}$ als Zusammensetzung von pra-$is\hat{e}$.

zwar bei der 3ten Conj. *e* (für *i* aus *a*) wegen des folgenden *r* (s. §. 84), daher steht *veh-e-re* dem oben erwähnten skr. *vak-s'ê* (euphon. für *vah̩-sê*) gegenüber. Vielleicht ist auch das *a* der von Pâṇini (III. 4. 9) erwähnten Infinitive auf *asê* als Klassenvocal anzusehen*), und so würde das oft vorkommende *g'ív-á-sê* **) um zu leben (vgl. *g'ív-a-ti* er lebt) dem lat. *viv-e-re* begegnen. Ein anderes Beispiel dieser Art ist *r̩ṅǵásê* um zu schmücken, welches in einer von Benfey (Glossar z. S. V. p. 34) citirten Stelle des 5ten Buches des Rigv. dem Dativ *stô'tavê* des gewöhnlichen Infinitivs parallel läuft: *vê'mi tvá pús'ann r̩ṅǵásê vê'mi stô'tavê* ich komme, dich, o Pùs'an, zu verherrlichen, ich komme (dich) zu preisen. So steht Rigv. I. 112. 8 *ćáks'asê* zu sehen dem Dativ des gewöhnlichen Infinitivs *ê'tavê* zu gehen zur Seite: durch welche Thaten ihr den blinden (R̩ǵrás'va) zu sehen, den Śróṇa zu gehen befähigtet.

855. Wir dürfen die Möglichkeit nicht übersehen, daſs das *a* der skr. Infinitive auf *asê* auch der Wurzelvocal des Verb. subst. sein könnte, obwohl dieser in den Zusammensetzungen und selbst in vielen einfachen Bildungen (s. §. 480) verloren geht. Dann würde *-asê* dem lat. *esse* entsprechen, sofern nicht *esse* in *es-se* zu zerlegen ist und hier also die Wurzel des Seins zweimal steht, was wir oben bei dem Conjunct. *essem* als möglich zugelassen haben***). Wie dem aber auch sei, so stehen die Formen auf *asê* und *sê*, wenn sie wirklich das Verbum subst. enthalten, hinsichtlich des Bildungsprincips des schlieſsenden Infinitiv-Ausdrucks im Einklang mit den einfachen, den Dativ nackter Wurzelwörter darstellenden Infinitiven wie *dr̩śê* um zu sehen.

---

*) Vgl. z. B. *pát-a-tra-m* p. 196, *dr-a-ti-s* Furcht §. 847.

**) Z. B. Rigv. I. 37. 15, wo es den Accus. regiert: wir sind ihnen (den Marut's angehörend oder ergeben), um das ganze Leben (Lebensdauer) zu leben (*vis'vañ ćid d'yur g'ívásê*).

***) S. §. 708 und Curtius „Beiträge" p. 352.

Diese drücken immer ein echt datives Verhältnifs aus, wie z. B. Rgv. I. 23. 21: *sū́ryan dr̥śḗ* um die Sonne zu sehen, 13. 7: *idám no barhír āsā́dē* um auf diese unsere Streu sich zu setzen; 105. 16: *atikrámē* zu überschreiten, zu vernachlässigen. Die letztgenannte Stelle verdient besondere Beachtung, weil hier der Dativ des Infin. den Nom. eines Part. fut. pass. zu ersetzen scheint, ganz in der Weise, wie wir zu demselben Zweck den Infin. mit der Praep. *zu* gebrauchen, in Sätzen wie: *er ist zu loben* (*laudandus est*), d. h. er ist zum Loben geeignet. Auch ist an gedachter Stelle im Sanskrit-Text das Verb. subst. geistig vorhanden, aber, wie sehr gewöhnlich, formell nicht ausgedrückt*). — Vielleicht fehlte es auch dem Lateinischen nicht an Infinitiven, welche den védischen wie *dr̥śḗ*, *ā-sā́dē*, *ati-krámē* entsprechen; sie wären in der 3ten Conjugation zu erwarten, wo den passiven Infinitiven wie *dici* (älter *dici-er*) activische wie *dice* zur Seite stehen müfsten, im Fall nicht die passiven Infinitiv-Endungen *i*, *i-er* Verstümmelungen von *eri*, *erier* sind; denn von *dicere* hätte *diceri*, *dicerier* kommen müssen, wie *amari*, *amarier*, *moneri*, *monerier*, *audiri*, *audirier*, von *amare* etc. Was den Ursprung der lat. Passiv-Infinitive anbelangt, so ist offenbar die Form auf *i* eine Verstümme-

---

*) Pāṇini scheint wirklich in Constructionen dieser Art die Infinitiv-Dative auf *ē* nebst denen auf *tavāi* (s. §. 849) als védische Vertreter der Participia fut. pass. auf *ya*, *tavya* und *aníya* (in der grammatischen Kunstsprache *kr̥tya* genannt) zu halten, denn er stellt sie (III. 4. 14) mit zwei wirklichen, declinationsfähigen Participialsuffixen auf gleichen Fufs, indem er sagt, dafs die Suffixe *tavāi*, *ē*, *ēnya* und *tva* in den Vēda's im Sinne der *kr̥tya's* gebraucht werden. Im folgenden Sūtra wird ausdrücklich *avaćakṣḗ* (Wz. *ćakṣ*, Praep. *ava*) als ein Part. dieser Art dargestellt und im Commentar *nā́ 'vaćakṣḗ* durch *nā́ 'vakyā́- tavyam* „non narrandum" erklärt. An unserer Stelle fafst auch Sāyaṇa die in Rede stehende Form als Part. fut. pass., indem er *nā́ 'tikramē* durch *nā́ 'tikramitun śakyaḥ* umschreibt und das betreffende Sūtra Pāṇini's citirt.

lung des älteren *i-er* (*laudarier*, *viderier*, *credier*)*). Der Übergang des activen *re* in *ri* vor dem zutretenden *er* des Passivs hat schwerlich in etwas anderem seinen Grund, als in der Vermeidung des Übellauts, den zwei aufeinander folgende *e* in Formen wie *laudareer* verursachen würden. Dafs das *e* der activen Infinitiv-Endung kurz ist, während es als Vertreter des skr. und griech. Diphthongs von *sê, σαι* lang sein sollte, kann nicht befremden, da Vocale am Wort-Ende am meisten der Kürzung oder gänzlichen Unterdrückung unterworfen sind **). Die Länge des *i* des passiven Infinitivs kann als Ersatz des weggefallenen *er* angesehen werden ***).

856. Es bleibt uns noch übrig, der Infinitive des lat. Perfects zu gedenken. Hier läfst sich in Formen wie *amavi-sse, monui-sse, legi-sse, audivi-sse* der Infin. des Verb. subst. eben so wenig übersehen, als in Plusquamperfecten wie *amaveram* das Imperf., also mit Verlust des Vocals des Hülfsverb., den ich auch bei *amave-ram* annehme (s. §. 644). Sind aber die genannten Perfect-Infinitive eben so wie die Plusquam-

---

*) Ich halte den Ausgang *er* von *laudarier* etc. für eine Umstellung von *re* und dieses für eine Entartung von *se*; es wäre also der Accusativ des Reflexivs (s. §. 476 f.).

**) Man beachte z. B. das kurze schliefsende *e* in *benĕ, malĕ*, während den Adverbien von Adjectiven der 2ten Decl. ein langes *ē* zukommt, worin ich den skr. Diphthong *ē* (= *a + i*) des Locativs von Stämmen auf *a* (= lat. *ŏ* der 2ten Decl.) zu erkennen glaube. Man vergleiche z. B. *novē* mit dem skr. Locativ *nável* vom Stamme *náva* neu. Man berücksichtige auch die gelegentliche Kürzung des *ĕ* einiger Imperative der 2ten Conjug. (*cavĕ* etc.) und die regelmäfsige Kürzung des *ĕ* althochdeutscher Conjunctive am Wort-Ende, wie *bĕre* er trage = skr. *bhárēt*, goth. *bairai* (§. 694 Schlufs).

***) Auf die in der Quantitätslehre der lateinischen Grammatiken aufgestellte Regel, dafs *i* am Wort-Ende, die bekannten Ausnahmen abgerechnet, lang sei, möchte ich mich nicht berufen, weil überall, wo im Lat. das schliefsende *i* lang ist, auch ein Grund dazu vorhanden ist, wie z. B. im Gen. sg. und Nom. pl. der 2ten Declination und im Dat. sg. der 3ten (s. §. 177. p. 342 und §. 288*)).

perfecta offenbar Neubildungen, so haben doch die in der älteren Sprache zahlreich auftretenden Formen wie *scrip-se*, *consum-se*, *admis-se*, *divis-se*, *dic-se*, *produc-se*, *abstrac-se*, *advec-se* (s. Struve „Über die lat. Declin. u. Conjug." p. 178) allen Anspruch darauf, als Überlieferungen der Urperiode der Sprache zu gelten und den griechischen Aorist-Infinitiven zur Seite gestellt zu werden, und zwar mit um so gröfserem Rechte, als die sämmtlichen lateinischen Perfecte ihrem Ursprung nach höchst wahrscheinlich nichts anders als Aoriste sind (s. §. 546 ff.). Wir dürfen demnach *scrip-se*, *dic-se* dem griech. γράπ-σαι, δεῖξ-σαι, und *ad-vec-se* dem oben (S. 270) erwähnten skr. *vak-sé* gegenüberstellen. Hierbei ist es wichtig zu beachten, dafs allen von Struve l. c. belegten Perfect-Infinitiven der 3ten Conjugation auch analoge Perfecte (Aoriste) des Indicativs als Ausgangspunkt gerade so gegenüberstehen, wie griechischen Infinitiven auf σαι (ξαι, ψαι) Indicative auf σα (ξα, ψα), nur sind *invas-se*, *divis-se* (durch Assimil. aus *invad-se*, *divid-se*, vgl. §. 101) vollkommener erhalten als *invá-si*, *diví-si*, die des Endconson. der Wurzel verlustig gegangen sind, wobei zur Entschädigung in *diví-si* die Verlängerung des kurzen Wurzelvocals eingetreten ist. Die den Infinitiven auf *se* scheinbar analogen Futura exacta, wie *faxo*, *capso*, *axo*, *accepso*[*]), sowie die perfectischen und plusquamperfectischen Conjunctive, wie *axim*, *ausim*, *objexim*, *excessis*, *dixis*, *induxis*, *traxis*, *sponsis*, *amissis*, *injexit*, *extinxit*, *ademsit*, *serpsit*, *incensit*, *faxem*, *extinxem*, *intellexes*, *recesset*, *vixet*, *traxet* (s. Struve l. c. p. 175) können mit den Infinitiven auf *se* schwerlich auf gleichen Fufs gestellt werden, einmal weil den wenigsten derselben ein indicatives Perfect auf *si* (*xi* = *c-si*) gegenübersteht, und zweitens weil, wenn dies auch der Fall wäre, doch z. B. *capso*, *axim*, *extinxem* von dem vorauszusetzenden *capsi*, *axi*, und dem wirklich

---

[*]) Das *e* für *i* von *accepso* und ähnlichen Formen beruht auf dem in §. 6 ausgesprochenen Princip, also *accepso*, *objexin* wie *acceptus*, *abjectus* für *acciptus*, *abjictus*.

bestehenden *extinxi* nicht wohl so entsprungen sein könnten, dafs an die Stelle der Endungen des Perfects die des Fut. exact. und Conjunctivs des Perf. und Plusquamperf. getreten wären. Die drei letztgenannten Tempora und Modi sind verhältnifsmäfsig junge Bildungen, entstanden durch die Verbindung des Fut. und des Conjunctivs des Verb. subst. Praes. und Imperf. mit dem Perfect-Stamme *) des attributiven Verb., und die Verwandtschaft ihres Schlufsbestandtheils mit dem *si* der Perfecta wie *serp-si* besteht demnach nur darin, dafs auch in letzterem das Verb. subst. enthalten ist, aber in Folge einer uralten, über die Zeit der Sprachtrennung hinausragenden Verbindung, wenn ich Recht habe, solche Perfecta mit der sanskritischen zweiten und griechischen ersten Aoristbildung zu identificiren (s. §. 551 ff.). Wir gewinnen also zur Erklärung der betreffenden Formen nichts, wenn wir nicht-existirende Perfecta, wie *axi*, *faxi*, *sponsi* voraussetzen, denn wir müfsten dann erst wieder das Hülfsverbum des Perf. ind. beseitigen, um an seine Stelle das Auxiliare (*so*, *sim*, *sem*) der betreffenden Neubildung zu setzen, oder wir müfsten z. B. *faxo* aus dem vorausgesetzten *faxi* vermittelst des hieraus theoretisch zu bildenden *faxero* durch Voraussetzung einer Überspringung der Buchstaben *er* erklären. Warum findet man aber nicht neben den wirklich bestehenden Fut. exact. gelegentlich derartige Zusammenziehungen? Warum nicht z. B. neben *fécero* ein *féco*, neben *cépero* ein *cépo*, neben *tetigero* ein *tetigo*? Oder soll z. B. *fac-so* aus einem vorauszusetzenden *facero* so entstanden sein, dafs das aus *s* entstandene *r* wieder in seinen Urzustand zurückkehrte und nach Ausstofsung des *e* in unmittelbare Verbindung mit dem Endconsonanten der Wurzel trat? Oder soll *faxo* zu einer Zeit aus *faceso* entstanden sein, wo *s* zwischen zwei Vocalen noch nicht regelmäfsig zu *r* geworden war (s. §. 22)? Am liebsten möchte ich

---

*) *Amave-ro* aus *amavi-ero* vgl. §. 644, *amave-rim* aus *amavi-sim* nach §. 710, *amavi-ssem* aus *amavi-essem*.

jetzt die veralteten Futura exacta und ihre bildungsverwandten Conjunctive des Perf. und Plusquamperf. auf *sim*, *sem*, aus einem untergegangenen Geschlechte **wirklicher Perfecta** ableiten, während die bestehenden „Perfecta" genannten Praeterita aller Abstufungen ihrem Ursprunge nach Aoriste sind. Es konnten z. B. neben den Aoristen *féci*, *cépi* (s. §. 548), *dic-si*, *duc-si*, *spopondi* (s. §. 579) Perfecta bestanden haben wie *fefaca* (od. *pefaca*), *cecapa* *), *didica*, *duduca*, *spoponda*, die man wohl dem Lateinischen in einer früheren Sprachperiode bei seinem nahen Zusammenhang mit dem Griechischen zutrauen darf. Es mag dahingestellt bleiben, ob das Lateinische schon im Perf. ind. die Reduplicationssylbe später abgelegt habe **), — wie es im Imperf. und Aorist das Augment beseitigt hat, — oder ob diese Verzichtleistung erst bei der Belastung mit dem antretenden Verb. subst. stattfand, etwa wie die reduplicirten Aoriste (Perfecte) in der Zusammensetzung mit Praepositionen meistens auf die Reduplicationssylbe verzichten ***), während die analogen skr. reduplicirten Aoriste (wie *ádudruvam*) auch in der Zusammensetzung die Reduplicationssylbe durchgängig beibehalten. Wie dem aber auch sei, so werden wohl zu irgend einer Zeit auch reduplicirte Futura exacta

---

*) Das bestehende Gesetz, wornach der schwerste Vocal *a* bei Belastung durch Reduplication sich zu *i* schwächte (s. §§. 6. 579), muſs seinen Anfang gehabt haben und dürfte wohl in der Zeit, zu welcher wir uns hier zu erheben suchen, noch nicht gegolten haben. Man berücksichtige, daſs das oskische *fefacust* dem Sinne nach = *fecerit* ist.

**) Dann würden sich etwa *faca*, *capa*, *sponda* zu *fefaca* oder *pefaca* etc. verhalten, wie im Goth. z. B. *band* zum skr. *babánda* und denjenigen Praeteriten, die noch im Goth. selber die Reduplic. geschützt haben, wie z. B. *gaigrōt* ich, er weinte = skr. *čakránda* (§. 589).

***) *do* und *sto* verdanken wahrscheinlich dem schwachen, vocalisch endigenden Bau der Wurzel die durchgreifende Bewahrung der Reduplication in der Zusammensetzung.

bestanden haben, also z. B. *fefaxo* (oder *pefaxo*), *cecapso*, welche im Wesentlichen zu griech. Fut. exact. wie λελύ-σο-μαι, τετύπ-σο-μαι stimmen würden, welchen wohl ursprünglich auch active Futura exacta, wie λελύ-σω, τετύπ-σω, deren Spröfslinge sie eigentlich sind, werden zur Seite gestanden haben. Verhält es sich anders, so bleibt uns nichts übrig, als bei der oben (§. 664) und schon früher in meinem Conjugationssystem (p. 98) ausgesprochenen Ansicht zu verharren, dafs, wie auch Madvig[*]) annimmt, die betreffenden Futura exacta ihrer Bildung, wie zum Theil auch ihrer Bedeutung nach, primäre Futura seien. In der That gleicht *axo* dem griech. ἄξω wie ein Ei dem andern. Formen wie *levasso* vergleicht Madvig passend mit griechischen wie γελάσω. Die Verdoppelung des *s* wäre demnach rein phonetisch, ohne etymologische Bedeutung, wie z. B. im griech. ἐγέλασσα, woran Madvig erinnert, und wie in dem oben (§. 708) zu ähnlichem Zwecke angeführten ἐτέλεσσα. Auch wenn *levasso* als Verstümmelung von *lelevasso* und als wirkliches Futur. exact. gefafst wird, stimmt es hinsichtlich der Bezeichnung des Zukunftsverhältnisses zu γελάσω eben so, wie, abgesehen von der passiven Personal-Endung, zu griech. Fut. exact. wie τετιμήσομαι. Besonders begünstigt wird diese Ansicht durch die alten Infinitive auf *ssere* (Struve p. 180), mit der Bedeutung des primären Futurums: *impetrassere, reconciliassere, expugnassere, averuncassere, depeculassere, deargentassere*. Sie stimmen, abgesehen von dem Infinitivsuffix, — welches im Latein. überall das des Aorists ist, — und der nicht befremdenden Verdoppelung des *s*, schön zu griech. Futur-Infinitiven wie γελάσειν. Man darf mit Grund erwarten, dafs solche Infinitive ursprünglich nicht blofs in der ersten Conjugation werden bestanden haben, sondern dafs es auch Formen gab wie *habessere, axere* (= ἄξειν), *faxere, capsere*. Es mag passend sein, hier auch die Fut. exact.

---

[*]) „De formarum quarundam verbi Latini natura et usu" (Solemnia academia etc. Hauniae 1835. p. 6 sq.).

des Oskischen und Umbrischen in Erwägung zu ziehen, da diese beiden Dialekte in manchen andern Punkten der Grammatik ältere Formen als das Lateinische darbieten. Wichtig ist es, zu beachten, daſs das Umbrische in den meisten der uns erhaltenen Fut. exact. die Verbindung des Fut. exact. des Verb. subst. mit dem Praesensstamme oder der reinen Wurzel des Hauptverbums zeigt, doch so, daſs hinter Consonanten und auch in Einem der von Aufrecht und Kirchhoff (Umbr. Sprachd. p. 146) zusammengestellten Beispiele hinter einem Vocal (*i-ust* iverit) das *f* der Wz. *fu* abgeworfen wird, daher z. B. *fak-ust* soviel als er wird machend gewesen sein, während das lat. *fecerit* soviel heiſst als gemacht habend wird er sein. Andere Beispiele sind *covort-ust* converterit, *ampr-e-fus* ambiverit (vgl. *fus*, auch *fust* fuerit), *ambr-e-furent* ambiverint (vgl. *furent* fuerint), *fak-urent* fecerint. Das Oskische folgt demselben Princip, nur fehlt es hier an dem vollständig erhaltenen *fu*; aber auch in dem bloſsen *u*, z. B. von *dikust* dixerit, *pruhibust* prohibuerit, *fefakust* fecerit, hat Mommsen („Oskische Studien" p. 62) schon vor der durch das Umbrische gewonnenen Aufklärung die Wurzel *fu* erkannt. Da die Wurzel *fu* in der Conjugation des Verb. subst. in der Regel erst im Perfect eintritt, so hat sie hierdurch schon an und für sich die Fähigkeit gewonnen, das Vergangenheitsverhältniſs auszudrücken, was aber nicht hindert, daſs das oskische *fust* zugleich „erit" bedeutet (s. Mommsen l. c. p. 61), letzteres in schöner Begegnung mit dem sendischen ⵙⵙⵙⵙⵙⵙ *búsyêiti* und dem lit. *bûs* (s. II. p. 554). Darum mag auch *fefakust* im wörtlichen Sinne von gemacht habend wird er sein gefaſst werden, weil hier das Hauptverbum durch Reduplic. die Vergangenheit ausdrückt; ähnlich könnte es sich mit einigen reduplicirten Fut. exact. des Umbrischen verhalten (l. c. p. 146).

857. Wir kehren zum Infinitiv zurück, um zunächst zu bemerken, daſs im Véda-Dialekt auch Accusative abstracter Wurzelwörter als Infinitive gebraucht werden, und

zwar in echt accusativem Verhältnisse, jedoch nur wo der Infinitiv von *śak* können regiert wird. Sie spalten sich nach Pâṇini (III. 4. 12) in zwei Klassen, wovon die eine den Wurzelvocal verstärkt, die andere ihn unerweitert läfst. Der Commentar liefert als Beispiele *agniṅ vái dévá vib'ág̈an* (an euphon. für *am*) *nấ 'śaknuvan* das Feuer konnten die Götter nicht zertheilen*); *apalupan* (-*am*) *nấ 'śaknuvan* sie konnten nicht zerstören. Hierzu fügen wir noch aus dem Ṛgvéda (I. 94. 3) *śakế'ma tvá samid'am* möchten wir dich anzünden können, und eine von Aufrecht („Umbr. Sprachd." p. 248) aus dem Atharva-Véda citirte Stelle: *mấ śakan pratid'ám iśum* nicht mögen sie den Pfeil auflegen können. Obwohl diese Infinitive ursprünglich schwerlich auf die Construction mit *śak* können beschränkt gewesen sind, so dürften sie doch wohl niemals einen sehr umfassenden Gebrauch gehabt haben, weil überhaupt die nackten Wurzelwörter die seltenste Art abstracter Substantive sind. Darum ziehe ich vor, die oskischen und umbrischen Infinitive auf *um*, welche Aufrecht und Kirchhoff hierherziehen, lieber mit der sehr zahlreichen Klasse der durch das Suffix अ *a* gebildeten abstracten Substantive zu vermitteln, die, wie gezeigt worden, auch gelegentlich Infinitivstelle vertreten, und zu deren Accus. die umbrisch-oskischen Infinitive in formeller Beziehung besser stimmen, als zu dem der nackten Wurzelwörter, da consonantisch endigende Stämme, wie überhaupt die Wörter 3ter Decl., im Oskischen im Accusativ auf *im* ausgehen, und im Umbrischen, nach Analogie des Griechischen, den Nasal der Endung verloren haben und bei Masc. und Fem. mit *u* oder *o* schliefsen. Dagegen enden die Accusative der 2ten Decl., die auf die skr. Wortklasse auf *a* sich stützt, im Oskischen sämmtlich auf *um* oder *om*, und im Umbrischen wird von der Endung *um* oder *om* der Nasal häufig

---

*) Ich kann bei der aus ihrem Zusammenhang gerissenen Stelle die genaue Bedeutung von *vib'ág̈am* nicht verbürgen.

unterdrückt (Aufr. u. Kirchh. p. 116). eben so beim Infinitiv, z. B. *aferu* und *afero* circumferre, *erum* und *ero* esse. Beispiele oskischer Infinitive sind: *deikum* dicere, *akum* agere, *moltaum* multare*). Das letzte Beispiel widerstrebt am meisten der Identificirung mit den Accusativen der skr. Wurzelwörter, und man sieht deutlich, dafs hier das *u* ein Wortbildungssuffix ist, welches an das Thema der ersten Conjug. getreten ist. Da diese der skr. 10ten Kl. entspricht (s. §. 109*a*). 6), so kann man *molt-a-um*, abgesehen von dem männlichen Ausgang gegenüber dem sanskritisch-sendischen weiblichen, mit den oben (§. 619) erwähnten sanskritischen und sendischen Infinitiv-Arten, wie चोरयाम् *ćôr-ay-â'm*, 𐬭𐬀𐬊𐬌𐬛𐬌𐬌𐬀𐬀𐬨 *raud'-ay-aṅm* vergleichen. Besondere Beachtung verdient die Form *trūbarakavum*, wenn sie wirklich, wie Mommsen vermuthet, ein perfectischer Infinitiv ist; dann ist *v-um*, euphon. für *u-um* aus *fu-um*, der Infin. der Wurzel *fu* mit vergangener Bedeutung (vgl. S. 279 *dik-ust* dixerit aus *dik-fust*). — Mit den oskischen Praesens-Infinitiven auf *um* hat Curtius**) das lat. *venum****) verglichen. Ist diese Vergleichung, wie ich glaube, richtig, so kann das Wort, wovon nur noch der Dativ (*veno, venui*) und Ablativ *veno* erhalten sind, ursprünglich nur der 2ten Declination angehören; auch stünde das *u* der 4ten Declin. als Bildungssuffix eines Abstractums im Lateinischen ganz isolirt, während das der 2ten (= *ŏ*, s. §. 116) durch das sanskr. Suffix *a* als Bildungsmittel männlicher Abstracta zahlreich vertreten ist. Diese betonen meistens den Wurzelvocal und guṇiren denselben, wenn er dessen fähig ist; ein radicales *a* vor einfacher Consonanz wird verlängert. Beispiele sind, aufser den bereits erwähnten: *b'êda-s* Spal-

---

*) Mommsen l. c. p. 66. Von den gewöhnlichen Accusativen der 2ten Declin. entfernen sich diese Formen nur durch das unbezeichnete *u*.

**) „Zeitschr. für die Alterthumsw." Juni 1847. p. 490.

***) *Venundo* eigentlich ich gebe zu verkaufen, oder vielmehr ich setze zu verkaufen = ich thue verkaufen, s. §. 632.

tung (Wz. *b́id*), *ćéda-s* id. (Wz. *ćid*), *yóga-s* Verbindung (Wz. *yug̍*), *króda-s* Zorn (Wz. *krud'*), *hása-s* Lachen (Wz. *has*). Im Griechischen entsprechen in Suffix und Betonung Abstracta wie πάλο-ς, φόβο-ς, δρόμο-ς, βρόμο-ς, τρόμο-ς, φόνο-ς, πλό(F)ο-ς, πόνο-ς *), ἔλεγχο-ς, ἵμερο-ς. Das Litauische gleicht wegen der Bewahrung des ursprünglichen *a* in Abstracten dieser Art dem Sanskrit mehr als das Griechische und Lateinische, welches letztere übrigens aufser dem besprochenen Stamme *venŏ* nur noch *ludŏ* und etwa *jocŏ* (letzteres von verdunkelter Wurzel) zur Vergleichung darbietet. Beispiele im Litauischen sind: *méga-s* Schlaf (*mégmi* ich schlafe), *uź-mata-s* Vorwurf, Beschuldigung**) (*metù* ich werfe), *báda-s* Hunger (*badù* ich hungere, vgl. skr. *bád'* oder *vád'* quälen), *jùka-s* Lachen (vgl. lat. *jocu-s*), *kára-s* Streit, Krieg, *ména-s* Verständnifs (*menù* ich gedenke), *maina-s* Tausch (*mainaú* ich tausche), *réda-s* Ordnung, Anordnung, *róda-s* Rath (*ródau* ich zeige).

858. Vom Altslavischen gehören diejenigen männlichen Abstracta hierher, von welchen Dobrowsky (p. 267) sagt, dafs sie die reine Wurzelsylbe enthalten; sie enthalten aber in der That das aus *a* entartete Suffix *o* (s. §. 257), welches im Nom. und Accus. durch ъ *ŭ* ersetzt wird, welches Dobrowsky nicht schreibt. Beispiele sind: ЛОВЪ *lovŭ* das Fangen (skr. *lábha-s* Erlangung), ТОКЪ *tokŭ* das Fliefsen (ТЕКЖ *tekuń* ich laufe), ИСХОДЪ *ischodŭ*

---

*) Da *o* ein schwererer Vocal als ε ist, so erinnert die Wahl dieses Vocals für das sonst in den betreffenden Wurzeln vorherrschende ε an die in den entsprechenden sanskritischen Abstracten sich zeigende Vocalsteigerung, wenngleich *o* eben so wie ε nur eine Entartung eines ursprünglichen α ist (s. §. 3. p. 9 u. vgl. §. 92. a).

**) Dieses Wort ist beachtungswerth wegen Bewahrung des alten *a*, welches sich beim Verb. und den meisten anderen Bildungen dieser Wurzel zu *e* entartet hat. *Metù* ich werfe und *uź-mata-s* Vorwurf verhalten sich zu einander, wie z. B. im Griech. τρέπω und ἔτραπον.

Ausgang, ГЛАДЪ *gladŭ* Hunger*), СТОУ̑ДЪ *studŭ* Schaam, СТРАДЪ *stradŭ* Furcht; von den Stämmen *lovo, toko* etc. Man beachte die Übereinstimmung, die das Slavische mit dem Griechischen in der Wahl des kräftigeren Wurzelvocals darbietet, indem z. B. ТОКЪ *tokŭ* zu ТЕКѪ̀ ich laufe sich eben so verhält, wie im Griechischen δρόμο-ς zu δρέμω, φόβο-ς zu φέβομαι etc. Das Verhältniſs von СТОУ̑ДЪ *studŭ* Schaam zu СТЬIД *stŭd* von СТЬIДѢТИ СѦ *stŭdêti sań* sich schämen (s. Miklos. Rad. p. 88) gleicht dem der sanskritischen Abstracta wie *yóga-s* Verbindung zu ihren Wurzeln mit *u,* denn ОУ̑ *u* ist im Slavischen die Gunirung des ЬI *ŭ* (s. §. 92 f.).

859. Im Germanischen haben die hierher gehörenden männlichen Abstracta durch wirkliche Unterdrückung des Endvocals des Stammes im Nom. und Acc. das Ansehen von Wurzelwörtern gewonnen. Da aber die Stämme auf *a* und *i* im Singular sich nicht unterscheiden, so bleibt es unsicher, ob z. B. das goth. *thlauh-s* Flucht für *thlauha-s* oder für *thlauhi-s* stehe (s. §. 135); in ersterem Falle stimmt es zu skr. Bildungen wie *yóga-s* Verbindung **), doch steht der

---

*) Skr. *gardʻ, grdʻ* begehren, goth. *grêddn* hungern, s. Glossarium Sanscr. (Fasc. I. a. 1840) p. 107.

**) Die Wz. des gedachten goth. Abstr. ist *thluh,* wovon *thliuha, thlauh, thlauhum;* letzteres euphon. für *thluhum* (s. §. 82). Der Umstand, daſs *thlauh-s* in seinem Vocal besser zum Praet. als zum Praes. oder zur wirklichen Wurzel stimmt, darf uns nicht veranlassen, es vom Praet., anstatt von der Wurzel selber, abzuleiten. Man hätte sonst fast gleiche Veranlassung, z. B. das skr. *yóga-s* von *yuyóga* (ich und er verband), *bʻédʻa-s* Spaltung von *bibʻéda,* und im Griech. δρόμο-ς von δέδρομα abzuleiten. Die Wahrheit ist, daſs die Wortbildung eben so wie die Tempusbildung bald an den reinen, bald an den gesteigerten Wurzelvocal, und auſserdem im Griechischen und Germanischen bald an den ursprünglichen, bald an den mehr oder weniger geschwächten Wurzelvocal sich wendet. Wenn im Griech. δράμος für δρόμος gesagt würde, so würde darum doch nicht das Abstractum vom Aorist

goth. Diphthong von *thlauh-s* schwerlich als Folge der Gunirung, sondern wegen des folgenden *h*. Dafs *slêp-s* Schlaf hierher gehört, also für *slêpa-s*, nicht für *slêpi-s* steht, kann aus den verwandten Dialekten gefolgert werden.

860. Um wieder zum skr. Infinitivsuffix *tu* zurückzukehren, so ist noch zu bemerken, dafs die durch dasselbe gebildeten Formen in den Vêda's auch im Ablativ und Genitiv vorkommen, welche beiden Casus in der Form von einander nicht unterschieden sind. Doch ist ihr Gebrauch selten, und der Ablativ erscheint in den im Schol. zu Pân. III. 4. 16 erwähnten Beispielen ganz im Character eines gewöhnlichen abstracten Substantivs, und man könnte z. B. das lat. *ortus* überall, wo es vorkommt, eben so gut als Infinitiv ansehen, als den l. c. von *purá* eher, früher, vor, regierten Ablativ *ud-étôs* (*purá súryasyô 'détôh*

($ἔδρακεν$) abzuleiten sein, sondern es hätte blofs mit diesem den Vortheil gemein, den Vocal der Wurzel in seiner ursprünglichen Gestalt geschützt zu haben, während das $ε$ (von $δρέω$) die gröfsere, und das $ο$ (von $δέδρομα$) die geringere Schwächung des alten *a* ist. Im Gothischen ist *u* die geringere (s. §. 490), und *i* die äufserste Schwächung des *a*, darum steht *run(a)-s* Lauf, Flufs, von der Wz. rann laufen, fliefsen (*rinna*, *rann*, *runnum*) auf der Stufe griechischer Abstracta wie $δρόμο-ς$, sofern wirklich das genannte goth. Wort zur *a*-Declination gehört. Man darf es aber wegen der Gestalt seines Wurzelvocals eben so wenig vom Plur. des Praet. ableiten, als man z. B. *anafilh* Überlieferung (neutr.), weil es den Vocal des Praesens zeigt, von diesem, statt von der Wz. selber (*falh*) ableiten darf. Auch *drus* Fall, für *drusa-s* oder *drusi-s*, (das Nominativzeichen fällt bei Stämmen auf *sa* und *si* ab), darf man nicht vom Plural des Praet. ableiten, sondern es enthält, wie dieser, den reinen Wurzelvocal, der im Praes. *driusa* durch *i* (s. §. 27), und im Sing. praet. *draus* durch *a* gunirt ist. — Dafs auch dem Send die in Rede stehende Wortklasse nicht fehlt, beweisen die Stämme ‎‏وژڛڹڛ‎ *sauśa* Wunsch, Wille (skr. Wz. *ģuś* lieben, wünschen), ‎‏فرڛ‎ *fraśa* Frage, ‎‏نڛ‎ *nâśa* Untergang, ‎‏فر-وڎك‎ *fra-vâka* Verkündigung, ‎‏روڎ‎ *raud'a* Wachsthum.

[-*ya ud.*] vor dem Aufgehen der Sonne). Auch in den übrigen l. c. gegebenen Beispielen wird der Ablativ des Abstractums auf *tu* von einer Praeposition regiert, und zwar entweder von *purá'* vor, oder von *á'* bis; so auch in einer Stelle des ersten Buches des Ṛgvéda (I. 41. 9), worauf schon Böhtlingk (Commentar zu Pāṇ. p. 152) hingewiesen hat: *á' nid'átôḥ* bis zum Niderwerfen (der Würfel). Pāṇini beschränkt jedoch die in Rede stehende Infinitiv-Art auf die Wurzeln *stá*, *kar* (*kṛ*), *vad*, *ćar*, *hu*, *tam* und *ǵan*, und darum sieht wohl auch Sâyana in *ni-d'átôs* kein sogenanntes *tôsun*, sondern ein gewöhnliches Abstractum mit dem Suffix *tu-n* (vgl. S. 267 f. Anm. *). Vielleicht hat auch *ni-d'átu* eine vollständige Declination, und sagt sich hierdurch nach der Meinung der indischen Grammatiker von dem Infinitiv und seinen védischen Vertretern los.

861. Als Genitiv kommt die Form auf *tôs* nach Pāṇini, der jedoch darin keinen Genitiv, sondern, wie in dem Gerundium auf *tvá* und in dem Genitiv abstracter Wurzelwörter, wo er die Stelle des Infinitivs vertritt*), ein Indecli-

---

*) Die Genitiv-Endung *as* gilt den indischen Grammatikern in diesem Falle nicht als Casus-Endung, sondern als Wortbildungs-Suffix, welches in der Kunstsprache *k-as-un* genannt wird (vgl. S. 268 Anm. '), also unbetont ist, obwohl in der Regel die einsylbigen Wortstämme den Ton nur in den starken Casus auf der Stammsylbe tragen. Man mag die bevorzugte Accentuation der Wurzelwörter, wo ihr Genitiv Infinitivstelle vertritt, dem Umstande zuschreiben, daſs der Infinitiv die gewöhnlichen Abstracta durch gröſsere Lebens- und Handlungskraft überbietet, und berücksichtigen, was früher (§. 814) über die zweifache Betonungsart der Formen auf *tár* (*tṛ*) gesagt worden, je nachdem sie als Participia den Accusativ regieren, oder als ruhigere Nomina agentis stehen. Auch die Dative abstracter Wurzelwörter haben, wo sie als Infinitive stehen, in der Regel die kräftigere Betonung, wenigstens in den Fällen, wo nach Pāṇini (III. 4. 14) der Infin. auf *ê* (in der Kunstsprache *k-ê-n*) die Stelle des Part. fut. pass. ersetzt, wie in dem oben (§. 855) erwähnten Beispiele *ati-krámê*, im Gegensatze zu dem oxytonirten *dṛśé* (Pāṇ. III. 4. 11, Ṛgv. I. 23. 21).

nabile erkennt (I. 1. 40), nur in Construction mit îśvara „Herr, fähig" vor (III. 4. 13). Als Beispiel gibt der Scholiast: îśvarô 'bićaritôḣ fähig zu bezaubern (Herr des Bezauberns). Ein Genitiv dieser Art, obwohl nicht als Infinitiv anerkannt, und auch nicht auf die Construction mit îśvara beschränkt, ist kártôs des Thuns, Machens, Handelns, welches Nāig'. II. 1 mit dem infinitivischen Dativ kártavā'i und dem Gerundium kṛtvī́ (s. S. 252) unter den kárman (That) bedeutenden Wörtern erwähnt und Ṛgv. I. 115. 4 von mad'yā́ in der Mitte regiert wird *). Was das Verhältnifs des Gerundiums oder Instrumentalis kṛtvā́ (nach oder mit oder durch Machung) zu dem vom Stamme kártu entspringenden Accusativ oder gewöhnlichen Infinitiv kártum, sowie zu den Dativen kártavê, kártavā'i und zum Genitiv kártôs, wie überhaupt das Verhältnifs der Gerundia auf tvā́ zu den Infinitiven derselben Wurzel anbelangt, so zeigt das Gerundium bei Wurzeln, welche eine Steigerung oder Schwächung zulassen, immer die schwächere Gestalt der Wurzel, und den Ton ohne Ausnahme auf der Casus-Endung. Man vergleiche z. B.:

Infinitiv.	Gerundium.	Wurzel.
váktum	uktvā́	vać sprechen
sváptum	suptvā́	svap schlafen
práśṭum	pṛśtvā́	praćʹ fragen
yáśṭum	iśtvā́	yaǵ opfern
gráhitum	gṛhítvā́	grah nehmen
śrṓtum	śrutvā́	śru hören
b'ávitum	b'ū́tvā́	b'ū sein
yṓktum	yuktvā́	yuǵ verbinden
b'ḗttum	b'ittvā́	b'id spalten
stā́tum	stitvā́	stā stehen
hántum	hatvā́	han tödten

---

*) mad'yā́ kártôs inmitten des Thuns (der Arbeit). mad'yā́ ist eine Verstümmelung von mad'yḗ (= mad'yai, s. §. 196), wobei die Unterdrückung der Casus-Endung durch Verlän-

862. Diese Spaltung in der Wurzelgestalt und der Accentuation hindert nicht die Annahme, dafs das Gerundium und der Infinitiv ursprünglich dasselbe Thema und dieselbe Accentuation gehabt haben, dafs z. B. neben *yŏ́ktum* verbinden ein *yŏ́ktvá* nach, mit oder durch Verbinden bestanden habe, ungefähr wie die Spaltung, die beim Part. praes. zwischen den starken und schwachen Casus stattfindet, keine ursprüngliche sein kann, und z. B. dem Accus. *tudántam* ein Instr. *tudántá* gegenübergestanden haben mufs, wofür in dem erhaltenen Sprachzustande das oxytonirte und des Nasals verlustig gegangene *tudatá́* steht (vgl. I. p. 272). Da die Schwächung des Gerundiums in der Wurzel und nicht am Suffix stattfindet, so erinnere ich noch an die Declination von *patín* Weg, wovon nur die mittleren Casus entspringen, während die starken die Wurzel durch Einfügung eines Nasals verstärken und zugleich accentuiren, dabei auch das Suffix in einer kräftigeren Form zeigen (*pántán* gegen *patín*), die schwächsten aber das Suffix, wie auch den Nasal der Wurzel, unterdrücken und den Accent auf die Casus-Endung herabsinken lassen, daher z. B. im Instr. *patá́* gegen *pántánam* viam und *patíb'yas* viis. Auch die Declination von *váḥ* tragend (am Ende von Compositen) bietet eine grofse Übereinstimmung dar mit dem formellen Verhältnifs des Gerund. auf *tvá* zum Infinitiv, namentlich mit denjenigen Gerundien, welche bei den mit *va* anfangenden Wurzeln das *a* unterdrücken und das *v* vocalisiren; nur zieht sich in den Compositen auf *váḥ* die lange Sylbe *vá* in den schwächsten Casus zu langem *ú*, die kurze Sylbe *va* der Gerundien aber zu kurzem *u* zusammen; im Übrigen verhält sich, auch hinsichtlich der Accentuation, *śály-úḥá́* „durch den Reis tragenden" zu

---

gerung des Endvocals des Stammes ersetzt ist, in welcher Beziehung man lateinische Dative wie *lupó* aus *lupoi* vergleichen möge (s. §. 177. p. 343 und vgl. वसन्ता *vasantá* für वसन्ते *vasanté* im Schol. zu Pān. VII. 1. 39).

seinem Accus. *táli-váham*, wie z. B. *uktvá* zu *váktum*. Wenn aber die das Gerundium und den Infinitiv erzeugenden weiblichen Stämme auf *tu* nur im Instrumentalis, d. h. im Gerundium, nicht aber in anderen schwachen Casus eine Schwächung erfahren haben, so mag der Grund in dem überaus häufigen Gebrauch des Instr. des Gerundiums zu suchen sein, da die am meisten gebrauchten Formen auch am meisten der Abnutzung oder Schwächung unterworfen sind, weshalb z. B. die Wurzel des Verb. subst. *as* vor den schweren Endungen des Praes. ihren Vocal verliert, während keine andere vocalisch anfangende Wurzel in irgend einer Form eine solche Verstümmelung erfährt. Sollte das Formverhältnifs des Gerundiums auf *tvá* zu dem Inf. auf *tum* von dem bei der Spaltung in starke und schwache Casus wirkenden, gleichsam moralischen Princip unabhängig sein, so würde ich annehmen, und ich habe schon anderwärts darauf hingedeutet*), dafs das dem Ausgang *tum* überlegene Gewicht *tvá* auf den vorangehenden Theil des Wortes, sowohl hinsichtlich der Formschwächung, als der Accent-Entziehung, ähnlich gewirkt habe, wie in der 2ten Haupt-Conjugation das Gewicht der schweren Personal-Endungen. Dann würde also z. B. das Verhältnifs von *i-tvá* zu *é-tum*, *dviś-ṭvá* zu *dvéś-ṭum*, *vit-tvá* zu *vét-tum*, *dat-tvá* zu *dá-tum*, *hi-tvá* zu *há-tum* mehr oder weniger entsprechend sein dem von

i-más wir gehen	zu *é-mi* ich gehe
dviś-más wir hassen	zu *dvéś-mi* ich hasse
vid-más wir wissen	zu *véd-mi* ich weifs
dad-más wir geben	zu *dádá-mi* ich gebe
ǧahi-más wir verlassen	zu *ǧáhá-mi* ich verlasse

Wie dem aber auch sei, gewifs ist, dafs das Gerundium auf *tv-á* und die Infinitive auf *tu-m*, *tô-s*, *tav-ê*, *tav-ái*, ein gemeinschaftliches Bildungssuffix haben und im Wesentlichen nur durch ihre Casus-Endung verschieden sind, und

---

*) Kleinere Sanskrit-Gramm. §. 562.

daſs der durch *tu* gebildete abstracte Substantivstamm weiblich ist, was früher nur aus dem Instrumentalis auf *tv-â* gefolgert werden konnte *), nun aber auch aus den vêdischen Dativ-Formen auf *tav-âi* erhellt. Die griechischen Abstracta auf τύ-ς — wie βοητύ-ς, βρωτύ-ς, ἐδητύ-ς, ἐπητύ-ς, ἐλεητύ-ς, γελα-σ-τύ-ς, ὀρχη-σ-τύ-ς; — die zuerst in meiner Abhandlung über den Einfluſs der Pronomina auf die Wortbildung (S. 25) in diesen Bildungskreis gezogen worden sind, zeugen ebenfalls für die weibliche Natur der sanskritischen Schwesterwörter; sie zeugen aber auch, was wohl zu beachten ist, dafür, daſs erst nach der Trennung des Griechischen vom Sanskrit diese Klasse abstracter Substantive im Sanskrit zur Infinitiv- und Gerundial-Würde sich erhoben hat, während sie auch im Send noch im Kreise der gewöhnlichen Substantive sich bewegt. Hierher gehört ⟩ꞵꞷ *pĕrĕ-tu*, dessen weibliches Geschlecht durch den Accus. pl. *pĕrĕtûs* bewiesen ist; seine abstracte Natur aber hat es in eine concrete verwandelt. Es wird wohl ursprünglich Durchgang, Übergang **) bedeutet haben, hat aber die Bedeutung Brücke angenommen. Wahrscheinlich wird auch ⟩ꞵꞷꞩ *ſantu* Stadt (ursprünglich wohl Erzeugung, Schöpfung), dessen Geschlecht aus den vorkommenden Formen nicht zu ermitteln ist, hierher gehören.

863. Daſs die lateinischen Supina in ihrem Stamme mit den sanskritischen Infinitivstämmen auf *tu* identisch sind, liegt am Tage, wenngleich die analogen Abstracta mit vollständiger Declination, wie *or-tu-s*, *inter-i-tu-s*, *sta-tu-s*, *ac-tu-s*, *duc-tu-s*, *rap-tu-s*, *ac-ces-su-s* (aus *ac-ces-tus*, s. §. 101), *câ-su-s* (aus *cas-su-s* für *cas-tu-s*), *cur-su-s*, *vom-i-tu-s* ***), nicht wie

---

*) Von einem männlichen oder neutralen Stamme würde, im klassischen Sanskrit wenigstens, *tunâ* kommen.

**) Wz. *pĕrĕ* = skr. *par* (*pṛ*), s. Brockhaus, Glossar p. 376.

***) Auch das Sanskrit schlieſst häufig das betreffende Suffix mittelst eines Bindevocals *i* an die Wurzel und bildet namentlich aus

ihre griechischen Analoga dem weiblichen Geschlecht getreu geblieben sind. Wie genau übrigens bei vielen Wurzeln der Accusativ des lateinischen Supinums mit dem des sanskritischen Infinitivs, abgesehen von der Guṇirung des letzteren, übereinstimmt, entnehme man aus folgenden Beispielen:

vam **sich erbrechen** den Stamm *vamitu*, wovon der Infinitiv *vám-i-tum* (= Sup. *vom-i-tum*) und das Gerund. *vam-i-tvá*. Wenn aber hinsichtlich der Einfügung oder Weglassung des Bindevocals der Infinit. und das Gerund. nicht überall mit einander übereinstimmen, und z. B. dem Infinit. *bʰáv-i-tum* **sein** ein Gerund. *bʰú-tvá* zur Seite steht, so erinnere ich daran, daſs das Suffix *váns* des Part. perf., wo es mit einem Bindevocal *i* an die Wurzel gehängt wird, diesen Bindevocal in den schwächsten Casus ausstöſst (Instr. *péć-úṣ-á* gegenüber dem Accus. *péć-i-váṅs-am*), was mich nicht abhält anzunehmen, daſs bei diesem Part. ursprünglich alle Casus von gleichem Stamme kommen. Die Abwesenheit des Bindevocals in den schwächsten Casus braucht man nicht aus dem Umstande zu erklären, daſs hier das Bildungssuffix vocalisch anfängt, da *péć-y-úṣá* (für *péć-i-úṣá*) eben so wenig befremden könnte, als z. B. *ninây-i-îa* (neben *ninê-îa*) von der Wz. *nî* **führen**, welche der Personal-Endung *îa* nach Willkür, und den Personal-Endungen *va*, *ma*, *sê*, *vahê*, *mahê*, *dvê* nothwendig einen Bindevocal *i* vorsetzt, daher *niny-i-vá*, *niny-i-má*, *niny-i-sê* etc. Die Verba der 10ten Klasse und die ihnen analogen Causalformen haben sämmtlich sowohl im Infinitiv als im Gerundium den Bindevocal *i* hinter dem Character *ay* (für *aya* der Specialtempora) und guṇiren guṇafähige Wurzelvocale, daher z. B. *ćôr-ay-i-tum*, *ćôr-ay-i-tvá*, von *ćur* **stehlen**. Dem *ay* entspricht das lat. *á* oder *í* von Formen wie *am-á-tum*, *aud-í-tum* (s. §. 109ᵃ). 6). Dagegen verzichten Verba der lat. 2ten Conjug., obwohl sie ebenfalls auf die skr. 10te Klasse sich stützen, auf ihren Conjugationscharacter und fügen das Suffix entweder unmittelbar oder mittelst eines Bindevocals *i* an die Wurzel (*doc-tum*, *mon-i-tum* für *doc-ê-tum*, *mon-ê-tum*, vgl. S. 173 Anm. *). *Flê-tum*, *plê-tum* machen eine nothwendige Ausnahme.

Sanskrit		Lateinisch.
stā́-tum	stehen	*stătum*
dā́-tum	geben	*dătum*
dmā́-tum	blasen	*flătum*
gñā́-tum	wissen	*nŏtum*
pā́-tum	trinken	*pŏtum*
ĕtum	geben	*itum* (vgl. ἴτυς)
sĕ́-tum	schlafen	*quiētum*
yṓ-tum, yáv-i-tum	verbinden	*jūtum*
srṓ-tum	fliefsen	*rutum* (vgl. *rivus*)
stár-tum	austreuen	*strătum*
pák-tum	kochen	*coctum*
dñk-tum	salben	*unctum*
b'áñk-tum	brechen	*fractum*
b'rás̱-tum braten (Wz. *b'raǵǵ*)		*frictum*
yṓk-tum	verbinden	*junctum*
át-tum	essen	*ēsum* (s. §. 101)
čĕ́t-tum	spalten	*scissum*
b'ĕ́t-tum	id.	*fissum*
tṓt-tum	stofsen	*tūsum* (aus *tus-sum* für *tus-tum*, s. §. 101)
rát-tum	spalten	*rōsum*
vĕ́t-tum	wissen	*vī-sum* (aus *vis-sum* für *vis-tum*)
gdn-i-tum	zeugen, gebären, werden	*gen-i-tum*
svan-i-tum	tönen	*son-i-tum*
lṓp-tum	brechen	*ruptum*
sárp-tum	gehen	*serptum*
vám-i-tum	sich erbrechen	*vom-i-tum*
dḗs̱-tum	zeigen	*dictum*
pḗs̱-tum	zerstofsen	*pistum*
dṓg-d'um*)	melken	*ductum*

---

*) Euphonisch für *dṓh-tum*, von der Wz. *duh* = goth. *tuh* (*tiuha* ich ziehe, *tauh* ich zog).

Sanskrit.	Lateinisch.
mḗ-ḍum*) mingere	mictum
vṓ-ḍum fahren	vectum

864. Die in den litauischen und lettischen Grammatiken „Supinum" genannte Form stimmt mit dem lateinischen Acc. des Supinums merkwürdig darin überein, dafs sie nur nach Verben der Bewegung gebraucht wird, um das Ziel auszudrücken, wohin die Bewegung gerichtet ist, d. h. die Absicht, weshalb sie stattfindet (vgl. S. 256). Das Accusativzeichen, dessen Nasal sonst im Litauischen an dem vorhergehenden Vocal angedeutet wird (s. §. 149), ist von dieser Form völlig gewichen, obwohl er in den bereits früher erwähnten Zusammensetzungen wie dū́tum-bime (s. §. 685 u. 687) unter dem Schutze des folgenden Labials in seiner Urgestalt erhalten ist. Ich setze einige litauische Supin-Constructionen aus der Bibel-Übersetzung her: iszė́jo sėjėjas sėtu „es ging ein Säemann aus zu säen" (Matth. 13. 3); kad nuėjeń in miestelus, saw nusipirktu walgiń „dafs sie gehen (gehend) in die Dörfer, sich zu kaufen Speise" (14. 15); nuėjeńs jes'kotu paklyduseń „hingehend zu suchen das verirrte" (18. 12); jus iszė́jote ... sugáutu manneń „ihr seid ausgegangen zu fangen mich" (26. 55). Es ist jedoch der Gebrauch dieses Supinums in dem erhaltenen Zustand des Lit. nach Verben der Bewegung nicht ausschliefslich nothwendig, sondern man findet in der Bibel-Übersetzung in solchen Constructionen häufiger den gewöhnlichen Infinitiv auf ti, oder mit unterdrücktem i, t', z. B. Matth. 9. 13: asz atė́jau gries'nůsus wadinti „ich bin gekommen die Sünder zu rufen" (vgl. skr. vad sprechen); 10. 34: asz ne atė́jau pakajuń susti „ich bin nicht gekommen Frieden zu senden"; 5. 17: ne atė́jau panukint' bet iszpildit' „ich bin nicht gekommen aufzulösen, sondern zu erfüllen". Dagegen hat die dem

---

*) Für mēh-tum, woraus zunächst mēḍ-ḍ'um.

Litauischen sehr nahe stehende Sprache der alten Preufsen für den gewöhnlichen Infinitiv zwei Formen, wovon die eine dem Accus. des skr. Infinitivs und lat. Supinums, sowie dem lit. Supinum entspricht, und zwar, wie in der gewöhnlichen Declination, mit Bewahrung des Accusativzeichens in der Gestalt von *n* — z. B. *dá-tun* oder *dá-ton* geben = skr. *dá'tum*, *pú-ton**) trinken = *pá'-tum*, *gem-ton* gebären = *ǵán-i-tum* — und die andere, mit dem Ausgang *twei*, eine merkwürdige Ähnlichkeit mit dem oben (§. 852) erwähnten vêdischen Infinitiv-Dativ auf *taváí* (für *tváí*) darbietet, wovon in keiner anderen europäischen Schwestersprache eine Spur übrig geblieben ist. Sie hat aber, ihrer Herkunft unbewufst, ebenfalls accusative Bedeutung, wobei ich daran erinnere, dafs auch in den Vêda's die oben (§. 852) besprochenen Infinitive auf *d'yáí*, trotz ihrer dativen Form, gelegentlich das Accusativ-Verhältnifs ausdrücken; so Yagurvêda VI. 3: *uśmási gámad'yáí* wir wollen gehen**). Was nun die preufsische Form auf *twei* anbelangt, so stimmt, wenn man *twei* aus *tu-ei* erklärt, *ei* als weibliche Casus-Endung zu den Pronominal-Dativen auf *ei*, wie *ste-ssi-ei* dieser = skr. *tá-sy-áí*, goth. *thi-z-ai* (II. p. 139). Es könnte aber auch das *ei* der betreffenden Infinitivform auf das sanskritische *é* (= *ai*) der Vêda-Formen auf *tav-é* sich stützen, so dafs z. B. *dá-twei* geben zu seinem Accusativ *dá-tu-n* sich verhalten würde wie im Vêda-Dialekt *dá'-tav-ê*, welches ohne Guṇa *dá'-tv-ê* lauten würde, zu *dá'-tum*. Zu *pú-tw-ei* trinken bietet uns der Rgvêda die

---

*) *ton* aus *tun*, vgl. §. 77.
**) An einer anderen Stelle des Yagurv. (III. 13) werden die Infinitive *dhuvád'yáí* anrufen und *mádayád'yáí* erfreuen von einem nicht ausgedrückten Verbum (nach dem Schol. *iććámi* ich wünsche, will) regiert und haben somit ebenfalls accusative Bedeutung: *ubá' vám indrágní dhuvád'yá ubá' rá'dasah sahá mádayád'yáí* „Euch beide, Indra und Agni! (will ich) anrufen, beide zugleich um des Reichthums willen erfreuen".

Schwesterform *pá-tav-ê* dar (I. 28. 6). Die übrigen hierher gehörenden preußischen Formen, welche Nesselmann p. 65 ff. zusammengestellt hat, sind: *biá-twei*, *bia-twi**) fürchten (sanskr. *bí* fürchten, *b'ayá* Furcht), *stá-twei* stehen, *at-trá-twei* antworten, *billi-twei* sagen (skr. *brû* sprechen), *en-dyri-twei* ansehen (skr. *darś*, *dṛś* sehen), *pallaps-i-twei***) begehren, *kirdi-twei* hören, *madli-twei* bitten, *au-schaudi-twei* vertrauen, *schlúsi-twei* dienen, *turri-twei* haben, *wacki-twei* locken***), *gallin-twei* tödten, *leigin-twey* richten, *smunin-twey* ehren, *sundin-twei* strafen, *swintin-twey* heiligen, *menen-twey* gedenken, erwähnen (skr. *man* denken), *gir-twei* loben (véd. *'gir* Loblied, *gṛ-ṇā́-mi* ich lobe), *gun-twei* treiben, *lim-twei*, *lemb-twey* brechen (skr. *lump-ā́-mi* ich breche), *ranc-twei*, *ranck-twey* stehlen†), *is-twei*, *is-twe* essen††), *tiens-twei* reizen *wes-twei* (aus *wed-twei*) führen.

865. Häufiger als die Infinitive auf *tun*, *ton* und *twei* sind in der Sprache der alten Preußen die Infinitive auf *t*, wie *da-t* geben, *sta-t* stehen, *bou-t* sein, *giw-i-t* leben, *teick-u-t* schaffen (skr. *takṣ* im Véda-Dialekt machen).

---

*) Für *twei* kommt auch *twi*, *twey* und *twe* vor, s. Nesselmann p. 65 ff.

**) *pa* ist Praep. und der Anfangscons. der Wz. verdoppelt, nach der dem Preußischen eigenthümlichen Neigung zur Consonantenverdoppelung. Man vergleiche die skr. Wz. *lab'* erlangen (λαμβάνω, ἔλαβον), dessen Desider. regelmäßig *lilaps* lauten würde (s. §. 751), wofür *lips*. Von *lab'* erlangen scheint auch durch bloße Vocalschwächung die Wz. *lub'* begehren entsprungen zu sein. Die preuß. Wz. *lap* befehlen scheint zum skr. *lap* sprechen zu gehören.

***) *en-wackémai* wir rufen an, vgl. skr. *vać* (aus *vak*), Infinitiv *váktum* sprechen.

†) Hiermit verwandt ist unter anderm das lit. *rankà* Hand als nehmende, altpr. Acc. *ranka-n*, Pl. Acc. *ranka-ns*. Im Sanskrit heißt die noch unbelegte Wz. *rak* (auch *lak*) erlangen.

††) Euphon. für *id-twei*, *id-twe* (s. §. 457), vgl. skr. Inf. *át-tum* aus *ad-tum*.

Diese haben, wie ich nicht zweifle, ein schliefsendes *i* verloren und stimmen zu litauischen Infinitiven auf *ti*, deren *i* auch häufig unterdrückt wird (s. S. 292) und im Lettischen wie im Preufsischen spurlos untergegangen ist*). Hieran reihen sich auch die altslavischen Infinitive, welche jedoch das *i* des Suffixes standhaft geschützt haben, daher z. B. ιαϲτη *jas-ti* (euphon. für *jad-ti*) essen, gegenüber dem lit. *ës-ti* und preufs. *is-t*. Der Ausgangspunkt dieser Infinitive findet sich, wie schon anderwärts bemerkt worden **), höchst wahrscheinlich in den skr. weiblichen Abstracten auf *tí* (s. §. 841), mit deren Thema die litauischen und altslavischen Infinitive hinsichtlich ihres Suffixes identisch sind; man vergleiche *búti*, בыти *búti* sein mit dem skr. *bʼúti* existentia, *eiti*, ити *iti* gehen mit इति *iti* das Gehen (vêdisch). Da aber solche Wortstämme, aufser am Anfange von Compositen, in den Sprachen nicht vorkommen, so fragt es sich, welchen Casus repräsentiren die slavisch-litauischen Infinitivformen auf *ti*? Ich glaube den Dativ im accusativen Sinne wie in den altpreufsischen Infinitiven auf *twei* und gelegentlich in den vêdischen auf घ्यै *d'yái* ***). Im Altslavischen schliefsen die Dative der *i*-Stämme mit dem Endvocal des Stammes (s. §. 268), der aber wahrscheinlich eine Kürzung zu ь *i* erfahren haben würde (wie in den Personal-Endungen мь *mi* und ть *ti*), wenn nicht ursprünglich eine Endung hinter ihm gestanden hätte. Im Litauischen haben die Infinitive, sofern sie wirklich als Dative weiblicher *i*-Stämme aufzufassen sind, von dem Ausgang *iei* (*i-ei*, s. §. 176) den wahren Ausdruck des Casusverhältnisses verloren und sind daher wie die altslavischen

---

*) Beispiele im Lettischen: *jah-t* (= *já-t*) reiten (vgl. skr. Wz. *yá* gehen), *see-t* binden (skr. Wz. *si* id.), *ee-t* gehen, *bih-t* (= *bi-t*) sich fürchten (skr. Wz. *b'i*), *buh-t* (= *bú-t*) sein (lit. *bú-ti*, skr. *b'ú'-ti* das Sein), *wem-t* vomere (skr. Wz. *vam*).

**) „Einflufs der Pronomina auf die Wortbildung" (1832) p. 25.

***) S. p. 293 und vgl. sanskritische Constructionen wie *gamanáyó 'paćakramé* (= *-áya upa-*) er fing an zu gehen.

von ihrem Thema formell nicht unterschieden, daher *búti* sein für *bućiei**). Hier mag noch daran erinnert werden, dafs auch im Ṣend der Dativ der abstracten Substantive auf *ti* als Vertreter des Infinitivs gebraucht wird, doch nur um ein echt datives, nämlich das ursächliche Verhältnifs auszudrücken, so Vend. Sad. p. 198: *karętayai-ća* (ai = ਸੁਅ) *hikti̯ayai-ća para-kanti̯ayai-ća* „um zu pflügen, und zu begiefsen und zu graben", von den Stämmen *karęti, hikti, para-kanti*; l. c. p. 39: ਸੁਓ੍ਹਰੁਝਸੁ *qaretḗ* um zu essen, des Essens wegen (s. §. 164 p. 330). Doch kommt es noch darauf an, ob Dative dieser Art auch irgendwo wie echte Infinitive den Casus des Verbums regieren, wozu an den erwähnten Stellen keine Veranlassung ist.

866. Für Accusative (wenngleich ebenfalls ohne Casus-Endung) und für ursprünglich identisch mit den skr. Infinitiv-Accusativen auf *tum* und ihren lateinischen und litauischen Schwesterformen halte ich die „Supinum" genannten altslav. Infinitive auf тъ *tŭ*, die nur von Verben der Bewegung, als Ziel der Bewegung, regiert werden, aber auch aus solchen Constructionen in den jüngeren Handschriften und gedruckten Büchern durch die gewöhnlichen Infinitive auf ти *ti* verdrängt worden sind (s. Dobrowsky p. 646). Als Accusativ gefafst verhält sich der Ausgang тъ *tŭ* zum skr. *tum* wie сынъ *sŭnŭ* filium zu सूनुम् *sūnúm*. Im Dativ wäre *tovi* zu erwarten, nach Analogie von сынови *sŭnovi* filio = skr. *sūnáv-ê*, lit. *sunu-i*. Die von Dobrowsky (p. 645, 46) gegebenen Beispiele sind: мучитъ *mućitŭ* (bist du hergekommen uns) zu quälen? Matth. 8. 29; оучитъ *ućitŭ*, проповѣдатъ *propovêdatŭ* (er ging von dannen) zu lehren und zu predigen, 11. 1; видѣтъ *vidêtŭ* (was seid ihr hinausgegangen) zu sehen? 11. 7; сѣıатъ *sêjatŭ* (es ging aus ein Säemann) zu säen, 13. 3; възовѣститъ *vŭʒovêstitŭ* (sie liefen) zu verkündigen,

---

*) Über *ć* für *t* vor *i* mit nachfolgendem Vocal s. §. 92. *h.*

28. 8. In syntaktischer Beziehung vedient Beachtung, dafs die altslav. Supina auch wie gewöhnliche Substantive mit dem Genitiv construirt werden können, so Matth. 8. 28: *mućitŭ nasŭ* (zum Quälen unser) statt *nŭ*.

867. Wir kehren zum lat. Supinum zurück, um die Form auf *tú* in nähere Betrachtung zu ziehen. Als Ablativ stimmt sie, wenigstens der Bedeutung nach, zu dem vedischen Ablativ des Infinitivs auf *tôs* (= *taus*), den man aber bis jetzt noch nicht in seiner streng ablativen Function, sondern nur von Praepositionen regiert gefunden hat (s. §. 860), während die entsprechende lat. Form auf *tú* die Construction mit Praepositionen vermeidet. Recht deutlich zeigt sich aber die ablative Natur derselben da, wo ihr der Ablativ eines anderen abstracten Substantivs in gleichem Verhältnifs zur Seite steht, wie Terent.: *parvum dictu, sed immensum exspectatione*; Liv.: *pleraque dictu quam re sunt faciliora*. Da die 4te Declin. auch Dative auf *ú* für *ui* zuläfst, so könnte man auch das Supinum auf *tú*, wo es bei Adjectiven steht, welche den Dativ regieren, als Dativ fassen, also z. B. *jucundum cognitu atque auditu* als = *cognitui*, *auditui*. Ich möchte jedoch dem Supinum nicht noch einen 3ten Casus zugestehen und glaube, dafs die Form auf *tú* sich überall als Ablativ auffassen läfst, und zwar in den meisten Fällen als Ablativ der näheren Bestimmung, den man durch in Ansehung, in Beziehung umschreiben kann, wie oben *dictu quam re faciliora*. Die Behauptung aber, dafs der Ablativ des Supinums auch das Verhältnifs der Entfernung auszudrücken im Stande sei, was die ursprüngliche Bestimmung des Ablativs ist, nehme ich zurück, indem ich in einer Stelle bei Cato R. R. (*primus cubitu surgat, postremus cubitum eat*) nicht mehr mit Vossius (s. auch Ramshorn p. 452) die Supina von *cumbo* erkennen kann, sondern nur den gewöhnlichen Ablativ und Accusativ des concreten *cubitus* Lager, Bett, also „der erste erhebe sich vom Bette, der letzte gehe zu Bett". Auch in *obsonatu redeo* (Plaut.) und *redeunt pastu oves* kann ich nicht

mit G. F. Grotefend (p. 347, s. auch Ramshorn p. 452) den Ablativ des Supinums erkennen, da der Ablativ von *obsonatus* und *pastus*, womit freilich das betreffende Sup. seinem Ursprunge nach identisch ist, hier sehr gut ausreicht. Gewiſs aber ist, daſs die latein. Supina den gewöhnlichen Abstracten der 4ten Decl. in syntaktischer Beziehung noch ganz nahe stehen, und ich glaube nicht, daſs das Lateinische seine Supina als solche oder als Infinitive schon aus dem asiatischen Stammlande mitgebracht habe, sondern ich nehme jetzt nur eine Bildungsverwandtschaft mit den skr. Infinitiven auf *tu-m*, wie mit den griech. Abstracten auf τυ-ς an, lasse aber die syntaktische Individualisirung der lat. Supina erst auf römischem Boden vor sich gehen, wie ja auch in der älteren Latinität die Abstracta auf *tio* die Fähigkeit wie Infinitive den Accusativ zu regieren, gewonnen haben*), worauf die spätere Sprache wieder verzichtet hat. Anders verhält es sich mit den zu den lateinischen Supinen stimmenden Formen der litauischen und slavischen Supina und dem altpreuſsischen Infinitiv (§. 864), welche ohne einen Anhalt an eine mit vollständiger Declination ausgestattete Wortklasse in den betreffenden Sprachen isolirt dastehen, und sich um so eher als Überlieferungen aus der Zeit der Identität mit dem Sanskrit ansehen lassen, als die genannten Sprachen auch durch manche andere Erscheinungen darauf hindeuten, daſs sie sich erst zu einer Zeit vom Sanskrit getrennt haben, wo dieses schon manche Entartungen erfahren hatte, welche die klassischen und germanischen Sprachen noch nicht kennen**).

868. Passive Bedeutung braucht man dem Ablat. des Supin. nicht zuzuschreiben, wenigstens nicht mit mehr Recht

---

*) Beispiele bei Plautus: *Quid tibi hanc digito tactio est? quid tibi istunc tactio est? quid tibi hanc notio est? quid tibi hanc aditio est? quid tibi huc receptio ad te est meum virum? quid tibi hanc curatio est?* Es scheint sich also dieser Sprachgebrauch nur bei Fragen erhalten, oder überhaupt gebildet zu haben.

**) S. die Vorrede zum ersten Bd. p. XIX.

als anderen abstracten Substantiven, bei welchen nur aus dem Gesammtsinn entnommen werden kann, ob die Handlung von dem Subjecte oder an demselben ausgeübt wird, da überhaupt die abstracten Substantive das Verhältnifs der Activität oder Passivität gar nicht ausdrücken. Auch fehlt es dem sanskritischen Infinitiv an einer passiven Form, und wo er passive Bedeutung hat oder zu haben scheint, erhellt dieselbe nur aus dem Zusammenhang, wie z. B. in einer Stelle der Sâvitrî (5. 15), wovon ich die Übersetzung hersetze: „dieser pflichtverbundene... verdient nicht von meinen Dienern geholt zu werden", wörtlicher: „ist nicht verdienend das Holen" (*ná 'r̥hô nétum*), wo der Umstand, dafs *nétum* durch einen passiven Infinitiv übersetzt werden kann, nicht rechtfertigt, ihm passive Bedeutung zu geben. Es hat, wenn man will, active Bedeutung in Bezug auf die Diener des Yama, und passive in Bezug auf Satyavân, weil es in der That weder active noch passive Bedeutung, sondern das abstracte Holen, Wegführen, selbst abgesehen vom Thun und Leiden, bezeichnet. So hat auch im Hitôpadêsa (ed. Bonn. p. 41) *ab'isêktum* besprengen keine passive Bedeutung, welche nach Lassen (II. 75) dieser Infinitiv von dem nachfolgenden Passivparticipium *nirúpita* entlehnen soll. Meiner Meinung nach behält *nirúpita* seine passive Bedeutung für sich und überträgt sie nicht auf den Infinitiv. Dafs aber l. c. das Besprengen (die Königsweihe durch Besprengung) nicht von dem Elephanten selber, sondern von andern verrichtet werden soll, erhellt aus dem Zusammenhang. Um das thätige oder leidende Verhältnifs eben so unbestimmt zu lassen als im Original, übersetze ich *aṭavirájyê 'b'isêktum b'aván nirúpitaḥ* durch „zur Besprengung zum Waldkönigthum (ist) der Herr erkoren".

869. Auch den vêdischen Dativ des Infinitivstammes auf *tu* findet man zuweilen mit scheinbar passiver Infinitiv-Bedeutung, wie z. B. Sáma-Vêda (ed. Benfey p. 143): *indráya sôma pátavê vr̥traghnê partisicyasê* „dem

Indra, o Sôma! zum Trinken (um getrunken zu werden), dem Vṛtratödter, wirst du umhergegossen" Ṛgv. I. 28. 6: *indrâya pâ'tavê sunú sô'mam* „dem Indra zum Trinken*) drücke aus den Sôma". So scheint auch zuweilen die oben (§. 855) besprochene Dativform abstracter Wurzelwörter die Stelle des passivischen Infinitivs zu vertreten, z. B. Ṛgv. I. 52. 8: *ád'árayô divy â' sú'ryan dṛśé'* „du hast die Sonne an den Himmel gesetzt zum Sehen"**). Als praktische Regel kann man für das klassische Sanskrit den Satz aufstellen, dafs, wo dem Infinitiv auf *tum* ein Instrumentalis der Person zur Seite steht, jener bei Übertragung in Sprachen, die einen passivischen Infinitiv besitzen, in einen solchen übersetzt werden könne. So in der oben angeführten Stelle (*nâ 'ṛhô nêtum matpuruśáiḥ*); so auch Mah. II. 309: *na yuktas tv avamânô 'sya kartun tvayâ* „nicht aber (ist) geziemend Verachtung dieses zu machen (= gemacht zu werden) von dir. An einer anderen, im Wesentlichen ähnlichen Stelle (Mah. I. 769) richtet sich das Passivpart. *yukta* geziemend, passend (eigentlich verbunden), nicht nach dem Subject, sondern steht unpersönlich im Neutrum: *na yuktam b'avatâ 'ham anṛtênô 'paćaritum* nicht geziemend (ist es) von dir ich mit Unwahrheit zu bedienen (= bedient zu werden)***). Interessant und in ihrer Art bis jetzt noch einzig dastehend ist

---

*) = um getrunken zu werden. Sâyaṇa erklärt *pâ'tavê* durch *pâ'tum*; doch würde ich im klassischen Sanskrit hier eher ein anderes Abstractum im Dativ, als den Acc. des Inf. erwarten.

**) = gesehen zu werden. Der Scholiast erklärt *dṛśé'* durch *drâśṭum* und dann näher durch *sarvéśâm asmâkan darśanâya* „wegen des Sehens unser aller".

***) Man vergleiche eine Stelle der Sâvitri (II. 22), wo *śakyam* possibile dem Sinne nach sich auf *dôśa* masc. Fehler bezieht: *saća dôśaḥ prayatnéna na śakyam ativartitum* und dieser Fehler ist mit Anstrengung nicht möglich zu überschreiten.

auch eine Stelle des Raġuvaṅśa (14. 42): *yady artítá ... práṇán mayá dárayituṅ ćiraṅ vaḣ.* Abgesehen von *mayá* von mir wäre wörtlich zu übersetzen: „wenn euer Wunsch lange das Leben zu erhalten", und es würde sich dann die Erhaltung des Lebens auf die angeredeten Personen beziehen; durch das beigefügte *mayá* von mir wird aber der Sinn wesentlich geändert und das Erhalten des Lebens auf den Redenden bezogen, wenngleich das Leben selber auch das der Angeredeten sein könnte, wenn es der Zusammenhang zuliefse; allein *dárayitum* zu erhalten bleibt doch insofern ein echt activischer Infinitiv, als er den Accus. (pl.) *práṇán* vitam regiert. Um die grammatische Färbung des Originals bei einer Übertragung ins Deutsche so genau wie möglich nachzuahmen, könnte man etwa übersetzen: „wenn euch Verlangen nach langem Erhalten des Lebens durch mich", nur mufste hier Erhalten als gewöhnliches Abstractum mit dem Genitiv, statt nach verbaler Weise mit dem Acc., construirt werden, und demselben statt des Adverbiums lange das entsprechende Adjectiv vorangestellt werden, während der eigentliche Infinitiv sich von den gewöhnlichen Abstracten wesentlich dadurch unterscheidet, dafs er kein Epitheton zuläfst.

870. Beachtung verdient noch die Art, wie das Sanskrit bei dem Mangel an einem passiven Infinitiv sich in den Fällen hilft, wo dieser nach Verben, welche können bedeuten, zu erwarten wäre, in Sätzen wie *vinci potest*. Das Sanskrit drückt nämlich in solchen Fällen das passive Verhältnifs an dem Hülfsverbum शक् *śak* können aus, dem es vielleicht hauptsächlich für Constructionen dieser Art ein Passiv verliehen hat, welches aufserdem nur unpersönlich gebraucht wird, z. B. Mah. I. 6678: *yadi śakyaté* wenn es möglich ist (wörtlich: wenn gekonnt wird); dagegen z. B. Nal. 20. 5: *ná "hartuṅ śakyaté punaḣ* „es (das Kleid) kann nicht wieder geholt werden" (wörtlich: wird nicht wieder holen gekonnt), als wenn man im Lateinischen sagen könnte *afferre nequitur*,

statt *afferri nequit*. Die lateinische Sprache gestattet jedoch den doppelten Ausdruck des Passivverhältnisses, sowohl am Infinitiv als an dem negativen Hülfsverbum *nequeo*, daher z. B. *comprimi nequitur* (Plaut. Rud.), *retrahi nequitur* (Plaut. apud Fest.), *ulcisci* (pass.) *nequitur* (Sall.), *virginitas reddi nequitur* (Apul.). Man berücksichtige auch die Art, wie im Lateinischen das Pass. des Infin. Fut. durch den Accus. des Supinums mit *iri* umschrieben wird, wobei also das Hülfsverbum gerade wie im Skr. *śakyáte* „wird gekonnt" die Bezeichnung des Passivverhältnisses übernommen hat, welches der Acc. des Sup., wie seine skr. Schwesterform, auszudrücken unfähig ist; also *amatum iri* wörtlich lieben (in das Lieben) gegangen werden, statt geliebt zu werden gehen. Daſs auch der Indicativ von *iri* in Constructionen dieser Art gebraucht werden kann, beweist eine Stelle bei Cato (apud Gell. 10. 14): *contumelia per hujusce petulantiam mihi factum itur* „Schmach wird gegangen mir anzuthun", statt „geht mir angethan zu werden ⁕).

⁕) Auf die Eigenthümlichkeit des skr. Sprachgebrauchs, hinsichtlich der Construction des Passivs von *śak* können mit dem Infinitiv, habe ich zuerst in meiner Recension von Forster's „*Essay on the principles of the Sanskrit Grammar*" (Heidelberger Jahrbücher 1818. No. 30. p. 476) und später in einer Anm. zu Ardschuna's Reise zu Indra's Himmel p. 81 aufmerksam gemacht, und ich glaube, daſs es zweckmäſsig war, über diesen Gegenstand eine Meinung auszusprechen, weil die Ungewöhnlichkeit eines Passivs von einem Verbum, welches „können" bedeutet, und der Umstand, daſs *śak* auch als Medium der 4ten Kl. gebräuchlich ist (z. B. *śakyase* du kannst, Nal. XI. 6), auch zu der Meinung Anlaſs geben konnte, daſs der skr. Infinitiv auf *tum* sowohl passive als active Bedeutung habe, und daſs also z. B. *hantuṁ śakyate* wörtlich nichts anders bedeute als *occidi potest*. Hiergegen sprechen aber die Stellen, wo Infinitive von den entschieden passivischen Participien *śakitá* des Praet. (s. §. 819 Anm. ⁕⁕) und *śákya* des Fut. abhängig sind; z. B. Rám. I. 44. 53: *punar na śakitá ne-*

871. Wenden wir uns nun zu dem germanischen Infinitiv, so wollen wir vor allem auf die merkwürdige Übereinstimmung aufmerksam machen, die das Gothische mit dem Sanskrit darin darbietet, daſs es, in Ermangelung eines passiven Infinitivs, in den Fällen, wo dieser nach dem „**können**" bedeutenden Hülfsverbum (*mag* ich kann, vermag) gesetzt werden würde, wenn er vorhanden wäre, das passive Verhältniſs an dem Hülfsverbum ausdrückt. Da aber *mag* ich kann ein Praeter. mit gegenwärtiger Bedeutung ist (vgl. §. 491. p. 345), das Gothische aber nur aus den Praesensformen ein Passivum zu bilden im Stande ist (s. §. 512), nicht aber wie das Sanskrit und Griechische auch aus anderen Temporen, so greift es zu dem Passivparticipium *mahts, mahta, maht*, welches wie das formelle

---

tuñ gañgá prártáyatá die Gangá (wurde) nicht zurückführen gekonnt (vermocht) von dem wünschenden; Hidimba I. 35: *kin tu śakyam mayá kartum* was aber (ist) zu können (möglich) von mir thun (= was aber kann von mir gethan werden). Wenn Lassen (Hitôp. II. 75) bemerkt, daſs Constructionen dieser Art keineswegs auf *śak* können beschränkt seien, so ist doch gewiſs die Construction des activen Infinitivs mit dem Passiv eines Verbums, welches „**können**" bedeutet, die originellste und am meisten einer besonderen Beachtung würdig, denn daſs Verba, welche „**anfangen**" bedeuten, im Sanskrit wie in andern Sprachen ein Passiv haben, ist eben so wenig befremdend, als daſs die Handlung, welche angefangen wird, im Sanskrit wie im Deutschen durch den activen Infinitiv ausgedrückt wird, da es nicht nöthig ist, daſs das passive Verhältniſs zugleich an dem Anfangen und an der Handlung, welche angefangen wird, ausgedrückt werde, wenngleich im Lateinischen Constructionen vorkommen, wie *vasa conjici coepta sunt* (Nep.), während wir im Deutschen z. B. sagen, *das Haus wird zu bauen angefangen*, und im Sanskrit (Hit. ed. Bonn. p. 49. l. 10) *téna viháraḥ kárayitum árabd'aḥ* von disem (wurde) ein Tempel bauen zu lassen angefangen. Es versteht sich in Constructionen dieser Art von selbst, daſs die durch den Infinitiv ausgedrückte Handlung nicht in einem activen Verhältniſs zum Subject steht.

indicative Praeter. *mag* immer gegenwärtige Bedeutung hat*), weshalb das Zeitverhältniſs, wenn es ein vergangenes ist, nur an dem beigefügten Verb. subst. angedeutet werden kann, während das skr. *śakitá* schon an und für sich vergangene Bedeutung hat. Für das oben (S. 302) erwähnte weibliche *śakitá* würde Ulfilas *mahta was*, nicht *mahta ist* gesagt haben, während im Sanskrit, wenn das gewöhnlich ausgelassene Verb. subst. an der l. c. angeführten Stelle wirklich ausgedrückt wäre, *śakitá 'sti* stehen würde, nach Art der latein. Umschreibung des verlorenen Perf. pass., wie *amata est*. Obwohl auch im Gothischen schon die Umschreibung des passivischen Infinitivs durch das Part. praet. pass. mit dem Hülfsverbum werden (*vairthan*) vorkommt (Grimm IV. 57), und z. B. Matth. 8. 24 καλύπτεσθαι durch *gahulith wairthan* übersetzt wird **), so verschmäht doch Ulfilas diese Umschreibung in den Fällen, wo im griechischen Text der passive Infinitiv von einem „können" bedeutenden Verbum abhängig ist. Daher Marc. 14. 5: *maht vêsi... frabukjan*, ἠδύνατο πραθῆναι; Luc. 8. 43: *qvinô... ni mahta* (Nom. fem.) *was fram ainômêhun galeikinôn*, γυνὴ οὐκ ἴσχυσεν ὑπ' οὐδενὸς θεραπευθῆναι; Joh. 3. 4: *hvaiva mahts ist manna gabairan*, πῶς δύναται ἄνθρωπος γεννηθῆναι; 10. 35: *ni maht ist*

---

*) Vgl. Grimm IV. p. 59. 60.

**) Das Part. praet. pass. verträgt sich wohl mit dem Hülfsverbum werden zur Umschreibung des Infin. der Gegenwart, weil das werden dem Vergangenheitsausdruck gleichsam seine temporelle Kraft benimmt und die Vergangenheit oder Vollendung der Handlung in die Zukunft stellt, wodurch das Ganze somit geeignet ist, die Gegenwart auszudrücken. Man vergleiche die Umschreibung des Fut. act. im Altpreuſs. durch das Part. perf. act. mit dem Hülfsverbum werden (s. S. 153 Anm.). Dagegen umschreibt, was wohl zu beachten ist, das Part. perf. pass. mit *visan esse*, in Analogie mit dem Lateinischen, den Infin. perf. pass. So in der Unterschrift zu 1. Cor. *mêlida visan* (scripta esse). Man vergleiche 2. Cor. 5. 11 *svikunthans visan* cognitos esse (πεφανερῶσθαι) mit 4. 11 *svikuntha wairthai* (φανερωθῇ).

gatairan thata gamēlidô, οὐ δύναται λυθῆναι ἡ γραφή; 1. Tim. 5. 25: *filhan ni mahta sind*, κρυβῆναι οὐ δύναται.

872. So wie *mahts* hat auch *skulds* (*skal* ich soll, muſs) die Bedeutung des Part. praes. pass., während es der Form nach dem Part. perf. pass. des Sanskrit und Lateinischen entspricht. Dieses *skulds* (fem. *skulda*, neut. *skuld*) übernimmt ebenfalls den Ausdruck des Passivverhältnisses, den die Sprache an dem beistehenden Infinitiv auszudrücken nicht im Stande ist; daher z. B. Luc. 9. 44: *skulds ist atgiban in handuns mannê*, gleichsam: er ist gemuſst werdend übergeben in die Hände der Menschen, statt: er muſs übergeben werden (μέλλει παραδίδοσθαι). Auſserdem kann oft im Gothischen nur aus dem Zusammenhang und durch den dabeistehenden Dativ (allein oder mit *fram* von), welcher im Gothischen häufig die Stelle des skr. Instrumentalis vertritt, erkannt werden, daſs der Infinitiv nicht die gewöhnliche active, sondern passive Bedeutung hat*). So erhellt Matth. 6. 1 aus dem Dativ *im* von ihnen, daſs der vorangehende Infinitiv passive Bedeutung hat, und *du saihvan im*, welches wir, um die Construction nachzuahmen, durch „zum Sehen von ihnen" übersetzen müſsten, überträgt das Griechische πρὸς τὸ θεαθῆναι αὐτοῖς, wo der Infinitiv durch den vorgesetzten Artikel ebenfalls eine concrete Gestalt gewonnen hat. Ohne das zurechtweisende *im* von ihnen könnte aber an dieser Stelle *du saihvan* zu sehen, zum Sehen, nicht wohl anders als activisch gefaſst werden, und die vorangehenden Worte, welche einen passiven Ausdruck erwarten lassen, würden es nicht rechtfertigen, den genannten Infinitiv passivisch zu gebrauchen. — V. der Gabelentz und Löbe (Gramm. p. 140. *c*) bemerken, daſs nach einem Germanismus nach den Verben befehlen, wollen, geben der goth. active Infinitiv mit passiver Bedeutung vorkomme. Ich kann aber in den l. c. angeführten Beispielen, *du ushramjan* zu kreuzigen (= zum Kreuzi-

---

*) Vgl. die analogen skr. Constructionen S. 299 ff.

gen, gekreuzigt zu werden) ausgenommen, keine passive Bedeutung des Infinitivs wahrnehmen. Unter anderm werden als Beispiele angeführt: Matth. 27. 64: *hait vitan thamma hlaiva* befiehl zu bewachen das Grab, ganz wie im Lat. *jube custodire sepulcrum*, nur dafs das goth. Verbum *vita* ich hüte, und somit auch sein Infinitiv, den Dativ statt des Acc. regiert, das lat. *jubere* aber auch den passiven Infinitiv zuläfst, wie im griechischen Text: κέλευσον ἀσφαλισθῆναι τὸν τάφον (befiehl das Gehütet-werden in Betreff des Grabes); Luc. 8. 55: *anabaud izai giban* (dare, nicht dari δοθῆναι) *mat* er befahl ihr zu geben (actionem dandi ei) Speise, jussit ei dare cibum, gegenüber dem griechischen διέταξεν αὐτῇ δοθῆναι φαγεῖν er befahl das Gegeben-werden ihr (actionem τοῦ dari ei) zu essen (in Bezug auf Essen)*), eine für das Gothische unnachahmliche Construction, welcher Ulfilas bei Marc. 5. 43 (*haihait izai giban matjan*) dadurch etwas näher kommt, dafs er φαγεῖν durch einen Infinitiv übersetzt, der aber hier als Object von *giban* geben in dem gewöhnlichen Accusativverhältnisse steht, und nicht wie der griechische das Verhältnifs „in Bezug auf" (wie πόδας ὠκύς) ausdrückt. Am gewöhnlichsten ist die Vertretung des griech. Passiv-Infinitivs durch den goth. Infin. act. mit einer aus dem Zusammenhang zu entnehmenden passivischen Bedeutung in den Fällen, wo der Infinitiv das ursächliche Verhältnifs ausdrückt und der Veda-Dialekt den Dativ der Form auf *tu* oder einer anderen Infinitivform setzt (s. §. 852), das Gothische aber den Infinitiv mit der Praep. *du* oder auch den blofsen Infinitiv, letzteren aber fast nur nach Verben der Bewegung, wo er, abgesehen von der möglichen Passiv-

---

*) Ich will durch diese undeutsche Übertragung nur anschaulich machen, dafs der griech. Passiv-Infinitiv im accusativen Verhältnifs steht. Das Casusverhältnifs des Infinitivs φαγεῖν ist ebenfalls ein accusatives und entspricht dem von τάφον in dem vorhergehenden Beispiele.

bedeutung, dem Accus. des lateinischen Supinums entspricht, z. B. Luc. 5. 15: *garunnun hiuhmans managai hausjan jah leikinôn fram imma* es kamen viele Schaaren zusammen, zu hören und zum Heilen (= geheilt zu werden θεραπεύεσθαι) von ihm; Luc. 2. 4. 5: *urran than jah iôsef ... anamêljan mith mariin* es ging aus aber auch Joseph zum Einschreiben (eingeschrieben zu werden) mit Maria; 2. Thess. 1. 10: *qvimith ushauhjan* er kommt zum Erhöhen (erhöht zu werden ἐνδοξασθῆναι). Schwerlich würde aber oben (S. 305) für *du saihvan* zum Sehen (gesehen zu werden) blofs *saihvan* stehen können, da kein Verbum der Bewegung vorhergeht; aus demselben Grunde würde auch bei Matth. 26. 2 (*atgibada du ushramjan* er wird übergeben zum Kreuzigen, εἰς τὸ σταυρωθῆναι) die Praep. *du* nicht wegfallen können. Dagegen findet man den streng activischen Infinitiv im ursächlichen Verhältnifs gelegentlich auch ohne *du* und ohne dafs ein Verbum der Bewegung vorhergeht, z. B. Eph. 6. 19: *ei mis gibaidau vaurd ... kannjan runa aivangêljôns* dafs mir gegeben werde das Wort, zu verkünden das Geheimnifs des Evangeliums (s. v. der Gabel. u. Löbe, Gramm. p. 250).

873. Im Deutschen, und zwar schon im Althochdeutschen, erhält der Infinitiv oft durch die Praeposition *zu* (ahd. *za, ze, zi, zo, zu*) dem Anscheine nach passive Bedeutung. Meistens steht das Verbum subst. zur Seite, und wir übersetzen das latein. Part. fut. pass. in Begleitung mit dem Verb. subst. durch den Infin. mit zu, z. B. *puniendus est* durch er ist zu strafen (d. h. zum Strafen, dazu geeignet), dagegen englisch, *he is to be punished* (= er ist gestraft zu werden). Beispiele des Alt- und Mittelhochdeutschen gibt Grimm IV. 60. 61, wovon ich einige hersetze: *ze karawenne*[*]) *sint* (praeparanda sunt), Ker. 15ᵃ; *ze kesezzenne ist* (constituenda est), Ker. 15ᵇ; *za petônne*

---

[*]) Über die Dativform s. §. 877.

ist (orandum est), Hymn. 17. 1; *ist zi firstandanne* (intelligendum est), Is. 9. 2; *daz er an ze sehenne den frouwen wære guot*, Nib. 276. 2. Aber auch ohne Beisein des Verb. subst. geben wir dem Infinitiv dem Anscheine nach passive Bedeutung in Sätzen wie *er läfst nichts zu wünschen übrig; er gab ihm Wein zu trinken*. Solche Constructionen stimmen zu denen, wo im Vêda-Dialekt der Dativ des Infinitivs scheinbar mit passiver Bedeutung steht (s. §. 869), indem z. B. पातवे *pátavê* sehr wohl durch „getrunken zu werden" übersetzt werden kann, obwohl es nichts anders bedeutet als „des Trinkens wegen", gerade wie unser *zu trinken (zum Trinken)* in dem oben angeführten Satze (vgl. S. 272 und 273). Den Anschein passiver Bedeutung und die Fähigkeit, wirklich passivische Infinitive anderer Sprachen zu vertreten, haben auch unsere Infinitive nach *hören, sehen, lassen, heifsen, befehlen*, in Sätzen wie *ich höre erzählen* (audio narrari), *ich sah ihn mit Füfsen treten* (calcari), *ich kann kein Thier schlachten sehen* (mactari), *lafs dich von ihm belehren, er befahl ihn zu tödten* (s. Grimm IV. 61 ff.). Doch ist beim Ursprung solcher Ausdrucksarten schwerlich der Mangel eines wirklich passivischen Infinitivs empfunden, und beabsichtigt worden dem activen Infinitif passive Bedeutung zu geben; denn die active Bedeutung des Infinitivs reicht hier sehr gut aus und ist in den Fällen, wo vom Infinitiv ein Accusativ regiert wird (*ich sah mit Füfsen treten ihn*, etc.), sogar naturgemäfser als die passivische. Jedenfalls sind in den oben angeführten Sätzen die Infinitive noch strenger activisch als das skr. *nétum* holen in dem oben (S. 299) besprochenen Satze: „er ist nicht verdienend das Holen durch meine Leute", weil hier kein von *nétum* holen regierter Accusativ steht, der den Activ-Ausdruck in seiner vollen Energie erscheinen läfst. Der Umstand, dafs viele Sprachen in solchen Ausdrucksweisen unabhängig von einander denselben Weg einschlagen, beweist, dafs er sehr natürlich ist. Ich erinnere noch mit Grimm (l. c.) an französische Sätze wie *je lui ai vu couper les jambes*; *il se laisse chasser*, und nochmals daran, daſs das Lateinische bei gewissen Verben sowohl den activen als den passiven Infinitiv zuläſst, was doch beweist, daſs ersterer vollkommen logisch und sprachgemäſs ist, weil nicht die Noth, d. h. der Mangel an einer Passivform, ihn zu gebrauchen zwingt.

874. Was die Form des germanischen Infinitivs anbelangt, so scheint es mir auſer allem Zweifel, daſs, wie schon anderwärts („Die Kaukasischen Glieder des Indoeuropäischen Sprachstamms", p. 83) bemerkt worden, der Ausgang *an*, später *en*, auf das sanskr. neutrale Suffix *ana* sich stützt, dessen Bildungen sehr häufig auch im Sanskrit die Stelle des Infinitivs vertreten (s. p. 258 ff.), und worauf sich auch die hindostanischen Infinitive gründen, sowie die südossetischen auf *in*, die tagaurischen auf *ün*, und höchst wahrscheinlich auch die armenischen, in deren schlieſsendem *l* ich die sehr gewöhnliche Entartung eines *n* zu erkennen glaube (s. §. 20), wie unter anderm in այլ *ail* der andere gegenüber dem skr. *anyá-s*, lat. *aliu-s*, griech. ἄλλε-ς und dem goth. Stamme *alja* (s. §. 374). Der dem *l* der armenischen Infinitive vorangehende Vocal gehört jedoch nicht zum Suffix, sondern zum Verbalthema, was man daraus ersieht, daſs er nach Verschiedenheit der Conjugationen wechselt; daher z. B. բերել *ber-e-l* tragen (skr. *bʼár-ana* das Tragen, Erhalten = goth. *bair-a-n*) nach Analogie von բերեմ *ber-e-m* ich trage, բերես *ber-e-s* du trägst; տալ *ta-l* geben (skr. *dá'na* das Geben, Gabe) mit տամ *ta-m* ich gebe, տաս *ta-s* du gibst; մնալ *mn-a-l* bleiben mit մնամ *mn-a-m* ich bleibe, մնաս *mn-a-s* du bleibst; մեռանիլ *meran-i-l* sterben mit մեռանիմ *meran-i-m* ich sterbe, մեռանիս *meran-i-s* du stirbst. Auch in den germanischen Sprachen gehört der dem schlieſsenden *n* des Infinitivs vorangehende Vocal nicht zum Infinitivsuffix, sondern zur Klassensylbe. Bei der schwachen Conjugation (= skr. Kl. 10, s. §. 109*a*). 6) ist es klar, daſs z. B. die Sylbe *ja* von *sat-ja-n* setzen (s. §. 741), deren *a* nach einer

fast allgemeinen Lautregel (§. 67) vor schließendem *s* und *th* zu *i* sich schwächt, mit der Sylbe *ja* von *sat-ja* ich setze, *sat-ja-m* wir setzen, *sat-ja-nd* sie setzen identisch ist. Ich theile also auch im Infinitif *sat-ja-n*. Bei Formen wie *salb-ó-n* salben (Praes. *salb-ó*, *salb-ó-s*, *salb-ó-th* etc.) liegt es noch klarer am Tag, daſs das bloſse *n* das Suffix des Infinitivs sei. Bei Grimm's 3ter Conjug. schwacher Form fällt das *i* des Diphthongs *ai* vor dem *n* des Infin. wie überhaupt vor Nasalen ab, also *hab-a-n* haben wie *hab-a-m* wir haben, *hab-a-nd* sie haben gegenüber von *hab-ai-s* du hast, *hab-ai-th* er hat, ihr habet; dagegen im Althochd. *hab-é-n* haben, wie auch *hab-é-m* ich habe, *hab-é-nt* sie haben. Bei den starken Verben, welche mit den wenigen Ausnahmen auf *ja* (s. §. 109ᵃ). 2) zur skr. ersten Klasse gehören, könnte man eher annehmen, daſs das im Infinitiv dem *n* vorhergehende *a* mit dem skr. ersten *a* des Suffixes *ana* identisch sei, daſs also z. B. *bairan* tragen, *qviman* kommen, *bindan* binden, *beitan* beiſsen, *grêtan* weinen den bildungsverwandten sanskr. neutralen Abstracten *b'ár-aṇa* das Tragen, Erhalten, *gám-ana* das Gehen, *bdnd'-ana* das Binden, *b'éd-ana* das Spalten, *kránd-ana* das Weinen auch hinsichtlich des ersten *a* des Suffixes entsprechen, und es war dies auch früher meine Meinung. Da aber die Verba, welche der skr. 4ten Klasse entsprechen, den Charakter *ja* im Infin. beibehalten und z. B. von *vahs-ja* ich wachse (praet. *vóhs*) der Infinitiv *vahs-ja-n* (nicht *vahs-an*), und von *bid-ja* ich bitte (praet. *bath*, pl. *bédum*) der Inf. *bid-ja-n* (nicht *bid-an*) lautet, so fasse ich jetzt auch das *a* von Formen wie *bair-a-n*, *bind-a-n* etc. als Klassenvocal, und somit als identisch mit dem von *bair-a*, *bair-a-m*, *bair-a-nd*, *bind-a*, *bind-a-m*, *bind-a-nd*, und leite überhaupt den germanischen Infinitiv vom Thema der Special-Tempora ab, womit er stets hinsichtlich der Gestalt des Wurzelvocals übereinstimmt, indem z. B. *bind-a-n* binden, *biug-a-n* biegen in dieser Beziehung zum Praesens *binda*, *biuga*, nicht aber zur wahren Wurzel *band*, *bug*, oder zum Singular des Praeter. *band, baug* (plur. *bundum, bugum*) stimmen. Es steht demnach der germanische Infinitiv in genauem Einklang mit dem armenischen, wenn ich Recht habe, in dem *l* des letzteren die Entartung eines *n*, und daher in dem vorhin erwähnten բերել *ber-e-l* ein genaues Analogon zum goth. *bair-a-n*, althd. *bēr-a-n* zu erkennen.

875. Auch der hindostanische Infinitiv hat von dem sanskritischen Suffix *ana* den ersten Vocal abgelegt*), das

---

*) Das *á* wodurch Transitiva wie *ǧŏl-á-ná* brennen, urere, aus Intransitiven wie *ǧŏl-ná* gebildet werden, erkläre ich aus dem skr. Causal-Charakter *aya* in derselben Weise wie das lat. *á* der ersten Conjug. (§. 109ᵃ⁾. 6). Es werden durch dieses *á* im Hindost. auch Causativa aus transitiven Activen gebildet, z. B. *bid-á-ná* bohren lassen von *béd-ná* bohren (= skr. *b'éd-ana-m* das Spalten, Wz. *b'id* (Gilchrist „A grammar" etc. p. 147). Wenn hier das Causale in der Wurzel einen schwächeren Vocal zeigt als das primitive Verbum, während im Sanskrit die Causalia gewöhnlich eine Vocalsteigerung erfahren, so findet das Hindostanische wahrscheinlich in der Belastung des Caus. durch den Zusatz *á* die Veranlassung zur Schwächung der Wurzelsylbe. Wo aber dem Causale oder Transit. der eigentliche Causal-Charakter abgeht, zeigt es häufig einen stärkeren Vocal als das primitive Verbum, z. B. *már-ná* tödten (skr. *máráyámi* ich mache sterben) von *mŏr-ná* sterben (ŏ = skr. ă, *mŏr-ná* = मृण *mdraṇa* das Sterben). — In dem *w* hindostanischer Causalia wie *čŏl-wáná* gehen machen (*čŏl-ná* gehen) erkenne ich die Entartung des *p* der oben (§. 749) besprochenen Causalia wie *ǧlv-áp-áyá-mi*. Der Übergang des *p* in *w* scheint aber in einer Zeit eingetreten zu sein, wo dem Labial noch ein Vocal voranging, wie z. B. in den Zahlwörtern *ékáwŏn* 51, *báwŏn* 52, *sátáwŏn* 57, im Gegensatze zu *tirpŏn* 53, *pŏčpŏn* 55, wo es keinem Zweifel unterliegt, daſs sowohl *wŏn* als *pŏn* auf das skr. *pančášát* 50 sich stützen und somit *ékáwŏn* auf *ékapančášát*, *tirpŏn* auf *tripančášát*, deren Nasal dem hindostan. *pŏčás* 50 entwichen ist, während das einfache پانچ *pánč* ihn bewahrt hat. Die Länge des *á* von پانچ *pánč*, gegenüber der skr. Kürze, soll vielleicht als Entschädigung dienen für die weggefallene Sylbe *an* (*pánčan*), denn kurzes *a* erscheint im Hindostanischen in der Regel als kurzes *o*, welches

schliefsende *a* dagegen verlängert, im Fall nicht anzunehmen ist, dafs er von der weiblichen Form des Suffixes अन *ana* abstamme, welche im Sanskrit zur Bildung abstracter Substantive viel seltener als die neutrale verwendet wird. Beispiele sind: आसना *âsanâ* das Sitzen, याचना *yâćanâ* das Bitten, *vandanâ* das Lobpreisen. Hierzu stimmen, auch hinsichtlich der Accentuation, im Griechischen αὐονή und ἡδονή, während ἀγχόνη und δαπάνη in dieser Beziehung abweichen, letzteres aber den alten *a*-Laut des Suffixes bewahrt hat. Mir ist es jedoch nicht wahrscheinlich, dafs die hindostan. Infinitive auf diese weiblichen Abstracta sich stützen, sondern ich halte ihr *â* für die Verlängerung des sanskritischen kurzen *a*, welches überhaupt im Hindostanischen als Endvocal entweder ganz unterdrückt, oder verlängert worden, letzteres unter anderm bei den Namen männlicher Thiere, während die der Weibchen auf *i* ausgehen und der Gattungsname den ursprünglichen Endvocal verloren hat (s. Gilchrist „A grammar" etc. p. 52). So heifst z. B. der Büffel (skr. *mahişá*) im Allgemeinen im Hindostanischen مہیک *maihik*, der männliche Büffel aber *maihikâ* und der weibliche *maihiki*; letzteres = skr. *mahişí* (s. §. 119). Da das Hindostanische des Neutrums verlustig gegangen ist, so sind die skr. Neutra, die im Thema von Masculinstämmen sich nicht unterscheiden, in den genannten Sprachen zu Masculinen geworden und man darf darum ohne Bedenken die hindost. Infinitive auf نا *nâ* den sanskritischen Abstracten auf *ana* gegenüberstellen, also z. B. *ǵǒl-nâ* brennen = skr. *ǵválana-m* das Brennen, oder vielmehr = *ǵválana-s*, da die skr. Neutra im Hindost. zu Masculinen geworden sind. Auf einen Sanskritstamm

---

Gilchrist nach englicher Aussprache mit *u* schreibt. Das Hindostanische ist äufserst zartfühlend hinsichtlich des Vocalgewichts, und schwächt daher das lange *â* von *pânć* wieder zu *ǒ*, wenn bei Belastung durch Zusammensetzung Veranlassung dazu gegeben wird, z. B. in *pǒndrǒh* 15; so *sǒtrǒh* 17 gegen *sât* (aus *saptan*) 7.

auf *a* deutet auch beim hindostanischen Infinitiv der oblique Casus auf *ê*, worin man leicht den skr. Locativ der Stämme auf *a* erkennt (s. §. 196), also z. B. in *gŏlnê* brennen*) das skr. *gválanê* in dem Brennen.

---

*) Diese Form auf *ê* drückt am hindostanischen Infinitiv in der Regel das accusative Verhältnifs aus, wie dies auch im Sanskrit zuweilen der Fall ist. Ich erinnere an die oben (§. 850) citirte Stelle des Râmâyaṇa, wo *grahaṇê* nehmen, aufnehmen, von *sêkur* (euphon. für *sêkus*) sie konnten regiert wird. So im Hindost. in einem von Yates („Introduction" etc. p. 65) gegebenen Beispiele *main bŏlnê nŏhin sŏktá* „I cannot say", wörtlich „ich sagen (in dem Sagen, für das Sagen) nicht könnend". Wo aber der Infinitiv im nominativen Verhältnifs steht, wie *sunná* hören (das Hören) in dem von Yates l. c. gegebenen Beispiel „hearing is not like seeing", erscheint die Form auf *ná*. Da auch die Adjective, die Participia mitbegriffen, im männlichen Singular-Nominativ auf *á* enden, so glaube ich die Verlängerung des ursprünglichen kurzen *a* als eine Entschädigung für das unterdrückte Casuszeichen ansehen zu dürfen und erkläre also *á* aus *a-s*; eben so im Mahrattischen. Im männlichen Plural-Nominativ der beiden Sprachen stimmt die Endung *ê* zur skr. Pronominal-Decl. (s. §. 228); daher im Hind. *main mártá* ich schlage, eigentlich ich schlagender (bin), fem. *main mártí* ich schlagende (bin); Plur. *hŏm márté* wir schlagende (sind). Man vergleiche *vê* sie (plur.), welches entweder zum sendischen und altpersischen Stamm *ava* dieser gehört, oder, was viel wahrscheinlicher ist, zum skr. Reflexivstamm *sva* (§. 341), worauf auch das altpersische *huva* (euphon. für *hva*) er sich stützt und wovon man einen männlichen Plural-Nominativ *své* zu erwarten hätte. Der skr. Diphthong *ê* spielt überhaupt in der hindostanischen Grammatik eine wichtige Rolle, und so finden wir auch in den Conjunctivformen wie *tû márê* du mögest schlagen, *vŏh márê* er möge schlagen, *hŏm márêṅ* wir mögen schlagen, *vê márêṅ* sie mögen schlagen, einen schönen Überrest der Sanskrit-Grammatik, indem das *ê* dieser Formen sich offenbar auf das des skr. Potentialis der ersten Haupt-Conjugation stützt, und zwar so, dafs das schliefsende *s* und *t* der 2ten und 3ten Pers. sg. verloren gegangen (also *márê* für *márê-s* und *márê-t*, vgl. *b´árê-s*, *b´árê-t*, p. 42) und

876. Der Abfall des schliefsenden *a* des skr. neutralen Suffixes *ana* in den germanischen Infinitiven steht mit der von der Endung *ma* der ersten Pers. pl. nur das *m* in der Form eines geschwächten Nasals übrig geblieben ist, also *mărĕ-n* für *mărĕ-ma* oder *-mŏ*; in der 3ten Pers. pl. steht *mărĕ-n* für *mărĕ-nt* und kommt den althochdeutschen Formen wie *bĕrĕ-n fĕrant* sehr nahe. Auf den skr. Potentialis stützt sich meiner Meinung nach auch das hindostanische Futurum, eben so wie das lateinische der 3ten und 4ten Conjug. (nach §. 692); nur ist im Hindost. dem eben besprochenen Conjunctiv, wo er die Stelle des Fut. ind. vertritt, noch eine Sylbe beigetreten, in welcher ich die sanskritische Partikel *ha* (vēdisch auch *hā*, *g'a* ūnd *g'ā*) erkenne, welche jedoch im Hindost. eben so wie im Afghanischen (s. §. 326. p. 102) Declinationsfähigkeit gewonnen hat und auch die Geschlechter unterscheidet, daher z. B.

wŏh mărĕ-gā er wird schlagen,
wŏh mărĕ-gī sie wird schlagen,
hŏm mărĕn-gĕ wir werden schlagen.

Es bedarf nach dem Gesagten kaum der Bemerkung, dafs auch der hindostanische Imperativ in den meisten Personen der beiden Zahlen mit dem skr. Potentialis und den ihm entsprechenden Modis der europäischen Schwestersprachen identisch ist, so dafs also z. B. *mărĕ* er soll schlagen, für *mărĕ-t*, sich den althochdeutschen Formen wie *bĕre* er trage, den gothischen wie *bairai* und griechischen wie φέροι zur Seite stellt. Allein in der ersten Pers. sg. *mărūn* ich soll schlagen (zugleich Futurum und Conjunctiv) glaube ich die skr. Imperativ-Endung *āni* zu erkennen, also mit *ū* für *ā*, wie oben (S. 261 f.) im mahrattischen Praesens. Das Hindostanische weifs die skr. Ausgänge *āmi* und *āni* nicht zu unterscheiden, da beide das schliefsende *i* verloren haben und *m* wie *n* am Wort-Ende zu Anusvāra (ṅ) geworden ist. Hinsichtlich des Gebrauchs der ersten Pers. sg. des Imperativs im Sinne des Futur. erinnere ich an ein ähnliches Verfahren im Send (s. S. 61). In der 2ten P. pl. erregt die Form *mărŏ* schlaget oder ihr möget schlagen (*mărŏ-gĕ* ihr werdet schlagen) wegen ihres schliefsenden *ŏ* Anstofs. Das Mahrattische zeigt dafür im Imperativ die Form *mărā*, welches ich glaube aus sanskritischen Formen wie *bŏd'-a-ta* wisset so erklären zu dürfen, dafs nach Ausfall des *t*

Erscheinung im Einklang, dafs überhaupt die Neutralstämme auf *a* diesen Vocal im Nom. Acc. sg. sammt dem Casuszeichen verloren haben. So wie also z. B. der gothische Wortstamm *daura* Thor dem skr. Nom. Acc. *dvára-m* die Form *daur* gegenüberstellt, so kann man auch anstatt des skr. *bándana-m* das Binden im Goth. nur *bindan* erwarten. Dem Dativ बन्धनाय *bándanáya* sollte im Gothischen *bindana* gegenüberstehen (s. I. p. 340), und Formen dieser Art hätte man nach der Praep. *du* zu, welche den Dativ regiert, zu erwarten; allein man findet auch in dieser Stellung nur die Form auf *n*, z. B. *du saian* zu säen, *du bairan* zu gebären, sei es, dafs die Praepos. *du* ursprünglich wie das sinnverwandte lat. *ad* den Acc. regiert habe, und der Infinitiv auf diesem älteren Standpunkte stehen geblieben sei, oder dafs derselbe im Gothischen früher als in anderen germanischen Dialekten seine Declinationsfähigkeit verloren habe.

877. Im alt- und mittelhochdeutschen, so wie im alt- und angelsächsischen Dativ des Infinitivs ist die Verdoppelung des *n* auffallend*), doch kann mich dieselbe nicht

---

die beiden *a*-Laute zu Einem sich vereinigt haben, wie ich auch in der 3ten P. sg. des Praes. इच्छे *iććé* er wünscht aus dem skr. *ićć-á-ti* durch Ausstofsung des *t* und Zusammenziehung des *a-i* zu *é* nach sanskritischem Princip erkläre. Man vergleiche griechische Formen wie φέρει aus φερ-ε-τι = skr. *b'ár-a-ti* (s. §. 456). In der 2ten P. beruht die Form इच्छेस् *iććés* = *iććais*, gegenüber dem skr. *ićć-á-si*, wie mir scheint, auf Umstellung, eben so wie im Griechischen φέρεις aus φερ-ε-σι = skr. *b'ár-a-si* (s. §. 448). So auch in der 3ten P. pl. *iććét* aus *ićć-ánti*, zugleich mit Ausstofsung des *n*. Darf uns nun das Mahrattische über das ihm sehr nahe stehende Hindostanische aufklären, so wird man wohl das *ó* hindostanischer Formen wie *maró* schlaget als Entartung von *á* auffassen müssen, ungefähr wie in dem skr. पोड्शन् *jódaśan* 16 für *jádaśan*, *sód'um* tragen für *sád'um* (s. „Sanskrit-Gramm. in kürzerer Fassung" §§. 102. 228 Anm. 1).

*) S. die oben (§. 873) erwähnten Beispiele; altsächsische Beispiele sind: *faranne*, *blidseanne*, *tholónne*; angels.: *faranne*, *récenne*, *gefremmanne*; s. Grimm I. 1021.

veranlassen, die Dative und die analogen Genitive des Alt- und Mhd.*) von einem anderen Stamme als dem des Nom. Acc. des Infinitivs abzuleiten und ein anderes Suffix als das in Rede stehende skr. *ana* darin zu erkennen. Ich halte die Verdoppelung des *n* für blofs euphonisch, d. h. für eine Folge der Neigung zu verdoppeltem *n* zwischen zwei Vocalen, daher z. B. auch dem goth. *kuni* Geschlecht im Althochd. *kunni* (od. *chunni*), im Alts. *kunni*, im Mhd. *künne* gegenübersteht. Das Wort ist wurzelhaft verwandt mit dem griech. γένος, lat. *genus* und vêdischen *ǵánus* (Gen. *ǵánus'-as*) Geburt, und sein Bildungs-Suffix ist *ja* (Dat. pl. *ja-m*), welches sich im Nom. Acc. sg. zu *i* zusammenzieht (s. §. 153). Unmöglich aber kann die Verdoppelung des *n* in diesem *kunni*, *künne* etc. Veranlassung geben, für diese Formen ein anderes Bildungs-Suffix als *ja* anzunehmen, wovon später mehr**).

878. Die ursprüngliche Bestimmung der Praepos. *zu* vor dem Infinitiv ist, das ursächliche Verhältnifs auszudrücken, was im Vêda-Dialekt durch die blofse Dativ-Endung des Infinitivstammes auf *tu*, oder anderer, Infinitivstelle vertretender abstracter Substantive erreicht wird, und wofür im klassischen Sanskrit auch häufig der Locativ der Form auf *ana* gesetzt wird, wie überhaupt der Locativ im Skr. sehr oft des Dativs Stelle vertritt. Das Gothische hält sich in seinem Gebrauch des Infinitivs mit *du* noch fast ganz an die angegebene Grundbestimmung dieser Constructionsweise, in Sätzen wie: er ging aus zu säen (*du saian*); wer Ohren hat zu hören (*du hausjan*); welcher sich an-

---

*) Z. B. ahd. *topônnes* Tobens, mhd. *weinennes* Weinens.

**) Dafs auch das Gothische nicht frei von der Neigung ist, das *n* zwischen zwei Vocalen zu verdoppeln, beweisen Formen wie *uf-munnan* gedenken, *ufar-munnôn* vergessen (skr. *man* denken), *kinnu-s* Kinnbacken = griech. γένυ-ς, skr. *ḣanú-s*. Im Sanskrit wird schliefsendes *n* hinter kurzem Vocale, im Fall das folgende Wort mit irgend einem Vocal anfängt, regelmäfsig verdoppelt, z. B. *á'sann iḣá* sie waren hier.

schickte, ihn zu verrathen (*du galévjan ina*). Auffallend ist jedoch, dafs auch schon Ulfilas zuweilen das Nominativverhältnifs durch den praepositionalen Infinitiv ausdrückt, z. B. 2. Cor. 9. 1 τὸ γράφειν durch *du méljan**), Philipp. 1. 24 τὸ μένειν durch *du visan*. Es kann sogar dem Infinitiv mit *du* der Nom. neut. des Artikels voranstehen, so Marc. 12. 33: *thata du frijōn ina* (τὸ ἀγαπᾶν αὐτόν); *thata du frijōn néhvundjan* (τὸ ἀγαπᾶν τὸν πλησίον). In der Regel aber übersetzt Ulfilas den griech. Nominativ des Infinitivs durch den blofsen Infin., und zwar ohne Artikel, auch wo der griech. Text den Artikel hat, wie z. B. Gal. 4. 18: *aththan gṓth ist aljanōn in gōdamma sinteinō* (καλὸν δὲ τὸ ζηλοῦσθαι ἐν καλῷ πάντοτε), Philipp. 1. 21: *aththan mis liban Christus ist jah gasviltan gavaurki* (ἐμοὶ γὰρ τὸ ζῆν Χριστὸς καὶ τὸ ἀποθανεῖν κέρδος).

879. Wo der Infinitiv als Object eines den Accusativ regierenden Verb. steht, zeigt die goth. Bibel-Übersetzung fast überall den blofsen Infinitiv, so dafs Constructionen wie *er begann*, oder *er fing an zu gehen*, wozu sich schon im Sanskrit gewissermafsen Analoga finden (s. S. 258 f.), dem Gothischen noch ziemlich fern liegen. Wenn aber Ulfilas bei Luc. 4. 10 ἐντελεῖται τοῦ διαφυλάξαι σε durch *anabiudith du gafastan thuk* übersetzt, so wollte er hier wahrscheinlich der Construction des griech. Textes näher kommen und den dem Gothischen fehlenden Genitiv des Infinitivs durch die Praepos. *du* umschreiben, oder die Stelle, welche im Originaltext der Genit. des Artikels einnimmt, durch seine Praep. *du* ausfüllen, während er sonst das Object der Verba, welche befehlen, gebieten bedeuten, durch den blofsen Accus. des Inf. ausdrückt, z. B. Luc. 8. 31: *anabudi galeithan*, ἐπιτάξῃ ἀπελθεῖν.

880. Besondere Beachtung verdienen bei dem Gebrauch des gothischen Infinitivs solche Constructionen, wo ihm ein

---

*) *Ufjō mis ist du méljan ifvis* überflüssig ist mir zu schreiben euch (= das Schreiben).

Accusativ zur Seite steht, welcher weder vom Verbum, noch vom Infinitiv als Object-Casus regiert wird, sondern wie im griech. Text das Verhältniſs in Bezug auf ausdrückt, welches Verhältniſs zwar dem griech. Accusativ sehr geläufig ist (πόδας ὠκύς, ὄμματα καλός), dem Gothischen aber, auſser in der Construction mit dem Infinitiv, fremd ist. Den Infinitiv fasse ich in solchen Sätzen in den beiden Sprachen als Subject und somit als Nominativ, und das Verbum nicht mit v. der Gabelentz u. Löbe (Gramm. p. 249. 5) als unpersonal, obgleich wir es durch „es geschah, es gefiel, es geziemt" etc. übersetzen können, sondern für eben so persönlich, als wenn wir z. B. sagen: *Sitzen ist angenehmer als Stehen; das Aufstehen ist an der Zeit, ist jetzt geziemend; Eingehen ist leicht*. Das Eigenthümliche in den betreffenden griechischen und gothischen Constructionen ist nur, daſs der Infinitiv nicht wie ein gewöhnliches Abstractum den Genitiv regieren kann, daſs also im Griechischen z. B. nicht gesagt werden kann: τοῦ οὐρανοῦ καὶ τῆς γῆς παρελθεῖν, und im Gothischen nicht: *himins jah airthôs hindarleithan*, sondern daſs in beiden Sprachen die Person oder Sache, worauf die durch den Infinitiv ausgedrückte Handlung sich bezieht, in den Accusativ gesetzt werden muſs, indem der Infinitiv weder die nähere Bestimmung durch ein Adjectiv, noch durch einen Genitiv verträgt, selbst da nicht, wo der griech. Infinitiv durch den vorgesetzten Artikel noch mehr als er es von selbst schon ist, substantivirt wird. Von den Beispielen, welche v. der Gabel. u. Löbe l. c. zusammengestellt haben, muſs das erste: *varth afslauthnan allans* (Luc. 4. 36) am meisten auffallen, weil der griech. Text (ἐγένετο θάμβος ἐπὶ πάντας) keine Veranlassung zu einer dem Gothischen ungeläufigen Construction gibt. Sehr gezwungen würde in der That die goth. Übersetzung erscheinen, wenn *varth* hier dem Sinne nach unserem *ward* entspräche, so daſs man wörtlich übersetzen müſste: es ward Entsetzen (in Bezug auf) alle, oder Entsetzen ward (in Bezug auf) alle. Da aber das goth. *vairthan*, wie die genannten Gelehrten in ihrem Glossar gezeigt haben, auch „kommen" bedeutet*), so fasse ich hier *allans* als den von einem Verbum der Bewegung — was auch das griech. ἐγένετο an dieser Stelle ist — regierten Accus. und übersetze wörtlich „es kam Entsetzen (über) alle", oder „Entsetzen überfiel alle"; auch findet es Ulfilas an einer andern, ganz ähnlichen Stelle angemessen, das griech. ἐπὶ πάντας durch *ana allaim* zu übersetzen, nämlich Luc. 1. 65: *jah varth ana allaim agis* (καὶ ἐγένετο ἐπὶ πάντας φόβος) und es kam Furcht über alle. Es war also Unrecht, an dieser Stelle *varth* durch *factus est* zu übersetzen. Verzichten wir also unter den von v. der Gabelentz und Löbe (Gramm. p. 249. 5) zusammengestellten gothischen Beispielen des Infinitivs mit dem Accusativ auf das erste, eben besprochene, und auch auf das 5te (Joh. 18. 14), weil in demselben die goth. Construction von der griechischen abweicht, indem, wie ich nicht zweifle, der Acc. *ainana mannan* von dem transitiven Infin. *fraqvistjan* zu Grunde richten, tödten, als Object-Casus regiert wird **), so bleiben uns nur noch vier hierher gehörende Beispiele übrig. Diese sind: Col. 1. 19: *in imma galeikaida alla fullōn bauan* (ἐν αὐτῷ εὐδόκησε πᾶν τὸ πλήρωμα κατοικῆσαι) es gefiel Wohnen in ihm (in Bezug auf) alle Fülle (aller Fülle); Luc. 16. 17: *ith iżétiżō ist himin jah airtha hindarleithan thau vitōdis ainana vrit gadriusan* (εὐκοπώτερον δέ ἐστι τὸν οὐρανὸν καὶ τὴν γῆν παρελθεῖν ἢ τοῦ νόμου μίαν κεραίαν πεσεῖν) aber leichter ist vergehen (das Vergehen) in Bezug auf Himmel und Erde (= Himmels und der Erde) als fallen (das Fallen) in Bezug auf einen Strich des Gesetzes; Röm. 13. 11: *mēl ist uns ju us slēpa urreisan****)

---

*) Man berücksichtige den Zusammenhang der goth. Wz. *varth* mit der skr. Wz. *vart, vrt* gehen und dem lat. *verto* (s. Pott, E. F. I. 241).

**) Besser ist, einen Menschen tödten für das Volk.

***) Diese Stelle ist im Gothischen insofern zweideutig, als *uns* sowohl Dativ als Accusativ sein kann, zumal der Dativ öfter

(ἄρα ἡμᾶς ἤδη ἐξ ὕπνου ἐγερθῆναι) Zeit ist (in Bezug auf) uns schon aufstehen (das Aufstehen) vom Schlafe; Skeir. (ed. Maſsmann p. 38. 10): *gadóh nu vas thanṣuh ... gaqvissans vairthan* es war also geziemend, in Bezug auf diese, (das) übereinstimmend Werden. — Nun fragt es sich, ist diese Constructions-Art dem Gothischen gleichsam angeboren, oder nur Nachahmung des Griechischen*)? Ich glaube das Letzte, und zwar darum, weil im Gothischen sonst der Accusativ niemals das Verhältniſs „in Bezug auf" ausdrückt. Auch geht Ulfilas dieser Constructions-Art gerne aus dem Wege, wie er dadurch beweist, daſs er öfter die infinitive Construction des Urtextes in eine verbale mit der Conjunction *ei* daſs umwandelt, oder statt des Accus. der Person den Dativ setzt, sei es im eigentlich dativen oder im instrumentalen Verhältniſs. In letzterem Falle folgt er zwar dem griech. Texte von Wort zu Wort, allein die Construction wird doch durch die Umwandlung des Accusativs in einen Dativ eine wesentlich verschiedene und eine solche, welcher wir auch im Neuhochdeutschen ohne groſsen Zwang folgen können, z. B. Luc. 18. 25: *rathiṣô allis ist ulbandau thairh thairkô néthlôs thairhleithan thau gabigamma in thiudangardja guths galeithan* (εὐκοπώτερον γάρ ἐστι κάμηλον ... εἰσελθεῖν etc.) denn leichter ist dem Kameel (das) durch die Öffnung einer Nadel Durchgehen als dem Reichen (das) in das Reich Gottes Eingehen; Luc. 16. 22: *warth than gasviltan thamma unlêdin* (ἐγένετο δὲ ἀποθανεῖν τὸν πτωχόν) es ward aber Sterben durch den Armen; Luc. 6. 1: *varth gangan imma thairh atisk* (ἐγένετο διαπορεύεσθαι αὐτὸν διὰ τῶν σπορίμων) es ward Gehen durch ihn durch das Kornfeld.

in Constructionen vorkommt, wo der griechische Text den Accus. mit dem Infin. zeigt.

*) Was das Beispiel in den Skeireins anbelangt, so muſs daran erinnert werden, daſs dieselben schwerlich ursprünglich in gothischer Sprache verfaſst, sondern höchst wahrscheinlich aus dem Griechischen übersetzt sind.

Dagegen hat 1. Cor. 7. 26 schon der griech. Text den Dativ: καλὸν ἀνθρώπῳ τὸ οὕτως εἶναι, *gôth ist mann sva visan*, **gut ist dem Menschen so sein**. So Marc. 9. 45: καλόν ἐστί σοι εἰσελθεῖν εἰς τὴν ζωὴν χωλὸν, ἢ τοὺς δύο πόδας ἔχοντα βληθῆναι εἰς τὴν γέενναν, *gôth thus ist galeithan in libain haltamma, thau tvans fôtuns habandin gavairpan in gaiainnan*, **besser (gut) ist dir Gehen in das Leben lahm (lahmem), als zwei Füfse habend (habendem) Werfen (das Werfen = Geworfen-werden) in die Hölle***). Der Umschreibung mit *ei* dafs bedient sich Ulfilas z. B. Eph. 1. 4: *ei sijaima veis veihai jah unvammai* (εἶναι ἡμᾶς ἁγίους καὶ ἀμώμους) **dafs wir seien heilig und unbefleckt**; 4. 22: *ei aflagjaith jus ... thana fairnjan mannan* (ἀποθέσθαι ὑμᾶς τὸν παλαιὸν ἄνθρωπον).

881. Anders als mit den im vorhergehenden §. besprochenen gräcisirenden Constructionen des Infinitivs — wo der Accusativ der Person nur ein Nebenverhältnifs ausdrückt, welches wir durch „in Bezug auf" oder „betreffend" umschreiben müssen — verhält es sich mit solchen, wo der Accus. der Person, eben so wie der des Infinitivs, vom Verbum regiert wird. Wenigstens glaube ich nicht, dafs Sätze wie *ich sah ihn fallen, ich hörte ihn singen, ich hiefs ihn gehen, lafs mich gehen*, wozu sich auch im Sanskrit Analoga finden (s. S. 256 f.), anders gefafst werden dürfen, als so, dafs die Wirkung der Handlung des Sehens, Hörens etc. zunächst auf die Person oder Sache fällt, die man sieht, hört, beauftragt etc. und dann auf die durch den Infinitiv ausgedrückte Handlung, die man ebenfalls sieht, hört etc. Die beiden Objecte des Verbums sind einander coordinirt, stehen zu einander in dem Verhältnifs der Apposition (ich

---

*) Darin, dafs in dem obigen Satze das im adverbialen Zustande stehende Adjectiv **lahm** und das Partic. **habend** im Gothischen als Epitheta von *thus* **dir** erscheinen, stimmt die gothische Syntax zu der des Sanskrit, wo man z. B. sagt *tavá 'nučaréṇa mayá sarvadá b'avitavyam* **von mir ist dir stets nachfolgend (wörtlich nachfolgendem) zu sein**.

sah ihn und fallen, actionem cadendi), dafs aber die durch das zweite Object ausgedrückte Handlung von der durch das erste ausgedrückten Person oder Sache (ich sah den Stein fallen) verrichtet wird, erhellt aus dem Zusammenhang, ist aber formell nicht ausgedrückt. Hierher gehören gröfstentheils die von v. der Gabel. und Löbe p. 249 unter 1., 2., 3. und 4. zusammengestellten Beispiele*), wovon ich einige hersetze: Joh. 6. 62: *jabai nu gasaihvith sunu mans ussteigan* wenn ihr denn sehet den Sohn des Menschen aufsteigen (ἐὰν οὖν θεωρῆτε τὸν υἱὸν τοῦ ἀνθρώπου ἀναβαίνοντα); Math. 8. 18: *haihait galeithan sipônjôns hindar marein* er hiefs gehen die Jünger über das Meer; Marc. 1. 17: *gatauja iqvis vairthan nutans manné* ich·mache euch werden Fänger der Menschen (ποιήσω ὑμᾶς γενέσθαι ἁλιεῖς ἀνθρώπων); Joh. 6. 10: *vaurkeith thans mans anakumbjan*, macht die Menschen sich niederlegen (ποιήσατε τοὺς ἀνθρώπους ἀναπεσεῖν); Luc. 19. 14: *ni vileim thana thiudanôn ufar unsis* (οὐ θέλομεν τοῦτον βασιλεῦσαι ἐφ' ἡμᾶς). In dem letzten und den übrigen l. c. n. 3 angeführten Beispielen können wir zwar der griechisch-gothischen Construction nicht folgen, wir können nicht sagen

---

*) Auszunehmen sind von No. 2 Eph. 3. 6, wo *visan* = εἶναι im nomin. Verhältnifs steht und der Acc. der Person das Verhältnifs „in Bezug auf" ausdrückt; und 1. Tim. 6. 13. 14, wo der Inf. *fastan* (τηρῆσαι) im accus. Verhältnifs steht, der Acc. *thuk* (σε) aber aufserhalb der Richtung des Verbums liegt und ebenfalls das Verhältnifs „in Bezug auf" ausdrückt. Obwohl *anabiuda* wie das gr. παραγγέλλω den Dativ regiert, so überspringt doch Ulfilas das gr. σοι, obschon er eben so gut, um nicht die 2te Person zweimal auszudrücken, das minder wesentliche σε, welches den Infin. als Ausdruck eines Nebenbegriffes, der sich ziemlich von selbst versteht, begleitet, hätte weglassen können. Ulfilas scheint aber eine treuere Nachbildung der griech. Construction darin zu finden, dafs er sagt: ich gebiete zu halten (das Halten), in Bezug auf dich, das Gebot, als wenn er sagte: ich gebiete dir zu halten das Gebot.

„wir wollen nicht diesen herrschen über uns", allein ich zweifle nicht, dafs auch hier der Acc. der Person wie der des Infinitivs als Zielpunkt des „wollen, suchen, meinen, glauben, hoffen, wissen" etc. bedeutenden Verbums stehe. Das Althochdeutsche gestattet dieser Constructionsart noch einen ziemlich umfassenden Gebrauch (s. Grimm IV. 116 ff.), z. B. Notker: *er sih saget kot sin* (se deum esse dicit), Tat.: *ih weiz megin fon mir uz gangan* (novi virtutem de me exiisse), Hymn.: *unsih erstantan kelaubamês* (nos resurgere credimus).

882. Wenden wir uns nun zur näheren Betrachtung des griech. Infinitivs, so müssen wir uns zuvörderst den bereits oben (S. 270 f.) gewonnenen Vergleichungspunkt zwischen den vēdischen Infinitiven auf *sê* und den griechischen auf σαι ins Gedächtnifs zurückrufen. Ist diese Vergleichung gegründet, so haben wir in der Endung αι der Formen wie λῦσαι, τύψαι, eine echte und gleichsam sanskritische Dativ-Endung, während die gewöhnlichen griechischen Dative auf den skr. Locativ sich stützen (s. §. 195). Es ist dies um so wichtiger zu beachten, als auch alle übrigen griechischen Infinitive theils in ihrer gewöhnlichen, theils in ihrer ältesten Gestalt auf αι enden, und somit als alte Dative gelten können, die sich ihrer Herkunft und ihrer ursprünglichen Bestimmung zum Ausdruck eines bestimmten Casusverhältnisses nicht mehr bewufst sind und daher auch als Accusative und Nominative, und in Verbindung mit dem Artikel auch als Genitive gebraucht werden können. Ganz im Sinne sanskritischer Dative — welche am gewöhnlichsten das ursächliche Verhältnifs ausdrücken — und gleichsam als Vertreter der vēdischen Infinitiv-Dative wie *pā́tav-ê* um zu trinken, des Trinkens wegen, erscheinen die griechischen Infinitive in Sätzen wie ἔδωκεν αὐτὸ δούλῳ φορῆσαι; ἄνϑρωπος πέφυκε φιλεῖν; ἦλϑε ζητῆσαι (des Suchens wegen); ἐμοὶ ϑυομένῳ ἰέναι ἐπὶ τὸν βασιλέα οὐκ ἐγίγνετο τὰ ἱερά (Xen. Anab. II. 2. 3). — Was die Form-Entwickelung oder allmälige Entstellung anbelangt, so müssen wir den Infinitiven auf ειν die

Form auf ε-μεναι (z. B. ἀκου-έ-μεναι, εἰπ-έ-μεναι, ἀξέ-μεναι), und den Formen auf ναι (wie διδό-ναι, τιθέ-ναι) die auf μεναι als Ausgangspunkt voranstellen. Durch Ablegung der unverständlich gewordenen Casus-Endung αι entstand aus ε-μεναι zunächst ε-μεν (ἀκου-έ-μεν, εἰπ-έ-μεν, ἀξέ-μεν), und hieraus, durch Ausstofsung des μ, ειν (äol. ην, ἄγην, dor εν, ἄγεν) für ε-εν. Die Conjug. auf μι zeigt auch in der gewöhnlichen Sprache durch Formen wie τιθέ-ναι, ἱστά-ναι, διδό-ναι, δεικ-νύ-ναι, dafs der Ausgang αι dem Infin. wesentlich sei, so die Perfect-Infinitive (τετυφ-έ-ναι) und die passiven Aorist-Infinitive, die ihrer Form nach zum Activ gehören (τυφ-θῆ-ναι, τυπ-ῆ-ναι), in der epischen Sprache aber vorherrschend die vollständige Form μεναι zeigen.

883. Was den Ursprung der Formen auf μεναι anbelangt, so dachte ich früher („Conjugationssystem" p. 85) an eine Abstammung dieses μεναι von dem Suffixe μενο = skr. *mâna* des Part. med. und pass., so dafs αι, gleichsam als adverbiale Endung, an die Stelle des ο von μενο getreten sei. Die Abstammung eines abstracten Substantivs, was der Infinitiv ist, von einem Participium könnte nicht befremden, allein auffallend bliebe im vorliegenden Fall, dafs die Infinitive auf μεναι etc. gerade vom Medium und Passivum, die Aoriste mit activer Form ausgenommen, völlig ausgeschlossen sind. Gehörten die Infinitive auf μεναι, μεν, ναι, ν dem Medium oder Passiv an, so stünde, wie mir scheint, ihr Zusammenhang mit den Participien auf μενο fast aufser allem Zweifel; als active Infinitive aber leite ich sie jetzt lieber von dem Abstracta bildenden skr. Suffix *man* (stark *mân*) ab (s. §. 796), und stelle sie als Schwesterformen den lat. Abstracten wie *certa-men, sola-men, tenta-men, regi-men* gegenüber (s. S. 173), deren n bei den griech. Bildungen auf ματ sich zu τ entartet hat, was aber nicht hindert, dafs ein besonderer Zweig dieser Wortfamilie, nämlich die Infinitive, durch Festhaltung an dem alten n auf einer älteren Stufe sich behauptet habe, während der Vocal die beliebte Schwächung zu ε erfahren hat. Es stehen sich also im Griech. die aus Einer Quelle geflossenen, ursprünglich identischen Suffixe ματ, μον (§§. 797. 801), μεν, hinsichtlich ihres Vocals,

einander so gegenüber, wie in Ansehung des Wurzelvocals Formen wie ἔτραπον, τέτροφα, τρέπω. Daſs diese Wortklasse abstracter Substantive im Sanskrit ursprünglich viel zahlreicher gewesen ist, als in dem im klassischen Sanskrit uns erhaltenen Sprachzustande, beweist der Umstand, daſs sowohl im Vêda-Dialekt als im Send sich Bildungen dieser Art finden, die im gewöhnlichen Sanskrit fehlen; im Vêda-Dialekt z. B. *háv-i-man* das Anrufen*), *yá-man* Gang, *dár-man* Erhaltung (Yagurvêda 9. 5). Im Send heißt ⳯⳯⳯⳯⳯⳯ *ítauman* Lobpreisung (skr. Wz. *stu* loben), und Burnouf übersetzt, Journ. As. 1844. p. 468, dessen Dativ ⳯⳯⳯⳯⳯⳯ *ítaumainê* durch „pour célébrer." Auch das Armenische (s. S. 265 Note) und die keltischen Sprachen zeugen für einen in der Zeit vor der Sprachtrennung sehr umfassenden Gebrauch der Formen auf मन् *man* (stark *mán*) im Sinne reiner Abstracta. Ihnen entsprechen irländische Abstracta auf *mhain* oder *mhuin* (s. Pictet p. 103), z. B. *gean-mhuin* „engendering, begetting", *gein-ea-mhuin* „birth, conception" (skr. *ǵán-man*, *ǵán-i-man* Geburt), *geall-a-mhuin* „a promise, vow" (*geall-a-mhna* „a promise, promissing"), *gaill-ea-mhuin* „offence", *lean-mhain*, *lean-a-mhain* „following, pursuing", *olla-mhain* „instruction" (*oil-i-m* „I instruct"), *scar-a-mhain*, *scar-a-mhuin* „separation". Die Abstracta dieser Art werden dadurch den griechischen Infinitiven auf μεν, μεναι noch näher gerückt, daſs einige derselben im Schottisch-Gaelischen wirklich als Infinitive gebraucht werden, wenigstens führt Stewart unter den seltneren Infinitivformen auch zwei auf *mhuin* an, nämlich *gin-mhuin* erzeugen und *lean-mhuin* folgen. Es gibt in den gaelischen Dialekten auch Infinitive auf *mh*, z. B. *seas-a-mh* stehen, wo das *a* der Klassenvocal ist, das *mh* aber, wie schon anderwärts bemerkt worden**), höchst wahrscheinlich eine Verstümmelung von *mhuin*, da die Stämme auf *n* auch in

---

*) Mit *t* für *i* als Bindevocal, Wz. *hu* aus *hvi̯*, s. S. 268 f.
**) „Die Celtischen Sprachen" p. 59.

den gaelischen Sprachen im Nominativ häufig das *n* unterdrücken (vgl. §. 139 ff.), und zwar nicht selten sammt dem vorhergehenden Vocal*).

884. Sollten die griechischen Infinitive auf μεν keine Verstümmelung von μεναι sein, sondern ursprünglich μεν und μεναι für verschiedene Casusverhältnisse nebeneinander bestanden haben, so müfste man annehmen, dafs die nach sanskritisch-ṣendischem Princip gebildeten Dative auf μεναι blofs dazu bestimmt gewesen seien, das ursächliche Verhältnifs auszudrücken (vgl. §. 852), und die Formen auf μεν als nackte Neutralstämme der Bezeichnung des accusativen und nominativen Verhältnisses angehörten, dafs aber, nachdem die Bedeutung der Endung von μεν-αι dem sprachlichen Bewufstsein entschwunden war, die Formen auf ν und ν-αι für den Sprachgebrauch gleichgültig geworden seien. Ich erinnere hierbei an die Versetzung der Personal-Endungen an unrechte Stellen, z. B. im goth. Passiv (s. §. 466), sowie an die Erhebung des Acc. pl. zur allgemeinen Plural-Endung im Spanischen, während im Italiänischen die Nominativ-Endung pl. über alle Casus sich verbreitet hat, im Umbrischen aber, was uns hier näher liegt, die Endung des Dat.-Abl. pl. zur Endung des Acc. geworden ist, der daher in dem genannten Dialekt auf *f* (= skr. *b'yas*, lat. *bus*) endet**). Im Englischen haben die Pronominalformen *him* und *whom*, welche ihrem Ursprunge nach Dative sind, und durch ihr *m* dem skr. *smâi* von *tasmâi*, *yá-smâi* etc. (s. §. 170) begegnen, accusative Bedeutung angenommen und bedürfen zum Ausdruck des Dativverhältnisses der Hülfe der Praeposition *to*. Was den Infinitiv im Besonderen anbelangt, so mufs noch bemerkt werden, dafs die vedischen Infinitive auf *d'yái*, welche in der Regel das ihrer deutlichen Dativ-

---

*) So besteht neben dem oben erwähnten *oll-a-mhain* Unterricht ein Concretum *oll-a-mh* (Gen. *oll-a-mhan*) „a doctor".

**) S. Aufrecht und Kirchhoff p. 113, und vgl. z. B. den Acc. *tri-f bu-f* mit dem lat. Dat. *tribus bobus* und skr. *tri-b'yás go̅'-b'yas*.

Endung zukommende ursächliche Verhältnifs bezeichnen (s. §. 852), gelegentlich auch mit accusativer Bedeutung vorkommen. So lesen wir im Yaǵurv. 6.3: *uśmasi gámadyái* „wir wollen geben". Im Lateinischen sind die Infinitive auf *re*, wenn die oben (§. 854) gegebene Erklärung richtig ist, ihrer ursprünglichen Bestimmung völlig untreu geworden, und erscheinen nur im accusativen oder nominativen Verhältnifs, während die altpreufsischen, ebenfalls als Dativformen erkannten Infinitive auf *twei* nur das accusative Verhältnifs ausdrücken (s. S. 293).

885. Zu Gunsten der Ansicht, dafs der Unterschied der griechischen Infinitive auf ν und ναι organisch sei, so dafs beide Formen, die im erhaltenen Zustand der Sprache gleichbedeutend sind, ursprünglich verschiedenen Casusverhältnissen angehörten, liefse sich noch der Umstand geltend machen, dafs man an keiner anderen Stelle der griechischen Grammatik einer völligen Vernichtung des Diphthongs αι am Wort-Ende begegnet, wie überhaupt die Diphthonge auch in anderen Sprachen sich nicht so leicht völlig verdrängen lassen als einfache Vocale, weil ihnen vor ihrem völligen Untergang der Weg offen steht, zuerst eines ihrer beiden Elemente aufzugeben. Überall, wo die skr. Grammatik ein *ê* (= *ai*, s. §.2. p.7 Anm.) am Ende der Flexionen zeigt, gewährt die griechische entweder αι, namentlich in den medio-passiven Personal-Endungen (μαι, σαι, ται, νται = *ê, sê, tê, ntê*), oder οι, wie in den Pluralnominativen männlicher Stämme auf ο (z. B. dor. τοί = skr. *tê*, goth. *thai*, s. §. 228), und in einer einzigen Endung α, nämlich in der Personal-Endung μεθα = skr. *mahê* aus *madê*, send. *maidê* (§. 472). Überhaupt hält das Griechische an den Endvocalen hartnäckig fest, und hat sich auch von den einfachen Vocalen keinen anderen entziehen lassen als den allerleichtesten der Grundvocale, nämlich das *i*, und auch dieses nur höchst selten, vielleicht nur in der 2ten P. sg. der Haupt-Tempora (δίδω-ς = *dádá-si*, s. §. 448), während im Lateinischen und Gothischen das *i* aus allen Personal-Endungen gewichen

ist, das Gothische sogar den ganzen Diphthong *ai* im Dat. sg. hat fallen lassen, indem die gothischen Singular-Dative, die der weiblichen Pronomina und vielleicht auch die der Substantivstämme auf *ô* (s. §. 175) ausgenommen, in der That endungslos sind, so daſs z. B. *sunau* filio dem skr. *sûnáv-ê*, *auhsin* (Them. *auhsan*) bovi dem skr. *uksan-ê* gegenübersteht.

886. Es bleibt mir nun noch übrig, die griechischen Infinitive des Mediums und Passivs auf σθαι zu erklären. Den Ausgang αι theilen diese mit den activen Infinitiven wie λῦ-σαι, τύπ-σαι, τιθέ-ναι, τιθή-μεναι, ἀκου-έ-μεναι, τετυφ-έ-ναι; den Grund der passiven oder medialen Bedeutung aber erkenne ich in dem σ, welches mir jetzt als Reflexivum gilt, dessen ursprüngliches σ in οὗ, οἷ, ἕ zum Spiritus asper geworden ist (s. §. 341), vor θ aber eine Stellung hatte, wo es nicht zu einem schwachen Hauchlaute sich verflüchtigen konnte. Gehört nun aber der Zischlaut von Formen wie λέγ-ε-σθαι, τίθε-σθαι dem Reflexivum an, so beruhen diese Formen in dieser Beziehung auf demselben Princip, wie die lateinischen wie *amari-er*, *legi-er* (s. S. 273 f.). Überhaupt war ein passiver oder medialer Infinitiv, den unser groſser Sprachstamm in seiner Urperiode nicht kennt, am leichtesten und naturgemäſsesten durch die Anschlieſsung des Reflexivs zu gewinnen, wie ja auch das Litauische das, seinen reflexiven Verben angefügte, *s* (s. §. 476. p. 323) auch auf den Infinitiv überträgt, z. B. *wadin-ti-s* sich nennen. Ähnlich verfahren die nordischen Sprachen, wo das Reflexiv in Formen wie das schwed. *taga-s* genommen werden (von *taga* nehmen) eben so unverkennbar ist, als im Indic. *tage-s* (in den drei Pers. sing., s. Grimm IV. p. 46). In griechischen Formen wie λέγεσθαι liegt das Reflexivum darum mehr versteckt, weil es nicht an die Endung des activen Infinitivs getreten ist, und auch kein activer Infinitiv auf θαι oder ται besteht, woraus σθαι entsprungen sein könnte, wie z. B. δίδοσθον aus δίδοτον (II. p. 320). Auch läſst sich im Infinitiv keine Personal-Endung erwarten, und wir dürfen daher in

Bezug auf das ϑ in Formen wie δίδοσϑαι keine Analogie mit solchen wie δίδοσϑον, δίδοσϑε, διδόσϑω suchen. Auch als Wortbildungssuffix dürfen wir das ϑ der Medio-Passiv-Infinitive nicht fassen, denn es wäre unnatürlich, zwischen Wurzel und Wortbildungssuffix eines abstracten Substantivs ein pronominales Element zum Ausdruck eines reflexiven oder passiven Verhältnisses einzuschieben; gleichsam als wenn man vom sanskritischen Infinitiv und latein. Supinum *dá'tum*, *datum* ein reflexives *dástum*, *dastum* erwarten könnte. Ich erkenne daher jetzt in der Sylbe ϑαι der in Rede stehenden Infinitive ein Hülfsverbum, und zwar dasselbe, welches wir oben (§. 630) in den Aoristen auf ϑη-ν und Futuren auf ϑή-σο-μαι erkannt haben, womit unser *thun* und das goth. *da*, *dédum* von Formen wie *sôkida* ich suchte (suchen that), *sôkidédum* wir suchten (suchen thaten) zusammenhängt (s. §. 620 ff.). Im Althochdeutschen könnte ein Infinitiv *suoh-tuan* (suchen-thun) neben dem wirklich bestehenden *suoh-ta* (für *suoh-teta*) ich suchte (suchen that) nicht auffallen, und eben so wenig darf es befremden, wenn das griech. ζητεῖσϑαι, der angegebenen Erklärung nach, buchstäblich sich suchen thun (= gesucht werden) bedeutet. Hierbei mag es unentschieden bleiben, ob das Reflexiv dem Thema des betreffenden Tempus des Hauptverbums hinten angefügt, oder dem Hülfsverbum vorgeschoben sei, ob man also z. B. τύπτεσ-ϑαι, τύπ-σασ-ϑαι, τετύφ(σ)-ϑαι*), τύπ-σεσ-ϑαι, oder τύπτι-σϑαι etc. zu theilen habe. Die Wurzel ϑη = *dá* des Hülfsverbums ist in diesen Zusammensetzungen blofs durch ihren Conson. vertreten, denn der Diphthong αι ist, wie in den activen Infinitiven, eine Casus-Endung, wobei daran zu erinnern ist, dafs auch die dem griech. ϑη (aus ϑᾱ) entsprechende skr. Wurzel *dá* setzen, machen, so wie alle anderen Wurzeln auf *á*, wenn sie ohne Wortbildungssuffix als Adjectiva gen. comm.

---

*) Die Consonantenhäufung verdrängt dieses reflexive σ, nach Analogie von §. 543.

am Ende von Compositen erscheinen, vor vocalisch anfangenden Casus-Endungen ihren Endvocal abwerfen, und daher von -dá setzend, machend, der Dativ -dé (= -dai, gr. θαι) kommt. Als abstractes Substantiv gen. fem. erscheint die Wz. dá in śrad-dá Glauben, eigentlich Glaubensetzung oder Glaubenmachung, dessen Dativ, nach dem allgemeinen Princip der weiblichen Stämme auf langes á, śrad-dáyái lautet. In Compositen mit Praepositionen kommen auch andere nackte Wurzeln auf á als abstracte Substantive vor, z. B. á-gñá und anu-gñá Befel, prati-gñá Versprechen, pra-bá Glanz. Mit der Praep. ni bildet dá im Vêda-Dialekt nidá (s. Benfey, Gloss.), welches eigentlich Niederlegung bedeuten sollte, aber zum Appellativum mit der Bedeutung Netz geworden ist. Da die Wurzel dá leichter als andere Wurzeln Verbindungen eingeht und sich zum auxiliaren Gebrauch bequemt*), so liegt die Vermuthung nicht fern, daſs sie auch an der Bildung der oben (§. 852) besprochenen vêdischen Infinitive auf द्यै dyái ihren Antheil habe, sei es, daſs dieses dyái eine Verstümmelung von dáy-ái als Dativ von dá sei, oder daſs das á der Wurzel in dieser Zusammensetzung sich zu i geschwächt habe, wozu die Belastung durch die Zusammensetzung leicht Veranlassung geben konnte**). Es wäre demnach die streng weibliche Dativ-Endung ái der Infinitive

---

*) Vgl. send. ⳙⳙⳙⳙⳙⳙ yauṣ-dá reinigen thun (§.637).

**) Vgl. die Passiva wie dí-yátê, pí-yátê, für dá-yátê, pá-yátê. Ich mache hier noch auf das vêdische dí Werk, Handlung, aufmerksam, welches sich Näig'. 2. 1 unter den kárman That bedeutenden Wörtern findet, und vielleicht als solches nicht wie dí Verstand zur Wz. dyái denken, sondern als Anomalie anderer Art zu dá machen zu ziehen ist. Obwohl nun dieses dí als einsylbiges Wort im Dat. díyê oder díyái bildet, so hindert dies nicht die Annahme, daſs es in einer uralten, gleichsam privilegirten Zusammensetzung dem Princip der mehrsylbigen Femininstämme auf i folge, und also dyái, nach Analogie von nadyái, bilde.

wie *pib-a-d'yái* besser begründet, als wenn man, nach einem früheren Erklärungsversuch, *d'i* als Wortbildungssuffix, und das *d'* als Verschiebung von *t* auffafst, da die weiblichen Stämme auf kurzes *i* im Dativ viel häufiger *ay-ế* als *y-ái* zeigen, während mehrsylbige Feminiostämme auf *î*, und überhaupt auf langen Endvocal, niemals *é*, sondern nur *ái* als Dativcharakter zeigen. Steckt aber in den vèdischen Infinitiven auf *d'yái* die Wurzel *d'á*, und in den griechischen auf σ-θαι die entsprechende Wz. θη, so stellt sich z. B. zwischen यज्ञध्यै *yaǵ-a-d'yái* um zu verehren und dem auch wurzelhaft identischen ἄζ-ε-σθαι eine merkwürdige Bildungsverwandtschaft heraus (vgl. Ind. Bibl. III. 102), die mich jedoch nicht veranlassen könnte, mit Lassen in den vèdischen Formen den Infinitiv des Mediums zu erkennen, denn einmal fehlt ihnen gerade der den griechischen mediopassivischen Infinitiven sehr wesentliche Zischlaut, und zweitens haben auch die inzwischen an das Licht getretenen Vêda-Texte durchaus keine nähere Beziehung der Formen auf *d'yái* zum Medium wahrnehmen lassen. Ich möchte auch die mögliche Bildungsverwandtschaft der sanskr. und griech. Infinitive auf *d'yái*, σ-θαι nicht anders verstanden wissen, als so, dafs die beiden Sprachen nach ihrer Trennung sich in einer analogen Verwendung eines ihnen gemeinschaftlichen Hülfsverbums beim Infinitiv zufällig begegneten, was wenig befremden kann, da dieses Verbum seiner Bedeutung nach sich wohl dazu eignet, mit anderen Verben Verbindungen einzugehen, und den Anschein von Flexionen zu gewinnen, und daher auch noch in andern Gliedern unseres grofsen Sprachstamms in mehr oder weniger verdunkelten Compositen sich vorfindet. War aber einmal dieses Hülfsverb. im Griech. für den Inf. des Med. und Pass. gewonnen, und hatte es in seiner Verdunkelung die Function einer Flexion angenommen, so ist es natürlich, dafs dann auch die Wurzel θη selber sich mit σ-θαι verband, eben so wie im Aor. und Fut. mit θη-ν, θη-σομαι.

887. Wir haben noch ein skr. Gerundium zu besprechen, welches zwar als solches im Sanskrit isolirt dasteht, aber doch hinsichtlich seiner Bildung mancherlei Berührungen mit europäischen Schwestersprachen darbietet; ich meine das Gerundium auf *ya**). Es ist gleichbedeutend mit dem auf *tvá*, kommt aber fast nur in zusammengesetzten Verben vor, während *tvá* im erhaltenen Sprachzustand, wie mir scheint, wegen seiner schweren Form die durch Praepositionen belasteten Verba meidet. Beispiele von Gerundien auf य *ya* sind: *ni-d'áya* nach (mit, durch) Niederlegen, *anu-śrútya* nach Hören, *nir-gámya* nach Herausgehen, *ni-víśya* nach Eingehen, *prati-b'idya* nach Spalten, *á-túdya* nach Stofsen. Ich halte auch diese Gerundia für Instrumentale, und zwar nach şendischem Princip, so dafs also z. B. *nid'áya* für *nid'ayá*, aus *ni--d'áya-á* steht. Ich habe diese Ansicht schon in der latein. Ausgabe meiner Sanskrit-Grammatik (1832. S. 250) ausgesprochen und dieselbe seitdem durch Fr. Rosen's Ausgabe des ersten Buches des Ṛgvéda in sofern bestätigt gefunden, als hier von Stämmen auf *a* wirklich Instrumentale vorkommen, welche sich von ihrem Stamme nur durch Verlängerung des schliefsenden *a* unterscheiden (s. §. 158. p. 323), so dafs man also nach diesem Princip von einem Stamme *nirgamya* das Herausgehen ein instrumentales Gerundium *nirgamyá* zu erwarten hätte, während ich mich früher, hinsichtlich der Nicht-Einschiebung eines euphonischen *n*, nur auf das védische *svapnayá* (für *svapnéna*) berufen konnte, dessen Analogie für *nirgamya* die Form *nirgamyayá* fordern würde.

888. Nimmt man an, dafs die vorauszusetzenden abstracten Substantivstämme auf *ya*, als deren Instrumentale wir die in Rede stehenden Gerundia erkannt haben**), Neutra

---

*) Wurzeln mit kurzem Endvocal erhalten den Zusatz eines *t*. Der Accent ruht auf der Wurzelsylbe.

**) Beistimmend Benfey, „Vollst. Gramm." p. 429.

waren, so entsprechen ihnen so genau wie möglich die lateinischen Abstracta wie *od-iu-m*, *gaud-iu-m*, *stud-iu-m*, *diluv-iu-m*, *dissid-iu-m*, *incend-iu-m*, *excid-iu-m*, *obsid-iu-m*, *sacrific-iu-m*, *obsequ-iu-m*, *colloqu-iu-m*, *praesag-iu-m*, *contag-iu-m*, *connub-iu-m*, *conjug-iu-m*; also wie im sanskritischen Gerundium fast nur Composita. Vom Griechischen gehören hierher: ἐρείπ-ιο-ν, ἀμπλάκ-ιο-ν, ἁμάρτ-ιο-ν.

889. Das Sanskrit bildet durch das neutrale Suffix *y a* auch Abstracta aus Nominalstämmen, deren Endvocal, ausgenommen *u*, welches gunirt wird, unterdrückt wird, während der Anfangsvocal in der Regel durch Vriddi gesteigert wird (s. §. 26) und den Ton erhält, z. B. *mā́dur-ya-m* Süfsigkeit, von *madurá-s* süfs, *nā́ipuṇ-ya-m* Geschicklichkeit, von *nipuṇá-s* geschickt, *śā́ukl-ya-m* Weifse, von *śúkla-s* weifs, *čā́ur-ya-m* Diebstahl, von *čórá-s* Dieb. Hierzu stimmen, auch hinsichtlich der Unterdrückung des Endvocals des Primitivstammes, vortrefflich die gothischen Neutralstämme abstracter Substantive wie *diub-ja* Diebstahl, von *diub(a)-s* Dieb (s. §. 135), *unlêd-ja* Armuth, von *unlêd(a)-s* arm, *galeik-ja* Ähnlichkeit, von *galeik(a)-s* ähnlich, *unvit-ja* Unwissenheit, von *unvit(a)-s* unverständig, *hauhist-ja* Höhe, von *hauhist(a)-s* der höchste. Im Nom. Acc. wird nach §. 153 das *a* des Suffixes *ja* unterdrückt und *j* zu *i* vocalisirt, daher *diubi*, *unlêdi* etc. Lateinische Abstracta dieser Art sind z. B. *mendac-iu-m*, *artific-iu-m*, *princip-iu-m*, *consort-iu-m*, *jejun'-iu-m*, *conviv'-iu-m*. Sparsamer vertreten ist diese Wortklasse im Griechischen durch Formen wie μονομάχ'-ιο-ν, θεοπρόπ'-ιο-ν. Es gehören aber auch hierher, wenngleich mit veränderter Richtung der Bedeutung, Wörter wie ἐργαστήρ-ιο-ν, δικαστήρ-ιο-ν, ληστήρ-ιο-ν, ναυπήγ-ιο-ν, und, von Stämmen auf ευ, solche wie τροφεῖο-ν, κουρεῖο-ν, wie es scheint, mit unterdrücktem Digamma, für τροφέϝ-ιο-ν, κουρέϝ-ιο-ν.

890. Im Altslavischen entspricht das neutrale Suffix ию *ije* (euphonisch für *ijo*, s. §. 92. *k*), so dafs dem Halbvocal noch der ihm entsprechende Vocal vorgetreten ist, der je-

doch im Russischen fehlt; z. B. ВЕСЕЛИК *veselije**) Freude (russ. веселїе *veselie*), von ВЕСЕЛЪ *veselŭ* freudig. Abstracta auf АНИК *anije*, ЕНИК *enije*, 'ЂНИК *ěnije*, ТИК *tije* sind durch das in Rede stehende Suffix aus dem Participium perf. pass. in ähnlicher Weise gebildet, wie im Althochd. z. B. *farlâzani* Verlassung, *erweliti* Erwählung durch die weibliche Form des Suffixes ᴙ *ya* aus dem der Conjugation des betreffenden Verbums gemäfsen Participium; z. B. ЧАІАНИК *ćajanije* Erwartung, von ЧАІАНЪ *ćajanŭ* erwartet, ІАВЛЕНИК *javlenije* Enthüllung, von ІАВЛЕНЪ *javlenŭ* enthüllt, ПИТИК *pitije* das Trinken, von ПИТЪ *pitŭ* getrunken. Auch Collectiva werden durch dieses Suffix in den slavischen Sprachen wie im Sanskrit gebildet, z. B. im Russ. древїе *drevie* viele Bäume, von древо *drevo* Baum. So im Sanskrit *kấiśya-m* Haare, von *kếśa-s* Haar.

891. Im Litauischen, welches das Neutrum bei Substantiven verloren hat, ist die in Rede stehende Wortklasse männlich geworden, und da nach §. 135 die Sylbe *ja* vor dem Nominativzeichen *s* sich zu *i* zusammenzieht, und der Endvocal der Primitivstämme wie in den Schwestersprachen unterdrückt wird, so gewinnt es in Betreff des Nominativs das Ansehen, als wenn die blofse Umwandlung von *a* oder *u* in *i* aus einem Adjectiv ein Abstractum erzeugen könnte. Man vergleiche z. B. *jů́d'-i-s* Schwärze (aus *jů́d-ia-s*) mit *jů́da-s* schwarz, *ilg'-i-s* Länge mit *ilga-s* lang, *śált-i-s* Kälte mit *śálta-s* kalt, *plót-i-s* Breite mit *platŭ-s* breit**).

---

*) S. Miklosich, Radices p. 8. Dobrowsky (p. 283) schreibt ВЕСЕЛЇЕ und ähnlich in den übrigen p. 282 ff. gegebenen Beispielen dieser Wortklasse.

**) Man beachte, dafs *ō* im Litauischen der gewöhnlichste Vertreter des ursprünglichen langen *á* ist (s. §. 92. p. 134 f.); es steht daher *plót-i-s* zu seinem Primitivum *platŭ-s* in einem ähnlichen Verhältnifs wie z. B. im Sanskrit *mắd'ur-ya-m* Süfsigkeit zu *mad'urá* süfs (s. §. 889).

892. Die weibliche Form des Suffixes य *ya*, nämlich या *yá*, bildet primitive Abstracta mit dem Ton auf dem Suffix, z. B. *vragyá* Wanderung, *vidyá* Wissenschaft, *śayyá* *) das Liegen. Hierzu stimmen vortrefflich gothische abstracte Femininstämme auf *jô* (*ô* = *á*, §. 69. 1), Nom. *ja* oder *i* **), namentlich entspricht *vrakja* Verfolgung (Gen. *vrakjô-s*) auch wurzelhaft dem erwähnten व्रज्या *vragyá*, mit Tenuis für Media, nach §. 87. Die übrigen uns erhaltenen Abstracta dieser Bildung sind: *brakja* Kampf (eigentlich Bruch), *hrôpi* Geschrei, *haiti* Befehl, *usvandi* Umgebung. Man beachte, daſs *vrakja*, *brakja* und *us-vandi* (Gen. *us-vandjô-s*) den wahren Wurzelvocal bewahrt haben und daher nicht zum geschwächten Praesens (*vrika*, *brika*, *vinda*), sondern zu den einsylbigen Formen des Praet. stimmen. So *bandi* Band, Fessel, *fôtu-bandi* Fuſsschelle; dagegen *ga-bindi* Band mit der äuſsersten Vocalschwächung des Praes. und *ga-bundi* id. mit dem mittleren Vocalgewicht der mehrsylbigen Formen des Praet. und Part. perf. pass. — Eine unorganische Stamm-Erweiterung durch *n* (s. §. 142) zeigen *rath-jô* (Gen. -*jôn-s*) Rechnung, Rechenschaft, *sak-jô* ***) Streit, *vaih-jô* Kampf (*veiha* ich kämpfe), *ga-run-jô* Überschwemmung (*rinna*, *rann*, *runnum*).

893. In den slavischen Sprachen ist die Klasse weiblicher Abstracta, welche im Sanskrit durch das Suffix या *yá* unmittelbar aus der Wurzel gebildet wird, ziemlich zahlreich vertreten; sie endet im Altslav. im Nominativ auf

---

*) Aus *śé-yá* mit unregelmäſsigem Guṇa, wie z. B. in *śé-te* = κεῖται. Das *y* des Suffixes wirkt wie ein Vocal, daher *ay* für *e* = *ai*.

**) S. §. 121. p. 251.

***) Man vergleiche die goth. Wurzel *sak* (aus *sag* nach §. 87), mit dem skr. सङ्ग् *sańǵ* affigere, mit *abʹi* (*abʹisańǵ*) maledicere, objurgare; *abʹisańga-s*, nach Wilson 1. „A curse, or imprecation. 2. An oath. 3. Defeat. 4. A false accusation" etc.

ıa *ja*, z. B. волıa *volja* Wille, желıa *s'elja* Trauer, коүплıa *kuplja* (л *l* euphon.) Handel. Im Litauischen hat sich der *a*-Laut dieses Suffixes durch den euphonischen Einfluſs des Halbvocals gewöhnlich zu *e* umgestaltet, der Halbvocal selber aber ist weggefallen (s. I. p. 147), ausgenommen im Gen. pl. auf *iŭ* oder *jŭ*. Es gehören nämlich hierher weibliche Abstracta wie *srōwé* Strömung (*srauju* ich blute, skr. *sráv-á-mi* ich flieſse, gr. ῥέω), *żiné* das Wissen, Wissenschaft (*żinaú* ich weiſs), *painé* Verwickelung (*pinù* ich flechte). Dagegen zeigt sich *ia* in *pradżia* Anfang (*pra-dé-mi* ich fange an), wofür im Sanskrit *pra-dá-yá* zu erwarten wäre *).

894. Die lateinischen Bildungen dieser Klasse weiblicher Verbal-Abstracta auf *ia* oder *ié* (s. I. p. 148) sind wie die neutralen auf *ŏ* und die sanskr. Gerundia auf *ya* meistens componirt (s. §. 888), z. B. *inedia, invidia* (wenn nicht von *invidus*), *vindemia, desidia, insidiae, excubiae, exsequiae, diluvié-s, pernicié-s* **). Beispiele einfacher Bildungen dieser Art sind *pluvia, scabié-s* (eigentlich das Jucken), *rabié-s*. Mit dem unorganischen Zusatz eines *n* und Vertretung des *á* durch *ŏ* — wie z. B. in dem Suffix *tŏr* = *tár*, τηρ, §. 647, und in *mŏn* = *mán*, μων, §. 797 — hat sich das skr. Suffix *yá* in einigen abstracten Femininstämmen zu *iŏn* gestaltet; diese stimmen daher zu den oben (§. 892) erwähnten gothischen Stämmen auf *jón*, Nom. *jó*, also *con-tagiŏ*,

---

*) Die lit. Form hat den Wurzelvocal vor dem Suffix unterdrückt, sonst würde sie *pra-dē-ja* lauten, da der Halbvocal *j* zwischen zwei Vocalen im Litauischen wie im Lateinischen sich behauptet, hinter Conson. aber, *p, b, w, m* ausgenommen (Mielcke p. 4), zu *i* sich vocalisirt hat. *D* vor *i* mit folgendem Vocal wird *dź* (= *dsch*, skr. ज् *ǵ*), das *i* aber in der Aussprache kaum berührt.

**) Ohne Stammverbum, denn von *perneco* ist es schwerlich entsprungen, da Verba der ersten Conjug. keine Abstracta dieser Art gezeugt haben. Das wurzelverwandte skr. *náśyámi* ich gehe zu Grund lieſse ein lat. Verbum der 3ten Conj. wie *nacio, necio* oder *nocio* (vgl. *nex, noceo*) erwarten.

iôn-is, suspiciô, obsidiô, ambagiô. capiô, wie im Gothischen rathjô, Gen. rathjôn-s etc. Im Griechischen entspricht ιᾱ so genau als möglich dem skr. या yá, ist jedoch in der primären Wortbildung nur ziemlich schwach vertreten. Beispiele sind: πενία, μανία, ἁμαρτία, ἀμπλακία. Bei Verben auf ευω (s. §. 777), welche diese Bildungsart des Abstractums vorzugsweise begünstigen, geht das υ vor dem Suffix verloren, war aber wahrscheinlich früher wegen des folgenden Vocals in ϝ übergegangen, also z. B. ἀριστεία aus ἀριστεϝία. Häufiger erscheint das Suffix ιᾱ (ε-ιᾰ) als Bildungsmittel denominativer Abstracta in Formen wie εὐδαιμον-ία, ἡλικ-ία, μακαρ-ία, ἀνδρ-ία, σοφ'-ία, κακ'-ία, δειλ'-ία, ἀγγελ'-ία, ἀναγωγ'-ία, στρατηγ'-ία, ἀλήθεια*), ἄνοια (ἀνο'-ια). Diesen denominativen Abstracten entsprechen lateinische wie capac-ia, feroc-ia, infant-ia, praesent-ia, inert-ia, concord-ia, inop-ia, perfid'-ia, superb'-ia, barbar'-ia; pauper-iê-s, barbar'-iê-s; un'-iô(n), tal'-iô(n), commun'-iô(n), rebell'-iô(n).

895. Das Althochdeutsche hat von den sanskritischen Stämmen auf yá den Vocal, den das Gothische nur im Nom. sg. unter den in §. 120. p. 251 angegebenen Umständen eingebüfst hat, in allen Casus, den Gen. pl. (heilô-n-ô für heiljô-n-ô, s. §. 246) ausgenommen, aufgegeben und den Halbvocal in die Länge des entsprechenden Vocals verwan-

---

*) Die Stämme auf ες (s. §. 128) verlieren ihren End-Cons., wie in den obliquen Casus, also ἀλήθεια aus ἀληθεσ-ια, wie ἀληθέ-ος aus ἀληθεσ-ος. Die Vereinigung des ι des Suffixes mit dem vorangehenden ε oder σ des Grundwortes ist Veranlassung zur Kürzung des schliefsenden α. Für die ursprüngliche α-Länge auch solcher Bildungen spricht das Homerische ἀληθείη. In Analogie mit der Erscheinung, dafs Stämme auf ς diesen Consonanten vor dem Suffix ια unterdrücken, steht die Erscheinung, dafs Stämme auf n im Sanskrit nicht nur diesen Conson., sondern auch den vorhergehenden Vocal vor Vocalen und y eines Ableitungssuffixes aufgeben, daher z. B. rág-ya-m Königreich (goth. reik-i, Them. reik-ja Herrschaft, von reik(a)-s Herrscher, Oberster) für rágan-ya-m, von rá´gan König.

delt, welchem im Dat. pl. das Casuszeichen *m* (oder *n*) sich anschliefst*). Es gehören hierher fast sämmtliche Wörter von Grimm's 2ter Declination fem. starker Form, die, wie die gothische 3te schwache Decl. fem., aufser den Bildungen auf *nissi* fast nur solche Abstracta enthält, welche durch das dem skr. या *y á* entsprechende Suffix aus Adjectiven (die Participia mitbegriffen) entsprungen sind, wie z. B. *chalt'-i* Kälte, *warm'-i* Wärme, *hôh'-i* Höhe, *huld'-i* Huld, *náh'-i* Nähe, *scôn'-i* Schöne, Schönheit, *suoz'-i* Süfse, *still'-i* Stille, *tiuf'-i* Tiefe, *rôt'-i* Röthe, *suarz'-i* Schwärze, von den Adjectivstämmen *chalta* kalt, *warma* warm **) etc. Ich mache besonders aufmerksam auf die von Passiv-Participien, welche den sanskritischen auf *ta* und *na* entsprechen, durch das in Rede stehende Suffix entspringenden Abstracta, welche, abgesehen von dem Geschlecht, mit den oben (§. 890) erwähnten slavischen Abstracten wie питнк *pitije* das Trinken, члганнк *ćajanije* Erwartung übereinstimmen. Beispiele althochdeutscher Abstracta dieser Art sind: *er-welit'-i* Erwählung, *vir-wehsalôt'-i* Abwechselung, *vir-terhinêt'-i* Vorwand, *var-lázan'-i* Verlassung, *ar-haban'-i* Erhebung, *êrist-poran'-i* Erstgeburt, von den Participialstämmen *erwelita* (Nom. -*têr*) etc., *varlázana* (Nom. -*nêr*) etc. Die Bildungen auf *ni* (Grimm II. 161. 62) sind viel zahlreicher als die auf *ti* (Grimm II. 261), beide aber stammen fast nur von zusammengesetzten Participien; auch verdient es Beachtung, dafs solche Bildungen auf das Alt-

---

*) Ich vermuthe, dafs das *i* auch im Dativ plur. lang ist, also *heill-m*, da die Vocallängen sich leichter vor einem schliefsenden Couson. als am Wort-Ende behaupten. Man vergleiche die Conjunctivformen wie *dzi* gegen *dzis*, *dzit*, *dzin* (s. S. 41).

**) Nom. m. *challé-r*, *wurmé-r*, mit dem Pronominalzusatz der starken Declin. (s. §. 287 f.). Am Anfange von Compositen steht entweder der wahre Stamm auf *a*, oder, und zwar vorherrschend, der durch Ablösung des *a* verstümmelte Stamm, z. B. *mihila-mot* und *mihhil'-mot* magnanimus (Graff, II. 694). Hiervon später mehr.

und Mittelhochdeutsche beschränkt sind, etwa das von Grimm (p. 162) erwähnte altnordische *um-géngni* conversatio ausgenommen. Die vorhin erwähnte merkwürdige Begegnung mit dem Slavischen möchte ich nicht so gedeutet wissen, dafs man darauf die Vermuthung einer speciellen Verwandtschaft des Slavischen und Germanischen gründen könnte, denn da das skr. Suffix य *ya*, fem. या *yâ*, als Bildungsmittel denominativer Abstracta in den europ. Sprachen überhaupt sehr verbreitet ist, so ist es gar nicht befremdend, dafs das Slavische und Hochdeutsche sich zufällig darin begegnen, dafs sie dieses Suffix auch zu Ableitungen aus Passiv-Participien benutzt haben. Es wäre möglich, dafs auch die lateinischen Abstracta auf *tiôn, siôn* nicht, wie früher bemerkt worden, durch eine Erweiterung des Suffixes *ti* gebildet (s. §. 844), sondern durch *iôn* aus dem Part. pass. entsprungen seien, also z. B. *coct'-iô(n)* aus *coctu-s*, *mot'-iô(n)* aus *motu-s*, *miss'-iô(n)* aus *missu-s*, *orbât'-iô(n)* aus *orbâtu-s*, wie oben (S. 337) *commun'-iô(n)* aus *communi-s*, *un'-iô(n)* aus *unu-s*, wie im Althd. *erwelit'-i* aus *erwelita*.

896. Es bedarf kaum einer Erwähnung, dafs das *e* unserer Abstracta wie *Kälte*, *Wärme*, die Entartung des *i* der analogen ahd. Abstracta sei, wie überhaupt fast alle Vocale in den Endsylben mehrsylbiger Wörter sich im Neuhochdeutschen, und meistens schon im Mittelhochd., zu *e* geschwächt haben. Es wäre aber ohne Beachtung der Mittelstufen unmöglich gewesen, in Wörtern wie *Kälte*, *Gröfse*, *Länge* eine Bildungsverwandtschaft zu erkennen mit dem skr. *baṇigyâ* Handel (von *baṇíǵ* Kaufmann) und Collectiven wie *gavyâ* eine Menge Kühe (von *gó*), *pâśyâ* eine Menge Stricke (von *pấśa*), welchen griechische wie ἀνθρακ-ιά, μυρμηκ-ιά, σποδ'-ιά entsprechen. Im Hochdeutschen ist diese Klasse von Collectiven neutral geworden, wie im Slavischen (s. §. 890), und es hat sich daher das Suffix *ja* im Althochd. im Nom. Acc. zu *i* zusammengezogen (vgl. goth. §. 153), welches im Neuhochd. entweder unterdrückt oder zu *e* geworden. Dem Stammworte ist die Praep. *ge* mit

(ahd. *ga, gi* etc.) vorgetreten, daher z. B. ahd. *gafugil'-i* (für *-ali*) complexus avium, von *fugal*, Them. *fugala* Vogel (mhd. *gevügele*, nhd. *Gevögel*), *gabein'-i* Gebein, ossa, *gabirg'-i* Gebirge, Gebirg, *gafild'-i* Gefilde (eigentlich viele Felder, agri, arva), *gadarm'-i* Gedärm, *gistein'-i* Gestein, *gistirn-i* Gestirn. Was das Verhältniſs des *e* unserer Abstracta wie *Kälte* zum sanskr. *yá* anbelangt, so stimmt jene Entartung genau zu der im Conjunctiv des Praet., wo z. B. *áſse* dem althochd. *ázi* und skr. *ad-yá´-m*, *ad-yá´-t* (s. §. 972) gegenübersteht; das ahd. *î* von *chaltî* begegnet dagegen der Zusammenziehung, die das Sanskrit selber im Med. des Potent. erfährt, wo z. B. *ad-î-máhi* (aus *ad-yá-mahi*, s. §. 675) dem goth. *êt-ei-ma* und ahd. *áz-i-mês* gegenübersteht. Das Angelsächsische hat in der in Rede stehenden Klasse denominativer Abstracta von dem skr. *yá* den Halbvocal abgelegt und den Vocal zu *o* geschwächt*), daher z. B. *hælo* Gesundheit, *hyldo* Huld, *yldo* Alter gegen ahd. *heilî, huldî, altî*. Das Goth. hat dem zu *ei* (= *î*, s. §. 70) zusammengezogenen 𐌾𐌰 *yá* noch ein unorganisches *n* beigefügt, welches im Nomin. nach §. 142 abfällt. Daher z. B. *hauh'-ei(n)* Höhe, *diup'-ei(n)* Tiefe, *lang'-ei(n)* Länge, *braid'-ei(n)* Breite, *manag'-ei(n)* Menge, *magath'-ei(n)* Jungfrauschaft, παρϑεν-ία, von den Adjectivstämmen *hauha* (N. m. *hauhs*) etc. und dem Substantivstamme *magathi* (Nom. *magaths*). Auch von schwachen Verbalthemen auf *ja* (Grimm's erste Conjug.) entspringen abstracte Stämme auf *ein*, wobei die Verbal-Ableitung auf *ja* (= skr. *aya*) vor dem Abstractsuffix *ein* abfällt, daher z. B. *ga-angv-ei(n)* Beengung, von *ga-angvja* ich beenge, *bairht'-ei(n)* Verkündigung, von *bairhtja* ich verkündige, *vaia-mêr'-ei(n)* Lästerung, von *vaia-mêrja* ich lästere**). Das unorga-

---

*) Wahrscheinlich aus früherem *u*, wie z. B. in der Endsylbe von *sïvfon* 7 für goth. *sibun*, skr. *sáptan*, und im Plur. des Praet., z. B. *fóron* = goth. *fórum*, 3te Pers. *fórun*.

**) Auch im Althochd. gibt es Verbal-Abstracta dieser Art, nur mit Weglassung des unorganischen *n*, z. B. *mend'-î* Freude, von

nische *n* dieser Wortklasse findet sich gelegentlich auch im Althochdeutschen, ist hier aber zugleich in den Nominativ eingedrungen (s. Grimm I. 628).

897. Durch das Suffix *ya*, fem. *yá*, werden im Sanskrit auch Participia fut. pass. gebildet, welche gröfstentheils die Wurzelsylbe betonen, zum Theil aber das Suffix durch den schwächeren Accent (Svarita). Die letztere Betonungsart kommt nur bei Wurzeln vor, welche mit einem Consonanten enden (die mit ऋ *r* wechselnde Sylbe *ar* mitbegriffen) und entweder von Natur lang sind (Positionslänge mitbegriffen), oder in dieser Wortklasse — wozu auch Appellativa gehören, welche ihrer Grundbedeutung nach passive Participia der Zukunft sind — durch Guṇa oder Vriddʼi gesteigert werden [*]). Am wenigsten verträgt *á*, d. h. der schwerste unter den einfachen Vocalen, vor zwei Consonanten in dieser Wortklasse eine andere Betonungsart, woraus erhellt, dafs die Sprache hier die Vereinigung des äufsersten Vocalgewichts mit dem der stärksten Betonung einer und derselben Sylbe zu vermeiden sucht. Beispiele sind: *gúhya-s* celandus, *gúhya-m* subst. Geheimnifs, *íḍya-s* celebrandus, *śáṅsya-s* laudandus, *dóhya-s* mulgendus (Wz. *duh*), *dŕśya-s* spectandus (Wz. *darś*, *dŕś*, s. §. 1), *ćéya-s* colligendus (Wz. *ći*), *stávya-s* u. *stávyà-s* laudandus, *bʼógyà-s* edendus, *bʼógyà-m* subst. Speise (Wz. *bʼuǵ*), *páćyà-s* coquendus (Wz. *paćʼ*),

---

mendiu gaudeo (vgl. skr. *mand* gaudere), *touf'-t* Taufe, von *toufiu* ich taufe. Man berücksichtige, dafs auch im Sanskrit der Charakter der 10ten Kl. und der Causalformen vor gewissen Wortbildungssuffixen unterdrückt wird, während eigentlich nur das schliefsende *a* von *aya* unterdrückt werden sollte (s. §. 109[d]. 6). Namentlich wird vor dem Gerundialsuffix *ya*, worauf es uns hier am meisten ankommt, *ay* in der Regel unterdrückt, z. B. *ni-véd-ya* nach dem Übergeben, für *ni-véd-ay-ya*.

[*]) In der grammatischen Kunstsprache wird dieses Participialsuffix, im Fall es durch den Svarita betont und der Wurzelvocal gesteigert wird, ण्यत् *nyat* genannt.

ni-váryà-s arcendus (Wz. *var, vṛ,* Kl. 10), *vákyà-m* Rede, als zu sprechende, *káryà-m* Geschäft als zu machendes (Wz. *kar, kṛ*), *bʿáryáʿ* Gattin als zu erhaltende, zu ernährende (Wz. *bʿar, bʿṛ*); send. 𐬬𐬀𐬵𐬨𐬌𐬋 *vahmyó* (Them. *-ya*) invocandus*). Hierzu stimmen vortrefflich einige gothische Adjectivstämme auf *ja*, welche, wie schon anderwärts bemerkt worden, in Grimm's 2ter Adjectiv-Declination starker Form (bei v. der Gabel und Löbe p. 74) zu suchen sind. Hier finden wir die Stämme *anda-nêm-ja* angenehm, eigentlich accipiendus**), *unqvêth-ja* unaussprechlich (Wz. *qvath: qvitha, qvath, qvêthum*), *anda-sêtja* verächtlich, entsetzlich (Wz. *sat* sitzen: *sita, sat, sêtum*; *and-sat* sich scheuen), *skeir-ja* klar, deutlich, erklärlich (*gaskeir-ja* ich erkläre), *un-nut-ja* unnütz, eigentlich ungeniefsbar (Wz. *nut* erlangen, geniefsen; *niuta, naut, nutum*), *brúk-ja* brauchbar, *un-brúk-ja* unbrauchbar, *riur-ja* zerstörbar, verderblich, vergänglich (φθαρτός), *un-riur-ja* unvergänglich, ἄφθαρτος (*riurja* ich verderbe), *sût-ja* mild, eigentlich gustandus, ist identisch mit dem skr. *svád-yà-s*, von

---

*) Von dem Denom. *vahmayémi* mit Unterdrückung des Charakters der 10ten Klasse, wie im Sanskrit z. B. *ni-vdryà-s* arcendus, von *ni-vár-ayá-mi*. Gegen die Erklärung von Burnouf (l. c. p. 575), wonach *vahmya* direct vom Stamme *vahma* invocatio käme, läfst sich in formeller Beziehung nichts einwenden; ich ziehe aber vor, eine Form, die sich der Bedeutung nach als Participium fut. pass. herausstellt, auch der Form nach als solches zu erklären, was, wie die skr. Analoga zeigen, keine Schwierigkeit hat. Auch Neriosengh fafst 𐬬𐬀𐬵𐬨𐬌𐬀 *vahmya*, so wie das ihm zur Seite stehende *yasnya*, wovon später, als Part. fut. pass. (Burn. p. 572), und übersetzt ersteres durch *su-namaskaraṇíya* (bene adorandus), und letzteres durch *árádʿaníya* (venerandus).

**) Von der Wz. *nam* (*nima, nam, nêmum*). Hinsichtlich der Verlängerung des wurzelhaften *a* zu *ê* (= skr. *â*, s. §. 69. 2) in dieser und analogen Formen vergleiche man skr. Formen wie *páćyà-s* coquendus.

á-svád-yà-s gustandus, jucundi saporis*), und verwandt mit svádú-s süfs (griech. ἡδύ-ς, ahd. suozi süfs in der unflectirten Form, Them. suozia = goth. sútja). Von Substantiven gehört der Neutralstamm basja Beere (N. A. basi) hierher, wenn es, wie ich vermuthe, dem skr. b'akś'--ya-m Speise, eigentlich zu essendes, entspricht (von b'akś' essen, griech. φάγω), und des Gutturals der Wurzel verlustig gegangen ist, in derselben Weise wie z. B. im Send das skr. akś'i Auge sich zu aśi verstümmelt hat. Im ahd. beri (Thema berja) ist das s zu r geworden, wie z. B. in wárumés wir waren = goth. vésum.

898. Auch das Litauische hat einige Überreste des in Rede stehenden Part. fut. pass., aber nur in substantivem Gebrauch. Hierher gehören wálg-i-s (aus walg-ja-s, s. §. 135) **Speise als zu essende** (wálgau ich esse), źód-i-s **Wort als zu sprechendes** (vgl. ź̇ad-a-s Sprache, źadù ich verspreche, skr. gad sprechen). Im Lateinischen ist ex-im-iu-s, eigentlich = eximendus, seiner Bedeutung nach der treueste Überrest dieser Wortklasse. Der Form nach gehören auch gen-iu-s und in-gen-iu-m hierher. Zu letzterem stimmt in Wurzel und Bildung der goth. Neutralstamm kun-ja, Nom. kuni, Geschlecht. Im Griechischen entspricht ἅγ-ιο-ς (urverwandt mit ἅζω) dem skr. yáǵ-yà-s **venerandus**. Deutlicher, vom griechischen Standpunkt aus, sind: στύγ-ιο-ς, φρύγ-ιο-ς, πάγ-ιο-ς. Πάλλα **Ball, als zu werfender**, erklärt sich, meines Erachtens, durch Assimilation aus παλjα, in derselben Weise, wie πάλλω aus παλjω, aber mit dem Unterschied, daſs, während das 2te λ von πάλλω auf den sanskritischen Charakter ya der 4ten Klasse sich stützt (s. I. p. 210), und daher z. B. von dem Abstractum πάλο-ς ausgeschlossen ist, das 2te λ von πάλλα dem य् y des in Rede

---

*) Wz. svad (wie es scheint aus su wohl und ad essen) gustare, Med. jucunde sapere. Über die Bildung des männlichen Singularnominativs der gothischen Adjectivstämme auf ja s. §. 135.

stehenden Participialsuffixes entspricht. Es haben also πάλλα und πάλλω, hinsichtlich des auf die Wurzel folgenden Consonanten, eben so wenig etwas mit einander gemein, als z. B. im Skr. *lŏ́b'-ya-s* desiderandus und *lúb́-ya-té* desiderat. — Hierher ziehe ich auch mit G. Curtius („de nominum Graecorum formatione" p. 61) φθί-δ-ις-ς und ἀμφά-δ-ιο-ς; so noch ἐκτά-δ-ιο-ς. Das eingeschobene δ mag mit dem *t* verglichen werden, welches nach kurzen Vocalen dem skr. Gerundialsuffix य *ya* vorgeschoben wird, oder auch, was uns hier noch näher liegt, mit dem einiger Appellativa, welche ihrer Grundbedeutung nach Participia fut. pass. sind, wie *ćí-t-ya-m* Scheiterhaufen, eigentlich colligendum (von *ći* sammeln), *b́ŕ̥-t-ya-s* Diener, als zu ernährender, von *b́ar*, *b́r̥* tragen, erhalten, ernähren. Hierher gehört seiner Bildung nach, wenngleich mit activer Bedeutung, das griech. στά-δ-ιο-ς, eigentlich stehend (vgl. στα-τός = skr. *sti-tá-s*).

899. Viel häufiger als in der primären Wortbildung ist das griechische ιο als Bildungssuffix denominativer Adjectiva (Buttmann §. 119. 67), und hat hier ebenfalls sein sanskritisches Vorbild in dem secundären (Taddita-)Suffix von Wörtern wie *div-ya-s* himmlisch, von *div* Himmel, *hŕd-ya-s* lieblich, angenehm, von *hrd* Herz, *ágr'-ya-s* der trefflichste (an der Spitze stehende), von *ágra-m* Spitze, *d́án'-ya-s* reich, von *d́ána-m* Reichthum, *śún-ya-s* hündisch, von dem geschwächten Stamme *śun* = griech. κυν, *rát''-ya-s* Wagenpferd (zum Wagen gehörend), *rát''-ya-m* Wagenrad, von *rát'a-s* Wagen, *yaśasyà-s* berühmt, von *yáśas* Ruhm, *rahas-yà-s* geheim, von *ráhas* Geheimnifs*), *náv-yà-s*

---

*) In den beiden letzten Beispielen ist die Herabsinkung und Schwächung des Accents veranlafst durch den Umstand, dafs dem Suffix mehr als Eine Sylbe vorangeht, womit man die Erscheinung vergleichen möge, dafs im Gothischen dasselbe Suffix unter denselben Umständen im Nomin. eine Zusammenziehung oder Unter-

schiffbar, von *náu-s* Schiff. Sendische Beispiele sind: ⲱⲣⲩⲓⲱⲥⲓ *nmán'-ya* domesticus, von *nmána* Haus, ⲱⲣⲩⲟⲥⲉⲱⲱ *áhuir'-ya* den Ahura betreffend (mit Vriddi). von *ahúra*, ⲱⲣⲩⲟⲥⲱⲥ *yáir-ya* jährlich, von ⲉⲟⲱⲥ *yárě* Jahr, ⲱⲣⲩⲟⲥⲱⲅⲉⲩⲃⲱⲥ *yauṣdátír'-ya* reinigend, Reiniger, von ⲱⲟⲥⲱⲅⲉⲩⲃⲱⲥ *yauṣdátra* Reinigungsmittel (§. 816), *gaiť'-ya* (ⲣⲩⲱ, s. l. p. 60) irdisch, von *gaitá* (Nom. *gaita*, s. §. 137) Erde. So im Griechischen z. B. ἅλ-ιο-ς, ἀγών-ιο-ς, ἡγεμόν-ιο-ς, πάτρ-ιο-ς (= skr. *pitr-ya-s* väterlich), σωτήρ-ιο-ς, φιλοτήσ-ιο-ς (aus φιλοτητ-ιο-ς), θαυμάσ-ιο-ς (aus θαυμάτ-ιο-ς), ἑκούσ-ιο-ς (aus ἑκόντ--ιο-ς), τέλειο-ς (aus τελέσ-ιο-ς, s. §. 128), ἐπιτήδειο-ς (aus ἐπιτηδέσ-ιο-ς), ὄρεισ-ς (aus ὀρέσ-ιο-ς), γέλοιο-ς (aus γελώσ-ιο-ς für γελώτ-ιδ-ς), ἐτήσ-ιο-ς (für ἐτέσ-ιο-ς vom Stamme ἔτες, wovon auch ἔτειος), οὐράν'-ιο-ς, ποτάμ'-ιο-ς, θαλάσσ-ιο-ς, κόν-ιο-ς, λύσ'-ιο-ς, φύξ'-ιο-ς, ἀσπάσ'-ιο-ς (von dem vorauszusetzenden Verbal-Abstractum ἀσπασι-ς), πήχυ-ιο-ς, τριπήχυ-ιο-ς, δίκαιο-ς, ἀκμαῖο-ς, ἁμαξαῖο-ς, ἀμοιβαῖο-ς. Die 4 letzten Beispiele, wie die meisten Ableitungen von Wörtern der ersten Decl., entfernen sich vom ursprünglichen Princip darin, dass sie den Endvocal des Stammes (immer als *a*, wie im Nom. plur.) vor dem Suffix beibehalten, und der so erwachsende Diphthong veranlasst in den meisten Fällen die Verschiebung des Accents. Die Beibehaltung des υ von πήχυις-ς und τριπήχυιο-ς stimmt zur Erhaltung des *u* im Sanskrit (s. §. 889), z. B. in *ṛtav-yà-s* jahrszeitlich, von *ṛt-ú-s*. — Hierher gehören auch Gentilia wie Σαλαμίν-ιο-ς, Κορίνθ'-ιο-ς, Μιλήσ'-ιο-ς (aus -τ'-ιο-ς), Ἀθηναῖο-ς; Personennamen wie Ἀπολλών-ιο-ς, Διονύσ'-ιο-ς; neutrale Benennungen von Tempeln und Heiligthümern nach dem Gotte, dem sie gewidmet sind, wie Ἀπολλώ-νιο-ν; im Plural Festnamen wie Διονύσ'-ια, und viel-

---

drückung erfährt (s. §. 135). Bei *náv-yà-s* (Pân. VI. 1. 213) wirkt das lange *á* auf die Schwächung der Accentuation, ähnlich wie im Gothischen z. B. das *d* von *sút-i-s* auf die Schwächung des Suffixes.

leicht weibliche Ländernamen, gebildet aus den Namen der Bewohner, wie Αἰθιοπ-ία von Αἰθίοπ-ς, Μακεδον-ία vom Stamme Μακεδον. Den Personennamen entsprechen sanskritische Patronymica wie *káurav-yá-s* Kuruide (von *kuru*), in welchen der erste Vocal des Grundwortes durch Vriddi gesteigert, der Ton aber auf die Endsylbe herabgesunken ist.

900. Im Lateinischen ist diese Wortklasse weniger zahlreich als im Griechischen, doch gehören hierher sowohl verschiedene Adjective und Appellative, als auch Personennamen. Beispiele sind: *egreg-iu-s*, *patr-iu-s*, *imperator-iu-s*, *praetor-iu-s*, *censor-iu-s*, *soror-iu-s*, *nox'-iu-s*, *lud'-iu-s* (von *ludu-s*, nicht von *ludo*), *Mar-iu-s*, *Octav'-iu-s*, *Octav'-ia*, *Non'-iu-s*, *Non'-ia*. Was die Benennungen der Länder auf ιᾱ im Griech. und ihr Verhältnifs zu den Namen der Einwohner anbelangt, so mufs daran erinnert werden, dafs wir früher (§. 119) das griech. ια als blofse Erweiterung des skr. Feminincharakters *í* erkannt haben, unter anderm in Femininen auf τρια (ὀρχήστρια), gegenüber den sanskritischen auf *trí* (*dátrí* Geberin, s. §. 811); es könnten demnach auch die Ländernamen auf ια als blofse Femininbildungen der die Namen der Einwohner ausdrückenden Stammwörter aufgefafst werden, so dafs also z. B. Μακεδονία in sanskritischer Form als *Makadan-í* erscheinen und eigentlich die Angehörige, um nicht zu sagen Gemahlin, des Makedoniers, oder auch die Mutter sämmtlicher Makedonier, bedeuten würde. Diese Ansicht wird sehr nachdrücklich dadurch unterstützt, dafs es auch Ländernamen mit weiblichen Themen auf ιδ gibt, deren ιδ = skr. *í* zu dem den Einwohner bezeichnenden Grundworte sich eben so verhält, wie oben (§. 119) λῃστρ-ίδ (für λῃστηρ-ιδ) zu λῃστήρ, oder wie z. B. ἡγεμον-ίδ zum männlichen Stamm ἡγεμον, und ungefähr wie im Skr. *mahatí* die grofse zu *mahát*. Beispiele dieser Art sind: Ἀβαντίδ, von Ἄβαντ (Ἄβαντ-ες), Περσ-ίδ Persien, von Πέρση-ς Perser, Fem. Περσίς. Sind aber die griechischen Ländernamen auf ια nur die Feminina der Namen der Einwohner, und ist ihr Ausgang

nur eine unorganische Erweiterung des skr. Feminincharakters *i*, so darf man auch auf dieselbe Weise die lateinischen wie *Gallia, Germania, Italia, Graecia* erklären und annehmen, dafs das *ŏ* (= skr. *a*, griech. *c*) der Masculinstämme *Gallŏ, Germanŏ, Italŏ, Graecŏ* vor dem Feminincharakter *i*, erweitert zu *ia*, nach demselben Princip unterdrückt sei, wie im Skr. das *a*, z. B. von *dêvá* Gott (Nom. *dêvá-s*), vor dem *i* von *dêvî́* Göttin, und wie im Griech. das *o*, z. B. des Stammes Δακο, vor dem weiblichen ια von Δακ'-ία. Man kann sogar in den Städtenamen *Florentia, Valentia, Placentia* weibliche Participia erkennen, deren besondere Form bei den eigentlichen Participien verloren gegangen ist, wie überhaupt die consonantisch endigenden Adjectivstämme die ursprünglich nur dem Masc. und Neutr. zukommende Form auch auf die Feminina übertragen haben. Weibliche Participialformen wie *ferentia, tundentia* gegenüber dem skr. *báranti, tudánti*, und griech. φέρουσα, aus φερονται, könnten im Lateinischen nicht befremden. Man beachte auch den Zusatz, den im Litauischen das weibliche Participium in den obliquen Casus gewonnen hat (s. §. 121).

901. Den sanskritischen denominativen Adjectivstämmen auf *ya*, wie *dív-ya* himmlisch (§. 899), entsprechen auf das Genaueste einige gothische auf *ja*, Fem. *jô*, nämlich *alêv'-ja* olivifer, vom Primitivstamme *alêva* n., Nom. *alêv* Öl, *alth'-ja* alt, von *althi* f., Nom. *alth'-s*, *nau'-ja* todt (Nom. m. *navis*), von *navi* m., Nom. *naus* Todter, *ana--haim'-ja* heimisch, *af-haim'-ja* abwesend, von *haimô* f., Nom. pl. *haimô-s*, *reik'-ja* vornehm, von *reika* m., Nom. *reiks* Oberster, Häuptling, *uf-aith'-ja* vereidet, von *aitha* m., Nom. *aith-s* Eid, *in-gard-ja* heimisch, häuslich, von *garda* m., Nom. *gards* Haus, *un-kar'-ja* sorglos, von *karô* f., Nom. *kara* Sorge. In Betreff des Nom. m. dieser Adjectivstämme gelten die in §. 135 angegebenen Bestimmungen. Den sanskritischen denominativen Appellativstämmen wie *rát'-ya* m. Wagenpferd, n. Wagenrad, entsprechen gothische wie *leik'-ja* Arzt (Nom. *leik-eis*, s. §.135),

vom Stamme *leika* n., Nom. *leik* Körper, *haird'-ja* Hirt, von *hairdô* f., Nom. *hairda* Heerde, *blôstr'-ja* Verehrer, von dem unbelegbaren Primitivstamm *blôstra* (s. §. 817), *faurstass'-ja* Vorsteher, von dem unbelegbaren *faurstassi* das Vorstehen (aus -*stas-ti*, *s* aus *d* nach §. 102), Nom. *faur-stass* (vgl. *us-stass* Auferstehung), *ragin'-ja* Rathgeber, von *ragina* n. (Nom. *ragin* Rath). — Mit der beliebten Stamm-Erweiterung durch *n* zeigt das Gothische auch männliche Stämme wie *fisk'-jan* Fischer (Nom. *fiskja*, nach §. 140), *gud'-jan* Priester, *vaurstv'-jan* Arbeiter, *aurt'-jan* Pflanzer, Gärtner, *vai-dêd'-jan* Missethäter, von den Primitivstämmen *fiska* m. Fisch, *guda* m. Gott, *vaurstva* n. Werk, *aurti* f. Pflanze, und dem vorauszusetzenden *vai-dêdi* f. Missethat (*dêdi*, Nom. *dêds* That, s. §. 135). Es gibt auch einige primitive, d. h. von Verbalwurzeln stammende Substantivstämme auf *jan*, ihrer Bedeutung nach Nomina agentis, nämlich *af-êt-jan* Esser, Fresser (Wz. *at*: *ita*, *at*, *êtum*), *af-drunk-jan* Trinker, Säufer, *vein-drunk-jan* Weintrinker (Wz. *drank*: *drinka*, *drank*, *drunkum*), *dulga-hait-jan* Gläubiger (wörtlich Schuldnenner), *bi-hait-jan* Prahler, *arbi-num-jan* der Erbe, wörtlich Erbschaftsnehmer (Wz. *nam*: *nima*, *nam*, *nêmum*, *numans*), *faura-gang-jan* Vorsteher*), *ga-sinth-jan* Gefährte, eigentlich Mitgeher**). Auch aus

---

*) eigentlich Vorgeher, von der Wurzel *gang* gehen; vgl. die skr. Intensivform *g̔añgam* von *gam* geben (§. 755).

**) Wz. *santh*, wovon ein unbelegbares Verbum *sintha*, *santh*, *sunthum* zu erwarten wäre (s. Grimm II. p. 34), und wovon auch durch das nur an Wurzeln, nicht an Nominalstämme, sich anschliefsende Suffix *an* (Nom. *a*) das gleichbedeutende *ga-sinthan*, welches zu Sanskritstämmen wie *rá̔g̔an* König, als herrschender, stimmt. Das Causale *sandja* ich sende (mache gehen, s. §. 741) verhält sich hinsichtlich seines *d* zu *santh* wie *standa* ich stehe zu *stôth* ich stand. Doch ist das *d* von *sandja* organischer als das *th* von *santh*; wenigstens läfst sich *sand* leichter als *santh* mit dem Sanskrit vermitteln, sei es, dafs man an die Wz. *sâd*

schwachen Verben entspringen einige Bildungen dieser Art, und zwar so, dafs der Conjugationscharakter vor dem Wortbildungssuffix abgeworfen wird (vgl. S. 342), daher *svigl'-jan* Pfeifer, von dem Verbalstamm *sviglô* pfeifen, und *timr'-jan* (schwerlich *timrj-an* zu theilen) Zimmermann, eigentlich aedificator, von *timrja* bauen. Zu den aus Wurzeln starker Verba entspringenden Stämmen auf *jan* stimmen, abgesehen von dem beigetretenen *n*, im Sanskrit aufser einigen Adjectivstämmen, wie *rúć-ya* gefallend, angenehm, *sád'-yà* vollendet, einige männliche oder neutrale Appellativstämme auf *ya*, welche ihrer Grundbedeutung nach Nomina agentis oder Participia praes. sind und zum Theil die Wurzelsylbe, zum Theil das Suffix betonen. Beispiele, wovon ich den Nominativ hersetze, sind: *sú'r-ya-s* Sonne als glänzende*),

---

gehen, abgehen, oder an *sad* gehen sich wende, denn für *d'* steht im Goth. regelmäfsig *d*, und die reine Media, die nach §. 87 zu *t* wird, hätte wohl in dem vorliegenden Falle unter dem Schutze der eingefügten Liquida sich behaupten können (vgl. §. 90).

*) Die indischen Grammatiker nehmen eine Wurzel *sur* glänzen an, die ich für eine Zusammenziehung von *svar* halte, welches vollständig in dem Wurzelwort *svàr* Himmel (als glänzender) enthalten ist, worauf das send. *hvarĕ* Sonne sich stützt. In *sú'rya* wäre demnach die Sylbe *va*, oder ihre Verlängerung *và*, zu *ú* zusammengezogen. Wäre aber *sur* die Urgestalt der Wurzel, so hätte sich der Vocal derselben in *sú'rya* verlängert. — Das griech. ἥλιο-ς (aus σϝήλιος) begünstigt jedoch die Annahme, dafs die Form *sú'rya-s* eine Verstümmelung von *svárya-s* sei. In formeller Beziehung stünde auch der Ableitung von *sú'rya* aus *svàr* Himmel nichts im Wege; es wäre dann aus *svar* zunächst *svarya* (wie *dívya* himmlisch von *div*) geworden und hieraus *sú'rya-s*; doch verzichte ich gern auf diese schon anderwärts vorgeschlagene Erklärung, da es mir natürlicher scheint, die Sonne als glänzende denn als himmlische darzustellen. Das litauische weibliche *saulé* zeigt regelrecht *ė* für *ia* oder *ja*; den gothischen neutralen Stamm *sauila* (Nom. *sauil*) erkläre ich durch Umstellung aus *saulia*, und dieses aus *svalja*, und so mag auch das lit. *au* von *saulé* aus *wa* entstanden sein. Will man mit Weber (V. S. Sp. L

bíd-ya-s Flufs als spaltender, durchbrechender, *ial-yá-s* Wurfspiefs, Pfeil, als sich bewegender.

---

p. 57) das skr. *súrya* von dem gleichbedeutenden *súra* ableiten, und dieses nach den ind. Grammatikern von *sú* gebären, hervorbringen (Unâd. II. 25), so würden *súrya-s* und *súra-s* ursprünglich Hervorbringer, Erzeuger bedeuten. Ich ziehe aber vor, wie schon anderwärts geschehen (Glossar Scrt. a. 1847. p. 379) auch *súra*, obwohl seiner Ableitung von *sú* kein formelles Hindernifs im Wege steht, auf die Wz. *svar* (*sur*) glänzen zurückzuführen und erinnere daran, dafs auch das send. ε૭ωɔɔeν *hvare̊* (euphon. für *hvar*, s. §. 30) eine Zusammenziehung der Sylbe *va* zu *ú* erfahren hat, vielleicht in allen schwachen Casus, wovon jedoch nur der Genitiv *húr-ô* belegbar ist, der hierdurch zu seinem Nomin. Accus. und eigentlichen Thema in einem ähnlichen Verhältnisse steht, wie im Griech. κυν-ός zu κύων, und unmöglich von einer andern Wurzel abgeleitet werden kann als derjenigen, welcher der Nom. Acc. *hvare̊* angehört. Auf स्वर् *svàr* stützt sich auch das lat. *sôl* (aus *suôl* für *sudr*, wie *sôpio* aus *suôpio*, von der skr. Wz. *svap*, Caus. *svâpáyâmi*) und das griech. σείρ, aus σϝερ, mit dem vor Liquiden beliebten Zusatz eines ι, der sich auch in Σειρήν findet, welches mit dem lat. *ser-mo* zur skr. Wz. *svar*, *svr* tönen gehört, wovon das védische *súryá* Rede als gesprochene oder zu sprechende, ebenfalls mit Zusammenziehung von *va* oder *vâ* zu *ú*. Die Ansicht, dafs *súra-s* Sonne von *sú* oder *su* gebären, zeugen stamme, liefse sich dadurch unterstützen, dafs eine andere Benennung der Sonne, nämlich *sav-i-tár* (-*tŕ*) entschieden der Wz. *su* oder *sú* entsprossen ist. Man findet dieses Wort häufig in den Véda-Hymnen; ich möchte aber aus dem Umstande, dafs die védischen Dichter den Gott der Sonne gerne als Erzeuger (der Feldfrüchte), wie auch als Ernährer (*púśán*) preisen, nicht die Folgerung ziehen, dafs auch die eigentliche, schon in der Zeit der Spracheinheit bestandene Benennung der Sonne nach dieser Vorstellung gedeutet werden müsse, denn es liegt der Uranschauung der Völker gewifs viel näher, die Sonne als leuchtende oder glänzende, denn als gebärende oder ernährende zu bezeichnen. Zu den skr. Namen der Sonne gehört auch das noch unbelegte *súvana-s* (Unâd. II. 78), welches als Abkömmling der Wz. *su* oder *sú* vielleicht

Auch einige oxytonirte weibliche Stämme auf *yá*, wie *kanyá* Mädchen als glänzendes (im Jugendglanze), von *kan* glänzen, *ǵáyá* Gattin als gebärende (für *ǵanyá*, Wz. *ǵan*). Beispiele im Ṣend sind: *bĕrĕș-ya* wachsend, oder mit causaler Bedeutung wachsen machend*), *mair-ya* tödtend (sterben machend), Mörder**), *kainê* aus *kainyá* Mädchen als glän-

---

ebenfalls nur ein dichterischer Ehrentitel der Sonne ist. Möglich wäre es jedoch, dafs die dem Worte *súvana-s* zum Grunde liegende Wurzel nicht die bekannte Wurzel des Gebärens sei, sondern eine Verstümmelung von *svar* oder *sur* glänzen, wie z. B. neben *ḥu* opfern auch eine aus *ḥvê* (= *ḥvai*) verstümmelte Wz. *ḥu* rufen besteht, neben *śvi* wachsen eine Form *śu*, und im Ṣend neben *ṣan* schlagen eine Form *ṣa*, wovon *upá-ṣôiḍ* er schlage (vgl. §. 699), neben *ǵiv* leben die Formen *ǵi*, *ṣi*, und *ǵyá*. Mit *súvana-s*, wenn es eine echte Benennung der Sonne ist, liefse sich der goth. Stamm *sunnan* (Nom. *sunna*) vermitteln durch Assimilation aus *suvnan* für *suvanan*. Bedeutet aber das skr. *súvana-s* ursprünglich Erzeuger, so würde ich den goth. Stamm *sunnan* (auch *sunnôn* fem.) lieber aus *svarnan* oder *surnan*, ebenfalls durch Assimilation, entstehen lassen, so dafs ihm die Wz. स्वर् *svar*, *sur* glänzen, leuchten zum Grunde läge und *nan* für *na* das Bildungssuffix wäre, dessen weibliche Form auch in der lat. Benennung des Mondes (*lu-na* aus *luc-na*) enthalten ist.

*) Wz. *bărĕṣ*, *bĕrĕṣ* (vgl. *barĕṣ-nu* grofs) = skr. *barḥ*, *brḥ* (oder *varḥ*, *vrḥ*) wachsen (s. Burnouf, Yaçna p. 185 ff.). Ich trage kein Bedenken, dieser Wurzel an der betreffenden Stelle (V. S. p. 4) mit Anquetil causale Bedeutung zu geben und erinnere daran, dafs auch im Sanskrit, vorzüglich im Vêda-Dialekt, die Wz. *vard'*, *vrd'*, womit *varḥ*, *vrḥ* ursprünglich Eins ist, oft in ihrer primitiven Form mit causaler Bedeutung gebraucht wird.

**) *mairya* ist seiner Bildung nach identisch mit dem skr. *máryà* occidendus, vom Causale der Wz. *mar*, *mr* sterben (*márâyâmi* ich tödte, slav. *morjuń*, s. §. 742), hat aber in den beiden von Burnouf erklärten Stellen (Études p. 188 ff., p. 240 ff.) eben so entschieden active Bedeutung als das nur seiner Bedeutung nach causale *bĕrĕṣya* wachsen machend.

zendes. Vom Litauischen gehören hierher: erstens, mehrere männliche Stämme auf *ia* (Nom. *is* oder *ys* für *ia-s*, s. §. 135), z. B. *gaíd-ý-s* (Gen. *gaídzió*, euphon. für *gaidió*) Hahn als singender (*gėdu* ich singe, skr. Wz. *gad* sprechen), *rys´-ý-s* Binde (*rísù* ich binde), *ték-y-s*, *ték-i-s* Schaafbock (Springer); zweitens, Femininstämme, zugleich Nominative, auf *ė*, aus *ia*, wie *żynė́* Zauberin, Hexe, als wissende, *saulė́* Sonne als glänzende, obwohl verdunkelt vom Standpunkte des Litauischen (S. 349). Vom Altslavischen ziehen wir hierher: медвѣдь *medv-éd-i* Bär, wörtlich Honig-Esser (Them. -*édjo*, s. §. 258), welches in sanskr. Form *mad'o-adya-s* lauten würde (*mád'u* Honig, vor Vocalen *mád'v*), und вождь *vos´d-i̇́* Führer (euphon. für *vodi*); орь *or-i̇́* Pferd führt zur sanskr. Wz. *ar*, *r̥* gehen, laufen, wovon *dra* schnell.

902. Wir kehren zum skr. Part. fut. pass. zurück, um noch zwei andere Bildungssuffixe desselben zu besprechen, die in den europäischen Schwestersprachen ebenfalls ihre Vertreter finden, nämlich *tavya* und *aniya*. Sie fordern beide Guṇa und ersteres hat den Ton nach Willkür entweder auf der ersten Sylbe oder auf der zweiten, in letzterem Falle den Svarita; das Suffix *aniya* betont immer das *i̇́*; daher z. B. *yóktávya-s* (od. *-yà-s*) und *yóganíya-s* jungendus, von *yuġ*. Dem Suffix *tavya* entspricht, wie mir scheint, im Latein. *tivŏ* (*sivŏ*), im Griech. τέϛ; ersteres hat die Form, letzteres die Bedeutung treuer bewahrt, doch ist wenigstens die passive Bedeutung in den latein. Bildungen nicht ganz untergegangen, und erscheint z. B. in *captivu-s*, *nativu-s*, *abusivu-s* (aus *abus-tivu-s*, s. §. 101), *adjectivu-s*, *coctivu-s*. Die möglichst treue Latinisirung von *tavya* wäre *tavió*, woraus vielleicht zunächst *tivió* (durch die beliebte Schwächung von *a* zu *i*), und hieraus *tivŏ*, so dafs entweder das dem *v* vorangehende *i* zum Ersatz für das weggefallene *i* verlängert wurde, oder das 2te *i* in die vorhergehende Sylbe verschoben wurde und mit deren *i* zu

langem *i* sich vereinigte. Man vergleiche, abgesehen von der Richtung der Bedeutung, welche das latein. Suffix genommen hat:

da-tivu-s	mit *dá-távya-s* dandus
(con)junc-tivu-s	mit *yók-távya-s* jungendus
coc-tivu-s	mit *pak-távya-s* coquendus
gen-i-tivu-s	mit *ǵan-i-távya-s* gignendus.

Seiner Bildung nach könnte auch *mor-tuu-s* hierher gezogen werden, da es besser zum skr. *mar-távya* (neutr. unpers. *mar-távya-m*) stimmt, als zu *mr̥-tá-s* aus *mar-tá-s*. Das griech. Suffix τέο aus τεϝο (für τεϝιο), wie νέο aus νέϝο = नव *náva*, *novŏ*, stimmt auch hinsichtlich des Accents zu den skr. paroxytonirten Formen des in Rede stehenden Participiums, z. B. δο-τέο-ς zu *dá-távya-s* dandus, θε-τέο-ς zu *dá-távya-s* ponendus.

903. Da im Lateinischen das Suffix *tivŏ* vorherrschend active Bedeutung angenommen hat und im Sanskrit das Suffix य *ya*, welches in dem Suffix तव्य *tavya* enthalten ist, nicht nur Participia fut. pass. und abstracte Substantive, sondern auch Appellative bildet, welche ihrer Grundbedeutung nach Nomina agentis sind und gothischen Nominen agentis auf *jan* entsprechen (§. 901 Schluſs), so dürfte man vielleicht auch in dem litauischen Suffix *tŏja* (Nom. *tŏji-s*, s. §. 135), welches Nomina agentis bildet, eine Schwesterform des skr. *tavya* erkennen und *tŏja* als eine Verstümmelung von *tavja* ansehen. Hierher gehören z. B. die Stämme *ar-tŏja* Pflüger (*ariù* ich pflüge, lat. *aro*, griech. ὀρόω), *at-pirk-tŏja* Loskäufer, Erlöser*), *gelb-ė́-tŏja* Helfer, *gan-ý-tŏja* Hüter (*ganaú* ich hüte, Fut. *gan-ý-siu*), *gárbin-tŏji-s* Verehrer (*gárbin-ti* ehren), *mókin-tŏja* Lehrer (*mókinù* ich lehre); Nom. *artŏjis*, *atpirktŏjis* etc. Im Altslavischen entsprechen Nomina agentis auf атаи *a-taj*

---

*) *Perkù* ich kaufe, Praet. *pirkaú*, vgl. gr. πρίαμαι, πέρ-νη-μι, skr. *krī-ṇā́-mi* emo, irländ. *creanaim* „I buy, purchase", wallis. *pyrnu* kaufen, s. Gloss. Sanscr. a. 1847. s. r. *krī*.

(Dobr. p. 299), Them. *a-tajo* (s. §. 259), z. B. дозоратай *do-zor-a-taj* inspector, возатай *voz-a-taj* auriga (Fahrer), прелагатай *pre-lag-a-taj* explorator. Diese Formen setzen Verba auf *ajǹ*, Infinitiv *ati* voraus (s. §. 504).

904. Von der skr. Participialbildung auf *aníya*, wie *b'ěd-aníya-s* findendus, glaube ich einige interessante Überreste im Gothischen erkannt zu haben, in welchen die das *n* umgebenden Vocale unterdrückt sind, also *nja* für skr. *aníya*, in merkwürdiger Übereinstimmung mit dem sendischen *nya* (= *nja*) von ⵯ *yěś-nya* oder ⵯ *yaś-nya* venerandus, adorandus (= skr. *yaǵaníya**). Hierher gehören im Gothischen die männlich-neutralen Stämme *ana-laug-nja* verborgen, *ana-siu-nja* sichtbar und *airk-nja* heilig, eigentlich, wenn meine Vermuthung gegründet ist, verehrungswürdig = sanskr. *arć-aníya* venerandus (Wz. *arć* aus *ark*)**), wie oben

---

*) Die skr. Wz. *yaǵ* lautet im Şend entweder ⵯ *yaź* oder *yaś*, vor *ʒ n* immer *yaś*, indem die Verbindung *ʒn* vom Şend überhaupt gemieden wird, daher lautet das skr. *yaǵńá* Opfer im Şend *yaśna*. Hiervon leitet Burnouf (Yaçna p. 575) das obige *yaśnya* ab, was formell sehr gut anginge, ich berufe mich jedoch zu Gunsten meiner Auffassung auf das, was oben (S. 342) über *vahmya* gesagt worden, und glaube, dafs, wenn *yaśnya* von *yaśna* käme, es eher die Bedeutung des Part. praes. act., als die des Part. fut. pass. haben würde, die ihm auch Neriosengh gibt. Die Form *yěśnya* beruht auf dem gemeinschaftlichen euphonischen Einflufs des vorangehenden und des folgenden *y*, der jedoch bei diesem Worte nicht völlig durchgedrungen ist, vielmehr hat sich in demselben das ursprüngliche *a* sehr häufig behauptet (s. Brockhaus, Index unter *yaçnya*, *yaçnyanām*, *yaçnyáća*).

**) Auch Graff (I. 468) erinnert hinsichtlich des ahd. *erchan* egregius an die skr. Wz. *arć*; im Angelsächs. heifst *eorcnan-stan* Edelstein. Nach dem Lautverschiebungsgesetz sollte man im Goth. *airh-nja* für *airk-nja* erwarten, es hat sich aber die ursprüngliche Tenuis behauptet, wie z. B. in *slépa* = skr. *svâp-i-mi* ich schlafe (s. §§. 20. 89). Über den Wurzelvocal *ai*, für *i* aus *a*, s. §. 82. Belegbar ist der Nom. *airkni-s*, doch ist die Lesart nicht

(§. 898) das griech. ἅγ-ιο-ς = skr. *yáǵ-yà-s* venerandus. Der Stamm *ana-laugnja* erhellt aus dem daraus hervorgegangenen secundären Stamm *ana-laugnjan* der schwachen Decl., wovon der Plur. neut. *ana-laug-njôn-a* (1. Cor. 14. 25), Dat. *ana-laug-nja-m* (2. Cor. 4. 2), dagegen ist das zweimal als Nom. und einmal als Accus. vorkommende starke Neutr. *analaugn* insofern zweideutig, als zunächst ein Stamm *ana-laugna* darauf Anspruch hätte (s. §. 153); da aber die in §. 135 erwähnte Unterdrückung der Sylbe *ja* im Nominativ masc. unter denselben Umständen auch im Nom. Acc. neut. möglich ist (s. v. der Gabel. u. Löbe p. 75. a), so lassen die erwähnten Formen auf *jôn-a*, *ja-m* kaum einen Zweifel zu, dafs *ana-laug-n* für *analaug-ni* stehe und *ana--laug-nja* zum Stamme habe. Eben so beweist das schwache Neutrum *anasiu-njô* visibile (Skeir. ed. Mafsmann 40. 21), dafs der starke Neutral-Nom. *anasiu-n* *) eine Verstümmelung von *ana-siu-ni* sei und dem Stamme *ana-siu-nja* angehöre, wofür auch das Adv. *ana-siu-ni-ba* spricht. Allen diesen Formen liegt *siu* als Wurzel zum Grunde, welche aus *saihv* so entstanden zu sein scheint, dafs nach Ausstofsung des *h* das euphonische *v* (s. §. 86) sich zu *u* vocalisirte **), das *a* des Diphthongs *ai* aber zugleich mit dem *h*, dem es seine Existenz verdankt, wegfiel (s. §. 82). An die verstümmelte

---

ganz sicher (s. v. der Gabel. u. Löbe zu 1. Tim. 3. 3). Wäre *airkns* zu lesen, so könnte dies sowohl von einem Stamme *airkna* als von *airknja* kommen (s. §. 135). Der Umstand, dafs das Comp. *un-airkn'-s* durch den Plural *un-airknai* (2. Tim. 3. 2), Dat. *un-airknaim* (1. Tim. 1. 9), sich deutlich zum Stamme *un-airkna* bekennt, leistet keine Bürgschaft dafür, dafs auch das Thema des einfachen Wortes auf *na* ausgehe, da es oft geschieht, dafs Wörter in der Zusammensetzung Verstümmelungen erfahren.

*) S. v. der Gabel. u. Löbe Gramm. p. 75. 2. a.

**) In Bezug auf die Erscheinung, dafs von dem *hv*, wofür die goth. Schrift einen eigenen Buchstaben hat, nur der unwesentliche euphon. Zusatz übrig geblieben ist, vergleiche man das Verhältnifs unseres Interrog. *wer* zum goth. *hva-s* (skr. *ka-s*).

Wurzel *siu* reiht sich auch das oben (§. 840. p. 238) erwähnte Abstractum *siu-n(i)-s* das Schauen, die Anschauung, welches zu skr. Bildungen wie *lû'-ni-s* das Abschneiden stimmt. Von dem abstracten Stamme *siu-ni* das Sehen kommt durch das Suffix *ja* (s. §. 901) der abgeleitete Masculinstamm *siun'-ja* Seher, Nom. *siunei-s*, in dem Compos. *silba-siuneis* Augenzeuge, wörtlich Selbstseher, αὐτόπτης. — Vom Litauischen ziehen wir *kaṅs-ni-s* Bissen aus *kaṅs-nja-s* (von der Wurzel *kand* beifsen) zu dem in Rede stehenden Passiv-Participium; so auch einige Wörter, welche im Nomin. auf *iny-s* (aus *inja-s*) enden, z. B. *radiny-s* das Gefundene (*randù* ich finde), *plėsiny-s* der frisch gepflügte Acker (*plėsu* ich reifse, pflüge), *pa-suntiny-s* Sendbote (mittendus, von *sunčiu* aus *suntiu* ich sende), *kretiny-s* der frisch gedüngte Acker (*krečiu* aus *kretiu* ich dünge), *mėžiny-s* Misthaufen (eigentlich ausgemistet, *mėžu*, *mėžiu* ich miste aus). Das dem *n* vorangehende *i* (wenn es nicht der Klassensylbe angehört, so dafs überall ein Praes. auf *iu* vorauszusetzen wäre) kann als Schwächung des *a* des skr. *aniya* gefafst werden.

905. Was den Ursprung der Suffixe *ya*, *tavya* und *aniya* anbelangt, so halte ich *ya* für identisch mit dem Relativstamm *ya* (s. „Einflufs der Pronomina auf die Wortbildung" p. 26), so dafs, wo *ya* das Part. fut. pass. bildet, durch das Suffix eben so wenig das passive und Zukunftsverhältnifs ausgedrückt ist, als durch *ta*, *na* das Verhältnifs der passiven Vergangenheit oder Vollendung. Darum kann es also auch nicht befremden, wenn das Suffix *ya* auch zur Erzeugung von Nom. agentis und abstracten Substantiven verwendet wird. Wäre es auf die Bildung passiver Participia beschränkt, so läge es nahe, darin den Passivcharakter *ya* zu erkennen, und z. B. die Sylbe *ya* von भिद्यते *b'id-yá-tê* „finditur" und भेद्यस् *b'éd-ya-s* „findendus" für identisch zu halten, wenn auch die Verschiedenheit der Accentuation einiges Bedenken erregen könnte. Die

durch das Suffix *tavya* gebildeten Participia fut. pass. halte ich mit Pott (E. F. II. 239 u. 459) für Abkömmlinge des Infinitivstammes auf *tu* und leite demnach z. B. *kartávya-s* faciendus vom Stamme *kártu* ab*), wie ich auch schon früher die von den indischen Grammatikern für ein Part. praet. act. aufgestellten Suffixe *tavat, navat* aus der Verbindung der Suffixe *ta, na* mit dem possessiven Suffix *vat* erklärt habe **). Die Participia auf *aniya* läfst Pott l. c., wie mir scheint ebenfalls mit Recht, aus den so häufig die Stelle des Infin. vertretenden Abstracten auf *ana* entspringen. Es wäre demnach das secundäre Suffix *iya* darin enthalten, welches eben so wie das kürzere *ya* zuweilen soviel als würdig bedeutet, also wie *daksin'-iya-s* oder *daksin'-yà-s* der Belohnung würdig, von *daksiná* (Belohnung, besonders der Brahmanen nach Verrichtung eines Opfers); so z. B. *b'edan'-iya-s* findendus, von *b'edana* das Spalten, *pugan'-iya-s* honorandus, honore dignus, von *púgana* das Ehren. Das Suffix *iya* ist wahrscheinlich nur eine Erweiterung von *ya*, so dafs dem Halbvocal *y* noch die Länge seines entsprechenden Vocals vorgetreten wäre. Noch sicherer steht mir der Satz, dafs das von den indischen Grammatikern aufgestellte secundäre Suffix *vya* mit dem Suffix *ya* zu identificiren sei, da in den scheinbar durch *vya* gebildeten Wörtern das *v* sich leicht als einen Bestandtheil des Grundwortes darstellen läfst, wenn man nämlich eine Umstellung von *b'rátur, pitur* — als Schwächungen von *b'rátar, pitar*, wie im flexionslosen Genitiv dieser Wortklasse — zu *b'rátru, pitru* annimmt, und hieraus durch Vocalisirung des *r* zu *r̥* und Umwandlung des *u* in seinen Halbvocal (wegen des folgenden *y*) *b'rátr̥v-yà-s* Abkömmling des Bruders, *pitr̥v-yà-s* Vaters Bruder entstehen läfst, ungefähr wie im Gothischen die Plurale der Verwandtschaftswörter auf

---

*) Vgl. *r̥tavyà-s* von *r̥tú* S. 345 und s. §. 889.
**) S. §. 513. p. 385 f. und Kl. Sanskrit-Gr. §. 553.

tar, thar von Stämmen auf tru, thru (umstellt und geschwächt aus tar, thar) entspringen, so dafs z. B. bróthrju-s fratres (vgl. sunju-s filii vom Stamme sunu) in seinem stammhaften Theile dem sanskr. b'rátrv-yà-s sehr nahe kommt. Zu pitrv-yà-s stimmt, mit einer anderen Richtung der Bedeutung, hinsichtlich der Gestaltung des Grundwortes, das griech. πατρυιός Stiefvater, und hinsichtlich der Bildung auch das weibliche μητρυιά, wofür man im Skr. mátrv-yá' zu erwarten hätte. So wie wir im Sanskrit das v vom Suffixe losscheiden und auf die Seite des Grundwortes stellen, so müssen wir nun auch die analogen griech. Wörter in πατρυ-ιός, μητρυ-ιός zerlegen und durch Umstellung aus πατυρ-ιο-ς, μητυρ-ιο-ς (aus παταρ-ιο-ς, μηταρ-ιο-ς) erklären, wie früher*) πατρά-σι, μητρά-σι aus παταρ-σι, μηταρ-σι. Das Şend hat sich in dem in §. 92. p. 148 erwähnten ⲣⲟⲩⲥ*ⲣ*ⲁⲧⲟⲩⲣⲓⲉ brátur-yê der Umstellung enthalten; ich zweifle aber nicht daran, dafs dieses Wort mit den sanskritischen auf trv-ya und griechischen auf τρυ-ιc, -ια in Eine Klasse gehört; auch könnte das l. c. erwähnte ⲣⲟⲩⲥ*ⲣ*ⲉⲓⲣⲉ túir-yê eine Verwandte im 4ten Grade (= skr. tur-íyá quarta) die vorhin ausgesprochene Vermuthung unterstützen, dafs das skr. Suffix iya nur eine phonetische Dehnung des Suffixes ya und somit auch der participiale Ausgang aniya eine Erweiterung von anya (send. nya und goth. nja) sei. Auf das im klassischen Sanskrit vereinzelt stehende varéṇya-s eligendus (für var-aṇiya-s), woran sich noch einige analoge Vêda-Formen anschliefsen, lege ich zur Unterstützung dieser Ansicht keinen Werth, da es kaum einem Zweifel unterworfen ist, dafs varéṇya, = varaiṇya, eine Umstellung von varaṇíya sei, ungefähr wie im Griech. ἀμείνων eine Umstellung von ἀμενιων ist.

906. Nach Betrachtung der Participia, Infinitive, Supina, Gerundia und einiger bildungsverwandter Klassen von Substantiven und Adjectiven wenden wir uns nun zur Be-

---

*) §. 254. p. 498 Anm. 3.

Wortbildung. §. 907.

schreibung der übrigen Wortklassen, indem wir zuerst von den nackten Wurzelwörtern handeln, dann von den mit Suffixen gebildeten Wörtern, und zwar, was das Sanskrit anbelangt, nach folgender Anordnung der primären Suffixe, wovon jedoch einige zugleich als secundäre, d. h. zu Ableitungen aus Nominalstämmen gebraucht werden:

Primäre Suffixe*).

a, Fem. á oder í
i
u
an
in
ana
aniya, s. ya
ána 791, 792.
as
us
is
ya, tavya, aniya **)
ra, ira, ura, éra, óra
ri
la, ala, ila, ula
va
van
vas, váns, vat, us' 786 ff.

vya, s. ya p. 358.
na, Fem. ná, 833, 835, 839.
ni 840, 848.
nu, snu
nt, ant, t, at 779, 782; anta p. 184 Anm. *.
ma 805.
mi
man 795.
mána 791, 792.
ka, aka, áka, ika, uka
ta, Fem. tá, 817 ff., 826; táti 829.
tár, tṛ 810 ff.
ti 840, 841, 846; a-ti 847.
tu f. 849, tu m. n., atu, at'u
tra, Fem. trá, a-tra, i-tra 815.
tva 831. 832.

907. Nackte Wurzelwörter erscheinen im Sanskrit:
a) Als weibliche Abstracta, z. B. *anu-gńá* Befehl, *bí* Furcht, *hrí* Scham, *tvis'* Glanz, *yud'* Kampf, *ks'ud'* Hunger, *mud* Freude, *sam-pád* Glück, *bás*

---

*) Ich nehme in dieses Verzeichnifs auch die bereits besprochenen Suffixe der Participia etc. auf, mit Hinweisung auf die betreffenden Paragraphen. Solche Suffixe aber, welche weder in den europäischen Schwestersprachen vertreten, noch für das Sanskrit selber von Wichtigkeit sind, lasse ich unerwähnt.

**) S. §§. 887, 889, 892, 897, 899, 904.

Glanz. Hierher gehören die oben (§§. 855, 857) erwähnten vêdischen Infinitive mit dativer oder accusativer Endung von Stämmen, welche sonst keinen Casus zurückgelassen haben. Ein mittleres *a* wird in einigen Bildungen dieser Art verlängert, daher z. B. *vác̄* Rede, von *vac̄*. So auch im Ṣend ⁓⁓ *vác̄* Rede und *frás̄* Frage (skr. Wz. *prac̄'*).

b) Am Ende von Compositen im Sinne des Part. praes., wobei das vorangehende Substantiv gewöhnlich im accusativen Verhältnifs steht; oder einfach als Appellative, die ihrer Grundbedeutung nach Nomina agentis sind. Beispiele sind: *d'arma-víd* pflichtkundig, *ari-hán* feindtödtend, *dukḱa-hán* schmerztilgend, *nétra-mús̄'* Augen stehlend, *sôma-pá'* Sôma trinkend, *sênâ-ní'* Heerführer (das Heer führend), *vira-sú'* f. Helden gebärend, *ǵala-múc̄* f. (Wasser ausgiefsend) Wolke, *dvis̄'* m. Feind als hassender, *drś̄* f. Auge als sehendes. Passive Bedeutung hat im Sanskrit -*yuǵ* verbunden, bespannt, daher z. B. *hari-yúǵ* mit Pferden bespannt. Auch bei dieser Wortklasse wird wurzelhaftes *a* zuweilen verlängert, z. B. in *pari-vráǵ* Bettler, wörtlich umherwandelnd (Wurzel *vraǵ*), *ava-yáǵ* sühnend. So im Ṣend ⁓⁓⁓ *daiva-yáǵ* die Daiva's anbetend, ⁓⁓⁓ *as̄a-nás̄* Reinheit erlangend, gewährend (Wz. ⁓⁓ *nas̄* = vêd. नश् *nas̄*, s. Benf., Gloss. z. Sâma-V.). Wurzeln mit kurzem Endvocal wird in Compositen dieser Art ein *t* beigefügt, daher z. B. *vis̄va-ǵít* alles besiegend, *pari-srút* herumfliefsend.

908. Im Griechischen erscheinen die in formeller Beziehung zu *a*) gehörenden weiblichen Wurzelwörter zum Theil mit concreter Bedeutung als Appellativa, nach Art des zu *b*) gehörenden skr. *drś̄* f. Auge als sehendes. So im Griech. ὀπ id. (aus ὀκ), φλογ Flamme als brennende, ὀπ Stimme (aus ϝοκ) als sprechende. Die abstracte Be-

deutung hat sich dagegen erhalten in στυγ **Haſs**, αἰκ **stürmische Bewegung**. Vom Lateinischen gehören hierher die weiblichen Stämme *luc* (= skr. *ruć* **Glanz**, ṣend. ܪܘܚ? *rauć* **Licht**), *nec* **Tod***), *prec* **Bitte** (vgl. ṣend. ܐܫܘ?ܗ *fráš* **Frage**, skr. Wz. *praćʻ* **fragen**, *á-praćʻ* **valedicere**). Zum skr. und ṣendischen *váć* **Rede** stimmt hinsichtlich der Verlängerung des Wurzelvocals das latein. *vóc* (gegen *vŏco*) und das Griech. zeigt eine solche Verlängerung in ὤπ **Auge, Gesicht als sehendes**, welches wurzelhaft zum skr. *akṣi* **Auge****) und lat. *ŏculus* stimmt. *Pác* **Friede**, von verlorener Wurzel, heiſst wahrscheinlich ursprünglich **Verbindung**, als Abkömmling der skr. Wz. *paś* (aus *pak*) **binden**.

909. Zu der Wortklasse *b*) von §. 907 stimmen griechische Stämme wie χέρ-νιβ (eigentlich **Hände waschend**), ἀργυρο-τριβ, παιδο-τριβ, πρός-φυγ, ψευσι-στυγ, κορυθ-αἰκ, βου-πλήγ, γλαυκο-πήγ. In den beiden letzten Beispielen und anderen Verbindungen mit πληγ scheint die Länge der Endsylbe den Ton von seinem früheren Sitze herabgedrückt und so eine zufällige Begegnung mit der sanskr. Betonung dieser Wortklasse (*dʻarma-víd* u. a.), die ich nicht für die ursprüngliche halte, herbeigeführt zu haben; so in -ῥωγ (διαῤῥώγ, καταῤῥώγ, περιῤῥώγ) mit passiver Bedeutung, wodurch auch -ζυγ (in δίζυγ, νεοζυγ, μελανοζυγ etc.) und der lat. Stamm *jug* (*conjug*) dem skr. -*yuǵ* **bespannt** begegnet. Zu dem einfachen Stamm द्विष् *dviṣ* **Feind** als hassender stimmt im Princip das griech. τρωγ **Nager, Fresser** und das lat. *duc* als Masc. **Führer**, als Fem. **Führerin**, so wie *rég* **König** als herrschender, dessen skr. Schwesterform *ráǵ* nur in Compositen wie *dʻarma-ráǵ* **Gerechtigkeitskönig** erscheint. Man beachte die Verlängerung des Wurzelvocals in dem lat. *rég* (gegen *rĕgo*) nach Analogie des skr. *pari-vráǵ*

---

*) Das Stammverbum ist verloren, denn *neco* ist entweder Denominativum oder Causale.

**) Die Verbalwurzel ईक्ष् *ıkṣ* sehen fasse ich als Entartung von *akṣ*.

Bettler (Herumwandler); dagegen ist der Wurzel-Vocal des skr. *rág* von Haus aus lang. Als Beispiele lateinischer Wurzelwörter am Ende von Compositen erwähnen wir noch *arti-fic, carni-fic, pel-lic, in-dic, ju-dic, ob-ic, for-cip, man-cip, prin-cip, au-cup, prae-sul, prae-sid, in-cúd.* Letzteres stimmt durch seine passive Bedeutung (Amboſs als das worauf geschlagen wird) zu *jug* von *con-jug,* griech. -ζυγ, skr. -*yug* bespannt. In den meisten der übrigen Beispiele beruht das *i* auf Schwächung eines wurzelhaften *a*, und das im Nominativ dafür eintretende *e* auf dem in §. 6 ausgesprochenen Grundsatz. *Sid* von *prae-sid* ist identisch mit dem skr. *śad* von *divi-śád* (euphon. für -*sad*) im Himmel sitzend, wohnend (coelicola), ein insofern anomales Compos., als das erste Glied mit einer Casus-Endung versehen ist [*]). *Au-cup* und *prae-sul* (letzteres von *salio,* vgl. skr. *sal* sich bewegen) zeigen die mittlere Vocalschwächung, nach dem in §. 7 ausgesprochenen Grundsatz.

910. Mit dem im Sanskrit (nach §. 907. b) an Wurzeln mit kurzem Endvocal antretenden *t* ist schon früher [**]) das lat. *t* von -*it* gehend (*com-it, equ-it* etc.) und *stit* (als Schwächung von *stat*) von *super-stit, anti-stit* vermittelt, und von Pott seitdem auch *pari-et* [***]), eigentlich herumgehend, umgebend (wie oben *pari-srút* herumflieſsend), und von Curtius *indi-get* (vgl. *indi-gena*) hierher gezogen worden [†]. Das Griechische fügt an Wurzeln mit langem End-

---

[*]) Der Umstand, daſs das lateinische aus *a* entartete *e* bei Belastung durch Zusammensetzung, ausgenommen wo es unter dem Schutze von zwei Consonanten oder in einer Endsylbe steht, zu *i* wird, beweist, daſs dem Lat. das *i* für leichter gilt als das *a*-Stelle vertretende kurze *e*.

[**]) Grammatica critica (1832) §. 643.

[***]) Des Wohllauts wegen für *pari-it*.

[†] „De nominum Graec. formatione" p. 10. Hinsichtlich des Abfalls des *n* der Wurzel *gen* vergleiche man das skr. *ǵ'-a* für *ǵan-a* geboren, und in Ansehung des angefügten *t* die Erscheinung, daſs im Sanskrit die Wurzeln auf *an* und *am,* im Fall sie

vocal ein solches τ an (s. Curtius l. c.) in Composs. wie ἀνδρο-βρώτ, ὠμο-βρώτ, ἀ-γνώτ, ἀ-πτώτ, λιμο-θνήτ. Bloſs passive Bedeutung, wie sie im Sanskrit bei Composs. dieser Art nicht vorkommt, haben -βλήτ, -δμήτ, -κμήτ, -τμήτ, -στρώτ (φυλλοστρώτ), während -βρώτ und -γνώτ sowohl activisch als passivisch gebraucht werden. Was den Vocal dieser Bildungen anbelangt, so beruht er gröſstentheils auf Umstellung — wozu Liquidae leicht Veranlassung geben — und Verlängerung, wobei zu berücksichtigen, daſs η und ω ihrem Ursprunge nach $= \bar{a}$ sind (s. §. 4), und daſs auch im Skr. solche Umstellungen vorkommen, indem z. B. neben **man denken** eine Wurzel *mnā* erwähnen (vgl. μιμνήσκω, fut. μνή-σω), neben *dam* **blasen** (nur in den Specialtempp.) eine Form *dmā* vorkommt, welche die Grammatiker als die ursprüngliche annehmen. Die Wurzeln πτω (vgl. πίπτω aus πιπίτω), δμη (vgl. δαμάω), θνη (vgl. ἔθανον, θάνατος), κμη (vgl. κάμνω), στρω (vgl. στόρνυμι, lat. *sterno*) führen zu den sanskr. Wurzeln *pat* **fallen**, *dam* **bändigen**, *han* (aus *dan*) **tödten**, *sram* (aus *kram*), *klam* **müde werden**, *star* (स्तृ *stṛ*) **ausstreuen**. — Vertreten nun concrete Stämme wie -βρώτ, -γνώτ mit euphonischem τ die skr. nackten Wurzelwörter wie -*pā* **trinkend**, so dürfen auch, abgesehen vom Geschlecht, die Abstracta γέλωτ und ἔρωτ den skr. Abstracten wie *anu-gñā* **Befehl** gegenübergestellt werden*);

---

vor dem Gerundialsuffix *ya* ihr *n* abwerfen, alsdann wie Wurzeln mit kurzem Endvocal ein *t* anfügen, daher z. B. *ni-hā́-t-ya* von *han* **tödten**.

*) Hierher gehört das lat. *quiet* (auch *quiē*), welches dem weiblichen Geschlecht treu geblieben ist, und dessen Wz. *qui* = skr. *it* (aus *ki*) sich mit dem Charakter *ē* der 2ten Conjugation verbunden hat (= skr. *aya, ay*, s. I. p. 227 ff.), wofür ich das *ē* von *qui-ē-vi*, *qui-ē-tus* halte. Man vergleiche *im-pl-ē-vi*, *im-pl-ē-tus*, *im-pl-ē-s*, *im-pl-ē-mus*, *im-pl-ē-tis*. Die 3 letzten Formen stimmen, abgesehen von der Praep., zum skr. *pār-áya-si*, *pār-áyā-mas*, *pār-áya-ta* des Causale der Wz. *par* (पृ *pṛ*) **füllen**, deren Vocal im Lateinischen übersprungen ist.

denn wenn auch das ω der genannten griech. Stämme nicht wurzelhaft ist, so gehört es doch zum Verbalthema und vertritt wie ao von ἐρ-άc-μαι, γελ-άc-μεν den skr. Charakter *aya* der 10ten Kl. (§. 109*). 6); diesen finde ich auch, in Abweichung von einer früheren Auffassung*), in Gestalt von *ā* oder *η* in den Compositen wie λεγο-θήρā-ς, ἱππc-νώμā-ς, ὁπλc-μάχη-ς, πολυ-νίκη-ς, ἐλαιc-πώλη-ς. Man vergleiche den Stamm -θήρā mit θηρά-σω, θηρά-τωρ; -νώμā mit νωμή-σω aus νωμά-σω; -νίκη mit νική-σω, νική-τωρ; -μάχη mit μαχή-σομαι, μαχή-της, μαχή-μων. Τρίβης von παιδο-τρίβης, φαρμακc-τρίβης stammt schwerlich von der Wz. τριβ durch ein Suffix *η*, sondern ist nackter Verbalstamm und setzt ein abgeleitetes Verbum τριβέω, fut. τριβή-σω voraus. In den Bildungen auf ιᾱ-ς glaube ich die skr. Wurzel *yá* gehen zu erkennen**), welche auch im Vêda-Dialekt wirklich in Compositen der oben (§. 907. b) beschriebenen Art vorkommt, namentlich in *dêva-yá'*, Nom. *dêva-yá'-s*, zu den Göttern gehend, *ṛṇa-yá-s* in Schuld gehend = Schuld übernehmend, sühnend, von Schuld befreiend (s. Benfey's Glossar). Es würde also im Griechischen z. B. ἀλωπεκ-ία-ς fuchsartig, wörtlich soviel als „der Natur des Fuchses sich nähernd", und λαμπαδ-ία-ς Fackelträger, eigentlich „mit der Fackel gehend", bedeuten.

911. Betrachten wir nun die mit Suffixen gebildeten Wörter, so müssen wir, was die secundären, von den indischen Grammatikern Tadd'ita genannten Suffixe anbelangt, die schon mehrmals erwähnte Erscheinung in Erinnerung bringen, dafs die Endvocale der Primitivstämme vor den mit Vocalen oder dem Halbvocal *y* (*j*) anfangenden Suffixen

---
*) erste Ausgabe p. 138.
**) Vgl. ἵημι mit causaler Bedeutung (gehen machen), wahrscheinlich eine reduplicirte Form aus *ji-jημι*, wie ἵ-στημι aus σί-στημι, so dafs der Halbvocal in der Wiederholungsylbe zum Spiritus asper geworden (s. §. 19. p. 33) und in der Wurzel selber unterdrückt worden, wie z. B. in den Verben auf αω = skr. *ayâmi*.

in allen indo-europäischen Sprachen unter gewissen Beschränkungen (s. §. 889) unterdrückt werden. Für das Sanskrit und Send ist auch zu bemerken, daſs gewisse secundäre Wortklassen die Vriddʻi-Steigerung (s. §. 26) des ersten Vocals des Grundwortes verlangen, daher z. B. *dáśarat'-i-s* (von *daśarat'a*)*) Abkömmling des Daśarat'a und im Send ꞈꞈꞈꞈꞈ *áhuir'-ya* (von *ahura*, s. §. 41) ahurisch, auf Ahura sich beziehend, ꞈꞈꞈꞈ *sáir'-i* golden, von ꞈꞈꞈꞈ *sairi* Gold. Im Gothischen bietet *-dóg'-s* -tägig (Them. *dôga*, s. §. 135) ein ähnliches Verhältniſs zu seinem Primitivstamme *daga*, Nom. *dag'-s* Tag dar, da ó nach §. 69. 1 der gewöhnlichste Vertreter der Länge des *a* ist. Nach sanskritischem Princip müſste man annehmen, daſs der Adjectivstamm *dôga*, welcher nur in dem Compos. *fidurdôga* viertägig (Nom. *fidurdóg'-s*) vorkommt, aus dem Substantivstamm *daga* so gebildet sei, daſs der Endvocal des letzteren vor dem Ableitungssuffix *a* in derselben Weise unterdrückt sei, wie z. B. im Skr. der von संवत्सर *sanvatsará* Jahr vor dem in सांवत्सर *sánvatsar'-á* jährlich enthaltenen Taddʻita-Suffix *a* unterdrückt worden, während es das Ansehen hat, als wenn *sánvatsara* jährlich von *sanvatsará* Jahr durch bloſse Verlängerung des ersten Vocals des Grundwortes gebildet wäre. Auch das Litauische, dessen *o* immer lang ist und meistens das skr. *á* vertritt, zeigt in einigen abgeleiteten Wörtern *ó* an der Stelle des *a* des Primitivstammes; so kommt *plót'-i-s*

---

*) *á* gilt als Vriddʻi des *a*, welchem letzteren von den indischen Grammatikern kein Guṇa zugestanden wird. Auch fühlt *a*, weil es der schwerste Vocal ist (s. §. 6), weniger das Bedürfniſs zur Steigerung und bleibt in den meisten Fällen, wo andere Vocale guṇirt werden, unverändert; zuweilen erscheint auch *á* für *a* an Stellen, wo andere Vocale die Guṇa-Steigerung erfahren. Da sowohl *a + a* als *á + a* zu *á* zusammengezogen wird, so könnte man auch sagen, daſs *á* sowohl die Guṇa- als die Vriddʻi-Steigerung des *a* sei, daſs aber Guṇa bei dem *a* seltener eintrete als bei den leichteren Vocalen *u* und *i*.

Breite (Them. *plŏ́tja*) von *platú-s* breit und *lŏ́b'-i-s* Reichthum (Them. *lŏ́bja*) von *lába-s* gut, in derselben Weise wie im Skr. z. B. *mā́d'ur-ya-m* Süfsigkeit von *mad'urā́* süſs*). Da auch im Lateinischen sehr oft *ŏ* für ursprüngliches *á* steht (s. §. 4), so könnte man in *ŏv'-u-m* einen Überrest der Vridd'i-Steigerung erkennen, welche die Sanskritgrammatik verlangt, wenn durch das Suffix *a*, dem das *ŏ* der latein. 2ten Declin. entspricht (§. 116), ein Derivativum mit dem Nebenbegriff der Abstammung gebildet wird, wie z. B. *sā́mudr'-á-m* Seesalz, als das vom Meere (*samudrá*, Nom. -*rá-s*) stammende. Also wie das Neutrum *sā́mudr'-á-m* von dem männlichen Stamme *samudrá* mit Unterdrückung des Endvocals vor dem Ableitungssuffix *a*, so glaube ich *ŏv'-u-m* als Abkömmling des Vogels aus *avi-s* erklären zu dürfen. Im Sanskrit wäre, wenn *avi* statt *vi* Vogel bedeutete, ein davon abstammendes *ā́v'-á-m* als Ei-Benennung ganz in der Ordnung. Dem griech. ώόν aus ά϶-όν, welches auch hinsichtlich der Accentuation zu der betreffenden skr. Wortklasse stimmt, ist sein Primitivum abhanden gekommen**); dagegen steht, abgesehen vom Geschlecht und der Betonung, ώα (aus ά϶α) Schaafpelz in einem ähnlichen Verhältnifs zum Primitivstamme όϊ aus ὅϝι (skr. *ávi* Schaaf), wie das lat. *ŏv'-um* für *áv'-um* zu *avi***).

*) S. §§. 889. 891. Wenn im Litauischen nicht überall bei dieser Wortklasse ein primitives *a* des Stammwortes in *ō* übergeht, so schützt vielleicht die Positionslänge das ursprüngliche *a*, daher z. B. *kàrštis* Hitze, *šàltis* Kälte (von *kàršta-s* heifs, *šàlta-s* kalt), nicht *kōrštis*, *šōltis*. Ich kenne überhaupt bis jetzt keine Beispiele, wo *a* vor einfacher Consonanz in einem Abstractum dieser Art stünde (vgl. §. 891).

**) In der Form ώϊό-ν für ώϝιον fasse ich das *ι* nicht als den erhaltenen Endvocal des Grundwortes, sondern ich erkenne in *ιο* das skr. Suffix *ya*, welches eben so wie *a* persönliche und sächliche Patronymica bildet.

***) In ἠνεμόεις kann ich nicht einen Anklang an die sanskr.

912. Das skr. primäre Suffix *a*, welches ich, wie auch das secundäre, für identisch halte mit dem Demonstrativstamm *a* (s. §. 366), ist nebst seinen Schwesterformen in den verwandten Sprachen als Bildungssuffix männlicher Ab-

Vriddi-Steigerung der secundären Wortbildung erkennen, da ich es nicht von ἄνεμος, sondern von ἤνεμος (bei Hesych.) ableite, dessen Stamm auch in einigen Compos. erscheint (ἠνεμόφωνος, ἠνεμόφοιτο-ς). Auch verlangt das dem griech. εντ entsprechende skr. Suffix *vant* keine Vriddi-Steigerung. Eben so wenig kommt im Sanskrit bei zusammengesetzten Wörtern eine Vocalverlängerung der Art vor, wie sie das Griechische in einigen Zusammensetzungen, vorzüglich mit Praepositionen und einsylbigen Praefixen und Wortstämmen — oder solchen, die durch Unterdrückung ihres Endvocals einsylbig werden — zeigt, vielleicht um hinter solchen schwachen Vorgängern den Haupttheil des Wortes, im Fall er mit einem Vocal anfängt, nachdrücklicher hervorzuheben; daher z. B. δυσήκεστος (ἀκεστός), δυσηκής (ἄκος), δυσήνυτος, δυσήνυστος (ἀνυστός), δυσησις (für δύσερις), δυσώλεθρος (ὄλεθρος), δυσώνυμος (ὄνομα), εὐήρετμος (ἐρετμός), εὐήκης (ἀκή), εὐήνυττος (ἀνυστός), εὐήνωρ (ἀνήρ), εὐώδης (Wz. ὀδ), εὐώνυμος, ἀνήκεστος, ἀνηκής (ἄκος), ἀνήκουττος (ἀκουστός), ἀνώδυνος (ὀδύνη), ἐνηκοος (ἀκοή), ἐνήλατον (ἐνελαύνω), ἐνώμοτος (ὄμνυμι), προσήγορος (ἀγορεύω), περιώδυνος, τρήρης, μονήρης, πεδήρης, πεδώνυχος, πανήγορις, πανώλεθρος. Ich erinnere noch daran, dafs im Sanskrit die Vriddi-Steigerung der secundären Wortbildung die Stelle der Guna-Steigerung der primären vertritt; so wie z. B. *bôd'-a-s* das Wissen und *bôd'-â-mi* ich weifs von der Wz. *bud* kommen, so *bâudd'-á-s* Buddist von *budd'á* Budda, als Adj. wissend, weise. Dafs die secundäre Wortbildung, sofern die betreffende Wortklasse überhaupt eine Steigerung erheischt, den Vriddi- statt des Guna-Grades verlangt, mag wohl daher kommen, dafs die Stammwörter, woran die secundären Suffixe sich anfügen, selber schon schwerer gebaut sind als die nackten Wurzeln, woraus die primitiven Nomina oder Verba entspringen. Es werden daher in der secundären Wortbildung auch lange Vocale, selbst Guna-Diphthonge und kurze Vocale vor zwei Consonanten gesteigert, wozu die primäre Wortbildung, ausgenommen wenn die Wurzel vocalisch schliefst, kein Bedürfnifs fühlt.

stracta bereits betrachtet worden (s. S. 281 ff.). Im Gothischen sind die meisten hinsichtlich ihres Suffixes hierher gehörenden Abstracta neutral geworden und schliefsen daher im Nom. sg. mit dem Endconsonanten der Wurzel (s. §. 153). Es sind etwa folgende: *anda-beit* Tadel*), *anda--hait* Bekenntnifs, *bi-hait* Streit, *ga-hait* Versprechen (formell unser *Geheifs*), *af-lêt* Vergebung, *bi-mait* Beschneidung, *bi-faih* Täuschung, *fra-veit* Rache, *ana--filh* Überlieferung, von den Stämmen *anda-beita, ga-heita* etc. Was den Wurzelvocal dieser Abstracta anbelangt, so gilt dasselbe, was oben (S. 283 f. Anm. **) bemerkt worden. Man darf daher den Stamm *anda-nêma* Annahme, dessen Geschlecht jedoch aus dem einzig belegbaren Gen. *anda-nêmi-s* (s. §. 191) nicht erkannt werden kann, nicht vom Plural des Praet. (*nêmum*) ableiten, sondern er stammt, wie das dem sanskr. Part. fut. pass. entsprechende Adjectiv-Thema *anda-nêm-ja* (s. S. 342 Anm. **) von der Wz. *nam*, mit Verlängerung des Wurzelvocals, im Einklang mit sanskritischen Abstracten wie *hā́sa-s* das Lachen von *has*. Im Sanskrit ist mir nur ein einziges neutrales Abstractum dieser Wortklasse bekannt, nämlich *b'ay-á-m* Furcht, von *b'i* fürchten, welches — wie die analogen männlichen Abstracta aus Wurzeln auf *i* oder *í*, wie z. B. *ǵay-á-s* Sieg, von *ǵi*, *ks'ay-á-s* Untergang, von *ks'i*, *kray-á-s* Kauf, von *krí* — den Ton auf das Suffix hat herabsinken lassen.

913. Oxytona sind auch gröfstentheils die durch आ *a* gebildeten Adjective mit der Bedeutung des Part. praes. und die hierher gehörenden Appellativa auf *a*, welche ihrer Grundbedeutung nach gröfstentheils Nomina agentis sind, wie z. B. *nad-á-s* Flufs als tönender, rauschender, *plav-á-s* Schiff als schwimmendes (Wz. *plu*), *dańś-á-s* Zahn als beifsender, *dêv-á-s* Gott als glänzender (Wz. *div*), *mús'-á-s* Maus als stehlende, *ćór-á-s* Dieb

---

*) Der Stamm *anda-beita* ist nach Abzug der Praep. identisch mit dem oben (S. 281) erwähnten skr. *b'éda* Spaltung.

(Wz. *ćur* stehlen). Beispiele von Adjectiven sind: *ćal-á-s* wankend, beweglich, *ćar-á-s* gehend, *tras-á-s* zitternd, *kšam-á-s* ertragend, *priy-á-s* liebend und geliebt (Wz. *pri*), *vah-á-s* tragend, bringend. Diese oxytonirte Wortklasse auf *a* = griech. ο, im Gegensatze zu den die kräftigere Betonung vorziehenden Abstracten, ist auch im Griech. zahlreich vertreten, sowohl durch Appellative oder Nomina agentis wie τροχ-ό-ς Läufer (gegen τρόχ-o-ς Lauf), κομπ-ό-ς Prahler (gegen κόμπ-ο-ς Lärm), κλοπ-ό-ς, πομπ-ό-ς, μοιχ-ό-ς*), als durch Adjective wie φαν-ό-ς, τομ-ό-ς, θο-ό-ς, ἀρωγ-ό-ς, ἀγωγ-ό-ς, στιλβ-ό-ς; und mit passiver Bedeutung: λοιπ-ό-ς, κυφ-ό-ς, πηγ-ό-ς, αἰθ-ό-ς. So die Substantive λοπ-ό-ς Schale als abgeschält werdende, ὁδ-ό-ς Weg als begangen, betreten werdender (skr. Wz. *sad* gehen und sich setzen). Auch im Sanskrit gibt es Substantive dieser Art mit passiver Bedeutung, wie z. B. *dar-á-s*, neut. *dar-á-m* Höhle als gespaltene, *lêh-á-s* Speise als geleckt werdende, *ǵan-á-s* Mensch als geborener. Mit Betonung der Wurzel: *ếd-a-s* (gegen gr. αἰθ-ό-ς) Holz als gebrannt werdendes (Wz. *ind*, eigentlich *id*), *vếś-a-s* Haus als Ort, wo hineingegangen wird (gr. οἶκ-ο-ς aus Ϝοῖκ-ο-ς, lat. *víc-u-s*, ahd. *wih*, Them. *wiha* Dorf, Flecken, von verdunkelter Wurzel). — Zu den Femininstämmen dieser Wortklasse gehören im Griechischen auch Stämme auf *αδ*, deren *δ* nur ein unorganischer Zusatz ist (vgl. §. 119), z. B. δορκ-άδ Gazelle als sehende (auch δόρκη), μοιχάδ (μοιχή) als Fem. von μοιχό, τοκάδ die gebärende, πλο(Ϝ)άδ, πλω(Ϝ)άδ die schwimmende, herumirrende, τυπάδ Hammer als schlagender.

914. Im Sanskrit sowohl als im Griechischen kommen die Adjective dieser Bildungsart vorzugsweise am Ende von Compositen vor und zum Theil haben sie sich in den beiden

---

*) Stimmt in seiner Wurzel und Grundbedeutung, wie in der Bildung und Accentuation zum skr. *mếǵ-á-s* Wolke als mingens (Wz. *mih* mingere).

Sprachen im isolirten Gebrauch entweder nicht erhalten, oder sind vielleicht niemals einfach gebräuchlich gewesen. So erscheint *damá* bändigend im Sanskrit nur in dem Comp. *arin-damá-s* *) feindbändigend, und das entsprechende gr. δαμο nur in ἱππό-δαμο-ς. So im Lateinischen -*dic-u-s*, -*loqu-u-s*, -*fic-u-s*, -*fug-u-s*, -*sequ-u-s*, -*vol-u-s*, -*cub-u-s* (*incubus*), -*leg-u-s*, -*vor-u-s*, -*fer*, -*ger* (für *fer-u-s*, *ger-u-s*), -*par-u-s* (*oviparus*), -*liqu-u-s* (*re-liqu-u-s* = griech. λοῖπ-ο-ς), -*frag-u-s* (*naufragus*). Einfach vielleicht nur *sci-u-s*, *vag-u-s*, *fid-u-s*, *parc-u-s*. Von Substantiven gehören hierher: *coqu-u-s* (= skr. *paĉ-á-s* [aus *pak-á-s*] kochend), *merg-u-s*, *proc-u-s* (vgl. *precor*), *son-u-s*, als tönender, = skr. *svan-á-s* Ton; *jug-u-m*, *vad-u-m* (eigentlich durchgangenes, wie oben दरम् *dar-á-m* Höhle als gespaltene); vielleicht *tor-u-s* aus *storus* als ausgebreitetes **). Hierher gehören auch die Feminina *mola* Mühle als mahlende und *toga* als bedeckende ***). Das *a* von Compositen wie *parricida*, *coelicola*, *advena*, *collega*, *transfuga*, *legirupa*, *indigena* fasse ich jetzt am liebsten so auf, dafs ich darin eine weibliche Form (also das skr. lange *á* von Formen wie *priyaṅ-vadá* die lieblich redende) erkenne, die zugleich das

---

*) *arin*, euphon. für *arim*, ist der Accus., der auch in vielen anderen Compositen dieser Art, wo das erste Glied gewöhnlich im accusativen Verhältnifs steht, statt des nach dem allgemeinen Princip der Composition zu erwartenden nackten Thema's vorkommt, z. B. in *puran-dará-s* Städte spaltend (wörtlich urbem findens), *priyaṅ-vadá-s* Liebliches sprechend, *b'ayañ--kará-s* Furcht machend.

**) Hinsichtlich des Verlustes des *s* von *ster-no*, στόρ-νυμι, vergleiche man das Verhältnifs von *tonare* zur skr. Wz. *stan* donnern und griech. στεν von Στέν-τωρ.

***) Da im Lateinischen der Wechsel zwischen den Lauten des *e* und *o* nur selten innerhalb einer und derselben Wurzel eintritt, so wird die Etymologie in vorkommenden Fällen getrübt, während es sich im Griech. von selbst versteht, dafs z. B. φόρος und φέρω wurzelhaft identisch sind.

Masc. ersetzt, während das Griechische umgekehrt am Ende von Compositen das männlich-neutrale o = skr. kurzem a mifsbräuchlich auch in das Fem. überträgt und z. B. dem lat. *multicoma* die Form πολύκομος gegenüberstellt, indem, wie mir scheint, die Belastung durch die Composition der freien Bewegung und Veränderlichkeit des Wortganzen ein Hemmnifs in den Weg legt, weshalb sein Schlufsbestandtheil auf die genaue Unterscheidung der Geschlechter verzichtet*).

*) Der Umstand, dafs es sowohl in der griechischen als in der latein. 2ten Declin. auch einfache Feminina gibt, wie παρθένος, ὁδός, νῆσος, *alvus*, *humus*, *fagus* (= φηγός), hindert nicht die Annahme, dafs das griech. o und das lat. ŏ der 2ten Decl. (§. 116) dem Femininum von Haus aus nicht zukommen, wie denn auch das entsprechende sanskritische, sendische, litauische und gothische *a* und das slavische *o* niemals am Ende eines weiblichen Stammes steht. Dafs aber umgekehrt das lateinische *a* am Ende von Composs. wie *coeli-cola* nicht dem sanskritisch-sendischen männlich-neutralen *a*, sondern dem weiblichen *â* entspricht, mag hier auch noch dadurch unterstützt werden, dafs die Composita am meisten der Schwächung unterworfen sind, dafs also die Erhaltung des sanskr. männlich-neutralen *a* in unveränderter Form im Lateinischen am wenigsten in Compositen erwartet werden kann. War aber einmal die weibliche Form in Compositen wie *parricida* auch in das Masc. eingedrungen, oder diesem allein verblieben (*coelicola*), so kann es nicht befremden, dafs in einem vereinzelt stehenden Falle auch ein einfaches Wort in weiblicher Form als Masculinum erscheint, nämlich *scrib-a* für *scrib-u-s*. Anders verhält es sich mit *nau-ta*, wo *ta* für griech. τη-ς steht, wie in *poëta* = ποιητής und wie bei Homer z. B. αἰχμητά, νεφεληγερέτα, ἱππότα, ἠπύτα, ἠχέτα, μητίετα, für αἰχμητής etc. Hier ist entweder das Casuszeichen abgefallen, wie im Altpersischen regelmäfsig das schliefsende *s* sowohl hinter kurzem als hinter langem *a* weggefallen ist; oder, was ich lieber annehme, diese Formen stützen sich auf die sanskr. Nominative auf *tâ*, send. *ta* (s. §. 144), von Stämmen auf *târ*, worauf sich im Griech. nicht nur die Stämme auf τηρ und τορ, sondern, wie schon in §. 145 bemerkt worden, auch die eines ρ verlustig gegangenen männlichen Stämme auf τη = τᾱ stützen

915. Das Gothische zeigt in der in Rede stehenden Wortklasse: 1) männliche Substantivstämme wie *daura-vard-a* Thorwärter, *vrak-a* Verfolger*), *vêg-a* Welle als sich bewegende**), *vig-a* Weg (als Ort worauf man sich bewegt), *thiv-a* (Nom. *thiu-s*) Knecht***); 2) die neutralen

(s. auch §. 810 und Curtius „de nominum gr. form." p. 34 ff.). Es ist also kein Zufall, daſs in der Homerischen Sprache fast nur die betreffende Klasse von Nom. agentis männliche Nominative auf α zeigt, und es ist daher nicht unwahrscheinlich, daſs auch εὐρύ-οπα seinem Ursprung nach dieser Wortklasse angehört und somit aus εὐρυοπτα verstümmelt ist, da es seiner Bedeutung nach ein Nomen agentis ist. Zum Lateinischen zurückkehrend, so haben vielleicht die männlichen Eigennamen auf *a*, wie *Numa*, *Nerva*, *Galba*, am meisten Anspruch, abgesehen von ihren speciellen Wortbildungssuffixen, hinsichtlich ihres Nominativs so aufgefaſst zu werden, daſs sie wie *nauta* und *poëta* den Verlust eines schlieſsenden *s* erfahren haben, nach dessen Wiederherstellung sie zu sanskritischen Nominativen der gewöhnlichen *a*-Declination wie *Nala-s*, *Râma-s* stimmen würden, und, woran Corssen erinnert (Neue Jahrb. für Philol. u. Paed. Bd. 28. p. 473), zu den oskischen *Tanas* und *Maras*. Letzterem begegnet, formell wenigstens, das letzte Glied des skr. Compos. *a-mára-s* nicht sterbend, unsterblich, von der Wz. *mar*, *mṛ* sterben (lat. *mor*) durch das Suffix *a*, welches auch in dem Namen *Tanas* enthalten zu sein scheint.

*) Der einzig belegbare Nom. *vrak-s* könnte auch einem Stamme *vraki* angehören.

**) Stimmt hinsichtlich der Verlängerung des Wurzelvocals *a* zu *ê* (= *â*, s. §. 69. 2) zu skr. Bildungen wie *pấd-a-s* Fuſs als gehender, von *pad* gehen.

***) Wie mir scheint, eigentlich Knabe, von einer Wz. *thav* = skr. *tu* wachsen, wie *mag-u-s* Knabe von *mag* = skr. *mah*, *maṅh* wachsen. Von तु *tu* wachsen (im Send können) kommt im Vêda-Dialekt unter anderem *tuv-í* viel und im Gothischen wahrscheinlich auch *thiu-da* Volk als gewachsenes, welchem im Umbrischen als weibliches Part. derselben Wz. die Form *tuta*, später *tota*, Stadt gegenübersteht, und womit ich jetzt auch das latein. *to-tus* ganz vermitteln möchte. Zum Causale von *tu* (*tấv-áyấ-mi* ich mache wachsen, mache gedeihen gehört

Substantivstämme wie *ga-baur-a* Steuer als getragenes (vgl. φόρος), *faur-hah-a* Vorhang, *ga-thrask-a* Tenne (wo gedroschen wird), *ga-liug-a* Götzenbild als lügendes, falsches; Nom. *gabaur* etc.; 3) Femininstämme wie *daura--vard-ô* Thürwärterin, *ga-bind-ô* Band als bindendes (Wz. *band*, geschwächt *bind*, *bund*), *gróbô* Grube als gegrabene (Wz. *grab*, verlängert *grôb*), *grab-ô* Graben, *ga-bruk-ô* Brocken als gebrochener (Wz. *brak*, geschwächt *brik*, *bruk*), *staig-ô* Steig (Wz. *stig* steigen, gunirt *staig*); Nom. *daura-varda* etc.; 4) Adjectivstämme wie *and-vairth-a* gegenwärtig, *ana-vairth-a* zukünftig, *laus-a* los, leer (Wz. *lus*), *siuk-a* krank (Wz. *suk*), *af-lêt-a* freigelassen; Nom. masc. *and-vairth'-s* etc.

916. Im Litauischen ist diese Wortklasse weniger zahlreich, aber im Nom. sg. treuer erhalten als in irgend einer der Schwestersprachen des Sanskrit. Beispiele sind: *sarg-a-s* Hüter (*sergu* ich hüte), *prá-rak-a-s* Vorhersager, Prophet*), *zwán-a-s* Glocke als tönende (*zwanù* ich töne), *ták-a-s* Fussteig (*tekù* ich laufe), *weïd-a-s* Gesicht, Angesicht als sehendes (*weïzd-mi* ich sehe, *waidinô-s* ich lasse mich sehen), *-nink-a-s* am Ende von Compos. oft soviel als Macher, Vollbringer oder einer, welcher mit dem sich beschäftigt, was der erste Theil des Comp. ausdrückt**), wie *balni-nink-a-s* Sattler, Sattelmacher

wahrscheinlich das lat. *tu-ê-ri* (s. §. 109ᵈ). 6) und das altpreuß. *tâwa-s* Vater als Erzeuger oder Erzieher, lit. *tëwa-s* Vater. Dem umbrischen *tuta* Stadt steht im Preußischen als Sprößling derselben Wz. *tauta* (Acc. *tauta-n*) Land als angebautes gegenüber. Im Lit. heißt *tauta* Deutschland.

*) Das einfache Verbum fehlt im Litauischen; man vergleiche daher das slav. ρεκѫ *rekun* ich sage.

**) Das Stammverbum *ninku* kommt einfach nicht vor, sondern nur in Verbindung mit den Praepositionen *in*, *ap*, *uz* und *su* (s. Nesselmann's Wörterb. p. 422), und wird wohl ursprünglich gehen, dann thun, machen bedeutet haben. Man vergleiche das altpreußische *neik-aut* wandeln und russische *nik-nu* ich

(*balna-s* Sattel), *gréki-nink-a-s* Sünder, Sünde begehender (*gréka-s* Sünde), *lauki-nink-a-s* Landmann, Landbebauer, agricola (*laúka-s* Feld), *mési-nink-a-s* Fleischer, carnifex (*mësà* f., skr. *mánsá* m. n. Fleisch), *darbi-nink-a-s* Arbeiter, Arbeit thuender (*dárba-s* Arbeit), *remésti-nink-a-s* Handwerker, Handwerk verrichtender (*remésta-s* Handwerk). Man beachte die Schwächung des Endvocals des Stammes des ersten Gliedes aller dieser Composita zu *i*, nach dem Princip lateinischer wie *coeli-cola*, *terri-cola*, *fructi-fer*, *lani-ger*, für *coelö-cola*, *terra-cola*, *fructu-fer*, *lana-ger* *). Beispiele von Adjectiven dieser Bildungsart sind: *gýw-a-s* (= *gíw-a-s*, skr. *gív-á-s*) lebendig, *át-wir-a-s* offen (*àt-weriu* ich öffne), *iś'-tis-a-s* ausgestreckt (*tèsiù* ich breite aus). — Vom Altslavischen gehören in diese Wortklasse Stämme wie

beuge mich. Dem lit. *-nika-s* in den betreffenden Composs. entspricht im Russischen НИКЪ *nik*, z. B. in СѢДСЛЬНИКЪ *sjedeljnik*' Sattler, d. h. Sattelmacher. Das Altpreußsische scheint durch *nika* (Nom. *nix* für *nika-s*, Acc. *nika-n*) Nomina agentis aus Verbalstämmen zu bilden (s. Nesselmann p. 76). Ich halte jedoch die hierher gehörenden Wörter sämmtlich ebenfalls für Composita der Art wie im Latein. *opifex*, *artifex*, denn wenn auch z. B. *waldnix* Herrscher, wovon nur der Dativ *waldniku* vorkommt, von der Verbalwurzel *wald* herrschen abgeleitet werden könnte, so hindert doch nichts die Annahme, daß es eigentlich Herrschaft übender bedeute und ein verlorenes oder unbelegbares Substantiv *wald-s* oder *walda-s* (Thema *walda*) Herrschaft enthalte. Zu *crixt-nix* Täufer (Taufe verrichtender) findet sich der Substantivstamm *crixti* in dem Compos. *crixti-laiska-s* Taufbuch, zu *dil-nik-a-ns* Arbeiter, Arbeit verrichtende (Acc. pl.), der Substantivstamm *dila* (Acc. *dila-n*), zu *daina-alge-nik-a-mans* (Dat. pl.) den Tagelöhnern, um Taglohn arbeitenden, die Substantivstämme *deina* Tag (skr. *dina*) und *alga* Lohn (Gen. *alga-s*), aber kein Verbum, dessen Nom. agentis das betreffende Wort sein könnte; und so verhält es sich mit den meisten übrigen hierher gehörenden Bildungen.

*) S. §. 6 und „Vocalismus" pp. 139, 162 Anm. *).

токо *toko* Fluſs als flieſsender, *pro-roko* Prophet, отроко *ot-roko* Knabe, eigentlich infans, νήπιος (Mikl. Rad. p. 74), водоносо *vodo-noso* hydria, eigentlich Wasserträger; Nom. токъ *tokŭ* etc. Beispiele mit passiver Bedeutung sind: градъ *gradŭ* Stadt als umzäunte (*grad-i-ti* umzäunen), милъ *milŭ* lieb (geliebt), angenehm, wie im Skr. *pur-á-m* n., *pur-i'* f., Stadt als angefüllte, *priy-á-s* geliebt (Wz. *pri*).

917. Zwischen dem Sanskrit und Griechischen besteht die beachtungswerthe Übereinstimmung, daſs die durch das in Rede stehende Suffix gebildeten Adjective in Verbindung mit den Praefixen सु *su*, εὖ leicht, दुस् *dus* *), δυς schwer, vorherrschend, wo nicht im Sanskrit ohne Ausnahme, passive Bedeutung haben **). Der Ton ruht im Sanskrit auf der Wurzelsylbe; s. B. *sukár-a-s* leicht gemacht werdend, leicht zu machen, *sulábʻ-a-s* leicht erlangt werdend, *duskár-a-s* schwer gemacht werdend, schwer zu thun, *durlábʻ-a-s* schwer erlangt werdend, *duḣsáh-a-s* schwer ertragen werdend, *durmárś-a-s* id., *durdárś-a-s* schwer unterdrückt werdend, *dus'púr-a-s* schwer angefüllt werdend, *dustár-a-s* (euphon. für *dustár-a-s*) schwer überschritten werdend. So im Griechischen z. B. εὔφορ-ο-ς, εὐκάτοχ-ο-ς, εὐπερίγραφ-ο-ς, εὐέμβολ-ο-ς, εὐανάγωγ-ο-ς; δύςφορ-ο-ς, δύςτροφ-ο-ς, δύςτομ-ο-ς, δύςπλς-ς-ς, δυςπρόσμαχ-ς-ς, δυςανάπορ-ο-ς.

918. Als secundäres (Taddʻita-)Suffix bildet *a*, in der Regel mit Betonung desselben und mit Vriddʻi des ersten Vocals des Grundwortes, im Sanskrit 1) männliche Substantive (mit Femininen auf *i*), die zu dem Grundworte in dem Verhältnisse der Abstammung oder in irgend einer

---

*) Hieraus nach bestimmten Lautgesetzen, nach Maſsgabe des folgenden Buchstaben: *duś*, *dur*, *duḣ*.

**) Als Ausnahme können solche Formen nicht geltend gemacht werden, in welchen *su* nicht leicht, sondern soviel als Schönes, Gutes, Angenehmes bedeutet, z. B. Rigv. I. 112. 2: *sub'ára* Schönes bringend.

anderen Beziehung stehen, wie z. B. *vásiṣṭ'-á-s* (von *vásiṣṭa*) Abkömmling des Vasiṣṭa, *mánav-á-s* (von *manú*) Mensch als Abkömmling des Manu, *draupad'-î**) Draupadi, Tochter des Drupada, *dáuhitr-á-s* (von *duhitár*, *-tŕ*) Sohn der Tochter, *náiṣad'-á-s* Niṣad'er von *niṣad'a*, im Plur. das Land Niṣad'a; *śáiv'-á-s* (von *śíva*) Anhänger, Verehrer des Śiva. 2) Eine Art sächlicher Patronymica, wodurch z. B. Früchte nach den Bäumen, worauf sie wachsen, benannt und gleichsam als Söhne derselben dargestellt werden; z. B. *áśvatt'-á-m* (von *aśvattá*) die Frucht des Baumes Aśvatt'a. Hierher gehört auch das schon erwähnte *sámudr'-á-m* Seesalz als das vom Meere (*samudrá*) erzeugte. 3) Abstracte Neutra wie *yáuvan-á-m* Jugend, von *yúvan* jung. 4) Neutrale Collectiva wie *kápôt'-á-m* ein Schwarm Tauben, von *kapóta* m. 5) Adjective und Appellative von mannigfaltigen Beziehungen zum Grundworte; z. B. *áyas-á* m. n. eisern, fem. *áyas-î*, von *áyas* Eisen (Them. und Nom. Acc. = lat. *aes*, *aer-is* aus *aes-is*, goth. *ais*, Them. *aisa*), *sáukar'-á-s* schweinisch, von *súkara* Schwein, *sánvatsar'-á-s* jährlich, von *sanvatsará* Jahr; *dvâip'-á-s* ein mit Tigerfell bedeckter Wagen, als Adject. „aus Tigerfell gemacht", von *dvîpa* m. n. (*dvîpa-s*, *-a-m*) Tigerfell.

919. Zu 1), und zwar zu den weiblichen Patronymiken wie *draupad'-î* Draupadi, stimmen, abgesehen von der Vocalsteigerung, griechische wie Ταντάλ'-ίδ, Πριαμ'-ίδ, Ἰναχ'-ίδ, Νηρείδ, jon. Νηρηΐδ, deren δ nur eine unorganische Stamm-Erweiterung ist (s. §. 119). Νηρείδ, jon. Νηρηΐδ, aus ΝηρεϜίδ, ΝηρηϜίδ, vom Stamme Νηρεύ, stimmt zu skr. Formen

---

*) Zunächst von *draupadá* (durch den Feminincharakter *î*), und dieses von *Drupada*. Die Accentuation der weiblichen Form, welche bei dieser Wortklasse viel seltener vorkommt als die männliche, lasse ich unentschieden, da sie nicht mit Sicherheit aus der männlichen gefolgert werden kann (s. Kl. Sanskrit-Gramm. 3te Ausg. §. 218).

wie *mánav-í* Frau, von *mánavá* Mensch als Abkömmling des Manu, nur daſs im Griechischen der Guṇa- oder Vṛiddhi-Vocal schon im Grundworte liegt. Hinsichtlich des Accentverhältnisses, z. B. von Τανταλίδ zum Primitivstamme Τάνταλο, vergleiche man das von *vásiṣṭ'-á* Vasiṣṭhide zu *vásiṣṭa*. Zu 2) ist schon oben das latein. *óv'-u-m* als Abkömmling des Vogels (*avi-s*) und griech. ὠ(F)'-ό-ν gestellt worden. Zu Fruchtbenennungen wie *ásvatt'-á-m* stimmen lateinische wie *pom'-u-m* von *pomu-s*, *pir'-u-m* von *piru-s*, *prun'-u-m* von *prunu-s*, *ceras'-u-m* von *cerasu-s* und griechische wie μῆλ'-ο-ν von μηλί(δ), κάρι'-ο-ν von καρία, ἄπι'-ο-ν von ἄπιο-ς. Da das Griech. und Lat. eben so wie das Skr. die Endvocale der Primitivstämme vor den Vocalen der Ableitungssuffixe abwerfen (s. §. 911), so kann man die Möglichkeit des Satzes nicht bestreiten, daſs die Fruchtnamen der beiden Sprachen von den Namen der Bäume nicht bloſs durch Veränderung des Geschlechts, sondern durch den Zutritt eines Suffixes gebildet seien, daſs also z. B. das formelle Verhältniſs von *pirum* zu *pirus*, von ἄπιον zu ἄπιος ein anderes sei als z. B. das von *bonum* zu *bonus*, von ἀγαϑόν zu ἀγαϑός*). Besondere Beachtung verdient in dieser Beziehung das Verhältniſs von μῆλον zum Stamme μηλίδ, dessen δ nur ein unorganischer Zusatz ist, der dem ursprünglich langen ι von μηλί beigetreten ist (s. §. 119), so daſs das griech. Wort in skr. Form übertragen nicht anders als *málí* lauten würde, wovon man, als einem Baumnamen, mit dem in Rede stehenden Suffix den Fruchtnamen *mál'--á-m* zu erwarten hätte. Will man aber im Griechischen und Lateinischen die Namen der Bäume von den Benennungen der Früchte, gleichsam als deren Bewohnern, ableiten, wie wir oben (§. 900) versucht haben, die Ländernamen als die Feminina der Namen der Bewohner darzustellen, so

---

*) Wenn auch die Baumnamen in den genannten Sprachen weiblich sind, so sind doch die auf *us* und *ος* ihrer Form nach männlich.

könnte man, abgesehen vom Accent, eben so leicht von einem der Form nach männlich-neutralen Stamm μῆλο zum weiblichen Stamme μηλίδ (für μηλῑ́) gelangen, als im Sanskrit z. B. von *áyasá* der und das eiserne (Nom. *ayasá-s, ayasá-m*) zu *á'yasi*. — Zu 5) stimmen lateinische Adjective, welche durch das Suffix *ŏ* (Nom. *u-s*) aus Substantivstämmen auf *ŏr* (ursprünglich *ŏs*, skr. *as*) entsprungen sind, z. B. *decôr-u-s, sopôr-u-s, honôr-u-s, sopôr-u-s*.

920. Daſs auch dem Send die Analoga zu den oben (§. 913) beschriebenen skr. Wortklassen nicht fehlen, zeigen Stämme wie ⸺ *kśay-a* König als herrschender (Wz. ⸺ *kśi* herrschen), ⸺ *gar-a* Kehle als verschlingende, ⸺ *-gar-a* Verschlinger, ⸺ *-yáṣ-a* Verehrer, ⸺ *-gʻn-a* Tödter, ⸺ *-yaud'-a* Kämpfer, am Ende von Compositen. Besondere Beachtung verdient das Compositum *drugěm-vanô* (Them. *-vana*) Drug-tödtend als Analogon zu den sanskritischen Compositen wie *arin-damá-s* feindbändigend (§. 914). Ich glaube wenigstens nicht, daſs man annehmen dürfe, daſs im Send, in Abweichung vom Sanskrit, die durch das Suffix *a* gebildeten Adjective auch im einfachen Zustande einen Accusativ regieren und daſs man daher *drugěm* und *vanô*, welche in den Handschriften nicht graphisch mit einander verbunden sind, als zwei selbständige Wörter betrachten könne, da in den Handschriften des Send-Avesta die verschiedenen Glieder eines Compositums sehr häufig getrennt erscheinen *). — Ein Beispiel eines durch das secundäre Suffix *a* gebildeten Send-Wortes ist ⸺ *ayaṇha* eisern, eisernes Gefäſs (= skr. *áyasá*), von *ayaś* (s. Burnouf l. c. p. 196).

*) Anderer Meinung ist, was den vorliegenden Fall anbelangt, Burnouf („Études" p. 250), der jedoch den unmittelbar vorangehenden Ausdruck *dbaiśô-tauurvâo*, dessen Bestandtheile in der Urschrift ebenfalls getrennt erscheinen, gewiſs mit Recht als Compositum faſst und durch „triomphant de la haine" übersetzt.

921. Die weibliche Form des Suffixes *a*, nämlich *á*, bildet im Sanskrit oxytonirte Abstracta wie *b'idá* Spaltung, *čidá* id., *ksipá* das Werfen, *b'iksá* das Betteln, *ksudá* Hunger, *mudá* Freude*). So im Griechischen unter andern φορά, φθορά, κουρά, φαγή, τομή, φυγή. Vom Lateinischen gehört aufser *fuga* wahrscheinlich *cura*, das Stammwort von *curare*, hierher, welches, wie mir scheint, der sanskr. Wz. *kar*, *kṛ* machen (*karómi* ich mache, *kurmás* wir machen) entsprossen ist. Das Gothische liefert uns zu dieser Wortklasse die weiblichen Stämme *vrakó* Verfolgung (gegen *vraka*, Nom. *vraks* Verfolger), *bidó* Bitte, *bótó* Nutzen**), *dailó* Theilnahme***), *tharbó* Mangel, *id-reigó* Reue †), *saurgó* Sorge, *vulvó* Raub (Wz. *valv*: *vilva, valv, vulvum*), *jiukó* Streit, *hvótó* Drohung; Nom. *vraka, bida* etc. (§. 137). Mit unorganischem *n*: *reirôn* das Zittern, *brôthra-lubôn* Bruderliebe, *trigôn* Trauer (s. Grimm II. p. 53. nr. 555); Nom. *reiró* etc. (§. 142). Litauische Beispiele dieser Wortklasse sind: *maldà* Bitte (*meldžiù* ich bitte), *dejà* das Wehklagen (hiervon *dejóju* ich wehklage, winsele), *ramsà* Stopfung (*remsù* ich stopfe), *raudà* Klage (skr. Wz. *rud* weinen), *géda*

---

*) Überreste dieser Wortklasse, die aber von den indischen Grammatikern nicht hierher gezogen werden, sind die früher (§.629) besprochenen Accusative des periphrastischen Praet. und die zendischen Infinitive auf *anm*. Ein vereinzelt stehendes Wort von einem Thema der 10ten Klasse mit vollständiger Declination ist *mṛgayá* Jagd.

**) Wz. *bat* (setzt ein starkes Verb. *bata*, *bôt* voraus), wovon *bats* gut (Them. *bata*). Im Sanskrit entspricht die Wz. *b'and* glücklich sein, wovon *b'ádra* glücklich, trefflich, s. Glossarium Scr. a. 1847. p. 243.

***) Wz. *dil* (= skr. *dal* findi) setzt ein starkes Verb. *deila*, *dail, dilum* voraus, s. Gloss. a. 1847. p. 164.

†) Von verlorener Wurzel, die vielleicht ursprünglich erröthen, dann sich schämen bedeutet und mit der skr. Wz. *rańǵ* verwandt scheint, wovon *raktá* roth.

Schande (hiervon *gedinü* ich beschäme), *pa-galba* Hülfe (*gelb-mi*, *pa-gelb-mi* ich helfe), *pa-baiga* Beendigung (*baigiü* ich vollende). Altslavische Beispiele sind: млза *mlŭa* tumultus (*mlŭ-i-ti* tumultuari), слава *slava* Ruhm, мѣна *mĕna* mutatio, побѣда *po-bĕda* victoria, оутѣха *u-tĕcha* consolatio.

922. Das Suffix *i* ist entweder identisch mit dem Demonstrativstamm *i* (s. §. 360), oder, wie ich jetzt lieber annehme, eine schon in der Zeit vor der Trennung unseres Sprachstammes eingetretene Schwächung des Suffixes *a*, in derselben Weise wie im Latein. die Stämme auf *ŏ* (= skr. *a*), sowie die auf *a* (= आ *á*) diese Vocale am Ende vom Compositen häufig zu *i* haben entarten lassen, z. B. in *imbellis*, *imberbis*, *multiformis*. Dieses Suffix bildet im Sanskrit: 1) weibliche, die Wurzel betonende Abstracta, vorzüglich im Vêda-Dialekt, z. B. *ráṅh-i-s* Schnelligkeit, *kŕ́ś-i-s* das Pflügen, *tviś́-i-s* Glanz, *sác-i-s* Freundschaft, eigentlich das Folgen (Wz. *sać* aus *sak* folgen, vgl. lat. *sequor*, und *socius* mit *sáćiva-s* „consiliarius"), *lip-i-s* Schrift. Beispiele im Send sind: ⁓ᴗᴐᴇᴊᴇ⁾ᴇᵷ *vĕreid́-i-s* Vermehrung, Glück*), ⁓ᴗᴊᴇᴗᴗɡ *dáh-i-s* Schöpfung**), ⁓ᴗᴊᴗᴗ⁾ *raǵ-i-s* institutio. Das Gothische liefert uns zu dieser Wortklasse den weiblichen Stamm *vunni* das Leiden (Wz. *vann*: *vinna*, *vann*, *vunnum*) und aus verlorenen Wurzeln die Stämme *vróhi* Anklage und *vêni* Hoffnung; Nom. *vunn'-s*, *vróh'-s*, *vên'-s*. Vom Altslavischen gehören hierher: рѣчь *rĕći* Rede, сѣчь *sĕći* das Schlagen, Peitschen (Them. *rĕći*, *sĕći*, ч *ć* euphon. für *k*), гадь *jadi* Speise, eigentlich Essen (Them. *jadi*); vom Griechischen: μῆν-ι-ς (vgl. hinsichtlich der Wz. das skr. *man-yú-s* Zorn, Gram), δῆρ-ι-ς (vgl. die skr. Wz. *dar* [*dṛ*] zerreifsen — δέρω —

---

*) Dativ *vĕreid́yĕ*, Gen. pl. *vĕreid́inaṅm*, s. Burnouf „Études" pp. 316. 324.

**) Wz. *dáh* = skr. *dás* geben, s. Burnouf „Yaçna" Notes p. IX. Anm. 16.

wovon *vi-dâr-aṇd-m* Krieg), ἀγυρ-ι-ς; und mit angefügtem δ (vgl. §. 119): die Stämme ἐλπιδ, ὀπιδ; mit angefügtem τ: χάριτ. Für letzteres hätte man im Skr. *hŕš'-i* (aus *hárš'-i*), Nom. *hŕš'-i-s* zu erwarten. Vom Lateinischen gehören vielleicht die Stämme *caed-i*, *lâb-i* und *ambâg-i* hierher; doch erregt bei diesen und ähnlichen Wörtern der Nom. sg. auf *ê-s* Anstoſs, der sich mit skr. Stämmen auf *as*, Nom. m. und f. *âs*, vermitteln lieſse, namentlich erinnert *nubês* sogleich an das skr. *nábʻas*, als Masc. unter anderem Wolke, Nom. *nábʻās*, und als Neutrum (worauf der griech. Neutralstamm νέφες [s. §. 128] und der slav. *nebes* [Nom. *nebo*, §. 264] sich stützen) Luft, Himmel*). *Sedê-s* stimmt zum skr. सदस् *sádas* Versammlung (vielleicht ursprünglich Sitzung) und gr. ἔδος, ἔδε(σ)-ος. Es könnte demnach das *i* des den obliquen Casus als Thema zum Grunde liegenden *caedi, labi, nubi, sedi* etc. eines nachfolgenden *s*, oder *r* für *s* (s. §. 22), verlustig gegangen und so das Ganze in die *i*-Declination eingewandert sein, wobei ich an die ganz gleiche Verstümmelung erinnere, welche *munus, muner-is* (aus *munis-is*) in dem Compos. *immuni-s*, und *opus, operis*, aus *opis-is* (= skr. *ápas, ápas-as*) in *opi-fex*, für *operi-fex*, erfahren. 2) Nomina agentis und solche Appellative, welche ihrer Grundbedeutung nach Nomina agentis sind, oder Werkzeuge ausdrücken. Sie sind meistens männlich und betonen zum Theil die Wurzel, zum Theil das Suffix. Beispiele sind: *ćid-i-s* Spalter, *yáǵ-i-s* Opferer, *páć-i-s* Feuer als kochendes, *áh-i-s* Schlange als sich bewegende (Wz. *aṅh*), *péš'-i-s* Donnerkeil als Zermalmer, *vas-i-s* Kleid, *d'van-i-s* Ton, *kav-i-s* Dichter als sprechender (Wz. *ku* tönen), *ćid-i-s* f. Axt als spaltende, *rúć-i-s* f. Lichtstrahl. Auch einige Adjectivstämme wie *śúć-i* rein, *b'ód-i* wissend, weise,

---

*) Vom lit. *debesi-s* f. (aus *nebesi-s*, vgl. §. 317) Wolke, mag es unentschieden bleiben, ob es seinem Ursprunge nach zu *nábʻas* m. oder *nábʻas* n. gehöre.

tuv-í viel*), und mit Reduplication: *ǵagm-í* schnell (vêdisch, von der Wz. *gam* gehen), *ǵagn-í* tödtend (Wz. *han*, vêd.) mit dem Acc. (S. V. Benf. p. 74), *sásn-i* gebend, mit dem Acc. (vêd. l. c.), *sásah-í* ertragend (vêd.), mit dem Acc. (l. c. p. 127). — Zu den paroxytonirten Nom. agentis wie *yáǵ-i-s* Opferer stimmt im Griech. τρόχ-ι-ς Läufer; mit *dh-i-s* Schlange, im Șend ⁓⁓⁓ *aṣ-i-s*, ist das etymologisch verdunkelte ἔχ-ι-ς identisch, eben so das lat. *angu-i-s*, dessen *u* (= *v*) nur ein nach Gutturalen beliebter Zusatz ist. Zu den oxytonirten weiblichen Bildungen wie *ćid-í-s* Axt, als spaltende, gehören wahrscheinlich die griechischen Femininstämme wie ῥαφ-ίδ Nadel als nähende, γραφ-ίδ Griffel als schreibender, κοπ-ίδ Haumesser, Schwerdt, als schlagendes, σφαγ-ίδ Schlachtmesser als schlachtendes, und mit passiver Bedeutung λεπ-ίδ; sowohl act. als pass. λαβ-ίδ. Im Sanskrit hat das männliche *as-í-s* (vgl. *ensi-s*) Schwert als geschwungen werdendes (Wz. *as* werfen) passive Bedeutung. Der griech. Ausgang ιδ, dessen δ jedenfalls ein unorganischer Zusatz ist, ist jedoch insofern zweideutig, als sein ι häufig die Kürzung eines skr. *í* ist, und da das skr. Suffix *a* = griech. *o* (s. §. 913) sein Femininum häufig durch *í* bildet, und z. B. dem männlichen *nadá-s* ein weibliches *nadí*, ebenfalls Flufs, als rauschender, gegenüber steht, so könnte man auch die erwähnten griech. Bildungen auf ιδ als den skr. Bildungen auf *í* entsprechend auffassen, also z. B. γραφίδ von einem vorauszusetzenden männlichen Stamm γραφό oder γράφο ableiten, in derselben Weise, wie z. B. στρατηγ'-ίδ Heerführerin von στρατηγό, κορων'-ίδ von κορωνό kommt. Den skr. Adjectivstämmen wie *śúć-i* rein, *bó'd-i* wissend, stellt sich das griech. τρόφ-ι als Analogon zur Seite. Vom Gothischen gehören in diesen Wortkreis die

---

*) Im Vêda-Dialekt; Wz. *tu* wachsen. Von derselben Wurzel stammt das altpreufs. *tod-la-n* viel (neut.) und das Adv. *touls* mehr (eigentlich ein Compar. mit *s* = skr. *yas*, *iyas*, vgl. §. 301).

männlichen Substantivstämme *junga-laudi* junger Mann, Jüngling (Wz. *lud* wachsen = skr. *ruh* aus *rud*), Nom. *lauth'-s*; *nav-i* Todter*), Nom. *nau-s*, *muni* Gedanke, *sangvi* Gesang (mit euphon. *v*, s. §. 388), und die Femininstämme *daili* Theil (skr. Wz. *dal* spalten), *qvêni* Frau als gebärende (skr. Wz. *ģan* gebären). — Die litauischen Überreste dieser Wortklasse sind sämmtlich weiblich und ihre Erzeugung liegt aufserhalb des Bewufstseins des litauischen Sprachgeistes. Hierher gehören, als alte Überlieferungen aus der Zeit der Sprach-Einheit: *ang-i-s* Natter = skr. *áh-i-s*, ṣend. *aṣ-i-s*, gr. ἐχ-ι-ς, lat. *angu-i-s*; *ak-i-s* Auge = skr. *áksi-i* (neut.), ṣend. ࿋࿋ *aś-i* (s. §. 52 Schlufs); *ús-i-s* Esche hängt wohl mit der skr. Wz. *vaks'*, ṣend. ࿋࿋ *uk's*, goth. *vahs* wachsen zusammen. Auf lit. Boden ist vielleicht *kand-i-s* Motte erwachsen (vgl. *kándu* ich beifse, skr. कण्ड् *kaṇḍ* beifsen, खद् *k'ad* essen). Vom Ṣend gehören zu dieser Wortklasse die Adjectivstämme ࿋࿋ *darśi* muthig**) und ࿋࿋ *námi* sich beugend, zart. Beispiele von Substantiven sind *aśi* Auge als sehendes (s. §. 52), ࿋࿋ *driwi* Bettler (? s. §. 45 und vgl. die skr. Wz. *darb'*, *drb'* fürchten), ࿋࿋ *aži* Schlange (= skr. *áhi*), ࿋࿋ *vairi* wahrscheinlich Harnisch als deckender (skr. Wz. *var*, *vr* bedecken). Hinsichtlich des secundären Suffixes *i*, woran die europäischen Sprachen keinen Theil nehmen, mag das oben (§. 911) angeführte Beispiel genügen.

923. Das Suffix *u*, worin ich einen Demonstrativstamm erkenne, wovon die Praepositionen *ut*, *úpa* und *upári* und das ṣend. Adv. *uiti* „so" (euphon. für *uti*, s. §. 41), bildet im Sanskrit: 1) Adjective aus Desiderativthemen mit der

---

*) Aus *nahv-i*, mit euphon. *v* (s. §. 388). Es gehört mit dem lat. *nec*, griech. νέκυ, νεκρό zur sanskr. Wz. *naś*, aus *nak*, zu Grunde gehen.

**) Skr. धृष् *d'ars*, *d'ṛṣ* wagen; vgl. gr. θάρσος, goth. Wz. *dars* (*ga-dars* wagen, lit. *drasùs* kühn, irländ. *dasachd* „fierceness, boldness" u. a., s. Gloss. Scr. 1847. p. 186.

Bedeutung des Part. praes. Sie regieren wie dieses den Accus. und bewähren auch ihre Energie durch die Betonung der ersten Sylbe, d. h. in vorliegendem Falle, der Replicationssylbe; z. B. *dídṛkśuḥ pitárau* die Eltern zu sehen wünschend (Sâv. 5. 109). 2) Adjective, welche in Übereinstimmung mit dem griechischen auf υ und litauischen auf *u* gröfstentheils das Suffix betonen; z. B. *tanú* dünn (eigentlich ausgedehnt, Wz. *tan* ausdehnen), griech. τανυ- gestreckt, lang; *svâdú* süfs (schmackhaft, Wz. *svad* wohlschmecken), gr. ἡδύ, lit. *saldù*, aus *sladù* für *swadù* (s. §. 20); *lagʻú* leicht (beweglich, Wz. *lañgʻ* überspringen), gr. ἐ-λαχύ; *mṛdú* sanft, zart (eigentlich fein, zerrieben, aus *mardú*, Wz. *mard*, *mṛd* zermalmen), gr. βραδύ aus μραδύ; *âśú* aus *akú* schnell*) (Wz. *aś* erreichen, ursprünglich wohl schnell sein, laufen, daher *áśva* Pferd als Renner), gr. ὠκύ; *purú* aus *parú* viel (Wz. *par*, ⁊ *pṛ* füllen, *píparmi* ich fülle), gr. πολύ aus παλύ für παρύ, goth. *filu* indecl.; *pṛtú* breit, aus *pratú* (Compar. *prátʻiyâṅs*, Wz. *pratʻ* extendi, expandi), gr. πλατύ, lit. *platù*; *gurú* schwer**), gr. βαρύ (wie βίβημι gegen *jágâmi*); *urú* grofs (wahrscheinlich aus *varú* von *var*, *vṛ* bedecken), gr. εὐρύ; *bahú* viel, wahrscheinlich aus *baďú****), gr. βαθύ tief. Dem gr. θαρσύ, θρασύ entspricht das lit. *drasù* kühn, muthig. Vom Gothischen gehören, aufser dem erwähnten indeclinablen *filu*, *thaursu*, Nom. m. f. *thaursu-s*, neut. *thaursu* (Wz. *thars* = skr. *tarś*, *tṛś*) trocken und *qvairru* sanft, ruhig, mild (unser *kirr*) hierher †). —

*) Im klassischen Sanskrit nur Adv., im Vêda-Dial. auch Adj.

**) Aus *garú*, wovon Compar. *gárîyâṅs*, Superl. *gáriṣṭa*. Eine hinsichtlich ihrer Bedeutung zu diesem Adj. passende Wurzel gibt es nicht.

***) Wz. *banh* wachsen aus *bandʻ*, wie *vṛh* wachsen aus *vṛdʻ*, s. §. 23.

†) Dafs *qvairru-s* mit *qvair-nu-s* Mühlstein wurzelhaft identisch ist, mag sonderbar scheinen; ich erinnere daher an den Zusammenhang des oben erwähnten skr. *mṛdú* zart mit der Wz.

Beispiele im Send sind: ⟩⟩⟩ *póuru* viel = skr. *purú*, ⟩ɛ⟩ɛ *éreṣu* gerade = रजु *rjú* (Wz. *arǵ*, *rǵ*), ⟩ɯɯ *áṣu* schnell*), wovon der Superlativ ⟩ɯɯɯɯ *áṣiṣta*, ⟩ɯ⟩ɯ⟩ *vaṇhu* gut = skr. *vasú* (s. §. 56ª). Wenn es dem Lateinischen an entsprechenden Adjectiven dieser Wortklasse fehlt, so kommt dies, wie schon anderwärts bemerkt worden **), daher, dafs es alle ihrem Ursprunge nach hierher gehörenden Wörter durch den unorganischen Zusatz eines *i* bereichert hat. Auf diese Weise ist aus dem skr. *tanú tenui* geworden, aus *gurú* für *garú gravi* (umstellt aus *garui*), aus *laǵú levi* (für *legui*), aus *sva̍dú suavi* (für *suadui*), aus *mṛdú* für *mardú molli*, wie es scheint durch Assimilation aus *molvi*, wobei das *l* entweder dem skr. *r* oder *d* entspricht. — 3) Appellative wie *dáru* n. Holz als gespalten werdendes***), *iṣu* m. f. Pfeil als sich bewegender, *bándu* m. Verwandter, von *band* binden, *ráǵǵu* m. Strick als bindender (vgl. lat. *ligare*), *káru* m. Künstler als machender, *bʼidú* m. Donnerkeil als spaltender, *tanú* f. Körper als ausgedehnter, auch im Send. So im Griechischen aufser dem erwähnten δόρυ etwa noch die Stämme γῆρυ f. (skr. Wz. *gar*, गृ *gṛ*, wovon *gir* f. Stimme), νέκυ (skr. Wz. *naś* aus *nak* zu Grunde gehen) = send. ⟩ɯɯ⟩ *naṣu* Leiche (s. §. 247),

---

mard, *mṛd* zermalmen. Die Wurzel des goth. *qvairr-u-s* (mit unorganischer Verdoppelung der Liquida) und *qvair-nu-s* findet sich in dem skr. *ǵar*, गृ *ǵṛ*, zerreiben, zerrieben werden.

*) Zum Superl. *áṣiṣta*, welchen Neriosengh durch *véṣo-vattama* übersetzt (s. Burnouf „Vahista" p. 14, „Études" p. 211), stimmt trefflich der griechische ὤκιστος. Im Sanskrit hätte man *áśiṣṭa* zu erwarten.

**) „Einflufs der Pronomina auf die Wortbildung" p. 20.

***) Vgl. δόρυ, in den obliquen Casus δόρατ, wie γόνατ neben γόνυ, skr. *ǵánu* n. Das Goth. erweitert die beiden Neutralstämme durch den Zusatz eines *a*, welches dem Nom. Acc. nach §. 153 wieder abgenommen wird, daher *triva* Baum, *kniva* Knie, Nom. Acc. *triu*, *kniu* (Dat. pl. *kniva-m*, *triva-m*).

στάχυ Ähre als aufgerichtete*), πῆχυ = skr. *báhú* Arm, send. ܒܐܙܘ *báẓu* (skr. Wz. *báh* oder *váh* streben); im Lateinischen *curru* Wagen als laufender, vielleicht *acu*, wenn es zur skr. Wz. अश् *aś*, aus *ak*, in der Bedeutung durchdringen gehört**), wovon auch das skr. *aś-áni-s* Donnerkeil als durchdringender entsprungen ist. — Das Gothische liefert uns zu dieser Wortklasse mehrere Masculinstämme, die aufser *lith-u* Glied als sich bewegendes (Wz. *lith* gehen), *mag-u* Knabe (Wz. *mag*, ursprünglich wachsen, dann können), von verlorenen Wurzeln kommen, namentlich *airu* Bote (skr. Wz. *ar*, *r̥* gehen), *fôt-u* Fufs als gehender (skr. *pad* gehen, wovon *pad* und *pā́d-a-s* Fufs), *auhs-u* Ochs (skr. *ukś* benetzen, besaamen, wovon *ukśán*, *-an* Stier), *gréd-u* Hunger***). Vom Litauischen gehört wahrscheinlich *dangù-s* Himmel als deckender (*dengiù* ich decke) hierher.

924. Das skr. Suffix *an*, in den starken Casus *án*, bildet Appellative, welche den Handelnden bezeichnen, und

*) Sofern es mit στείχω (Wz. στιχ = skr. *stig*, goth. *stig* steigen) zusammenhängt; es wäre dann das α nur der Guṇavocal, wie das ο von στόχο-ς.

**) In diesem Falle ist *acuo* ein Denominativ von *acu*, wie im Griech. z. B. γηρύ-ω von γῆρυ (s. §. 777). Gegen eine früher mit Pott gehegte Vermuthung, dafs *acuo* und ähnliche Wörter der europ. Schwestersprachen zur skr. Wz. *iś* (aus *kś*) schärfen mit der Praep. *á* gehöre, spricht der Umstand, dafs im Skr. selber diese Praep. in Verbindung mit *iś* nicht vorkommt und dafs die mit dem lat. *acuo* höchst wahrscheinlich verwandten griech. Formen ἀκή, ἀκωκή, ἀκμή, ἀκρός etc., sowie das lit. *aś-tru-s* spitz, scharf, *aś-mů* Schärfe und das slav. ocтpъ *os-trŭ* scharf sämmtlich den anfangenden Vocal als wurzelhaft erscheinen lassen. Da अश् *aś* eine Entartung von *ak* ist, so darf man auch das skr. *ag-ra-m* Spitze dieser Wurzel zuweisen und eine anomale Verschiebung der Tenuis zur Media annehmen.

***) Das Geschlecht ist unsicher; *grédå* ich hungere ist Denominativum. Das Sanskrit liefert die Wz. *gard'*, *grd'* aus *grad'* wünschen, verlangen, wovon auch das slav. *gladŭ* Hunger.

wie der größte Theil der analogen griech. Bildungen auf αν, εν, ον, ην, ων die Wurzelsylbe betonen. Beispiele sind *snéhan* Freund als liebender, *rágan* König als herrschender, *tákšan* Zimmermann als spaltender, bildender, *ukšan* Stier als besaamender, *vŕšan*, ein Beiname Indra's, ursprünglich regnen lassender, auch Stier als besaamender. Zu letzterem, von der Wz. *varš*, *vṛš* (regnen, beregnen, besprengen, besaamen), wovon noch andere Benennungen männlicher Thiere, stimmt in Wurzel, Suffix und Betonung der griechische, in seiner Wz. verdunkelte Stamm ἀρσ-εν (aus ϝάρσεν), durch Assimilation ἄρρεν. In derselben Gestalt zeigt sich das in Rede stehende Suffix im Griech. noch in dem Stamme εἴρ-εν Jüngling als sprechender. Von seiner ursprünglichen Bestimmung weicht aber dieses Suffix ab in dem Adjectivstamme τέρ-εν, wo εν passive Bedeutung hat, wie das ursprünglich damit identische ον von πέπ-ον reif, eigentlich gekocht. In seiner ursprünglichen Bestimmung zeigt sich das Suffix ον in τέκτ-ον gegenüber dem obigen तक्षन् *tákš-an* Zimmermann, und mit gesunkenem Accent in σταγ-όν (Tropfen als träufelnder), τρυγ-όν, ἀρηγ-όν, ἀηδ-όν, εἰκ-όν. Das ursprüngliche a mit der echten Betonung hat sich in τάλαν behauptet. Was die Stämme auf ην und ων anbelangt, so ist zu berücksichtigen, daß das skr. Suffix *an* die starken Casus (s. §. 129), den Voc. sg. ausgenommen, aus *án* bildet, und dies gilt mir als die ursprüngliche Gestalt des Suffixes, welches mir aus *ana* so entsprungen zu sein scheint, daß der Abfall des schließenden a durch die Verlängerung des ersten ersetzt wurde. Die Kürzung des Vocals des in Rede stehenden Suffixes und die gänzliche Unterdrückung desselben in den skr. schwächsten Casus (s. §. 130) ist aber wahrscheinlich erst nach der Sprachtrennung in den verschiedenen Idiomen unabhängig von einander eingetreten. Man vergleiche nun z. B. die Plural-Nominative σκήπων-ες (Stäbe als stützende), κλύδων-ες (Wogen als bespülende), αἴθων-ες, εἴρων-ες, τρίβων-ες (letzteres gegen das skr.

Princip mit passiver Bedeutung) mit den Plural-Nominativen der oben (S. 387) erwähnten skr. Stämme: *snêhán-as, rágán-as, tákśán-as, vŕśán-as* *). In den Genitiven wie *snêhn-âm* amicorum, sing. *snêhn-as*, wie überhaupt in den schwächsten Casus, steht das Sanskrit gegen griechische Formen wie σκηπτῶν-ων, σκήπων-ος in grofsem Nachtheil, dagegen behauptet es einen Vorzug vor dem Griech. darin, dafs es die Vocallänge des Suffixes in den starken Casus (den Voc. sg. und das anomale *púśan* Sonne als Ernährerin in allen starken Casus ausgenommen) in der klassischen Sprache nirgends hat untergehen lassen und daher z. B. dem griech. τέκτον-α, τέκτον-ες, τέκτον-ες; die Formen *tákśán-am, tákśán-âu, tákśán-as* gegenüberstellt **). Auch hat das Sanskrit in dieser Wortklasse nirgends den Accent auf das Suffix herabsinken lassen, wie z. B. das Griech. in πευθήν, ἀπατεών.

925. Das Latein. zeigt das in Rede stehende Suffix in der Gestalt ôn, begünstigt also ebenfalls die Annahme, dafs sein Vocal ursprünglich durchgreifend lang war. Hierher gehören z. B. die Stämme *ed-ôn, ger-ôn, combib-ôn, praedic-ôn, err-ôn*, deren Accusative *ed-ôn-em, ger-ôn-em* etc. schön zu den sanskritischen wie *snêh-án-am, rág-án-am* stimmen.

---

*) Über ṇ für n in den beiden letzten Formen s. §. 17[b].

**) Hinsichtlich des τ für skr. ś verhält sich τέκτων zum skr. *tákśá* (s. §. 139) wie ἄρκτο-ς zu *rkśá-s* Bär (aus *arkśá-s*), dessen Zischlaut durch das lat. *ursu-s* als ursprünglich in Schutz genommen wird. Im Vêda-Dialekt gestattet das in Rede stehende Suffix hinter ś in den starken Casus nach Willkür sowohl â als a (Pân. VI. 4. 9), z. B. *tákśán-am* und *tákśan-am* = τέκτον-α; *tákśán-as* und *tákśan-as* = τέκτον-ες. Diese Übeinstimmung mit dem Griech. hinsichtlich der Vocalkürzung kann ich jedoch nur für zufällig halten, da sie im Vêda-Dialekt an die Bedingung eines vorangehenden ś geknüpft ist, welches auch in dem oben erwähnten *púśan* sich zeigt, und da der Vêda-Dialekt auch manche andere Formen zuläfst, die nur auf dem Wege der Entartung entstanden sein können.

Eine Schwächung des ursprünglichen *a* zu *i* zeigt *pect-in*, Nom. *pect-en* (nach §. 6), mit dessen *i* für *ŏ* es sich so verhält, wie mit dem des Stammes *ho-min*, dessen Nom. einem Stamme *ho-môn* angehört (s. S. 168). Im Gothischen hat das betreffende Suffix im Singular überall in den Casus, die im Sanskrit schwach sind, — eben so wie das Suffix *man* §. 799 — die Schwächung des *a*-Lauts zu *i* erfahren (s. §. 132). Hierher gehören die zum Theil aus verlorenen Wurzeln entsprungenen Stämme *han-an* Hahn als singender (lat. *cano*, skr. *śans* aus *kans* sagen), *stau-an* Richter (skr. Wz. *stu* preisen), *faura-gang-an* Vorsteher (wörtlich Vorgeher), *ar-an* Adler als fliegender (skr. Wz. *ar*, *ŗ* gehen), *ah-an* Sinn, Verstand (vgl. *ah-man* Geist, §. 799, *ah-ja* ich denke, meine), *liut-an* Heuchler, *nut-an* Fänger, *ga-sinth-an* Gefährte, *skul-an* Schuldner (Wz. *skal* sollen, müssen), *veih-an* Priester als weihender, *spill-an* Verkündiger*), *auhsan* Ochs = skr. *ukśan* (s. §. 82), Nom. *auhsa* = *ukśá* (s. §. 140). — Im Althochdeutschen hat sich das gothische *a* dieses Suffixes und des Suffixes *man* zu *o* oder *u* entartet; im Gen. und Dat. pl. steht aber unorganisches *ô*, während das goth. *an-ê*, *a'-m* (für *an-m*) ein kurzes *o* erwarten liefse (s. Grimm I. p. 624). Das *i* des goth. Genitivs und Dativs sing. ist geblieben oder weiter zu *e* entartet, welches letztere im Mittel- und Neuhochdeutschen über alle Casus sich verbreitet hat. Die ahd. Stämme auf *on*, wie *bot-on* Bote als verkündender**), *ox-on* Ochse, *has-on* Hase als springen-

---

*) *Spillô* ich verkündige, erzähle. Das *s* ist wahrscheinlich ein phonetischer Vorschlag oder eine verdunkelte Praeposition. Man vergleiche das altpreufs. *billa* ich sage, lit. *biloju* id., irländ. *bri* Wort, und die skr. Wz. *brû* sprechen.

**) Eigentlich darbietender. Die Wz. *but* bieten stützt sich auf das skr. *bud'* wissen und hat causale Bedeutung angenommen, so dafs *boton* als wissen machender der Urbedeutung näher steht als das Verbum *biutu* offero.

der — skr. *iaś**) springen, *iaśá* Hase —, *hlouf-on* Läufer, *trink-on* Trinker, *fah-on* Fänger, *heri-zoh-on* Heerführer, entsprechen schön den griechischen wie ἀρχ-όν und die das *n* ablegenden Nominative wie *bot-o* (unser *Bote* vom Stamme *Boten*) den lateinischen wie *edo*, *combibo*. — Einen beachtungswerthen Überrest des skr. Sffixes *an* zeigt das Englische in dem Plural *oxen*, welches seiner Form nach nichts anderes ist als die wenig veränderte Gestalt des skr. Stammes *ukśan*, welcher im Deutschen in der Form *Ochsen* aufser dem Plural auch in allen obliquen Casus des Singulars erscheint. Durch die Beschränkung auf den Plural hat das uralte Wortbildungssuffix im Englischen den Anschein eines Ausdrucks der Mehrheit gewonnen; eben so in *brethren* (skr. Stamm *bratar*, *bratr*), *chicken* und *children*, wo der Urzustand unseres Sprachstamms keinen Anlafs dazu darbietet. Im Neuniederländischen hat sich dieses Suffix im Plural aller regelmäfsigen Wörter festgesetzt und ist dadurch für den praktischen Sprachgebrauch zum entschiedenen Anzeiger der Mehrheit geworden. Über einen ähnlichen Misbrauch eines anderen skr. Suffixes, schon in der ältesten Periode des Hochdeutschen, s. §. 241.

926. Regelmäfsige Neutralstämme erzeugt im Sanskrit das in Rede stehende Suffix nicht, doch bilden einige anomale Neutra auf *i* ihre schwächsten Casus (s. §. 130) aus Stämmen auf *an*, z. B. *akś-i* Auge (als sehendes) aus *akśán*, welches wohl ursprünglich vollständige Declination gehabt haben wird, und worauf sich vielleicht das am Ende von Compositen die Stelle von *akśi* vertretende *akśa* stützt, also mit Verlust eines *n*, wie auch *raǵ-an*, das gebräuchlichste Wort dieser Klasse, als Schlufsbestandtheil eines Compositums in der Regel durch *raǵa* ersetzt wird. Umgekehrt nehmen im Germanischen mehrere, in ihrem

---

*) Ich setze voraus, dafs das zweite स् *s* von यास् *ias* springen und *iasá* Hase aus dentalem स् *s* und nicht aus *k* entsprungen sei (vgl. §. 21ᵃ). p. 40).

einfachen Zustand vocalisch endigende Wortstämme am Ende von Compositen das Suffix *an* an, z. B. im Gothischen *ga-dailan* Theilnehmer (aus *ga* mit und *daili*, Nom. *daiļs* fem. Theil), *ga-hlaiban* Genosse (*hlaiba*, Nom. *hlaifs* m. Brod), *us-lithan* der Gichtbrüchige (*us* aus und *lithu*, Nom. *lithu-s* m. Glied). Im Althochdeutschen hat sich auf diesem Wege die Benennung des Tages (einfaches Thema *taga*, Nom. *tag*) in mehreren Compositen durch die Erweiterung zu *tagon* seinem muthmafslichen skr. Schwesterwort *áhan*[*]), send. ࡒࡖࡔࡖࡍ *aśan* wieder genähert. Um wieder zu dem skr. Neutralstamm *akśán* Auge zurückzukehren, wovon im Véda-Dialekt auch die mittleren Casus entspringen — wenigstens der Instr. pl. *akśábîs* — so stimmt dazu in Wurzel, Suffix und Geschlecht der gothische Stamm *augan*[**]). Da der Nom. Acc. Voc. pl. der Neutra im Skr. zu den starken Casus gehört, so wäre hier von *akśán* die Form *akśáni* aus *akśán-a* (s. §. 234) zu erwarten und hierzu stimmt vortrefflich das goth. *augôn-a* Augen (s. §. 141). Im Goth. erweist sich aber auch der Nom. Acc. Voc. sg. der Neutralstämme auf *an* als stark, daher *augô* für das im Skr. zu erwartende *akśá*. Dem goth. Neutralstamme *vatan* Wasser, wofür im Litauischen, welchem das Neutrum bei Substantiven überhaupt entwichen ist, der männliche Stamm

---

[*]) Ich fasse *áhan* als Verstümmelung von *dáhan* (Wz. *dah* brennen, hier leuchten), s. Gloss. Scr. a. 1847. p. 26, wo jedoch dieses anomale Wort unrichtig als Masc. dargestellt worden (s. Kl. Sanskrit-Gramm. 3. Ausg. §. 195).

[**]) Der Zischlaut der skr. Wz. mag ein späterer Zusatz sein und fehlt dem gothischen *augan* wie dem lat. *oculu-s*, dem lit. *aki-s* und der griech. Wz. ὀπ aus ὀκ. Für *g* von *augan* sollte man nach §. 87 *h* erwarten, also *auhan*, was vielleicht der Form *augan* vorangegangen ist. Dann wäre das *u* als Schwächung des alten *a* zu fassen, und das *a* des Diphthongs *au* leicht nach §. 82 zu erklären. Mit dem skr. *akśa* am Ende von Compositen ist schon früher der goth. Stamm *iha* oder *aiha* von *haihs* einäugig verglichen worden (s. §. 308. p. 59 Anm.).

wanden (Nom. *wandů*, s. §. 140), stellt das Sanskrit den Neutralstamm *udán* gegenüber, welcher im Nom. der drei Zahlen und im Acc. sg. und du. nicht im Gebrauch ist und auch in den übrigen Casus bis jetzt nur in den Vêda's belegt ist *). Die entsprechende Verbalwurzel lautet *und* (nafs sein), deren Nasal dem lat. *unda* und lit. *wandů* geblieben ist. — Vom Litauischen gehört hinsichtlich seines Suffixes noch der Stamm *rud-en*, Nom. *rudů* Herbst zu dieser Wortklasse, und hinsichtlich seiner Wurzel vielleicht zum skr. *ruh* aus *rud'* wachsen, wozu auch unter anderem das slav. *rod-i-ti* gebären gehört.

927. Für eine Schwächung des Suffixes *an* halte ich das skr. betonte Suffix *in*, welches mit Verstärkung des Wurzelvocals Wörter bildet wie *vâdin* sprechend (Wz. *vad*), *kárin* machend (Wz. *kar*, *kṛ*), *hárin* nehmend, raubend, *ěšin* wünschend, *yôdin* kämpfend (Wz. *yud'*), *sâvin* auspressend, welche nur am Ende von Compositen vorkommen, z. B. *ṛta-vâdin* Wahrheit sprechend, Yaǵurv. V. 7, *manyu-sâvin* mit Eifer auspressend (den Sóma), S. V. I. 3. 1, 4. 1. Einfach als Substantiv erscheint कामिन् *kámin* Liebender, Liebhaber. Hinsichtlich der Schwächung des *a* zu *i* entsprechen diese Bildungen dem oben (§. 925) erwähnten lat. Stamme *pect-in* und den gothischen Genitiven und Dativen, wie *stau-in-s* judicis, *stau-in* judici, gegenüber dem organischeren *a* der übrigen Casus, z. B. des Acc. *stau-an* judicem, des Nom. Acc. pl. *stau-an-s* judices. Selbst das Sanskrit bietet einige merkwürdige Wörter dar, in welchen die Suffixe *an* und *in* neben einander vorkommen und zwar so, dafs *an*, oder vielmehr *án* (s. §. 924), nur in starken Casus vorkommt, und *in* über alle diejenigen schwachen Casus sich erstreckt, die nicht, was bei den betreffenden Wörtern die schwächsten Casus thun, sich des Suffixes ganz entledigen, und aufserdem auf den Vocativ, der überhaupt Vocalschwächung

---

*) S. Böhtl. u. Roth's Wörterb.

liebt. Dabei ist auch der Accent bei den betreffenden Wörtern so vertheilt, dafs die Casus mit dem Suffix *an* (*án*) der Accentuation von *rágan* (*-án*) König, Herrscher und ähnlichen Wörtern folgen, die mit dem Suffix *in* (den Vocativ ausgenommen, s. §. 204) der von *-kárin* machend, *-vádin* sprechend und ähnlichen Bildungen auf *in*. So kommt z. B. von der Wz. *mant'* erschüttern der Stamm *mánt'an* (*-án*) Rührstab als Erschütterer (accentuirt wie *rágjan*, *-án*) und hiervon, durch Schwächung der Wurzel, des Suffixes und der Accentuation, der Stamm *mat'ín*, welcher auch am Anfange von Compositen erscheint, und daher den Grammatikern als das eigentliche Thema gilt. — Der Analogie von *mánt'an* (*-án*), *mat'ín* folgt noch das schon früher erwähnte *pánt'an* (*-án*), *pat'ín* Weg, wo das in Rede stehende Suffix passive Bedeutung hat, die wir oben an dem griech. bildungsverwandten τριβών wahrgenommen haben. Die Wurzel ist *pant'*, *pat'* gehen; es bedeutet also *pánt'an* (*-án*), *pat'ín* soviel als begangener, betretener. Im Véda-Dialekt gestattet der Acc. sg. *pánt'ánam* und der Nom. pl. *pánt'ánas* die Ausstofsung des *n*, wornach die beiden sich berührenden *a*-Laute zusammenfliefsen, also *pánt'ám*, *pánt'ás*, eine beachtungswerthe, wenngleich zufällige Übereinstimmung mit dem griechischen bildungsverwandten εἰκώ, εἰκοῦς, εἰκού; für εἰκόνα, εἰκόνος, εἰκόνας.

928. Das Suffix *in* wird im Sanskrit auch zur Bildung abgeleiteter Wörter gebraucht, und bezeichnet dann den mit der Sache, welche das Primitiv ausdrückt, begabten, hat also passive Bedeutung wie das primitive *pat'ín* Weg als betretener. Dieses *in* hat ebenfalls den Ton, z. B. *d'anín* reich, mit Reichthum begabt (Nom. m. *d'aní'*, nach §. 139), von *d'aná* Reichthum; *késín* behaart, schönes Haar habend (von *késá* Haar), als Subst. m. Löwe (der bemähnte); *hastín* und *karín* der Elephant, eigentlich Rüssel habender, von *hásta*, *kará* Hand, Rüssel. Es scheint mir keinem Zweifel unterworfen, dafs

auch dieses secundäre *in* eine Schwächung von *an* oder vielmehr von *án* sei, welches sich im Griechischen und Lateinischen in der Gestalt von ων, όν erhalten hat in Possessiven, welchen der Sprachgebrauch zum Theil vergröfsernde Bedeutung verliehen hat, wie man auch mehrere der betreffenden Sanskrit-Bildungen als Ampliative fassen kann, indem z. B. *kéś-ín* als Löwe, der vielhaarige, *dant'-ín* (zahnbegabt) als Elephant, der grofszähnige, *daṅṣṭr'-ín* (von *dáṅṣṭrá* Zahn) als Eber, der mit Hauern begabte ist. So im Griech. z. B. die Stämme und zugleich Nominative γνάϑ'-ων Dickback (eigentlich blofs Backen habend), κεφάλ'-ων Dickkopf, Πλούτ'-ων eigentlich grofsen Reichthum habend; im Lateinischen z. B. *nas'-ôn**), *capit-ôn*, *front-ôn*, *ped-ôn*, *bucc'-ôn*, *labi'-ôn*, *gul'-ôn*. *Caes'-ôn*, von verlorenem Stammworte, hängt vielleicht nebst *caesaries* mit dem skr. *kéśá* (Nom. *kéśá-s*) Haar zusammen, obwohl das skr. *ś* (aus *k*) im Lateinischen *c* erwarten liefse **). Ist aber trotzdem der auch von Pott (E. Forsch. p. 588) vermuthete Zusammenhang gegründet, so dürfen wir in dem Namen *Caes'-ôn* einen Bildungsverwandten der oben erwähnten skr. Benennung des Löwen (*kéś-ín* aus *kéś-án*) und des Eigennamens eines Dânava erkennen, dem wir in Kâlidâsa's Urvaśî begegnen, während die weibliche Form des gedachten Wortes (*kéś-ínî*) im Nalus als Name einer Dienerin der Damayantî erscheint. Was die Accentuation anbelangt, so stimmen die betreffenden griechischen Possessiva zu den sanskritischen Nom. agentis auf *an*, *án*; man vergleiche z. B. den Plural γνάϑων-ες mit *rā́ǵán-as*. Merkwürdig ist die weibliche Form ῥύγχαινα (für ῥυγχανια); sie stimmt zu τάλαινα, μέλαινα (s. §. 119), setzt also einen männlich-neutralen Stamm ῥυγχαν voraus und vertritt die sanskritischen weiblichen Possessiva wie *kéśínî* die (schöne

---

*) Im Sanskrit hätte man von *nāsā́* Nase ein durch *in* abgeleitetes *nās'-ín* zu erwarten.

**) Vgl. S. 390 Anm.

oder viel) Haare habende. So stützt sich θεράπαινα der Form nach nicht auf θεραπον-, sondern auf einen vorauszusetzenden männlichen Stamm θεραπαν und vertritt die skr. Feminina wie *râĝnî* (Herrscherin, Königin) für *râĝani* und dieses für *râĝâni*.

929. Es ist wichtig zu beachten, dafs da wo das griech. possessive Suffix ων nicht auf Personen, sondern auf Räume sich bezieht, welche mit der durch das Stammnomen ausgedrückten Sache begabt sind, die in §. 104ᵉ (Anm. 2) als die energischere und lebensvollere erkannte Accentuation durch die schwächere ersetzt wird, indem der Accent von der ersten oder zweiten Sylbe des Wortes auf das Suffix herabsinkt, also z. B. ἱππών — eigentlich mit Pferden begabt, mit dem zu supplirenden Nebenbegriff des Raumes, also Pferdestall — so ἀνδρ-ών, γυναικ-ών, πιθ'-ών, οἰν'-ών, ἀμπελ'-ών, σιτ'-ών, μελισσ'-ών, περιστερε-ών*), im Gegensatz zu den lebenden Besitzern der bezeichneten Sache, wie γνάθων, Πλούτων, χείλων, Κεφάλων, Τύχων. Übertragen vom besitzenden Raume auf die Zeit bildet das betonte Suffix ων auch die Monatsnamen, bei welchen das vorangehende ι überall dem Primitivum angehört, wo dieses sich wirklich nachweisen läfst; daher z. B. ἐλαφηβολι-ών, eigentlich mit dem Jagdfeste begabt, und daher Monat des Jagdfestes. Das Sanskrit bildet durch das Femininum des Suffixes *in* (= gr. ών) Wörter, welche den mit der bezeichneten Sache

---

*) Ich fasse das ε von περιστερε-ών für die Verdünnung des Endvocals des Stammes des Grundwortes, welches in περιστερ'-ών nach dem vorherrschenden Princip (s. §. 911) unterdrückt ist. So ἀμπελε-ών neben ἀμπελ'-ών, οἰνε-ών neben οἰν'-ών, ῥοδε-ών neben ῥοδ'-ών; χαλκε-ών, λυχνε-ών. Zu dem ε von κωνωπεών gibt der Primitivstamm κωνωπ keine Veranlassung, es wird wohl durch die Analogie der Formen, wo das ε auf den Endvocal des Primitivstammes sich stützt, und dessen Ursprung nicht mehr in dem Bewufstsein der Sprache liegt, herbeigezogen sein. Hinsichtlich der Schwächung von ο zu ε vergleiche man die Vocative wie λύκε von λύκο (§. 204).

versehenen Ort ausdrücken, wenigstens kommen von allen Benennungen der **Lotusblume** Wörter auf *ini*, welche Lotusfeld, Lotusteich bezeichnen, wie z. B. *padm'-ini* von *pádma*. Hierzu stimmen merkwürdig im Griechischen Feminina wie ῥοδ'-ωνιά, eigentlich **rosenbegabte**, daher **Rosengarten**, wo, wie in den oben (§. 119) erwähnten Formen auf τρια, = skr. *tri*, dem weiblichen Charakter *i* noch ein unorganisches *a* zur Seite getreten ist, also *-ωνια* = *ini* aus *áni*.

930. Das Suffix अन *ana*, Fem. *aná* und *ani*, welches wir bereits als Bildungsmittel abstracter Substantive wie *gám-ana-m* das Gehen kennen gelernt haben, und worauf sich die Infinitive verschiedener indo-europäischer Sprachen stützen*), halte ich für identisch mit dem Demonstrativstamm *ana* (s. §. 372 ff.). Dieses Suffix bildet im Skr. unter anderem auch proparoxytonirte Appellative gen. neut. oder masc., wie *náy-ana-m* Auge als leitendes (Wz. *ni* mit Guṇa), *lóć-ana-m* id. als sehendes (Wz. *lóć*), *vád-ana-m* Mund als sprechender, *láp-ana-m* id. (Wz. *lap* sprechen, vgl. lat. *loquor* und *labium*), *dáś--ana-m* und *dáś-ana-s* Zahn als beissender (Wz. *danś* aus *dank* = gr. δάκ), *váh-ana-m* Wagen als fahrender**), *táp-ana-s* Sonne als brennende, *dáh-ana-s* Feuer als brennendes, *dárp-aṇa-s* Spiegel als stolz machender (Wz. *darp*, *dṛp* im Caus.), *tár-aṇa-s* (s. §. 17ᵇ)

---

*) S. §§. 849 (p. 258 ff.), 850, 874, 875. Zu den weiblichen Abstracten auf अना *aná* wie *yác-aná* das Bitten (§. 875) habe ich noch den goth. Stamm *ga-mait-anōn* (Nom. *-anó*) das Zerschneiden als ein im Gothischen einzig dastehendes Analogon nachzutragen, welches sich nur durch das im Germanischen den ursprünglich vocalisch endigenden Stämmen so häufig antretende *n* von seinen skr. Vorbildern unterscheidet (s. §. 142).

**) Passive Bedeutung haben z. B. *śáy-ana-m* Lager, Bett und *ás-ana-m* Sitz. Zu ersterem stimmt das send. ڢڢڶڝڝڝ *śay-ané-m*. Ein anderes Beispiel im Send ist ڢڢڶڻڝڝ *q'ar--ané-m* Nahrung als gegessen werdende.

Bot als übersetzendes. Hierzu stimmen schön, auch hinsichtlich der Accentuation, griech. Stämme auf *ανο*, und zwar zu den Neutren solche wie δρέπ-ανο-ν (Sichel als abschneidende), γλύφ-ανο-ν, κόπ-ανο-ν, ὄργ-ανο-ν, τήγ-ανο-ν (für τήκ-ανο-ν), ὄχ-ανο-ν (als Mittel zum Halten), σκέπ-ανο-ν*). Beispiele mit passiver Bedeutung sind πλόκ-ανο-ν, πόπ-ανο-ν, τύμπ-ανο-ν. Zu den männlichen Formen wie *dáh-ana-s* Feuer als brennendes stimmen στέφ-ανο-ς, χό-ανο-ς, χόδ-ανο-ς. Vom Litauischen gehören höchst wahrscheinlich Wörter wie *tek-úna-s* Läufer hierher, wobei der erste Vocal des Suffixes hinsichtlich der Qualität sich geschwächt, hinsichtlich der Quantität sich verlängert und den Ton auf sich gezogen hat. Andere Beispiele sind: *bēg-úna-s* Flüchtling, *klaid-úna-s* Irrgeist (*klýs-tu* ich irre, praet. *klýd-au*), *mal-úna-s* Mühle (*malù* ich mahle). — Vom Gothischen gehört vielleicht der Stamm *thiud-ana*, Nom. *thiudan'-s*, König hierher, wenn es ursprünglich herrschender bedeutet**). Im Althochdeutschen steht der männliche Stamm *wag-ana* Wagen, Nom. Acc. *wag-an*, abgesehen vom Geschlecht, in schönem Einklang mit dem oben erwähnten skr. *váh-ana-m*. — Das in Rede stehende Suffix bildet im Sanskrit auch Adjective mit Betonung der Endsylbe des Suffixes, wie *śóbh-aná* schön (*śóbh-aná-s, -aná, -aná-m*), eigentlich glänzend (Wz. *śubh* glänzen), *gval-aná* flammend, *ćal-aná* wankend, zitternd***). So im Griechischen σκεπ-ανό-ς deckend, ἱκ-ανό-ς zukommend.

---

*) So wie im Sanskrit das auch in die Wortbildung eingreifende *ay* der Causalia und Verben der 10ten Kl. vor dem Suffix *ana* abfällt (*dárp-aṇa-s*, nicht *darpayaṇa-s*), so im Griech. das α der entsprechenden Verba auf άω, daher σκέπ-ανο-ν, dessen α nichts mit dem von σκεπάω zu thun hat.

) Die verlorene Wz. *thud* ist vielleicht eine Erweiterung des skr. *tu* wachsen (wovon *táv-as* Stärke), die wir bereits im Goth. in der Form *thav* wahrgenommen haben, s. §.915. S. 372. Anm.*.

***) Zu dieser Wortklasse, nicht mit Burnouf (Yaçna, Notes p. 81. n. 14) zu den skr. Medialparticipien auf *ána*, ziehe ich das

931. Betrachten wir nun etwas näher das skr. Suffix *as*, dessen Dativ wir bereits oben als Ausgang vēdischer Infinitive wahrgenommen (s. §. 854), und dessen Ursprung wir in der Wz. *as* des Verb. subst. gesucht haben (s. §§. 853 und 855). Die indischen Grammatiker erkennen jedoch nur solche Formen auf *asé* als Infinitive, d. h. als Vertreter der Form auf *tum* an, denen kein anderer Casus desselben Stammes zur Seite steht, wie dies z. B. bei *ǵivás-ê* um zu leben, dem einzigen Überrest des Stammes *ǵivás* der Fall ist. Dagegen gilt *ćákšas-ê*, welches wir in einer oben (S. 272) citirten Stelle des Rigv. einem Dativ des gewöhnlichen Infinitivs in gleichem Verhältnifs zur Seite stehen sehen, dem Scholiasten Sáyaṇa nicht als Infinitiv, offenbar darum, weil *ćákšas* das Sehen in seiner Declination vollständig erhalten ist, und namentlich einen Nominativ hat, den man bei der Form auf *tu* auch in den Vēda's im einfachen Zustande vermifst*). — Das regelmäfsige, von den

sendische ⲱⲓⲱ⳽⳽ⲱⲥ *ǵav-ana* lebend von der zusammengezogenen Wz. *ǵu*, für *ǵu* (s. I. p. 237).

*) *ǵivátu* vita, welches im Nominativ vorkommt, würde ich mit Benfey für einen Infinitiv halten, wenn man es in Sätzen fände wie *na śaknóti ǵivátum* er kann nicht leben, oder wie *ǵivitań ǵivátum* vitam vivere. In den von Benfey (Glossar p. 72) angeführten Stellen genügt aber die Bedeutung vita; auch ist *ǵivátu* nicht, wie die Infinitive auf *tu*, ein Fem., sondern ein Mascul. und Neutrum (s. Uṇâdi I. 75), und bedeutet wie das lat. wurzel- und bildungsverwandte *victus* aufser Leben auch Nahrung, Speise, Lebensmittel (gekochter Reis u. a.), ferner Heilmittel als leben machendes. Wenn aber Benfey in seiner „vollständigen Grammatik der Sanskritsprache" p. 431 sagt, *ǵivátum* erscheine in den Vēden „entschieden" als Infinitiv, so kann ich diese Entschiedenheit, wenigstens aus den im Glossar zum S. V. citirten Stellen, nicht entnehmen, wie ich auch aus den vēdischen Infinitiv-Dativen auf *tavé* nicht mit Benfey die männliche Natur dieser Infinitive folgern kann, da ja, wie der genannte Gelehrte selber in §. 727 V., der als Beweis angeführt wird, sagt, die Feminina auf *u* im Dativ arbiträr *avé* bilden, während es die

indischen Grammatikern, mit Rücksicht auf die Verschiedenheit der Betonung, *asun* oder *asi* genannte Suffix bildet:

Masculina notbwendig thun. Von der Willkür, sich im Dativ sowohl der Endung *e* mit Guṇa, als auch der Endung *ái* bedienen zu können, machen nun die védischen Infinitiv-Dative wirklich dadurch Gebrauch, daſs sie sich sowohl der einen wie der andern Form bedienen, mit der Eigenthümlichkeit, daſs sie auch vor der schwereren, ausschlieſslich weiblichen Endung *ái* das *u* des Suffixes guṇiren. Ich berufe mich hier nicht wieder auf das Gerundium auf *tvá*, da sich Benfey (l. c. p. 424 ff.) gar nicht darüber ausspricht, welchem Geschlecht und welchem Casus und überhaupt, welcher grammatischen Kategorie diese Form angehört; da er jedoch p. 426. §. 911 bemerkt, daſs *alaṅ kṛtvá* „thue nicht" eigentlich „genug gethan" bedeute, so könnte man glauben, daſs die Form auf *tvá* in Construction mit *álam* ein Part. perf. pass. sei, während meiner Überzeugung nach *alaṅ kṛtvá* eigentlich „genug mit Thun" bedeutet, und *kṛtvá* hier ganz entschieden als ein abstractes Substantivum im Instr. sich ausweist; s. p. 251 f. und die von Böhtl. und Roth (Skr. Wörterb. I. p. 458) angeführten Belegstellen von Gerundien auf *tvá* und *ya* in Construction mit *álam*, worunter zwei auf *tvá* (beide aus dem Râmâyaṇa), wovon ich diejenige hersetze, in welcher *gatvá* „mit Gehen" den Accus. des Ortes, wohin die Bewegung gerichtet ist (wie das betreffende Verbum) und den Genitiv der Person (ते *te* tui) regiert: *alaṅ* (euphonisch für *alam*) *te vanañ* (euphonisch für *vanam*) *gatvá* weg mit dem Gehen deiner in den Wald = unterlasse zu gehen (das Gehen deiner) in den Wald (Râm. Schl. II. 28. 25). — Sonderbar mag es scheinen, wenn man dieses Gerundium, oder die gleichbedeutende Form auf *ya* (wegen der Belastung durch Composition) in Constructionen wahrnimmt, wo man statt desselben eine Praeposition gebrauchen könnte; aber auch hier läſst uns die Auffassung der gedachten Form als Instrumentalis eines abstracten Substantivs oder Gerundiums nicht im Stich, denn *atikramya parvatan nadī*, nach Benfey „der Fluſs hinter dem Berge" heiſst eigentlich „der Fluſs nach Überschreiten den Berg (des Berges)", d. h. der Fluſs, zu dem man nach Übersteigung des Berges gelangt; *amaratvam apahāya* (Arg. 3. 47) mag füglich durch „auſser der Unsterb-

A) Abstracte Neutra mit dem Ton auf der Wurzelsylbe und gewöhnlich mit Guṇirung guṇafähiger Vocale; z. B. *tég-as* Glanz (Wz. *tig* schärfen), *várć-as* id., *sáh-as* Kraft, *ráṅh-as* Schnelligkeit, *áṅg-as* id., *tár-as* id. (Wz. *tar*, तॄ *tṝ* hinüberschreiten), *táv-as* Stärke — send. ꞏꞏꞏꞏꞏ *sav-as* Nutzen — (Wz. *śu* aus *śvi* wachsen), *táv-as* Stärke (véd., von *tu* wachsen), *ráh-as* Geheimniſs (Wz. *rah* verlassen), *máh-as* Gröſse (Wz. *mah*, *maṅh* wachsen), *nám-as* Beugung, Verehrung, Anbetung (send. ꞏꞏꞏꞏ *ném-aś*), *táp-as* Buſse, eigentlich das Brennen, *dúv-as* Verehrung (véd.), von der Wurzel *du* gehen.

B) Neutrale Appellative mit activer, zum Theil mit passiver Bedeutung, mit Betonung der Wurzel und Guṇa, z. B. *sár-as* Teich, véd. Wasser als flieſsendes (Wz. *sar*, *sṛ* sich bewegen), *śráv-as* Ohr als hörendes — send. ꞏꞏꞏꞏꞏ *śrav-aś* id. — (Wz. *śru*), formell das gr. κλέ(ϝ)-ος; *ćákś-as* Auge als sehendes*), *ród-as* Ufer als hemmendes, *ćét-as* Geist als denkender (Wz. *ćint*, *ćit*), *mán-as* id. (send. ꞏꞏꞏꞏ *man-aś* Geist, Gedanke, griech. μέν-ος; Wz. मन् *man* denken), *sró-t-as* Strom als flieſsender**), *páy-as* Wasser, Milch als getrunken

---

lichkeit" übersetzt werden, allein *apahdya* wird dadurch nicht zur Praeposition, denn es bedeutet eigentlich mit Verlassung (d. h. mit Ausnahme) der Unsterblichkeit, und die Instrumental-Endung des Gerund. (s. §. 887) drückt hier, wie sehr gewöhnlich, das Verhältniſs mit aus.

*) Wie das Abstractum चक्षस् *ćákśas* nur im Véda-Dialekt, wo *ćakś* sehen bedeutet.

**) Wz. *sru* mit eingeschobenem *t* (Uṇádi IV. 203); so noch *rét-a-s* Saamen von *ri* flieſsen. Eingefügtes *i* zeigt *pá-í-as* Wasser (l. c. 205) als getrunken werdendes. Auch *n* oder *ṇ* wird eingeschoben, nämlich in *áp-n-as* Handlung, Werk, neben *áp-as* und *áp-as* (Wz. *áp* erlangen mit Praep. *sam* vollenden), *ár-ṇ-as* Wasser, Wz. *ar*, *ṛ* sich bewegen. Man vergleiche *ćatur-ṇ-ám* τεσσάρων, von *ćatúr*. Vom

werdende (Wz. *pî* trinken), *ếd́-as* Holz als gebrannt werdendes (Wz. *ind́* anzünden), *vác-as* Rede als gesprochene (send. ꞩꞩꞩꞩ *vać-aś* id.). Hieran reihen sich im Vêda-Dialekt einige Masculinstämme wie *vakśas* Ochs als ziehender, wenn es, wie die Grammatiker annehmen (s. Böhtlingk, Uṇâdi-Suffixe IV. 220), von der Wz. *vah* stammt, mit dem Zusatz eines Zischlauts. Es könnte aber, wie ich lieber annehme, von *vaks̄* wachsen kommen, so daſs es eigentlich der Groſse bedeuten würde, wie die Benennung des Büffels, *mahiśá*, von einer anderen Wurzel des Wachsens. Vereinzelt steht das oxytonirte weibliche *uś-ás* Morgenröthe als glänzende, send. ꞩꞩꞩꞩ *uś-aś* id. ebenfalls fem., Acc. ꞩꞩꞩꞩ *uśáoṅhếm* = vêd. *uśásam* (Wz. उष् *uś* brennen, hier glänzen). Dieses Wort verdient besondere Beachtung, weil es im Vêda-Dialekt nicht bloſs im Nom. sg., sondern gelegentlich auch in anderen starken Casus und sogar im Genit. plur. (*uśás-ám*) ein langes *á* zeigt*), und so gleichsam die lat.

Lateinischen gehören *pig-n-us* (Wz. *pag*), *faci-n-us* und vielleicht *mú-n-us* hierher, wenn letzteres hinsichtlich seiner Wz. mit dem skr. *má* messen (mit Praep. *nis, nir — nir-má — schaffen, erzeugen*) zusammenhängt; vom Griechischen Wörter wie $\delta\acute{\alpha}$-ν-$ος$, $κτῆ$-$ν$-$ος$, $δρᾶ$-$ν$-$ος$, $τέρχ$-$ν$-$ος$, dor. $τρέχ$-$ν$-$ος$ (vgl. $τρέχω$, $τρίχ$, $θρίξ$-$ς$, skr. *dṛh* aus *darh* oder *drah* wachsen), $τέμε$-$ν$-$ος$. Letzteres enthält, wie das lat. *faci-n-us*, den Klassenvocal des Verbalthema's. Vom Şend gehört hierher ꞩꞩꞩꞩ *q'arĕ-n-aś* Glanz (Nom. Acc. *q'arĕnó*, nach §. 56[b]), Gen. *q'arĕnaṅh-ó*, nach §. 56[a]) von der Wz. *q'ar* = skr. *svar* glänzen (s. §. 35 und S. 198 Anm. **), dessen ε aus §. 30 erhellt. Mit den einen *t*-Laut einschiebenden skr. Bildungen wie *srŏ-t-as*, *pá-i-as* könnte man das gr. $μέγε$-$θ$-$ος$ zusammenstellen, im Fall es nicht von $μέγας$ stammt, sondern wie dieses von der verdunkelten, ihres Verbums verlustig gegangenen Wz. $μεγ$ = skr. *mah*, *maṅh* wachsen.

*) Die Form *uśás-á* am Anfange copulativer Composita erklärt sich nun als vêdische Dual-Endung des Stammes *uśás*, da der Vêda-Dialekt, wie schon anderwärts bemerkt worden, auch am ersten Gliede solcher Composita die Dual-Endung zuläſst.

Form *aurôr-a* (*ô* = *â*) vorbereitet, welches sich durch das beigefügte *a* zu dem skr. *uśâs* so verhält wie *oper-a* zu *oper* (aus *opes*), Thema der obliquen Casus von *opus* = skr. *áp-as* Werk.

C) Adjective mit der Bedeutung des Part. praes., die in Verbindung mit dem vorhergehenden, im accusativen Verhältnifs stehenden Substantiv zum Theil als Appellative erscheinen, im Vêda-Dialekt aber, der uns hier von besonderer Wichtigkeit ist, auch in der Composition ihre adjective Natur beibehalten. Vêdische Beispiele sind: *nṛ-cákśas* **Menschen sehend**, *nṛ-mánas* **der Menschen gedenkend**, *nṛ-váhas* **Menschen oder Männer fahrend**, *stóma-váhas* **Loblied bringend**, *viśvá-dá-y-as* **alles tragend** (mit euphon. *y*, s. §. 43), *riśádas* (*riśa-adas*) **die Feinde verzehrend**. Hierher gehört das send. ⁧𐬀𐬴-𐬀𐬎𐬘-𐬀𐬴⁩ *aś-aug-aś* **Reinheit zerstörend**, wenn Burnouf's Analyse dieses Wortes richtig ist (Études p. 166 f.). Im Vêda-Dialekt gibt es auch einfache Adjective dieser Art, mit dem Accent auf dem Suffix, z. B. *tar-ás* **schnell**, eigentlich **eilend**, gegen *tár-as* Schnelligkeit; *tav-ás* **stark**, eigentlich **gewachsen**, gegen *táv-as* Stärke, *mah-ás* **grofs**, ebenfalls ursprünglich **gewachsen***), *ap-ás* **handelnd** (als Krieger, Opferer) gegen *áp-as* Werk; *ay-ás* **gehend, eilend, schnell** (s. Benf., Glossar zum S. V.). Letzteres verlängert das *a* des Suffixes in derselben Weise wie *uś-ás*. Passive Bedeutung hat *yaś-ás* **berühmt** (gegen *yáś-as* Ruhm), eigentlich **gepriesen** (vgl. send. *â-yêśê* **ich preise, verherrliche**.

932. Zu A) stimmen griech. Abstracta auf ος, ε(σ)-ος**), z. B. ψεῦδ-ος, μῆδ-ος, γῆϑ-ος, λῆξ-ος (= skr. *ráh-as*, s. §. 931. A), κῆδ-ος, φλέγ-ος (véd. *bárg-as* Glanz für *bráǵ-as*, Wz.

---

*) Vgl. *mahánt*, schwach *mahát* grofs, von derselben Wz., eigentlich ein Part. praes. mit der Bedeutung des Part. perf. und mit der Anomalie, dafs die starken Casus ein langes *á* haben.
**) S. §. 128. p. 264 Anm. **.

b'rág glänzen, aus b'rág), ἕδ-ος (das Sitzen)*), πάθ-ος, μάθ-ος, θάρσ-ος. Ein Femininstamm auf ος mit durchgreifendem o-Laut und Verlängerung desselben im Nom. ist αἰδ-ός, wovon αἰδώ-ς, αἰδό(σ)-ος. Auch als secundäres Suffix erscheint ος, ες im Griech. als Bildungsmittel neutraler Abstracta und zwar gelegentlich mit Vocalsteigerung, zum Ersatz für die Verstümmelung der adjectivischen Stammwörter (vgl. §. 298*) Schluſs); daher z. B. γλεῦκ'-ος von γλυκύ-ς, ἐρευθ'-ος von ἐρυθρό-ς, μῆκ'-ος von μακρό-ς. Vielleicht sind auch die ẓendischen neutralen Abstracta ‍‍‍‍fraṭ-aś Breite, banṣ-aś Länge, maṣ-aś Größe, ‍‍bereẓ-aś Höhe von adjectiver Herkunft und haben wie die gedachten griech. Formen das Suffix des Stammwortes vor dem Bildungsmittel des Abstractums abgelegt. Merkwürdig ist die fast buchstäbliche Übereinstimmung zwischen ‍‍fratạś und dem griech. πλάτος; banṣ-aś stimmt zu βάθ-ος und wurzelhaft zum skr. bahú (wahrscheinlich aus badú) viel, und noch mehr zu dem Compar. बंहीयांस् banhíyāns und Superl. बंहिष्ठ banhiṣṭha, die man zwar von bahulá ableitet, die aber mit eben so viel Recht zu बहु bahú gezogen werden können. Die Wurzel ist baṅh wachsen. ‍‍maṣ-aś Größe stimmt zu μῆκ-ος, dessen κ, so wie das von μακ-ρό-ς, wahrscheinlich nur eine Verschiebung von γ ist, und ich zweifle kaum, daſs diese beiden Wörter mit μέγας zu einer und derselben Wurzel gehören, die im Sanskrit maṅh lautet und wachsen bedeutet. Das vêdische Schwesterwort zu ‍‍maṣ-aś und μῆκ-ος ist máh-as, welches gewiſs nicht bloſs Glanz (s. Benfey's Glossar), sondern auch, und zwar primitiv, Größe bedeutet, und ich glaube, daſs auch dieses Abstractum nicht unmittelbar von der Wurzel, sondern, eben so wie das gleichbedeutende mah-i-mán von mahánt, mahát oder einem anderen

---

*) Das entsprechende skr. sád-as hat im gewöhnlichen Sanskrit die Bedeutung Versammlung angenommen, kommt aber in den Vêda's noch mit der Bedeutung Sitz vor (so Yagúrv. XIX. 59).

„grofs" bedeutenden Adj. derselben Wurzel stammt. Zum şend. *fratʿas* Breite dürfte sich wohl auch noch in den Vēden ein gleichbedeutendes *prátʿ-as* als Abkömmling von *pṛtʿú* (aus *pratʿu*) finden. — Das Lateinische zeigt das skr. neutrale Suffix *as* in vier Gestalten, jedoch vorherrschend in der von *us*, *er-is* *). Die übrigen Formen sind *us*, *or-is*; *ur*, *or-is* und *ur*, *ur-is*. Zu der in Rede stehenden Wortklasse (§. 931. A) liefert das lat. Neutral-Suffix nur wenige, in ihrer Wurzel verdunkelte Überreste, nämlich *rôb-ur* (vgl. *rôb-us-tus*, s. §. 824), welches, wie das vēdische *tȧv-as* Stärke, von einer Wurzel kommt, welche „wachsen" bedeutet**); ferner *foed-us****) und *scel-us* (*sceles-tus*) †). In der Regel ersetzt das Latein, bei dem in Rede stehenden Suffix als Bildungsmittel abstracter Substantive, das Neutrum durch das Masculinum und zwar mit Verlängerung des Vocals (*ôr* aus *ás*), der aber im Nominativ durch den Einfluſs des schlieſsenden *r* gekürzt wird. Hinsichtlich der Vocallänge des wahren Wortstammes vergleiche man die starken Casus und den Gen. plur. der oben (pp. 401. 402) erwähnten Formen *uś-ás* und *ay-ás* im Vēda-Dialekt, z. B. den Acc. sg. *uś-ás-am*, *ay-ás-am* mit *flu-ôr-em*, *langu-ôr-em*, *rud-ôr-em*, *frem-ôr-em*, *ang-ôr-em*, *pud-ôr-em*, *sap-ôr-em*,

---

*) S. §. 22. Das *e* der obliquen Casus, für *i*, welches man nach §. 6 erwarten könnte, verdankt seinen Ursprung dem folgenden *r* (vgl. §. 710).

**) Skr. Wz. *ruh* wachsen aus *rudʿ*, wovon *rúdʿra-s* ein Baum, und *ṛdʿ* id. aus *radʿ* oder *ardʿ* (s. §. 1). Mit *ruh* aus *rudʿ* vergleiche man das irländ. *ruadh* „strength, power, value", als Adject. „strong, valiant"; s. Glossarium Sanscr. a. 1847 und Ag. Benary, „Römische Lautlehre" p. 218. Hinsichtlich des lat. *b* für *dʿ* ist das Verhältniſs von *ruber* zum skr. *rudirá-m* Blut und gr. ἐ-ρυθρός zu beachten.

***) Aus *foidus*, von der Wz. *fid*. Man vergleiche hinsichtlich der Guṇirung das gr. πέποιθα.

†) Vgl. skr. *ćald-m* (s. §. 14) List, Betrug, wahrscheinlich aus *ćad* bedecken, mit *l* für *d* (s. §. 17).

od-ór-em (griech. Wz. *ὁδ*), *fulg-ór-em*, *sop-ór-em*, *son-ór-em*, *am-ór-em* u. a. Das *s* der alten Nominative wie *clamós* ist vielleicht nicht der ursprüngliche Endcons. des Stammes, sondern Nominativzeichen, vor welchem der Stamm seinen Endcons. aufgegeben hat (s. §. 138). — Auch aus Adjectivstämmen bildet dieses Suffix im Lateinischen Abstracta, daher z. B. *amar'-or*, *nigr'-or*, *alb'-or*.

933. Das Gothische hat dem zur Declination unfähig gewordenen Zischlaut noch ein *a* beigefügt und den vorhergehenden Vocal zu *i* geschwächt. Da im flexionslosen Nom. Acc. sing. neut. das schliefsende *a* des Stammes wegfällt, so erhalten wir hier die Formen *hat-is* Hafs, *ag-is* Furcht*), *rim-is* Ruhe**), *sig-is* Sieg, *riqv-is* Finsternifs***). Vielleicht ist das *s* von *hulistr* (Them. *hulistra*) nicht, wie oben (S. 201) vermuthet worden, eine euphon. Einschiebung, sondern *hulis* ein verlorenes Abstractum mit dem Suffix *is*, und

---

*) Wz. *ag*, wovon *ôg* ich fürchte, der Form nach ein Praeteritum. Das althochdeutsche *ekiso*, Them. *ekison*, hat das Neutrum mit dem Masc. vertauscht und dem Stamme noch ein *n* beigefügt, jedoch in Vorzug vor dem in §. 241 mit dem skr. *as* vermittelten Suffix *ira* den alten Zischlaut geschützt.

**) Skr. Wz. *ram*, mit Praep. *â* (*â-ram*) ruhen, lit. *rimstu* ich ruhe, lett. *rahms* (= *râms*) zahm, still, fromm. Das gr. ἠρέμα, ἠρεμέω etc. stimmen durch ihr η zum sanskr. componirten *âram*. Es ist nicht unwahrscheinlich, dafs in dem Adv. ἠρέμας (vor Vocalen) das in Rede stehende Suffix in seiner Urform enthalten sei. Auch das ες des Comparativs ἠρεμέσ-τερος scheint mir dem Suffixe *as* anzugehören, da σ vor den Suffixen τερο, τατο in der Regel seine etymologische Begründung hat, und nur misbräuchlich auch an einige Stellen gedrungen ist, wo es nicht hin gehört.

***) Ist schon in meinem Glossar mit dem analogen skr. *rág-as* vermittelt worden; dieses Wort, von der Wz. *rañg* (adhaerere, tingere), bedeutet zwar nicht Finsternifs, sondern Staub, allein von derselben Wurzel entspringt durch ein anderes Suffix eine Benennung der Nacht (*ragant*), auch ist *ragas* in dem Compos. *ragô-rasa* Dunkelheit enthalten.

hieran das Suffix *tru* getreten. Auch einigen Neutralstämmen auf *sla* scheinen mir Abstracta auf *is*, mit unterdrücktem *i*, als Primitivstämme zum Grunde zu liegen; ich meine die Formen *hun-s-l* (Them. *hunsla*) Opfer aus *hun-is-l*, von einer verlorenen Wz. *han* oder *hun*; *svum-s-l* Teich als Ort des Schwimmens (Wz. *svamm*, geschwächt *svimm*, *svumm*). *Svart-is-l* Schwärze setzt ein einfacheres Abstractum *svart-is* voraus, welches den griechischen secundären Abstracten wie βάϑ-ος, und, abgesehen vom Geschlecht, den lateinischen wie *nigr'-or*, *alb'-or* entspräche. Wichtiger scheint mir die Wahrnehmung, dafs höchst wahrscheinlich das skr. Suffix *as* auch im Verein mit einem anderen, für Abstracta bestimmten Suffix, und zwar mit Bewahrung des alten *a*-Lauts, sich im Gothischen erhalten hat. Ich glaube nämlich die goth. männlichen Abstracta auf *as-su-s*, wie z. B. *drauhtin-as-su-s* Kriegsdienst (*drauhtin-ô* ich thue Kriegsdienst), *fraujin-as-su-s* Herrschaft (*fraujin-ô* ich herrsche), *leikin-as-su-s* Heilung (*leikin-ô* ich heile), durch Assimilation aus *as-tu-s* erklären zu dürfen, wie z. B. *vis-sa* ich wufste aus *vis-ta* für *vit-ta*, und im Latein. *quas-sum* aus *quas-tum* für *quat-tum* (s. §. 102). Den meisten Bildungen dieser Art liegen schwache Verba auf *in-ô* zum Grunde*), deren Analogie auch *thiudin-as-su-s* Regierung, Herrschaft folgt, obwohl das Stammverbum *thiudanô* ein *a* vor dem *n* hat, welches sich jedoch auch unabhängig von den Verben auf *in-ô*, wegen der Belastung durch das schwere Doppelsuffix, zu *i* geschwächt haben könnte (vgl. §. 6). Abgesehen von dem neu angetretenen Suffix *su* aus *tu*, verhält sich z. B. *leikin'-as-su-s*, hinsichtlich der Unterdrückung des *ô* des Verbalthema's, zu *leikinô*, wie im Lateinischen z. B. die Abstracta *am'-or*, *clam'-or* zu den Verbalthemen *amá*, *clamá*, deren *á* dem gothischen *ô* = skr. अय *aya* entspricht (s. §.109*a*). 6). Auch aus Adjectivstämmen entspringen

---

*) S. Grimm II. 173. 321 und von der Gabel. und Löbe, Gramm. p. 118.

im Gothischen einige Abstracta auf *as-su-s*, nämlich *ibn'-as--su-s* Gleichheit von *ibna*, Nom. masc. *ibns* gleich, und *vanin-as-su-s* Mangel. Letzteres stammt jedoch nicht von dem starken Adjectivstamme *vana*, Nom. m. *vans* mangelnd, sondern von dem schwachen Stamme *vanan*, mit Verdünnung des *a* zu *i*, wie im Gen. Dat. *vanin-s*, *vanin*. Von der Praeposition *ufar* über (skr. *upári*) kommt *ufar-as-su-s* Überflufs, eine darum merkwürdige Form, weil sie die einzige ist, wo dem abstracten Doppelsuffix nicht ein *n* des Primitivstammes vorhergeht. In den jüngeren Dialekten ist das im Gothischen dem Stammworte angehörende *n* misbräuchlich ganz in das Ableitungssuffix übergegangen, welches daher überall mit *n* anfängt, zu verschiedenen Geschlechtern sich bekennt und das goth. *u* des zweiten Theils des Doppelsuffixes in *a* oder *i* verändert hat (Grimm II. 323 ff.). Hierher gehören z. B. die althochdeutschen Feminina *arauc-nissa* oder *-nissî* manifestatio (unser *Ereignifs*, besser *Eräugnifs*), *dri-nissa* und *dri-nissî* trinitas (angels. *dhre-ness*), *milt-nissa* misericordia (engl. *mild-ness*), *ki-hôr--nussi* auditus, *peraht-nissi*, *beraht-nessi* splendor (engl. *bright-ness*); die Neutra *got-nissi* (Them. *-nissja*) divinitas, *fir-stant-nissi* intellectus (unser *Verständnifs*), *suaz-nissi* dulcedo (engl. *sweet-ness*).

934. Eine Vereinigung von zwei Suffixen scheinen mir auch einige althochdeutsche Stämme auf *us-ta, us-ti* oder *os-ta, os-ti* zu enthalten*), nämlich *us* oder *os* (= skr. *as*) und *ta* oder *ti*. Beispiele: *dion-us-ta*, Nom. *dionust*, bei Otfr. *thionost* (unser *Dienst*), im Althd. neut.; *ang-us-ti* f. Angst, Nom. *ang-us-t*; *ern-us-ta* n. und *ern-us-ti* f. Ernst, Nom. *ern-us-t* (s. Graff I. 429). *Ang-us-ti* hängt in seinem ersten Suffixe mit dem ersten des lat. Adj. *ang-us-tŏ* zusammen, so wie mit dem des Abstractums *ang-or*. Auch das Litauische zeigt uns einige Abstracta mit zwei vereinigten Suffixen, wovon das erste mit dem in Rede stehenden *as* und das letzte mit

---

*) S. Grimm II. 368 ff. und 371. β.

dem oben besprochenen *tí* zusammenhängt, nämlich *gyw--as-ti-s* m. Leben und *rim-as-ti-s* m. Ruhe. Ersteres stimmt nach Abzug des 2ten Suffixes zum Stamme des skr. Infinitivs *ǵív-ás-ê* um zu leben, letzteres zu dem oben (§. 933) erwähnten gothischen *rim-is* (Them. *rim-isa*) Ruhe. — In *ed-esi-s* Speise (Them. *edesia*, s. §. 135), vielleicht ursprünglich das Essen, und in *deg-esi-s* der Monat August als brennender erkenne ich das skr. Suffix *as* mit dem Zusatze *ia*, den überhaupt das Litauische gerne an Suffixe anfügt, welche ursprünglich mit einem Consonanten enden. Ich erinnere in dieser Beziehung an die Participia des Praes. und Perfects (§. 787).

935. Zu den in §. 931 unter *B*) erwähnten skr. Appellativen stimmen zum Theil wörtlich analoge griechische, wie ἕλ-ος, ἕλε(σ)-ος (§. 128) = skr. *sár-as* Teich, Wasser als fliefsendes, μέν-ος = *mán-as* Geist als denkender, φλέγ-ος = véd. Abstr. *b´árg-as* Glanz, ῥέ-ος = *sró-t-as* Flufs (s. S. 400 Anm. **), σκῦ-τ-ος Haut als bedeckende*), στῆ-θ-ος (s. Curtius l. c. p. 20 und vgl. εὐστα-θ-ής), ὄχ-ος (vgl. skr. *váh-as* fahrend, ziehend), ἔπ-ος aus ϝέκ-ος = skr. *vác-as* aus *vák-as*; τέκ-ος, γέν-ος. Vom Lateinischen gehören hierher z. B. *ol-us*, *ol-er-is* aus *ol-is-is*, Gemüse als wachsendes; *gen-us*, *fulg-ur*, *corp-us* Körper als geschaffener (s. S. 161 Anm. ***), *pec-us*, *pecor-is* Vieh als angebundenes (skr. *paśú-s*, Wz. *paś* aus *pak* binden), *vell-us*, *op-us* (= skr. *áp-as* Werk). Dem aus *a* entstandenen *u* der flexionslosen Casus begegnet zufällig die Entartung, welche das skr. Suffix *as* in der Form *us* erfahren hat, wodurch neutrale Appellative gebildet werden, welche meistens die Wurzel betonen (Uṇādi II. 113). Beispiele sind: *ćákś-us* Auge als sehendes (gegenüber dem védischen *ćákś-as*), *yáǵ-us* Opfer, *d´án-us* (auch masc.) Bogen als

---

*) Lat. *cu-ti-s*, skr. Wz. *sku* bedecken, s. Benfey, Griech. Wurzel-Lex. p. 611 und vgl. hinsichtlich des eingeschobenen τ das Abstr. χή-τ-ος.

tödtender (Wz. *han* aus *d'an* tödten, *ni-d'ána* Tod), *tán-us* Körper als ausgedehnter, *ǵán-us* Geburt*), im Dual. vèd. (*ǵánusî*) die beiden Welten als geschaffene (S. V. II. 6. 2. 17. 3), in schöner Begegnung mit dem lat. bildungsverwandten *genus* (gr. γένος). Das vèdische Adjectiv *ǵay-ús* siegend stimmt, abgesehen von der Vocalschwächung, zu den oben (§. 931 unter *C*) angeführten Adjectiven wie *tar-ás* schnell. — Auch das Suffix *is*, welches einige Abstracta und Appellative, meistens Oxytona, bildet, halte ich für eine Schwächung von *as*. Beispiele sind: *ióć-is* n. Glanz (Wz. *śuć*), *arć-is* f. id., *hav-is* n. geklärte Opferbutter (Wz. *hu* opfern), *ć'ad-is* n. Dach (Wz. *ć'ad* bedecken), *ǵyót-is* n. Glanz, Stern (Wz. *ǵyut* glänzen). Man beachte die zufällige Übereinstimmung, hinsichtlich der Vocalschwächung, mit dem goth. Suffix *isa* von *agis* Furcht etc. (§. 933). Vielleicht gehört das lat. *cinis*, *cin-er-is*, aus *cin-is-is*, hinsichtlich seines Suffixes hierher; dann würde es ursprünglich die glühende Asche bedeuten und wurzelhaft mit कन् *kan* glänzen verwandt sein.

936. Zu den in §. 931 unter *C*) erwähnten vèdischen Bildungen wie -*ćákśas* sehend, -*mánas* denkend, am Ende von Compositen, stimmen, abgesehen von der Accentuation, die griechischen, zahlreich erhaltenen Stämme wie -δερκές (ἀδερκές, ὀξυδερκές), -αγές (εὐαγές), -δεχές (πανδεχές), -λαβές (εὐλαβές, μεσολαβές), und mit passiver Bedeutung z. B. -βαφές (πολυβαφές u. a.), -δρυφές (ἀμφιδρυφές). Von dieser Wortklasse sind im Griech. sowohl als im Sanskrit die possessiven Composita zu unterscheiden, deren letztes Glied im einfachen Zustand ein neutraler Substantivstamm auf मन्*as*, ες ist, wie z. B. सुमनस् *sumánas* guten Geist habend, wohlgesinnt = gr. εὐμενές, Nom. m. f. *sumánâs*, εὐμενής (s. §. 146). Zu den in §. 931. *C* erwähnten einfachen oxytonirten Adjectiven wie *tarás*, Nom. m. f. *tarấs*, eilend, schnell,

---

*) Im Vêda-Dialekt in dieser Bedeutung auch masc., s. Weber, V. S. Sp. II. 74.

stimmt im Griech. ψευδές, ψευδής, welches zum entsprechenden Abstractum ψεῦδος in einem ähnlichen Accentutionsverhältnifs steht, wie das erwähnte *tarás* zu *táras* Schnelligkeit.

937. Die Suffixe *ra* und *la*, Fem. *rá*, *lá*, halte ich, wegen des sehr gewöhnlichen Wechsels zwischen *r* und *l* (s. §. 20), für ursprünglich Eins und die Vocale, welche diesen Liquiden so wie den Mutis *k*, *t* und *t'* in verschiedenen, von den indischen Grammatikern aufgestellten Suffixen vorangehen — *ara, ura, éra, óra, ala, ila, ula, aka, áka, ika, uka, atra, itra* *), *utra, atu* — halte ich für Klassen- oder Bindevocale **). Durch *ra, la, a-la, i-la, u-la, i-ra, u-ra* werden Wortstämme gebildet wie *díp-rá* leuchtend, *śub'-rá* glänzend, weifs, *bád-ra* glücklich, gut, *ćand-rá* m. Mond als leuchtender ***), *śuk-la* weifs (véd. *śuk-rá* leuchtend, glänzend), (Wz. *śuć* aus *śuk* glänzen), *ćap-a-lá* zitternd, beweglich (Wz. *ćamp* sich bewegen), *tar-a-lá* zitternd (Wz. *tar, tṛ* überschreiten, sich bewegen), *mud-i-rá* m. Wollüstling, *ćid-i-rá* m. Axt, Schwert (Wz. *ćid* spalten), *an-i-lá* m. Wind (*an* athmen, irländ. *anal* Athem), *paṭ-i-lá* m. Reisender (*panṭ* gehen), *vid-u-rá* wis-

---

*) Über *a-tra, i-tra* s. S. 196. Das *u* von *var-ú-tra* Oberkleid als bedeckendes ist entweder nur eine Schwächung des *a* von *a-tra* oder der Charakter der 8ten Kl., der nur eine Verstümmelung der Sylbe *nu* der 5ten ist, wozu *var, vṛ* bedecken gehört. Jedenfalls gehört das *v* des wurzel- und bildungsverwandten gr. ἐλυ-τρο-ν zum Verbaltheima. Vgl. die skr. Wz. *val*, Kl. 1, bedecken.

**) Das *é* und *ó* von einer kleinen Anzahl seltener Wörter, wie *pat-é-ra* sich bewegend (als Subst. masc. *pat-é-ra-s* Vogel), *sáh-ó-ra* gut (Wz. *sah* ertragen), sind vielleicht die Gunirungen der häufig als Vermittelungsglieder erscheinenden Vocale *i* und *u*.

***) Vgl. lat. *candeo*, *candé-la*, letzteres auch hinsichtlich des Suffixes.

send, weise, *bïd-u-rá* m. Donnerkeil (*bïd* spalten), *harś-u-lá* m. Liebhaber, Gazelle (*harś*, *hrś* sich freuen).

938. Vom Şend gehören zu dieser Wortklasse ‎‫اشروا‬ *śuw-ra* glänzend = शुभ्र *śub'-rá* (s. §. 45), ‎‫اشروا‬ *śuk-ra* leuchtend, hell = vêd. *śuk-rá*; ‎‫جفرا‬ *ǵaf-ra* Mund als sprechender (vgl. ‎‫جَنفنو‬ *ǵañf-nu*, §. 61), ‎‫اشورا‬ *śû-ra* stark (skr. *śû-rá* Held, Wz. *śvi*, contrahirt *śu*, wachsen). Im Griechischen ist diese Wortklasse viel zahlreicher vertreten als im Sanskrit. Zu Adjectiven wie *dip-rá-s* stimmen, auch hinsichtlich des Accents, solche wie λαμπ-ρό-ς, λιβ-ρό-ς, λυγ-ρό-ς, νεκ-ρό-ς (vgl. νέκυς, lat. *nec-s*, skr. *naś* zu Grunde gehen), ψυγ-ρό-ς, ψηγ-ρό-ς, ϑεω-ρό-ς. Vom Lateinischen gehören hierher: *gna-ru-s*, *ple-ru-s*, *pu-ru-s* (skr. *pû* reinigen), *ca-ru-s* (skr. *kam* lieben), *pig-er*, Them. *pig-rŏ*, *in-teg-er*, Them. *in-teg-rŏ*. Ein gothischer Überrest dieser Wortklasse ist der Masculinstamm *lig-ra*, Nom. *lig-r'-s* Lager. Das mittlere *a* des althd. neutralen Them. *lĕgar-a* ist wahrscheinlich eine spätere Einfügung (vgl. S. 200), wo nicht, so gehört das Suffix zum skr. *as* (s. §. 931), wohin höchst wahrscheinlich *dem-ar* (Them. *demara*, ebenfalls Neut.) Dämmerung gegenüber dem skr. *támas* Finsterniſs gehört. Von gothischen Adjectiven entsprechen den sanskritischen wie *dip-rá* leuchtend die Stämme *bait-ra* bitter, eigentlich beiſsend, und *fag-ra* passend, gut (vgl. *fullafahjan* Genüge leisten, dienen). — Das griech. Suffix λο stelle ich als ursprünglich identisch mit ρο lieber zum skr. *ra* als zu *la*, also zu den oben (§. 937) erwähnten Oxytonen *dip-rá-s*, *śub'-rá-s* auch die griechischen δει-λό-ς, αὐ-λό-ς, βη-λό-ς, δα-λό-ς, στρεβ-λό-ς, ἔκπαγ-λό-ς, σιγη-λό-ς, φειδω-λό-ς*). Vom Lateinischen gehört hierher *sel-la* aus *sed-la* (= gr. ἕδ-ρα), mit passiver Bedeutung; so goth. *sit-la* m.,

---

*) Das η und ω von σιγη-λό-ς, φειδω-λό-ς, gehört zum Verbalthema (vgl. σιγή-σω) und man mag für letzteres ein Verbum φειδόω voraussetzen.

Nom. *sit-l̊-s* Nest als Ort wo gesessen wird, *fair-veit-la* neut. (Nom. Acc. *fair-veit-l*) Schauplatz. Das Althochdeutsche schiebt, um die Härte zweier verbundenen Endconsonanten zu vermeiden, im Nom. Acc. sing. ein *a* ein, welches von hier auch häufig in die obliquen Casus eingedrungen ist (vgl. S. 411) und woraus durch Schwächung oft *u*, *i*, *e* geworden. Hierher gehören z. B. die Masculina *sez-a-l* oder *sezz-a-l* Sessel, *sat-a-l* Sattel, auch *sat-u-l*, *sat-i-l*, *sat-e-l*; *huot-i-l* Hüter, *múr-huot-i-la* custodes murorum (Graff IV. 803), *fôz-keng-e-l* Fuſsgänger (Grimm II. 109, Graff IV. 104), *bit-e-l* procus, *pit-a-la* proci, nuptiarum petitores (Graff III. 56), *stein-bruk-i-l* Steinbrecher, *sluoz-i-l* Schlüssel als schlieſsender, Acc. pl. *sluoz-i-la*; *stôz-i-l* Stöfsel. Beispiele althochdeutscher Adjective dieser Bildungsart (Grimm II. 102 ff.) sind: *scad-a-l* noxius, *sláf-a-l* somnulentus, *sprunk-a-l* exultans, *suik-a-l* taciturnus.

939. Zu den skr. Bildungen wie *ćap-a-lá-s*, *tar-a--lá-s* zitternd (§. 937) stimmen im Litauischen *dang-a-la-s* Decke (*dengiù* ich decke), *draúg-a-la-s* der Gefährte, fem. *draug-a-la* (*draugu* „ich habe Gemeinschaft mit einem andern"), und mit passiver Bedeutung *myź-a-lai* (plur.) Urin (*myzù* mingo), *wĕm-a-lai* (plur.) das Ausgebrochene; im Griechischen: Formen mit eingeschobenem *a* oder daraus hervorgegangenem ε, wie τρcχ-α-λό-ς, τραπ-ε-λό-ς, στυφ-ε-λό-ς, αἰϑ-α-λο-ς, διδάσκ-α-λο-ς, μεγ-α-λο (goth. *mik-i-la*, Nom. *mik-i-l̊-s*, skr. Wz. *mah*, *mańh* wachsen), εὔκ-ε-λο-ς und die reduplicirten κεκρύφ-ε-λο-ς, δυςπέμφ-ε-λο-ς, εὐπέμπ-ε-λο-ς. Zu *vid-u-rá-s* wissend stimmen φλεγ-υ-ρό-ς, ἐχ-υ-ρό-ς; zu Formen wie *harś'-u-lá-s* Liebhaber, Gazelle, eigentlich sich freuend, stimmen, abgesehen von der Accentuation, εἰδ-υ-λο-ς (vgl. *vid-u-rá-s*), καμπ-ύ-λο-ς. Die Schwächung des Bindevocals *a* zu *u*, griech. υ, scheinen jedoch die beiden Sprachen unabhängig von einander vollzogen zu haben; so das Lateinische in analogen Bildungen wie *trem-u-lu-s*, *ger-u-lu-s*, *strid-u-lu-s*, *fig-u-lu-s*, *cing-u-lum*, *vinc-u-lu-m*,

spec-u-lu-m, *teg-u-lu-m*, *teg-u-la*, *reg-u-la*, *mus-cip-u-la*, *am-ic--u-lu-m*, wo das *l* seinen Einfluſs auf die Erzeugung des *u* aus *a* gehabt haben mag. — Da wir von *a-la* im Sanskrit auf *a-ra* schlieſsen dürfen, so mag hier auch an griech. Formen wie στιβ-α-ρό-ς, φαν-ε-ρό-ς, λαχ-ε-ρό-ς, und an lateinische wie *ten-e-r*, *gen-e-r* (Them. *ten-e-ró*, *gen-e-ró*) erinnert werden, wenn das *e* der letzteren nicht, wegen des folgenden *r*, für *i* steht. Zur Form इल *i-la* (*an-i-lá-s* Wind als wehender) gehört vielleicht das lat. *i-li* von Adjectiven wie *ag-i-li-s*, *frag-i-li-s*, *fac-i-li-s*, *doc-i-li-s*, wofür man, wenn der Zusammenhang begründet ist, *ag-i-lu-s*, *frag-i-lus* etc. zu erwarten hätte. Ich erinnere an Formen wie *imberbis*, *inermis*, für das organischere *imberbu-s*, *inermu-s* (s. §. 6).

940. Als secundäre Suffixe bilden र *ra*, ल *la* (*i-ra*, *i-la*, *í-ra*, *í-la*) oxytonirte Adjective von geringer Anzahl, wie z. B. *aśma-rá* steinig, von *áśman* Stein, *madu-rá* süſs, eigentlich honigbegabt, von *mádu* Honig (vgl. μέθυ), *śri-lá* glücklich, send. ـriشـra *śri-ra*, von *śri* Glück, *pánśu-lá* (véd. *pánśú-la*, *pánśú-ra*) staubig, *p'éna-lá* schaumig, von *p'éna* Schaum, *méd''-i-rá*, *méd''-i-lá* verständig, von *méd'á* Verstand *). Im Griechischen ist auch diese secundäre Wortbildung viel zahlreicher vertreten als im Sanskrit. Ich ziehe dabei den dem ρ vorangehenden Vocal überall zum Stammworte und fasse das ε von Wörtern wie φθονε-ρό-ς, νοσε-ρό-ς, κρυε-ρό-ς, νοε-ρό-ς, φοβε-ρό-ς, δολε-ρό-ς, σκιε-ρό-ς, βλαβε-ρό-ς nach Maſsgabe des

---

*) Vielleicht wäre es besser *méd'i-rá*, *méd'i-lá* zu theilen, und in dem *i* die Schwächung des *a* des Primitivstammes zu erkennen, in derselben Weise wie im Latein. die Endvocale der Primitivstämme vor verschiedenen Ableitungssuffixen sich zu *i* schwächen, z. B. in *cari-tas*, *amari-tudo*. Das *u* von Wörtern wie *danturá*, einen hervorstehenden Zahn habend, ist wahrscheinlich ebenfalls nur eine Schwächung des Endvocals des Stammwortes (*dánta* Zahn), eine Schwächung, die das goth. *tunthu-s* auch im einfachen Zustande erfahren hat.

Ausgangs des Stammwortes als die Verdünnung oder Kürzung von o, a oder η *). Umgekehrt finden auch Verlängerungen von o zu η (= ω, s. §. 4) statt, daher z. B. νοση-ρό-ς, μοχθη-ρό-ς (vgl. μοχθή-εις), οἰνη-ρό-ς. Das alte a, wovon o, ε die gewöhnlichsten Entartungen sind, hat sich behauptet in μυσα-ρό-ς (später μυσε-ρό-ς), λιπα-ρό-ς, σθενα-ρό-ς (letzteres vom Stamme σθένος, σθένες, dessen Suffix dem skr. *as* entspricht, s. §. 932), in λαμυ-ρό-ς, ἀργυ-ρό-ς zu υ geschwächt **). Ein Bidevocal η zeigt sich in αἱματ-η-ρό-ς, ὑδρ-η-ρό-ς. Zu *páṅ-śu-lá-s* staubig, *p'éna-lá-s* schaumig, stimmen Formen wie ῥιγη-λό-ς (schwerlich von ῥιγέω, sondern von ῥῖγος, wie oben σθενα-ρό-ς von σθένος), χαμα-λό-ς, στωμύ-λο-ς (für στωμα--λο-ς). Hierher möchte ich auch jetzt, in Abweichung von §. 419 der ersten Ausgabe, diejenigen lateinischen Bildungen auf *li* ziehen, welche von Substantiven abstammen. Es würde demnach das *á* hinter consonantisch endigenden Stämmen in Formen wie *carn-á-li-s*, *augur-á-li-s* etc. eben so als Bindevocal aufzufassen sein, wie das griech. η der eben erwähnten αἱματ-η-ρό-ς, ὑδρ-η-ρό-ς. Das Vocalverhältniſs von *li* zu ऌ *la*, λο ist dasselbe wie z. B. im Gen. sing. das von *ped-is* zu *pad-ás*, ποδ-ός.

941. Dem skr. primären Suffix *ri*, welches nur in wenigen Wörtern von seltenem Gebrauch vorkommt, z. B. in *áṅh-ri-s* und *áṅg'-ri-s* masc. Fuſs als **gehender** (Wz. *aṅh* und *aṅg'* **gehen**), entspricht das griech. ρι von ἴδ-ρι-ς, ἴδ-ρι, wofür man im Skr. *víd-ri-s*, -*ri* zu erwarten hätte. Das Latein. hat dem Suffix *ri* einen Bindevocal vorgeschoben in *cel-e-r*, Them. *cel-e-ri*, dessen *i* nebst dem Casuszeichen im Nom. masc. unterdrückt worden (s. §. 135 Anm. 1). Die verdunkelte Wurzel *cel* (*ex-cello*, *prae-cello*)

---

*) Vgl. S. 395 Anm.
**) Über die Schwächung eines ursprünglichen α zu υ s. §. 7. p. 17, mit Beachtung, daſs in allen l. c. erwähnten Beispielen, wie auch in λαμυρός, ἀργυρός, στωμύλος, dem aus α erzeugten υ eine Liquida vorangeht oder nachfolgt.

stimmt zur griechischen κελ (κέλλω), wovon κέλης Renner, und zur skr. *śal* (aus *kal*) gehen, laufen (als Verbum noch unbelegt). Hierher gehören vom Latein. noch *put-e-r*, Them. *put-ri* und *ac-er**), Them. *ac-ri*, welche das unorganische *e* auf den Nom. masc. beschränken, wo es nach dem Wegfallen des stammhaften *i* unentbehrlich ist. Wenn *cel-e-r* das eingefügte *e* überall beibehält, so liegt der Grund in der Unbequemlichkeit der Verbindung *lr*.

942. Von den im Sanskrit durch das Suffix *ru* gebildeten Wörtern — es gibt deren überhaupt nur wenige — sind nur zwei in gewöhnlichem Gebrauch, nämlich das Adjectiv *b'i-rú-s* fürchtend, furchtsam, fem. ebenfalls *b'i-rú-s*, oder *b'i-rú'-s*, neut. *b'i-rú*, und das neutrale Substantiv *áś-rú* Thräne, welches ich für eine Verstümmelung von *dáś-ru* halte und von *danś* aus *dank* beifsen (gr. δακ) ableite. Im Griechischen entspricht δάκ-ρυ, im Goth. wurzelhaft das männliche *tag-r'-s*, Them. *tag-ra* = skr. *áś-ra* neut., ebenfalls Thräne. Für भीरु *b'i-rú* furchtsam gilt auch die Form *b'i-lú*, wozu hinsichtlich des Suffixes das goth. *ag-lu-s* schwer, beschwerlich stimmt. Zu *b'i-rú-s* fürchtend, furchtsam stimmen die litauischen Adjective *bjau-rù-s* häfslich (vgl. *bijaú* ich fürchte, *bái-mē* Furcht), *bud-rù-s* wachsam (*bundù* ich wache, skr. *bud'* wissen, Caus. wecken), *ėd-rù-s* gefräfsig und einige andere von verdunkelten Wurzeln.

943. Das skr. Suffix *va*, Fem. *vá*, bildet Appellative, welche den Handelnden ausdrücken, auch einige Adjective, meistens mit dem Ton auf der Wurzelsylbe. Das geläufigste Wort dieser Klasse ist *áś-va-s* Pferd als Renner**),

---

*) *Acer* scheint ursprünglich durchdringend zu bedeuten und wie *ac-u-s* zur skr. Wz. *aś* aus *ak* zu gehören (s. S. 386. Anm. **). Man vergleiche das skr. *aś-rí-s* f. die Schärfe eines Schwertes, welches ich lieber aus *aś* mit Suff. *ri* erkläre, als mit den ind. Grammatikern aus *śri* gehen mit verkürzter Praep. *á*.

**) Vgl. das wurzelhaft verwandte *áś-ú* schnell, griech. ὠκύ.

welches auch über die verwandten Sprachen weithin verbreitet ist: lat. *equu-s*, lit. *aś'-wa* Stute, gr. ἵππο-ς aus ἴκκο-ς (durch Assim. aus ἴκ-ϝο-ς), altsächs. *ehu* in dem Compos. *ehu-scalc* „servus equarius"*), send. ⰰⰵⱎⱎⰰ *aś-pa* (s. §. 50). Andere skr. Beispiele, von höchst seltenem Gebrauch, sind *k'áṭ-vá* fem. Bett (Wz. *k'aṭṭ* bedecken), *pád-va-s* Wagen als gebender, *prúś'-va-s* Sonne als brennende. Beispiel eines Adjectivs ist *ríś'-va* beleidigend; so das oxytonirte *pak-vá* mit passiver Bedeutung, gekocht, reif. Vom Gothischen scheint der Adjectivstamm *las-i-va*, Nom. *las-i-v'-s* schwach, von verdunkelter Wurzel, dieser Wortklasse anzugehören. Im Latein. mußte *v* hinter Consonanten, ausgenommen *r*, *l* und *q* (*qu* = *cv*), zu *u* werden, also *uŏ* (Nom. m. *uus*) = व *va* in Adjectiven wie *de-cid-uu-s*, *oc-cid-uu-s*, *re-sid-uu-s*, *vac-uu-s*, *noc-uu-s*, *con-tig-uu-s*, *as--sid-uu-s*. Dagegen *de-cli-vu-s*, *tor-vu-s*, *pro-ter-vu-s*, *al-vu-s* (eigentlich der Ernährende). Ein *i* als Bindevocal zeigen *cad-i-vu-s*, *recid-i-vu-s*, *vac-i-vu-s*, *noc-i-vu-s*. Zu पक्वस् *pak-vá-s* **) gekocht, reif stimmen, in Ansehung der passiven Bedeutung, z. B. *per-spic-uu-s*, *in-gen-uu-s*, *pro-misc-uu-s*. Im Griechischen ließe sich das Suffix ευ, worin ich früher eine Gunirung des Suffixes υ zu erkennen glaubte, durch Umstellung aus *va*, ϝο, mit Verdünnung des ο zu ε erklären, also z. B. δρομεύς, γραφεύς, statt des unmöglichen δρομ-ϝό-ς, γραφ-ϝό-ς, und in der secundären Wortbildung z. B. ἱππεύς, eigentlich pferdbegabt, aus ἱππ-ϝό-ς. Es könnte auch das griech. ευ aus dem skr. *va* so erklärt werden, daſs υ als Zusammenziehung von *va*, wie z. B. in ὕπνος = *svápna-s*, das ε aber als Bindevocal gelten müſste, sei es, daſs es für *a* oder für *i* stünde. In letzterem Falle würde δρομ-ε-ύς zur Bildung des oben erwähnten goth. *las-i-v'-s* stimmen,

---

*) S. Schmeller „Glossarium Saxonico-Latinum". Der Gen. würde *eh-ua-s* oder *eh-ue-s* lauten, so daſs das Suffix in diesem Worte sehr treu erhalten ist.

**) In Wurzel und Bildung entspricht das lat. *coquus*.

und zu den litauischen Bildungen wie *stég-i-u-s* Dachdecker, *źindź-i-u-s**) „der viel und lange saugt" (*źind-u* ich sauge), *péc-i-u-s* Backofen, *ćiśt-i-u-s* Fegfeuer (*ćiśt-iu* ich reinige)**). Für diese Wortklasse und die griechische auf ευ gibt es aber noch eine andere Sanskrit-Quelle, welcher ich den Vorzug gebe; ich meine das Suffix यु *yu*, welches wie das griech. ευ den Ton hat und eine kleine Anzahl von Wörtern bildet (s. Böhtlingk's Uṇâdi-Affixe p. 32), worunter *das-yú-s* Zerstörer, Räuber***), *ǵan-yú-s* ein lebendes Wesen als zeugendes oder gezeugtes (vgl. *ǵan-tú-s* id.), *śund-yú-s* Feuer als reinigendes; auch einige Abstracta wie *b'uǵ-yú-s* das Essen, *man-yú-s* Gram (send. *main-yu-s* Geist als denkender), und mit eingefügtem *t*: *mṛ-t-yú* m. f. n. Tod. Hierzu würde im Lit. *skyr-iu-s* Absonderung (*skirru* ich scheide) stimmen. Vom Gothischen gehört vielleicht *drun-ju-s* Schall hierher †).

944. Was den Ursprung des Suffixes व *va* anbelangt, so glaube ich darin einen Pronominalstamm zu erkennen, der, aufser in dem Encliticum *vat* wie (der Form nach ein Nom. Acc. neut., s. §. 155), so wie in *vá* oder, wie, nur in Verbindung mit vorhergehenden anderen Demonstrativstämmen vorkommt, unter anderem im sendischen *ava* dieser (s. §. 377). Vielleicht ist auch der Reflexivstamm *sva* (§. 341), worauf das altpers. *huva* er (euphon. für *hva*) sich stützt, nichts anderes als die Verbindung von *sa* mit *va*, mit Unterdrückung des Endvocals des ersteren, wie in *s-ya* aus *sa-ya* dieser (§. 353).

---

*) *dź* für *d* wegen des folgenden *i*.
**) Auch Pott (E. F. II. p. 487) gedenkt einer möglichen Verwandtschaft des griech. Suffixes ευ mit dem lit. *iu*.
***) Wahrscheinlich gekürzt aus *dásyu*, von *dás* verletzen, s. Gloss. Scr. a. 1847.
†) Vgl. skr. *d'van* tönen und s. §. 20.

945. Das Suffix *ván*, schwach *van*, bildet *a)* Adjective mit der Bedeutung des Part. praes., welche nur am Ende von Compositen vorkommen, besonders im Vêda-Dialekt; z. B. *suta-pā́-ván* Sôma trinkend, *vā́ǵa-dā́-ván* Speise gebend. *b)* Nomina agentis wie *ŕ'k-ván* Lobpreiser, *yáǵ-ván* Opferer. *c)* Appellative wie *rúḥ-ván* Baum als wachsender, *śák-ván* Elephant als vermögender, starker. — Das Send bietet ein beachtungswerthes Wort dieser Klasse dar, nämlich ارور‎ *ṣar-van* Zeit, worin ich einen Wurzelgenossen des sanskritischen *ḥar-i-mā́n* erkenne, welches die Zeit als fortnehmende, vertilgende bedeutet (s. §. 795). Das gr. χρόνο-;*) fügt sich, wie mir scheint, ebenfalls leicht zur skr. Wz. *ḥar*, *ḥṛ*, mit welcher, im Griechischen verdunkelten Wurzel, auch höchst wahrscheinlich χείρ die Hand als nehmende zusammenhängt. Die Überspringung des Wurzelvocals in χρόνος, wenn man das mittlere ο zum Suffix zieht, kann keinen Anstofs geben; das Suffix ovo aber läfst sich leicht mit dem sanskritisch-sendischen *van* vermitteln. Hinsichtlich des nothwendigen Ausfalls des Digamma vergleiche man das Verhältnifs des Suffixes εντ zum skr. *vant*, und hinsichtlich des dem Endconsonanten des Suffixes beigefügten Vocals, das Verhältnifs des lat. *lentŏ* (neben *lent*) zu demselben Suffix (s. §. 20).

946. Das skr. Suffix *nu* (s. §. 849) bildet oxytonirte Adjective und Substantive, z. B. *gṛdʰ-nú-s* begehrend, gierig, *tras-nú-s* zitternd, fürchtend, *dʰṛ́ṣ-ṇú-s* wagend, kühn (*ṇ* wegen des vorangehenden *ṣ* nach §. 17*ᵇ*), *bʰā́-nú-s* Sonne als leuchtende, *dʰé-nú-s* f. Milchkuh als zu trinken gebende (Wz. *dʰé* trinken mit causaler Bedeutung), *sú-nú-s* Sohn als geborener. So im Send ـدپـ‎ *taf-nu-s* brennend (s. §. 40), ـرسـ‎ *rai- -nu-s* gerade, wahrhaft**), ـبرسـ‎ *bareś'-nu-s*

---

*) Vgl. Burnouf „Études" p. 197.
**) Wz. ـرسـ‎ *raṣ* = skr. *raǵ*, *ṛǵ*, wovon *ṛǵú* gerade.

hoch, grofs, als Subst. Gipfel*), *ǵanf-nu-s* Mund als sprechender (s. §. 61); im Litauischen, meistens von verdunkelten Wurzeln: *drung-nù-s* (auch *drung-na-s*) lauwarm, *gud-nù-s* tauglich, *mac-nù-s* mächtig (vgl. *maci-s* Macht, skr. *manh, mah* wachsen, lat. *mag-nus*), *s'au-nù-s* tüchtig, brav (vgl. skr. *śáv-as* Stärke, *śú'-ra* Held, von *śu* aus *śvi* wachsen), *sù-nù-s* Sohn = sanskr. *sú-nú-s* (सू *sú* gebären). Vom Griechischen vergleiche man λυγ-νύ-ς, welches ich schon anderwärts mit der skr. Wz. *dah* (Iufin. *dág-d'um*) brennen vermittelt habe, wozu auch das lat. *lig-nu-m* gehört (s. §. 832). Als Fem. stimmt λιγνύς zum skr. *d'é-nú-s* und zum lat. *ma-nu-s*, sofern letzteres nebst *mú-n-us* zur skr. Wz. *má* gehört (s. S. 401 Anm.). Auch Θρῆ-νυ-ς gehört trotz seiner verschiedenen Betonung hierher.

947. Das von den indischen Grammatikern aufgestellte Suffix *snu* (euphon. *śṇu*) scheint mir im Wesentlichen identisch mit *nu*, und der Zischlaut eine Erweiterung der Wurzel, und in einigen Fällen eine Anfügung an den Bindevocal *i* zu sein. Man vergleiche das Verhältnifs von *b'ás* glänzen, *dás* geben, *mas* messen zu den einfacheren, gebräuchlicheren und in den verwandten Sprachen verbreiteteren Wurzeln *b'á, dá, má*; das von *diks', duks'* anzünden zu *dah* brennen. Ähnlich verhalten sich die Adjective *glá-s-nú-s* welkend, *ǵi-s'-ṇú-s* siegend, *b'ú-s'-ṇú-s* oder *b'av-is'-ṇú-s* seiend. Hierzu stimmt das litauische *dùs-nù-s* gebend (*dů'-mi* ich gebe).

948. Eine Schwächung des in §. 805 besprochenen Suffixes म *ma* ist *mi*. Es bildet einige oxytonirte Appellative, namentlich: *b'ú-mí-s* fem. Erde als seiende (lat. *hu-mu-s*, vgl. S. 168), *úr-mí-s* m. f. Woge**), *dal-mí-s* m.

---

*) *berez* = skr. *vṛh*, vêd. *bṛh* wachsen, s. Burnouf „Études" p. 194.

**) Entweder von *ar, ṛ* gehen, mit *d* für *a* (s. Uṇâdi-Suffixe IV. 45), oder von *var, vṛ* bedecken, mit Zusammenziehung von *va* zu *u*.

Indra's Donnerkeil als spaltender, *raś-mí-s* m. Lichtstrahl, Zaum*). An diese Wortklasse reiht sich das goth. *hai-m(i)-s* fem. (Them. *hai-mi*) Dorf, von der verdunkelten Wz. *hi* mit Guṇa = skr. *śi* aus *ki* liegen, schlafen; der Plural *hai-môs* gehört zu einem Stamme *haimô***).

949. Das Suffix क *ka* (*a-ka, á-ka, i-ka, u-ka, ú-ka*, s. §. 937) halte ich für identisch mit dem Interrogativstamm *ka*, den man aber als Suffix in demonstrativem oder relativem Sinne auffassen muſs, wie ja auch sein neupersischer und lateinischer Vertreter sowohl relative als interrogative Bedeutung hat. In unmittelbarer Verbindung mit der Wurzel kommt *ka* im Sanskrit nicht häufig vor; das gebräuchlichste Wort dieser Bildungsart ist *śuś'-ká-s* trocken, dessen lateinische Schwesterform *siccu-s* wahrscheinlich durch Assimilation und Schwächung des *u* zu *i* aus *sus-cu-s* entstanden ist. Daſs das ष् *ś* der skr. Wurzel, wofür im Lat. *c* zu erwarten wäre, aus dentalem स् *s* und nicht aus *k* entstanden ist, beweist das ṣend. husk̆ō *huś'-ka* trocken. Das ч *ch* des slavischen сохъ *suchŭ* trocken stützt sich auf das skr. *ś* der Wurzel (s. §. 255. m). Die lit. Form dieses Adj. ist *saús-a-s*. — Durch *a-ka, á-ka, i-ka, u-ka* werden Adjective und Nomina agentis oder Appellative gebildet, welche die Wurzel betonen, z. B. *nárt-a-ka-s* Tänzer, fem. *nart-a-kí* Tänzerin ***), *náy-a-ka-s* Führer (Wz. *nî* mit Vriddi), *kán-a-ka* grabend, fem. -*ká*; *gálp-á-ka* geschwätzig, fem. -*kí*; *kán-i-ka-s* Gräber, *múṣ'-i-ka-s* Maus als stehlende (Wz. *muś'*, *múṣ'*), *kám-u-ka* lüstern, *gát-u-ka* zerstörend (Wz. *han* tödten, Caus. *gátáy*). — *ú-ka* bildet

---

*) In der ersten Bedeutung vielleicht verwandt mit den Wurzeln *arć, ruć* (aus *ark, ruk*, wie *raś* aus *rak*) glänzen, oder mit *las* glänzen. Eine Wz. *raś* gibt es nicht.

**) Über die europäischen Verwandten des gothischen Wortes s. Glossarium Scr. a. 1847 s. r. श्री *śî*.

***) Über die Betonung des Femin. s. Kl. Sanskrit-Gramm. 3te Ausg. §. 218.

paroxytonirte Adjective aus Frequentativen und *gā́gar, -gr̥* wachen, also bloſs aus reduplicirten Wurzeln, die, wie es scheint, ihren schweren Bau von einem langen Vocal getragen wissen wollen, daher z. B. *vā́vad-ū́-ka* geschwätzig, *gā́gar-ū́-ka* wachsam. Hierzu stimmen, abgesehen von der Reduplication, im Lateinischen *cad-ú-cu-s* und *mand-ú--cu-s*. *Fiducia* setzt ein primitives *fid-ú-cu-s* oder *fid-ú-c-s* voraus. So wie *ú-ka*, *ú-cŏ* nur eine Verlängerung von *uka*, *ucŏ* ist, so ist vielleicht das latein. *i-cŏ* von *am-i-cŏ*, *pud-i-cŏ* eine Verlängerung des skr. *i-ka*, während *med--i-cŏ*, *vom-i-cŏ*, subst. *vom-i-ca*, *pert-i-ca* (wenn es von *partio* kommt) die ursprüngliche Kürze bewahrt haben*). Die Stämme *vert-i-c*, *vort-i-c*, *pend-i-c*, *append-i-c*, *pôd-i-c* (von *pêdo*) haben den Endvocal des Suffixes verloren. An श्राक् *ā́-ka* reiht sich das lat. *ā-c*, mit unterdrücktem Endvocal, in Stämmen wie *ed-ā-c*, *vor-ā-c*, *fall-ā-c*, *ten-ā-c*, *re-tin-ā-c*, *sequ-ā-c*, *loqu-ā-c* (wie oben *gā́lp-ā́-ka* geschwätzig); eben so *ô-c* — da *ô* = *ā* ist, s. §§. 3. 4 — von *cel-ô-c*, *vel-ô-c* (für *vol-ô-c*), *fer-ô-c*. Im Griechischen stimmt φύλ-α-κc-ς, von verlorener Wz. (φυλάσσω stammt von φυλακ), so genau wie möglich zu den skr. Bildungen wie *nárt-a-ka-s* Tänzer, und φέν-ᾱ-κ-ς für φεν-ᾱ-κο-ς (vgl. φενά-κη) zu solchen wie *gā́lp-ā́-ka-s* geschwätzig, Schwätzer, und lateinischen wie *loqu-āc-s*. Der Stamm κήρ-ῡκ für κηρ-ῡκο, ebenfalls von verdunkelter Wurzel, stimmt zu den sanskr. Stämmen auf *ú-ka* und lateinischen auf *ú-cŏ*. Zu dem oben erwähnten weiblichen *nart-a-kī́* Tänzerin (zugleich Nomin.) stimmt der Bildung nach das griechische γυν-αικ, worin ich eine Umstellung von γυνακι erkenne (s. §. 119), wofür im Sanskrit *gan-a-kī́* als Gebärende zu erwarten wäre, als Femin. zu dem wirklich vorhandenen *gán-a-ka-s* Vater als Erzeuger. — Die sanskritischen Bildungen wie *kán-i-ka-s* Gräber sind unter den europ. Gliedern unseres Sprachstammes am treuesten im Litauischen vertreten durch

---

*) S. Düntzer „Die Lehre der Lat. Wortbildung" S. 37.

Nomina agentis wie *deg-i-ka-s* Mordbrenner (*degù* = skr. *dáh-â-mi* ich brenne), *leid-i-ka-s* Holzflöfser (*léid-mi* ich flöfse Holz), *kul-i-ka-s* Drescher (*kuliù* ich dresche, Infin. *kulti*).

950. Wahrscheinlich ist das *n* der in allen germanischen Sprachen, mit Ausnahme des Gothischen, vorkommenden Formen auf *ng* (Thema *nga*), mit vorangehendem Vocal (*i* oder *u*), eine unwesentliche Einfügung, ungefähr wie nach §. 56[a)] in Şendformen wie *manaṇha* für *manaha* = skr. *mánasá*. Wenn dem so ist, so dürfen wir althochdeutsche Formen wie *kun-ing* König (auch *kun-ig*), Thema *kun-inga*, den sanskritischen Bildungen auf *a-ka* (*nárt-a-ka-s* Tänzer, S. 420) und griechischen auf α-κс-ς (φύλ-α-κс-ς, l. c.) gegenüberstellen, was ich lieber thue, als dafs ich das *i* schon aus der Zeit der Spracheinheit erkläre, und somit *i-nga* mit dem skr. *i-ka*, z. B. von *kán-i-ka-s* Gräber (l. c.) vermittele. Wahrscheinlich bedeutet *kun-in-g* ursprünglich blofs Mann — κατ' ἐξοχήν — wie das engl. *qween* eigentlich blofs Frau (vgl. goth. *qvein(i)-s*, *qvên(i)-s* Frau = skr. जनिस् *ģáni-s* Frau als Gebärerin) und entspricht in Wurzel und Suffix dem oben (S. 421) erwähnten skr. *ģán-a-ka-s* Vater als Erzeuger. Sollte auch bei den abstracten Substantiven auf *unga* der Guttural die Hauptsache, und also die letzte Sylbe der wesentliche Theil des Suffixes sein, so mufs man *unga*, z. B. von *heil-unga* Heilung (Grimm II. 360), den skr. Femininen auf *a-ká*, z. B. von *kán-a-ká* die grabende, gegenüberstellen und annehmen, dafs diese weibliche Adjectivform sich in den germanischen Sprachen zum Abstractum erhoben habe, wie z. B. im Griech. κάκη vom Adject. κακό-ς, κακή stammt, und im Lateinischen die Formen wie *fractura*, *ruptura* offenbar nichts anderes als die Feminina des Part. fut. sind. Im Englischen vertritt *ing*, wie auch häufig schon im Angelsächsischen, als Bildungsmittel abstracter Substantive die Stelle unseres *ung*, und als Adjective haben die Bildungen auf *ing* im Neu-Englischen das alte Participium auf *end* ganz und gar verdrängt, wäh-

rend im Mittel-Englischen die Formen auf *end* und *ing* noch neben einander bestehen (Grimm I. p. 1008). Ich glaube daher nicht, dafs, wie Grimm im 2ten Theile seiner Grammatik (p. 356) annimmt, die neu-englischen Participia aus *end* verderbt seien, da *e* nicht leicht zu *i* wird, woraus es selber sehr häufig durch Entartung entsprungen ist.

951. Als secundäres Suffix bildet *ka* (*i-ka, u-ka*) im Sanskrit Wörter von mannigfaltiger Beziehung zum Grundworte. Zu Formen wie *mádra-ka-s, sindu-ka-s*, vom Lande Madra, Sindu stammend, *bála-ka-s* Knabe, vom gleichbedeutenden *bála, śíta-ka-s* kaltes Wetter, kalte Jahrszeit, ein träger Mann, von *śítá* kalt, stimmen, der Bildung nach, die gothischen Adjectivstämme *staina-ha* steinig, *vaurda-ha* wörtlich, *un-barna-ha* kinderlos, *aina-han* einzig (letzteres mit unorganischem *n*)*); und mit *g* für *h* (s. §. 80 und vgl. §. 91. 2): *móda-ga* zornig, *auda-ga* selig (*aud,* Them. *auda* Schatz), *un-hunsla-ga* opferlos, nicht spendend (*hunsl'-s*, Them. *hunsla* Opfer), *handu-ga* behend, geschickt, klug, im Nom. m. *handu-g(a)-s*. Das letzte Beispiel stimmt schön zum oben erwähnten skr. *sindu-ka-s*, und man sollte demnach erwarten, dafs auch von den Stämmen *grêdu* Hunger**), *vulthu* Herrlichkeit nicht *grêda-g'-s* hungrig, *vultha-g'-s* berühmt kommen könnten, sondern nur *grêdu-g'-s, vulthu-g'-s*. Vielleicht hat aber die überwiegende Anzahl der von Substantivstämmen auf *a* kommenden Adjectivstämme auf *a-ga*, Nom. m. *a-gs*, auf die Gestaltung der von *grêdu, vulthu* entsprungenen Adjective eingewirkt und ihnen misbräuchlich ein *a* für *u* verliehen; oder die genannten Adjective kommen von untergegangenen Substantivstämmen *grêda, vultha* (vgl. §. 912),

---

*) So der nur im Plural vorkommende Substantivstamm *bróthra--han* (umstellt aus *bráthar-han*), Nom. *bróthra-han-s* Brüder.
**) Wie es scheint, von der skr. Wz. *gard', grd'* begehren, wozu das slav. *gladŭ* Hunger (Thema *glado*) gehört, s. Glossarium Scr. a. 1847 s. r. *grd'*.

die vielleicht erst nach der Erzeugung der betreffenden Adjective sich zu *grêdu*, *vulthu* geschwächt haben, ungefähr wie die skr. Stämme *pá'da* Fuſs, *dánta* Zahn im Goth. zu *fôtu*, *tunthu* geworden sind. — Die gothischen Substantivstämme auf *i* verlängern ihren Endvocal vor dem Suffix *ga* zu *ei* (= *î*, §. 70), daher z. B. *anstei-ga* günstig, *mahtei-ga* mächtig, *listei-ga* listig, von den weiblichen Primitivstämmen *ansti* Gnade, *mahti* Macht, *listi* List. Weibliche Stämme auf *ein*, Nom. *ei*, zeugen ebenfalls Derivata auf *ei-ga*, wie z. B. *gabei-ga* von *gabein*, Nom. *gabei* Reichthum, eben so der Neutralstamm *gavairthja* Friede (Nom. *gavairthi*), wovon *gavairthei-ga* friedfertig. Da mehrere abstracte Femininstämme auf *ein* von Adjectivstämmen auf *a* kommen (s. S. 340), so mag vielleicht von *sina*, Nom. *sin(a)-s* alt, ein Abstractum *sinein* Alter, und hiervon *sinei-ga* alt, d. h. Alter habend, entsprungen sein; auch für *thiudei-ga* gut setze ich einen weiblichen Stamm *thiudein* Güte (aus *thiuda* n., Nom. *thiuth*, Gutes, Gut) voraus. Von verbaler Herkunft ist *lais-ei-ga* lehrend (von *lais-ja* ich lehre, praet. *lais-ei-da*), und so mag *andanêm-ei-ga* annehmend nicht von dem oben (§. 912) erwähnten Stamme *andanêma* Annahme, sondern von einem vorauszusetzenden schwachen Verbum *anda-nêmja* entsprungen sein. Im Neuhochdeutschen hat das *i* von Wörtern wie *sternig*, *günstig*, *kräftig*, *mächtig* um so mehr das Ansehen eines wesentlichen Bestandtheils des Suffixes gewonnen, als ohne Rücksicht auf das Stammwort dieser Vocal stehend geworden ist, und daher z. B. eben so *steinig*, *muthig* den gothischen Stämmen *staina-ha*, *môda-ga* gegenüberstehen, wie mit Recht *mächtig* dem goth. *mahtei-ga*.

952. Die goth. Adjectivstämme auf *iska*, unser *isch*, wäre ich geneigt vom Genitiv sing. abzuleiten, wenngleich dieser nicht überall genau zu den betreffenden Adjectiven stimmt, z. B. der anomale Gen. *funins* des Feuers nicht so zu *funisk(a)-s* feurig, wie *gudis* Gottes, *barnis* Kindes zu *gudisk(a)-s* göttlich, *barnisk(a)-s* kindisch. Der

Umstand aber, daſs es auch im Litauischen, Lettischen, Altpreuſsischen und Slavischen Adjective gibt, in welchen ein Zischlaut dem *k* des betreffenden Suffixes vorangeht, veranlaſst mich, diesen Zischlaut lieber als einen euphonischen Zusatz anzusehen — wegen der Beliebtheit der Verbindung *sk* — um nicht für die genannten Sprachen ein Suffix *ska*, *ška*, ско *sko* annehmen zu müssen, wozu sich in den asiatischen Schwester-Idiomen kein Anhaltspunkt finden würde. Beispiele im Litauischen sind: *déw'-i-ška-s* göttlich, von *déwa-s*, *wýr'-i-ška-s* männlich, von *wýra-s*, *létuw'-i-ška-s* litauisch, von *létuwà* Litauen, *dang'-i-ška-s* himmlisch, von *dangù-s*; im Altpreuſsischen: *deiw'-i-ska-s* göttlich, von *deiw(a)-s*, *taw'-i-ska-s* väterlich, von *taw(a)-s*, *arw'-i-ska-s* wahrhaft, von *arwi-s* wahr (Nesselm. p. 77); im Altslavischen: ЖЕНЬСКЪ *žen-i-skŭ* weiblich (Them. m. n. -*ko*), von ЖЕНА *žena* Frau, МОРЬСКЪ *mor-i-skŭ* marinus, von МОРЕ *more*, Them. *morjo* (§. 258) Meer, МИРЬСКЪ *mir'-i-skŭ* weltlich, von МИРЪ *mirŭ*, Them. *miro* Welt. Höchst wahrscheinlich ist auch das σ der griechischen Diminutivbildung auf ι-σκο, ι-σκη (παιδ-ί-σκο-ς, παιδ-ί-σκη, στεφαν-ί-σκο-ς) nur ein phonetischer Vorschlag. Es mag, zur Unterstützung dieser Ansicht, an das euphonische *s* erinnert werden, welches im Sanskrit zwischen einige mit *k* anfangende Wurzeln und gewisse Praepositionen eingefügt wird*), z. B. in *pariskar, -kṛ* schmücken, eigentlich herumthun. Man vergleiche auch das lat. *s* in Verbindungen wie *abscondo, abspello, abstineo, ostendo* (für *obstendo*).

953. Im Lateinischen fasse ich das *i* von Wörtern wie *belli-cu-s, coeli-cu-s, domini-cu-s, uni-cu-s, auli-cu-s* für eine Schwächung des Endvocals des Stammwortes, in derselben Weise wie das vor den Suffixen *tát, tút* (S. 222), *tudin* (S. 224 f.) und am Anfange von Compositen. Ich stelle daher die genannten Wörter den sanskritischen wie *mádra-ka-s, bála-ka-s, sindu-ka-s* und gothischen wie

---

*) S. meine kleinere Sanskrit-Gramm. 3te Ausg. §. 111. Anm. 2.

staina-h(a)-s, móda-g(a)-s, handu-g(a)-s gegenüber. In Wörtern wie *civi-cu-s, classi-cu-s, hosti-cu-s* ergibt sich das *i* von selbst als Eigenthum der Primitivstämme, während das an consonantisch endigende Stämme angetretene *i*, z. B. in *urbi-cu-s, putri-cu-s, pedi-ca*, eben so wie das im Dat. Abl. pl. (*pedi-bus* = skr. *pad-b'yás*) und in Compositen wie *pedi-sequus* zur Erleichterung der Verbindung mit dem folgenden Consonanten erst auf römischem Boden herangezogen ist, weshalb ich solche Wörter, hinsichtlich ihres *i* vor dem Suffixe, nicht mit sanskritischen wie *hâimant'-i-ká-s* winterlich, kalt, von *hêmantá* Winter, *dármi-i-ká-s* tugendhaft, der Pflicht ergeben, von *dárma* Pflicht, Recht, *ákś-i-ká-s* Würfelspieler, von *akśá* Würfel, auf gleichen Fuſs stellen möchte. Diesen entsprechen aber, auch hinsichtlich der Accentuation, griechische Derivata wie πολεμ'-ι-κό-ς, ἀδελφ'-ι-κό-ς, ἀμπελ'-ι-κό-ς, ὡρ'-ι-κό-ς, ἀστ'-ι-κό-ς, ῥητορ-ι-κό-ς, δαιμον-ι-κό-ς, ἀρωματ-ι-κό-ς, γεροντ-ι-κό-ς. Zu sanskritischen Formen mit unmittelbarer Anschlieſsung des Suffixes, wie oben *sindu-ka-s*, stimmt, abgesehen von der Betonung, ἀστυ-κό-ς. — Über die griechischen Bildungen auf τι-κό-ς von vorauszusetzenden abstracten Stämmen auf τι s. S. 246 Anm.

954. Das skr. Suffix *tu* ist als Bildungsmittel des Infinitivs mit seinen Verwandten in den europ. Schwestersprachen bereits betrachtet worden*). Die entsprechenden gothischen Abstracta haben, wie die lateinischen (§. 863), das weibliche Geschlecht mit dem männlichen vertauscht, und die ursprüngliche Tenuis unter dem Schutze eines vorhergehenden *s* oder *h* behauptet, hinter anderen Buchstaben aber zu *d* oder *th* verschoben (vgl. §. 91). Das Suffix tritt entweder unmittelbar an eine Verbalwurzel, oder an ein auf *ô* ausgehendes Thema eines schwachen Verbums, oder an einen Adjectivstamm auf *a*, mit Verlängerung dieses Vocals zu *ô* (s. §. 69). Hierher gehören *vahs-tu-s* Wuchs,

---

*) S. §§. 849, 851, 860, 861, 863, 864, 866 ff.

kus-tu-s Prüfung, *lus-tu-s* Lust*), *thuh-tu-s* Dünkel, *vratô-du-s* Reise, *auhjô-du-s* Lärm, *mannisskô-du-s* Menschlichkeit (von *manniska*, Nom. *mannisk'-s* menschlich), *gabaurjô-du-s* Lust, Vergnügen (vgl. *gabaurja-ba* Adv. gerne, freiwillig). — *Dau-thu-s* Tod, eigentlich das Sterben, hängt wurzelhaft mit dem gr. θάνατος und dem skr. *han* aus *d'an* tödten (*ni-d'aná* Tod) zusammen und hat das *n* der verdunkelten Wurzel zu *u* vocalisirt (vgl. §. 432). — Im Sanskrit bildet *a-t'u*, dessen *t'* ich für eine Verschiebung von *t* halte, einige männliche Abstracta aus Verbalwurzeln, z. B. *vam-a-t'ú-s* vomitus, *vêp-a-t'ú-s* das Zittern, *nand-a-t'ú-s* Freude, *śvay-a-t'ú-s* das Aufschwellen (*śvi* wachsen).

955. Durch das Suffix *tu* werden im Sanskrit auch Nomina agentis und Appellative gebildet, welche theils die Wurzel, theils das Suffix betonen; z. B. *gán-tu-s* Wanderer (*gam* gehen), *tán-tu-s* Draht (*tan* ausdehnen), *b'á-tú-s* Sonne (*b'á* glänzen), *yá-tú-s* Wanderer (*yá* gehen), *ǵan-tú-s* Thier als zeugendes oder gezeugtes. So im Gothischen: *hlif-tu-s* Dieb als stehlender (vgl. κλέπ-τω), *skil-du-s* Schild als deckender **); im Griechischen: μάρπ-τυ-ς bei Hesych., wenn die Form echt ist, und μάρ-τυ-ς, welches Pott, wie mir scheint, mit Recht auf die skr. Wz. *smṛ* (d. h. *smar*) sich erinnern zurückführt, wozu auch das lat. *memor* und ahd. *máriu* gehört ***). — Mit dem oben (S. 398 Anm.) erwähnten vêdischen *ǵiv-á'- -tu-s* m. Leben könnten hinsichtlich des eingeschobenen *á* die im Lateinischen von Nominalstämmen ausgehenden Abstracta wie *princip-á-tu-s*, *consul-á-tu-s*, *patron'-á-tu-s*, *triumvir'-á-tu-s*, *tribun'-á-tu-s*, *sen'-á-tu-s* verglichen werden. Diese

---

*) Wahrscheinlich von *lus* (= griech. λυ, skr. *lú*), so dass es eigentlich Lösung oder Loslassung bedeutet.

**) Vgl. *skal-ja* tegula und die sanskr. Wurzel *ć'ad* (s. §. 14) decken, also *l* aus *d* (s. §. 17ª).

***) S. Glossarium Sanscr. a. 1847. p. 392.

sind jedoch gleichsam nur Nachahmungen der von Verben der ersten Conjugation entspringenden Abstracta*), wie auch *sen-á-tor* zu Nomin. agentis wie *am-á-tor* stimmt, und *jan'-i-tor* (von *janua* mit Unterdrückung der beiden Endvocale), *ol'-i-tor* (für *oler-i-tor*, ungefähr wie *opifex* für *oper-i-fex*) zu solchen wie *mon-i-tor*. So im Griechischen ἀκρω-τήρ von ἄκρο, und, da τη-ς und τηρ ursprünglich Eins sind (s. §. 810), zahlreiche denominative Bildungen auf τη-ς wie δημό-τη-ς, ἱππό-τη-ς, πολί-τη-ς, κωμή-τη-ς, Σιβαρί-τη-ς, Πισά-τη-ς, Αἰγινή-τη-ς. Ich glaube auch die Patronymica auf ι-δη-ς oder δη-ς, wie Κεκροπ-ί-δη-ς, Μεμνον-ί-δη-ς, Κρον-ί-δη-ς, Ἱπποτά-δη-ς, Βορεά-δη-ς hierherziehen zu dürfen, indem ich eine Verschiebung der Tenuis zur Media annehme, wie in den lateinischen Formen wie *tim-i-du-s* (s. §. 819). Hierbei mag berücksichtigt werden, daſs auch die griech. Patronymica auf ῑ-ων (Thema ῑ-ων oder ῑ-ον) hinsichtlich ihres Suffixes, wenn man ων, ον für den wesentlichen Theil ansieht, mit einer Wortklasse in Verbindung stehen, welche ursprünglich zur Bildung von Nom. agentis bestimmt ist (s. §. 924), wie dies auch mit den weiblichen Patronym. auf ιδ der Fall ist, da das entsprechende skr. *í*, als Fem. von *a*, sowohl weibliche Nomina agentis und Appellative mit der Grundbedeutung eines Part. praes. (wie *nadí* Fluſs als rauschender, von *nadá* id.), als auch weibliche Patronymica wie *bắimí* (§. 918) bildet.

956. Es bleiben nun noch einige Suffixe zu besprechen übrig, welche bloſs in der secundären Wortbildung vorkommen; darunter das skr. *éya*, fem. *éyá*, welches zu ähnlichen Zwecken wie *ya*, nach §. 899, benutzt wird. Auch scheint *éya* in seinem Ursprunge identisch mit *ya*, und nur eine phonetische Erweiterung des letzteren zu sein. Der Ton ruht in den Bildungen auf *éya* entweder auf der Endsylbe des Suffixes oder auf der ersten des Wortganzen, z. B. *átr'-éyá-s* Abkömmling des Atri, *dás'-éyá-s*

---

*) Vgl. Pott II. p. 554.

Sohn eines Sklaven, von *dása*, *gáir'-êyá-m* Bergharz, von *girí* Berg, *vráiḥ'-êyá-m* Reisfeld, von *vrîhí* Reis, *máḥ'-êyá-s* irden, von *maḥí'*, *páuruṡ'-êya-s* Menschen betreffend, aus Menschen bestehend, von *púruṡa*; *áḥ'-êya-s* anguinus, von *áḥi* anguis, *gráiv'-êya-m* collare, von *grivá'* Hals, Nacken. Zu den drei letzten Beispielen stimmen, auch hinsichtlich der möglichst weiten Zurückschiebung des Accents, griechische Wörter wie λεόντ-εις-ς, λεόντ-ες-ς, αἴγ-εις-ς, τράγ'-ειο-ς, σιδήρ--εις-ς, ἀργυρ'-εις-ς. Vom Lateinischen gehören hierher Wörter wie *pic-eu-s*, *ciner-eu-s*, *flor-eu-s*, *aer-eu-s*, *argent'-eu-s*, *aur'-eu-s*, *ign'-eu-s* (vgl. Pott, E. F. II. 502 ff.). Es hat also in diesen Bildungen und in den griechischen auf εο-ς der sanskritische, aus *ai* zusammengezogene Diphthong *ê* nur sein erstes Element in Gestalt von ε, *ĕ* zurückgelassen; dagegen hat sich in *pleb-ĕju-s* das skr. Suffix *êya* (*y* = lat. *j*) so treu wie möglich erhalten, eben so in einigen Eigennamen wie *Pomp'-êju-s*, *Petr'-êju-s*, *Lucc'-êju-s* (s. Düntzer, „Die Lehre der Lat. Wortbildung" p. 33).

957. Die secundären Suffixe *vant*, *mant* (in den schwachen Casus *vat*, *mat*), welche possessive Adjective aus Substantiven bilden, sind vielleicht bloſse phonetische Erweiterungen der primären Suffixe *ván*, *van* und *mán*, *man* (vgl. §. 803), und dagegen *vin* und *min*, z. B. von *tégas-vín* glanzbegabt, *médá-vín* verständig, *svá--mín**) Herr, Eigenthümer (mit dem Seinigen [*sva*] begabt), durch Vocalschwächung aus *van* und *man* entstanden. Auch sind höchst wahrscheinlich *vant* und *mant*, so wie *van* und *man*, ursprünglich Eins, da *v* und *m* sich leicht vertauschen. Mit *vant* ist schon früher**) das lat. *lent*, erweitert *lentŏ*, vermittelt worden. Im Griechischen

---

*) Die indischen Grammatiker ziehen das *á*, welches ich für die Verlängerung des *a* des Primitivstammes halte, zum Suffix.

**) S. §. 20 und „Einfluſs der Pronomina auf die Wortbildung" p. 7.

entspricht das Suffix εντ (aus Fεντ), z. B. δολό-εντ, ἀμπελό-εντ, ὑλή-εντ, τολμή-εντ, πυρ-ό-εντ, μελιτ-ό-εντ, δακρυ-ό-εντ, μητι-ό-εντ, wie im Sanskrit z. B. *áśva-vant* mit Pferden begabt, rofsreich, von *áśva-s*, *vírá-vant* heldenbegabt, von *vírá-s*, *marút-vant* mit den Marut's begabt (ein Beiname Indra's), *agni-vánt* feuerbegabt („am Feuer stehend"), von *agní*. Was das o griechischer Formen wie πυρ-ό-εντ, μητι-ό-εντ anbelangt, so ist es ein Bindevocal oder eine Stammerweiterung, die wahrscheinlich von consonantisch endigenden Stämmen ausgegangen ist, zur Vermeidung der unbequemen Verbindung mit dem verlorenen Digamma des Suffixes*). Erhalten hat sich das F in einer in ihrer Art einzigen Form, nämlich in dem weiblichen Accusativ στονόFεσσαν, auf einer korkyräischen Inschrift**). Über den Ursprung der weiblichen Form des in Rede stehenden Suffixes s. §. 119. — Den Accent zeigen die sanskritischen Bildungen auf *vant*, *mant* und ihre entsprechenden Femin. auf *vati*, *mati* in der Regel auf derselben Sylbe, wo ihn das Stammwort hat***), und das Griechische folgt in dieser Wortklasse in so weit der im Sanskrit vorwaltenden Betonungsart, als es den Accent niemals dem Suffix zukommen läfst, sondern denselben so weit als möglich zurückzieht, was in dem vorliegenden Falle nicht weiter als auf die dem Suffix vorangehende Sylbe geschehen kann.

958. Das Suffix तन *tana*, fem. *taní*, bildet Adjective aus Adverbien der Zeit. Sie betonen nach Willkür entweder die erste Sylbe des Suffixes oder die vorhergehende, z. B. *hyas-tána-s* oder *hyás-tana-s* hesternus, von *hyas* gestern, *śvas-tána-s* oder *śvás-tana-s* crastinus, von *śvas* morgen, *sáyan-tána-s* oder *sáyán-*

---

*) Man vergleiche in dieser Beziehung das o der Dualformen wie ποδ-ο-ῖν, ποσί-ο-ιν = skr. *pad-bʹyā́m*, *páti-bʹyā́m* (§. 221).

**) S. Aufrecht, Zeitschr. f. vergl. Sprachf. I. p. 119.

***) Das Nähere in meinem vergleichenden Accentuationssystem §. 133. p. 171.

-*tana-s* vespertinus, von *sáyam* Abends (eigentlich ein Acc.), *saná-tána-s* oder *saná-tana-s* sempiternus, von *saná* immer. Im Lateinischen entspricht, was kaum der Erwähnung bedarf, das Suffix *tinŏ* von *cras-tinu-s*, *diu--tinu-s* (vgl. *divá-tana-s* täglich von *divá* bei Tage), *pris-tinu-s*; verlängert zu *tinŏ* in *vesper-tinu-s*, *matu-tinu-s* *). Die Formen von *hesternus*, *sempiternus*, *aeternus* haben entweder ein unorganisches *r* dem *n* vorgeschoben, oder sie setzen *hester*, *sempiter*, *aeter* (*aeviter*) als Primitiva voraus (vgl. §. 293), so dafs blofs *nŏ* das Ableitungssuffix wäre. Die erstere Auffassung wird durch die Formen *hodiernus*, *nocturnus* und einige andere Formen begünstigt, die wahrscheinlich zunächst das Suffix *nŏ* angefügt und dann dem *n* noch ein *r* vorgeschoben haben (vgl. *alburnus* von *albu-s*, *lucerna* von *luceo*).

959. Was den Ursprung des Suffixes *tana* anbelangt, so halte ich dasselbe für die Vereinigung der Pronominalstämme *ta* und *na*, eine Vereinigung, die im Altpreufsischen an dem selbständigen Pronomen *tan'-s* (aus *tana-s*) er, fem. *tenná* (für *ta-ná*) sie vorkommt. So ist das Suffix ल्य *tya*, welches paroxytonirte Adjective aus Indeclinabilien bildet, wie *ihá-tya-s* der hiesige, *tatrá-tya-s* der dortige, wahrscheinlich identisch mit dem componirten Demonstrativstamm *tya* (s. §. 353) und bezeichnet also in den genannten Beispielen die Person, welche hier (*ihá*), dort (*tátra*) ist. So kommt wahrscheinlich im Griechischen ἐνϑά-σιο-ς (bei Hesych.) von ἔνϑα (also -σιο-ς aus -τιο-ς), im Latein. *propi-tiu-s* von *prope* und im Gothischen der Stamm *framathja* (Nom. m. *framatheis* alienus, fremd) von der Praep. *fram* von, sei es, dafs *frama* die Urform der Praep.,

---

*) Das als Stammwort vorauszusetzende *mátú* (ein adverbialer Abl. wie *noctú*) hängt vielleicht mit dem skr. *bhátú* Sonne zusammen, so dafs die labiale Muta der Wz. *bhá* glänzen in den Nasal ihres Organs übergegangen wäre, wie auch wahrscheinlich in *máne*.

oder das *a* des Derivat. ein Bindevocal sei. Den Stamm *ni-thja*, Nom. *nithji-s* Vetter, als propinquus, leite ich von derselben Praeposition *ni* (unter) ab, wovon im Sanskrit *ni-kaṭá-s* propinquus, *ní-tya-s* sempiternus. Ein anderes, einer Praeposition entsprossenes skr. Wort dieser Klasse ist *amá́-tya-s* Rath, eigentlich so viel als conjunctus, von *amá́* mit; auch ziehe ich *ápa-tya-m* Abkömmling, Kind, trotz seiner verschiedenen Accentuation (s. Náigh. II. 2 und Benfey, Gloss. zum S. V.), hierher, indem ich es, wie schon früher, von der Praep. *ápa* von ableite.

960. Der im klassischen Sanskrit auf den Nom. sing. beschränkte Demonstrativstam *sya*, fem. *syá* (s. §. 353 ff.), womit höchst wahrscheinlich die Genitiv-Endung *sya* zusammenhängt (s. §. 194), hat in der secundären Wortbildung ebenfalls seinen muthmaſslichen Vertreter, nämlich in dem nur sparsam erhaltenen Suffix *sya* (euphon. *śya*), wodurch *manu-śyà-s* Mensch, von *manú* Manu, und *dénu-śyà* angebundene Kuh, von *dénú* entspringen*). Sollten Wörter dieser Art ursprünglich zahlreicher gewesen sein, so könnte man das lat. *riŏ*, dem immer ein *á* vorhergeht, hierher ziehen und den beliebten Übergang von *s* in *r* annehmen, also z. B. *tabell'-á-riu-s*, *palm'-á-riu-s*, *arbor-á-riu-s*, *aer-á-riu-s*, *tign'-á-riu-s*, *actu-á-riu-s*, *contr'-á-riu-s*, *advers'-á--riu-s*, *prim'-á-riu-s*, *secund'-á-riu-s*, aus *tabell'-á-siu-s* etc. erklären. Ist aber das *r* dieser Formen primitiv, so läſst sich *riŏ* als Erweiterung des Suffixes *ri* = skr. रि *ri* (s. §. 941) ansehen, wie auch wirklich neben *palm'-á-riu-s* eine Form *palm'-á-ri-s* besteht. Das *á* kann in den beiden Fällen nicht zu dem eigentlichen Suffix gezogen werden, sondern ist so aufzufassen, wie das von Formen wie *princip-á-tu-s*, *sen-á-tu-s*, *sen-á-tor* (s. §. 955).

---

*) Die indischen Grammatiker erklären diese beiden Wörter durch das Suffix *ya* mit vorgeschobenem *ś*.

961. Das lat. *á-riŏ* leitet uns zu dem gothischen Suffix *arja*, dem ich jedoch keine Verwandtschaft mit dem ersteren zugestehen kann, sei es, daſs das lat. *r* primitiv oder aus *s* entstanden sei. Das Gothische kennt keine Vertauschung des *s* mit *r*, und wir müssen also das *r* des gedachten Suffixes für ursprünglich gelten lassen. Es bildet Nomina agentis und in der secundären Wortbildung Wörter, welche die Person bezeichnen, die sich mit dem durch das Stammwort bezeichneten Gegenstande beschäftigt. Hierher gehören die männlichen Stämme *lais-arja* **Lehrer** (*lais-ja* **ich lehre**), *sôk-arja* **Forscher** (*sôk-ja* **ich suche**), *liuth-arja* **Sänger** (*liuthô* **ich singe**), *bôk'-arja* **Schriftgelehrter** (*bôka*, Them. *bôkô* **Buchstabe**, plur. *bôkôs* **Schriften**), *môt'-arja* **Zöllner** (*môta* **Mauth, Zoll**), *vull'-arja* **Tuchwalker** (*vulla* **Wolle**). Die Nominative lauten *lais-areis*, *sôk-areis* etc. (s. §. 135). Ein Neutrum ist *vang'-arja*, Nom. *vang-ari* **Kopfkissen** (ahd. *wanga* **Wange**). Es ist vielleicht Zufall, daſs uns die erhaltenen goth. Sprachquellen keine Nomina agentis aus Wurzeln starker Verba liefern; solche fehlen jedoch nicht in den übrigen germanischen Dialekten. Beispiele im Althochdeutschen, von denen ich den Nominativ hersetze, sind: *scrib-eri* scriba, *bët-eri* adorator, *halt-ári* servator, *hëlf-áre* adjutor, *aba-nëm-ári* susceptor, *sez--ari* conditor, *troum-sceid-ari* interpres somnii (Traum-Scheider). Beispiele von nominaler Herkunft sind: *gart'-eri* hortulanus, *hunt'-eri* centurio, *muniz'-eri* monetarius, *havan'-ari* figulus (Hafner), *satal'-ari* ephippiarius (Sattler), *wagin'-ari* rhedarius (Wag[e]ner), *vranhônô--vurt-ari* Francofurtensis*). Im Neuhochdeutschen ist diese Wortklasse sehr zahlreich vertreten durch Nomina agentis wie *Geber, Seher, Denker, Binder, Springer, Läufer, Trinker, Schneider, Streiter, Bäcker, Fänger, Weber, Forscher, Sucher, Dreher, Brauer*, und Denominative wie *Gärtner*,

---

*) Über den Unterschied des Vocals vor dem *r* und überhaupt über diese Wortklasse s. Grimm II. p. 125 ff.

Schreiner, *Töpfer*, *Ziegler*, *Wagner*, *Frankfurter*, *Mainzer*, *Berliner*. Beispiele im Englischen sind: *giver*, *singer*, *killer*, *bringer*, *seller*, *brewer*; *glover*, *gardener*, *wagoner*. Vielleicht ist das gothische *arja* einerseits eine Erweiterung und andererseits eine Verstümmelung des sanskr. Suffixes *tár*, *tṛ* (s. §. 810), eine Erweiterung durch den Zusatz des Suffixes *ja* — wie wir oben*) in *bêr-us-jôs*, Eltern als Gebärer, das skr. Suffix *us'* (aus *váns*) in Verbindung mit *ja* wahrgenommen haben — und eine Verstümmelung durch den Wegfall eines *t*-Lauts (*t*, *th* oder *d*, s. §. 91); also z. B. *laisarja* Lehrer aus *laistarja*, ungefähr wie dem Französischen das *t* des lat. *frater*, *pater*, *mater* in den Formen *frère*, *père*, *mère* entwichen ist, und eben so das *t* des Suffixes *tor* in den Nom. agentis auf *eur* in Formen wie *sauv-eur* (= *salvator*), *port-eur*, *vend-eur* (= *venditor*). War einmal die Form *arja*, und was ihr in den verschiedenen germanischen Mundarten entspricht, aus *tár* gewonnen, so konnte sie sich leicht auch über Wurzeln und Nominalstämme verbreiten, denen die vollständige Form, mit anfangendem *t*-Laut, niemals zur Seite stand. Eine Form wie *Geb-ter* oder *Geb-der* für *Geber* konnte nie bestanden haben; vielleicht bestand jedoch im Gothischen ein Stamm *gif-tarja*, dessen *f* für *b* nach dem Wegfall des *t* wieder zu *b* zurückgekehrt wäre (wie im Praet. plur. z. B. *gêbum* gegenüber dem Sing. *gaf*, *gaf-t*), also *gibarja*, dem unser *Geber* entsprechen würde.

C o m p o s i t a.

962. Die Verba werden in den indo-europäischen Sprachen fast nur mit Praepositionen verbunden, welche im Sanskrit immer den Ton erhalten, und zum Theil, abgesehen vom Véda-Dialekt, im isolirten Zustande gar nicht vorkommen. Ich setze einige sanskritische, mit Praepositionen

---

*) S. §. 788, und in Betreff analoger Erweiterungen im Litauischen §. 787.

componirte Verba in der 3ten Pers. des Praes. her: *ádʼi--gaččati* er geht hin, *antár-gaččati* er geht unter, *ápa-kramati* er geht ab, *abʼi-gaččati* er geht hinzu, nähert sich, *áva-skandati* er steigt herab, *párá-vartaté* er kehrt zurück, *pári-gaččati* er geht herum, *prá-dravati* er läuft fort, *práti-kramati* er weicht zurück, *práti-bʼáṣaté* er antwortet, spricht dagegen, *práti-padyaté* er kommt hin, *nis´-kramati* er tritt heraus, *sáñ-gaččati* (euphon. für *sam-*) er kommt zusammen. Man vergleiche, ohne Rücksicht auf die Verbalwurzel, im Griechischen: ἀποβαίνει, ἀμφιβαίνει, περιβαίνει, προβαίνει, προϛβαίνει*), συμβαίνει; im Lateinischen: *adit, interit, abit, ambit, obit, procedit, congreditur;* im Althochd.: *umbi-cát, umbe-gát* er umgeht, *untar-gát* er geht unter; im Goth.: *at-gangith* er geht hinzu, *af-gangith* er geht weg, *bi-qvimith* er überfällt (*qvimith* er kommt), *bi--gairdith* er umgürtet, *fra-lêtith* er verläſst; im Litauischen: *iś-eiti* er geht heraus (*iś* = निस् *nis*), *par-eiti* er geht zurück, *par-nes´a* er bringt zurück, *pra-nes´a* er trägt vor, *pres´-tarauja* er widerspricht, *su-maiśó* er vermengt; im Altslavischen (s. Dobrowsky p. 401 ff.): ОБРѢЗАТИ *ob-rěṣati* περιτέμνειν, circumcidere, ИЗИДѪ *iṣ-iduń* exibo, ПРОЛИТИ *pro-liti* profundere, ПРИИДѪ *pri-iduń* adveniam, ПРИИМѪ *pri-imuń* accipio, ПРИВЕДЕ *pri-vede* adduxit, ПРИНЕСТИ *pri-nesti* afferre, ПРИСТОУПИТИ *pri-stup-i-ti* accedere, ПРИШИВАТИ *pri-śiv-a-ti* assuere, СЪРИСТАТИСА *sŭ-ristati-sań* concurrere.

963. Im Véda-Dialekt erscheinen die Praepositionen häufig von dem Verbum, wozu sie gehören, durch dazwischentretende Wörter getrennt; in Ansehung des Sinnes aber bleibt demungeachtet die innigste Verbindung zwischen der Praeposition und dem Verbum; z. B. *sám agním indʼaté náraḥ* ignem accendunt viri (s. Rosen's Specimen

---

*) πρός aus πρετί = skr. *práti,* s. I. p. 315 Schluſs.

p. 20). Hier hat *sam* für sich allein gar keine Bedeutung, sondern gemeinschaftlich mit der Wz. *ind'* bedeutet es **anzünden**, was *ind'* auch schon für sich allein bedeutet. Auch im Şend finden solche Trennungen der Praep. vom Verbum statt*), und im Deutschen werden viele alte Verbindungen so zerstört, dafs wir beim eigentlichen Verbum — nicht beim Infinitiv und den Participien, und überhaupt nicht in der Wortbildung — die praefigirt gewesene Praeposition entweder unmittelbar hinter das Verbum stellen, oder auch noch weiter durch mehrere dazwischen tretende Wörter davon absondern; wir sagen zwar z. B. *ausgehen, ausgehend, Ausgang*, aber nicht *er ausgeht*, wie im Gothischen *usgangith*, sondern *er geht aus, er geht von diesem Gesichtspunkte aus*, während wir jedoch hinter dem Relativum und den meisten Conjunctionen die Praefigirung der Praepositionen beibehalten, indem wir z. B. sagen: *welcher ausgeht, wenn er ausgeht, dafs er ausgeht*. Auch ist uns bei Praepositionen, deren Bedeutung nicht mehr klar empfunden wird, und auch bei solchen, denen keine Praepositionen mit entgegengesetzter Richtung der Bedeutung, wie *ein* gegen *aus*, *vor* gegen *nach*, *an*, *gegen*, *ab*, gegenüberstehen, oder wo der verbale Begriff das entschiedene Übergewicht über den praepositionalen hat, oder die Bedeutungen der Praeposition und des Verbums innig mit einander verschmolzen sind, die Ablösung der Praeposition von der Verbalwurzel nicht gestattet, daher z. B. *er begreift, beweist, vergeht, verbleibt, zerstört, zerspringt, umgeht, umringt, übersetzt, überspringt*. Man kann die in Rede stehende Erscheinung so fassen, dafs nur die accentuirten und ihrer Bedeutung sich klar bewufsten Praepositionen die Kraft haben, von dem Verbum, wozu sie gehören, sich abzusondern, während im vêdischen Sanskrit und im Şend auch solche Praepositionen, deren Bedeutung ganz in dem Verbalbegriff untergegangen ist, vom Verbum getrennt werden können.

---

*) Ein Beispiel s. II. p. 394 (*fra-ća kĕrĕntĕn*).

§. 964. Der Verba, welche andere Verbindungen als mit Praepositionen eingehen, gibt es im Sanskrit sehr wenige *), und auch von diesen erscheinen vorzüglich nur das Gerundium auf *ya* und Part. pass. auf *ta* in mannigfaltigeren Verbindungen, z. B. *kuṇḍalî-kṛta* zum Ringe gemacht, *êkî-b'úta* Eins geworden, welche Formen man nicht als Ableitungen von componirten Verben wie *kuṇḍalî-karômi*, *êkî-b'avâmi* anzusehen braucht, sondern wahrscheinlicher sind hier die Participia *kṛta* und *b'úta* als fertige Wörter mit dem ersten Theile des Compos. in Verbindung getreten. Im Griechischen sind bekanntlich die Verba, welche mit anderen Elementen verbunden sind als mit Praepositionen, mit sehr wenigen Ausnahmen, keine primitiven Verbindungen des betreffenden Verbums mit dem vorhergehenden Worte, sondern Abkömmlinge von componirten Nominen, wie z. B. τοξογλυφέω von τοξογλύφς-ς (s. Buttmann §. 121. 3). So verhält es sich mit althochdeutschen Compositen wie *hanta-slagô* plaudo, von *hanta--slag* Handschlag, *rât-slagô* consulo, von *rât-slag* Rathschlag, und mit neuhochdeutschen wie *ich wetteifere, hofmeistere, brandschatze* (s. Grimm II. p. 583 ff.). Im Gothischen kommt z. B. *veit-vódja* ich zeuge von *veit-vód'-s* Zeuge und *filu-vaurdja*, eigentlich ich bin vielwortig, entweder von dem Substantivstamm *filu-vaurdein*, Nom. -*ei*, Schwatzhaftigkeit, oder mit diesem von einem vorauszusetzenden Adjectivstamme *filuvaurda* vielwortig. Das Lateinische zeugt dagegen Verbal-Composita durch unmittelbare Verbindung eines Substantivs, Adjectivs oder Adverbiums mit einem Verbum; z. B. *signi-fico, aedi-fico, anim'-adverto, nun--cupo* (vgl. *oc-cupo* und s. §. 7), *tali-pedo, magni-fico, aequi--paro, bene-dico, male-dico*. Im Griechischen könnte man von dem Part. δακρυχέων auf ein verlorenes Verbum δακρυχέω, und von dem Adverb. νουνεχόντως auf νουνέχων, und von hier

---

*) S. Kritische Grammatik der Sanskrit-Sprache in kürzerer Fassung. 2te Ausg. §. 585.

auf ein Verb. νουνέχω schliefsen. In Ansehung des Accusativs νουν mag νουνεχόντως mit den oben (§. 914) erwähnten skr. Compositen wie *arin-damá-s* feindbändigend und dem send. *drugém-vanô* Drug-tödtend (§. 920) verglichen werden. Dagegen braucht man δακρυ in δακρυχέων nicht mit Buttmann (§. 121. Anm. 1) als Accusativ aufzufassen, da bei diesem Worte der Accus. (und Nom.) vom Thema nicht zu unterscheiden ist. Man vergleiche skr. Composita wie *madu-lih* Biene als Honig leckende.

965. Wenn Buttmann (§. 120. 6) im Griechischen auch Composita annimmt, wovon der erste Theil ein Verbum sein soll, welches am gewöhnlichsten auf σι ausgehe, dessen ι aber, als Bindevocal, auch elidirt werden könne, so kann ich ihm darin nicht beistimmen. Sollte aber in den Compositen wie δεισιδαίμων, ἐγερσίχορος, τρεψίχρως, δαμασίβροτος, φυξάνωρ, παυσάνεμος, ῥίψασπις, πλήξιππος ein Verbum enthalten sein, so wäre zu bestimmen, welchem Theile des Verbums, welchem Tempus, welchem Numerus und welcher Person diese Formen auf σι oder σ' angehören. Ich würde, vorausgesetzt dafs sie Verba seien, sie für veraltete Praesentia in der 3ten Pers. sg. nach Analogie der Conjugation auf μι erklären, da σι oder τι als Endung der 3ten Pers. ursprünglich allen activen Praesensformen zukommt (s. §. 456); dann würde also δεισιδαίμων eigentlich er fürchtet die Götter bedeuten, und mit den französischen Compositen wie *tire-botte, tire-bouchon, porte-mouchettes, porte-manteau, porte-feuille, gratte-brosse* auf gleichem Fufse stehen. Ich erkenne aber lieber mit Pott (E. F. I. p. 90) in dem ersten Theile von ἐρυσίχθων und ähnlichen Compositen abstracte Substantivstämme auf σι (aus τι, s. §. 842), deren ι vor Vocalen unterdrückt wird*), und die wohl ursprünglich eine noch gröfsere Verbreitung werden gehabt haben,

---

*) In φερέσβιος, φερεσσάκης auch vor einem Consonanten. Das vorauszusetzende Abstractum φέρ-ε-σι-ς stimmt zu Formen wie γέν-ε-σι-ς, νέμ-ε-σι-ς (s. §. 847 Schlufs).

als im erhaltenen Sprachzustand. Es ist darum nicht nöthig, dafs von jedem derartigen Compos. das Abstractum im einfachen Gebrauch erhalten sei, oder dafs das in Compositen vorkommende Abstractum überall genau zu demjenigen stimme, welches im einfachen Gebrauche erhalten ist. Ich nehme keinen Anstofs daran, dafs z. B., worauf G. Curtius („De nominum Gr. form." p. 18) aufmerksam macht, der erste Theil von στησί-χορος nicht zu στάσι-ς, und der von προδωσ'-έταιρος nicht zu πρόδοσι-ς stimmt. Der Wurzelvocal von δίδωμι, ἵστημι, der sich vor den schweren Personal-Endungen (s. §. 480) und den meisten Wortbildungssuffixen kürzt, ist von Haus aus lang (vgl. skr. *dá* geben, *sťá* stehen), und man sollte von den Wurzeln δω, στη aus στᾱ, die Formen δω-σι-ς, στη-σι-ς oder στᾱ-σι-ς als Abstracta erwarten. Die ursprüngliche Vocallänge mag sich nun in den in Rede stehenden Compositen erhalten haben, oder zurückgeführt worden sein, um dem ersten Theile dieser Klasse von Compositen mehr Nachdruck zu geben, wie wir oben (S. 366. Anm. ***) in einer anderen Art von Compositen an dem Vocal des letzten Gliedes eine Verlängerung haben eintreten sehen, die nicht hindert, z. B. in ἀνήκουστος das einfache ἀκουστός wieder zu erkennen. Ich erinnere auch an die Verlängerung, welche der Wurzelvocal einiger Abstracta auf σι vor dem Suffix ιο (= skr. *ya*, s. §. 899) bei vocalisch endigenden Wurzeln erfährt, z. B. in στήσ'-ιο-ς (gegen ἐπιστάσ'-ιο-ς), λῦσ'-ιο-ς, wie λυσί-πονο-ς, λυσί-πονθο-ς etc. gegen λῠ-σι-ς (skr. Wz. *lû* abschneiden). Erkennt man nun in dem ersten Theile der betreffenden Composita Abstract-Stämme auf σι, so mufs man das Ganze zur Klasse der skr. possessiven Composita ziehen und eine Versetzung der einzelnen Theile der Composition annehmen, wie z. B. in den vêdischen Compositen wie *mandayát-sak'a-s* Freunde erfreuend, *ks'ayád-víra-s* Männer beherrschend, *tarád-dvés'a-s* Feinde besiegend*), wo der

---

*) S. Fr. Rosen „Rigvêda-Sanhita" zu II. VI. 6. Auch im

erste Theil des Compos. — ein Part. praes. im schwachen Thema — eigentlich am Ende stehen sollte, da die durch das Part. ausgedrückte Person in der Construction der Veränderung der Casusverhältnisse unterworfen ist, während das von ihm regierte Wort dem Sinne nach immer im accusativen Verhältnifs verharrt, wie z. B. im griech. λυσί-πονος die Lösung der Mühe habend, = die Mühe lösend, πόνος keiner Veränderung des Casusverhältnisses unterworfen ist, und daher die Stellung πονο-λυσις natürlicher wäre. — In den Compositen wie φυγόμαχος, φυγόπολις, λιπομήτωρ, λιπόναυς, λειπόγαμος, φιλόξοτρυς, φιλόγαμος stimmen die vorangestellten Adjective hinsichtlich ihres Bildungssuffixes zu denjenigen, die wir oben (§. 914) am Ende von Compositen gesehen haben, und da sie meistens die Bedeutung des Part. praes. haben, so mögen sie den oben erwähnten vêdischen wie *tarád-dvêṣa-s* superans inimicos gegenübergestellt werden. Das ε von Formen wie ἀρχέπολις, δακέθυμος, φερέπονος ist wahrscheinlich nur die Verdünnung eines o, wie im Vocativ (s. §. 204), und somit ἀρχε von ἀρχέπολις dasselbe Wort, welches den Schlufsbestandtheil von πολίαρχο-ς ausmacht und im flexionslosen Vocativ ebenfalls in der Form ἀρχε erscheint. Die vorangestellten Adjective lieben auch in der Wurzel den leichteren Vocal, daher φερε- im Gegensatze zu φορο, z. B. φερεστάφυλο-ς gegen σταφυλόφορος. Auch das ι von τερπι und ἀρχι, in τερπι-κέραυνος,

---

Ṣend gibt es Composita dieser Art, z. B. ⁣⁣⁣⁣⁣⁣⁣ *frád́ad́-vîra* Menschen schaffend. Besondere Beachtung verdient das Compos. ⁣⁣⁣⁣⁣⁣⁣ *frád́ad́-vîspanm-huǵáiti* alles Wohlleben schaffend, wo *vîspanm* in dem vom Participium regierten Casus steht, während das Substantiv sich nach der Stellung des Ganzen im Satze richtet und daher in dem Casus steht, den das Verbum regiert, und zwar in vorliegendem Falle, nach drei Handschriften, deren Lesart Burnouf (Yaçna p. 262) gewifs mit Recht den Vorzug gibt, im Dativ, während nur der lithographirte Codex *huǵáitim* für *huǵáitee* darbietet.

ἀρχι-κέραυνος, ἀρχι-θάλασσος, ἀρχί-ζωος etc., dürfte wohl nichts anderes als die Schwächung eines o = skr. *a*, lat. *ŏ* der 2ten Declin. sein, und somit auf demselben Princip beruhen, worauf im Lateinischen z. B. das Verhältniſs von *coeli-cola* zu *coelŏ-cola*, wie man erwarten könnte, wenn das Lateinische nicht am ersten Gliede von Compositen die äufserste Schwächung des Endvocals liebte (s. „Vocalismus" S. 132 ff.).

966. Während das Lateinische in seinen Nominal-Compositen den Endvocal des Stammes des ersten Gliedes der Zusammensetzung in der Regel in den leichtesten Vocal *i* umwandelt*), zeigt das Sanskrit, einige Anomalien abgerechnet, das erste Glied der Composition, welches jedoch, wie auch das 2te, selber schon zusammengesetzt sein kann, überall in seinem wahren Thema, nur daſs der Endbuchstabe desselben den Wohllautsgesetzen unterworfen ist, welche auch aufser der Zusammensetzung, hinsichtlich der Anfangs- und Endconsonanten zweier an einander grenzender Wörter, Geltung haben. Ich setze einige Beispiele der später näher zu besprechenden Klasse der Abhängigkeits-Composita her: *lôka-pálá-s* Welthüter, *d'ará-d'ará-s* Erde-Träger, *mati-b'ramá-s* Geistes-Irrthum, *virini-tirá-s* das Ufer der Virini, *madu-pá-s* Biene als Honig trinkende, *b'ú-d'ará-s* Erde-Träger (Berg), *pitr-b'rátá* Vatersbruder (s. §. 144), *gô-d'úk* (Them.

---

*) Daher z. B. *coeli-cola* für *coelŏ-cola*, *lani-ger* für *lana-ger*, *fructi-fer* für *fructu-fer*, *mani-pulus* für *manu-pulus*, vgl. §. 6 und §§. 244. 826. In *albŏ-galerus*, *albŏ-gilvus*, *merŏ-bibus* hat sich der Endvocal des Stammes in der Form erhalten, welche dem Dat., Abl. sg. und Gen., Acc. pl. zum Grunde liegt, während *locu-ples*, verlängert *locú-ples*, auf die Form sich stützt, welche das ursprüngliche *a* im Nom. Acc. sg. angenommen hat. Vor Vocalen wird der Endvocal des ersten Gliedes unterdrückt, daher z. B. *un'-animis*, *flex'-animus*; gelegentlich auch vor Consonanten, namentlich in *nau-fragus* für *navi-fragus*, *au-spex* für *avi-spex*, *vin'-demia* für *vini-demia* oder *vinŏ-demia*, *puer'-pera* für *pueri-pera* oder *puerŏ-pera*, *mal-luviae* (mit Assimil.) für *mani-luviae* aus *manu-luviae*.

gó-dúh) Kuhhirt, wörtlich Kühe melkend, *náu-stá-s* im Schiffe stehend, seiend (Diluv. Śl. 32), *marud--ganá-s* Schaar der Winde (euphon. für *marut-*), *rága-putrá-s**) Königssohn, *nabas-talá-m* Luftraum.

967. Einen Vermittelungsvocal, zur Erleichterung der Verbindung der beiden Compositionsglieder, gebraucht das Sanskrit nicht, und es muſs als eine Folge der Verweichlichung angesehen werden, die in dieser Beziehung im Griechischen und Lateinischen eingetreten ist, daſs diese beiden Sprachen in den Nominalcompositionen, einige vereinzelte Fälle abgerechnet, nicht einen consonantischen Ausgang mit einem consonantischen Anfang zu verbinden verstehen, sondern einen Bindevocal einschieben, oder, was dasselbe ist, das erste Glied mit einem vocalischen Zusatz erweitern müssen, wozu das Griechische in der Regel das ο, gelegentlich ι, das Lateinische stets den leichtesten Vocal *i* wählt. Nur das σ hat sich im Griechischen noch ziemlich häufig den unorganischen Zusatz fern gehalten, daher z. B. σακεσ--φόρος (s. §. 128), τελεσ-φόρος, σακέσ-παλος, ὀρεσ-κῴς, ἐπεσ-βόλος, μυσ-κέλενδρον**), φωσ-φόρος (für φωτ-φόρος, vgl. §.152. p.315). Auch ν der Stämme μελαν und παντ, letzteres mit Verlust des τ, erscheint in einigen Compositen vor Consonanten

---

*) Für *rágan-*; *n* fällt am Anfange von Compositen ab (s. §. 139).

**) Daſs das σ in diesem Comp. nicht ein euphonischer Zusatz ist, sondern dem Stamme angehört, und daſs daher im Genitiv μυ-ός für μυσ-ός steht, wie z. B. μένεος für μένεσος, erhellt sowohl aus dem lat. *mūs, mūr-is*, aus *mūs-is*, wie aus der Etymologie des skr. *mū́ś-á-s* Maus von *mūś* stehlen; s. Glossar. Scr. a. 1847. p. 268. Im Latein. sind die Composita *mus-cipula* und *mus-cerda* zu beachten, weil sie ebenfalls das ursprüngliche *s* ohne Anfügung eines Bindevocals bewahrt haben. Ein euphonisches oder Formations-σ kann ich in griechischen Compositen, in Abweichung von Buttmann (§. 120. Anm. 11), überhaupt nicht anerkennen.

ohne das Vermittelungsglied o, wobei sich das ν nach dem Organ des folgenden Buchstaben richtet, wie dieses im Sanskrit das schliefsende m thut, daher z. B. μελάγχολος, μελάμπεπλος, μελαίθετος, gegen μελανόφρων etc.; πάγκακος, παγχάλκεος, παμβασιλεύς, παμμῆτις, πανδαμάτωρ, παντελής, gegen παντογόνος etc. Von Stämmen auf ρ enthält sich blofs das einsylbige πυρ in einigen Compp. des Bindevocals, daher z. B. πυρβόλος gegen πυρόβολος. Vor Vocalen erscheinen auch die einsylbigen Stämme ποδ, παιδ, κυν ohne vermittelndes o, daher z. B. ποδ-αλγής, ποδ-ένδυτος, ποδ-ήνεμος*), παιδ-αγωγός, παιδ-εραστής, κυν-αγωγός, κυν-αλώπηξ, κυν-όδους; so auch φωτ in einigen Compositen (φωτ-αγωγός etc.) und der mehrsylbige Stamm κορυϑ in κορυϑ-άϊξ, κορυϑ-αίολος. Von den consonantisch endigenden Stämmen ausgehend, hat sich der Bindevocal o auch vocalisch endigenden Stämmen der 3ten Decl. mitgetheilt, und während z. B. πολί-πορϑος, μαντι-πόλος, μεϑυ--πλήξ, γηρυ-γόνος, βου-τρόφος, ναύ-σταϑμος schön zu den oben (§. 966) erwähnten skr. Bildungen *mati-b'ramá-s, madú--pá-s, gó-d'úk, náu-stá-s* stimmen, haben Formen wie φυσι-ο-λόγο-ς, ίχϑυ-ο-φάγο-ς, βο(F)-ο-τρόφο-ς, νη(F)-ο-φόρο-ς im Sanskrit und seinen übrigen Schwestersprachen keine Analogien. Ich kann aber in Wörtern wie λογοποιός (s. Buttmann §. 120. 4) weder eine Declinir-Endung, noch einen Bindevocal, sondern nur den nackten Stamm λογο erkennen, und betrachte daher z. B. νε(F)ό-μην in seinem ersten Theile für identisch mit dem ersten Theile des skr. *nava-dalá-m* junges Blatt und slav. новоградъ *novo-gradŭ* Neustadt (s. §. 257). Auch in dem o von Wörtern wie ρίζο--τόμος, ήμερο-δρόμος, δικο-γράφος kann ich keinen Bindevocal erkennen, sondern ich fasse hier, wie überhaupt bei Wörtern der ersten Decl., wo sie am Anfange von Compositen erscheinen, das o (= skr. *a*) als Schwächung oder Kürzung des ā oder η (aus ā, s. §. 4), welche beiden Vocale bei allen Femininen, auch wo das ā im Nom. Acc. sg. sich gekürzt

---

*) Mit Umstellung der Compositionsglieder, vgl. S. 440.

hat, dem skr. *á* entsprechen (s. §. 118). Es ist also die Umwandlung von *ă, ā* oder *η* gleich der Kürzung des skr. *á* zu *a* in Compositen wie *priya-b'áryá* liebe Gattin, wo der weibliche Stamm *priyá* durch Kürzung zu *priya* in den männlich-neutralen Stamm umgewandelt worden ist.

968. In merkwürdiger Übereinstimmung mit dem Griechischen schwächt auch das Slavische am Anfange von Compositen das weibliche *a* = skr. *á* (s. §. 92. a) zum männlich-neutralen *o* (= sanskr. *a*, griech. *c*, s. §. 257), daher z. B. водоносъ *vodo-nosŭ* hydria, eigentlich Wasser tragend, für *voda-nosŭ*. Das Griechische gestattet jedoch auch lange Vocale am Ende des ersten Gliedes der Composita, und so gleichen z. B. σκιᾱ-γράφο-ς, νικη-φόρο-ς den skr. Compositen wie *ç'áyá-kará-s* Sonnenschirm-Träger, eigentlich Schatten-Macher. Γεω-γράφο-ς hat die aus γέα zunächst entstandene Form γεο wieder verlängert, und νεη--γενής, λαμπαδ-η-φόρο-ς zeigen *η₁* = *á* für *c* = *ă*, wie umgekehrt in der Regel *η* zu *o* verdünnt wird. Die Formen wie αἰγ-ί-πους, νυκτ-ί-θιος (= νυκτ-ό-θιος) stimmen durch ihr verbindendes *ι* zu lateinischen wie *noct-i-color*, und so kann ich auch in Formen wie μελισ-ί-πτερο-ς, eigentlich Gesangsflügel habend, in Folge dessen, was in §. 128 bemerkt worden, in Abweichung von Buttmann (§. 120. Anm. 11), in dem *ι* nur ein Compositionsmittel erkennen. Man vergleiche, in Bezug auf den ersten Theil solcher Composita und den eingefügten Bindevocal, lateinische Composita wie *foeder-i-fragus*. In Formen wie ὀρειβάτης erklärt sich der Diphthong *ει* durch den Ausfall des stammhaften *σ*, während in den lat. Compp. *opifex, munificus, vulnificus*, für *oper-i-fex* etc. (vgl. *foeder-i-fragus*) nicht nur das dem griech. *σ* entsprechende *r*, sondern auch der vorhergehende Vocal übersprungen scheint[*]). So mögen auch *horr-i-ficus, terr-i-ficus* als Verstümmelungen von *horrôr-i-ficus, terrôr-i-ficus* (vgl.

---

[*]) Eine etwas abweichende Erklärung von *opifex* ist oben (S. 381) versucht worden.

sopór-i-fer, honór-i-ficus) betrachtet werden. Im Einklang mit der im Lateinischen fast durchgreifend eintretenden Schwächung der Endvocale zu *i* stehen im Griechischen aufser dem früher erwähnten ἀρχι und τερπι auch ἀργι von ἀργί-πους, ἀργι-όδους etc., χαλκι von χαλκί-νας, χαλκί-οικος, μυρι von μυρί-πνους, und φοξι von φοξί-χειλος.

969. Das Gothische gebraucht, meines Erachtens, in seinen Compositis nie einen Bindevocal und bedarf desselben nicht, da es wenig consonantisch endigende Stämme besitzt, und zwar vorherrschend solche auf *n*. Diese aber unterdrücken, wie im Sanskrit (s. §. 139), das *n* am Anfange von Compositen, daher z. B. *smakka-bagms* Feigenbaum (Them. *smakkan*, Nom. *smakka* Feige) für *smakkan-bagms*, *auga-dauró* Fenster, eigentlich Augen-Thüre, für *augan--dauró* *), wie oben *rága-putrá-s* für *rágan-putrá-s* **). Die Stämme auf *r* vermeiden die Härte der Verbindung mit einem folgenden Cons. durch Umstellung, daher *bróthra-lubó* oder *bróthru-lubó* Bruderliebe. *Fidur* vier = skr. *čatur* (der schwachen Casus und am Anfange von Compositen)

---

*) So im Latein. *homi-cida*, *sangui-suga*, wofür man *homin-i--cida*, *sanguin-i-suga* erwarten sollte. Im Griechischen wird in ähnlicher Weise öfter τ bei dem Suff. ματ (aus μαν, s. §. 801) unterdrückt, und dann das vorhergehende α meistens zu ο geschwächt, daher z. B. σπερμο-φόρος für σπερματ-ο-φόρος; dagegen ὀνομά-κλυτος, was im Sanskrit in der Form *náma-śrutá-s* erscheinen würde. Das Latein. behält das *n* von *nomen* ohne beigefügten Bindevocal in *nomenclator*.

**) Der neutrale Nom. Acc. *augó* (s. §. 141) berechtigt, vom gothischen Standpunkte aus, nicht zur Annahme, dafs *augón* das Thema sei (vgl. v. der Gabel. u. Löbe, Gramm. p. 129), darum kann auch bei diesem Beispiele von einer Verkürzung der Endsylbe keine Rede sein. Eine solche findet jedoch bei den unorganischen Femininstämmen auf *ón* und *ein* statt (s. §. 142), daher *qvina-kunds* Frauen-Geschlecht habend (Them. *qvinón*, Nom. *qvinó* Frau), *mari-saivs* See, wörtlich Meer-See (Them. *marein*, Nom. *marei*).

verträgt dagegen die Verbindung des *r* mit *dôgs* (s. §. 911), daher *fidur-dôgs* viertägig. Da das Gothische im Nom. Acc. sing. ein stammhaftes *a* und *i* unterdrückt, so gewinnt es hierdurch das Ansehen, dafs die betreffenden Stämme eigentlich mit einem Consonanten schliefsen, das in der Zusammensetzung hervortretende *a* oder *i* aber ein Compositionsvocal oder Bindevocal sei. Einen solchen Compositionsvocal kann ich jedoch, in Abweichung von Grimm, in den germanischen Sprachen eben so wenig als in der griechischen und lateinischen ersten und 2ten Declination anerkennen, und da ich in Grimm's erster starker Declination der Masculina und Neutra Stämme auf *a* und in den Masculinen und Femininen der 4ten, Stämme auf *i* erkannt habe, so gilt mir auch das *a* von Compositen wie *guda--faurhts* gottesfürchtig, *veina-gards* Weingarten, und das *i* solcher wie *gasti-gôds* gastfrei, *gabaurdi-vaurd* Geburtsregister, als entschiedenes Eigenthum des Stammes des ersten Gliedes der Composition und ich fasse die genannten Beispiele als in vollkommenem Einklang stehend mit den oben (§. 966) erwähnten sanskr. Compositen wie *lôka-pálá-s, mati-b'ramá-s**). Eben so stimmen aus Grimm's 3ter Declination Composita wie *fôtu-bandi* Fufsschelle, *handu-vaurhts* mit der Hand bereitet zu sanskritischen wie *madu-pá-s* Honig trinkend und griechischen wie μεϑυ-πλήξ. Die Stämme auf *ô* (= *á*, s. §. 118) kürzen dasselbe zu *a*, wodurch eine zufällige Begegnung mit dem Nom. Acc. eintritt, daher z. B. *airtha-kunds* irdisch (Erde-Geschlecht habend) gegenüber den skr. Compp.

---

*) Ich habe schon in meiner Recension von Grimm's Deutscher Grammatik (Jahrbücher für wissensch. Kritik 1827. p. 758, „Vocalismus" p. 132) einen Compositionsvocal den germanischen Sprachen ganz abgesprochen und ihn im Lateinischen auf die Fälle beschränkt, wo das erste Glied der Zusammensetzung mit einem Consonanten endet (*honôr-i-ficus*). Im Griechischen hat er sich allmälich fast über die ganze 3te Declin. verbreitet, sich aber von der ersten und 2ten, die ihn am wenigsten bedürfen, fern gehalten.

wie *d'ará-d'ará-s* Erde-Träger, und griechischen wie
γεο-φόρς-ς, γεο-ειδής. Das von Haus aus kurze *a* männlicher
oder neutraler Wortstämme wird am Anfange von Compositen gelegentlich unterdrückt, namentlich in *thiudan'-gardi*
Königshaus, *guth'-blôstreis* Gottesverehrer (für *thiudana-*, *guda-*), *gud'-hus* Gotteshaus, *hals'-anga* Nacken
(Hals-Nacken), *thiu-magus* Knecht, eigentlich Diener-Knabe (für *thiva-*), *sigis'-laun* (für *sigisa-*, s. §. 933) Siegeslohn, *gut'-thiuda* Gothenvolk, *midjun'-gards* Erdkreis*),
vein'-drunkja Weintrinker, und in einigen Compositen,
deren erstes Glied ein Adjectiv oder Pronomen ist, wie
hauh'-hairts hochmüthig (wörtlich hohes Herz habend),
laus-handus leere Hand habend, *anthar'-leiks* verschieden, eigentlich anderem ähnlich. Zu *vein'-drunkja* stimmt
hinsichtlich der Unterdrückung des Endvocals des ersten
Gliedes das lateinische *vin'-demia* (vgl. S. 441 Anm.). —
Diejenigen gothischen Substantivstämme auf *ja* (Grimm's
2te Decl.), welche vor dieser Sylbe eine lange oder mehr
als Eine Sylbe haben, unterdrücken das *a* und vocalisiren
das *j* zu *i* (vgl. §. 135); daher z. B. *andi-laus* endlos, für
andja-laus, *arbi-numja* Erbe (Erbnehmer); dagegen
frathja-marzeins Verstandestäuschung (*frathja* n., Nom.
frathi, s. §. 153), *vadja-bôkôs* plur. Pfandbrief (*vadja* n.,
Nom. *vadi*). Auch der weibliche Substantivstamm *thusundjô*
zieht in dem Compositum *thusundi-faths* χιλιάρχς seine Endsylbe zu *i* zusammen, wozu sowohl seine Mehrsylbigkeit,
als die Positionslänge seiner Penultima Veranlassung gegeben haben mag. Adjectivstämme auf *ja* behalten auch
bei vorangehender Länge die volle Thema-Form, daher

---

*) Da das erste Glied dieses Comp. im einfachen Zustande nicht
vorkommt, so ist es unsicher, ob sein Thema wirklich *midjuna*
lautet, in welchem Falle ich es eben so wie den weiblichen Stamm
midumi (Nom. *midums*) mit dem skr. *mad'yama* medius vermitteln würde. Im Sanskrit heifst die Erde unter anderem auch
mad'yama-lôká-s und *mad'ya-lôká-s*, d. h. wörtlich die
mittlere Welt (zwischen Himmel und Unterwelt).

hrainja-hairts reines Herz habend; ein anderes Compositum mit einem Adjectivstamme auf *ja* als erstes Glied kenne ich nicht, denn in *midja-sveipeins* Sündflut, eigentlich Erdüberschwemmung, steht *midja*, wenngleich identisch mit dem Adjectivstamme *midja*, als Substantiv, während das skr. Schwesterwort *mádya* in dem oben (S. 447 Anm.) erwähnten *madya-lôká-s* Erde, als mittlere Welt, als Adjectiv steht. Der Pronominalstamm *alja* = skr. *anyá* alius entspricht in *alja-kuns* dem gr. ἄλλο von ἀλλο-γενής.

970. Auch im Althochdeutschen hat sich der Endvocal der Stämme von Grimm's erster starker Decl. masc. neut. noch ziemlich zahlreich erhalten, entweder unverändert, oder zu *o* oder *e* geschwächt, daher z. B. *taga-rod* Morgenroth (Tagroth), *tage-lôn* Taglohn, *taga-sterno* und *tage-sterno* lucifer (Tagstern), *spila-hûs*, *spilo-hûs*, *spile-hûs* Spielhaus, *grape-hûs* Grabhaus. Auch die Stämme auf *i* haben diesen Vocal gelegentlich noch geschützt, oder auch zu *e* entartet, z. B. in *steti-got* loci genius, *prûti-chamara*, *briute-chamara* Brautkammer, *prûti-gēba* Brautgabe, *brûti-gomo* Bräutigam (Braut-Mann). Das Litauische wirft — abgesehen von den oben (§. 916) besprochenen verdunkelten Compositen auf *ninka-s* — den Endvocal, wie auch den Ausgang *ia*, *ja* (Nom. *i-s*, *ji-s*, s. §. 135), der als erstes Glied von Compositen erscheinenden Substantiv-, Adjectiv- und Nominalstämme, sofern sie mehr als Eine Sylbe haben, in der Regel ab, z. B. *wyn'-kalnis* Weinberg (*wyna-s* Wein), *wyn'-médis* Weinstock, *dyw'-darys* Wunderthäter (*dywa-s* Wunder), *krau-leidys* der zu Ader läfst (*kravja-s* Blut = skr. *kravya* Fleisch), *grēk'-twanis* Sündflut*), *auks'--kalys* oder *auksa-kalys* Goldschmied (*auksa-s* Gold), *auksa-darys* Goldarbeiter, *barzd'-skuttis* oder *barzda-skuttis* Rasiermesser, eigentlich Bart schabendes (*barzdà* f.

---

*) *Grēka-s* Sünde, *twana-s* Flut; das deutsche Wort hat aber bekanntlich nichts mit der Sünde zu thun und lautet im Althochdeutschen *sin-fluot*, *sin-flût*.

Bart), *did'-burnis* der Grofsmäulige (*didi-s*, Thema *didia*, euphon. *didźia*, grofs), *did'-galwys* der Grofsköpfige, *wēn'-rägis* einhörnig (*wēna-s* einer), *saw'-rēdus* eigensinnig (*sawa-s* suus).

971. Das Sẹnd setzt, wie bereits bemerkt worden, als erstes Glied seiner Composita gewöhnlich den Nom. sg. statt des nackten Thema's, und ich habe anderwärts auf einen ähnlichen Gebrauch im Altpersischen aufmerksam gemacht*). Es kann nicht befremden, wenn auch in den europäischen Schwestersprachen vereinzelte Fälle vorkommen, wo der Nom. sing. die Stelle des Thema's vertritt, und ich nehme keinen Anstand, in Abweichung von Buttmann (§. 120. Anm. 11), das griech. ϑες von ϑεσ-δοτος bei Hes. eben so als Nomin. zu fassen, wie das sẹnd. *daivô* (aus *daivas*, s. §. 56^b)) in dem ganz analogen Comp. *daivô-dâta* von den Daiva's (skr. *dēvá* Gott) geschaffen**). In ϑεσφατος und einigen anderen mit ϑες anfangenden Compositen erkennt man leicht eine Zusammenziehung von ϑεος. Vielleicht ist auch in den mit ναυσι anfangenden Compositen wie ναυσιβάτης (= ναυβάτης), Ναυσίϑοος, Ναυσιϑόη, Ναυσιμέδων der Nom. ναυς als Vertreter des Thema's enthalten***) und diesem ein ι als Bindevocal angefügt (vgl. §. 968), wo nicht, so fasse ich am liebsten ναυσι als ein aus ναυ = skr. *náu* durch das Suffix σι (aus τι) entsprungenes und aus dem isolirten Gebrauch entwichenes Derivativum. Dafs es der Dativ plur. von ναῦς sei ist mir weniger wahrscheinlich, und am wenigsten möchte ich das σ hier für euphonisch halten. Das goth. *baurgs* von *baurgs-vaddjus* Stadtmauer fasse ich als Genitiv, da es im genitiven Verhältnifs steht und dieses unregelmäfsige Wort sowohl im Genitiv als im Nom.

---

*) S. Monatsbericht der Akademie der Wiss. März 1848. p. 135.

**) *dâta* nicht von दा *dâ* geben, sondern von धा *d'â* setzen, machen.

***) Ich erinnere daran, dafs im Sanskrit nur einsylbige Wörter das *s* des Nominativs in den Vocativ übertragen, dem eigentlich ein Casuszeichen gar nicht zukommt.

die Form *baurgs* zeigt. Das Griechische zeigt einen wirklichen Genitiv, den aber Buttmann (§. 120. Anm. 11) nicht anerkennen will, in dem Compos. νεώσ-οικοι, wobei mich der Singular eben so wenig befremdet, als wenn wir sagen *Schiffshäuser*. Auch den ersten Theil von οὐδενόσ-ωρα kann ich nicht anders denn als Genitiv fassen.

972. Vôpadêva theilt die Composita in sechs Klassen ein, die wir nun im Einzelnen in der Ordnung, wie sie bei dem genannten Grammatiker auf einander folgen, betrachten wollen.

Erste Klasse.
Copulative Composita, genannt *dvandva* *).

Diese Klasse besteht aus der Zusammensetzung von zwei oder mehr Substantiven, welche einander coordinirt sind, d. h. in gleichem Casus-Verhältnifs stehen und dem Sinne nach durch „und" verbunden sind. Man unterscheidet zwei Arten von Compositen dieser Klasse; die erste läfst dem letzten Glied der Zusammensetzung sein ihm zukommendes Geschlecht und setzt es in den Dual, wenn nur zwei Substantive mit einander verbunden sind, wovon jedes für sich allein im singularen Verhältnifs steht, und in den Plural, wenn das Compositum aus mehr als zwei Substantiven besteht, oder wenn Eines von zwei verbundenen Gliedern in einem Verhältnisse der Mehrheit steht. Der Ton ruht in der Regel auf der Endsylbe des Gesammtstammes, daher z. B. *súrya-ćandramásáu* Sonne und Mond. Im Vêda-Dialekt behält jedoch sehr häufig jedes von zwei zu einem Dvandva verbundenen Wörtern den, im einfachen Zustande ihm zukommenden Accent; auch steht in den Dvandva's der Vêda's oft das erste Glied im Dual; wenigstens glaube ich in Compositen wie *agnī́-sṓmáu* Agni und Sôma, *Indrā́-váruṇáu* Indra und Varuṇa,

---

*) Die skr. Benennung *dvandva-m*, d. h. Paar, ist eine reduplicirte Form, gebildet aus dem Thema *dva* zwei (vgl. §. 756 ff.).

mitrá́-váruṇáu Mitra und Varuṇa, *indrá-višṇú* Indra und Vis'ṇu die Verlängerung des Endvocals des ersten Gliedes der Composition nicht als rein phonetisch, sondern als Folge der Dualflexion ansehen zu dürfen, wie ich auch das schliefsende *á* von *dyá́vá* Himmel, in Verbindung mit *pṛt'iví́* Erde (*dyá́vá-pṛt'iví́*), als védische Dual-Endung fasse, welche an *dyá́u* (das starke Thema von *dyô*) angetreten ist; eben so das *á* in dem védischen Compositum *pitará-mátáráu* Vater und Mutter. Als Dual betrachte ich auch das ṣendische *ápa* (Them. *áp*) in dem Copulativum ܢܘܐܫܫܐܫܘܝܫ *ápa-urvaré**) Wasser und Baum (V. S. p. 40). Es findet sich l. c. noch ein anderes Dvandva, welches wir, da Composita dieser Art bis jetzt im Ṣend nur noch sehr sparsam belegt sind, nicht unbeachtet lassen dürfen. Ich setze den Schlufs der betreffenden Stelle nach Burnouf's berichtigtem Texte her: [Avestan script] *yaḍ kĕrĕnôiḍ aṇhê k'šat'rád amĕrĕ́šanta pašu-víra aṇhušamanê ápa-urvaré*, d. h. wörtlich „dafs er mache unter seiner Herrschaft nicht sterbend Thier und Mensch, nicht vertrocknend Wasser und Baum". Neriosengh übersetzt ziemlich getreu, nur mit einer anderen Auffassung des Compos. *pašu-víra*: *yaš ćakára tasya rá́ǵyê amarán pašuvírán ašôšiṇi udakáni vanaspatin*, d. h. „welcher machte in seinem Reich unsterblich die Männchen der Thiere, nicht vertrocknend die Wasser, Bäume". Burnouf macht (l. c. p. 145) darauf aufmerksam, dafs *yaḍ kĕrĕnôiḍ* eigentlich „pour qu'il fît" bedeute, auch ist es ihm nicht entgangen, dafs *pašu-víra* auch „les troupeaux et les hommes" bedeuten könne (p. 140);

---

*) Burnouf, welchem wir eine vortreffliche Erörterung des gröfsten Theils des 9ten Kapitels des Yaçna verdanken, spricht sich über das erste Glied des copulativen Compos. *ápa-urvaré* nicht aus („Études" p. 147).

er übersetzt aber im Einklang mit Neriosengh: „car il a, sous son règne, affranchi de la mort les mâles des troupeaux, de la sécheresse les eaux et les arbres". Ich gebe zu, daſs *amĕrĕśanta**) und *vira* auch Plural-Accusative sein könnten und erinnere in dieser Beziehung an das, was früher (§. 231. p. 456) über das Eindringen von Neutralformen in den Plural der Masculina bemerkt worden. Dies hindert mich aber nicht, an vorliegender Stelle das *a* der genannten Wörter nach §. 208 als Dual-Endung gelten zu lassen, da es, wie mir scheint, einen viel passenderen Sinn gibt, wenn man durch die Auffassung von *paśu-vira* als Dvandva die Thiere und Menschen beider Geschlechter, nicht bloſs die Männchen der Thiere, unter den Schutz der Regierung Yima's stellt.

973. Um wieder zu den vēdischen Dvandva's zurückzukehren, muſs ich darauf aufmerksam machen, daſs die dem Nom. Acc. Voc. gemeinschaftliche Dual-Endung auch in dem Falle beibehalten wird, wo das Ganze in einem anderen Casus-Verhältniſs steht und daher das letzte Glied auf *b'yām* oder *ōs* ausgeht, z. B. *dyā́vā-pṛt'ivī́-b'yām* dem Himmel und der Erde (Yagurv. XXII. 28), *indrā́-pūśṇṓḣ* des Indra und der Sonne (l. c. XXV. 25). Es mag diese Erscheinung dadurch erklärt werden, daſs es nicht mehr im Bewuſstsein der Sprache lag, daſs der erste Theil wirklich eine Casus-Endung an sich trage, und dabei auch an den oben (§. 971) erwähnten sendischen Sprachgebrauch erinnert werden, wornach sehr gewöhnlich der Nom. sg. die Stelle des Thema's vertritt. Wollte man auch wirklich in Formen wie *indrā́*, *agnī́* eine bloſse phone-

---

*) Ich erkenne in dem Zischlaut dieser Form weder einen Zusammenhang mit dem Charakter des Futurums, noch mit dem des Desiderativums, sondern einen bloſsen phonetischen Zusatz und erinnere daran, daſs auch das Sanskrit manche secundäre Wurzeln hat, die einen Zischlaut angefügt haben. Im vorliegenden Falle stimmt das lit. *miri-tu* ich sterbe (praet. *miriau*, fut. *mir-siu*, infin. *mir-ti*) zufällig zum Send.

tische Verlängerung des *a* und *i* der gewöhnlichen Sprache erkennen, so könnte man doch bei dieser Erklärungsweise mit *pitár-â*, *dyáv-â*, *púṣáṇ-â* und *kṣám-â* nicht fertig werden. Auch ist es wichtig zu beachten, daſs, worauf zuerst Benfey aufmerksam gemacht hat*), wenn der erste Theil des Dvandva vom 2ten getrennt wird, jener die erforderliche Endung der obliquen Casus des Duals annimmt, die Endung *â* aber nur da, wo sie in den Zusammenhang paſst. So erscheint der Gen. in einer von Benf. l. c. citirten Stelle des Rigv. (IV. 8. 11): *mitráyôs ... váruṇayôs* des Mitra und des Varuṇa; dagegen *dyávâ* als Acc. du. getrennt von *pṛtivî'* (Rigv. I. 63. 1). Dieser Pleonasmus in dem Ausdruck des Zahlverhältnisses erklärt sich dadurch, daſs der Redende bei Nennung jedes der gewöhnlich zusammengedachten Wesen zugleich das andere im Sinne hat, und dieses unter dem Namen des genannten mitbegreift, so daſs also z. B. *dyávâ-pṛtivî'* **) eigentlich „Himmel und Erde, Erde und Himmel" bedeutet; daher kann auch der Name des Einen verschwiegen werden, und es steht z. B. in einer Stelle des Sáma-Véda (II. 3. 2. 8. 2 und 3) der Dual *mitrá* im Sinne von Mitra und Varuṇa, auch glaube ich, daſs der Dual *ródasî*, welches auch im klassischen Sanskrit „Himmel und Erde" bedeutet, durch seinen Stamm *ródas* bloſs den Himmel bezeichnet, obwohl man ihm auch die Bedeutung Erde zuschreibt ***). Ich

---

*) In seiner Recension von Böhtlingk's Sanskrit-Chrestomathie (Göttinger gelehrte Anzeigen 1846).

**) Für *pṛtivyáù* mit unterdrückter Casus-Endung, vgl. S. 252.

***) Wilson leitet wohl mit Recht *ródas* von *rud* weinen durch das Suffix *as* ab; es wäre also der Himmel hier als weinender (regnender) dargestellt und die Regentropfen als seine Thränen. Dies ist gewiſs nicht unnatürlicher als wenn die Wolke (*meghá*) als mingens bezeichnet wird. Auch das griech. οὐρανός läſst sich von einer Wurzel ableiten, welche im Sanskrit regnen bedeutet, nämlich von *vari*, *vṛi*, also mit Verlust eines Zischlauts, wie χαίρω aus χαίρσω (skr. Wz. *hari*, *hṛi*). Es erinnere hierbei an ein ähnliches Verfahren in mehreren malayisch-polynesischen Sprachen, indem z. B. im Neuseeländischen *tá-ua* (wörtlich „du zwei", also gleichsam der Dual der 2ten Person) „du und ich" bedeutet*). Hierbei stimmt *ta* zum skr. Stamme *tva* du und *ua*, isolirt *dúa*, zu *dva*.

974. Verbindungen von mehr als zwei Substantiven zu einem Dvandva scheinen im Send nicht vorzukommen, wenigstens kenne ich keine Belege. Beispiele des Sanskrit sind: *agni-váyu-ravib'yas* aus Feuer, Luft und Sonne (Manu I. 23), *gíta-váditra-nṛtyáni* Gesang, Instrumental-Musik und Tanz (Arǵuna's Reise zu Indra's Himmel IV. 7), *sidd'a-ćáraṇa-gand'arváis* von Sidd'a's Ćáraṇa's und Gand'arva's (l. c. V. 14). In solchen Fällen soll offenbar das letzte Glied, im Fall es nicht schon für sich allein im pluralen Verhältniſs steht, durch seine Plural-Endung die Summe des Ganzen ausdrücken. In der 2ten Art der copulativen Composition, welche besonders bei Gegensätzen und Gliedern des Körpers, abstracten Begriffen, überhaupt bei leblosen Gegenständen oder niedrigen Thierarten gebräuchlich ist, steht das letzte Glied im Singular mit neutraler Endung; die einzelnen Glieder können für sich allein im singularen, dualen oder pluralen Verhältniſs stehen, z. B. *ćaráćaram* (*ćara-aćaram*) das Bewegliche und Unbewegliche (Manu I. 57), *hasta-pádam* Hände und Füſse (l. c. II. 90; *páda* masc.), *anna-pánam* Speise und Getränk (Arǵun. IV. 11), *ćatrôpánaham* **) Sonnenschirm und Schuhe (Manu II. 246), *yúká--makśika-matkuṇam* Läuse, Fliegen und Wanzen (l. c. I. 40; *matkuṇa* masc.). Ein griechisches Compositum

---

wäre also οὐρανός eine Umstellung von ϝορανός. Über das Suffix *avo* s. §. 930.

*) S. „Über die Verwandtschaft der malayisch-polynesischen Sprachen mit den indisch-europäischen" p. 87.

**) Aus *ćatra* n. und *upánaḥ* f. mit beigefügtem *a*.

dieser Art ist νυχθήμερον **Nacht und Tag**, womit man im Princip das skr. *divâ-râtram* **Tag und Nacht** und das gleichbedeutende *divâ-niśam* vergleichen möge (s. Glossar.).

975. Im Sanskrit können auch Adjective, welche dem Sinne nach durch „und" verbunden sind, zu Compositen vereinigt werden, welche zwar von den indischen Grammatikern nicht zu den Dvandva's gerechnet werden, aber doch keiner anderen ihrer 6 Klassen mit mehr Recht zugetheilt werden können. Beispiele sind *vṛtta-pîna* **rund und dick** (Arǵun. II. 19), *hrêitasrag-raǵôhina* **aufrecht stehende Blumenkränze habend und staublos** (Nal. V. 25). So im Griechischen λευκο-μέλας **weifs und schwarz**. Ein substantiver Dvandva-Stamm ist βατραχομυο in dem Comp. βατραχομυομαχία **Froschmäusekrieg**. Im Lateinischen liegt dem Derivativum *suovitaurilia* ein aus drei Gliedern bestehendes Dvandva zum Grunde, welches nach der ersten Art dieser skr. Compositionsklasse (§. 972) *su-ovi--tauri*, nach der 2ten (§. 974) *su-ovi-taurum* (**Schwein, Schaf und Rind**) müfste gelautet haben.

Zweite Klasse.
Possessive Composita, genannt *bahuvrîhi* *).

976. Die Composita dieser Klasse drücken als Adjective oder Appellative den Besitzer dessen aus, was die einzelnen Theile der Zusammensetzung bedeuten, so dafs der Begriff des Besitzenden immer zu suppliren ist. Ich nenne sie aus diesem Grunde „possessive Composita". Das letzte Glied ist immer ein Substantiv oder ein substantivisch gefafstes Adjectiv, und das erste Glied kann jeder andere Redetheil sein, als ein Verbum, Conjunction oder Interjection. Das schliefsende Substantiv erfährt keine andere Veränderung

---

*) Dieses Wort bedeutet „viel Reis habend" und ist eigentlich nur ein Beispiel der betreffenden Compositions-Klasse, wie man im Griechischen und Lateinischen etwa πολύκομος, *multicomus* zur Benennung derselben gebrauchen könnte.

als diejenige, welche die Unterscheidung der Geschlechter nöthig macht, weshalb z. B. *ćāyā́* f. Schatten in dem Compos. *vipulā́-ććāya**) sein langes weibliches *ā́* gekürzt hat, um auf Masculina und Neutra bezogen werden zu können. So wird im Griechischen der weibliche Endvocal der Stämme erster Declination zu *o* (= skr. *a*) und im Latein. zu *ŏ*, *u*, in possessiven Compositen wie πολύσκιο-ς, πο-λύκομ-ς, αἰολόμορφο-ς, *multi-cornu-s*, *albi-cornu-s*, *multi-viu-s*. So verfährt das Althochdeutsche, wenn es das weibliche Substantiv *farwa* oder *farawa* etc. Farbe an das Ende possessiver Composita stellt und das Ganze dann mit dem pronominalen Zusatz der starken Declination (§. 286 f.) und den Endungen der betreffenden Geschlechter versieht, daher z. B. Nom. m. *snio-varawar* (für *-wēr*) *seo* „Schneefarbe habender See" (Graff III. 702), neut. *golt-varawaz* Goldfarbe habendes. Ich sehe also keine Veranlassung, zur Erklärung solcher Composita, nicht-bestehende Adjective vorauszusetzen **); man könnte sonst mit gleichem Recht für das Griechische und Lateinische Adjective wie κομός, *comus* haarig, und für das Sanskrit ein Adjectiv *ćāya-s* schattig annehmen. Das Griechische weiß das aus *a* oder *η* in Compositen wie πολύσκιος, πολύκομος hervorgegangene *o* nicht mehr in seine weibliche Gestalt zurückzuführen, und stellt daher den skr. Femininen wie *vipulā́-ććāyā́* die großsschattige und den lateinischen wie *multicoma*, *albicoma* männliche Formen wie πολύσκιος, πολύκομος gegenüber (s. S. 371); dagegen hat das Lateinische nach dem in §. 6 ausgesprochenen Grundsatz die Endvocale der Stämme erster und 2ter Declination oft in den leichtesten, für die 3 Geschlechter passenden Vocal *i* umgewandelt ***). Daher z. B. *multi-formis*, *difformis*, *biformis*, *imbellis*, *abnormis*, *bilinguis*,

---

*) *ćć*, euphon. für *ć*, wegen des vorangehenden kurzen Vocals.
**) Vgl. Grimm II. p. 558.
***) Das schließende *e* von Neutren wie *difforme* ist nur eine Entartung des *i* am Wort-Ende (s. §. 251).

inermis; so auch das organische *u* der 4ten in *bicornis*, dagegen ist *manu-s* in dem Comp. *longi-manus* zur 2ten Decl. übergegangen.

977. So wie das neutrale skr. *hṛd* Herz (aus *hard*) in dem possessiven Comp. *suhṛ'd* Freund, eigentlich gutes Herz habend, zum Masc. geworden ist, und daher in einigen Casus von dem einfachen *hṛd* sich unterscheidet, so verhält es sich mit dem latein. Neutralstamm *cord* in den componirten Stämmen *miseri-cord**), *concord*, *socord*; es stimmen daher die Accusative *misericordem*, *concordem*, *socordem* zu dem skr. *suhṛ'dam*, während das einfache *cor(d)* als Nom. Acc. dem skr. *hṛd* (euphon. *hṛt*) begegnet. Der goth. Neutralstamm *hairtan* unterdrückt in dem unten erwähnten possessiven Compos. das schliefsende *n* und zeigt dann *arma-hairta* als Thema und *arma-hairt-s* (althochd. *arme-herzêr* bei Notk.) für *arma-hairta-s* (s. §. 135) als männlichen Nominativ (Plur. *arma-hairtai*); so *hrainja-hairts* reines Herz habend, *hauh-hairts* (für *hauha-hairts*) hochmüthig, eigentlich hohes Herz habend. Auch das Griechische und Lateinische werfen gelegentlich einen schliefsenden Consonanten am Ende possessiver Composita ab, daher z. B. im Griech. ὁμώνυμς, ἑπτάστομος, ἄναιμς, αὐθαιμς, im Latein. *exanguis* (eigentlich das Blut heraus habend, Gen. eben so, für *exanguin-is*), *multi-genus*. Für letzteres hätte man *multi-genor* zu erwarten, wenn das Suffix des einfachen Wortes ungeschmälert und auch ohne Zusatz darin enthalten sein sollte, da *us*, *eris* = skr. *as*, *asas* nur in den flexionslosen Casus des Neutrums das alte *s* bewahrt hat (s. §. 128), im Masc. Fem. aber dafür *r* zeigt (s. S. 404), daher *bicorpor* gegenüber dem einfachen *corpus*, *corporis*.

---

*) Eigentlich „für Unglückliche ein Herz habend", nicht „cujus cor miseret". So bedeutet das goth. *arma-hairts*, barmherzig, eigentlich „für Arme ein Herz habend", denn es ist darin der Adjectivstamm *arma* enthalten, wie im lat. *misericors* der Stamm *miserŏ*, geschwächt zu *miseri*, nach §. 966.

Mit dem unorganischen Zusatz eines *i* zeigt sich der Stamm *gener* (*genus*, *gener-is*) in *multi-generi-s*. Das Griechische fügt gelegentlich ein *o* an consonantisch endigende Stämme, z. B. an πῦρ in ἄπυρο-ς, θεόπυρο-ς (eigentlich **Gottfeuer habend**), an ὕδωρ in εὔυδρος, μελάνυδρος.

978. Das Litauische gebraucht seine possessiven Composita meistens substantivisch und fügt dem letzten Gliede derselben, wie fast aller seiner Composita, das Suffix *ia*, Nom. m. *is* *) an, daher z. B. *did'-burnis* der **Grofsmäulige** (*burna* **Mund**, vgl. skr. *brû* **sprechen**), *did'-galwis* **Grofskopf** (grofsen Kopf habend, *galwà* Kopf), *ketur-kampis* **viereckig** (*kampa-s* Ecke), *tri-kōjis* **Dreifufs, drei Füfse habend** (*kója* Fufs). Das Femininum der litauischen Possessiv- und anderer Compositionsklassen endet im Nominativ sing. auf *ė*, aus *ia* **), daher z. B. *na-bagė* die **Arme**, eigentlich **nicht Reichthum habende*****), *pus-mergė* die **Halbmagd** (letzteres ein determinatives Compositum [§. 983]; *mergà* Magd). Hierzu stimmt die Erscheinung, dafs auch das Sanskrit einigen seiner possessiven Composita ein Ableitungssuffix beifügt, und zwar dasselbe, womit oben (§. 951) unser *i-g*, goth. *ha*, *ga* vermittelt worden. Es sind also unsere Composita wie *hochherzig* gegenüber dem gothischen *hauh-hairts*, gleichsam schon durch das Sanskrit vorbereitet durch Composita wie *añguṣṭá-mátra-ka-s* **Daumenlänge habend** (Nal. XIV. 9), *mahóraska-s* **grofsbrüstig**. Ohne Ableitungssuffix können wir unsere possessiven Composita wie *Dreifufs*, *Viereck*, *Rothbrüstchen*, *Langohr*, *Gelbschnabel*, *Dickkopf*, *Grofsmaul*, nur als Appellative oder Schimpfworte gebrauchen.

---

*) S. §. 135.
**) S. §. 893.
***) Das einfache *baga-s* Reichthum fehlt; vgl. skr. *bʰága-s* und *bʰágá-s* Antheil, Glück. Das männliche *na-bagas* hat sich des Suffixes *ia* enthalten und steht daher ganz auf sanskritischem Princip (vgl. *subʰágá-s* glücklich [gutes Glück habend]).

979. Der Accent ruht in den skr. possessiven Compositen in der Regel im ersten Gliede der Zusammensetzung und zwar auf derjenigen Sylbe, wo ihn dasselbe im isolirten Zustande hat. Diese Betonungsart nähert sich am meisten der des Griechischen, bei welchem das Princip vorwaltet, bei allen Compositionsarten den Ton so weit wie möglich zurückzuziehen, ohne Berücksichtigung der Betonung der einzelnen Glieder im einfachen Zustande, ein Verfahren, wodurch das Compositum viel mehr den Charakter einer neuen geistigen Einheit gewinnt, als wenn die Beibehaltung der Accentuation eines der vereinigten Elemente demselben seine Individualität bewahrt und ihm das andere Glied unterordnet. Bei den übrigen Klassen von Compositen nimmt auch das Sanskrit in der Regel keine Rücksicht auf die Betonung der einzelnen Glieder in ihrem einfachen Zustande, zieht aber den Ton nicht zurück, sondern läfst ihn auf die Endsylbe des Gesammtstammes herabsinken, daher z. B. *mahá-báhu-s* ein grofser Arm gegen *mahá-bāhú-s* grofsarmig, während im Griechischen das possessive Compositum μεγαλόπολις grofse Stadt bildend und das determinative Μεγαλόπολις, eigentlich Grofsstadt, gleiche Betonung haben.

980. Die Form *mahá* in den eben erwähnten Compositen *mahá-báhu-s* und *mahá-bāhú-s* ist wahrscheinlich eine Verstümmelung von *mahánt* grofs (schwach *mahát*), welches am Anfange possessiver und determinativer Composita sein *nt* aufgibt, sonst aber blofs das *n*, mit Kürzung des *á* zu *a*, wie in den schwachen Casus. — Obwohl im Sanskrit nach §. 976 alle Redetheile, mit Ausnahme der Verba, Conjunctionen und Interjectionen, als erste Glieder possessiver Composita stehen können, so erscheinen doch am häufigsten, wie auch in den europäischen Schwestersprachen, Adjective, die Participia mitbegriffen, an dieser Stelle. Ich setze noch einige Beispiele aus dem Mahā-B'árata her: *ćáru-lóćana-s* schöne Augen habend, *bahú-vidá-s* vielartig (*vidá* m. oder *vidā́* f. Art), *tanú-madya-s*

dünne Mitte habend, *virûpa-rúpa-s* entstellte Gestalt habend (*rúpá-m* Gestalt), *tíkśńá-dańśṭra-s* spitze Zähne habend (*dáńśṭrá* f. Zahn), *lambá-ǵafara-s* langen Leib habend, *sp'urád-ósṭa-s* zitternde Lippen habend (*sp'urámi* Kl. 6 ich zittere), *ǵáyad--ratʿa-s*, nom. pr., bedeutend siegenden Wagen habend; *ǵitá-króda-s* besiegten Zorn habend, *gatá-vyatʿa-s* weggegangenen Kummer habend, d. h. frei von Kummer. Beispiele im Ṣend sind: ⟨script⟩ *śriraukśan* gute Ochsen habend (aus *śrira* und *ukśan*), *kéréaukśan* magere Ochsen habend (*kéréa* = skr. *kṛśá*)*), *kéréáśpa*, nom. pr., magere Pferde habend (aus *kéréa* und *aśpa*), ⟨script⟩ *kśaitô-puśri* welche glänzende (schöne) Kinder hat. Griechische Beispiele sind: μεγά-θυμος, μεγα-κύδης, μεγα-κλεής, λευκό-πτερος, δολιχό-σκιος, λευκ'-όφθαλμος, βαθύ-στερνος, πολύ-χρυσος, τανύ--πεπλος, μελάμ-βωλος, μελαν-ό-κομος, κλυτό-παις, κλυτό-βουλος. Lateinische Beispiele: *magn'-animus*, *multi-caulis*, *longi-pes*, *atri-color*, *acu-pedius***), *versi-color*, *fissi-pes*, *flex'-animus*. Gothische Beispiele sind: *laus'-qvithr'-s* leeren Leib habend, nüchtern (für *lausa-*), *laus'-handus* leere Hände habend, *lausa-vaurds* lose, eitele Worte habend, Unnützes redend (*vaurd* neut., Them. *vaurda*, Wort), *hrainja-hairts* reines Herz habend (s. §. 977). Althochdeutsche Beispiele: *lang-lípér* langes Leben habend***),

---

*) S. Burnouf „Yaçna" p. 323. n. 185.

**) Dieses Comp. (bei Festus) sollte eigentlich *acu-pes*, im Them. *acu-ped*, lauten. Durch das beigefügte Suffix *io* stimmt es zu den litauischen Compositen (§. 978). Im Sanskrit würde das Thema *aśú-pád* lauten (aus *akú*), und im Griechischen entspricht ὠκύ-πους, ὠκύ-ποδ-ος. Das erste Glied des lat. Comp. ist uns darum wichtig, weil Adjectivstämme auf ursprüngliches *u* sonst im Latein. sämmtlich den unorganischen Zusatz eines *i* erhalten haben (s. S. 385).

***) Graff (II. p. 46) nimmt ohne Noth ein Adj. *líb* lebendig an, während wir uns mit dem Subst. *líp*, *líb* Leben begnügen können.

lanch-mueter langmüthig, *milt-herzér* mildes Herz habend. Litauische Beispiele s. §. 978. Beispiele im Altslavischen: МИЛОСЕРДЪ *milo-serdŭ* misericors, wörtlich liebendes Herz habend, ЧЕРНООКЫЙ *černo-okūj* schwarzäugig, БѢЛОГЛАВЫЙ *bĕlo-glavūj* weifsköpfig *). Beispiele possessiver Composita, welche ein Substantiv als erstes Glied haben, sind im Sanskrit: *bandǔ-kấma-s* Liebe zu den Verwandten habend, *tyấktu-kấma-s* Verlassungs-Verlangen habend (s. §. 851), *bấla-putra-s* ein Kind als Sohn habend (Sâv. II. 8), *mâtṛ́-šaš́ṭa-s* die Mutter als Sechste habend (Hid. I. 1); im Griechischen: κυν-ό-φρων, κυν-ο-θαρσής, βου-κέφαλος, ἀνδρ-ό-βουλος; im Lateinischen: *angui-comus, angui-pes, ali-pes, pudor-i-color*; im Litauischen: *sukˊ-dantis* lückenzähnig (*sukẽ* Loch, Lücke), *sun-galwis* Hundskopf (ein Schimpfwort), eigentlich der Hundsköpfige (vgl. §. 978). Beispiele mit einem Zahlwort an der Spitze sind im Sanskrit: *dvi-pấd* **) zweifüfsig, *tri-čakrấ* dreirädrig (Sâma-V.), *čatuš́-pấd* vierfüfsig (l. c.); im Send: ‎‏ای‏‎ *bi-šaṇhra* zweifüfsig, ‎‏ای‏‎ *čaṭru-čašman* vier Augen habend, ‎‏ای‏‎ *kšvaš-aši* sechs Augen habend, ‎‏ای‏‎ *hašaṇhrô-ǵauša* tausend Ohren habend; im Griechischen: δίπους, διπόταμος, δίπορος, τρίπους, τετράκυκλος; im Lateinischen: *bipes, bidens, bicorpor, tripes, tripêctorus* ***), *quadrupes, quadrˊ-urbs, quinquefolius*; im Litauischen: *wĕnˊ-ragis* einhörnig (*raga-s* Horn, s. §. 978), *dwi-kójis* zweifüfsig, *tri-kójis* Dreifufs, *tri-kampis* drei-

---

*) Die 2 letzten Beispiele mit dem Zusatz der definiten Declination.

**) In den schwachen Casus *dvi-pấd*. Die Zahlwörter behalten in dieser Compositions-Art nur unter gewissen Bedingungen den Accent, in der Regel fällt er auf die Endsylbe des Wortganzen (s. Aufrecht „De accentu compositorum Sanscr." pp. 12. 20).

***) Mit Erweiterung des Stammes *pector* (vgl. *bicorpor*) durch einen vocalischen Zusatz, wie in griechischen Formen wie θέσπυρος (§. 977 Schlufs).

eckig, *tri-galwis* dreiköpfig, *ketur-kōjis* vierfüſsig; im Slavischen:ієдинорогъ *jedino-rogŭ* einhörnig, четвероногъ *četvero-nogŭ* vierfüſsig (*noga* Fuſs); im Gothischen *haihs* einäugig (s. II. p. 59); im Althochdeutschen: *ein-hantêr* einhändig, *ein-ougêr* einäugig, *zui-ekkêr* zweieckig, *feor-fuazzêr* vierfüſsig. Beispiele sanskritischer Possessiv-Composita mit einem Pronomen als erstem Glied sind: *svayám-prab'a-s* durch sich selbst Glanz habend (*svayám* selbst, s. II. p. 126 f., *prab'á* Glanz), *tád-ákára-s* solches Ansehen habend, *mád-vid'a-s* meinesgleichen, eigentlich die Art meiner habend. Beispiele im Griechischen: αὐτόβουλος, αὐτόδικος, αὐτοθάνατος, αὐτόκοσμος, αὐτομήτωρ, αὐτόμοιρος. Beispiele mit voranstehenden Adverbien sind im Sanskrit: *tát'á-vid'a-s* so beschaffen, eigentlich so Art habend, *sadá-gati-s* immer Gang habend (eine Benennung des Windes); so im Griechischen ἀείκαρπος, ἀειπαθής, ἀεισθενής. Sehr häufig erscheint im Sanskrit das *a* privativum — vor Vocalen *an* — am Anfang dieser Compositionsklasse, wobei der Ton auf die Endsylbe herabsinkt; daher z. B. *a-malá-s* fleckenlos (nicht Flecken habend), *a-pád* fuſslos, *a-balá-s* schwach (nicht Stärke habend), *a-b'ayá-s* furchtlos, *an-antá-s* unendlich (nicht Ende habend). Hierzu stimmen, abgesehen von der Accentuation, griechische Composita wie ἄπαις, ἄπους (Gen. ἄποδ-ος = skr. *a-pád-as*), ἄφοβος, ἄνοικος. Das Lateinische, welches den Nasal der privativen Partikel auch vor Consonanten beibehält, liefert uns Composita wie *inops*, *iners*, *inermis*, *insomnis*, *imberbis*, *imbellis*. So im Altnordischen *ó-hrœsi* (für *on-*) nicht Ruhm habend, ruhmlos (*hros* Lob), *ó-máli* nicht Sprache habend, Kind (*mál* Sprache), ahd. *un-fasel* Insekt, wörtlich nicht Saamen habend (*fasel* Saamen, Grimm II. 775 f.). Ein ṣendisches Beispiel dieser Wortklasse ist *anag'ra* anfangslos, aus *an* und *ag'ra* = skr. अग्र *ágra* Spitze, Anfang. So im Armenischen z. B. *an-ah* nicht Furcht habend, furchtlos (*ah*, them. *ahi*, Furcht), *an-bav* unendlich, nicht Ende habend (*bav* indecl. Ende), *an-hair* vaterlos, keinen Vater habend (հայր *hair* Vater), *ambiç* unbefleckt, fleckenlos, nicht Flecken habend*). Es fehlt dem Armenischen auch nicht an zahlreichen Possessiv-Compositen mit Adjectiven oder Substantiven an der Spitze, und zwar mit der Form des Nominativs (wie im Send, s. §. 971), der jedoch bei mehrsylbigen Formen häufig einen seiner Vocale verliert und է *é* einsylbiger Formen zu *i* schwächt. Beginnt das 2te Glied der Zusammensetzung mit einem Consonanten, so wird in der Regel zwischen die beiden Theile des Compos. ein *a* als Bindevocal eingeschoben. Beispiele mit anfangendem Adjectiv sind bereits gegeben worden (§. 307*b*). S. 53); hier nun auch einige mit anfangendem Substantiv: *mard-a--kerp* menschenförmig, Menschengestalt habend**), *ward-a-guin* rosenfarbig, Rosenfarbe habend***), *hair-anun* Vaters (seines Vaters) Namen habend †), *eg'bair-a-sér* bruderliebend, Liebe zum Bruder habend ††), *dster-a-gir* Adoptiv-Tochter, eigentlich Tochter-Brief habend †††).

---

*) բիծ *biç*, Them. *biçi*, Flecken. Hinsichtlich der Umwandlung des *n* der privativen Partikel in *m*, durch den Einfluſs des folgenden Labials, vergleiche man die lateinischen Composita wie *imberbis*, *imbellis*, *impotens*. Im Armenischen ist jedoch diese Anbequemung nicht durchgreifend, daher oben *anbav*, nicht *ambav*.

**) կերպ *kerp* (them. *kerpi*) stützt sich, wie es scheint, auf das sendische *kĕhrp*, Nom. *kĕrĕf-s*, Körper (§. 40).

***) Über *guin* Farbe s. II. S. 53.

†) Über *anun* Name s. I. S. 365 und über հայր *hair*, Them. *har* oder *hór*, l. c. S. 550 Anm.

††) *sér* Liebe; über *eg'bair*, Instr. *eg'bar-b*, s. I. S. 304 f.

†††) *gir* Buchstabe bedeutet in dieser Zusammensetzung so viel als Brief, Schrift (der Anerkennung als Tochter); auch bedeutet der Plural *girq'*, wie das latein. *litterae*, wirklich Brief; *dster* ist zusammengezogen aus *duster* = skr. *duhitár, -tŕ*.

981. Zu gleichem Zwecke wie die privative Partikel *a* werden auch im Sanskrit und seinen Schwestersprachen Praepositionen, welche Absonderung ausdrücken, als Anfangsglieder possessiver Composita gebraucht, z. B. im Sanskrit *ápa-bʼî-s* furchtlos, die Furcht weg habend (*ápa* von, weg, *bʼî* f. Furcht); so z. B. im Griech. ἀπόθυμος, ἀπόθριξ; im Latein. *abnormis*; im Gothischen *af-guds* gottlos (Gott weg habend), im Gegensatze zu *ga-guds* fromm, eigentlich Gott mit habend. Im Armenischen z. B. *apa-ṣên* waffenlos (*ṣên* Waffe), *apa-tuin* giftlos (թոյն *tuin* Gift). — निस् *nis* aus, vor tönenden Buchstaben *nir*, erscheint z. B. in *nir-mala-s* fleckenlos, eigentlich heraus die Flecken habend, wie im Latein. z. B. *exanimis, exsanguis, expers*; im Gothischen z. B. *us-véna*, Them. *uz-vénan*, hoffnungslos, heraus die Hoffnung habend (*vén*[*i*]*s* f. Hoffnung), im Ahd. *ur-hërzêr* excors, *ur-luzêr* (für *-hl*.) exsors, *ur-môt* muthlos, *ur-wáfan* waffenlos, inermis. Im entgegengesetzten Sinne der privativen Praepositionen wirkt im Sanskrit die nur als Praefix vorkommende Praeposition *sa* mit*), um die Personen oder Sachen auszudrücken, welche das besitzen, was das schliefsende Substantiv ausdrückt, z. B. *sá-káma-s* mit Wunsch, d. h. mit dem Gegenstande des Wunsches seiend, erfüllten Wunsch habend, *sá-ruǵ* krank, mit Krankheit seiend, *sá-róga-s* id. (*ruć* und *róga* Krankheit), *sá-varṇa-s* ähnlich, eigentlich concolor (*várṇa-m* Farbe), *sá-garva-s* stolz, mit Stolz seiend, *sá--daya-s* mitleidig (*dayá* Mitleid). So im Latein. z. B. *concors, consors, concolor, conformis, confinis, commodus, communis* (aus *con* und *munus*, vgl. *immunis*); im Griechischen z. B. σύνορος, σύνταφος, συντελής, σύνορκος, σύνοπλος, σύνομβρος, σύνοικος, σύνοδος, σύγγονος, σύνθρονος, σύμμορφος, συγγάλακτος;

---

*) Im isolirten Gebrauch *saḥá*, als Verbalpraefix *sám*. Ersteres scheint auch in dem Comp. *saḥádéva-s*, und letzteres auch in einigen Nominal-Compositen.

letzteres mit Erweiterung des Substantivstammes durch o (s. §. 977 Schlufs). Auf das skr. *sa* stützt sich das griech. *a* (aus *a* für σα) in Compositen wie ἀγάλακτος, ἀγάλαξ, ἀδελφός, ἄλοχος. An die ganz treue Erhaltung der skr. Praeposition *sa* im gr. σαφής, eigentlich mit Licht, mit Glanz seiend, ist schon anderwärts erinnert worden. Im Sanskrit würde *b'âs* Glanz mit *sa* sich regelrecht zu dem Comp. *sâ-b'âs* vereinigen und dieses ebenfalls hell, glänzend bedeuten. Vom Gothischen gehören in diese Wortklasse *ga-guds* fromm, eigentlich mit Gott seiend, als Gegensatz zu dem oben erwähnten *af-guds*; *ga-liugs* falsch*), *ga-daila* Theilnehmer, mit Theil seiender (für *ga-dail*[i]-*s*, s. §. 926), *ga-hlaifs* Genosse, mit Brod habender (für *ga-hlaifs* l. c.). Sollte ich Unrecht gehabt haben, in §. 416 die gothischen Bildungen auf *leik'-s* und ihre Analoga im Deutschen mit den sanskritischen auf *dṛśa-s* zu vermitteln, so mufs man sie in die in Rede stehende Compositionsklasse ziehen und in ihrem Schlufsbestandtheile das Substantiv *leik'-s* Körper erkennen; dann würde *ga-leik'-s* ähnlich, eigentlich mit Körper habend, den Körper, d. h. die Gestalt mit einem anderen gemeinschaftlich habend, bedeuten, und in seiner Bildung dem lat. *conformis*, griech. σύμμορφος und skr. *sâ-rûpa-s***) entsprechen. Das aus *anthar-leikei* Verschiedenheit zu folgernde *anthar-leik'-s* verschieden würde nun wörtlich anderen Körper, d. h. andere Gestalt habend, ἀλλόμορφος, bedeuten (vgl. skr. *anyâ-rûpa-s* andersgestaltig, S. V. II. 8. 1. 4. 1).

982. Die skr. Praefixe *su* und *dus* (letzteres vor tönenden Buchstaben *dur*, vgl. §. 917) vertreten wie ihre griechischen Schwesterformen εὐ und δυς in der in Rede stehenden Compositionsklasse die Stelle von Adjectiven, da-

---

*) Eigentlich mit Lüge seiend; es setzt ein verlorenes Substantiv *liugs* Lüge voraus.

**) Ebenfalls ähnlich, aus *sa* mit und *rûpa* Gestalt; so *ânu-rûpa-s* ähnlich aus *ânu* nach und *rûpa*.

bei läfst *su* den ihm zukommenden Accent auf die Endsylbe des Stammes herabsinken, oder, und zwar vor Wörtern, welche mit den Suffixen *as* und *man* gebildet sind, auf die Penultima; daher z. B. *su-péśas* (Nom. m. f. *supéśās*) schöne Gestalt habend, *su-mánas* (Nom. m. f. *sumánās*) guten Geist habend, wohlgesinnt, im Gegensatze zu *su-ǵihvá-s* schöne Zunge habend (*ǵihvā́* f. Zunge), *su-parṇá-s* schöne Flügel habend. Beispiele mit *dus*, *dur* schlecht sind: *dúr-átman* (Nom. -*mā́*) schlechte Seele habend, *dúr-buddī-s* schlechten Verstand habend, *dúr-bala-s* schlechte Stärke habend, *dúr--mana-s* (Nom. -*manās*) schlechten Geist habend. Zu letzterem stimmt, abgesehen von der Accentuation, das gr. δυςμενής (s. §. 146), wie εὐμενής zu *sumánās*. Andere hierher gehörende griechische Beispiele sind: εὐμελής, εὐμεγέθης, εὔμορφος, εὔμηλος, δύςμορφος, δύςμοιρος, δυςπρόςωπος, δύςλεκτρος. Sendische Beispiele dieser Wortklasse sind: ‍‍‍‍‍‍‍‍‍‍‍ *hu--kěrěp* schönen Körper habend, Nomin. ‍‍‍‍‍‍‍‍‍‍‍ *hu-kěrěf-s* (s. §. 40), ‍‍‍‍‍‍‍‍‍‍‍ *hu-ǵiti* gutes Leben habend (s. §. 128), *hu-putra*, fem. *hu-putri* schöne Kinder habend, ‍‍‍‍‍‍‍‍‍‍‍ *dus-manaś* schlechten Geist habend, ‍‍‍‍‍‍‍‍‍‍‍ *dus-skyautna* schlechte That habend, schlecht handelnd, ‍‍‍‍‍‍‍‍‍‍‍ *duś-vaćaś* schlechte Rede habend.

Dritte Klasse.
Determinativa, genannt *karmad'áraya*.

983. Das letzte Glied dieser Compositionsklasse ist ein Substantiv oder Adjectiv, welches durch das erste Glied näher bestimmt oder beschrieben wird. Das erste Glied kann jeder Redetheil sein, mit Ausnahme der Verba, Conjunctionen und Interjectionen; am gewöhnlichsten ist jedoch die Verbindung eines Adjectivs mit einem folgenden Substantiv. Adjective, welche für das Fem. ein eigenthümliches Thema haben, setzen, wenn das schliefsende Substantiv ein Femininum ist, nicht den weiblichen Stamm, sondern die

dem Masc. und Neutr. gemeinschaftliche Grundform. Der Ton ruht am gewöhnlichsten auf der Endsylbe des Gesammtstammes. Beispiele sind: *divya-kusumá-s* himmlische Blume, *priya-b'áryá* liebe Gattin (nicht *priyá-b'áryá*), *saptarśáya-s* die sieben Rischi's, *á-b'aya-m* Nichtfurcht, Furchtlosigkeit*), *á-dŕṣṭa-s* unbesiegbar, *án-ṛta-s* unwahr, *súprita-s* sehr geliebt, *sú-púrṇa-s* sehr voll, *dúr-dina-m* Sturm, wörtlich schwerer Tag, *sú-níti-s* gutes Betragen, *sámi-b'ukta-s* halbgegessen, *prá-víra-s* Vormann, d. h. vorzüglicher Mann, *ádi-pati-s* Überherrscher, Herr, *ví-sadṛk* unähnlich, *g'ána-śyáma-s* wolkenschwarz, wie eine Wolke schwarz, *śyéná-patvá* (them. -*ván*, -*van*) wie ein Falk fliegend. Beispiele im Ṣend sind: ⸻ *pěrěnô-máo* Vollmond, ⸻ *akarsta* ungepflügt (Them.), ⸻ *duś-varěstě-m* schlecht Gethanes, schlechte Handlung, ⸻ *dus-matě-m* schlecht Gedachtes, ⸻ *duś-ūktě-m* schlecht Gesagtes, ⸻ *hu-matě-m* wohlgedachtes. — Armenische Beispiele sind: *an-gēt* unwissend (*gēt* weise), *kis-a-mard* Halb-Mensch**), *miǵ-ôr* Mittag, *kaťn--atamn* Milchzahn.

---

*) Untrennbare Adverbia und Praepositionen haben am Anfange dieser Composita in der Regel den Ton; eben so Substantive, welche den Gegenstand bezeichnen, womit die Person oder Sache, worauf das Compositum sich bezieht, verglichen wird. Zu den zahlreichen Ausnahmen der Betonungsregeln dieser Compositionsklasse gehören unter anderem die in §. 917 beschriebenen Composita wie *su-láb'a-s* leicht erlangt werdend, *dur-láb'a-s* schwer erlangt werdend.

**) կիս *kēs* halb schwächt sein *ē* in der Zusammensetzung zu *i* (vgl. I. p. 359 f.); im Übrigen gelten in dieser und der folgenden Compositionsklasse (§. 985) in Betreff des ersten Gliedes der Zusammensetzung dieselben Bestimmungen wie bei den Possessivcompositen (s. S. 463).

984. Hierher gehören griechische Composita wie μεγαλ'-έμπορος, μεγαλο-δαίμων, μεγαλο-μήτηρ, ἰσό-πεδον, εὐρυ-κρείων, ἄ-γνωτος, ἀν-ήμερος, εὔ-δηλος, εὐ-άνοικτος, δυς-άγγελος, δυς-άπιστος, ἡμι-κύων, ἡμί-κενος; πρό-θυμα, ἔξ-οδος, ἔφ-οδος. Beispiele lateinischer Composita dieser Klasse sind: *meri-dies*, eigentlich **der mittlere Tag**, aus *medi-dies* (s. §§. 17. 20) für *medii-dies*, wie *tibi-cen* für *tibii-cen* aus *tibia-cen* (s. §. 966), *albŏ-galerus* (s. S. 441. Anm.*), *sacri-portus*, *quinque-viri*, *decem-viri* (wie skr. *saptárśayas* die sieben Rischi's), *paen-insula*, *neg-otium*, *in-imicus*, *semi-deus*, *semi-dies*, *semi--mortuus*, *bene-dicus*, *male-ficus* (s. §. 914), *in-felix*, *in-sulsus* (s. §. 7. p. 16), *in-sipidus* (s. §. 6), *dif-ficilis*, *dis-similis*, *pro--avus*, *pro-nepos*, *ab-avus*, *ante-pes*, *ante-loquium*, *con-serva*, *inter-rex*, *inter-regnum*, *per-magnus*, *prae-celer*, *prae-dulcis*, *prae-durus*. Im Deutschen ist diese Compositionsbildung mit allen ihren Abstufungen noch in voller Kraft. Beispiele sind: *Grofsvater*, *Grofsmutter*, *Grofsmacht*, *Grofshändler*, *Weifsbrod*, *Schwarzbrod*, *Vollmond*, *Halbbruder*, *haushoch*, *federleicht*, *himmelblau*, *dunkelblau*, *Unschuld*, *Unverstand*, *unreif*, *uneben*, *Übermacht*, *Abweg*, *Ausweg*, *Beigeschmack*, *Unterrock*, *Vorhut*, *schwarzgelb*, *Vorrede*, *Vorgeschmack*, *Vormittag*, *Nachgeschmack*, *Miterbe*, *Mitschuld*, *Abgott*, *Abbild*. Vom Althochdeutschen erwähne ich nur die uns fehlenden Composita mit *sámi*, als Analoga zum oben erwähnten skr. *sámi-bukta-s* halbgegessen, griech. ἡμίκενος, lat. *sémimortuus*, nämlich: *sámi-heil* halbgesund, *sámi-qvĕc* semivivus, *sámi-wíz* subrufus (halbweifs). Gothische Beispiele sind: *junga-lauths* junger Mann, Jüngling, *silba-siuneis**) selbstsehender, αὐτόπτης, *afar-dags* **) der andere (fol-

---

*) Sofern das letzte Glied dieses Comp. im einfachen Zustand vorkam und das Ganze nicht, was ich für wahrscheinlicher halte, ein Derivativum eines vorauszusetzenden *silba-siuns* das Selbstsehen ist.

**) Im Sanskrit heifst *apardhṇá* m. n. (aus *apara-ahṇa*) der Nachmittag, jedoch wörtlich der andere Tag (der andere Theil des Tages).

gende) Tag, *anda-vaurd* Antwort (Gegen-Wort), *anda--vleiʐn**) Antlitz, Angesicht, *ufar-gudja* Oberpriester, ἀρχιερεύς, *ufar-fulls* übervoll. Litauische Beispiele sind: *pirm-gimimas* Erstgeburt, *pus-dewis* Halbgott, *pus-sesů* Halbschwester, *pus-gywis* halbtodt (wörtlich halb lebendig), *pus-salē* Halbinsel, *san-kareiwis* Mitstreiter, *san-tewōnis* Miterbe, *pry-butis* Vorhaus. Altslavische Beispiele: НОВОГРАДЪ *novo-gradŭ* Neustadt, ВЬСЕСЛАВНЫЙ *vĭse-slavnŭj* ganz berühmt, ВЬСЕБЛАГЫЙ *vĭse-blagŭj* ganz gut, ВЬСЕЦАРЪ *vĭse-zarŭ* παμβασιλεύς, САМОВИДЕЦЪ *samo-videzŭ* selbstsehend, αὐτόπτης.

Vierte Klasse.
Abhängigkeits-Composita, genannt *tatpuruṣa*.

985. Diese Klasse bildet Composita, deren erstes Glied vom zweiten abhängig ist oder regiert wird, und daher immer in irgend einem obliquen Casusverhältnifs steht. Beispiele, deren erstes Glied im genitiven Verhältnifs steht, enthält §. 966. So im Send z. B. ⸺ *nmânô--paiti-s* loci dominus, ⸺ *nmânô-patni* loci domina, ⸺ *ṣantu-paiti-s* urbis dominus; im Armenischen: *mard-a-t'iv* Menschen-Menge**), *mard-a-mah* Menschen-Mord; im Griechischen: οἰκό-πεδον, στρατό-πεδον, εἰνο-θήκη, οἰκο-φύλαξ, θησαυρο--φύλαξ; im Lateinischen: *auri-fodina, auri-fur, mus-cerda* (s. S. 442. Anm.**), *su-cerda, imbri-citor, Marti-cultor*; im Gothischen: *veina-gards* Weingarten, *aurti-gards* Krautgarten, *veina-basi* Weinbeere, *heiva-frauja* Hausherr, *smakka--bagms* Feigenbaum (s. §. 969), *daura-vards* Thürwärter, Pförtner, *daura-varda* Thürwärterin, Pförtnerin,

---
*) *Vleiʐn* kommt einfach nicht vor.

**) թիւ *tiv* (Thema թըուն *t'ovo*) Zahl, Menge ist wahrscheinlich verwandt mit dem vēd. *tuvi* viel, *tavas* Stärke (Wz. *tu* wachsen), dem latein. *tu-mulus*, dem wallisischen *tywu* wachsen etc.

sigis'-laun Siegeslohn (für *sigisa-laun*); im Litauischen: *wyn'-ûgē* Weinbeere (*ûga* Beere, s. §. 978), *wyn'-s'akē* Weinrebe (*s'akà* = sanskr. *s'ák'á* Ast); im Altslavischen: домостроитель *domo-stroiteli* Hausverwalter, свѣтодавецъ *svêto-davezŭ* Lichtgeber, богородица *bogo-rodiza* Gottesgebärerin, пѣтлоглашенне *pêtloglas'enie* gallicinium (Dobrowsky p. 458). Beispiele, in welchen das erste Glied der Abhängigkeits-Composita im accusativen Verhältnifs steht, sind bei einer früheren Gelegenheit gegeben worden*). Ein armenisches Beispiel dieser Art ist *mard-a-kêr* (ἀνδρόφαγος), dessen Schlufstheil (կեր *kêr*, Them. *kêra*) im einfachen Zustande nicht vorkommt, in Wurzel und Suffix aber dem sgend. *-gara* Verschlinger entspricht, von der skr. Wz. *gar* (गॄ *gṝ*) verschlingen, wovon wahrscheinlich auch das lat. *-vorus* (*carnivorus* aus *-quorus*) stammt, s. Gloss. Scr. a. 1847 unter गॄ *gṝ*. Vom Slavischen gehört водоносъ *vodo-nosŭ* hydria, eigentlich Wasser tragender, hierher. Im Instrumental-Verhältnifs erscheint das erste Glied der Zusammensetzung im Skr. öfter in Verbindung mit dem Passiv-Participium auf *ta*, und das erste Glied der Zusammensetzung behält dann die ihm im einfachen Zustande zukommende Betonung, daher z. B. *páti-ǵuṣṭá* a marito dilecta. So z. B. im Send, abgesehen von der uns hier unbekannten Accentuation, ⲥⲁⲣⲁⲧⳙⲥⲧⲣⲟ-ⴼⲣⲟⴽⲧⲁ *sarat'ust'rô-frôk'ta* von Sarat'ust'ra verkündet, ⲙⲁⲥⲇⲁⲇⴰⲧⴰ *maṣda-dáta* von Maṣda (Ormuzd) geschaffen; im Griechischen θεό-δοτος, θεό-τρεπτος; im Gothischen *handu-vaurht'-s* mit der Hand gemacht, χειροποίητος; im Slavischen рѫкотворенныи *runko-tvorennŭj* id. (*runka* Hand, s. §. 968). Im dativen Verhältnifs stehen z. B. पितृ *pitṛ'* und हिरण्य *hiraṇya* in den Composs. *pitṛ'-sadṛs'a-s* dem Vater ähnlich, *hiraṇya-sadṛs'a-s* goldähnlich**); so im Armenischen z. B. *waraẓ-a-nman*

---

*) S. §§. 914. 920.

**) In Verbindung mit *sadṛs'a* und *pratirúpa* ähnlich behält das erste Glied seine Betonung.

Eber-ähnlich, im Griechischen θεοείκελος, im Gothischen *gasti-gôds* gastfreundlich, wörtlich dem Gaste oder den Gästen gut; im Russischen: богоподобный *bogo--podobnŭĭ* Gott ähnlich, богопослушный *bogo--poslusʼnŭĭ* Gott gehorsam. Im ablativen Verhältnifs steht नभस् *náb'as* Himmel in dem Compos. *nab'aś-ćyutá-s* vom Himmel gefallen. Im locativen Verhältnifs steht *náu* des oben erwähnten *náu-sťá-s* im Schiffe stehend.

986. Zur Klasse der Abhängigkeits-Composita gehören auch unsere deutschen Bildungen wie *Singvogel, Springbrunnen, Ziehbrunnen, Schreiblehrer, Singlehrer, Fahrwasser, Efslust, Lesezimmer, Scheidekunst, Trinkglas, Trinkspruch, Kehrbesen, Lehrmeister, Lebemann, Lockvogel*. Sie haben das Eigenthümliche, dafs der erste Theil im isolirten Gebrauch nicht vorkommt; für ein Verbum kann ich ihn aber eben so wenig halten als den der oben (§. 965) besprochenen griech. Composita wie δεισι-δαίμων. Ich betrachte ihn als abstractes Substantivum, wenngleich für manche Composita dieser Art die Bedeutung des Part. praes. besser zu passen scheint; denn *Singvogel* ist ein singender Vogel, *Springbrunnen* ein springender Brunnen; aber *Ziehbrunnen* kein ziehender Brunnen, sondern ein Brunnen zum Ziehen, *Trinkglas* kein trinkendes Glas, sondern ein Glas zum Trinken, *Schreiblehrer* kein schreibender Lehrer, sondern ein Lehrer des Schreibens, wie *Tanzlehrer* ein Lehrer des Tanzes, und so kann auch *Singvogel* als Gesangsvogel, *Ziehbrunnen* als Zugbrunnen, Brunnen zum Ziehen, gefafst werden. Die Erscheinung, dafs viele Substantive in der angegebenen Weise nur am Anfange von Compositen vorkommen, kann eben so wenig befremden als die, dafs, wie wir gesehen haben, in mehreren Gliedern unseres Sprachstammes einige Klassen von Adjectiven entweder einzig und allein oder vorzugsweise auf das Ende von Compositen beschränkt sind[*]. Der Bil-

---
[*] S. §§. 907. *b*, 909, 910, 914.

dung nach sind die Substantive der in Rede stehenden Compositionsklasse, wovon das Gothische noch keinen Gebrauch macht, identisch mit dem Thema des Praesens, dessen Klassensylbe an starken Verben meistens unterdrückt, in einigen aber erhalten ist, und zwar im Althochdeutschen entweder in seiner Urgestalt *a* (s. §. 109*a*). 1), oder in der von *e*; daher z. B. *trag-a-stuol* Tragestuhl (Stuhl zum Tragen), analog mit *trag-a-mês* wir tragen; so *trag-a-betti* Tragbette, *trag-a-diorna* Tragdirne, Trägerin; *web-e-hûs* Webehaus, textrina. Die wenigen Überreste der skr. 4ten Kl. (§. 109*a*). 2) ziehen im Althochdeutschen die Klassensylbe *ja* (य *ya*) zu *i* zusammen, das einzige Beispiel scheint *hef-i-hanna* Hebamme zu sein. Da *wasku* ich wasche und *slifu* ich schleife nicht zu dieser Klasse gehören, so mag das *i* von *wask-i-wazar* und *slip-i-stein* (wörtlich Waschwasser, Schleifstein) als Schwächung von *a* gefaſst werden. Die Sylbe *ja* der ersten schwachen Conjugation wird ebenfalls zu *i* zusammengezogen (s. Grimm p. 681) und dieses häufig zu *e* geschwächt oder ganz unterdrückt, daher z. B. *wez-i-sten*, *wezz-e-sten*, *wez-stân* Wetzstein. Die 2te und 3te schwache Conjug. liefern im Althochdeutschen keine Beispiele in diese Compositionsklasse, die im Laufe der Zeit immer mehr um sich gegriffen hat und am stärksten im Neuhochdeutschen vertreten ist. Da, wie ich glaube bewiesen zu haben, die ganze schwache Conjugation auf die skr. 10te Klasse sich stützt (s. §. 109*a*). 6), so erinnere ich noch an die Beibehaltung des Charakters dieser Klasse in den in §. 619 besprochenen Accusativformen auf *ayâm* und in den sendischen Infinitiven auf *ayaṅm*.

Fünfte Klasse.
Collective Composita, genannt *dvigu*.

987. Diese Klasse bildet Collectiva, welche durch ein vorgesetztes Zahlwort näher bestimmt sind. Das schlieſsende Substantiv wird, unabhängig von seinem primitiven Geschlecht, entweder zum Neutrum, meistens auf *a*, oder zu

einem Fem. auf *i*. Der Ton ruht auf der Endsylbe des Gesammtstammes. Beispiele sind: *tri-guṇá-m* die drei Eigenschaften (*guṇd* m.), *ćatur-yugá-m* die vier Weltalter (*yuga* n.), *pańćéndriyá-m* die fünf Sinne (*indriyá* n.), *tri-k'aṭvá-m* oder *tri-k'aṭvī́* drei Betten (*k'áṭvá* f.), *tri-rátrá-m* drei Nächte (*rátra* für das einfache *rátri* f.), *pańćágní* die fünf Feuer*), *tri-lókī́* die drei Welten. Sendische Beispiele sind: ꭹꮃꮈꭻꭻ *byáré* biennium für *bi-yáré* (*é* nach §. 30), ꭼꭼꭻꮃꮩꮃꮇꭻꮉ꭫ꭻꮢ *tri-k'saparé-m* trinoctium, ꮢꭻꭻꮢꮩꮢ ꮃꭻꭻꮩꮃꭼ *ćatru-máhya* vier Monate, Acc. -*máhim* (s. §.312 und §.42), ꭼꭼꭻꮃꮩꮃꮇꭻꮉꭻꭻꮃꮈꮉ *nava-ksaparé-m* neun Nächte, ꮃꭻꭻꮩꮃꭼꮩꭻꮬꭻꮃꭼꮩ *pańća-máhya*, Acc. -*him*, fünf Monate, ꭼꭼꭻꮃꮩꮃꮇꭻꮉꭻꮃꮉꭻꭻꮩꭻꮢ *k'svas-ksaparé-m* sechs Nächte. Hierzu, namentlich zu den Neutren, stimmen im Lateinischen *tri-viu-m* (Dreiweg), *bi-viu-m*, *ambi-viu-m* **), *quadri-viu-m*, *bi-duu-m*, *tri-duu-m*, wofür man ein einfaches *duu-s*, oder *du-a*, oder *duu-m* als Tagesbenennung voraussetzen mag; für alle drei Formen müſste nach skr. Princip in dem Comp. *duu-m* stehen. Im Sanskrit erscheint *divá* als Tagesbenennung in den Compositen *divá-kará-s* Sonne als Tagmacher, *divá-maṇi-s* ebenfalls Sonne, wörtlich Edelstein des Tags, und *divá-madýa-m* Mittag (Tages Mitte). Für diese drei Composita paſst das Adverbium *divá* bei Tage nicht. Aus dem Stamme *divá* müſste im Lateinischen nach Unterdrückung des *i dua* werden. Die lateinischen Formen wie *bi-noct-iu-m*, *tri-noct-iu-m*, *quinqu'-ert-iu-m* (s. §.6), *bi-enn'-iu-m* haben den ursprünglichen Standpunkt echter Composita durch Anfügung eines Neutral-Suffixes verlassen. Das Grie-

---

*) Nämlich die Sonne und vier in der Richtung der 4 Weltgegenden angezündete Feuer, denen sich der Büſser aussetzt.
**) Das *i* von *ambi* ist die Schwächung des Endvocals des Stammes, der im Nom. sg., wenn er denkbar wäre, *ambu-s* bilden würde.

chische zieht die weibliche Form des Suffixes der neutralen auf ιο-ν vor, die jedoch ebenfalls nicht fehlt. Beispiele sind: τριημερία, τρισδία, τετραοδία, τετραόδιον (quadrivium), τετρανυκτία, τρινύκτιον (trinoctium). Im Einklang mit den skr. Neutral-Compositen wie *ćatur-yugá-m* stehen τέθριππον und τριώβολον*), dagegen kann auch das Sanskrit aus seinen copulativen Compositen durch das neutrale Suffix *ya* Derivata bilden, welche die Bedeutung des Grundwortes nicht ändern. So bestehen z. B. neben dem oben erwähnten *tri--guṇá-m* und *tri-lókí* auch die gleichbedeutenden Formen *tráiguṇ'-ya-m*, *tráilók'-ya-m*; so *ćaturvarṇ'-ya-m* die vier Kasten, von *ćaturvarṇá-m*. Dies sind also, abgesehen von der Vriddʻi-Steigerung, die wahren Vorbilder der lateinischen Formen wie *tri-enn'-iu-m*, *quadri-enn'-iu-m* etc., und des griech. τρι-όδ'-ιο-ν, τρι-νύκτ-ιο-ν **).

---

*) Über die Vocalverlängerung von -ωβολον s. S. 367 Anm.

**) Die Benennung „collective Composita" für diese Compositionsklasse wäre unpassend, wenn man in dieselbe mit den indischen Grammatikern auch Adjective wie *panćagava-dana* den Reichthum von fünf Rindern habend, fünf Rinder reich, aufnimmt. Ich sehe aber, wenn man nicht die Grundbedingung dieser Composita bloſs darin suchen will, daſs das erste Glied ein Zahlwort sei, keine Veranlassung, Adjective wie das eben erwähnte der possessiven Klasse zu entziehen und sie mit den Collectiven, die durch ein Zahlwort näher bestimmt sind, in Eine Klasse zu stellen. Das von den indischen Grammatikern als Musterbeispiel dieser Compositionsklasse aufgestellte *dvigu* ist ebenfalls kein Collectivum, sondern ein Adjectiv der possesiven Compositionsklasse, mit geringer Überschreitung der ihm wörtlich zukommenden Bedeutung „zwei Rinder habend". Es soll aber bedeuten „für zwei Rinder gekauft", kann jedoch schwerlich ursprünglich etwas anderes heiſsen als „den Werth von zwei Rindern habend" = zwei Rinder kostend. Das Eigenthümliche dieses Compos. besteht also nur darin, daſs *dvigu* hier an und für sich nicht zwei Rinder, sondern den Werth zweier Rinder, und somit als possessives Compositum „zweier Rinder Werth habend" bedeutet. Soll *gó* mit einem Zahlwort ein wirkliches

Sechste Klasse.
Adverbiale Composita, genannt *avyayíbávα*.

988. Das erste Glied dieser Compositionsklasse ist entweder, und zwar am gewöhnlichsten, eine Praeposition, oder die privative Partikel *a*, *an*, oder das Adverb. *yát'á* wie; und das letzte Glied ist ein Substantiv, welches, unabhängig von seinem Geschlecht im einfachen Zustande, immer die dem Neutrum im Nom. Acc. zukommende Form annimmt, daher z. B. das Fem. *śraddā́* Glauben, Vertrauen zu *śraddám* wird in dem Comp. *yatá-śraddám**) dem Vertrauen gemäfs, wörtlich wie Vertrauen. Andere Beispiele sind: *yatá-vidí* wie Vorschrift, der Vorschrift gemäfs (*vidí-s* f.), *a-śaṅśayá-m* nicht Zweifel, ohne Zweifel (*śaṅśaya-m* n.), *anu-kśaṇá-m* augenblicklich (*ánu* nach, *kśaṇa* m. n. Augenblick), *ati-mátrá-m* über die Mafsen (*mátra-m* Mafs), *pratyaham* täglich (*práti* gegen, *áhan* n. Tag, mit unterdrücktem *n*). Lateinische Composita dieser Art sind: *admodum, praemodum, obviam, affatim,* wobei jedoch dem letzten Glied sein ursprüngliches Geschlecht gelassen wird, während nach skr. Princip *obvium, affate* für *obviam, affatim* gesagt werden müfste. Griechische Composita dieser Art sind: ἀντιβίην, ἀντίβιον, ὑπέρμερον, παράχρημα. Einige Ähnlichkeit mit diesen adverbialen Compositen haben die althochdeutschen Umschreibungen superlativer Adverbia durch neutrale Accusative mit vorangestellten Praepositionen, welche sonst nicht den Accusativ, sondern den Dativ regieren (s. Grimm III. 106 ff.); z. B. ahd. *az jungist* „tandem", *az lázóst* „demum", *zi furist* „primum". Wir schreiben zu-

---

Collectivum bilden, so erweitert sich sein Stamm durch den Zusatz eines *a*, daher z. B. *pañca-gavá-m* fünf Rinder. Man vergleiche hinsichtlich des stammerweiternden *a* lateinische Composita wie *multi-colór-u-s, tri-pector-u-s*, und griechische wie θεό-πυρ-ο-ς.

*) Der Ton ruht in der Regel auf der Endsylbe.

sammen: *zuerst, zuletzt, zuvörderst, zunächst, zumeist* etc.
Eine gewisse Ähnlichkeit mit dieser Compositionsklasse bieten auch die griechischen Adverbia σήμερον, τήμερον dar (s. §. 345), wo ἡμέρα in derselben Weise wie oben das skr. *śraddā́* neutrale Gestalt angenommen hat.

Indeclinabilia.

Adverbia.

989. Adverbia werden im Sanskrit, abgesehen von den im vorhergehenden §. beschriebenen Compositen, gebildet
1) durch besondere Suffixe, wovon die wichtigsten bereits betrachtet worden (s. §. 420 ff.).
2) durch Casusformen; namentlich vertritt die dem Nom. Acc. sg. neut. gemeinschaftliche Form der Adjective auch die Stelle des Adverbiums, welches ich jedoch natürlich als Acc. fasse, da jeder oblique Casus eher als der Nom. zur Bezeichnung eines adverbialen Verhältnisses geeignet ist. Beispiele sind *madurám* lieblich, angenehm, *śíghrám, kśiprám, áśú* schnell, *nítyam* immer (*nitya-s* sempiternus), *ćirám* lange, *praťamám* zuerst, *dvitíyam* zum zweiten Mal, *bahú* viel, *búyas* mehr, *búyiśťam* meistens. So im Latein. z. B. *commodum, plerumque, potissimum, multum, primum, secundum, amplius, recens, facile, difficile*. So sind im Slavischen die Adverbia auf *o* identisch mit dem Accus. (zugleich Nom.) neut. des entsprechenden Adjectivs; z. B. мало *malo* wenig, много *mnogo* viel, долго *dolgo* lange, lange Zeit. Vom Gothischen gehört hierher *filu* viel, sehr. Man beachte auch den adverbialen Gebrauch neutraler Adjective im Griechischen, sowohl im Singular als im Plural, wie μέγα, μεγάλα, μικρόν, μικρά, καλόν, πλησίον, ταχύ, ἡδύ, die man natürlich ebenfalls als Accusative fassen muſs. Zu δηρόν lange fehlt das adjective Stammwort; es ist wahrscheinlich, eben so wie δολιχός, verwandt mit dem skr. *dírga* (aus *darga* oder *draga* longus), wovon das Adv. *dírgam*. — Einige

skr. Adverbia sind ihrer Form nach plurale Instrumentale, gebildet aus Adjectivstämmen auf *a*, z. B. *uććáis* hoch, laut, von *ućća*, *nićáis* niedrig von *nićá*, *śanáis* langsam von dem ungebräuchlichen *śana*. Das Litauische, welches aus Stämmen auf *a* und *ia* Instrumentale plur. auf *ais*, *eis* (aus *iais*) bildet (*dēwais* = skr. *dēváis*, s. §. 243), zeigt in merkwürdiger Übereinstimmung mit dem Sanskrit auch Adverbia mit pluralen Instrumental-Endungen, z. B. *pulkais* häufig, von *pulka-s* Haufe, *kartais* zuweilen, von *karta-s* Mal, einmal, *wakarais* des Abends, von *wakara-s* Abend, *nakti-mis* des Nachts, *pētu-mis* des Mittags. Der Instr. sing. kommt im Sanskrit ebenfalls in einigen als Adverbia geltenden Formen vor, z. B. in *dákśiṇé-n-a* südlich, von *dákśiṇa*, *áćiré-ṇ-a* bald, wörtlich nach nicht langem; ein Dativ ist *ahnáya* bald, wörtlich dem Tage. Die althochdeutschen Adverbia mit dativer Plural-Endung wie *luzzikêm* paulatim, die angelsächsischen wie *middum* in medio, *miclum* magnopere, die altnordischen wie *löngum* longe, *fornum* olim (Grimm III. p. 94) erinnern an die eben besprochenen sanskritischen und litauischen Adverbia mit der pluralen Endung des Instrumentalis. Beispiele von adverbialen Ablativen im Sanskrit sind: *paśćā́t* nachher, *ārā́t* nahe, auch fern, *ádastāt* unten, *purástāt* vorn, von den verlorenen Stämmen *paśća* etc.; *áćirāt* schleunig, von *áćira* nicht lange. Hierher sind schon früher die griechischen Adverbia auf ως (aus ωτ) gezogen worden (s. §. 183[d]. 1). Sie bereichern gewissermafsen die Declination der Adjective um einen Casus; auch bemerkt Buttmann (§. 115. 4), dafs ως noch ganz als eine zur Biegung des Adjectivs gehörige Endung angesehen werden könne. Auf die einfache Regel aber, dafs die Endung ος, Nom. und Gen., in ως übergehe, müssen wir verzichten, da ως als eine selbständige Casus-Endung unmöglich bald aus einem Nom., sogar des Masc., bald aus einem Genitiv hervorgehen kann. Die Übereinstimmung in der Betonung, z. B. von σοφώς mit σοφός, von εὐθέως mit εὐθύς, εὐθέος, stimmt zu der Erscheinung, daſs im Griechischen wie im Sanskrit in der Regel der Ton auf der Sylbe verharrt, wo ihn der Stamm oder Nominativ hat; so entspringt im Sanskrit vom Stamme *samá* ähnlich der Nom. *samá-s*, Acc. *samá-m*, Abl. *samá́-t*, wie im Griechischen von ὁμό die analogen Formen ὁμό-ς, ὁμό-ν, ὁμώ-ς. Lateinische Adverbia mit ablativer Form sind z. B. *continuo*, *perpetuo*, *raro*, *primo*, *secundo*; gothische mit echt ablativer Bedeutung sind z. B. *hva-thrô* woher? *tha-thrô* von da (s. §. 183ᵈ). 2), und ohne ablative Bedeutung, gleich den griechischen auf ως und lateinischen auf *ô*: *sinteinô* immer, *sniumundô* eilends etc. (l. c.). Ein sanskr. Adverbium mit genitiver Form ist *círdsya* endlich, wörtlich des langen; so im Griech. z. B. ὁμοῦ, ποῦ, ἄλλου, im Gothischen *allis* gänzlich, *gistra-dagis* gestern*). Als Adverb. mit locativer Endung gilt im Skr. *práhṇé* am Vormittag, welches man nicht nöthig hat als Adverb. zu fassen, da die betreffende Casus-Endung ohne Überschreitung ihrer ursprünglichen Bestimmung, wie dies bei Adverbien häufig der Fall ist, hier ganz an ihrem Platze steht. Die Sprache selber unterscheidet jedoch *práhṇé* von den gewöhnlichen Locativen dadurch, daſs sie daraus, wie aus einem Thema, das Derivatum *práhṇé-tana-s* bildet (s. §. 958). Vom Lateinischen ziehen wir, wie bereits geschehen ist (§. 200 Schluſs), die Adverbia der 2ten Declin. hierher und stellen z. B. *novê* dem skr. Loc. *návê* in neuem gegenüber**), was nicht hindert, auch den Genit. *noví*

---

*) Matth. 6. 30 morgen, s. von der Gab. und Löbe L c. Über die comparativen Adverbia s. II. S. 41. Über hochdeutsche adverbiale Genitive s. Grimm III. 93 ff.

**) Aus dem in seiner Art einzigen *facilumed* (S. C. de Bacch.) für das gewöhnliche *facillimé* möchte ich nicht die Folgerung ziehen, daſs die Adverbia auf *é* der 2ten Declination eines *d* verlustig ge-

seinem Ursprunge nach als Locativ zu fassen (s. §. 200). Da das Litauische aus Stämmen auf *a* Locative auf *e* bildet (s. §. 197), gelegentlich aber auch *ai* dem sanskr. Guṇadiphthong *ê* (aus *ai*) gegenüberstellt (s. S. 94), so sind vielleicht seine von Stämmen auf *a* entspringenden Adverbia auf *ay, ey* (letzteres von *ia*) ihrem Ursprunge nach Locative, indem *ay, ey* in der Aussprache von *ai, ei* nicht unterschieden sind (s. Kurschat, Beiträge II. 7). Beispiele sind: *gĕray* gut, wohl (*gĕra-s* guter), *żinōmay* wissentlich (*żinōma-s* bekannter), *pirmay* zuvor (*pirma-s* erster), *tenay* dort (altpreuß., *tan'-s* aus *tana-s* er, Acc. *tenna-n*), *didey* sehr (*didis* großer, Them. *didia*, euphon. *didżia*). Wenn Ruhig bemerkt, daß sich im Litauischen aus Verbis Adverbia bilden lassen, wenn man dem Infinitiv die Sylbe *nay* beifügt, so glaube ich doch, daß die Sprache auf einem anderen

gangen und ihrer Bildung nach Ablative seien. Als solche müßten sie den *i*-Stämmen der 3ten Declin. zugewiesen werden, welcher *facilume-d* entschieden angehört (vgl. *navale-d*, §. 181) und wozu auch Mommsen (Oskische Studien p. 41) das analoge, in seiner Art ebenfalls einzige oskische *improfi-d* (improbe) gezogen hat. Hinsichtlich der Schwächung des Endvocals des Stammes (lat. *ŏ*, oskisch *ú*) vergleiche man lateinische Composita wie *imbelli-s*, *exanimi-s*, wo die Belastung durch Composition Veranlassung zur Schwächung des stammhaften *ŏ* von *bellŏ*, *animŏ* zu *i* gegeben hat (vgl. §. 6. p. 14 und §§. 966, 976 Schluß). Daß aber ohne eine äußere Veranlassung alle Adjectivstämme auf *ŏ*, welche Adverbia auf *ē* erzeugt haben, vorher ihr *ŏ* zu *i* geschwächt haben sollten, um hieraus Ablative auf *e-d* und aus diesen mit Unterdrückung des *d* und Verlängerung des vorangehenden Vocals, Adverbia auf *ē* zu bilden, ist mir nicht wahrscheinlich, und ich beharre bei der Ansicht, daß z. B. *rárd* und *rárē* zwei verschiedene Casus aus einem gemeinschaftlichen Stamme auf *ŏ* ($=$ skr. *a*) seien, und zwar ersteres der Ablat. und letzteres der aus dem regelmäßigen Gebrauch verschwundene Locativ sei, dessen *ē* (aus *a + i*) dem skr. *ē* und dem *ei* oskischer Locative der 2ten Declination entspricht (s. §. 200. p. 399).

Wege zu Adverbien wie *laupsin-tinay* lobender Weise (Infin. *laupsinti* loben) gelangt sei, als durch Anfügung der Sylbe *nay* an das Infinitiv-Suffix *ti*. Ich glaube nämlich, dafs es im Litauischen Abstractstämme auf *tina* gegeben habe, welches Suffix sich auf dieselbe Weise der Wurzel oder dem Verbalthema anfügen konnte, wie das Infinitiv-Suffix *ti*. Ich setze also z. B. die Abstracta wie *laupsintina-s* das Loben, *mylėtina-s* das Lieben voraus und lasse davon die Adverbia *laupsin-tinay*, *my-lė-tinay* in derselben Weise entspringen, wie *gėray* bene von *gėra-s* bonus. Das Suffix *tina* halte ich für identisch mit dem im Vêda-Dialekt secundäre Abstracta bildenden Suffix *tvana* (s. §. 850. p. 263). Hinsichtlich des Verlustes des *v* beachte man das Verhältnifs des lit. *sápna-s* Schlaf zum skr. *svápna-s*. Zum vêdischen Suffix *tvana*, und zwar zu dessen Locativ *tvanê* (= *tvanai*) ziehe ich auch die altpersischen Infinitive oder Gerundia auf *tanay*, wenn Oppert, wie ich glaube, Recht hat, das *t* von *čartanay* und *thastanay* zum Suffix zu ziehen*); *čar-tanay* reiht sich dann unter die skr. Wurzel *čar* ire, auch facere, agere, committere, und *t'as-tanay* unter *t'ah*, welches Rawlinson mit der skr. Wz. शंस् *śaṅs* sagen vermittelt**), deren schliefsender Zischlaut durch das folgende *t* geschützt werden mufste. Ist es aber richtig *čar-tanay* und *t'as-tanay* statt *čart-anay*, *t'ast-anay* zu theilen — worin auch Rawlinson Gerundia erkennt — so

---

*) Benfey zieht das *t*, z. B. von *čartanay* machen zur Wurzel und fafst *ana* als das Suffix.

**) „Journal of the R. A. Society" Vol. XI. p. 176. Ich dachte früher (Glossar. Scr. a. 1847. p. V) an eine Verwandtschaft des altpers. *t'ah* mit dem skr. *čakś*; doch fehlt es, wenn man nicht mit Benfey *t'astanay* (die Urschrift gestattet auch *t'astanay* zu lesen) zur skr. Wz. *čėšt* streben zieht, an sonstigen altpersischen Formen mit *t'* für skr. *č*; wohl aber findet man noch andere Belege für pers.] ([*t'* als Vertreter von Zischlauten.

ist die Übereinstimmung mit den in Rede stehenden litauischen Verbal-Adverbien sehr merkwürdig, und ich glaube, dafs *laupsin-tinay*, *mylė-tinay*, welches Ruhig durch lobender, liebender Weise übersetzt, ihrem Ursprunge nach nichts anderes als im Loben, im Lieben, in laudando, in amando bedeuten*).

990. Es gibt im Sanskrit auch mehrere Adverbia, die sich keinem bestimmten Bildungsprincip anschliefsen. Hierher gehören unter anderen die Verneinungspartikeln *a* (als Praefix) und *na* (s. §. 371), die Zeit-Adverbia *sanā́* immer**), *adyá* heute (an diesem Tage, s. Kl. Sanskrit-Gramm. §. 617), *śvas* morgen (lat. *cras*, s. §. 20), *hyas* gestern, *parút* im verflossenen Jahre***), *sadyás* sogleich (wahrscheinlich aus *sa* dieser und *dyas* aus *divas* Tag); die Praefixe *su* wohl, schön, und *dus* schlecht.

---

*) So wie im Griechischen neben den Abstracten auf συνη (s. S. 263) auch Adjective auf συνος bestehen (s. Aufrecht, Zeitschr. für vergl. Sprachf. I. S. 482), z. B. μαντόσυνος neben μαντοσύνη, und wie im Sanskrit das hauptsächlich für Abstracta bestimmte Suffix *tva* — womit Pott (E. F. II. p. 490) das griech. Suffix συνη vermittelt — im Veda-Dialekt auch das Part. fut. pass. bilden kann (s. §. 832), so bestehen im Litauischen neben vorauszusetzenden Abstracten auf *tina-s* auch Adjective mit der Bedeutung des Fut. pass., z. B. *bar-tina-s* vituperandus, *bijó-tina-s* timendus, *wes-tina-s* ducendus (*wedù* ich führe, s. §. 103). Diesen Bildungen kann, meines Erachtens, ebenfalls eine Gemeinschaft mit der sanskritischen auf *tvana* nicht abgesprochen werden, und sollte es im Litauischen, welches für sanskritische Neutral-Substantive in der Regel Masculina setzt, keine Abstracta auf *tina-s* gegeben haben, so mufs man die Adverbia auf *tinay* von jenen Adjectiven ableiten.

**) Wahrscheinlich von dem Demonstrativstamm *sa* (vgl. *sa-dā́*, §. 422 und s. Gloss. Sanscr. a. 1847. p. 367).

***) Aus *par* für *pára* der andere (s. §. 375) und *ut*, wahrscheinlich eine Zusammenziehung der Sylbe *vat* von *vatsará* Jahr. Pott (E. F. II. p. 305) vergleicht passend das gr. περύσι und Windischmann das armenische Հերու *heru* mit beliebter Vertretung des anfangenden *p* durch Հ *h* (s. I. p. 550 Anm.).

Conjunctionen.

991. Die verschiedenen Glieder der indo-europäischen Sprachfamilie stimmen in der Erzeugung der echten Conjunctionen darin überein, daſs sie dieselben aus Pronominal-Wurzeln bilden (s. §. 105), in den Einzelnheiten aber, d. h. in der Wahl der Pronomina, aus welchen die gleichbedeutenden Conjunctionen in den verschiedenen Sprachen und Sprachgruppen gebildet werden, herrscht grofse Verschiedenheit, so daſs z. B. unser *daſs*, ahd. *daz*, weder zum skr. *yat*, *yátá*, noch zum lat. *quod*, *ut*, noch zum griech. ὅτι, ὡς, ἵνα, ὅπως, noch zum lit. *jōg*, *kad*, noch zum russischen *kto*, wenigstens nicht zum Ganzen des letzteren, sondern nur zum Schluſstheile (*to*) desselben stimmt (vgl. §. 343). Das ahd. *daz* ist nichts anderes als das Neutrum des Artikels, und der graphische Unterschied, den wir zwischen *das* und *daſs* machen, hat keine organische Begründung, da das *s* im Neutrum der Pronomina und starken Adjective überall auf älteres *z* sich stützt und eigentlich ß geschrieben werden sollte. Ich sehe keinen hinlänglichen Grund, mit Graff (V. 39) die Conjunction *daz* als Neutrum des Relativs aufzufassen, wenngleich das gothische *thatei* die Partikel *ei* enthält, welche dem Demonstrativum relative Bedeutung gibt; allein für die Conj. *daſs* pafst die demonstrative Bedeutung besser als die relative, und wenn man sagt: *ich weiſs, daſs er krank ist*, so ist dies soviel als „ich weiſs dieses: er ist krank", und ich habe daher schon in meinem Conjugationssystem (p. 82) die Conj. *daſs* den Artikel der Verba genannt. Man kann ein Verbum oder einen Satz nicht in das accusative Verhältniſs stellen, ohne ihm eine Conjunction, d. h. ein Pronomen vorzusetzen, welches der Träger des Casusverhältnisses ist, in welchem der Satz erscheint. Als Neutrum ist *daſs* auch geeignet, das nominative Verhältniſs auszudrücken; dies thut es in Sätzen wie: *es ist erfreulich, daſs er wieder gesund ist*, das heiſst so viel als „das Wiedergesundsein desselben ist er-

freulich". Mit *daſs*, es mag im accusativen oder im nominativen Verhältniſs stehen, ist der grammatische Satz, das allgemeine grammatische Schema, gewissermaſsen vollendet, hinter *ich weiſs daſs* ... oder *es ist erfreulich daſs* ... folgt dann der jedesmalige logische Inhalt. Da der Accusativ adverbialisch auch andere oblique Casusverhältnisse auszudrücken im Stande ist, und z. B. das skr. *tat* und *yat* nicht nur dieses und welches, sondern auch deswegen, darum, weswegen, weil, d. h. das instrumentale oder ursächliche Verhältniſs ausdrücken und somit die Formen *téna* und *yéna* ersetzen können, so ist *daſs* auch dazu geeignet, die Stelle von *damit* zu vertreten, wo die Praep. *mit* die Stelle der fehlenden Instrumental-Endung vertritt; daher z. B.: *nimm diese Arzenei, daſs (damit) du wieder gesund werdest.* So wie *daſs*, so stehen auch die meisten anderen Conjunctionen immer in irgend einem Casusverhältniſs, wenn dasselbe auch nicht formell an der Conjunction ausgedrückt ist. Unser *aber*, eigentlich *anderes* (s. §. 350), steht, wie die ihm dem Sinne nach entsprechenden Conjunctionen anderer Sprachen, immer im Nominativverhältniſs in Sätzen wie „*er befindet sich nicht wohl, aber er wird doch kommen*". Mit *aber* beginnt also hier das andere, was gesagt werden soll, als Gegensatz zu dem vorhergehenden. Im Griechischen ist ἀλλά, trotz seiner verschiedenen Betonung, offenbar identisch mit dem neutralen Plural ἄλλα. Im Armenischen heiſst das mit ἄλλος verwandte այլ *ail* (anderer) als Conjunction ebenfalls aber, und ist als solche als Nomin. sing. zu fassen. Das Sanskrit setzt *tú*, welches wie das griech. δέ nie am Anfange steht, und, wie mir scheint, eine Schwächung des Stammes *ta* ist, dem wir oben (§. 350) auch das griech. δέ zugewiesen haben. Für „aber" gilt im Sanskrit auch *kintú*, aus *kĭm* was? und dem erwähnten *tú*, dem ersteres hier gewissermaſsen nur als Fulcrum dient, wie *yádi* wenn dem *vá*, und im Lateinischen *si* dem *ve* in यदिवा *yádivá* und *sive* „oder", was वा *vá*, *ve* auch für sich allein bedeuten.

992. Das eben erwähnte skr. *yádi* wenn*) ist, wie ich nicht zweifle, dem Relativstamme *ya* entsprossen, welchem auch die gleichbedeutende goth. Conjunction *ja-bai* angehört (s. §. 383. p. 199); dagegen reiht sich das in चेत् *cét* wenn enthaltene *it* an den Demonstrativstamm *i* und ist nichts anderes als das im einfachen Gebrauch nicht vorkommende Neutrum des gedachten Stammes und somit identisch mit dem lat. *id***). Es mag dahingestellt bleiben, ob das goth. *iba* von *n'-iba* wenn nicht eine Zusammenziehung von *ja-ba* sei (vgl. *thauh-jaba*), oder ob sein *i* zum Stamme des skr. *it* gehört, womit stammhaft auch das goth. *i-th* aber, wenn (s. §. 420. p. 241) zusammenhängt. Das latein. *si* gehört offenbar, wie *se-d* und *si-c*, zum Reflexivstamme (vgl. *si-bi*). Das griech. εἰ könnte als Verstümmelung von ἐδι gefafst und so mit यदि *yádi* vermittelt werden, wozu es sich ungefähr verhalten würde, wie z. B. φέρει zu *b'árati* er trägt. Unser *wenn* ist ursprünglich identisch mit *wann*, und die Bedeutung wenn ist dem althochd. Zeit-Adverbium *hwanne, hwenne* noch fremd. Der althochdeutsche Ausdruck für wenn und zugleich für ob ist *ibu, ipu* etc. (formell = goth. *iba*, engl. *if*), mhd. *obe, ob*, worauf unser *ob* sich stützt, welches der Bedeutung wenn verlustig gegangen ist, dessen Casusverhältnifs daher immer ein accusatives ist, welches im lat. *num* und *utrum* auch durch die Form ausgedrückt ist. Der Übergang des leichtesten Vocals *i* des goth. *iba* und ahd. *ibu, ipu* zum schwereren *o* des mittel- und neuhochd. *obe, ob* ist insofern auffallend, als die Sprachen im Laufe der Zeit sich gewöhnlich nur durch Schwächung, nicht durch Verstärkung entstellen***). Im Sanskrit bedeutet

---

*) Șend. ⰜⰛⰆⰓⰁⰖ *yéṣi*, ⰜⰛⰆⰓⰁⰖ *yéidi*, s. §§. 39, 41, 42, 520.

**) S. §. 360 und Kl. Sanskrit-Gr. 3te Ausg. §. 247. Anm. 1.

***) Zu dem, was oben (§. 383. p. 199) über die Sylben *ba, bai* der betreffenden Conjunctionen und der von starken Adjectivstämmen auf *a* entspringenden Adverbia auf *a-ba* gesagt worden, mag hier noch ein anderer Erklärungsversuch beigefügt werden, wornach *ba* auf das skr. *pa* sich stützen könnte, wodurch aus den Demon-

das erwähnte *yádi*, wie das griech. *εἰ* und althochd. *i-bu*, *i-pu*, aufser wenn auch ob. Das lit. *jey* wenn stimmt hinsichtlich des Diphthongs *ey* zu den oben (S. 479) besprochenen Adverbien auf *ay*, *ey*; hinsichtlich seines Stammes aber ist es identisch mit dem des skr. *yádi* (s. §. 383). In der Sylbe *gu* von *jéy-gu* wenn etwa (auch *jei-g*) glaube ich die in §. 326. p. 102 f. besprochene skr. Anhängepartikel *ha*, véd. *g'a*, *g'á*, *há*, gr. *γε*, zu erkennen und in *gi* von *jey-gi* wenn ja, obgleich, obschon die Partikel हि *hi*, welche entweder ohne fühlbare Bedeutung steht, oder „denn" bedeutet und auch in letzterem Falle niemals am Anfang erscheint *).

993. Aus dem Relativstamme *ya* entspringen im Sanskrit auch die Conjunctionen *yát* und *yátá* dafs, ersteres im Sinne des lat. *quod* und wie dieses der Form nach das Neut. des Relat., letzteres in dem von *ut* und wie dieses ursprünglich „wie" bedeutend **). Im Vêda-Dialekt gibt es auch eine nur selten vorkommende Conjunction *yát* dafs, als Adverbium wie, eine sehr interessante Form, die zuerst

---

strativstämmen *a* und *u* die Praepositionen *á-pa* und *ú-pa* entsprungen sind. Das Gothische setzt für Tenues der Wortbildungssuffixe und Endungen zwischen zwei Vocalen gerne eine Media, während am Wort-Ende die Aspirata vorgezogen wird (s. §. 91. 2. 3), daher kann die Praeposition *af*, gegenüber der skr. *á-pa*, uns nicht hindern, auch in den Conjunctionen *ja-bai*, *n'-i-ba* und in den Adjectiv-Adverbien auf *ba* das sanskr. Suffix *pa*, von *a-pa*, *u-pa*, *prati-pa*, *sami-pa*, lat. *pe* von *pro-pe*, *nem-pe*, *quip-pe* (aus *quid-pe*), *sae-pe* zu erkennen. Vom Litauischen müfsten dann auch die Pronominal-Adverbia *tai-pō*, *tai-p* so, *kitai-p* anders, *kai-pō*, *kai-p* wie? *katrai-p* auf welche Art? *antrai-p* auf andere Art und die Conjunction *jei-b* auf dafs, hinsichtlich ihres Labials in Abweichung von §. 383. p. 200 hierher gezogen werden.

*) S. §. 391, wo auch des griechischen *γάρ* gedacht ist.
**) Über *yá-id* s. §. 425 und vgl. die neupers. Conjunction ﺗﺎ *id* dafs, armen. ԲԷ *ie* oder ԵԹԷ *eie* dafs. Über den Gebrauch der zu *yát* und *yátá* stimmenden send. Conjunctionen ܝܘܬ *yad*, ܝܘܬܐ *yata* s. §. 725 und §. 972. p. 451.

von Kuhn *) als Conjunction und der Bildung nach als Ablativ nach der gewöhnlichen Declination (für *yásmát*) erkannt worden. Als Correlativ zu *yát*, und gleichsam als Zwillingsbruder des griech. τώς, findet sich auch im Vêda-Dialekt das demonstrative Adverbium *tát* mit der Bedeutung „so" in einer von Benfey (Glossar zum Sâmav. p. 75) angeführten Stelle des 4ten Buches des Rigvêda (VI. 12), wo sich in Einem Verse *yát* mit der Bedeutung „wie" und *tát* mit der von „so" findet.

994. Unser *so*, wo es auf *wenn* antwortet, hat eben so viel Recht als Conjunction aufgefafst zu werden, als *wenn*; denn in Sätzen wie: „*wenn er gesund ist, so wird er kommen*", ist „*so*" eben so der Träger des Nachsatzes, wie „*wenn*" der des Vordersatzes; es kann dann in Sprachen, denen ein entsprechender Ausdruck fehlt, weil sie kein Bedürfnifs fühlen in derartigen Constructionen den Nachsatz mit einer Conjunction zu eröffnen, oder seinem Verbum gleichsam einen Artikel voranzustellen, gar nicht übersetzt werden. In der späteren Sprachperiode des Sanskrit hat *tadá*, ursprünglich **damals** (s. §. 422), die Rolle dieser auf *yádi* **wenn** antwortenden Conjunct. übernommen, und so lesen wir z. B. in Lassen's Anthologie p. 7: *yady éśá mama b´áryá b´avati tadá ǵivámi, nó ćén* (euphon. für *ćét*), *marisyámi* **wenn diese meine Gattin wird, so lebe ich; wenn nicht, (so) werde ich sterben.** Das Litauische setzt das Neutrum seines Artikels, nämlich *tai*, und das Slavische das entsprechende тo = griech. τό, skr. *tát* **dieses**, als Conjunction für unser *so* (s. Dobr. p. 447). Ein litauisches Beispiel ist: *jey źmonēms atlĕisite jū nusidējimus, tai atlĕis ir jums jusū tēwas dangujensis* **wenn den Menschen ihr vergebet ihre Vergehen, so wird vergeben auch euch euer himmlischer Vater** (Matth. 6. 14).

---

*) S. Hoefer's Zeitschr. II. p. 174.

Praepositionen.

995. Die echten Praepositionen und solche Adverbia, die mit Praepositionen in Form und Bedeutung zusammenhangen, lassen sich sämmtlich mit mehr oder weniger Sicherheit von Pronominen ableiten; sie beruhen ihrer Bedeutung nach auf ähnlichen Gegensätzen wie *dieser* und *jener*, oder *diesseits* und *jenseits*. So kann z. B. *über* im Verhältnifs zu *unter*, *vor* im Verhältnifs zu *hinter*, *aus* im Verhältnifs zu *in*, als *diesseits*, und der Gegenpol als *jenseits* gefafst werden, oder umgekehrt (s. §. 293). Am deutlichsten erkennt man in der sanskr. Praeposition *áti* über den pronominalen Ursprung, denn sie verhält sich, ihrer Bildung nach, zum Demonstrativstamm *a* wie *íti* „so" zu *i*. Für mich waren jedoch die Adjective *á-dara-s*, *a-dáma-s* der untere oder unterste die erste Veranlassung zur Wahrnehmung des pronominalen Ursprungs der Urpraepositionen[*]). Die Praep. *a-dás* unter, als Adv. unten, habe ich erst später als Abkömmling des Demonstrativstammes *a* dargestellt[**]). Zu *á-dara-s*, *a-dáma-s* stimmen im Lateinischen *inferus*, *infimus* (s. §. 293. S. 26), deren ersteres Vossius aus dem Verbum *infero* entspringen läfst, während das skr. *a-dáma-s* in dem Uṇādi-Buche (V. 54) von der Verbalwurzel *av* helfen durch ein Suffix *ama* abgeleitet wird. Will man *á-da-ra-s*, *a-dá-ma-s* theilen, so mufs man diese Adjective von *a-dá-s* unter, unten, mit unterdrücktem *s*, ableiten, wie *áva-ra-s*, *avá-ma-s* offenbar von der Praep. *áva* von, herab entsprungen sind, wenngleich l. c. auch *avá-ma-s* der Verbalwurzel *av* helfen zugewiesen wird. Es würde uns jene Ableitung nicht hindern, das praeposi-

---

[*]) S. die Abhandlungen der historisch-philol. Klasse der K. Akad. der Wiss. aus dem J. 1826. p. 91 ff.
[**]) S. „Über einige Demonstrativstämme und ihren Zusammenhang mit verschiedenen Praepositionen und Conjunctionen", 1830. p. 9. Vgl. C. G. Schmidt „De praepositionibus Graecis", 1829.

tionale und adverbiale *aďas* selber von dem Demonstrativstamme *a* durch ein Suffix *ďas*, als Modification von *tas*, entspringen zu lassen.

996. Zu *áti* über, şend. ࿂ོུ‍ *aiti*, gehört meiner Meinung nach das lat. *at* von *at-avus**) (s. §. 425) und lit. *ant* auf, mit eingeschobenem Nasal (vgl. §. 293. S. 26), und ohne Nasal, aber mit veränderter Bedeutung, *at*, nach Ruhig zu, zurück, nur als Praefix, z. B. in *at-eimi* ich komme her, *at-důmi* ich gebe zurück. Das gr. ἀντί und lat. *ante* erscheinen mir jetzt als Abkömmlinge von *áti* darum bedenklich, weil ἄντα, welches man in seinem Ursprunge von ἀντί nicht trennen darf, nicht leicht aus ἀντί entsprungen sein kann, wohl aber ἀντί aus ἄντα durch die sehr gewöhnliche Schwächung von *a* zu *i*. Ist aber ἄντα die Urform, so bietet sich अन्त *ánta* Ende, dem als Gegenpol zum Anfang, d. h. zu dem, was vorn ist, ein praepositionaler Begriff zum Grunde liegt, als Vermittelungsglied dar. Unser *ant* von *Antwort*, als Gegenwort, hat schon Thiersch mit dem griech. ἀντί vermittelt; das goth. *anda-* von *anda-vaurd*, *anda-nahti* Abend (eigentlich Vornacht oder die der Nacht entgegengehende Zeit), *anda-numfts* Annahme, das Entgegennehmen, *anda-nēms* angenehm (gegen *anď-nima* ich nehme an), spricht zu Gunsten von ἄντα als Urform. Im isolirten Zustande und auch in den meisten Zusammensetzungen hat die gothische Praeposition, worauf auch unser *ent* von *entsagen*, *entsprechen* etc. sich stützt, den Endvocal verloren. Der skr. Substantivstamm *ánta* Ende hat sich im Goth. zu *andja*, Nom. *andeis* (auch *andi*, Nom. *andis*) gestaltet, und dieses Substantiv hat sich in unserem *Ende* von der 2ten Lautverschiebung (§. 87. 2) frei gehalten, während *ant* und *ent* von *Antwort*, *ent-sprechen* etc. sie erfahren haben. Im Vêda-Dialekt gibt es ein Adverbium *ánti*

---

*) Vgl. *ab-avus*, *pro-avus* und s. Jahrb. für wissensch. Kritik, Nov. 1830. S. 792. Beistimmend Pott, Etym. Forsch. II. S. 315 und Corssen, Neue Jahrb. der Phil. und Päd. Bd. 68. S. 480.

nahe, welches auch in der späteren Sprache wiederkehrt (s. Benfey, Glossar zum S. V.), und wovon ich schon in der ersten Ausg. meines Glossars, ohne es damals zu kennen, in der Voraussetzung, daſs eine solche Form bestanden habe, das Subst. *antikâ-m* Nähe abgeleitet habe. Wahrscheinlich ist dieses अन्ति *ánti* aus dem Demonstrativstamm *aná*, mit unterdrücktem *a*, durch dasselbe Suffix entsprungen, wodurch *á-ti* aus *a*. Das Substantiv अन्त *ánta* Ende aber kann man als etymologischen Bruder von अन्ति *ánti* nahe auffassen, indem man es von derselben Pronominalwurzel durch ein anderes, aber verwandtes Suffix ableitet. Eine passende Verbalwurzel zur Erklärung von *ánta* Ende gibt es nicht; wenigstens scheint mir die Wz. *am* gehen, woran die indischen Grammatiker sich wenden (Uṇâdi III. 85), kein gefährlicher Nebenbuhler des Demonstrativstammes *aná*.

997. Das Suffix धि *d'i*, von अधि *ád'i* über, auf, hin, hinzu, stimmt zum griech. θι locativer Adverbia wie πό-θι, ὅ-θι, οὐρανό-θι. Vom Lateinischen glaube ich die Praeposition *ad* dem sanskr. *ád'i* als Schwesterform zur Seite stellen zu dürfen; vom Gothischen könnte *und* „bis, bis zu" (altsächs. *unti, unt*) hierher gezogen werden. Die grofse Beweglichkeit in den Bedeutungs-Übergängen der Praepositionen, verbunden mit der leichten Veränderlichkeit der Form läſst uns hier schwer zu ganz zuverlässigen Vergleichungen gelangen. Für die goth. Praep. *at* bei, zu, bietet das Sanskrit ebenfalls keine andere Praeposition als *ád'i* zur Vermittelung dar. Zum lat. *ad* würde das goth. *at* in Ansehung des Lautverschiebungsgesetzes genau stimmen, allein mit dem Lateinischen stehen die germanischen Sprachen in keiner direkten Verbindung.

998. Der skr. Praeposition *á-pa* von ist als Spröſsling des Demonstrativstammes *a*, und hinsichtlich ihrer Endung als Analogon zu *ú-pa* bereits gedacht worden (S. 484 Anm. ***). Es stimmt dazu das gr. *ἀ-πό* (wie *ὐ-πό* zu *ú-pa*), das armenische *a-pa*, lat. *a-b* (wie *su-b* zu *ú-pa*), goth. *a-f* (nach

§. 87), engl. *o-f*, unser *a-b*. Die Praepos. अपि *á-pi* über, auf, in *ápi-dá* bedecken, eigentlich darüberlegen (als Conjunction „auch"), hat, als muthmafslicher Abkömmling des Stammes *a*, hinsichtlich ihrer Endung keine sonstige Analoga. Der Form nach verhält sie sich zu *á-pa* wie im Griech. ἀν-τί zu ἄν-τα. Zu *ápi* stimmt das griech. ἐπί, hinsichtlich des Vocals aber und hinsichtlich der beschränkteren Bedeutung besser das litauische *ap*, z. B. von *ap-auksinu* ich vergolde (übergolde), *ap-denkiu* ich bedecke, überdecke, *ap-dumoju* ich bedenke, überdenke, *ap-galu* ich überwältige (*galù* ich kann), *ap-si-imu* ich nehme auf mich, *ap-beriu* ich überschütte, *ap-twystu* ich überschwemme, *api-pjaustau* ich beschneide*).

999. Die Endung *b'i* der Praepos. अभि *ab'i* an, hin, hinzu (adv. *ab'i-tas* bei), steht mit den mit *b'*, send. und lat. *b*, griech. φ anfangenden Casus- und Adverbial-Endungen in Zusammenhang. Ich erinnere an die griech. locativen Adverbia αὐτό-φι, θύρη-φι (II. p. 430) und die lateinischen Dative und Adverbia *ti-bi*, *si-bi*, *i-bi*, *u-bi*, *utru-bi* (§. 223). Zur Praepos. अभि *ab'i* verhält sich das griech. ἀμφί, lat. *amb-*, althochd. *umbi* (unser *um*), hinsichtlich des eingeschobenen Nasals, wie ἄμφω, *ambo* zu उभौ *ub'áú* (Them. *ub'á*) beide. An die skr. Praep. *ab'í* reiht sich auch unser *bei*, als Praefix *be*, althd. *bî*, *bi*, goth. *bi*, mit Unterdrückung des Anfangsvocals, wie im Sanskrit für das oben (§. 998) erwähnte *ápi* als Praep. häufiger *pi* als die volle Form *ápi* gesetzt wird; dieses *pi* würde aber im Gothischen eher *fi* als *bi* erwarten lassen. Im Lateinischen darf uns das erwähnte *amb-* nicht abhalten auch *ob* hierher zu ziehen, da die Spaltung einer und derselben Form in verschiedene nichts Ungewöhnliches ist. Für *amb* gilt auch *am* (wie unser *um* für *umbi*) und *an*,

---

*) Nesselmann („Wörterb. der lit. Spr.") bemerkt über diese Praeposition, dafs vor Wurzeln, die mit *p* anfangen, zuweilen *api* stehe, aber selten vor anderen. Ich lasse es daher dahingestellt sein, ob dieses *i* das ursprüngliche *i* oder ein euphonischer Zusatz sei.

z. B. in *am-plector*, *am-icio*, *an-fractus*. Auch im Șend erscheint die in Rede stehende Praep. in zwei Formen, nämlich in der von ایبِ *aibi* und ایوِ *aiwi*. Einer anderen mit dem Demonstrativstamme *a* zusammenhängenden Praep. leistet das Șend den Dienst, daſs es die Form derselben auch noch in ihrer ursprünglichen demonstrativen Bedeutung mit vollständiger Declin. gebraucht; ich meine die Praep. *áva* von, herab (s. §. 377). Die praepositionale Bedeutung ist in den europäischen Schwestersprachen am deutlichsten durch das altpreuſsische untrennbare *au* vertreten, z. B. in *au-mú-sna-n* (acc.) Abwaschung (vgl. russ. мою *moju* ich wasche), *au-lau-t* sterben (s. S. 153 und vgl. skr. *lú* abscindere, evellere, lit. *lawōnas* Leiche). Vom Altslavischen scheint sowohl оүи als o hierher zu gehören, das letztere jedoch nicht in allen Zusammensetzungen (s. Dobr. p. 401). Beispiele sind: оурѣзати *u-rêșati* abscindere, оумалити *u-maliti* minorare, diminuere, оудалити *u-daliti* elongare, оүтасити *u-gasiti* extinguere, оүбогъ *u-bogŭ* pauper (nicht reich), омъіти *o-mūti* abluere, оставити *o-staviti* dimittere, оүпровергати *o-provergati* dejicere, abjicere.

1000. Auſser अव *áva* macht noch अपि *ab'i* Anspruch auf die slav. Praep. *o*, die im Polnischen in den Formen *obe*, *ob* und *o* erscheint, und zwar am häufigsten in der letzten (Bandke §. 210). Beispiele sind: *obe-zna-ć* bekannt machen (skr. *ab'i-gná* wie *gná* simpl. wissen), *obe-líwa-ć* lästern (*líy-ć* id.), *obe-lgnq-ć* ringsum ankleben, *ob--cowa-ć* umgehen, Umgang mit jemandem haben, *ob-iazd* Umritt, *o-kaza-ć* rings herum zeigen, *o-garnia-ć* umfassen (skr. *grh-ņá-mi*, aus *grah-ņá-mi* für *grab'-ņá-mi*, ich nehme, greife), *o-gryća-ć* benagen, ringsum benagen. Um wieder zur Praep. अव *áva* zurückzukehren, so glaube ich nicht, daſs sich das lateinische *au* von *au-fugio*, *au-fero* damit vermitteln lasse, sondern halte mich an die gewöhnliche Erklärung dieses *au* aus *ab**); dagegen glaube ich mit Weber in *aver-nu-s* ein Schwesterwort des sanskritischen, von *áva* abstammenden *ávara-s* inferus (s. §. 995) zu erkennen, wovon wahrscheinlich auch das armenische *wair* (*i wair* unter) mit Verlust des Anfangsvocals stammt (vgl. §. 1005). Was den Antritt des Suffixes *nŏ* in der lateinischen Form anbelangt, so erinnere ich an das Verhältniſs von *infer-nŏ* (neben *in-ferŏ*) zum gleichbedeutenden skr. *ádara* (s. II. p. 26). Sollte sich die skr. Praep. *áva* „von, ab" noch sonst wo in europäischen Sprachen erhalten haben, so hätte, wie mir scheint, das ahd. privative *á* (Grimm II. p. 704 ff.) den nächsten Anspruch darauf. Da अप *ápa* „von"**) und die entsprechenden europäischen Formen zur Verneinung gebraucht werden (s. §. 981), so wäre zu demselben Geschäft auch die Praep. *áva* geeignet, die nach Abfall des Halbvocals die beiden kurzen *a* zu *á* hätte zusammenziehen müssen. Ist aber *á*, wie Grimm (l. c. p. 705) annimmt, in seinem Ursprung identisch mit *ar* aus, goth. *us* (vgl. §. 981), so dürfte wohl das skr. *ávis* — welches wahrscheinlich ursprünglich so viel als aus, heraus bedeutet, daher sichtbar, offenbar — den nächsten Anspruch auf die Vaterschaft dieser Praeposition haben, womit sich auch eine irländische Praep., nämlich *as*, ebenfalls aus, vermitteln läſst. Wenn आविस् *ávis* wirklich eine Praeposition ist, und somit *ávir-b'úta*, in Bezug auf den Mond „aufgegangen", eigentlich herausgeworden, und *ávis-kṛta* „offenbart" eigentlich herausgemacht bedeutet, so läſst sich auch das lat. und griech. *ex*, ἐξ damit vermitteln, so daſs eine Erhärtung des *v* zu *k* anzunehmen wäre (s. §. 19).

1001. Von dem Demonstrativstamm *a* kommt im Sanskrit das die Entfernung von einem Orte ausdrückende Adv.

---

*) Die Assimilation zu *af-fero*, *af-fugio* (wie *of-fero* aus *ob-fero*) muſste vermieden werden, weil die Form *af* schon durch die Praep. *ad* in Anspruch genommen war (vgl. Pott, E. F. II. 153).

**) auch im Armenischen am Anfange von Composs., s. §. 981.

á-tas „von da", welches mit gleichem Rechte wie *a-dás* unter (§. 995) als Praeposition gebraucht werden könnte und wozu die Bedeutung „von" sehr gut passen würde. Diese hat auch im Slavischen die Praeposition отъ *o-tŭ*, die ich in formeller Beziehung für identisch halte mit dem gedachten *átas*, mit Berücksichtigung, daſs das slav. ъ *ŭ* fast eben so häufig als die latein. Endung *us* die Stelle der skr. Endung *as* vertritt, deren *s* nach §. 92. m nothwendig abfallen muſste, daher z. B. новъ *novŭ* = skr. *náva-s*, lat. *novu-s*, везомъ * veṣ-o-mŭ* = *váh-á-mas*, *veh-i-mus*. Ich kenne aber keine Endung, wo slavisches ъ *ŭ* auf ein sanskritisches oder lit. *i* sich stützte, sondern dafür steht и *i* oder ь *ĭ*, ersteres z. B. in даси *da-si* du gibst = *dádá-si*, letzteres in дамь *da-mĭ* ich gebe = *dádá-mi*, томь *to-mĭ* in jenem = *tá-smin*. Ich kann daher das gedachte отъ *o-tŭ* nicht mit Miklosich (Radices p. 60) auf die oben (§. 995) besprochene skr. Praep. *áti* über zurückführen, obwohl ich an der Bedeutung, die bei den Praepositionen sehr veränderlich ist, keinen Anstoſs nehmen würde.

1002. Von dem indeclinablen Demonstrativstamme उ *u**), der sich als Encliticum an andere Pronomina anlehnt (s. Gloss. a. 1847. p. 44), stammen wahrscheinlich die Praepositionen उप *ú-pa* an, hin, zu, und *ú-t* auf, aufwärts, in die Höhe; ersteres ein Bildungsverwandter von *á-pa* von (s. §. 998). So wie im Griech. ἀ-πό zu *á-pa* sich verhält, so ungefähr ὑ-πό zu *ú-pa*; nur kann hier der Spiritus asper Anstoſs geben, um so mehr, als das lat. *su-b* dafür *s* zeigt. Erwägt man aber, daſs auch dem skr. *upá-ri* über, goth. *ufa-r*, im Griech. ὑπέ-ρ und im Lat. *supe-r* gegenübersteht, so wird man leicht veranlaſst, den Spiritus asper im Griech. und das *s* im Lat. bei den betreffenden Praepositionen entweder für einen rein phonetischen Vorschlag oder

---

*) Hiervon das send. *uiti* so (nach §. 41), wie das gleichbedeutende skr. *íti* vom Demonstrativstamme *i*, s. §. 425. S. 251.

für die Verstümmelung einer neu vorgetretenen, aber hier bedeutungslosen Praeposition (skr. *sa*, s. §. 1014) zu halten. Vom Gothischen gehört *uf* ·unter hierher, welchem das ahd. *o-ba* über (unser *ob* in *obliegen*, *Obdach*, *Obhut*, Adv. *oben*) mit entgegengesetzter Richtung der Bedeutung entspricht (s. Grimm III. 253). Das Slavische, Litauische und Altpreufsische haben den anfangenden Vocal verloren — wie z. B. im Skr. *pi* neben *ápi*, §. 998 — daher im Altslav. *pa*, häufiger *po*, als Praefix, z. B. in ПАМАТЬ *pa-mañtĭ* memoria, ПОМИНАТИ *po-minati* meminisse, ПОМАЗАТИ *po-mazati* ungere, ПОЛАГАТИ *po-lagati* ponere, ПОДАТИ *po-dati* impertiri, ПОСТЛАТИ *po-stlati* sternere. Aus ПО *po* scheint ПОДЪ *po-dŭ* unter hervorgegangen zu sein, und so НАДЪ *na-dŭ* über aus *na*. — Über das Suffix ДЪ *dŭ* = send. *d'a* s. §. 420. S. 241.

1003. Im Litauischen bedeutet *pŏ* als getrennte Praep. unter anderem unter, z. B. *pŏ dangumì* unter dem Himmel; wo es aber nach bedeutet, z. B. *pŏ pétŭ* nach Mittag, ist es vielleicht von anderem Ursprung und verwandt mit dem skr. Adv. *paśćā́t*, einer Ablativform von dem in keinem anderen Casus vorkommenden *paśća**), mit dessen Grundbestandtheil auch das lat. *pos-t* zu vermitteln ist, aber so, dafs das Suffix *t* (aus *ti*, vgl. *pos-ticus*) nichts mit dem skr. *ća* (aus *ka*) zu thun hat, wohl aber unter anderem das litauische *kuy* von *paskuy* hernach, vielleicht ein Dativ (wie *wìlkuì lupo*, §. 177), vom Stamme *paska*. Im Altpreufs. heifst *pans-dan* hernach, mit eingeschobenem Nasal, wie in der Dativ-Endung pl. *mans* = skr. *b'yas*, lit. *mus* (§. 215. S. 424). Hinsichtlich des Suffixes *dan* stimmt *pans-dan* zu *pirs-dan* vor, in dessen Grundbestandtheil man leicht das skr. *purás* (aus *paras*) vor erkennen wird, wovon später. Ohne Suffix heifst *pas* im Lit. „bei" mit dem Acc. Das untrennbare lit. *pa* mag sich zum Theil auf die skr. Praep.

---

*) Aus *pas* (vgl. neupers. *pes* hernach) und *ća*, wie *uććá* hoch von *ut* aufwärts, *nĭ-ća* niedrig von *ni* nieder.

ápa von stützen, z. B. in *pa-bḗgu* ich laufe weg, *pa-gaunu* ich entwende, nehme weg, zum Theil auf *úpa* an, hin, z. B. in *pa-darau* ich fertige (*darau* ich mache), *pa-giru* ich lobe (altpr. *gir-twei* loben, *po-gir-sna-n* Lob acc.), *pa-źintis* Bekanntschaft.

1004. Über die Praepositionen, welche wahrscheinlich dem Stamme अन *aná* dieser entsprossen sind, s. §. 373. Ich dachte früher*) an eine Verwandtschaft der lateinischen und germanischen Praep. *in* und des gr. ἐν mit dem Demonstrativstamme *i*, allein das *i* von *in* und das griech. ε von ἐν lassen sich sehr leicht als Schwächung von *a* fassen, wie in *inter* = skr. *antár*, und das goth. Adv. *inna-thrô* von innen (s. §. 183ᵃ). 2) erklärt sich viel leichter aus dem Stamme अन *aná* (durch Verdoppelung der Liquida, vgl. §. 877), als aus dem Stamme *i*. Durch Schwächung des schliefsenden *a* des skr. Stammes *aná* zu *u* gelangt man zur Praep. अनु *ánu* nach, die sich zu *aná* verhält wie der Interrogativstamm *ku* (§. 386) zu dem vorherrschenden *ka*. Das slavische *na* und *na-dŭ* über (vgl. gr. ἀνά)**), altpr. *na*, *no* auf, lit. *nů*, *nůg* „von"***) scheinen wie *po*, *podŭ*, *pa* eines anfangenden Vocals verlustig gegangen zu sein. Der letzte Theil des componirten Pronominalstammes अन *aná*, nämlich *na* (s. §. 369), gilt mit der Schwächung von *a* zu *i* als Praeposition mit der Bedeutung nieder, und ist auch der Ausgangspunkt unseres *nie-der*, althd. *ni-dar* (s. II. S. 28). Dafs auch dem slav. Adv. ннзъ *ni-sŭ* unten die skr. Praep. नि *ni* zum Grunde liege, ist kaum zu bezweifeln; зъ *sŭ* wäre demnach ein angetretenes Suffix, wie vielleicht auch in нзъ *i-sŭ* aus, wofür im Lit. *iš*, im Altpr. *is* id. Viel-

---

*) S. „Über das Demonstrativum und den Ursprung der Casuszeichen" in den Abhandlungen der historisch-philol. Kl. der K. Akad. der Wiss. aus dem J. 1826.

**) Hinsichtlich des Suffixes दु *dŭ* s. §. 1002 Schlufs.

***) Ich halte das *g* für ein Encliticum (vgl. §. 992 Schlufs); *ů* (*uo*) vertritt häufig ein langes *á*, z. B. in *důmi* ich gebe = *dádámi*.

leicht hat die „aus" bedeutende Praep. ein anfangendes *n* verloren, wie нма *imaṅ* = skr. *nā́man*, so dafs die genannten Praepositionen wenigstens hinsichtlich des Stammes an das skr. *ni-s* aus sich anreihen liefsen, welches offenbar aus *ni* durch Anfügung eines *s* gebildet ist, da *s* oft an Praepositionen antritt, und zwar ohne ihre Bedeutung zu ändern. Wenn aber *nis* im Sanskrit eine andere Bedeutung als *ni* angenommen hat, so ist ihm doch im Ṣend zugleich die von *ni* nieder verblieben, indem hier *nis-had* oder *nis-haḍ*, auch *nis-hiḍ*, die Stelle des skr. *ni-ṣad* (euphon. für *ni-sad*), in den Special-Tempp. *ni-ṣī́d*, vertritt; z. B. V. S. p. 440: *yad ahmi nmáné ... nāirika ... nis-haḍáḍ* wenn an diesem Orte eine Frau sich niedersetzt. Sollte im Sanskrit zu der Zeit, wo die lettisch-slavischen Sprachen sich von ihm absonderten, das locative Suffix ह *ḥa* (aus ध *d'a*, s. §. 420) schon in dieser Verstümmelung bestanden haben, und zwar neben dem volleren ध *d'a*, so könnte man das Suffix ЗЪ *sŭ* der slavischen Formen ннзъ *ni-sŭ*, нзъ *i-sŭ* aus dem Suffix *ḥa* erklären (vgl. азъ *asŭ* ich, lit. *aś*, mit skr. *ahám*) und, wie bereits bemerkt worden, in dem дъ *dŭ* der Formen wie подъ *po-dŭ* die ältere, vom Ṣend gerettete Form des skr. Suffixes erkennen. — Das Armenische hat von der skr. Praep. निस् *nis* den Vocal verloren und zeigt den schliefsenden Zischlaut, nach Mafsgabe des folgenden Buchstaben, in der Gestalt von շ *š* oder յ *ṣ*. Letzteres findet sich in dem in seiner Art einzigen *nṣdeh* fremd (eigentlich exsul, d. h. ex solo), dessen Schlufstheil mit dem ṣendischen *daṇhu, daiṇhu* Land, Provinz verwandt ist, wozu auch das Anfangsglied von *deh-pet* „gouverneur de province" (ṣend. *daiṇhu-paiti*) gehört*). Über den ziemlich zahlreichen mit շ *š* beginnenden Wörtern findet sich keines, in welchem die

---

*) S. Windischmann, „Grundlage" p. 21 und Bötticher (de Lagarde), Zeitschr. d. D. morgenl. Ges. IV. S. 353. Über die ṣendischen Formen der betreffenden Praep. s. §. 59.

Bedeutung der Praep. klar hervorleuchtet*). So hat auch die skr. Praep. नि *ni* nieder, welche im Armen. ihren Endvocal abgelegt hat, in dem oben (S. 84) erwähnten *nstim* (auch *nstem* mit activer Form), welches eigentlich ich setze mich nieder bedeuten sollte (skr. *ni-sîdámi*), auf die Bedeutung der Praep. verzichtet, und heifst „ich sitze". — Aufser नि *ni* erscheint auch die skr. Praep. *ánu* (§. 1004) im Armenischen in der Gestalt *n*, mit Unterdrückung der den Conson. umgebenden Vocale, z. B. in *n-karem* ich male, stelle dar, färbe, bilde (eigentlich ich mache nach), womit man das skr. *ánu-karómi* ich ahme nach (wörtlich ich mache nach) vergleichen möge.

1005. Aus dem oben (§.1002) erwähnten *úpa* ist, wie es scheint, durch das Suffix *ri* das skr. *upá-ri* über entstanden, und hieran reiht sich das gothische gleichbedeutende *ufa-r*, ahd. *uba-r, oba-r*, unser *übe-r*, engl. *ove-r*, gr. ὑπέ-ρ, lat. *super*. Zum gothischen *ufa-r* stimmen hinsichtlich des Suffixes mehrere locative Pronominal-Adverbia, namentlich *hva-r* wo? *tha-r* da, *jaina-r* dort, *alja-r* anderswo, *hê-r* hier. Sollte auch das goth. *iup* auf, ahd. *úf*, unser *auf*, von der skr. Praep. *úpa* kommen, so dafs die alte Tenuis im Gothischen geblieben wäre, wie die von *svap* schlafen, im goth. *slêpa*, so müfste man annehmen, dafs der Vocal *u* durch die schwächere Gunirung zu *iu* geworden (s. §. 27) und die Gunirung im Althochd. durch Verlängerung ersetzt sei; aus älterem *ú* aber mufste im Neuhochd. *au* werden (s. §. 76). Auf einem anderen Wege läfst sich die gedachte germanische Praeposition mit dem Sanskrit unmöglich vermitteln. Das Griechische bietet ὕπ-σι zur Vergleichung dar, in dessen Suffix man leicht die Entartung von *ti* erkennt, welches im Sanskrit an den Praepositionen *á-ti* über, *prá-ti* gegen (gr. προ-τί, πρό-ς) und dem Pronominal-Adverbium *í-ti* so erscheint. Man beachte, dafs auch das skr. Abstractsuffix *ti* im Griech. hinter Labialen nur in

---

*) S. die betreffenden Composita in den Wörterbüchern.

Gestalt von σι ,vorkommt, daher z. B. τέρπ-σι-ς gegenüber dem skr. tṛ́p-ti-s (aus tarp-ti-s) Befriedigung, Sättigung. — Im Armenischen hat die skr. Praep. *upári* ihren Anfangs- und Endvocal verloren und das *p* zu ւ *w* oder գ *g* umgewandelt, daher *wer, ger**). Das *a* in Zusammensetzungen wie *wer-a-berel* „élever, hausser" (in die Höhe tragen), *ger-a-bun* „surnaturel, sublime" ist identisch mit dem oben (S. 463) erwähnten Bindevocal.

1006. Die skr. Praeposition *út* auf, aufwärts könnte ihrer Form nach als Nom. Acc. neut. des Stammes *u* gefaſst werden, in Analogie mit *tá-t, yá-t, anyá-t* etc. (s. §§.155. 156). Vom Griechischen läſst sich ὕσ-τερος, ὕσ-τατος mit jenem *út* vermitteln (s. §. 102 Schluſs), wovon ebenfalls Steigerungsformen ausgegangen sind, nämlich *út-tara-s* der höhere, als Vorbild von ὕσ-τερο-ς, und *ut-tamá-s* der höchste, welchem sich im Lateinischen *in-timus, ex-timus, ul-timus* und *op-timus* als Bildungsverwandte gegenüberstellen (s. §. 291 Schluſs). *Optimus* enthält wahrscheinlich ebenfalls eine verdunkelte Praeposition und zwar eine Schwesterform des skr. *ápi* auf, über (gr. ἐπὶ, §. 998), zu dem es sich hinsichtlich seines Vocals und des unterdrückten *i* verhalten würde wie *ob* zu अपि *ab'i* (§. 999). Es würde demnach *op-timus* eigentlich „der oberste" bedeuten. Vom Gothischen könnte *út* aus, ahd. *ûz*, unser *aus*, engl. *out*, zur skr. Praeposition *ut* gezogen werden, so daſs die Länge eben so unorganisch oder unberechtigt wäre als die Guṇirung des oben erwähnten *iup* auf (s. §. 1005). Wenn man *ût* mit *úta* drauſsen und *útana* auſserhalb vergleicht, so ergibt sich eine Art Declination eines Stammes *úta*, wovon *ût* der Nom. Acc. neut. wäre (wie z. B. *vaurd* Wort), *úta* der Dativ (wie *vaurda*) und *úta-na* der männliche Accus. nach der Pronominal-Declin., wie *tha-na* den, *hi-na* diesen. Auf letzteres stützt sich unser Ortsadverbium *hin*. Auch ist vom

---

*) Das *g* der letzteren Form ist höchst wahrscheinlich nur die Erhärtung des *w* (= skr. व *v*) der ersteren; s. Windischm. p. 7.

Stamme *úta* ein secundärer Stamm *úta-thra* entsprungen, wovon der Ablativ *úta-thrô* von aufsen, analog dem *inna--thrô* von innen und einigen ähnlichen Bildungen (s. §.183ᵃ⁾. 2). Hinsichtlich der Erhaltung der alten Tenuis in den goth. Formen *üt, úta* etc., sofern sie wirklich mit der skr. Praep. *ut* verwandt sind, erinnere ich an das Verhältnifs des goth. *slépa* zum skr. *svápimi* (§. 89), sowie an die Pronominalneutra wie *tha-ta* dieses, das, zu sanskritischen wie *ta-t* (§. 155). Im Send hat sich das *t* der in Rede stehenden Praeposition in ⱥⱥ *s̆*, oder, besonders vor tönenden Consonanten, in ⱥ *ṣ* verwandelt, daher z. B. ⱥⱥⱥⱥⱥⱥⱥⱥⱥⱥⱥ *us̆-i--hista* stehe auf (s. §. 757), ⱥⱥⱥⱥⱥⱥⱥⱥ *uṣ-dáta* empor gehalten, ⱥⱥⱥⱥⱥⱥⱥⱥⱥⱥ *uṣ-vaṣaiti* er trägt empor.

1007. Von der Praep. *ápa* von stammt im Sanskrit höchst wahrscheinlich *ápara-s* der andere (s. §. 375), in derselben Weise wie *áva-ra-s* der untere von *áva* (s. §. 995), und im Send *upa-ra*⁎) superior, altus (vgl. ahd. *oba-ro[n]* der obere) von *upa*. Man berücksichtige in Bezug auf die Bedeutung die Abstammung des goth. *frama-theis* (them. *frama-thja*) alienus von *fram* „von". Aus *ápara-s* entstand durch Aphaeresis die gebräuchlichere Form *pára-s*, welches, wie *ápara-s*, *anyá-s* und im Lat. *alius, alter*, von der Sprache selber durch seine Declination den Pronominen zugewiesen wird; auch ist in der That der Begriff „anderer" von dem des Demonstrativums der Ferne nicht weit abliegend. Die von *pára* meiner Meinung nach abstammenden Praepositionen sind *prá, práti, párá, purás, pári*. *Prá* (insep.), durch uralte Synkope aus *para*, heifst vor, voran, vorwärts, fort. Ihm entspricht im Send *fra* oder *frá*⁎⁎), im Griech. πρό, im Lat.

⎯⎯⎯⎯⎯⎯⎯⎯⎯⎯

⁎) Z. B. in dem possess. Comp. *uparô-kairyô* hohen Körper habend; s. Burnouf, „Études" p. 182.

⁎⁎) S. §. 47. Fafst man *fra* als die Urform, so kann man darin einen Instrumentalis erkennen, und so im skr. *pra* (vgl. §. 138). Ich erinnere daran, dafs im Sanskrit auch deutliche Instrumentale als Praepositionen vorkommen, z. B. *páréṇa* über von *pára*.

pró; im Lit. *pra* (insep.) vor, z. B. in *pra-dŭmi* ich gebe Vorfutter, *pra-dĕmi* ich fange an, *pra-neśu* ich trage vor, *pra-raka-s* Prophet (Vorhersager), *pra-stŏju* ich verlasse*), *pra-śŏk-ti* vertanzen, *pra-girti* vertrinken, d. h. durch Tanzen, durch Trinken fortschaffen (sein Geld); im Slavischen пра *pra-*, про *pro-*, z. B. in прадѣдъ *pra-dĕdŭ* proavus, правноукъ *pra-vnukŭ* pronepos, прамати *pra-mati* Urmutter, провидѣти *pro-vidĕti* providere, проповѣдати *pro-po-vĕdati* praedicare, пролити *pro-liti* profundere, проводити *pro-voditi* deducere; im Gothischen vielleicht *fra-* (vgl. §. 1009), unser *ver-* (ahd. *fra*, umstellt *far*, *for*, *fir*, *fėr*); z. B. in *fra-lētan* freilassen, entlassen (fortlassen) etc., *fra-kunnan* verachten (*kunnan* kennen), *fra-qviman* verzehren, verwenden (eigentlich fortgehen machen; *qviman* kommen), *fra-bugjan* verkaufen (*bugjan* kaufen), *fra-qvithan* verwünschen, verfluchen (*qvithan* sagen), *fra-vaurkjan* sündigen (*vaurkjan* thun, machen). Eine Schwächung von *fra* ist *fri* von *fri-sahts* Bild, Beispiel (*sakan* zurechtweisen, verbieten), *in-sakan* anzeigen, bezeichnen. Vielleicht ist auch das lit. und slav. *pri* eine Schwächung von *pra*.

1008. Von *pra* läfst sich die Praeposition *práti* gegen ableiten, wenn dieses nicht, wie ich lieber annehme, eben so wie *pra*, unmittelbar aus *pára* entsprungen und somit eine schon in der Zeit der Sprach-Einheit eingetretene Verstümmelung von *para-ti* ist. Soviel scheint sicher, dafs das Suffix von *prá-ti* identisch ist mit dem von *i-ti* „so" und *á-ti* „über". Im Griechischen entspricht προτί (kret. πορτί), πρός (s. I. §. 152. p. 315 f.), ποτί. Letzteres stimmt hinsichtlich des Verlusts des Halbvocals zum ȿend. ࡄࡏࡎ࡙ࡏ *paiti*, welches isolirt nicht nur gegen, sondern auch auf, über bedeutet, z. B. *bardśnuśu paiti gairi-*

---
*) *Stŏwju* ich stehe; s. §. 524. Im Sanskrit erhält *sťd* stehen durch *prá* (*prá-sťd*) die Bedeutung fortgehen.

nańm auf den Gipfeln der Berge; in Verbindung mit *vać* sprechen bedeutet es gegen und das Ganze antworten. Im Lettischen entspricht *pretti*, *prett'* gegen, wider, mit dem Acc., zuweilen auch mit dem Genit., im Slovenischen *proti* gegen, mit dem Dativ, im Litauischen *prëš'* id., mit dem Acc. Im Lateinischen sind höchst wahrscheinlich *por-*, *pol-*, *pos-* in Formen wie *por-rigo*, *pol-liceor*, *pos-sideo* durch Assimilation aus *pot* (= ποτί) oder *pod*[*]), und vielleicht *prae* aus *prai* für *prati* entstanden. Hinsichtlich der Ausstofsung des *t* könnte man die verwandte neupersische Praep. *pei*, z. B. von *pei-múden* messen (skr. *práti-má*) vergleichen [**]). Das Armenische, welches die Praepos. प्र *prá*, neupers. *fer*, in *hra* umgewandelt hat [***]), zeigt die Praep. प्रति *práti*, altpers. *pati*, șend. *paiti*, in der Gestalt *pat*, daher z. B. *pat-ker* (them. *-kera*) Bild, neupers. پیکر *peiker*, altpers. *pati-kara*, gegenüber dem skr. *prati-kŗti* aus *-karti* (eigentlich Gegenmachung), wofür man auch *prati-kára* erwarten könnte †), worauf die erwähnten Formen des Alt- und Neupersischen und Armenischen sich stützen.

1009. *Párá* (insep.) ist im Sanskrit wenig gebräuchlich und bedeutet zurück, weg, fort, z. B. *párá-vart*, *-vŗt*, zurückkehren (*vart*, *vŗt* gehen), *párá-han* zurückschlagen, forttreiben, *páláy* (für *páráy*) zurückweichen, fliehen (*ay* gehen), *párắńć* (*párá-ańć*), in den schwachen Casus *párắć*, Adj., zurückgewendet (*ańć* gehen), *párá-karś*, *-kŗś*, fortziehen, *párá-pat*

---

[*]) Vgl. Pott, Etym. Forsch. (1. Ausg. I. p. 92) und Ag. Benary, Röm. Lautlehre p. 185.

[**]) Man vergleiche auch griechische Formen wie φέρει = skr. *bárati* er trägt und spanische wie *cantais* für lat. *cantatis* (s. §. 456).

[***]) S. I. p. 550 und vgl. *hraman* Befehl, Them. *hra-mana* mit dem skr. *pramáņa* id. (Wz. *má* messen) und neupers. *fermán* id., *fermúden* befehlen.

†) Vgl. *anu-kára*.

fortfliegen, *párá-bú* zu Grunde gehen (*bú* sein, werden). Im Litauischen entspricht *par* (insep.) 1. zurück, 2. nieder, z. B. in *par-eimi* ich komme zurück, *par-wadinu* ich rufe zurück, *par-půlu* ich falle nieder, *par-dauźiu* ich stürze nieder. Im Send hat die isolirt gebrauchte Praepos. *para* die Bedeutung „vor", in Bezug auf Zeit, mit dem Ablat.*); im Griech. entspricht παρά. — Vom Slavischen könnte die untrennbare Praeposition *pre*, welche vorherrschend durch oder über, hinüber bedeutet, hierher gezogen werden, im Fall sie nicht zu पार *párá* das jenseitige Ufer (vgl. gr. πέρᾱν) oder zu प्र *pra* gehört, oder nach Verschiedenheit der Bedeutung aus verschiedenen Quellen geflossen ist. Ich setze einige Beispiele aus dem Slovenischen nach Ant. Janezić (Wörterbuch p. 317 ff.) her: *pre-bdeti* durchwachen, *pre-beći* überlaufen, *pre-bernuti* umwerfen, *pre-bŕsnuti* überwerfen, *pre-biti* zerschlagen, *pre-bosti* durchstechen, durchbohren, *pre-bresti* durchwaten, *pre-buditi* aufwecken (skr. *prá-bud'* id.), *pre-bulati* überfüllen, *pre-hod* Übergang, Durchgang, *pre-pád* Abgrund, *pre-páditi* zu Grunde gehen, *pre-pis* Abschrift, *pre-pláviti* überschwemmen, *pre-poditi* vertreiben, verjagen (vgl. Dobrowsky p. 417). Im Russischen lautet diese untrennbare Praep. пере *pere*, daher z. B. перебираться чрезъ рѣку *pere-biratj-sja čreş' rjeku* über einen Flufs gehen, перебиный *pere-bitūi* unter einander gemengt, gemischt, перебрасываю *pere-brasūvaju* ich werfe hinüber, перебѣгъ *pere-bjeg'* das Überlaufen, перевалъ *pere-val'* das Überschiffen, von einem Ufer zum anderen, переворачиваю *pere-voračivaju* ich drehe um, переглядываю *pere-gladūvaju* ich durchsehe, besehe. Das Lettische hat, eben so wie das litauische *par*, den

---

*) S. Grammatic. crit. linguae Sanscr. p. 253. Der Form nach scheint sowohl das skr. *párá* als das send. *para* ein Instrumentalis zu sein.

schließenden Vocal dieser Praepos. verloren, dagegen den alten *a*-Laut der ersten Sylbe ungeschwächt, sogar verlängert, erhalten, und gebraucht *pár* (*pahr*) sowohl getrennt als in Zusammensetzungen, z. B. *sakkis pár zeṭṭu tekk* „der Hase läuft quer über den Weg", *pár-kápt* übersteigen, *pár-lûkôt* übersehen, *pár-dôt* verkaufen (übergeben), *pár-eet* heimkehren, zurückkehren. In der Bedeutung „zurück" begegnet dieses *pár* (nach lettischer Orthographie *pahr*) dem skr. *párá* und litauischen *par*, dagegen hat das Lit. auch eine Praepos. *pér*, welche einfach „durch, über, hinüber" bedeutet, als Praefix aber mannigfaltigere Bedeutungen hat, z. B. *pér titan važôti* über die Brücke fahren, *pér naktin* die Nacht hindurch, *pér butan* durch das Haus (s. Nesselmann, Wörterbuch p. 285); *pér-dalyju* ich zertheile, *pér-galiu* ich überwinde, *pér-eiti* vorüber gehen, übertreffen, *pér-guliu* ich übernachte, *pér-kalbu* ich überrede*). Daß das *e* dieses *pér* und das russische *e* von *pere* eine Entartung von *a* und somit *pér, pere* und das lett. *pár* über, hinüber ursprünglich Eins seien, scheint unzweifelhaft; unmöglich aber ist es, mit Sicherheit zu entscheiden, ob das skr. *párá* zurück, fort, weg, die einzige Quelle der betreffenden litauischen, lettischen und slavischen Praeposition sei, oder ob sie nach Maßgabe ihrer Bedeutung, trotz der Gleichheit der Form, bald auf पर *párá*, bald mit dem griech. πέρᾱν, πέρην auf पार *párá* das jenseitige Ufer sich stützen, welches wahrscheinlich von *pára-s* alius stammt. Im Sanskrit wird auch der Neutral-Accus. von *pára* alius, remotior, ulterior, nämlich *páram* als Praeposition gebraucht, mit der Bedeutung jenseits, hinter, in Bezug auf Zeit: nach; auch gibt es im Sanskrit eine Praeposition *parás* über, darüber hinaus, jenseits, wovon das Adv. *paras-tát*; lauter Anhaltspunkte für ähnlich lautende und Ähnliches bedeutende Praepositionen der europ. Schwe-

---

*) S. Schleicher's Glossar zum lit. Lesebuch.

stersprachen. Das latein. *per* müssen wir ebenfalls hierher ziehen und besonders dem lit. *pér* zur Seite stellen. An *peren-* von *perendie* als Schwesterform von *pára alius* ist bereits erinnert worden (s. §. 375. S. 189). Das latein. *re-*, vor Vocalen *red-*, wie *prod-* für *pro-*, läſst sich nebst dem ossetischen *ra-* als Verstümmelung von परा *párá* zurück auffassen (vgl. Pott, E. F. 1. Ausg. II. p. 156), denn das Aufgeben der ersten Sylbe einer zweisylbigen Praeposition ist etwas so gewöhnliches, daſs wohl zwei Sprachen sich zufällig in einem und demselben Worte darin begegnen können. Im Ossetischen heiſst z. B. *ra-ǵurin* antworten*).

1010. Im Gothischen paſst das untrennbare *fair* seiner Form nach sowohl zu *pári* um, als zu *párá*. In jedem Fall ist das *i* von *fair* eine Schwächung von *a* und das vorangehende *a* ein euphonischer Vorschlag nach §. 82. Hinsichtlich seiner Bedeutung oder Wirkung stimmt aber *fair*, dem unser *ver-* entspricht, in den Fällen, wo dieses sich nicht auf *fra* stützt (s. S. 500), besser zu परा *párá* (womit ich es auch in meinem Glossar a. 1847. p. 210 zusammengestellt habe), als zu परि *pári*. Vielleicht sind *fair*, *faur*, *faura* und *fra* ursprünglich Eins und sämmtlich aus *párá* hervorgegangen, wenigstens paſst परा *párá* zurück, fort, weg für die S. 500 angeführten goth. Composita und alle unsere Verbindungen mit *ver* eben so gut, und zum Theil besser, als प्र *prá*. So würde z. B. die Stelle unseres *ver*

---

*) *ǵurin* (Infin., §. 874) sprechen, vgl. skr. *gir* aus *gar* Stimme und s. G. Rosen's Ossetische Sprachlehre p. 39. In einigen anderen l. c. vorkommenden Zusammensetzungen drückt *ra*, oder umstellt *ar*, sofern letzteres nicht als = (*p*)*ar*(*á*) zu fassen ist, Annäherung aus, nämlich in *ra-tzawin*, *ar-tzawin* herkommen, im Gegensatze zu *a-tzawin* fortgehen, dessen *a* auch nur der Überrest einer volleren skr. Praep. sein kann, wahrscheinlich von *ápa* (vgl. latein. *ab*, *a*); *ar-chasin* herbringen, gegen *a-chasin* fortbringen. Aus Sjögren's Wörterbuch erwähne ich noch: *ra-vadun* ablassen, *ra-dtun* abgeben, herausgeben, *ra-ʒdac-chun* abtreten, zurücktreten.

von *verkommen*, *verfallen*, *verleiten*, *verführen*, *verirren*, *vergeben*, *verschenken*, *verscheuchen*, *verjagen*, *verachten*, *verthun*, im Sanskrit sehr gut durch *párá* vertreten sein, davon abgesehen, daſs diese Praepos., wie bereits bemerkt worden, sich nur in sparsamem Gebrauch erhalten hat. In dem Begriffe der Absonderung, Entfernung begegnen sich das sanskritische *párá* und unser *ver*, und was letzterem in den älteren Dialekten entspricht (s. Grimm II. 853 ff.).

1011. Die Bedeutung des ṣend. *para* „vor" ist im Goth. durch *faura*, *faur* vertreten, dessen *u* ich als Schwächung von *a* fasse, wie das des skr. *purás* vor. Dem *u* aber muſste im Goth. nach §. 82 noch ein *a* vorgeschoben werden, wie z. B. in *baurans* getragen, für *burans*, von der Wz. *bar* = skr. *b'ar*, *b'r* tragen. Auf das goth. *faura*, *faur*, welches nicht nur vor sondern auch für bedeutet, stützen sich unser *vor* und *für*. Im ahd. *fora*, *foro*, *for*, *furi*, *fori*, *fore* etc. sind die Bedeutungen vor und für noch nicht durch die Form streng geschieden (s. Graff III. 612 ff.). Das *i* von *furi* fasse ich als Schwächung das *a* von *fora*. — Da im Lateinischen Gutturale öfter für Labiale stehen, z. B. in *quinque* für *pinque* (§. 313), *coquo* für *poquo* (skr. *pać* aus *pak* kochen), so dürfte man wohl auch das *c* von *côram* als *p*-Vertreter auffassen und das Ganze in die Gesellschaft der im Sanskrit, Ṣend und den germanischen Sprachen „vor" bedeutenden Wörter ziehen. Das lat. *ô* steht wie das griech. *ω* sehr gewöhnlich für ursprüngliches *á* (s. §. 4); somit hätte man für *côram* im Sanskrit *páram*, oder weiblich *párám* (vgl. griech. πέραν, πέρην) zu erwarten, was sich zwar nicht als Praepos., aber doch als Accus. des oben (S. 503) erwähnten Subst. *párá* jenseitiges Ufer findet, wie überhaupt die Verlängerung eines *a* in abgeleiteten Formen im Sanskrit sehr gewöhnlich ist.

1012. Das sanskr. *pári* „um", ṣend. ꭙꭖꭙꭒꭣ *pairi*, ꭙꭖꭙꭒꭣꭖꭞ *pairis*, mag entweder als Verstümmelung von *apari* und Ableitung von *ápa* gefaſst werden, wozu es sich verhalten würde wie *upá-ri* zu *úpa* (s. §. 1002), oder es mag, was mir weniger zusagt, ein Stamm *par* vorausgesetzt und *pári* als dessen Locativ gefaſst werden; soviel scheint gewiſs, daſs *pári* mit anderen labialisch beginnenden Praepositionen in etymologischem Zusammenhang steht. Im Griechischen entspricht περί, und im Lateinischen wahrscheinlich das in *pari-es* ganz vereinzelt stehende *pari* (s. §. 910), welches den Urvocal in Vorzug vor περί geschützt hat. So hat sich im Lateinischen noch eine andere sanskr. Praeposition bloſs in einem verdunkelten Compositum erhalten, nämlich die Praepos. *vi*, welche Absonderung ausdrückt und worauf sich unser *wi-der*, ahd. *wi-dar* stützt (s. §. 295. S. 28). Diese Praep. findet sich nämlich im lat. *vi-dua*, welches sich durch das skr. Schwesterwort *vi-d'avá* Wittwe etymologisch als die des Gatten beraubte, die mannlose darstellt, denn *d'ava-s* heiſst im Sanskrit Mann, Gatte, ein seltenes Wort, welches aber in der Benennung der Wittwe eine weite Verbreitung im indo-europäischen Sprachreich gefunden hat. Die goth. Form lautet *vi-duvô*[*]) (Them. -ôn), die altslavische ВЬДОВА *vî-dova*. In den lebenden slavischen Sprachen ist der Vocal dieser Praepos. verschwunden, eben so im armenischen *w-nasem* ich gehe zu Grunde, gegenüber dem skr. *ví-naśyámi*[**]). Es fehlt aber dem Armenischen das einfache Verbum, so daſs *wnasem* und die damit zusammenhängenden Formen, vom armenischen Standpunkte aus, als Spröſslinge einer einfachen Wurzel *wnas* erscheinen. — Was den Ursprung der Praep. वि *vi* anbelangt, so mag sie von dem in dem componirten *á-va* (s. §. 377) enthaltenen Stamme *va* durch Vocalschwächung entsprungen sein, wie *ni* nieder höchst wahrscheinlich mit dem Schluſstheile von *aná* zusammen-

---

[*]) Einmal *viddvô* (Luc. 7. 12).

[**]) Man kann annehmen, daſs dem Armen. diejenigen *i*-Laute, welche von Haus aus am Wort-Ende standen, sämmtlich verschwunden sind, daher z. B. *berem*, *beres* = skr. *b'árámi* ich trage, *b'árasi* du trägst. Man vergleiche in dieser Beziehung das Gothische oder überhaupt die germanischen Sprachen (§. 71).

hängt (s. §. 369); oder auch von dem Demonstrativstamme u, woraus im Send das Adv. *uiti* „so" (für *u-ti* nach §. 41) als Analogon zum gleichbedeutenden skr. *í-ti* (§. 425).

1013. Es bleibt uns unter den muthmafslichen Abkömmlingen des skr. *pára* noch die goth. Praeposition *fram* von — eben so im Altsächs., Angels. und Althochd.; engl. *from* — zu besprechen übrig. Ich halte *fra-m* für eine Verstümmelung von *fra-ma*, wovon der oben (§. 1007) erwähnte Stamm *fra-ma-thja* fremd, ἀλλότριος. Im Zusammenhang mit *fram* steht auch das comparative Adverbium *framis* weiter, ulterius (s. §. 301. S. 41). Man könnte dasselbe ins Sanskrit durch das oben (S. 503) erwähnte *páram* übersetzen, doch hat das goth. *m* von *fram*, *framis* nichts mit dem Accusativzeichen von परम् *páram* zu thun, sondern hängt mit dem Ableitungssuffix des von *pára* alius, remotus stammenden *paramá-s* zusammen, welches, seiner Abstammung nach, eben so gut remotissimus, als eximius, altissimus, summus bedeuten könnte. Mit diesem *paramá-s* ist anderwärts auch das goth. *fru-ma* (them. *fruman*) prior, primus, das lit. *pir-ma-s* primus und das lat. *primus* vermittelt worden*). Das comparative Adv. *framis* verhält sich zum Positivstamm *frama* wie z. B. *hauhis* höher zu *hauha*, und die Praep. *fram* hat eben so wie *faur* die Form eines Nom. Acc. neut., mufs aber natürlich als adverbialer Accusativ gelten.

1014. Die von dem Demonstrativstamme *sa* (s. §. 345) ausgehenden Praepositionen bedeuten im Sanskrit sämmtlich „mit". Sie lauten *sahá*, *sam*, *sa*, *sákám*, *samám* und *sárdám*. Ersteres stimmt in seinem Suffix zu *i-há* hier (aus *i-dá*, §. 420) und kommt in den Véda's auch in der Gestalt von *sadá* vor. Das Send gewährt mir bei dieser Praeposition eine kräftige Unterstützung für die Theorie der Abstammung der Praepositionen von Pronominalwurzeln (§. 105), indem es nämlich das dem védischen *sadá*

---

*) S. Gloss. Sanscr. a. 1847. p. 209.

entsprechende ܘܰܥܘܰܥ *haďa* gar nicht als Praeposition, sondern als Pronominal-Adverbium mit der Bedeutung „hier" gebraucht; dagegen bedient es sich einer anderen, aus dem Stamme *ha* durch ein locatives Adverbialsuffix entsprungenen Form *ha-ťra* (s. §. 420) sowohl als Praeposition mit der Bedeutung „mit", als auch als Adv. mit der primitiven Bedeutung „hier, dort". *Sam* erscheint im Sanskrit meistens und *sa* bloſs praefigirt*), im Send kommt auch die weibliche Accusativform ܔܰܢܡ *haṅm* als isolirte Praepos., den Genitiv regierend, vor**). Auf das skr. *sam* stützen sich das armenische *ham-*, *han****), das gr. σύν, das altpreuſs. *sen*, das lit. *san-* von *san-dōra* Vertrag, *saṅ* in Compoſs. wie *saṅ-tēwōnis* Miterbe, *saṅ-darbininka-s* Mitarbeiter, *su* (getrennt mit Instr.); das altslav. сѫ *sŭ*, das althochd. *sin-*, z. B. von *sin-fluot* diluvium. Zu *sa-* stimmt das gr. ἁ-, σα- der oben (S. 465) besprochenen Composita. Mit *sákám*, wovon ich nur im Vêda-Dialekt Belege kenne (s. Benfey, Glossar), lieſse sich das latein. *cum* vermitteln, so daſs die erste Sylbe unterdrückt wäre. Auch das goth. *ga-* mit (s. S. 465 f.) lieſse sich in ähnlicher Weise mit *sákám* vermitteln. Die Erklärung aus स *sa* ist darum bedenklich, weil man sonst keine Beispiele kennt, wo ein ursprünglicher

---

*) S. §. 962 und 991.

**) So in einer schon anderwärts (Jahrbücher für wissenschaftl. Kritik, December 1831. p. 817) mitgetheilten Stelle des Vend. Sad. p. 230: ܔܰܝܢܳܐܳܣܘܝ ܔܰܢܡ *haṅm nāirinaṅm* mit Frauen.

***) *ham* nur vor Labialen und vor dem Compositionsvocal *a*, sonst *han*. Ich fasse nämlich das *a* der zahlreichen Composita wie *ham-a-gorç* „coopérateur, qui fait, qui travaille avec un autre", eigentlich „Mit-Werk habend" (*gorç* Werk, Arbeit), *ham-a-marmin* „qui a le même corps", eigentlich „Mit-Körper habend" (*marmin* Körper, s. I. p. 463), für identisch mit dem oben (S. 463, s. auch §. 1005. S. 498) besprochenen Compositionsvocal. Als Beispiele ohne Compositionsvocal erwähne ich *ham-berel* „patienter, endurer, supporter, porter" (*berel* tragen), *han-guin* concolor.

Zischlaut sich im Germanischen zu einem Guttural erhärtet hätte. Eher liefse sich das lat. *cum* durch die Mittelstufe des gr. ξύν auf *sam* zurückführen. Was die Verletzung des Consonanten-Verschiebungsgesetzes in dem goth. *ga-* anbelangt, wenn es von *sákám* stammt, so erinnere ich an früher erwähnte ähnliche Erscheinungen*). — Das sanskr. *sárdám* (oder *sárddám*) „mit" halte ich für ein nach §. 988 gebildetes adverbiales Compositum aus *sa* mit und *árda, árdda* Hälfte, so dafs die Bedeutung des Substantivs in dem Ganzen völlig untergegangen ist. Aus dem Pronominalstamme, oder, was auf Eins hinausläuft, aus der Praeposition *sa* erkläre ich auch das vêdische Adverbium *sácá* simul, welches ich als Instrumentalis eines vorauszusetzenden Adjectivstammes सच *sa-ća* betrachte und hinsichtlich seines Bildungssuffixes als Analogon von *ní-ćá* niedrig aus *ni*, und *uć-ćá* hoch aus *ut*. Im Altpersischen gilt *haćá* als Praeposition mit der Bedeutung aus, von, aufser, mit dem Ablativ, eben so im Şend ᭘᭠᭙᭐᭙ *haća*, welches mit dem Abl. oder Instr. aus, von, und mit dem Acc. für bedeutet**).

1015. Im Şend heifst ᭘᭠ᨂ *mad* mit, welches den Instr. regiert, der auch schon für sich allein das Verhältnifs „mit" ausdrückt. Seiner Bildung nach scheint es der Acc. (zugleich Nom.) neut. des Demonstrativstammes *ma* zu sein, der in Verbindung mit dem Stamme *i* (*i-ma*) das Neutrum *i-mad* dieses zeugt (s. §. 368). So wäre also *mad* in seiner Grundbedeutung mit सम् *sa-m*, समम् *sa-má-m* etc.

---

*) S. §§. 91, 820, 949 Schlufs, 941.
**) Beispiele mit dem Ablativ s. §. 180 Schlufs und §. 756. S. 110. Beispiele mit dem Instr. und Accus. s. bei Brockhaus, Glossar p. 403. An den Stellen, wo Benfey (Glossar zu den Keilinschriften) das altpers. *haćá* den Instrumentalis regieren läfst, kann ich nur Ablative erkennen, da der Ablat. der Stämme auf *a* wegen der regelmäfsigen Unterdrückung des schliefsenden *t* mit dem Instrum. gleichlautend ist. Über die Form *aniyand* hoste s. Monatsbericht der Akad. der Wissensch. März 1849. p. 133.

identisch. Mit seinem Thema mag das des griech. με von με-τά verglichen werden, welches in seinem Bildungssuffix mit dem von κα-τά übereinstimmt, dessen Stamm mit dem des skr. Interrogativstammes *ka* identisch ist. Die interrogative Bedeutung konnte leicht in die demonstrative umschlagen, und somit κα zur Erzeugung von Praepositionen geeignet werden, wie auch unser *hinter*, ahd. *hin-tar* zum sanskritischen Interrogativum zurückführt, da der goth. Demonstrativstamm *hi* (s. §. 295. S. 28 und §. 396), Acc. masc. *hi-na*, auf das skr. *ki* sich stützt, womit wir auch das lat. *hi-c* vermittelt haben (s. §. 394). Mit dem send. *ma-ḍ* ist schon früher unser *mi-t*, goth. *mi-th*, nebst den gleichbedeutenden, mit *v*, *w* beginnenden Praepositionen anderer germanischer Dialekte vermittelt worden.

1016. Die einzige Verbal-Wurzel, welche schon in der Zeit der Einheit unseres Sprachstammes Praepositionen gezeugt hat, dürfte wohl die Wz. तॄ *tar* (तृ *tṛ*) sein, woraus wir oben das Comparativsuffix *tara* erklärt haben. Diese Wurzel vereinigt schon in sich selbst mit einer Verbalbedeutung die einer Praeposition, denn sie drückt Bewegung aus mit dem Nebenbegriff von **hinüber**, **durch**; *tár-a-ti* **heifst er setzt über**, z. B. *nadīm* **über einen Flufs**. Es entspringt aus der Wz. *tar* die in den Véda's häufig vorkommende Praep. *tirás*, welche den Accus. regiert und **hinüber**, **hindurch**, **trans** bedeutet *). Das *i* ist offenbar eine Schwächung von *a* und das Ganze ursprünglich ein adverbialer Acc. neutr. eines Adjectivs der in §. 931. C beschriebenen Wortklasse. Das sendische gleichbedeutende 𐬙𐬀𐬭𐬋 *taró* (z. B. *taró haraṅm* über den Berg) hat das alte *a* bewahrt **). Im irländischen Dialekt des Celtischen

---

*) S. Fr. Rosen zu Rigv. I. 17. 7 und Benfey, Gloss. zum S. V.

**) S. Burnouf, Yaçna p. 83, wo jedoch, wie mir scheint mit Unrecht, der Ausgang *as* dieser und einiger anderen Praepositionen als Ablativ-Endung dargestellt wird. Dann müfste man sich zu *taró*, *tiras* einen Stamm *tar*, *tir* denken.

entsprechen *tar*, *tair* „beyond, over, through" etc. und *tri* „through, by" etc. Auch das latein. *trans* und goth. *thair-h*, unser *durch*, gehören hierher, sind aber selbständige Bildungen aus derselben Wurzel, und zwar *trans* für *terans* (vgl. *terminus* §. 458 Schlufs), seiner Form nach ein Part. praes.*), und das goth. *thair-h* in seiner Bildung den in §. 949 ff. besprochenen Wortklassen entsprechend. Auch *thair-kô* (neut., Them. *thair-kan*) Loch, Öhr könnte zu der betreffenden Wurzel, die aufserhalb des german. Sprachbewufstseins liegt, gezogen werden, so dafs es eigentlich Durchgang, πόρος, δίοδος bedeuten würde.

---

*) im Fall nicht das *n* eine Einschiebung ist, wie z. B. in *ensis* = skr. *asi-s* Schwert; dann würde *trans* für *teras* ziemlich genau zum send. *tarô* aus *taras* (s. §. 56[b]) stimmen.

Alphabetisches Inhaltsverzeichnifs.

a schwerster Vocal §. 6.
a-, an- privativum §. 537 ff., im Send u. Armen. §. 980 S. 462 f., pronominaler Ursprung dess. §. 371 S. 180.
Abgeleitete Pronominal-Adjective §. 401 ff.
Abgeleitete Verba §. 732 ff.
Abhängigkeits-Composita (*tatpuruṡa*) §. 985 ff.
Ablativ sing. §. 179 ff., im Send §. 180, im Lat. und Oskischen §. 181 f., im Griech. §. 183, im Goth. §. 183*a*). 2, im Altpers. §. 183*a*). 3, im Armen. §. 183*a*). 4; dual. §. 215 ff.; plur. §. 244, im Armen. Bd. I. S. 425 ff.
Ablaut s. Vocalverstärkung, Vocalschwächung, Vocalwechsel.
Accentuation §. 183 ff.
Accusativ sing. §. 149 ff., im Altslav. §. 266, im Armen. §. 255; bei den Pronominen erster und 2ter Pers. und des Reflexivs der 3ten in den german. Sprachen §. 326 S. 103; dual. §. 206 ff., im Altslavischen §. 273; plur. §. 236 ff., im Altslav. §. 275, neut. §. 274.
Activ §. 226 ff.

Adjective §. 280 ff. Bestimmte Declination derselben im Lit. und Altslav. §. 282 ff., im German. §. 286 ff.
Adverbia §. 989 f.
Adverbiale Composita (*avyayī-b'āva*) §. 988.
Ampliativa §. 928.
Anusvâra §. 9, im Litauischen §. 10, im Altslavischen §. 92 S. 135.
Aorist §. 542 ff., im Lateinischen §. 546 ff., §. 575 S. 454, im Altslav. §. 564 ff., 571, 576 S. 458 f., im Litauischen §. 575 S. 455, §. 576 S. 459, im Armenischen §. 573, 576; griechische Passiv-Aoriste auf $\vartheta\eta\nu$ und $\eta\nu$ §. 630 f.
Artikel im Armen., Altpers. und Send §. 237 S. 472 ff.
Aspiration, Zurücktretung derselben im Sanskrit und Griechischen §. 104*a*).
Âtmanêpadam (Medium) §. 426.
Augment §. 517, 518, 529; im Armenischen §. 521, 529, 573 S. 451 f.; Ursprung des Augm. §. 537 f., 540.
Auxiliar-Futurum §. 648 ff., 658, 664 ff., 670.
Avyayīb'âva §. 988.

Bahuvrîhi §. 976 ff.
-*bam* der lat. Imperfecta aus *fam* §. 526.
-*bo* der lateinischen Futura §. 526, 662 f.
Buchstaben, sanskritische §. 24, sendische §. 65, armen. §. 183$^{b)}$. 2.
Casus, Bildung derselben §. 112 ff., 255 ff.; Eintheilung in starke, schwache und mittlere Casus §. 129 ff.; Unterschied der Accentuation der starken u. schw. Casus §. 132 S. 271 f.; zwei Casusreihen im Armen. I. S. 471 Anm. **.
Causale §. 740 ff., im Germanischen §. 741, im Altslav. §. 742, im Litauischen §. 744 ff., im Lat. §. 745$^{c)}$ ff., im Altpers. §. 750, im Lasischen §. 750, im Mahratt. §. 750, im Hindostan. §. 875 Bd. III S. 311 Anm. *.
Collective Composita §. 987.
Comparativ §. 291 ff., 298$^{a)}$ ff., im Send §. 300, im Latein. §. 299, im German. §. 301 ff., im Altslav. §. 305 ff., im Litauischen §. 306, im Armen. §. 307$^{b)}$.
Composita §. 962 ff.
Conditionalis §. 730 f.
Conjugations-Eintheilung §. 109$^{a)}$, 493 ff.; latein. erste, 2te und 4te Conjug. = skr. 10. Klasse §. 109$^{a)}$. 6; latein. 3te Conjug. = sanskr. 1., 6. und 4. Kl. §. 109$^{a)}$. 1. 2; die german. starken Verba = skr. 1. oder 4. Kl. §. 109$^{a)}$. 1. 2; die german. schwache Conjug. = sanskr. 10. Kl.

§. 109$^{a)}$. 6; armenische Conjugationen §. 496 f.
Conjunctionen §. 991 ff.
Conjunctiv im Sanskrit, Send und Griech. §. 713 f., im Lat. §. 674, 690 ff., des Imperf. §. 707 f., des Perfects §. 710, 856 S. 275, des Plusquamperf. §. 856 S. 275, germanischer Conjunctiv praet. §. 675 f., praes. §. 694, lit. Conjunctiv §. 684 f., hindostanischer §. 875 S. 313 f. Anm., armenischer §. 183$^{b)}$ S. 371 ff.
Consonantenverschiebung §. 287 f., im Ossetischen I. S. 119 ff., im Armen. l. c. S. 121, im Griech. l. c.
Copulative Composita (*dvandva*) §. 972 ff.
Dativ sg. im Sanskrit und Send §. 164 f., im German. §. 175, im Lit. §. 176, im Altslav. §. 267 f., im Lat. §. 177, im Armen. §. 189 S. 383, im Griech. = Locat. §. 195 ff.; dual. §. 215. 1, im Lit. und Griech. §. 222, im Altslav. §. 273; plur. §. 215. 2, 244, im Altslav. §. 277, im Armen. §. 215 S. 425, im Griech. §. 250.
Demonstrativa §. 343 ff.
Denominativa §. 761 ff.
Deponens der Intensiva §. 760.
Desiderativa §. 751 ff.
Determinative Composita (*karmad'draya*) §. 983 f.
Dual, Casus desselben, §. 206 ff. und §. 273.
Dumpfe Buchstaben §. 25.
Dvandva §. 972 ff.
Dvigu §. 987.

III.   33

e im Skr., Send, Althochd. und Lat. aus *ai* §. 5, 79, 688, im Albanesischen §. 5 S. 12 Anm., im Griech. (η), Goth., Lat. aus *å* §. 4, 69. 2, 137, 605, im Lat. und Goth. durch Reduplication §. 548, 605.

Einschiebung, eines euphonischen Zischlauts §. 95, 96, eines Labials §. 96, eines Nasals §. 158, 212, 234, 246, im Althochd., Altsächs. u. Angels. §. 246, eines euphonischen *y* (*j*) §. 43.

Endconsonanten im Slavischen unterdrückt §. 92. m.

Femininum, Charakter dess. §. 119.

Fruchtnamen §. 918.

Futurum s. Auxiliarf. u. Participialf.; lat. Fut. auf *am* §. 692, auf *bo* §. 526, 662 f., slavisches Fut. §. 657 ff.; Überreste des Auxiliarfut. im Altslav. §. 658; german. Fut. §. 660 f., hindostan. Fut. §. 875 S. 314, armen. Fut. §. 183[b)] S. 372.

Futurum exactum §. 856 S. 275 ff., im Umbrischen und Oskischen §. 856 S. 279.

Genitiv sg. §. 184 ff.; im Altslav. §. 269 ff.; dual. §. 225, im Altslav. §. 273; plur. §. 245 ff., im Altslav. §. 278, im Armen. §. 215 S. 425.

Gerundia im Lat. §. 809 S. 184, im Skr. auf *tva* §. 849 S. 250 ff. Anm. *), auf या *ya* §. 887, mahrattische Gerundia auf ऊँ *dn* §. 850 S. 262, prâkrit. Gerundia §. 850 S. 262.

Gravitätsverhältniſs zwischen *a*, *å* und *i*, *î* §. 6; zwischen *a* und *u* §. 7; zwischen *u* und *i* §. 8; der unorganischen Vocale *e*, *é*, *o*, *ó*, ε, η, ο, ω §. 8.

Grundformen (Wortstämme, themata) der Nomina §. 112, 116 ff., im Altslav. §. 256, im Armen. §. 183[b)]. 1 *).

Guna im Sanskrit §. 26 S. 45, im Griech. S. 47. 2, im German. S. 48 f. 3, 4; in geschwächter Form §. 27 f.; bei Substantiven und Adjectiven §. 28, Guna im Litauischen §. 26. 5 **), im Altslavischen §. 26. 6.

i leichtester der Grundvocale §. 6.

Imperativ §. 717 ff., des Aorists §. 727, des Fut. §. 729; altslavischer Imperativ §. 677 f., 696, litauischer §. 679, 680, 682, lettischer §. 682 f., slovenischer §. 697, altpreuſsischer §. 695, armenischer §. 521 f., 729.

Imperfect §. 517 ff., im Armenischen §. 521, litauisches Gewohnheits-Imperfect §. 524, altslav. Imperfect §. 525.

Indeclinabilia §. 989 ff.

Infinitiv: skr. auf *tum* §. 849, im ursächlichen oder Dativverhält-

---

*) Über die armen. Stämme auf *i* s. §. 255 S. 507.

**) Auch *ē* erscheint im Litauischen neben *ai* und *ei* als Guṇirung des *i*, s. §. 193.

niſs l. c. S. 257, vertreten durch Formen auf *dya*, *andya*, *and* l. c. S. 258 f., §. 850; vertreten durch Formen auf *am* und *é* (Acc. und Loc. des Suffixes *a*) §. 850 S. 261; durch weibliche Accusative auf *âm*, *ayâm* §. 619 S. 503 f.; Infin. auf तु *tu* am Anfange von Composs. §. 851; vêdische Infinitive auf *tavê*, *tavâi*, *dyâi* §. 852, auf *syâi* (euphon. für *syâi*), *sê* (euphon. für *sê*), griech. σαι, lat. *se*, *re*, auf असे *asê*, *ê* §. 853 ff.; vêdische Infinitive auf *am* §. 857, auf *tôs* §. 860; skr. Infin. mit scheinbar passiver Bedeutung §. 868, Umschreibung des passiv. Infin. §. 870; mahrattischer Infin. §. 850 S. 261 f., 264, ossetischer und armenischer Infin. §. 874, hindostanischer Inf. §. 875, send. Infin. §. 819, altpersischer Infin. §. 989 S. 480, lat. Infin. §. 854; Infin. des Perf. §. 856, des Fut. §. 856 S. 278, des Pass. §. 855 S. 273 f.; oskischer und umbrischer Inf. §. 857, altpreufsischer §. 864 f., litauischer, lettischer und altslavischer §. 865, germanischer §. 871 ff., griech. Infin. §. 882; med. u. pass. §. 886.

Instrumentalis sg. im Sanskrit u. Send §. 158, im Goth. §. 159, im Althochd. §. 160, im Lit. §. 161, im Altslav. §. 266 S. 532, im Armen. §. 183[a]) S. 358 Anm.[*] und §. 216 Anm.[**]; dual. im Skr. u. Send §. 215 ff., im Lit. §. 222, im Altslavischen §. 273; plur. §. 216, 243, im Altslav. §. 277.

Intensivum §. 753 ff.
Interrogativum §. 385 ff.
Karmadâraya §. 983 f.
l für andere Liquidae und Halbvocale §. 20.
Lautsystem des Skr., Griech. u. Lat. §. 1 ff., 93[a]) ff., des Send §. 30 ff., des Gothischen und Hochd. §. 66 ff., 93[a]) ff., des Altslav. §. 92, 103, des Armen. §. 183[b]). 2.
Lautverschiebung s. Consonantenverschiebung.
Leichte Personal-Endungen §. 480 ff.
Lêt = gr. Conjunctiv §. 713 ff.
Locativ sg. §. 196 ff., im Altslav. §. 267 f.; dual. §. 225, im Altslav. §. 273; plur. §. 250 ff., im Altslavischen §. 270.
m aus *v* oder *b* §. 63, 124.
Medial-Endungen §. 466 ff., Ursprung ders. §. 470, 473 ff.
Medium §. 426, im Gothischen §. 426 S. 254, §. 699 S. 26, im Altslav. §. 512 Anm. 2.
Modi, Bildung ders. §. 672 ff.
Neutrum §. 113.
Nominativ sg. §. 134, der Stämme auf *n* §. 139 ff., der Stämme auf *ar*, *âr* (*r*) §. 144 ff., der Neutra §. 143, altslavischer Nomin. sg. §. 266, armenischer §. 255 S. 499 ff.; dual. §. 206 ff., im Altslav. §. 273; plur. §. 226 ff., im Altslavischen §. 274.
Notkerisches Lautgesetz §. 93[b]).

â im Skr. und Send aus *a + u* §. 2, 32, gr. ω, goth. und lat. *â* aus *â* §. 4, 69. 1, litauisches *ō* §. 92 S. 134.
Optativ §. 672 ff.
Ordnungszahlen §. 321 ff.
Parasmdipadam §. 426.
Participia §. 778 ff., praes. §. 779 ff., fut. §. 646 f. (s. auch §. 810 f.), 784, perf. §. 786 ff., des Mediums und Pass. §. 791 ff.; Part. perf. pass. §. 817[c]) ff., 833 ff., fut. pass. §. 809, 897 f., 902, 904 f.
Participialfut. §. 646 f.
Passiv §. 733 ff.
Perfect §. 588 ff.
Personal-Endungen §. 434 ff., 2 Klassen ders. §. 430 ff., des Med. und Pass. §. 466 ff., Gewicht ders. §. 480 ff.
Plusquamperfect §. 644.
Possessiva §. 404 ff.
Possessive Composita (*bahuvrîhi*) §. 976 ff.
Potentialis §. 672 ff.
Praepositionen §. 995 ff.
Praesens §. 507 ff.
Praeteritum §. 513.
Precativ §. 701, 705.
Pronomina §. 326 ff., abgeleitete Pronominal-Adjective §. 404 ff.
Pronominale Adverbia §. 420 ff.
r (र) aus *ar, âr, ra, ri, ru* §. 1.
r aus *v* §. 20.
Reduplication §. 109[a]). 3 S. 215, §. 547 f., 579 ff., 589 ff., 751 ff., 753.
Relativum §. 382 ff.

s, Veränderungen desselben §. 22, 86. 5, 136, 303, 786, wird ausgestofsen §. 128.
Schwache Casus §. 129.
Schwere Personal-Endungen §. 480 ff.
Special-Tempora §. 109[a]).
Starke Casus §. 129.
Suffixe s. Wortbildungssuffixe.
Superlativ §. 291 ff., 298 ff.
Supinum im Lat. §. 863, 867, im Lit. und Lettischen §. 864, im Altslav. §. 866.
Taddita-Suffixe §. 911.
Tempora, Bildung ders. §. 507 ff.
T-Laute am Wort-Ende unterdrückt, im Germanischen, Griechischen und Altpers. §. 86. 2. *b*.
Tönende Buchstaben §. 25.
u leichter als *a* §. 7, schwerer als *i* §. 8.
Umlaut §. 73 ff., im Altslav. §. 284.
Verbum §. 426 ff.
Vergleichungsstufen §. 291.
Vocalschwächung §. 6 ff., §. 109[a]) S. 206 f., §. 272, 490, 605.
Vocalverstärkung s. Guna.
Vocalwechsel im Germanischen §. 66 ff., 589, 911 f., im Altslav. §. 92. *a*, 858, im Lit. §. 745, §. 857 S. 282 Anm. **, §. 911, im Griech. §. 589, im Lat. §. 911 S. 366.
Visarga §. 11.
Vocativ sg. §. 204 ff., im Altslav. §. 272; dual. §. 206 ff., altslav. §. 273; plur. §. 226 ff., altslav. §. 274.
Vriddi §. 26 S. 45 f., §. 911.

Wortbildung §. 778 ff.
Wortbildungssuffixe:
Skr. *a*, goth. *a*, lit. *a*, griech. *o*,
lat. *ŏ*, altslav. *o* §. 857, 858,
859, 912, 919-921 *).
Skr. *á* f., gr. α, η, lat. *a*, lit. *a*,
altslav. *a*, goth. *ó*, nom. *a*,
ón, nom. *ó*, §. 921.
Skr. *i*, send. *i*, goth. *i*, altslav. *i*,
nom. ь *ĭ*, gr. ι, ιδ, ιτ, lat. *i*,
lit. *i* §. 922, armen. *i*, z. B. oζ,
them. *oζi* Schlange = skr.
áhi von der Wz. *aħh* sich
bewegen, s. I. S. 507.
Skr. *u*, gr. υ, lit. *u*, goth. *u*,
send. *u* §. 923 **).
Skr. *an*, *án*, gr. αν, εν, ον, ων
§. 924; lat. *ón*, nom. *ó*, in,
nom. *en*, goth. *an*, nom. *a*,
ahd. *on*, nom. *o*, §. 925; lit. *en*,
nom. *ŭ*, §. 926 S. 391; armen.
an I. S. 362, 514 ff.; skr. *an*
neut., goth. *an*, nom. *ó*, §. 926.
Skr. *in* §. 927; skr. ˚*in* ***),
gr. ˚ων, lat. ˚*ón*, skr. ˚*int* f.
§. 928 f.
Skr. *ana*, fem. *aná*, *ant*, send.
ana, gr. ανο, lit. *úna*, goth.
ana, nom. *an'-s*, *anón* f., nom.
anó, §. 930; armen. *uno* I. S. 367.

Skr. *aníya* §. 902, 904, 905;
send. *nya*, goth. *nja*, lit. *nja*,
inja §. 904.
Skr. *ána* §. 791.
Skr. *as* §. 931, gr. ες (nom. ος,
ης, ες), ˚ες, send. ˚*aś*, lat. *us*,
eris; *us*, *or-is*; *ur*, *or-is*; *ur*,
ur-is; *or*, *ór-is*, ˚*or*, *ór-is*
§. 932, 935, 936; goth. *isa* neut.
(nom. acc. *is*), *is-tra*, *is-la*,
s-la, *as-su* (drauhtin-as-su-s)
§. 933, ahd. *us-ta*, *us-ti*, *os-ta*,
os-ti; lit. *as-ti* §. 934.
Skr. *us* §. 935.
Skr. *is* §. 935.
Skr. *ya* §. 887; lat. *iŏ* neut.
§. 888; skr. ˚*ya* neut., goth.
˚*ja*, lat. ˚*iŏ*, gr. ˚ιο §. 889; altslav. ˚ИΚ *ije* §. 890; lit. ˚*ja*
§. 891; skr. *yá* f., goth. *jó*,
nom. *ja* oder *i* §. 892, altslav.
ja, lit. *ia*, *ē* §. 893; lat. *ia*, *iĕ*,
iŏn, ˚*ia*, ˚*iĕ*, ˚*iŏn*, gr. ια, ˚ια
§. 894; ahd. ˚*ī* §. 895, nhd. ˚*e*
§. 896; skr. ˚*yá*, gr. ˚ια, ahd.
˚*ja*, neut. nom. *i*, goth. ˚*ein*,
nom. *ei*, §. 896; skr. *ya* part.
fut. pass., send. *ya*, goth. *ja*,
lit. *ia*, nom. *is*, lat. *iŏ*, gr. ιο
§. 897, 898; skr. ˚*ya*, send. ˚*ya*,

---

*) Beispiele armenischer Bildungen mit *a* als Suffix, oder, was dasselbe ist, mit *o*, *u* (s. I. S. 366 f.), sind *kam-q'* (nom. pl., them. *kam-a*) Wunsch, Wille = skr. *káma* Wunsch; ζ*er* alt, them. ζ*ero*.

**) Das armen. *u* am Ende von Wortstämmen ist eine Entartung von *a*, s. I. S. 267.

***) Ich unterscheide die secundären Suffixe von den primären durch ein vorgesetztes ˚.

gr. ˚ιο, ˚ια, lat. ˚iŏ, ia §. 899, 900; lat. ia für skr. *i*, gr. ιδ(?) §. 900 S. 346 f.; goth. ˚ja, fem. ˚jó, ˚jan, jan, skr. ya, send. ya, lit. ia, fem. ē, altslav. jo §. 901.

Skr. yu, send. yu, lit. iu, gr. ευ §. 943 Schluſs.

Skr. ˚iyáṅs, iyas, yáṅs, yas s. Comparativ.

Skr. ˚iyá s. Possessiva.

Skr. ˚éya, gr. ˚ειο, ˚εο, lat. ˚ejŏ, eŏ §. 956.

Skr. ra, la, a-la, i-la, u-la, i-ra, u-ra, é-ra, ó-ra §. 937, send. ra §. 938, gr. ϱο, λο, lat. rŏ, la, goth. ra, la, ahd. a-la, u-la, i-la, e-la, nom. a-l etc. §. 938; lit. a-la, gr. α-λο, ε-λο, υ-ϱο, υ-λο, α-ϱο, ε-ϱο, lat. u-lŏ, u-la, e-rŏ, i-li(?) §. 939 *).

Skr. ˚ra, ˚la, ˚i-ra, ˚i-la, ˚l-ra, ˚l-la, send. ˚ra, gr. ˚ϱο, ˚λο, lat. ˚li(?) §. 940.

Skr. ri, gr. ϱι, lat. ri, e-ri §. 941.

Skr. ru, lit. ru §. 942.

Skr. va, lat. vŏ, uŏ §. 943, 944.

Skr. váṅ, van, send. van §. 945.

Skr. ˚vant, vat, send. ˚vant, vat, lat. ˚ntŏ §. 409, 410, lit. ˚leta, linta, la, ant §. 411; skr. ˚vant, vat, lat. ˚lent, lentŏ, gr. εντ §. 957.

Skr. váṅs, vas, vat, uś, fem. uṣí §. 786, lit. eṅ (nom. eṅ-s), usia, nom. f. usi, altpreuſs. wun-s, un-s, on-s, an-s (nom. m.), usi; send. vdoṇh, uś, úś, fem. uśí, úśí §. 786, 787, goth. usia (nom. pl. m bérusiŏs die Eltern, als geboren habende) §. 788; gr. οτ, υια, lat. úri (sec-úri-s), ˚dsŏ §. 789, altslav. vŭś, fem. vŭśi (hinter Vocalen) §. 790.

Skr. na, send. na, goth. na, lit. na, altslav. НО no, gr. vo, lat. nŏ §. 833, 834, 835; skr. na, fem. ná, send. na, gr. vo, vη, lat. nŏ, na, ahd. na, fem. ná, nom. n', na §. 839.

Skr. ˚i-na, gr. ˚ι-vo, goth. ˚ei-na, ahd. ˚i-na, lit. ˚i-na, ˚i-nia, ˚y-na (= i-na), ˚ō-na, altslav. ЕНО e-no §. 835; lat. ˚í-nŏ, ˚í-na, ˚é-nŏ, ˚é-na, ˚á-nŏ, ˚nŏ §. 836; skr. ˚i-na §. 836.

Skr. ˚áni f. (indrá-ṇí, mátulá-ní etc.), gr. ˚αινα, ˚ω-vη, lat. ˚ó-na, ˚ó-nia, lit. ˚ē-nē, altslav. ХІНІА ūnja, althochd. ˚inna, neuhochd. in, inn, altnord. ˚ynja §. 837, 838.

Skr. ni f., gr. vι, altslav. ni, nom. НЬ nĭ, lit. ni, goth. ni §. 840.

Skr. ni m., lat. ni, altslav. ni, lit. ni f. §. 848.

Skr. nu, s-nu, send. nu, lit. nu, s-nu, goth. nu, lat. nu 4te Declination, griech. νυ §. 946, 947.

Skr. nt, ant, t, at s. Part. praes. und fut.

---

*) armen. ro, z. B. tu-ro (nom. tu-r) = gr. δῶ-ϱο, s. I. S. 366.

Skr. *ma*, send. *ma*, gr. μο, lat. *mŏ*, lit. *i-ma*, goth. *ma*, ahd. *ma* §. 805, 806; gr. μη, lat. *ma*, lit. *ma*, *mē* §. 807; goth. *mâ* §. 948.

Skr. *mi*, goth. *mi* §. 948.

Skr. *mân, man, i-mân, i-man*, send. *man* §. 796, 797, gr. μον, μων, μεν, lat. *môn, min, môn-ia* §. 797; gr. μῐν §. 798; goth. *man*, ahd. *mon*, lit. *men*, nom. *mŭ*, altslav. МЕН *men*, nom. МЗІ *mü* §. 799, 800; gr. ματ, lat. *men, min*, altslav. *men* neut.; skr. *i-mân, i-man*, ahd. *mon* §. 799 Schluſs; armen. *man* §. 123[b)] S. 263; lat. *mentŏ*, gr. μινϑ, μιγγ, abd. *munda*, nom. *mund* §. 803.

Skr. *mâna*, altpreuſs. *mana*, lit. *ma*, gr. μενο, lat. *minŏ*, *mnŏ*, goth. *mônjô* fem., altslav. *mo*, send. *mana, mna, mn* §. 791-795; armen. *mno* §. 123[b)] S. 366.

Lat. *mulŏ* §. 809.

Skr. *mara, vara* §. 808.

Skr. *mant, mat* §. 957.

Skr. *ka, a-ka, â-ka, i-ka, u-ka, û-ka*, lat. *û-cŏ, î-cŏ, i-cŏ, i-c, â-c, ô-c*, gr. α-κο, ᾱ-κ, ῡ-κ, αικ (γυναικ) aus ακι, lit. *i-ka*, goth. *aga* §. 949; ahd. *i-nga*, nom. *ing*, *u-ngâ* ſ, nom. *unga* (?) §. 950; armen. *a-ka*, z. B. *savaka*, nom. *savak* Kind = sanskr. *sâvaka* id. von der Wz. सु *svi* wachsen (contrahirt zu *su*).

Skr. *ka* §. 404, 951, goth. *ha, ga, i-g* § 951, lat. *cŏ*, gr. *κc, i-κc, τι-κο* §. 953; goth., lit., altpreuſs. *i-ska*, altslav. *i-sko*, gr. ι-ϲκο, ι-ϲκη §. 952.

Skr. *t*, lat. *t*, gr. τ § 907 Schluſs, 910.

Skr. *ta*, send. *ta*, lit. *ta*, lat. *tŏ*, gr. το §. 817, 818, 821, goth. *ta, da* §. 820, lat. *dô* §. 819, altslav. *to, to* §. 822, 823, mahratt. *tâ*, fem. *tî*, neut. *to* §. 823 S. 212 ff. (vgl. bengal. l. c. weiter oben).

Skr. *i-ta*, lat. *tŏ*, gr. το, lit. *ta*, altslav. *to, sto* §. 824, 825.

Skr. *tâ, tât, tâti*, gr. τητ, lat. *ta, tât, tât*, goth. *thâ*, nom. *tha*, einmal *dô, da*, ahd. *dô*, nom. *da*, engl. *th*, altslav. *ta* §. 826-831.

Skr. *ti* f., send. *ti*, goth. *ti, thi, di*, lit. *ti*, altslav. *ti* §. 841, 865; gr. τι, σι, σια §. 842, 843; lit. *tē* aus *tia*, *y-stē* aus *y-stia*, altslav. *sti* §. 844; lat. *ti, si, tiôn, siôn, *tia, tid* §. 844.

Skr. *ti* m., lit. *ti*, goth. *ti, di*, lit. *ti, cia* (euphon. für *tia*), altslav. *ti*, gr. τι, lat. *ti, *sti* (?) §. 845 f.

Skr. *a-ti*, gr. ε-τι, lit. *a-scia*, nom. *a-stis* §. 847.

Skr. *ti*, send. *ti*, lat. *t* §. 414.

Skr. *tiya*, send. *tya*, goth. *djan*, lat. *tiô*, slav. *tijo*, nom. *tij*, lit. *cia* aus *tia* §. 322.

Skr. *tu* f. (s. Infinit.), gr. τυ, send. *tu* §. 862 S. 289, lat. *tu, su*, 4te Decl., m. §. 863, altpreuſs. *tu* (infin.), lit. *tu* (supin.), altslav. ТЪ *tŭ* (supin.) §. 864, 866, goth. *tu, thu, du* m. §. 954; skr. *a-íu, á-íu* m. §. 955.

Skr. *tár, tr̥, send. tár,* gr. τηρ, τορ, τη-ς, lat. *tór, túrŏ,* altslav. *telĭ* (them. *teljo*) §. 646, 647, 810, 811, 814, 815[a]); skr. fem. *trí,* lat. *tric,* gr. τριδ, τρια, τειρα, τιδ §. 119, 811; lat. *á-tŏr, *i-tŏr,* gr. *τη-ς, *δη-ς, *ι-δης §. 955.

Skr. *tar, tr̥, tr̥,* send. *tar, thr,* gr. τερ, τρ, lat. *ter, tr,* goth. *tar, tr, thar, thr,* lit. *ter,* nom. *tē,* altslav. *ter,* nom. *ti,* §. 144, 265, 812.

Skr. *tra,* fem. *trá,* gr. τρο, τρα, Ѳρς, Ѳρα, lat. *trŏ, tra,* send. *tra, thra* §. 815, 816; goth. *tra, thra, dra,* ahd. *tra, dra,* nom. acc. *tar, dar,* nhd. *ter,* engl. *ter* §. 815; goth. *thld* f., nom. *thla,* ahd. nom. *dla, dila, dela, dal,* gr. τλο, τλη, Ѳλο, Ѳλη; goth. *thrŏ,* nom. *thra,* ahd. *trd,* nom. *tra, tar, tera, ter* §. 816.

Skr. **tra,* send. *thra §. 420.

Skr. *trá §. 293 S. 26.

Skr. **tara,* send. **tara,* gr. *τερο, lat. **terŏ,* goth. **thara,* ahd. *dara §. 291 ff.; altslav. **toro,* *tero §. 297.

Skr. **tama,* send. **tĕ̃ma,* lat. **timŏ, *simŏ,* goth. **tuman, tum'-ista, dum'-ista* §. 291, 292, 295.

Skr. **tas,* lat. **tus,* gr. *θεν, altslav. *du* §. 421.

Skr. **tana,* lat. *tinŏ §. 958, 959.

Skr. *tavya,* lat. *tivŏ,* gr. τεο §. 902, lit. *tŏja,* altslav. *a-tajo,* nom. *a-taj,* §. 903.

Skr. **tya,* goth. **thja,* lat. **tiŏ,* gr. *στο §. 959.

Skr. *tva,* send. ⱳⱷ *iʿwa,* goth. *tva* neut. nom. *tv, thvá* fem. nom. *thva,* ahd. *don,* nom. *do,* altslav. *tva, ba,* lit. *ba, bē̃* (?) §. 832, 862.

Skr. **tva,* altslav. *stvo §. 831.

Skr. **tvana,* prákr. *tana,* altpers. *tana,* gr. fem. *συνη, adj. *συνο, lit. adj. *tina,* adv. *tinay* §. 850 S. 263, §. 989 S. 479 ff.

Skr. **ía,* gr. το, lat. *tŏ,* lit. *ta,* slav. *to,* goth. *tan, dan,* nom. *ta, da,* §. 322, 323.

Skr. **íam,* lat. *tem §. 425.

Skr. **íá,* send. *ía,* lat. *ta, tt* §. 425.

Skr. **dá,* slav. *da, g-da,* lit. *da* §. 422.

Skr. **dá,* gr. *χα §. 325.

Skr. **ias,* gr. κις §. 224.

Skr. **sya,* lat. *riŏ (?) §. 960; goth. *arja,* *arja §. 961.

Skr. *ha aus *d‘a,* send. *d‘a,* gr. Ѳα, goth. *th, d* §. 420.

Wurzeln §. 105 ff.

Wurzelwörter §. 908.

Zahlwörter §. 308 ff.

Zahl-Adverbia §. 324 ff.

Berichtigungen und Zusätze.

J. Nachträglich zum ersten Bande.

S. Z.
3 10 v. u. lies *ŕṇṓtu* statt *ŕṇṓtu*.
9 6 v. u. l. *śvaśrū́-s* st. *śvaśrū́-s*.
19 11 lies flexionslosen st. flexionslosen.
30 19 l. §. 16 st. §. 17.
» 10 v. u. l. *siṅhám* st. *siṅhám*.
37 6 v. u. l. 298⁶⁾ st. 299⁶⁾.
44 2 l. *ḱ* st. *ḥ*.
59 3 adde *vaṇhu*.
72 14 Den Vocalen *i, í, é* ist noch der Halbvocal *y* beizufügen, welcher durch *krauśd-yêhi* (s. II. S. 38. Z. 3 f.) seinen Einfluſs auf den folgenden Vocal beweist.
73 4 v. u. l. *bahú-y-á* st. *bahú-y-á*.
74 7 l. ꞵꞵꞵꞵ *dádarésa* st. ꞵꞵꞵꞵ *dadarésa*.
82 13 v. u. ꞵꞵꞵꞵ st. ꞵꞵꞵꞵ
84 13 l. oder ꞵ *é*, ꞵ *ó*, ꞵ *áo* st. oder ꞵ *é*. Über die Einschiebung eines ꞵ *ṇ* s. I. S. 90.
95 2 Auch im Althochd. findet man gelegentlich *é* für ursprüngliches *á*, s. S. 214 f.
112 12 l. Is. st. *ls*
114 9 Die im ersten Bd. S. 546 ausgesprochene Bemerkung über die Umwandlung eines schliefsenden *t*-Lautes in *s* (im Altpersischen) hinter anderen Vocalen als *a, á*, ist dahin zu berichtigen, daſs auch hinter *i* die Unterdrückung des *t*-Lautes stattfindet, wozu jedoch nur die skr. Partikel चित् *ćit* Veranlassung darbietet, welche im Altpers. *ćiy*

S.	Z.		S.	Z.	
		lautet, da einem schliefsenden *i* am Wort-Ende ein *y* beigefügt wird, wofür auch *ya* gesprochen werden könnte*).	146	16	l. das st. dafs.
			156	12	Auch im Acc. pl. zeigen die altslav. weiblichen *a*-Stämme ჳɪ *ŭ*. hier aber steht dem ჳɪ *ŭ* im Lit. nicht *ŭ* sondern *as* gegenüber (s. §. 275).
121	11	v. u. Die Bezeichnung der Zahl 10 ist nicht ղասն, sondern տասն (s. §. 318) *tasn*, mit Verschiebung der ursprünglichen Media in eine Tenuis (nach germanischem Princip, s. §. 87. 1); die alt-armenische Tenuis ist aber nach heutiger Aussprache wieder zur Media zurückgekehrt.			
			176	11	v. u. Ein Beispiel mit եւ *s* hinter *au* s. Bd. II. S. 38. Z. 3.
			179	12	v. u. l. *ês-t* für *es-ti*.
			»	1	v. u. l. *ed* st. *êd*.
			187	4	v. u. hinter II. einzufügen Praefatio.
			205	2	In *dico*, *fido*, *dûco* ersetzt die Vocallänge die Gunirung der skr. ersten Klasse.
127	6	l. zufällig begegnen st. begegnen.	207	3	v. u. lies *grabljuń* statt *grablju*.
»	15	l. ᲐᲕᲮ *așŭ* st. ᲐᲕ *aș* (letzteres nach Dobrowsky).	208	8	l. *náh-ya-ti* st. *náh-ya-ti*.
			243	1	v. u. l. *kimaĥ* st. *kimah*.
»	1	v. u. l. ᲐᲕᲮ *așŭ* st. ᲐᲕ *aș*.	312	15	v. u. l. *man* st. *mana***).

---

*) S. Monatsbericht der Akad. d. Wiss. März 1848. S. 141.

**) Die Anomalien der von dem defectiven Stamme *man* entspringenden Casus sind wahrscheinlich Folge der Einsylbigkeit dieses in seiner Art einzigen Stammes auf *n*, dessen *a* im Gen. und Dat. sg. nicht zu *i* geschwächt (s. §. 132. 4) und dessen *n* im Nom. des componirten *man-hun* gegen §. 140 beibehalten wird. Die Verdoppelung des *n* im Gen. pl. *mann-ê* und im Dat. sg. *munn* kann bei der auch sonst im Gothischen beliebten Verdoppelung dieser Liquida nicht befremden. Auf die Annahme eines Stammes *mana* oder *manna* glaube ich jetzt für das Gothische verzichten zu müs-

S.	Z.	
316	15 v. u.	l. ἥπαρτ st. ἧπατ.
325	2 v. u.	l. *u* für *a*.
327	8 v. u.	l. *paśv-á', paśú* st. *paṣv-á', paṣú*.
328	2 v. u.	l. 327 st. 285.
336	18	l. nobis, nos (acc.), vobis, vos (acc.) st. nobis, vobis.
337	25	Die hier in Übereinstimmung mit Lassen ausgesprochene Ansicht über umbrische Locative auf *me* ist im Sinne von §. 200 zu berichtigen.
343	4	l. πcδ-ί st. πcδ-ι.
349	19	zu berichtigen nach Bd. II. S. 162 Anm. **.
355	10	l. *ste-smu* st. *stes-smu*.
357	20	l. §. 326 S. 102.
»	14 v. u.	zu theilen *noź-a-né*, s. §. 372. 3.
358	10	l. *smá-t* st. *smá-t*.
»	15, 16	Die eingeklammerten Worte sind zu streichen und *m-a* im Sinne von §. 372. 3 zu erklären.
360	10	l. ὁμῶ-ς st. ὅμω-ς.
361	16, 17	Die eingeklammerten Worte sind zu streichen, da die fremden Eigennamen, wie sie auch im Nom. sg. ausgehen mögen, doch hinsichtlich ihrer Declination meistens einem vocalisch ausgehenden Stamme, vorherrschend auf *i*, angehören (vgl. S. 383), so dafs z. B. den Nominativen *Adam, Bektor (Victor), Sogʻon* *) die Instrumentale *Adama-v, Bektori-v, Sogʻoni-v* **) gegenüberstehen.
364	3 v. u.	l. ɋ st. ʐ.
»	16 v. u.	l. *հոգիդ* st. *հոգիդ*
366	5 v. u.	l. *di* st *dĭ*.
381	8	zu theilen *nor-a* (no-*-r-a*) nach §. 372. 3.
»	11 (v. u. ff.)	Da im Plural der gewöhnlichen Declin. des Armenischen der Genitiv, Dativ und Ablativ eine gemein-

sen, da *mana* — oder *manna* — am Anfange einiger Composita dem Stamme *manan*, *mannan* zugeschrieben werden kann, mit nothwendiger Unterdrückung des schliefsenden *n*.

*) ɋ ę' = *l*, s. Bd. I. S. 364.

**) Ohne vocalischen Zusatz bleibt *Aramenean-qʻ* (nom. pl.) die Armenier, wovon der Instr. *Arameneam-bqʻ*.

S. Z.	S. Z.
schaftliche Endung haben, deren *y ź* in §. 215 p. 425 aus dem *y* der skr. Dativ-Ablativ-Endung *b'yas*, send. *byô* erklärt worden, so könnte man auch im Singular die dem Genitiv und Dativ gemeinschaftlichen Formen ihrem Ursprunge nach als Dative fassen, und *ɯj aj*, *ɲj oj* (spr. *á*, *ó*) sanskritischen Dativen auf *áya* und sendischen auf *ái* gegenüberstellen. Die pronominale Declination begünstigt aber diese Auffassung nicht, und zeigt bei den Pronom. der 3ten P., die sämmtlichen Possessiva mit begriffen, Singular-Dative wie *ais-m*	*diesem* *), gegenüber den Genitiven wie *ais-r*; es scheint darum passend, entweder im Singular der gewöhnlichen Declin. die dem Dativ und Genitiv gemeinschaftliche Form aus verschiedenen Quellen abzuleiten, z. B. *mardoj* (spr. *mardô*) „hominis, homini", in dem Genitiv aus dem Genitiv vom vêdischen *márta-sya* hominis und im Dat. aus *mártáya* homini, oder in beiden Casus aus dem Gen. *márta-sya* und eine Ersetzung des Dativs durch den Genit. anzunehmen, wie in der Regel im Pråkrit **).

*) Der skr. Demonstrativstamm *ésa* würde, wenn er in den obliquen Casus gebräuchlich wäre, im Dat. *ésa-smái* und im Gen. *ésa-sya* bilden.

**) In keinem Falle aber möchte ich mit Dr. Fried. Müller in Wien (s. Beiträge zur vergl. Sprachf., herausgegeben von Kuhn und Schleicher, Bd. II. 487) das armenische *j* aus *s* („oder noch tiefer zurück aus *t*") erklären, sondern ich verharre bei der Annahme, dafs das *s* der skr. Genitiv-Endung *sya* im Armenischen (im Fall sie in dieser Sprache wirklich eine Vertretung findet), wie in der griechischen Endung *ιο* (§. 189), verloren gegangen sei. Da

S.	Z.		S.	Z.	
391	5 v. u.	lies 175 statt 444			Die von Fr. Müller
		172.			(l. c. S. 485) aufge-

aber Fr. Müller (l. c.) behauptet, daſs ein solcher Verlust, zumal eines Zischlauts, nach iranischen Lautgesetzen unmöglich sei, so erinnere ich vorläufig nur an den unleugbaren Verlust eines Zischlauts, welchen die Benennungen der Zahlen 7 und 8 im Armenischen erfahren haben (s. §. 315 f.), so wie an den Verlust des *s* oder șend. und altpers. *h* in dem armen. *em* „ich bin" für skr. *ásmi*, șend. *ahmi*, altpers. *am'iy* und an das schließende *m* in pronominalen Dativen wie *ailu-m* (anderem) für skr. *-smái*, șend. *-hmái* (s. I. S. 383). Die Verstümmelung des skr. *smái* und șend. *hmái* zu bloſsem *m* im Armenischen, gleicht der unserer deutschen Dative wie *de-m, jene-m, we-m*. Das Șend hat den Verlust eines ursprünglichen *s*, oder des dafür zu erwartenden *h*, in den Conjunctivformen der zweiten P. sg. auf *ái* für *áhi* (s. §. 724 S. 63) erfahren und von der skr. Wurzel *smar, smṛ* sich erinnern den anfangenden Zischlaut eingebüſst, daher oben (§. 811 S. 198) *marčírem* Erwähnung, wofür man *hmarčírem* erwarten sollte. Überhaupt hat kein einziges Glied unseres groſsen Sprachstamms sich durch ihm eigenthümliche Lautgesetze vor Verlusten von Consonanten oder Vocalen sicher gestellt, und es genügt nicht zur Widerlegung irgend eines Erklärungsversuches sich ohne nähere Begründung ganz im Allgemeinen auf iranische Lautgesetze oder auf den Genius des Armenischen zu berufen. — Wenn aber der Anfangsconsonant der skr. Genitiv-Endung *sya* sich im Armenischen behauptet hätte, so würde dafür Ϛ *h*, nicht յ stehen, da letzteres zwar am Anfange der Wörter der Aussprache nach sich zu einem Hauchlaute entartet hat, aber doch auch in dieser Stellung durch die Sprachvergleichung und schon durch das in Aucher's Wörterbüchern aufgestellte Verzeichniſs fremder Eigennamen sich deutlich als ursprüngliches *j* ausweist (s. Bd. I. S. 369 Anm. *). Ich erinnere beiläufig daran, daſs der Umstand, daſs das lateinische *j* im Englischen der Aussprache nach zu *dį* (= skr. ज *ǵ*) und im Französischen zu einem weichen Zischlaut (= șend. ᴧ *ź*, s. §. 59, und gleichlautendem slav. Ж *ž*) sich entartet hat, von keinem etymologischen Gewicht ist bei Erklärung der Wörter, welche im Französischen oder Englischen ein *j* zeigen.

S.	Z.	
		stellte Behauptung, dafs das armenische ք *q'* im Nom. pl. auf die vêdische Endung *âsas* (§. 229) sich stütze, ist — abgesehen von der formellen Schwierigkeit, von *âsas* oder *âsô* (letzteres vor anfangenden tönenden Conss oder *a*) zu *sv* zu gelangen*) — schon darum unhaltbar, weil, was l. c. ganz unbeachtet geblieben ist, die vêdische Endung *âsas* nur an Stämmen auf *a* oder *â* vorkommt, wo ich dieselbe so erkläre, dafs an die organische Form auf *âs*, z. B. an *âsvâs* (aus *asva* + *as*), noch einmal die Nominativ-Endung *as* angefügt sei, wozu der Umstand Anlafs gegeben haben mag, dafs in Formen wie *âsvâs*

S.	Z.	
		equi das Casus-Suffix in seiner Verschmelzung mit dem Endvocal des Stammes sich nicht bemerklich genug macht**). Formen wie *duhitár-as-as* Töchter (oder gar *duhitar-ás-as*) für *duhitáras* = gr. Θυγατέρες, und solche wie *áhay-as-as* für *áhay-as* Schlangen (= gr. ἔχι-ες) hat aber das Sanskrit gewifs niemals zu Tage gebracht, und doch sagt das Armenische *dster-q'* (§. 226. S. 444. Z. 7), und *ôζ-q'* vom Stamme *ôζi* (l. c. S. 446. Z. 1).
445	9	Obwohl ich an der Schwächung eines *p'* zu *v* (*w*) im Armenischen keinen Anstofs nehme und auch das *v* des Numeralstammes *evťan* sieben aus *p* erklärt habe,

---

*) *su* wäre nicht hinreichend um das armenische *q'* zu erklären.
**) In obigem Sinne ist die vêdische Endung schon in einem Nachtrag zur lat. Ausgabe meiner Sanskrit-Grammatik (Grammatica critica 1832. S. 323) erklärt worden.

S. Z.

so kann ich doch nicht mit Fr. Müller (bei Kuhn u. Schleicher II. S. 483) annehmen, dafs q'un*) für skr. svápna, send. q'afna, ehemals bestimmt q'ovn gelautet habe. Der Umstand, dafs das betreffende Wort in der Urschrift durch քուն dargestellt wird, gibt nicht im Geringsten Veranlassung zu der entschiedenen Meinung, dafs q'un früher wie q'ovn ausgesprochen worden sei, denn da das armenische Alphabet leider keinen einfachen Buchstaben für u besitzt und diesen Vocal regelmäfsig durch ու ausdrückt (welches zugleich die Sylbe ov bezeichnet), so kann q'un mit armenischen Buchstaben nicht anders als քուն geschrieben werden. In dem u

S. Z.

von q'un erkenne ich jetzt wie früher die Schwächung eines ursprünglichen a, eine Schwächung, welche im Armen. sehr häufig eingetreten ist (vgl. Bd. I. S. 367), dagegen kenne ich keine armenischen Formen, von denen man sagen könnte, dafs sie ein u als Entartung eines früheren o enthalten, es sei denn in einem Diphthong, welcher in armenischer Schrift oi geschrieben (ոյ, s. I. S. 370), aber, jetzt wenigstens, wie ui ausgesprochen wird, in manchen Wörtern aber auch entschieden auf skr. u hindeutet, z. B. in guin Farbe (them. guni) für skr. guṇá. Hinsichtlich der Verstümmelung, welche das arm. q'un (them. q'uno) durch den Verlust eines La-

---

*) nicht q'ún, denn das armen. ու u ist nach Petermann (p. 39) ein kurzes u, obwohl es etymologisch zugleich das skr. द d vertritt.

S.	Z.	
		bials erfahren hat, erinnere ich an ein ähnliches Schicksal, welches die entsprechende Benennung des Schlafes in den slavischen Sprachen getroffen hat (altslav. *sŭn*, them. *sŭno*), während dem litauischen *sápna-s* *) das *p* verblieben ist.
450	21	l. ВЛЗКН st. ВЛѢКН.
461	8	v. u. l. 241 st. 242.
468	13	v. u. zu theilen *equo-ns* st. *equon-s*.
476	12	v. u. l. Adjectiven st. Accusativen.
479	19, 20	l. *maṣistań* st. *maṣistań*.

S.	Z.	
489	1	l. s. §. st. s.
537	19	Über die Vocative auf *a* der Feminina von Adjectivstämmen auf *a*, z. B. *dobra bona*! s. Bd. II. S. 9 Anm. 3.
541	13	v. u. l. höchst wahrscheinlich.
»	9	v. u. l. *jo* und *ja* st. *ja* **).
542	1	v. u. l. 92. *m.* st. 92. *k.*
543	10	l *gosti-mŭ, nosti-mŭ* st. *goste-mŭ, noste-mŭ*.
548	8 u. 9	v. u. (1. Spalte) zu tilgen.
550	12	v. u. l. *q'uir* st. *q'oir* (s. I. S. 369 Anm. *).

II. Nachträglich zum zweiten Bande.

S.	Z.	
32	17	lies aus *is-timus* statt aus *is-timus*. Die Erklärung des lat. *issimus* aus *is-timus* ist schon in der ersten Ausg. S. 407 gegeben worden.
37	6	v. u. l. 298*b*) st. 299*b*).

S.	Z.	
53	12	v. u. l. zusammengezogene Thema *mez̧agni* st. „Thema *mez̧agi* (in -*gni*)".
116	9	l. ihm st. ihn.
120	18	l. gr. st. g.
121	13	l. *unsis* oder *uns* st. *unsis*.

---

*) Die Verlängerung des ursprünglich kurzen *a* ist durch den Accent veranlaßt.
**) S. Bd. II. S. 4 Anm. **.

S.	Z.		S.	Z.	
121	16	l. *unsis* oder *uns* st. *unsis*.			diesen erkenne ich in der Form *haṅm*, welche nicht nur als Praepos. mit der Bedeutung „mit" vorkommt (§.1014), sondern auch als persönliches Reflexivum mit der Bedeutung „sich" *).
127	13	Zu *svatas* stimmt das send. *hatô* sich (für *hvatô*).			
129	7	Ich glaube jetzt dem send. Stamme *hva*, als persönliches Reflexivum gefafst, auch einen Acc. sing. nachweisen zu können;			

*) Hinsichtlich des Verlusts des Halbvocals *v*, welchen der Stamm *hva* im Acc. *haṅm* erfahren hat, vergleiche man die Formen *hê* und *hôi* (§. 341; für *hvê*, *hvôi*) und die skr. Nebenform der 2ten P. *tê* neben dem nur in den Vêda's erhaltenen *tvê* und dem send. *tê*, *tôi*, *twôi* (§. 329). In Betreff des Ausgangs *aṅm* stimmt der reflexive Accus. zu *maṅm* mich, *iwaṅm* dich und den entsprechenden Sanskritformen *mâm*, *tvâm*, da für skr. *âm* am Wort-Ende im Send regelmäfsig *aṅm* eintritt (§. 61). Zur Begründung der Bedeutung „sich", welche ich der betreffenden Sendform an den Stellen zuschreibe, wo sie nicht als Praep. steht, verweise ich zunächst auf §. 69 (nach Spiegel's Eintheilung) des 19. Farg. des Vend. (= Vend. Sad. S. 482), wo, meiner Überzeugung nach, zweimal *haṅm* im Sinne von „sich" steht, während der genannte Gelehrte dieses Object des Verb. *raiêwayêiti* (ルس = *ai*, §. 33) „er verunreinigt" im Texte vermifst (s. die besondere Ausg. und Übers. des 19. Farg. des Vend. S. 104) und es in seiner Übersetzung, weil der Sinn es erheischt, supplirt. Es scheint demnach, dafs auch der Pehlewi-Übersetzer die Form *haṅm* verkannt hat. — Wo *haṅm raiêwayêiti* blofs „er verunreinigt" zu bedeuten scheint, z. B. an einer von Burnouf („Études" p. 23 f.) angeführten Stelle, mufs man dem Verbum causale Bedeutung geben, und wörtlich übersetzen „er macht sich verunreinigen", d. h. er macht, dafs einer sich verunreinige, sich unrein mache. So kann auch an der oben angeführten Stelle *Hômô--manô haṅm raiêwayêiti* durch Hômô-manô macht sich

S.	Z.		S.	Z.	
131	17	Neben dem altslav. Dativ *sebê* besteht auch die tonlose Nebenform *si* und analog im Dativ der ersten und 2ten P. neben *mŭnê, tebê* die ebenfalls tonlosen Nebenformen *mi, ti* (s. Mikl., Formenlehre 2te Ausg. §. 76. S. 61). Man vergleiche die skr. tonlosen Nebenformen *mê, tê,* und beim Reflexiv das pråkrit. *sê*, und send. *hê, hôi* (§. 341) von deren Diphthong (*ê* = *ai*) den entsprechenden slav. Formen nur der Schlußtheil verblieben ist.	135	11	l. τήμερον st. τήμερος.
			162	7	l. „bedeutungslose oder bloſs verstärkende" st. enklitische.
			162	9	l. damit nicht st. wenn nicht.
			183	18	l. 358 st. 357.
			220	5	l. *n* st. *r*.
			225	6 v. u.	Der Stamm त्व *tva* erscheint in den Vêda's auch als Possessivum der 2ten P.; zu diesem stimmt also das lat. *tuus* wie *suus* zu स्व *sva*, s. Kl. Sanskritgr. (3te Ausg. §. 264).
			229	6 ff.	Die hier, und schon in §. 410 der ersten Ausg. ausgesprochene Vermuthung hat sich

verunreinigen, oder macht sich unrein übersetzt werden. Wo aber dem Verbum die Praeposition *paiti* vorausteht, bezieht sich die Verunreinigung immer auf einen anderen, und zwar sehr oft im 5ten Fargard des Vendidad in Stellen wie *daśĕmĕm paiti raiťwayêiti* er verunreinigt den zehnten. Besondere Beachtung verdient noch der Ausdruck *hańm raiťwĕm* was „das Sich-Verunreinigen" (als Acc.) bedeuten kann, obwohl es an der betreffenden Stelle (Farg. 19, §. 40, im V. S. p. 479) sich auf die erste Person bezieht, was an einem Reflexivum nicht befremden kann. Eher könnte man Anstoſs daran nehmen, daſs das erste Glied eines Compos., wenn *hańm raiťwĕm* wirklich ein Comp. ist, der Acc. von dem folgenden Abstractum regiert wird, was im Skr. u. Send sonst nur an solchen Compositen vorkommt, deren letztes Glied die Bedeutung eines Part. praes. hat (s. §. 914 u. 920).

S.	Z.	
		durch den Vêda-Dialekt bestätigt *).
236	23 ff.	Über die Möglichkeit einer anderen Erklärung der goth. Zusammensetzungen wie *ga-leiks* s. §. 981 Schluſs.
240	2 v. u.	Erhalten hat sich das ursprüngliche ध् d' in dem vêdischen *viśvádd* überall, mit verlängertem Vocal des Suffixes.
241	18	l. *pré-dŭ* (пр҄ѣ,дъ) st. *pre-dŭ*.
244	6	l. *svargaTAS* st. *svargaTÁS*.
245	15	l. ուսափ st. ուսփ, woher? st. wo?
251	1 v. u.	l. 792 st. 702.
258	19	Über die weiblichen Personal-Endungen im Slavischen s. §. 697 Anm. *.
263		Als Anm. *) ist hier nachzutragen, daſs die Vocallänge der mit *) bezeichneten Verba durch die Betonung veranlaſst ist.
270	5	l. *laikam* st. *laikaú*.
324	2	l. *wadinŭ* st. *wadin*.
351	18	l. *ána* st. *ana*.
353	1	l. μανθάνω.
445	8 v. u.	l. ἔδωκα st. ἔδωτα.
450	8	Zur skr. ersten Aoristbildung gehört auch *paríta*, 2te P. pl. act. der Wz. *par* zerstören = skr. *par* (*pṛ́*), und zur 2ten *tawśat*, 3te P. sg. act. der Wz. *tap* mit Erweichung des *p* zu *w*; s. Brockhaus, Glossar S. 364 unter *taw* und S. 376 unter *pere*. Die Form *tawśat* stimmt zu griechischen Formen wie ἔτυπ-σε und ist darum merkwürdig, weil im Sanskrit die 2te Bildungsart des Aorists, z. B. *ádikśat* = ἔδειχ-σε,

---

*) S. Kl. Sanskritgramm. 3te Ausg. S. 187 Anm. *. Ich bemerke beiläufig, daſs in der 3ten Ausg. meiner Kritischen Grammatik der Sanskrita-Sprache in kürzerer Fassung die sanskritischen Wörter überall entweder zugleich in Dêvanâgari- und lateinischer Schrift dargestellt sind, oder bloſs in lateinischer, nach demselben Princip wie in dem vorliegenden Werke.

S.	Z.		S.	Z.	
		nur an solchen Wurzeln vorkommt, deren Endbuchstabe vor dem Zischlaut des Verb. subst. in *k* übergehen muſs und hierdurch den			Übergang des ह् *ṣ* in *s* veranlaſst.
			453	11	l. *êġ* st. *éġ*.
			522	10	v. u. l. Potentialis st. Precat.

III. Zum dritten Bande.

S.	Z.	
24	8,7	v. u. l. Geschlechtern.
30	2	l. *dê-yásta* st. *dê--yásta*.
»	11	v. u. l. *nídaďíta* st. *nidaďitá*.
46	5	l. ༄༅༔ st. ༄༅༔.
52	11	l. Femininstämmen.
53	3	l. *vivaṇuható* st. *vivaṇuható*.
55	13	l. auf st. euf.
58	13	l. ὦμες.
59	20,21	l. *bib'ár-á-mahái* st. *bib'ar-á-mahái*.
60	15	l. Nachdruck, den.
65	10	v. u. l. Vendidad Sade st. Vendidad Send.
70	22	l. *dái-dí* st *dái-di*.
»	11	v. u. l. *yauṣ'dáta* st. *yaôṣ'dáta*.
72	8, 7	v. u. l. unterschieden.
78		Tabelle Z. 6 l. (*b'r̥*) st. (*b'r*).
89	15	l. *ur-rais* st. *ur-reis*.
102	16	l. geltend st. geltezd.
»	12	v. u. l. entsprungenen.
108	11	l. *ṣáṣakmi* st. *ṣáṣakmi*.
121	23	l. *pastininka-s* st. *pasininka-s*.
»	»	l. *gaspadõr'-áuj-u*.
»		24, 25 l. *gaspadin'-áuj-u* st. *gaspadin'-áuj-u*.
122	2, 3	l. *ġîvápáya-t'a* st. *ġîvápaya-t'a*.
134	5	v. u. l. δηλόω st. δηλc-ω.
136	6	l. *róhit'-á-ti* st. *róhit-á-ti*.
»	7	l. *róhit'-á-nti* st. *róhit'-a-nti*.
144	5	l. *váh-a-n* st. *váh-a-n*.
154	17	l. *ġagmúṣ'yás* st. *ġagmuṣ'yás*.
158	11	v. u. l. *bêrusjôs* st. *bêrusiôs*.
170	15	l. Bedeutung st. Betonung.
180	3	l. *hálumês* st. *hulumês*.
190	4	l. ursprüngliche.
197	18	l. *-t'rê-m* st. *-trê-m*.

Berichtigungen und Zusätze. 533

S.	Z.
204	7 l. vorherrschend.
"	8 l. geschützt.
"	10 v. u. l. *b'û-tá-s* st. *b'û-tá-s*.
207	15 v. u. lies pråkrit st. påkrit.
219	7 v. u. l. Übersetzung.
220	13 l. *baḥú-tá*.
225	1 v. u. l. *baḥú-tá*.
230	4 v. u. l. *śṛ́nga* st. *śṛ́nga*.
232	3, 4 l. büchen.
257	9 v. u. l. *pátun* st. *pátum*.
268	17 l. *śadyáin* st. *śadyáiṃ*.
297	1 l. verdient.
300	15 l. *matpuruśáiḣ* st. *matpuruśáiḣ*.
303	4 v. u. l. diesem.
304	6 u. 20 l. *vas* st. *was*.
"	15 l. *vairthan* st. *wairthan*.
"	1 v. u. l. *vairthai* st. *wairthai*.
320	11 v. u. l. *varth* st. *warth*.
322	11 l. *sipónjans* st. *sipónjóns*.
330	10 l. Befehl.
378	8 hinter *honôr-u-s* l. *sonôr-u-s* st. *sopôr-u-s*.
385	7 v. u. l. *á'śiṣ́ṭa* st. *á'śiṣṭa*.
401	14 l. *uśásam* st. *uśásam*.

S.	Z.
411	6 v. u. l. ἰκπαγ-λό-ς.
508	9 In Folge dessen, was oben (S. 529) über die Form *ham* als Acc. des Reflexivs gesagt worden, könnte man auch die Praep. *ham* ihrem Ursprunge nach dem Reflexivstamme zuweisen, mit Berücksichtigung, daſs der dem sanskr. *sva* und şend. *hva* entsprechende altpersische Stamm *huva* (euphonisch für *hva*, s. I. S. 496 Anm.**) in der Bedeutung „er, dieser" mit der des skr. *sa* zusammentrifft. Möglich, daſs noch andere Praepositionen, welche dem Demonstrativstamme स *sa*, şend. *ha*, entsprossen scheinen, in ihrer Stammsylbe den Verlust eines *v* erfahren haben, und somit dem Reflexivstamme *sva*, *hva* angehören.
510	12 Der *t*-Laut des gothischen *mi-th* und unseres *mi-t* muſs in Folge des in §. 86. 2. *b* ausgesprochenen Laut-

gesetzes ursprünglich noch einen Vocal hinter sich gehabt haben, und ich vermuthe, dafs das gothische *mi-th* früher *mi-da* gelautet habe und in seinem Suffix dem des sendischen *ha-d'a* „hier" = skr. *sa-há* (aus *sad'á*) „mit" und der altslav. Praepositionen *po-dŭ*, *na-dŭ*, *prê-dŭ* (§. 1004 Schlufs und § 420 S. 241) entspreche und also mit dem *th* der goth. Conjunction *i-th* aber etc. (§. 420 S. 241) identisch sei.